日本の経済発展と金融

―――― 一橋大学経済研究叢書 別冊 ――――

寺西重郎 著

# 日本の経済発展と金融

岩波書店

両親に捧げる

## 経済研究叢書発刊に際して

　経済学の対象は私たちの棲んでいる社会である．それは，自然科学の対象である自然界とはちがって，たえず変化する．同じ現象が何回となく繰返されるのではなくて，過去のうえに現在が成立ち，現在のうえに将来が生みだされるという形で，社会の組立てやそれを支配する法則も，時代とともに変ってゆくのが普通である．したがって私たちの学問も時代とともに新しくなってゆかねばならぬ．先人の業績を土台として一つの建造物をつくりあげたと思った瞬間には，私たちは新しい現実のチャレンジを受け，時には全く新しい問題の解決をせまられるのである．

　いいかえれば経済学者は，いつも摸索し，試作し，作り直すという仕事を，性こりもなく続けなければならない．経済研究所の存在意義も，この点にこそあると思われる．私たちの研究所も，一つの実験の場である．あるいは，所詮完全なものとはなりえない統計を，すこしでも完全なものに近づけることに努力したり，あるいは，その統計を利用して現実の経済の動きの中に発展の法則を発見しようとしたり，あるいは，分析の道具そのものをみがくことに専念したり，あるいは，外国の経済の研究をとおして日本経済分析のための手がかりとしたり，あるいは，先人のきわめようとした原理を追求することによって今日の分析のための参考としたり，私たちの仕事はきわめて多岐にわたる．こうした仕事の成果を，その都度一書にまとめて刊行しようというのが本叢書の趣旨にほかならない．ときには試論の域を出でないものがあるとしても，それは学問の性質上，同学の方々の鞭撻と批判を受けることの重要さを思い，あえて刊行を躊躇しないことにした．ねがわくば，読者はこの点を諒承していただきたい．

　本叢書は，一橋大学経済研究所の関係者の筆になるものをもって構成する．必ずしも定期の刊行は予定していないが，一年間に少なくとも三冊は上梓のはこびとなろう．こうした専門の学術書は，元来その公刊が容易でないのだが，私たちの身勝手な注文を心よくききいれて出版の仕事を受諾された岩波書店と，

研究調査の過程で財政的な援助を与えられた東京商科大学財団とには，研究所一同を代表して，この機会に深く謝意を表したい．

1953年8月

一橋大学経済研究所所長
都 留 重 人

## 経済研究叢書別冊の刊行について

経済研究所関係者のいろいろの分野における研究成果のうち，経済研究叢書として発表されたものは，その発刊以来既に32冊を数えている．これらの既刊の叢書は，200-250ページのサイズで公表されるのを通例としていた．しかしながら，われわれの研究過程において，時に大部の研究成果を世に問う必要も生ずる．そのため，これまでにも，一橋大学経済研究所編『解説日本経済統計――特に戦後の分析のために――』，1961年，および篠原三代平編『地域経済構造の計量分析』，1965年が，経済研究叢書別冊として出版された．

今回，改めて研究所内にこの種の大部の研究成果を出版することについての要望が高まり，岩波書店と協議の上，数年に一点程度は，大部の研究成果をこの叢書の別冊として上梓することとした．近年，研究専門書の出版が，極めてきびしい事情にあるにもかかわらず，われわれ研究所の希望を聞き入れられ，経済研究叢書にこの別冊を継続的に設けられることを快諾された岩波書店に心からお礼申し上げる次第である．

1982年9月

一橋大学経済研究所所長
藤 野 正 三 郎

# は　し　が　き

　本書は筆者のここ十余年間の研究に基き，わが国経済発展の金融的側面を歴史・現状の両面から総合的に分析したものである．

　扱われる期間は，ほぼ明治4年頃からいわゆる高度成長過程が一段落したとみられる昭和40年代半ばまでであり，以下の諸章からなる．

　序章　金融と経済発展の長期過程
　第1章　明治期における銀行の成立と発展
　第2章　貨幣制度の整備と銀行制度
　第3章　明治の経済発展と金融
　第4章　農工間資金移動の分析
　第5章　1902–45年における銀行業産業組織の変動
　第6章　銀行集中と戦間期経済
　第7章　戦後における金融制度の再編成
　第8章　人為的低金利政策の論理構造
　第9章　長期資金市場と短期貸出市場
　第10章　人為的低金利政策の下での金融政策

序章は主要なトピックと分析視角の概要を紹介したものである．第1〜3章は明治期経済にかかわる．第4〜6章は明治末期から第2次世界大戦までの期間に，第7〜10章は戦後期特に高度成長期経済にかかわっている．

　各章の配列にみられるように，以下の分析は一応歴史的時間に沿って進行するが，本書はもとよりいわゆる通史ではない．本書の目的は，明治以来の長期発展過程および高度成長期経済の現状の双方を貫く基本的な金融のロジックを析出し，それに基いて歴史的・現代的な金融諸現象に統一的解釈を与えることにある．そうした作業を行うにあたって特に留意したことは次の2点である．

　第1に，広い意味での現状分析の重視．長期発展分析は現代経済のかかえる諸課題を視野においたものでなければならないと考える．また，歴史的視点を欠いた現状分析はしばしば脆弱でありうる．本書では，現代に接続する発展局面としての戦後高度成長期の分析を重視し，その金融構造と金融制度をできるだ

け総体的にかつ歴史過程を前提として解明することに努めた．第2に，金融的諸現象の背後にある実物的要因の重視．実物的背景との相互関連を軽視してなされる金融の現状分析あるいは金融制度史論はしばしば不完全でありうる．また長期的な金融面と実物面の関係を論じるにあたって，貨幣と資本の代替・補完関係のみに注目する既存の理論的枠組の射程はひどく限定的なものであると考える．本書では，資本蓄積・金融構造・金融制度の相互依存的長期変化というブロードな視点から発展過程における実物的要因と金融的要因とを論理的かつ実証的に統合することを心がけた．

　本書にはさまざまな仮説がおさめられている．1つには，これは本書の分析対象たる金融現象がきわめて多様であることによっている．歴史的な金融諸現象に一貫した論理的解釈を与え，かつそれを現代の諸現象に接合するという作業は，大小さまざまな新しい仮説の設定を必要とした．いま1つの理由は，利用可能なデータと既存の理論的分析装置のみをもってしては答えにくい諸問題にあえて論及した点にある．このため個別的分析ではできるだけ禁欲的たるを心がけたが，全体のロジックの流れをつけるにあたってはあえて強い仮説により飛躍を行なった箇所もある．しかしこうした試みは金融理論の発展のための1つのきわめて重要なステップであると考える．大方の御批判，御示唆を切望するものである．

　本書のできあがるまでの過程で多くの方々のお世話になった．なによりも，大学院時代のゼミナールの恩師である篠原三代平，藤野正三郎の両教授に御礼申し上げたいと思う．本書は一面で十数年ぶりに作成された両教授への提出論文でもある．藤野教授からは，筆者が一橋大学経済研究所に就職して以降も，師としてあるいは共同研究者として御指導を受けた．また，大川一司，石川滋，梅村又次の諸教授をはじめとする経済研究所，一橋大学経済学部の諸先生方，諸先輩の日頃の御指導，御助言に厚く御礼申し上げたい．日本証券経済研究所においての浜田宏一，蝋山昌一，米国滞在中における佐藤和夫，H.パトリック，経済政策研究会(国連大学プロジェクト)での中村隆英，坂野潤治の諸教授とのディスカッションは本書結実のための貴重な糧となった．特に先輩でもあり畏友でもある蝋山氏の常日頃の御助言にあらためて感謝したい．本書は経済研究所和文叢書としては別冊であり，また筆者の怠慢により脱稿が遅れたため，

執筆期間中の研究所長，和文叢書委員の方々の格別のお世話になった．特に高須賀義博氏は本書の執筆を勧められただけでなく，適切な助言を惜しまれなかった．また，本書の分析は大量の統計データに基づいているが，その処理は常川係長をはじめとする研究所統計係職員ならびに電算機室の方々の長期にわたる御尽力に負うものである．なお，本書の完成までに，松永記念科学振興財団，清明会ならびに日本経済研究奨励財団から資金援助を受けた．

本書の主要部分は1978年秋から1981年夏にかけての3年間に執筆された．このため1981年秋以降出版の諸研究については原則として論及していない．しかし論理構成の面ではその後1年間にわたり徹底した再吟味を行なった．その間岩波書店の担当諸氏と校正者の曾我部絢さんにはひとかたならぬ御協力をいただいた．本書の出版物としての完成度がいささかでも高いとすれば，それはこれらの方々の御尽力のたまものである．

1982年9月

寺 西 重 郎

# 目　　次

は　し　が　き

## 序章　金融と経済発展の長期過程 …………………………… 1
　(1)　民間金融資産の蓄積 ………………………………………… 2
　(2)　期間別資金の長期的需給 …………………………………… 9
　(3)　部門別資金の長期的需給 ………………………………… 14
　(4)　金融仲介技術と市場の地理的拡がり …………………… 18
　(5)　金融制度の長期的変化 …………………………………… 21
　補論　間接金融比率について ………………………………… 26

## 第1章　明治期における銀行の成立と発展 ……………… 31
　[1]　概　　観 …………………………………………………… 33
　　(1)　銀行制度の変遷 ………………………………………… 33
　　(2)　集計量分析 ……………………………………………… 47
　[2]　銀行設立の動機と設立主体 ……………………………… 56
　　(1)　銀行設立による超過利潤 ……………………………… 56
　　(2)　府県別分析 ……………………………………………… 61
　　(3)　設立主体 ………………………………………………… 74
　[3]　預金銀行化の進展 ………………………………………… 78
　　(1)　$G$の減少過程 …………………………………………… 80
　　(2)　$G$「操作」政策の理論と計量分析 …………………… 83
　　(3)　預金需要 ………………………………………………… 95
　補論　府県金融構造の主成分分析(1889年) ………………… 101

## 第2章　貨幣制度の整備と銀行制度 ……………………… 107
　[1]　政府紙幣の発行とその整理過程 ……………………… 108

|       |     |                                    |       |
|-------|-----|------------------------------------|-------|
|       | (1) | 政府紙幣の発行                     | 109   |
|       | (2) | 1878-81 年のインフレーション       | 113   |
|       | (3) | 銀行紙幣相対価格の騰貴             | 116   |
|       | (4) | 政府紙幣の整理過程                 | 123   |
| [2]   |     | 松方デフレと松方財政               | 127   |
|       | (1) | 紙幣整理額および財政余剰の比較     | 128   |
|       | (2) | マクロ諸変数の動き                 | 135   |
| [3]   |     | 国立銀行券から日銀兌換券へ         | 142   |
|       | (1) | 1872 年の国立銀行条例              | 142   |
|       | (2) | 1876 年における国立銀行条例の改正  | 144   |
|       | (3) | 日銀兌換券                         | 151   |
| [4]   |     | 殖産興業政策の転換と特殊銀行の設立 | 154   |
|       | (1) | 殖産興業政策の転換                 | 155   |
|       | (2) | 特殊銀行の構想                     | 159   |
|       | (3) | 特殊銀行の設立                     | 163   |

## 第3章　明治の経済発展と金融 …165

|       |     |                                    |       |
|-------|-----|------------------------------------|-------|
| [1]   |     | 産業資金の供給径路                 | 165   |
|       | (1) | 資金循環の 4 局面                  | 167   |
|       | (2) | 株式会社組織の発展                 | 171   |
|       | (3) | 「その他」資金                     | 175   |
|       | (4) | 銀　行　業                         | 178   |
| [2]   |     | 経済発展資金の源泉                 | 182   |
|       | (1) | 国立銀行を通じる資金移動           | 183   |
|       | (2) | 商人・地主の蓄積資金               | 187   |
|       | (3) | 重複金融仲介                       | 200   |
|       | (4) | 資金調達パターンの変化             | 208   |
| [3]   |     | 資金市場の分断と統一               | 214   |
|       | (1) | 資金市場の統一化                   | 216   |

(2)　地域的資金市場と府県農工銀行 ……………………222
　[4]　明治期の金本位制 ……………………………………226

## 第4章　農工間資金移動の分析 ………………………235
　[1]　問題の所在 …………………………………………236
　[2]　資金移動の概念的枠組 ……………………………240
　　　(1)　農家貯蓄，農家余剰，農業余剰およびそれらの
　　　　　純流出入の定義 …………………………………241
　　　(2)　資金移動における金融と財政の役割 …………244
　[3]　農家貯蓄の純流出入 ………………………………246
　　　(1)　農家貯蓄純流出入の推計 ………………………246
　　　(2)　純流出入の景気循環的変動 ……………………248
　　　(3)　純流出入のメカニズム …………………………251
　　　(4)　部門別貯蓄・投資の分析 ………………………254
　[4]　農家余剰の純流出入 ………………………………257
　　　(1)　農家余剰純流出入の推計 ………………………257
　　　(2)　広義における政府の役割および農業余剰の
　　　　　純流出入(参考) …………………………………259
　[5]　農村における金融市場 ……………………………263
　　　(1)　農村における近代金融組織の浸透 ……………264
　　　(2)　金融機関の農業貸出行動 ………………………269
　　　(3)　階層別農家の金融的行動 ………………………272
　[6]　農業をめぐる資金循環の図式 ……………………279
　補論(I)　戦前期農家部門の金融資産負債残高の推計方法 …………282
　補論(II)　大川＝高松推計について ……………………293

## 第5章　1902-45年における銀行業産業組織の
　　　　変動 …………………………………………………295
　[1]　第1期；1902-19年 …………………………………300

(1) 明治後期の小銀行問題 ……………………………………300
　　　(2) 政府による新設銀行の抑制と合同の勧奨 ……………308
　　[2] 第2期；1920-32年 ………………………………………311
　　　(1) 1925年末の普通銀行業 …………………………………313
　　　(2) 休業銀行の実態 …………………………………………327
　　　(3) 銀行法による小銀行の整理 ……………………………332
　　[3] 第3期；1933-45年 ………………………………………336
　　　(1) 満州事変期(1933-36年) ………………………………337
　　　(2) 日中戦争・太平洋戦争期(1937-45年) ………………340
　　[4] 産業組織パターンの推移………………………………………345
　　補論　1937年における国債担保日銀借入順鞘化 ………………351

# 第6章　銀行集中と戦間期経済 ………………………………355

　　[1] 銀行集中の内部的要因…………………………………………356
　　　(1) 銀行破綻と預金のシフト ………………………………356
　　　(2) 定期性預貯金需要函数の計測 …………………………359
　　　(3) 金融の二重構造 …………………………………………366
　　[2] 産業構造の変化と銀行集中…………………………………373
　　　(1) 産業構造の変化 …………………………………………375
　　　(2) 格差の発生と銀行集中 …………………………………377
　　　(3) 資本集中仮説と機関銀行論 ……………………………381
　　　(4) 「財界の整理」と銀行政策………………………………384
　　[3] 銀行以外の金融機関の展開…………………………………393
　　　(1) 概　　観 …………………………………………………393
　　　(2) 政府金融部門の機能 ……………………………………396
　　　(3) 在来金融組織の役割 ……………………………………405
　　補論　危険回避的預金者の資産選択問題 ………………………408

# 第7章　戦後における金融制度の再編成 ……………………411

［1］　金融制度再編成の経済的背景 ……………………411
　　　　　(1)　経 済 課 題 …………………………………………411
　　　　　(2)　金融面の諸条件 ………………………………………413
　　　［2］　高度成長期金融制度の成立………………………………420
　　　　　(1)　金融組織の再編成 ……………………………………420
　　　　　(2)　人為的低金利政策の定着 ……………………………422
　　　　　(3)　制度の変容 ……………………………………………428
　　　［3］　1960年末金融資産負債残高表のアナトミー……………433

第8章　人為的低金利政策の論理構造 ……………………451
　　　［1］　問題の所在 …………………………………………………451
　　　［2］　金利規制の論理構造 ………………………………………455
　　　　　(1)　公社債市場 ……………………………………………455
　　　　　(2)　政 府 金 融 …………………………………………463
　　　　　(3)　預貯金市場 ……………………………………………473
　　　　　(4)　規制市場間の関係 ……………………………………481
　　　［3］　事実上の補助金の流れと金融政策 ………………………483
　　　［4］　長期資金の信用割当 ………………………………………494
　　　　　(1)　国家財政と低金利政策 ………………………………495
　　　　　(2)　産業資金の信用割当 …………………………………496
　　　［5］　人為的低金利政策と資金偏在現象 ………………………499

第9章　長期資金市場と短期貸出市場 ……………………507
　　　［1］　長期資金の信用割当 ………………………………………508
　　　［2］　短期貸出市場の理論的分析………………………………515
　　　　　(1)　企業と銀行の主体均衡 ………………………………515
　　　　　(2)　短期貸出市場の均衡 …………………………………517
　　　　　(3)　比較静学分析 …………………………………………521

[3] 融資循環の二重性 …………………………………………525
　　　(1) マーク・アップ率変化に関するラグ …………………525
　　　(2) 融資循環の二重性と長期資金・固定資産比率 ………527
　　[4] 諸批判および貝塚モデル ………………………………531
　　　(1) 諸批判について …………………………………………531
　　　(2) 貝塚モデル ………………………………………………534
　　[5] 企業間信用の分析 ………………………………………542
　　　(1) 景気循環分析 ……………………………………………543
　　　(2) 企業の流動資産保有 ……………………………………548
　補論(I)　貸出の需要供給曲線の性質 ………………………………555
　補論(II)　借入金シェアと長期資金・固定資産比率 ………………557
　補論(III)　産業間の生産性上昇率格差と長期資金配分 ……………559

# 第10章　人為的低金利政策の下での金融政策 ………563
　　[1] 現金通貨の供給径路 ……………………………………565
　　[2] 日銀信用の受動的供給 …………………………………570
　　　(1) 日銀信用供給の受動性と信用割当 ……………………570
　　　(2) 政策効果の波及過程 ……………………………………578
　　　(3) 受動的日銀信用供給方式の成立根拠 …………………589
　　[3] 受動的日銀信用供給下の窓口指導 ……………………596
　　　(1) 窓口指導の有効性 ………………………………………597
　　　(2) 超過準備の利子率弾力性と貸出市場の
　　　　　セグメンテーション ……………………………………600
　　　(3) 1973, 74年のインフレーション下の金融政策手段 ……603

統　計　付　録 ……………………………………………………611
参　考　文　献 ……………………………………………………625
人名索引・事項索引 ………………………………………………643

## 図 目 次

| | | | | |
|---|---|---|---|---|
| 0-1 | 企業間信用を除く民間金融資産残高の GNE および資本ストックに対する比率 3 | 7-3 | 長期資金・固定資産比率(全産業) 432 |
| 1-1 | 銀行の資金調達 48 | 8-1 | 人為的低金利政策の部分均衡分析 451 |
| 1-2 | 銀行を通じる資金の相対的重要性 51 | 8-2 | 公社債利回と公定歩合 457 |
| 1-3 | 預金市場の均衡 91 | 8-3 | 戦後期の公定歩合，コール・レート，現先レート及び定期預金金利 474 |
| 1-4 | 郵便貯金の関連指標 98 | 9-1 | 規模別の長期資金・固定資産比率 509 |
| 1-5 | 諸利子率の推移 99 | 9-2 | 第 $i$ 銀行と第 $j$ 企業の短期貸出市場 517 |
| 1-6 | 主成分分析；府県のスコアー散布図 104 | 9-3 | 景気指標($t$)増加の効果 522 |
| 2-1 | 各種物価指数 113 | 9-4 | 景気指標($t$)減少の効果 523 |
| 2-2 | 金・銀紙幣相対価格の推移 117 | 9-5 | 公定歩合($\varrho$)引上げの効果 524 |
| 2-3 | 各種指標の月別値 140 | 9-6 | 規模別借入の循環変動 527 |
| 3-1 | 主要資金残高の推移 166 | 9-7 | 規模別流動負債金融機関借入金増減額(4期移動平均) 528 |
| 3-2 | 府県別預金金利および生糸・米価格の変異係数の推移 217 | 9-8 | 貝塚モデル 534 |
| 3-3 | 府県別貸付金利の変異係数の推移 218 | 9-9 | 擬似的な信用割当 539 |
| 4-1 | 農家貯蓄の純流入出(1915年以前) 248 | 9-10 | 大企業(資本金1億円以上)の流動資産選択 543 |
| 4-2 | 農家貯蓄の純流入出(1915年以後) 249 | 9-11 | 法人企業の流動資産保有構成比 549 |
| 4-3 | 農家貯蓄と農業投資 252 | 9-12 | 重化学工業等構成比 551 |
| 5-1 | 都市銀行と地方銀行の預貸率の長期変動 337 | 9-13 | 株式持合比率の推移 554 |
| 5-2 | 預金・自己資本比率の規模分布 346 | 9-14 | 全産業の増分による長期資金・固定資産比率($b_t$)と金融機関短期借入金増分における小規模企業のシェアー($y_t$) 558 |
| 5-3 | 預貸率(貸出/預金)の規模分布 346 | 9-15 | 物的生産性上昇率と長期資金・固定資産比率の相関 559 |
| 5-4 | 経費・預金比率の規模分布 347 | 9-16 | 物的生産性上昇率と価格上昇率の相関 560 |
| 5-5 | 都市銀行と地方銀行の短期金融依存度と日銀借入依存度 349 | 10-1 | コール市場の均衡 573 |
| 6-1 | 定期性預貯金の構成比 357 | 10-2 | 資産市場の均衡 583 |
| 6-2 | $G(P/D)$ と $G(L/D)$ との関係 358 | 10-3 | 日銀信用残高増加率と窓口指導 588 |
| 6-3 | 人口1人当り，口座1口当り預貯金等 363 | 10-4 | MⅠ，MⅡ，ハイ・パワード・マネーおよび民間部門保有現金通貨 の対前年同期比増加率 605 |
| 6-4 | 製造業規模別賃金格差および農業・製造業賃金格差 375 | 10-5 | 金融機関業態別貸出対前年同期比 608 |
| 6-5 | 貨幣需要函数 386 | | |
| 6-6 | 貸付金利および製造業利潤率 388 | | |
| 6-7 | 地方銀行の貸出・有価証券投資構成比の変化率($G(L)$)と政府金融のそれ($G(P)$)との相関 399 | | |
| 7-1 | 全産業規模別賃金格差 414 | | |
| 7-2 | 民間金融資産・GNP比率 429 | | |

## 表目次

- 0-1 民間部門資産構成比（企業間信用を除く） 5
- 0-2 間接金融比率（企業間信用を除く） 28
- 1-1 設立時国立銀行のバランス・シート（モデル） 34
- 1-2 明治前期の東京貸付金利 34
- 1-3 銀行数および郵便貯金取扱局数の推移 36
- 1-4 松方デフレ期における私立銀行数および銀行類似会社数の地域別分布 42
- 1-5 国立銀行，私立銀行，銀行類似会社の資金調達の比較（1890年下期） 54
- 1-6 新潟県における国立銀行，私立銀行，銀行類似会社の比較（1890年末） 54
- 1-7 政府資金（G）の構成比（年平均） 57
- 1-8 銀行資本金業態別シェアーの府県分布（1886年末） 62
- 1-9 国立銀行の資金調達（1889年末） 63
- 注74 貸金会社と質屋の重要性（1889年末） 63
- 1-10 私立銀行の資金調達（1889年末） 64
- 1-11 国立銀行の貸出額に対する荷為替手形と割引手形の比率（1881年度下期中） 65
- 1-12 国立銀行による主要府県間荷為取組高（1879年7月-80年6月） 66
- 1-13 国立銀行の総資産に対する公債証書の比率（1881年度下期末） 67
- 1-14 国立銀行の貸付金抵当別構成（1891年末） 67
- 1-15 1万円以上土地所有者の所有地価の変化（1897年/1886年） 68
- 1-16 山梨県における銀行類似会社と製糸業の分布 69
- 1-17 所得税/租税比率等（1889年） 70
- 1-18 「金融資産」の蓄積水準（1889年） 71
- 1-19 設立者の職業別による国立銀行の類型 75
- 1-20 国立銀行等の族籍別株式保有額構成比 77
- 1-21 モデルの計測結果 92
- 1-22 預金構成比 96
- 1-23 府県別金融構造の主成分分析 102
- 2-1 明治初期の中央政府主要歳入歳出額 109
- 2-2 現金通貨残高（1868-75年） 110
- 2-3 現金通貨残高とその増減（1875-85年） 112
- 2-4 松方デフレ期前後の諸現象 114
- 2-5 租税収入の推移 115
- 2-6 グレイシャムの法則と金銀貨の流出 120
- 2-7 国立銀行券の消却 126
- 2-8 松方デフレ期の一般会計歳入・歳出決算額 129
- 2-9 別途会計：起業基金及び鉄道基金の収支 131
- 2-10 財政余剰の比較 132
- 2-11 GNE 構成要素の実質成長率 135
- 2-12 実質利子率と実質現金残高 136
- 2-13 月別の輸出額ー輸入額 137
- 2-14 初期国立銀行のバランス・シート 143
- 2-15 新・旧国立銀行条例の主要規定比較 146
- 2-16 国立銀行の資本金と発行紙幣 148
- 2-17 国立銀行紙幣抵当公債 150
- 2-18 日銀券の発行準備 154
- 2-19 主要な官業の払下げ過程 158
- 2-20 農商務省の興業銀行構想における貸付対象の分類 161
- 3-1 明治期における産業資金供給状況（金額，5年間のフロー合計） 167
- 3-2 明治期における産業資金供給状況（構成比） 168
- 3-3 『帝国統計年鑑』の会社資本金 172
- 3-4 資本金別，株主数別業種数（1889, 1898年末） 173
- 3-5 製造業の実質生産成長に対する各業種の貢献度 175
- 3-6 製造工業の営業形態 176
- 3-7 国立銀行バランス・シート（1886年末）

表　目　次　　　　　xix

| | | | |
|---|---|---|---|
| | 183 | 4-1 | 農家貯蓄の純流出入($S-I$の推計)　246 |
| 3-8 | 国立銀行を通じる族籍間資金移動(1886年末)　185 | 4-2 | 純流出入率のクロノロジー　251 |
| 3-9 | 地方別の国立銀行を通じる族籍別資金移動(1886年末)　186 | 4-3 | 農家貯蓄の純流出入率($X$)と農家可処分所得成長率($Y$)との時差相関係数　254 |
| 3-10 | 500万円以上資産保有者の職業(1902年)　188 | 4-4 | 部門別貯蓄・投資　255 |
| 3-11 | 全国103社の大株主(5,000株以上)数の分布(1899年)　189 | 4-5 | 農家余剰の純流出入($S_A-I$の推計)　258 |
| 3-12 | 大資産所有者39人の株式投資の構成(1899年末)　190 | 4-6 | 農・非農の直接税負担と補助金　260 |
| 3-13 | 都市商工業者の株式公債所有(1901年)　191 | 4-7 | 広義における政府による資金移動　261 |
| 3-14 | 紡績会社株主の職業構成(1898年上期)　192 | 4-8 | 農業余剰の純流出入($S_B-I$の推計)　263 |
| 3-15 | 大地主の有価証券保有　193 | 4-9 | 農家の金融資産負債残高表　267 |
| 3-16 | 徳川期の賃金と物価　197 | 4-10 | 特殊銀行の農業貸付割合および信用組合の預貸率　271 |
| 3-17 | 三井家財産額と株式・現金残高の推移　197 | 4-11 | 階層別負債額および借入先別割合等(1937年)　274 |
| 3-18 | 勧業関係中央政府支出,産業補助金および$G$に関する銀行に対する事実上の補助金(年平均値)　199 | 4-12 | 階層別信用組合利用度　275 |
| 3-19 | 1897年頃の主要企業資金調達　209 | 4-13 | 近代金融機関の種類別・目的別農業貸付(1929年)　277 |
| 3-20 | 企業資金調達の推移　210 | 4-14 | 階層別農家負債に占める農業用負債割合　278 |
| 3-21 | 外資依存度の推移　213 | 4-15 | 階層別経営規模別貯蓄率(1927年)　278 |
| 3-22 | 1910年および1930年の外資輸入残高　213 | 4-16 | 階層別貯蓄率(%, $Y$)の耕地面積(反, $X$)に対する回帰　279 |
| 3-23 | 運輸組織の発達　215 | 4-17 | 農家金融資産残高　283 |
| 3-24 | 通信組織の発達　215 | 4-18 | 農家負債残高　284 |
| 3-25 | 内航運賃　216 | 4-19 | 大川＝高松推計との比較　293 |
| 3-26 | コルレス線数　216 | 5-1 | 5大銀行の全普通・貯蓄銀行に占めるシェアー　295 |
| 3-27 | 預金金利・貸付金利およびそれらの変異係数間の単純相関係数(1890-1925年)　219 | 5-2 | 公称資本金別普通銀行数　296 |
| 3-28 | 1890年から1900年にかけての加重平均預金金利及び預貸率の変化　220 | 5-3 | 5大銀行とその他普通・貯蓄銀行の諸財務比率　296 |
| 3-29 | 農工銀行最高貸付利率と不動産抵当個人間貸借金利(1913年)　223 | 5-4 | 3期間における普通・貯蓄銀行集中状況　299 |
| 3-30 | 第1次合併農工銀行と存続農工銀行の比較(1920年末)　224 | 5-5 | 1904年普通銀行408行払込資本金規模別諸比率　301 |
| 3-31 | 日銀券・日銀正貨増減と貿易(経常)収支　230 | 5-6 | 1925年普通銀行1,515行の規模別財務比率　314 |
| 3-32 | 日銀の正貨収支　231 | 5-7 | 1925年普通銀行1,515行の主成分分析　317 |
| | | 5-8 | 1925年普通銀行206行の規模別財務比率 |

| | | | |
|---|---|---|---|
| | 318 | 6-12 | 各種金融機関数の推移　392 |
| 5-9 | 1925年普通銀行206行の主成分分析　321 | 6-13 | 政府金融部門の負債構成比　395 |
| 5-10 | 1925年普通銀行206行規模別預金・借入金利の推定　324 | 6-14 | 預金部資産運用残高構成比(形式別)　396 |
| 5-11 | 1925年普通銀行206行の規模の経済性分析　326 | 6-15 | 預金部資産運用残高構成比(目的別)　397 |
| 5-12 | 1925年普通銀行206行払込資本金規模別の規模の経済性分析　326 | 6-16 | 預金部内地地方資金の構成(1930年末)　398 |
| 5-13 | 恐慌時における銀行の規模別休業率　328 | 6-17 | 勧業債券,興業債券,産業債券の預金部資金による消化　398 |
| 5-14 | 1927年中休業銀行の財務比率(日本銀行「諸休業銀行ノ破綻原因及其整理」に記載されている休業普通銀行)　331 | 6-18 | 郵便貯金の据置期間別構成比　401 |
| | | 6-19 | 郵便貯金金額別構成比および人口1人当り定期性預貯金　402 |
| 5-15 | 銀行法による無資格銀行整理状況(1928-32年の合計)　333 | 6-20 | 郵便貯金の零細性　402 |
| | | 6-21 | 製造業(東京,神戸の2市)借入金の借入先構成比(1932年)　404 |
| 5-16 | 1932年普通銀行規模別財務比率　333 | | |
| 5-17 | 日銀取引先普通銀行(シンジケート銀行とその他銀行)の預金コスト,証券・貸出利回比較(1932年下期)　334 | 6-22 | 製造業(東京,横浜,神戸の3市)の規模別シェアー(1932年)　405 |
| | | 6-23 | 商業(東京市)借入金の借入先構成比(1931年6月末)　406 |
| 5-18 | 日銀取引先普通銀行の預金コスト　343 | 6-24 | 製造業借入金の借入先別構成比(1957年)　407 |
| 5-19 | 1939年普通銀行規模別財務比率　344 | | |
| 5-20 | 普通銀行支店出張所数の推移　350 | 7-1 | 国際収支(年平均)　412 |
| 5-21 | 1930年代の国債発行と日銀　352 | 7-2 | 産業別有業人口の増減　413 |
| 6-1 | モデルの計測結果　362 | 7-3 | 1940-50年のインフレーションと金融資産等　415 |
| 6-2 | 人口1人当り,口座1口当り預貯金の増加率　365 | 7-4 | 定期預金構成比および金融機関業態別預金シェアー　416 |
| 6-3 | 5大銀行による直接合同(1900-40年)　367 | 7-5 | 貸出に占める1年超貸出の割合　417 |
| 6-4 | 財閥系金融機関のシェアー(1929年末)　369 | 7-6 | 金融組織の再編成　421 |
| | | 7-7 | 1961年4月時点現行の租税特別措置の創設時期　427 |
| 6-5 | 銀行の業種別貸出割合　372 | | |
| 6-6 | 製造工業生産額の構成比　374 | 7-8 | 1960年末非金融部門の負債　435 |
| 6-7 | 農林水産業の全産業に対する相対生産性の推移　374 | 7-9 | 1960年末非金融部門の非金融部門に対する資金供給残高　437 |
| 6-8 | 製造業(東京・横浜・神戸の3市)の二重構造(1932年)　376 | 7-10 | 1960年末非金融部門の金融部門に対する資金供給残高　438 |
| 6-9 | 農林水産業の成長率　378 | 7-11 | 1960年末非金融部門の資金需要と資金供給　439 |
| 6-10 | 1927年中休業銀行の破綻原因(日本銀行「諸休業銀行ノ破綻原因及其整理」に記載されている休業普通銀行)　383 | 7-12 | 1960年末市中金融内部の資金需給残高　440 |
| 6-11 | 各種金融機関貸出および有価証券投資の推移　392 | 7-13 | 1960年末全国銀行(銀行勘定)業態別主要資産負債残高　441 |

表 目 次　　　　　　　　　xxi

| | | | | |
|---|---|---|---|---|
| 7-14 | 1960年末金融部門間の資金需給残高　442 | | 8-20 | 拡大された産業資金供給状況表　497 |
| 7-15 | 1960年末非金融部門への資金供給　444 | | 8-21 | 事業債格付基準の推移　498 |
| 7-16 | 1960年末金融部門の資金調達と資金供給　445 | | 8-22 | 金融機関本支店数の推移　502 |
| 7-17 | 財政投融資原資(実績)の構成　448 | | 9-1 | 外部からの設備資金調達方法の実績と希望の対比　510 |
| 7-18 | 財政投融資使途別構成(1953–75年)　449 | | 9-2 | 金融機関別貸出期間1年以上の貸出金の総貸出金に対する割合　511 |
| 8-1 | 公社債の発行条件と市中利回(1960年)　456 | | 9-3 | 「貸し手の二重構造」(1960年末)　512 |
| 8-2 | 債券売買高(東京市場)及び構成比　458 | | 9-4 | 融資循環の総括　544 |
| 8-3 | 公社債売買回転率　459 | | 9-5 | 民間金融資産における法人企業のシェアー　552 |
| 8-4 | 資金運用部貸借対照表(1960年度末)　464 | | 9-6 | $y_t$ と $b_t$ との間の相関係数　559 |
| 8-5 | 資金運用部預託金内訳および預託条件(1960年度末)　464 | | 10-1 | 日銀信用残高の構成　567 |
| 8-6 | 1960年度の資金コスト及び資産運用利回の比較　465 | | 10-2 | 資金需給実績　568 |
| | | | 10-3 | 金融機関別貸出構成比　603 |
| 8-7 | 政府金融関連の主要利子率の推移　466 | | 10-4 | 1973年引締時の現金通貨，現金準備および準備預金　606 |
| 8-8 | 1960年度政府金融機関の資金コスト，資産運用利回及び資金調達残高　469 | | | |
| 8-9 | 産業投資特別会計貸借対照表　471 | | 〔統計付録〕 | |
| 8-10 | 政府金融機関の資金構成と一般会計からの受入　472 | | 1-Ⅰ | 銀行の資金調達等(1887年以前)　611 |
| | | | 1-Ⅱ | 銀行の資金調達等(1888年以降)　612 |
| 8-11 | 主要な融資事業団及び融資業務を行う公団(1975年末現在)　473 | | 1-Ⅲ | 府県別財政金融等データ(A)〜(C)　613 |
| 8-12 | 定期預金と定額貯金の金利比較　477 | | 2-Ⅰ | GNP*(非1次産業および在庫投資を除く当年価格GNE)　617 |
| 8-13 | 郵便貯金および銀行預金の平均滞留期間　478 | | 2-Ⅱ | GNP* 構成要素の実質値(1934–36年価格)　618 |
| 8-14 | 都銀に対する事実上の補助金　484 | | 5-Ⅰ | 普通・貯蓄銀行数の変動　619 |
| 8-15 | 都銀に対する事実上の課税　485 | | 8-Ⅰ | 各種債券の応募者利回と市中利回の乖離，都銀保有額　620 |
| 8-16 | 金融債に関する事実上の課税の各種ケース　487 | | 9-Ⅰ | 業種別の長期資金・固定資産比率　620 |
| | | | 9-Ⅱ | 業種別の付加価値生産性　621 |
| 8-17 | 政保債の発行額と日銀買オペ額　491 | | 9-Ⅲ | 製造業業種別の(1)付加価値生産性上昇率，(2)物的生産性上昇率および価格上昇率　622 |
| 8-18 | 国債の消化及び日銀買オペ実施状況　491 | | | |
| 8-19 | 預金者から都銀への所得移転　493 | | 10-Ⅰ | マネタリー・サーベイ　622 |

# 序章　金融と経済発展の長期過程

　本章では，以下の諸章における主要なトピックを紹介しつつ本書の基本的な分析視角を素描する．

　ケインズが強調したように，実物的資本蓄積過程において貯蓄主体と投資主体は必ずしも同一でない．このことは現代経済においてはもちろん，少なくとも明治期以降の経済において一般的に成立する．貯蓄主体と投資主体の不一致は，金融面ではさまざまな範疇の資金の需給不均衡となってあらわれる．発展過程においては特に部門別および期間別の需給不均衡が重要である．農・商・工部門のうちいずれが借手(すなわち自己の貯蓄より投資の多い赤字主体)であり，いずれが貸手(すなわち自己の投資より貯蓄の多い黒字主体)であるか．工業部門のうち投資財部門と消費財部門ではどうか．政府，家計，企業の間ではどうかといった問題が部門別の資金需給であり，工業化による経済発展過程では特に工業部門の資金調達が重要な問題となる．また，貸手は自己の資金必要度に応じて，あるばあいには長期，あるばあいには短期の資金供給を希望する．これに対して，借手はその投資の種類によって借入の期間を選ぶ．これが期間別の資金需給の問題である．商業化の時代にくらべて工業化の過程では資金需要は一般に長期化する．また，人々の蓄積資金が多いばあいには，貸手は短期資金の供給にさほどこだわらないであろう．

　部門別・期間別の資金需給を以下ではしばしば金融構造とよぶ．金融構造は，実物面の貯蓄・投資過程の反映にほかならないが，それはまた実物資産および金融資産の蓄積水準に依存する．特に，発展過程では人々の資産選択に対する金融資産蓄積水準の影響が重要である．また，部門別・期間別の資金需給は，言うまでもなく利子率の動きによって調整される．しかし，その調整過程は金融制度のあり方によって強く規定される．これらの点は以下の(1)～(3)で論じられる．

　金融制度とは，さまざまな範疇の資金需給を結びつける制度的仕組みである．この仕組みは，銀行，証券会社等の金融組織と預金市場，貸付市場，証券市場

等の金融市場からなる．会社組織および金融市場はその行動様式あるいは機能様式によって特徴づけられる．金融組織には銀行等の法的根拠をもつ公式組織と銀行類似会社，個人貸金業等の非公式組織がある．公式組織の行動様式はそれぞれの法律またはその施行細則等で規定されている．非公式組織には利息制限法や営業税法等の一般的な規制はあるものの，その行動様式は主として自らの裁量によって決定される(たとえばかつての銀行類似会社は，銀行業務のほか運送業，不動産業，物品販売業等さまざまな業務を兼営した)．金融市場には，政府の規制をうけ，その機能様式を限定されている規制市場とそうでない自由市場がある．戦後高度成長期の例でいうと公社債市場およびコール市場がそれぞれ規制市場および自由市場の代表例である．金融市場に対する政府規制の典型的手法は金利規制および参入規制である．

　金融制度は金融構造に影響を与えるとともに，金融構造の変化によって変革をうける．制度変革は，金融構造の変化に対する公的または私的な対応の結果として生じる．そのばあい，2つの要因が制約条件となる．第1は，金融仲介技術の水準である．金融仲介技術とは，資金の集中・配分を行う技術であり，資産管理の安全性(信用度)と効率性(情報収集能力等)に主として依存する．これには，両替金融等の在来技術，海外からの導入技術および金融組織の保有する人的・経営的資源に体化蓄積される技術がある．第2は，市場の地理的拡がりである．これは市場の地域的分断とその統一過程および海外市場の利用可能性がかかわっている．これらの2要因は長期的な金融制度変革過程の枠組を規定する．2要因の長期的変化および金融制度の変革パターンは以下の(4),(5)で論じられる．ちなみに，本書では金融構造と金融制度をとりまく外的条件としての金融資産蓄積水準，金融仲介技術，市場の地理的な拡がりの3者を金融面の諸条件とよぶことがある．また，本章の補論ではいわゆる間接金融比率の長期的変化過程を考察する．

### (1) 民間金融資産の蓄積

　金融構造を規定する諸要因のうち資金供給のあり方は，民間金融資産の蓄積水準およびその分布にクルーシャル(決定的)に依存している．筆者と藤野正三郎教授の共同推計になる『金融資産負債残高表』[1]および日銀の『資金循環表』

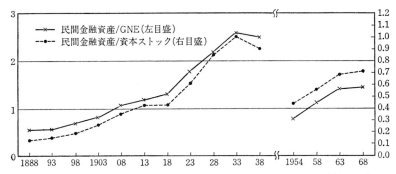

図 0-1 企業間信用を除く民間金融資産残高の GNE および資本ストックに対する比率
〔資料および注〕 各年を中央年とする 5 年間の平均値系列の比率. ただし,1954,68 年はそれぞれ 1953-55, 1966-69 年の平均. 戦前の民間金融資産は藤野正三郎・寺西重郎『金融資産負債残高表』による. 戦後の民間金融資産は日銀『資金循環表』の法人と個人の和であり,戦前と連続させるため,企業間信用を除いてある. GNE は当年価格表示であり,戦前は『長期経済統計』第 1 巻第 1 表の粗国民支出と藤野正三郎・秋山涼子[1973]第 1・5 表における名目在庫投資の和. 戦後は『長期経済統計』第 1 巻第 1-A 表における粗国民支出. 資本ストックは当年価格表示であり,住宅を含む. Fujino, S.[1975] pp. 190-192 による.

によって,資産蓄積の主要特性をおさえておこう.

図 0-1 は民間部門(法人・個人部門)の金融資産残高の GNE および資本ストックに対する比率を描いたものである. 各種金融資産には現金等を除いて一般に不可分性(indivisibility)があるため,資産蓄積水準の大小は人々の資産選択のあり方に大きな影響をもつ. 資産水準が低いばあいには,資産保有の多様化(diversification)ができないため人々は現預金等の流動資産を多く保有する. これは 2 つの理由による. 1 つは,収益率の変動の大きい危険資産はいくつかの(互いに収益率変動の相関の小さい)資産を組合せて保有する(すなわち多様化する)ことによりポートフォリオ全体のリスクを小さくすることができるが,資産の不可分性と資産水準の低位の制約のあるときはこれができない. このため,危険回避的な資産保有者は現金等の安全資産をより多く保有しようとする. 第 2 の理由は,資産保有の多様化ができないばあい,将来における選択の幅が小さくなるため,長期にわたって拘束されることのない短期性の資産すなわち現預金等の流動資産を多く保有すると考えられることである. 第 1 の理由はマーコヴィッツ(Markovitz, H.)[1959], トービン(Tobin, J.)[1958]等のポート

---

1) 推計方法等については藤野正三郎・寺西重郎[1975]参照.

フォリオ・セレクションの理論から導かれるものであり，第2の理由はヒックス(Hicks, J. R.) [1974] の流動性理論に類似している[2]．

ガーレイ＝ショウは投資の外部資金依存度の上昇，金融機関を通じる迂回度の上昇等により，長期にわたって金融資産の蓄積水準が上昇傾向をもつことを強調した(Gurley, J. G. and E. S. Shaw [1960])．図0-1の2つの比率も初期の低い値からはじまって，次第に上昇していることがわかろう．図0-1 はまた，第2次大戦後に資産水準が大きく低下したことを示している．これは言うまでもなく，戦争中および特に終戦直後の急激なインフレーションにより，金融資産の実質値が大幅に減価したことによっている．1940年から50年にかけてGNPデフレーターは約127倍になった(第7章[1])．これに対して，戦争による実物資産の物的損耗率は約25%であった[3]．資本ストック等の実物資産にくらべて，金融資産実質値が極端に低下したのである．戦後においても，しかしながら，これらの比率はその後次第に上昇した．特に，図0-1の金融資産に含まれていない企業間信用を考慮するとこれらの比率は1960年代に急上昇しており[4]，60年代の終りにはアメリカあるいは戦前の最高水準に比肩する水準に達していることが確認される(第7章[2])．

次に表0-1によって民間金融資産の構成比の推移をみよう．初期において現金の割合が75.1%と著しく高く，それが1900年頃にかけて急速に低下していることが注目されよう．預貯金の割合は1900年頃まで上昇が急速であり，その後もなだらかに上昇し，戦後はほぼ一定である．保険・信託の割合も次第に上昇し，戦争直後に低下した後再び徐々に上昇している．有価証券の割合は1880年代にかけて上昇した後，若干低下傾向をもち，戦後は著しい低水準にある．戦後における有価証券比率の低位は，第1に，金融資産蓄積水準の低位により

---

[2] 危険回避のための保有という流動性の消極的な効果を強調するポートフォリオ・セレクションの理論に対して，ヒックスは，将来における選択の幅をひろげ，投資の賢明な選択を可能ならしめるという流動資産のもつポジティヴな機能を強調している．
[3] 経済安定本部の調べによれば，戦時中の国富被害額は643億円，終戦時残存国富額は1,889億円であった．それゆえ，被害率は643÷(643+1,889)=0.25．中村隆英[1978] p. 143 参照．
[4] 図0-1の民間金融資産には，企業間信用だけでなくいわゆる在来的金融資産(個人間の貸付，商人の前貸金融，貸金業者による貸付等)が含まれていない．しかし，図7-2で行なったように戦後と1930年代を較べるときには，これら在来金融資産は他の金融資産と区別していちおう除外してよかろう．なぜなら，個人間貸付，商人の前貸金融等の資産は著しく市場性に乏しく，陽表的に手形が発行され銀行割引の対象となる企業間信用等とは異質のものと考えられるからである．

表 0-1　民間部門資産構成比(企業間信用を除く,単位:%)

| | 現金 | 預貯金 | 保険・信託 | 有価証券 | その他合計 | 計 |
|---|---|---|---|---|---|---|
| 1874 | 75.1 | 1.9 | — | 23.0 | | 100.0 |
| 1875 | 71.9 | 1.5 | — | 26.6 | | 100.0 |
| 1876- 80 | 47.4 | 2.7 | — | 49.9 | | 100.0 |
| 81- 85 | 29.9 | 12.4 | 0.0 | 57.6 | | 100.0 |
| 86- 90 | 21.6 | 18.6 | 0.1 | 57.5 | | 100.0 |
| 91- 95 | 21.1 | 20.9 | 0.2 | 51.7 | | 100.0 |
| 1896-1900 | 15.6 | 26.2 | 0.5 | 50.2 | | 100.0 |
| 1901- 05 | 10.3 | 30.6 | 0.9 | 47.1 | | 100.0 |
| 06- 10 | 8.0 | 33.9 | 1.1 | 43.2 | | 100.0 |
| 11- 15 | 6.2 | 33.5 | 1.9 | 42.6 | | 100.0 |
| 16- 20 | 4.7 | 41.0 | 1.8 | 37.5 | | 100.0 |
| 21- 25 | 3.5 | 36.1 | 3.2 | 41.2 | | 100.0 |
| 26- 30 | 2.4 | 36.2 | 7.2 | 36.7 | | 100.0 |
| 31- 35 | 2.1 | 35.5 | 10.5 | 36.5 | | 100.0 |
| 36- 40 | 2.7 | 39.6 | 11.6 | 33.7 | | 100.0 |
| 1953- 55 | 7.1 | 45.2 | 6.8 | 11.0 | | 100.0 |
| 56- 60 | 4.8 | 44.8 | 9.2 | 11.9 | | 100.0 |
| 61- 65 | 3.5 | 41.0 | 10.8 | 13.2 | | 100.0 |
| 66- 69 | 3.2 | 42.3 | 13.3 | 10.0 | | 100.0 |

〔資料〕　図0-1と同じ.
〔注〕　その他とは出資金,積立金,その他.

多様化保有による危険回避がむずかしかったことに,第2に,消費者金融の未発達により流動資産の需要が高かったこと,第3に,人為的低金利政策の制度の下で,公社債の流動性および収益率が低位に規制され,日銀信用供給に支えられなければ保有しえない仕組みが成立していたことによる(第8章).

　ところで,民間金融資産の蓄積の効果は,単に全体としての水準の如何だけでなくその分布の如何に依存している.資産分布をデータ的にとらえることは容易でないが,次の2点はほぼ明らかであり,しかも金融構造・制度のあり方に対してきわめて重要な意味をもっている.その第1は,初期における商人・地主の蓄積資産である.第3章[2]においてわれわれは商人・地主の蓄積資産の水準を検討し,全国の大資産家,大株主の職業分布において商人が圧倒的な地位を占めていることを確認する.純粋な地主の資産は大商人のそれにくらべると著しく小さい.(ただし,地方小資本としては無視できない地位をしめている.)これら商人・地主の蓄積資金はほぼ文化・文政期(1820年頃)以降の長

期にわたるインフレ的成長過程において蓄積されたものであり[5]，商人資産については，さらに明治以降の租税・補助金政策の効果が加わる．表0-1 においてわれわれは初期において民間金融資産の大部分が現金のかたちで保有されていたことを指摘した．この一部はもちろん一般の家計，小生産者によって保有され取引手段として利用されていたのであるが，他の一部は商人・地主の蓄積資産であったと考えられる．商人・地主が初期において取引目的以外の多額の遊休現金を保有していたことは容易に推論することができる．商人・地主の資産運用は実物資産および小農・小生産者に対する貸付であって，これらは一般に高リスクであり，しかも貸付は主として不動産担保貸付であったであろうから固定性が強い．それゆえ，商人・地主は資産のリスク軽減，ポートフォリオの流動性確保という2つの理由から多額の遊休現金を保有していたと考えられるのである（時代劇でみられる土蔵の中の「千両箱」である[6]）．

　表0-1 において，現金保有割合が1900年頃にかけて急速に低下するのは，こうした蓄積現金が銀行預金，銀行株式，会社株式等に代替されたことを示唆している．銀行預金，株式等は，実物投資，個人的貸金業にくらべてリスクが小さくまた資産の流動性も高い．このため商人・地主の現金需要関数のシフトが生じたのである．また，小生産者が将来投資のために蓄積しつつあった現金が，銀行借入の可能性がひらかれたために一挙に実物資本と代替されたという側面も無視できない．いずれにせよ，初期の経済発展資金の大きな部分は，商人・地主の遊休現金の活動化によってまかなわれたと考えられるのである．蓄積資金動員による資金調達は，一般資産保有者の経常貯蓄を主体とする小口当座預金，続いて定期預金が増加しはじめる1900年頃まで（あるいは日露戦争頃ま

---

5) 大塚久雄は次のように述べている．「産業資本が真に自生的な形で一般的に成立しうるためには，あらかじめ中産的生産者（農民および小市民）層のうちに，まだそれ自体資本主義的な富ではないが，まさにそうしたものに推転しようとしている貨幣財産が，少くとも最小限度蓄積されていることが必要である．言いかえるならば，いわゆる「民富」Volksreichtum があらかじめ一般的に成立していなければならない」（大塚久雄［1965］p.36）．

6) 1878年（明治11年）大蔵省調査の「各地方歴観記」には全国各地の「豪族富民」名が記載されており，一部には資産額ないしその内訳が与えられている．そのうち，静岡県下遠江国の項では，総資産額2万円以上の資産家39人について，資産内容が不動産（田畑宅地山林等，地租改正時の地価による）と現金に2分して与えられており，現金については，「此現金之内公債証書並ニ古金銀ノ類アリ」と注記されている．この点から察すると，1878年当時の地方資産家の金融資産は，政府紙幣，金銀貨等の現金通貨を中心とし，そのほかに公債，古金銀からなっていたと考えることができよう（小野武夫［1932］pp.350-353 参照）．また第3章注34）参照．

で)経済発展資金調達の大宗をなしていたと考えられる(第1章[3], 第3章[2]).

ちなみに，蓄積資金の動員とは，ストックのポートフォリオ・セレクションにおける貨幣(現金)需要函数のシフトを意味する．このシフトが現金から会社企業の発行する証券に対してなされるとき，証券の利子率は(シフトがないばあいにくらべて)ドラスティックに低下したと考えられる．これにより，会社企業の実物投資が刺激され，乗数過程を通じて所得，貯蓄の増加が生じる[7].この貯蓄の一部は再び，一部会社企業の証券の需要に向けられるであろう．しかし，こうして増加した経常貯蓄の証券投資の効果は，長期にわたって蓄積されてきた資金における現金と証券の代替の効果にくらべると一段も二段も小さいものであったであろう．明治の経済発展は，このようなストック調整に伴う(投資の限界効率にくらべての)利子率の急低下によって始動されたと考えられるのである[8].

資産分布に関して注意すべき第2の特質は戦後高度成長期における法人資産保有である．第9章[5]の分析によれば，わが国の法人による資産保有は戦後期を通じて(アメリカに較べて)著しく高い．この資産は物資不足で売手市場の基調の強い昭和20年(1945年)代には主として棚卸資産のかたちで保有されていたが，生産能力が次第に拡張した昭和30年代には現預金および売上債権(企業間信用)のかたちで保有された．これは販売競争の激化により売上債権の販売促進効果(すなわち資産としての企業間信用のインプリシットな収益率)が高まったためである．さらに，昭和40年代にはいり，設備投資主導型成長から財政需要および輸出主導型成長にかわると，企業の資産保有は有価証券にむかうことになる．第9章[5]では，こうした法人資産保有の長期的変化が，いわゆる企業間信用の「しわ寄せ」現象，株式持合い，現先市場の展開等の諸現象と密接にかかわっていることが示唆される[9].

---

7) このばあい，通常のマクロ理論の示すように物価上昇圧力が生じる．しかし遊休生産能力(「過剰労働」)が存在し，また投資の生産力効果が発揮されるばあい，物価上昇はマイルドなものであろう．

8) 事実，貸付利子率は明治初期から1910年頃にかけて急速に低下するのである(たとえば図1-5参照).

9) 戦前の法人・個人間の資産分布に関する情報は十分でない．しかし，戦後における法人資産比率の高位が，戦後インフレと密接な関係にあるとみることは妥当な推測であろう．インフレによる家計資産の減価および企業資産再評価の不徹底という2要因により資産保有の法人へのシフトが生じたとみられるのである．しかしこの点の検証は全て将来の課題として残されている．

ちなみに，1900年頃までの商人・地主蓄積資金の動員過程はトービン=ブレイナード(Tobin, J. and W. Brainard) [1963]の金融仲介機関モデルにきわめてよく対応している．トービン=ブレイナードは，人々の資産保有が実物資本と現金のみからなる世界を考え，そこに金融仲介機関が導入されたばあい，現金需要函数がシフトし，それにより資本の必要利潤率が低下し，投資が活潑化することを指摘した．これは遊休現金の活動化による蓄積資金の動員過程のモデルにほかならない．トービン等は陽表的に述べていないが，このばあい現金需要函数のシフトが2つのメカニズムによって生じることが重要である．第1は，究極的貸手(黒字主体)の資産選択において，現金が(資産として)それに近い性格をもつ預金に代替されることによる貸手の現金需要曲線のシフトであり，第2は，究極的借手(赤字主体)の資産選択における現金と実物資本との代替による借手の現金需要曲線のシフトである．この第2のメカニズムはマッキンノン(McKinnon, R. I.) [1973]によって強調されたメカニズムである．すなわちマッキンノンは，投資の不可分性があるばあい，借入手段の未発達な経済では，人々は現金を経常的貯蓄から積立ててある一定額(最小投資規模額)に達するまで実物資本購入を待たねばならないという側面を指摘した[10]．このことは，資産保有の不可分性のため，人々の資産選択が全て現金で保有されるというコーナー解になっていることを意味する[11]．こうした状態で不足資金の(金融仲介機関からの)借入が許されると，借手はそれまでに蓄積していた現金と借入を合わせて実物資本投資を行うであろう．このばあい蓄積現金と資本との代替が生じるのである．

---

10) ヒックスの指摘するように，このメカニズムは昔の経済学者にとっては周知のことであった(Hicks, J. R. [1974] 邦訳 p. 68 参照)．しかしながら，わが国の経済発展分析(特に近代経済学的分析)では，奇妙なことに一度としてこの問題が正面から論じられたことがなかった．

11) ポートフォリオ・セレクションの理論では危険回避者は一般に多様化された資産保有を行い，効用函数が特殊な形をとるときのみ(極端な危険回避者)全ての資産を現金(安全資産)のかたちで保有するという行動をとる．しかしながら，資産の不可分性があるばあいは一般的な危険回避者でも全ての資産を現金で保有することがありうるのであり，経済発展過程ではこのケースが重要性をもつのである．この意味でマッキンノンの指摘は重要である．ただし，マッキンノンはこのメカニズムを貨幣と資本の補完的なケースとよび，新古典派的貨幣的成長モデルと対比させて論じているが，これはミス・リーディングである．資産の間の関係はマッキンノンのモデルにおいても貨幣的成長モデルと同じく代替的であって，彼のモデルでは単に資産選択の結果がコーナー解になっているに過ぎないのである．

## (2) 期間別資金の長期的需給

　わが国の経済発展は農業および在来商工業を中心とした初期的パターンから，次第に近代工業を中心とした工業化による発展パターンへとかわってきた．また工業化も，繊維・食品等の軽工業から第1次大戦以後は次第に重化学工業を中心とするものに変化した．こうした実物面での発展パターンの変化は，金融面において資金需要が大規模化し長期性化したことを意味する．

　これに対して資金供給は，初期においては商人・地主の蓄積資金の動員によっていたから比較的長期性の資金であった．なぜなら，商人・地主特に商人の資産水準は高位にあったから，資産保有の多様化が可能である．このことは将来の可能的状況への対応を容易ならしめるから個々の資産投資は比較的長期にわたって固定化されうるのである．

　しかしながら，発展資金の源泉は，次第に一般資産保有者の経常貯蓄を主体とするものに変化してくる．図0-1でみたように，全体としての資産蓄積水準は当初は低位にあったから一般資産保有者の資金供給は短期性たらざるを得ない．これに対して，工業化の進展はいっそう長期の設備資金の需要を増加せしめる．およそ世紀の変り目頃から，資金需要の長期性化，資金供給の短期性化による期間別資金需給の不均衡は，経済発展資金調達の基本的問題として認識されてくるのである(第3章[2])．戦後においては，この問題は，いっそう尖鋭化された形で生じた．それはインフレーションにより，過去に蓄積した金融資産が大幅に減価したため，資金供給が再び極端に短期化したのである[12]．全国銀行預金に占める定期預金の割合は1948年頃には14.5％まで下り，長期信用銀行の長期貸出割合(1年超貸出割合)ですら15％を下まわるという状態であった(第7章[1])．他方，戦後の切迫した経済課題である経済的自立の達成は戦時中以来の重化学工業の再建・強化によらざるを得ず，期間別資金需給の不均衡問題は著しく深刻であった．

　ところで，短期性資金を長期資金に転化するための1つの代表的な方法は，言うまでもなく証券の流通市場の活用である．証券保有者は流通市場で証券を

---

12) この資金供給の短期化は，その後の銀行貸出の配分において消費者金融が相対的に軽視されたことによっても影響された．容易に借入れることができないとき，人々は将来の不確実な支出機会に備えてその資産を短期性資産のかたちで保有しておく必要があるからである．

販売しうるから,証券の満期償還をまたずして資金を流動化することができるからである.しかしながら,わが国ではおよそ以下のような諸事情から証券流通市場の発展は遅れ,この方法による資金長期化は原則として資金循環の中心的位置を占めることはなかった.証券流通市場未発達の1つの主要な原因は初期条件にある.すなわち,第1に,初期における発展資金調達が主として商人・地主の蓄積資金という長期性資金によったため,流通市場の必要が相対的に低かったことがある.林健久[1963]も指摘するように,初期の株式会社は資産家の共同出資事業という性格が強く,株主は当初から長期投資を意図して証券を取得したとみられる側面が強いのである.第2に,銀行が先行的に発展したため[13],預金というかたちの流動資産が早くから利用可能であり,証券の市場性の必要が比較的小であったことがあげられよう.この点はジルバー(Silber, W. L.)[1975]の強調する要因であって,一般に低開発国では銀行が早期的に設立されるため,流動資産の限界効用が低く,このため証券流通市場の発展が遅れがちであると言われる.明治政府は1878年(明治11年)に株式取引所条例を制定するなど,早くから流通市場の育成に意欲を示したが,現実の流通市場の発展が遅れ,ながらく「官許の賭博場」と言われる状況が継続したことには,こうした初期条件が大きく影響していると思われる.

発展資金源泉の中心が経常貯蓄に移行してから(およそ1900年頃以降)も,人々の貯蓄が主として銀行預貯金の形態をとったことの1つの理由は,こうした証券市場の投機的性格にあることは疑いない[14].しかしながら,この時期には,さらに2つの重要な要因が流通市場の発展を阻害したと考えられる.その第1は,一般資産保有者の資産蓄積水準がいまだ低く,多様化によるリスク軽減を前提とする証券保有が行いえなかったことである.いま1つは,大資産保有者である都市の大銀行およびそれに関連する大企業部門が流動資金を大量に抱えており,このため証券流通市場の必要をさほど感じなかったとみられるこ

---

13) 銀行のうち少なくとも国立銀行の主要部分については早期的ないし先行的設立という命題が成立する.第3章[1]参照.ちなみに,戦前期の預金市場は原則として自由金利市場であった.
14) 吉野俊彦[1954 a]は,同様の議論を次のように述べている.「国民所得の水準が漸次上昇していく,任意貯蓄というものがだんだんよけいに生れてくる,……,証券取引所というものは投資の場でなく投機の場であるという観念が一般に普及していたのであります.そこでまじめな投資家は,その任意貯蓄を証券市場に向けずに,金融機関に対する定期性預金とする傾向が生じた」(p.6).

とである.この後者の要因は特に戦間期において重要であり,財閥系大銀行には倒産の危険に瀕した中小銀行を逃避した預金が大挙流入したため,その運用に困難を感じるほどの状況にあった.戦間期において財閥系銀行と関連大企業群は,持株会社を中心とした独立の金融圏を構成しており,それは大量の現預金を保有する(以下で説明するヒックスの意味での)自律セクターであった[15](第6章[2]).

戦後期における証券流通市場の未発達は,再び人々の資産水準の低位を1つの主要原因とするものであった.しかしながら,戦後においては,単に期間別資金需給の調節(短期資金の長期化)のみでなく,部門別資金需給の調節が直接的政策課題とされたため,証券市場を制度的規制市場とせざるをえなかったという事情が重要である.公社債等長期資金は部門別資金需給調節の要であり,この配分を政策的に規制する以上,証券流通市場によって資金の長期化をはかるという方法は放棄せざるを得ない.このため,公社債の応募者利回りを流通市場の利回りよりも低位に規制し,専ら金融機関への割当によって消化するという信用割当方式が戦後初期から長期にわたって維持されたのである.金融機関は利回りの規制された公社債を保有することにより事実上の課税を受けたが,その対価として低利日銀信用供給という事実上の補助金供給を受け,この補助金額はほぼ課税額に均衡するものであった(第8章[3]).いわゆる人為的低金利政策は,預金金利規制と日銀信用の信用割当のもとに公社債(および政府金融貸出)を中心とする長期資金の創出・割当を行うというシステムであったのである(第8章[2]).

およそ以上のような諸事情から,わが国の証券流通市場は,少なくとも高度成長期の終了時点までついに十分に発達することなく,期間別資金需給不均衡の調整にあたって顕著な機能を発揮することはなかった.それでは,わが国では短期資金の長期化はいかなる方法でなされたか.一言で言うならば,それは銀行の産業銀行化,およびその(ヒックスの意味での)貸越セクター化に伴う日銀信用による流動性供給である.ヒックス(Hicks, J. R.)[1974]は,流動資産

---

[15] 1930年頃には折からの低金利化によって社債の借換を中心として公社債市場が活況を呈するし,1930年代後半には財閥系企業も株式公開,傍系企業の持株売出し等のかたちで証券市場への関与を強める.しかし大まかな立言としては上記のように言うことを許されるであろう.

の保有方式によって経済主体に2つのタイプがあることを指摘した．その第1は，その流動性を流動資産(現預金，市場性をもった証券等)の実際の保有に依存している経済主体であり，自律セクター(auto-sector)とよばれる．第2は，その流動性を確実な借入能力のかたちで保有する経済主体であり，貸越セクター(overdraft sector)とよばれる．ヒックスはこの自律・貸越セクターの概念を銀行部門に適用し，「歴史的にみれば，疑もなく，銀行は自律部門として始まった」が，「銀行組織が緊密に結び合わされるようになればなるほど，中央銀行に対するメンバー・バンクの関係は貸越の形態により近づいてくる」と論じた(邦訳 p. 75)．

ちなみに，戦後期における上記の事実上の補助金・課税のメカニズムは，金融機関に市場性を欠く公社債を引受けさせることの対価としての日銀信用が，金融機関の公社債引受額より小額ですむという点を基本的な特質としており，この意味で日銀引受による公社債発行のシステムと根本的に異なっている．このメカニズムは，日銀信用を通じるハイ・パワード・マネーの供給という金融政策と公社債による長期資金の創出・割当という資源配分政策との間の相互独立性を保証しえたゆえに，高度成長期における一貫した政策方式として機能しつづけることができたと考えられるのである(第8章[3])．

さて，少なくとも明治20年頃までに設立されたわが国の銀行の多くは，在来産品を中心とする商業流通への資金供給を中心にして活潑な活動を行なった(第1章[2])．しかし，これらの銀行は，その後に設立された諸銀行とともに，ほぼ1900年頃から企業への長期設備資金(および長期運転資金)を供給する産業銀行としての性格を強めたと考えられる．いわゆる機関銀行の弊は，明治30年頃から新聞雑誌上で盛んに論じられるようになる(第5章[1])．銀行の預金構成における定期預金の割合はこの頃から徐々に高まりつつあったが，3カ月-1年という定期預金で設備投資資金を供給することにはかなりの無理が伴う．このため中小の銀行は都市の大銀行と親銀行，子銀行の関係を結び，借入能力を高めることに努めた．しかし，第1次大戦中の経済の急速な拡張により銀行資金の固定化もいっそう進展し，大戦終了の衝撃とともに中小銀行の激しい動揺期をむかえることになる．相次ぐ恐慌の過程で，固定貸，不動産担保貸付の割合の高い中小銀行は休業・破綻のやむなきにいたった．この過程で，日

銀の中小銀行への流動性供給が定着することになる．中小銀行の多くが，貸越セクターとなり，日銀の特別融通資金供給にその流動性を頼る状況が生じたのである．ちなみに，この戦間期の動揺過程で，財閥銀行は自律セクターであったことを上で指摘したが，この自律セクターに対して中小銀行の貸越セクターが相並ぶかたちとなったのである．

戦後の高度成長期においては，戦間期と逆に都市銀行が貸越セクター，その他銀行が自律セクターとなったこと（いわゆる資金偏在現象，第8章[5]）は周知のことであろう．このため日銀信用による流動性供給は専ら都市銀行に対してなされることになった．このことは，公社債の割当機構において都市銀行が主要な消化機関となっていることに対応している．日銀信用は，低利公社債割当の対価としての補助金供給の役割とともに，都市銀行が市場性を欠く公社債を保有していることに対処して，その流動性を供給するという役割をになうこととなった．しばしば指摘されるように，貸越セクターたる都市銀行にとって日銀借入は事実上の準備資産にほかならず，「確実な借入能力」であるためには，日銀信用は都市銀行の需要に応じてほぼ受動的に供給されねばならない．高度成長期における金融政策は，日銀信用の相対方式による受動的供給というポリシー・ルールの下で，窓口規制を主たる金融政策手段として行なわれた．これらの点は第10章で詳細に論じられる．

以上要約すれば次のように言えよう．経済発展資金の源泉が商人・地主の蓄積資金の動員から一般資産保有者の経常貯蓄に移行すると，資金供給の短期性と資金需要の長期性の間の調整が発展資金調達の基本的問題となる．この問題は，戦後においては，インフレによる実質資産水準の低下によっていっそう切迫した問題となった．資金長期化の機能をもつ証券流通市場は部門別資金需給の調節といういま1つの政策課題になじまないため，その育成発展は当面放棄された．このため，銀行による長期資金供給が行なわれ，その結果生じる資金固定化に対処する手段として日銀信用が登場する．戦前（特に戦間期）は，日銀信用に依存する貸越セクターは中小銀行であり，戦後（高度成長期）では都市銀行であった．日銀信用はこれら貸越セクターに対してほぼ受動的に供給され，銀行の長期資金供給による流動性不足が補完されたのである．ちなみに，このばあい日銀信用は通常相対取引の形態で供給される．日銀信用が貸越化した銀

行の流動性供給の役割を担う以上，それは資金の固定化した——たとえば戦間期では不動産担保貸付の多い，戦後では公社債割当の多い——銀行を選んで供給されねばならないからである．公開方式による流動性総量の調整では十分でないのである[16]．

　吉野俊彦[1954a]はわが国金融「制度」の特色を次の3点に要約している．すなわち，(i)金融機関の証券市場に対する優越(金融機関が本来証券市場の行うべき任務まで行っていること)，(ii)財政と金融の密接な関連(本来金融市場において調達されるべき資金の多くが財政に依存していること)，および(iii)金融市場と財政の日銀依存度の高いことである．吉野の議論は，国債の日銀依存，殖産興業政策，政府金融等をも考慮に入れており，期間別の資金需要の不均衡にのみ焦点を合わせている本節の議論よりも若干広範であるが，それにしてもこの要約は上記のわれわれの議論にきわめてよく対応している．(i)は，証券流通市場が未発達であるため，銀行が産業銀行化して長期資金供給を行なったこと，(iii)は，そのさい日銀信用の流動性供給機能が大きな働きをなしたことに対応している．(ii)は，低利日銀信用供給による事実上の補助金が，日銀剰余金の国庫納付制度を通じて，結局は一般会計から供給されたとするわれわれの議論(第8章[4])および政府金融部門が長期資金創出，割当の重要な一翼を担ったという点(第6章[3]および第8章[2])に対応しているのである．

　以上のような期間別資金需給の不均衡あるいは短期資金の長期化の問題が重大な問題となったことの背景には，言うまでもなく，わが国の明治以来の経済発展が著しく急速であったという基本的事実がある．高度成長期終了時点までの過程は，「資本蓄積の強行」(吉野俊彦[1954a] p.19)の過程であり，また圧縮的成長の過程(compressed growth, 大川一司[1976])でもあった．金融構造はこの過程に対応して変容せざるをえなかったし，また急速な成長過程は金融構造の変容によっても支えられたのである．

### (3)　部門別資金の長期的需給

　経済発展に伴う産業構造の変化は，金融構造の面では部門別資金配分の問題

---

16) 蠟山昌一[1976]，[1981]は，わが国の金融市場の取引方法において，相対方式の占める比重の高いことを強調している．

としてあらわれる．本書ではこの点に関して，農・非農(商業・工業・政府)間の資金配分および工業内部の投資財生産部門(一般に大企業部門)と消費財生産部門(一般に小企業部門)の間の資金配分という2つの問題を主としてとりあげる．

まず，農・非農の資金配分問題について．この点については，ふるくからいわゆる「農業余剰を原資とする工業化」という通説化された命題がある．すなわち，何らかの制度的仕組みによって農業部門の余剰が吸上げられ，これが工業化資金をまかなったとする説である．第3章[2]および第4章はこの命題を詳細に検討する．この種のブロードあるいは大雑把な仮説を吟味するにあたっては，問題点を明確に整理しておく必要がある．第1に，発展資金の源泉が蓄積資金の動員によるばあいと人々の経常貯蓄を中心とするばあいとでは問題が異なる．第2に，金融市場を通じる資金移動と租税，補助金政策等の財政の機能を通じる余剰の移動とが区別されねばならない．

蓄積資金の動員過程における農・非農間の資金配分の問題は第3章[2]でなされる．そこではまず1886年(明治19年)の国立銀行のデータにより，農業者，商工業者等の族籍別の資金移動が吟味される．得られた結果は，国立銀行を通じる資金移動において，資金の貸手は商工業者および華族であり，農業者はネットで資金の借手であったということである．また，さきにも述べたように，資産保有者の職業別分布では大商人の蓄積資金の大きさが圧倒的である．いわゆる地主の有価証券投資なるものも，経済全体の資金循環からみると決して通説の主張するほど大きなものではない．すなわち，蓄積資金の動員は主として商業部門の蓄積現金の活動化によったものであり，少なくとも農業部門から大量の資金が動員されたという証拠は見出せないのである．このことが，幕末以来のインフレを伴う長期の商業化過程および租税・補助金面での商工業優遇政策と密接に関連していることは言うまでもない．

発展資金の主要源泉が経常貯蓄に移行して以後すなわちほぼ1900年以降の状況は第4章で検討されている．そこでの主要な結論は，農業と非農業の間の年々の資金移動(貯蓄マイナス投資すなわち純金融資産の変動)は，好況期における農業からの資金流出，不況期における農業への資金流入という景気循環的移動であって，一方から他方へというトレンドとしての資金移動は認められな

いということである．商工業部門はその投資資金を原則として自己の部門内の貯蓄でまかなったのである．部門内部ではおそらく，商業部門から工業への資金移動が生じていたであろう．しかし，いずれにせよ，ここでも農業資金の工業への移動という通説は否定されざるをえないのである．

　資金移動における金融市場のいわば中立的な効果とは対比的に，財政面では農業余剰の移動が明確に認められる．戦前期初期の租税の中心が地租であったこともあって，農業と商工業の間の租税負担率には（かなりの長期にわたって）大きな格差があり，商工業にくらべてより大きな余剰が農業から財政へと流れたことは間違いない．しかしながら，こうして財政に吸収された資金は，主として政府の財・サービスの経常購入および資本形成に用いられたのであって，それが大量に工業へ再投資されたわけではない．「農業余剰を原資とする工業化」仮説が，農業──→政府──→工業という資金循環を主張するものであるならば，それはこの点でも否定されざるをえないのである．

　財政は別として，金融市場の機能に関するかぎり，本書におけるわれわれの結論は通説と著しくかけ離れたものである．なにゆえ2つの見解はかくも大きな懸隔をもつに至ったのか，あるいはなにゆえ通説は"誤っていた"のか．1つの理由は，通説が地主制に大きなウエイトを置きすぎたことにあろう．地主の役割を過大視することは，商人資本の役割を過小評価することにつながるからである．このことは，通説が，1920年代から30年代にかけてのいわゆる「日本資本主義論争」の過程で形成されてきたことに密接にかかわっている．深刻な農業不況を前提として展開されたこの論争では，地主制は，その性格の評価は別として，存在そのものが絶対的な地位を占めざるを得なかったと考えられるのである．このため「一九二〇年代の農業危機のイメージ」を「はるかに遡って明治維新以来の全過程に投影」するかのような論理構成がとられ[17]，講座派・労農派を問わず，地主の農外投資を過大に重視する傾向が生じたとみられるのである．第2に，従来の金融分析（および金融理論）が，資金の量的な側面にのみ注目し，その質的な側面，特に期間の問題を相対的に軽視してきたことがあげられよう．商業または農業とくらべて，工業の資金需要はなによりも設

---

17）　中村隆英[1976]．

備資金したがって長期資金を中心にすることにその特質がある．たとえ量的に十分であっても，農業のような季節資金，商業資金のような短期資金では企業家の設備投資活動を誘引することはないのである．わが国の工業化が十分な資金的裏付けに支えられたという命題は，十分な長期資金の供給を受けたと言いかえられねばならない．他部門からの資金調達という量的側面よりも，短期性資金の長期化をともかくもなしえたこと，すなわち流動性の問題を解決しえたことに，工業化メカニズムの根本的な鍵があると考えられるのである．

次に，工業部門内部の資金配分問題に移ろう．第1次大戦後顕在化してくるいわゆる二重構造現象すなわち大企業と小企業の格差現象に関して，しばしば大企業への資金集中ということが言われる．戦後の二重構造現象についても資本集中ないし融資集中という仮説がなされていることは周知のことがらであろう．第6章および第9章では，これら2つの時期における工業内部格差現象と資金配分の関係を検討する．

戦間期の資本集中は銀行業の集中過程を中心とするものであった．第1次大戦終了の衝撃とその後の農業不況により，明治経済発展の主役であった在来産業は戦間期以降相対的な衰退過程にはいる．これとともに，これら部門に固定的な資金投下を行なっていた中小銀行の間に急激な集中過程が進行した．中小銀行を逃避した預金が大銀行に流入したため，財閥系大銀行を中心とする自律セクターは豊富な資金を入手することになり，資本集中ともよぶべき状況が生じたのである．それゆえ，戦間期の資本集中は，期間別資金需給の不均衡による銀行の産業銀行化を前提とし，近代産業に対する在来産業の跛行過程という産業構造の変化によって誘引されたものだと考えることができる．大銀行がその経営戦略として積極的に中小銀行を合併したことによるものではないのである(第6章[1])．また，中小銀行を逃避した危険回避的預金は大銀行にも流入したが，一層大きな割合は郵便貯金へとシフトした．このため，大蔵省預金部は疲弊した在来産業部門の救済機関として機能することになる(第6章[3])．

これに対して，高度成長期における資本集中には制度的要因が大きい．人為的低金利政策の下での長期資金の信用割当は，主として投資財産業部門あるいは大企業部門に対して優先的になされたと考えられる(第9章[1])．しかもわれわれの分析によれば，この長期資金の信用割当は，(実効金利の意味で)金利

の伸縮的な自由金利市場である銀行短期貸出市場に対してもスピル・オーバーし，その資金配分方式に影響を及ぼした(第9章[2])．いわゆる融資循環の二重性現象が生じたのである(第9章[3])．

### (4) 金融仲介技術と市場の地理的拡がり

長期的発展過程における金融仲介技術の源泉としては，在来的技術，導入技術および金融制度の運用過程で蓄積される人的・経営的資源に体化された技術がある．わが国の金融制度の発展が主として海外からの技術導入によるものであるとする主張がしばしばなされるが，これは一般論としては必ずしも正しくない．たとえば，典型的な例としてあげられる(アメリカのナショナル・バンク制度に模した)国立銀行についても，その実際の運用にあたっては，さまざまな在来技術が応用されたのである．たとえば，両替金融以来の振出手形，問屋金融方式の荷為替制度等がそれである(第3章[1])．

在来的金融技術として最も重要なものは，商人・地主の仲介技術の利用である．商人・地主の蓄積資産に基く信用力，安全性およびその資産運用面における情報収集力，審査能力等は，農業における老農技術に匹敵する重要な技術的バック・ログであった．国立銀行設立にあたっては，豪商農の資力動員に大きな期待がかけられた．彼等は単に資金を供給しただけでなく，自ら銀行家となることにより，その金融仲介技術を提供し金融取引コストを引下げたのである．また，戦前期(特に明治期)の金融仲介は，銀行からただちに究極的借手への資金供給が行なわれるのではなく，その中間に商人・地主が介在することがしばしばであった．小農への金融は地主による銀行借入資金に依存したし，在来商工業は問屋を中間項として銀行資金を導入したのである．紡績会社ですら，その設立当初(1900年頃まで)は商社の信用を介して銀行資金を導入したのである．また，いわゆる銀行の株式担保金融も商人・地主を介して会社企業に株式資本を供給する手段であった．こうした金融方式をわれわれは重複金融仲介とよぶ(第3章[2])．この方式が商人・地主の資金力とともに，その仲介技術を応用したものであることは十分留意されねばならない．

在来技術あるいは重複金融仲介の役割は，銀行等近代金融組織が発展し，その人的・経営的能力が高まるにしたがって次第に後退する．銀行は，いわばア

ロー(Arrow, K. J.)のいう学習効果によってその経営技術水準を高めるとともに，集中過程を通じる弱小部分の淘汰によってその組織としての能力を高めたのである．後者の過程は，戦間期を通じて進行し，第2次大戦中にほぼ完成する．戦後高度成長期における人為的低金利政策は，預金金利規制を1つの主要な支柱とするものであったが，この種の規制は銀行組織の安全性が高まり，資産運用面のリスクがネグリジブルになったことを前提としてはじめてとりえた政策であった．しばしば指摘される戦時中における官僚統制の経験および戦後にかけての官僚層の継承等ももちろん無視できない要因ではあるが，銀行組織の長期にわたる技術蓄積——安全性面での信用力の強化，資産運用方式の改善——なくしては，低金利規制は不可能であったと考えられるのである(第7章[1])．

　金融構造の長期的変化においては，また市場の地域的拡がりの程度を無視することができない．わが国のばあい，特に以下の2点が重要であった．

　第1は，市場の地域的分断あるいは地域格差の問題である．分断されていた地域市場の統合過程は，まず1876年(明治9年)の国立銀行条例改正後に生じた．153行の国立銀行をはじめ，各地に多数の私立銀行，銀行類似会社が簇生する過程で，地域市場が漸次統合されたのである．当時の銀行はその多くが単一銀行(unit banking)組織であったが，荷為替取引等を通じて地方銀行間に密接な資金流通関係が形成されたと考えられる．次いで，道路，電信，電話，鉄道等の運輸・通信網が整備されるにともない，ほぼ1900年頃にかけて急速な市場統合が生じた．このことは府県別預金金利の変異係数の動きに明瞭に見出される(第3章[3])．しかしながら，戦前期においては，地域的な格差は完全には解消されることはなかった．金利は農村部面で高く，都市部面で一貫して低位にあった．このため，貸出金利規制を受けていた農工銀行の活動は，農村部において著しく低調であり，1921年以降順次勧業銀行に合併されるにいたる．また，戦間期における中小銀行の破綻は，通常その機関銀行性によって説明されることが多いが，この面でも市場の地域分断の影響を無視することができない．特に，いわゆる地方有力銀行は，分断市場の下で，その地の特産品的在来産業と結びついていたため，資産の多様化が不十分となり，その多くが休業，破綻のやむなきにいたったのである(第6章[2])．

第2に，海外金融市場の問題がある．わが国の高度成長期までの発展過程の金融的特色の1つは，資金調達・資産運用の両面で海外依存度が低位にあったことにある．戦前期においては，1910年前後に有価証券の海外消化割合が高まるが，これは基本的には日露戦争戦費の支出およびそれに対して賠償金を得ることができなかったことに関連するものである．資金源泉の経常貯蓄への移行に伴う長期資金調達のため，興銀設立等の手段がとられるが，興銀の活動は主として大陸経営のための対外投資資金を外債によって調達したにとどまり，国内資金調達への影響は軽微であった．また，第1次大戦後，地方公共団体および電力会社の外貨債が増加するが，その他の一般産業資金に関しては外資の比重は小さい(第3章[2])．経済発展のための長期資金の調達は，主として国内短期資金の長期化によって行なわれたのである．また，戦後高度成長期においては，1949年の外国為替および外国貿易管理法により，海外との長期金融取引が事実上遮断されていた．このことが，人為的低金利政策の金利規制を可能ならしめた1つの主要な要因であることは言うまでもない(第7章[1])．この外資規制の漸次的緩和は，法人部門の資産選択パターンの変化とともに，近時の金利自由化の動きの主要な推進力である(第7章[2])．

　ちなみに，明治期において外債は1873年に秩禄処分のための7分利付外貨債が発行されて以来，1899年まで(途中大隈重信等によって幾度か計画されたが)起債されることがなかった．高橋亀吉はこの点について「明治三二年までの二六カ年間，資金を最も必要とした時期において，外資に全く頼らなかったのみでなく，既存の外債を全部返済したのである」としている[18]．この間の外債非募債についてはいくつかの理由がある．1つには，不平等条約の下にあって過度な外債への依存は外国への従属化につながることがおそれられたことであり，いま1つには金貨の銀貨に対する相対価格が上昇傾向をもっていたため，銀貨国たるわが国の欧米金貨国からの資本輸入が容易でなかったことである．そしてさらに基本的な理由として資金源泉の問題がある．すなわち，期間別資金需給の観点からすると1900年頃までは発展資金源泉は主として長期性の蓄積資金の動員(現金需要函数のシフト)によっていたのであって，長期資金たる

---

18)　高橋亀吉[1968] pp. 733-734.

外債の需要は原則的に小であったとみられることである[19]．資金源泉の主体が経常貯蓄に移行して以後，本格的な外資の需要が生じたと考えられるのである．1897年(明治30年)における金本位制への移行も，その主要なモティヴェイションは外資導入を容易ならしめることにあった．

また，総資金調達における外資の量的重要性の評価はさておくとしても，戦前期における外資のもたらしたいわば質的な効果には無視しえないものがあることを指摘しておく必要があろう．第1に，1900年前後からの慢性的な貿易収支の入超傾向に対して，外資導入は正貨保有の天井を高め，兌換制の危機を(暫定的に)回避する役割を果した．第2に，外資導入のうち外国人による直接投資は，量的にはきわめて限られたものであったが，先端技術分野において合弁企業形式による技術導入を可能ならしめたことも重要である(第3章[4])．

### (5) 金融制度の長期的変化

長期発展過程における金融制度の変革は，一般に金融構造の変化に対する公的または私的な対応として生じると考えられる．公的な対応のばあいは，変革をもたらす政治過程および新制度に関するコンセンサスの存在が重要であり，私的な対応のばあいは，金融的革新に伴う利潤機会の存在が変革の推進力となる．

まず公的な対応としての制度変革から始めよう．その第1のパターンは，資金配分における一種の動学的効率性の達成を目的とする制度変革である[20]．代表例を3例あげよう．第1は，明治期における国立銀行の設立である．この制

---

19) たとえば，1880年(明治13年)における大隈重信の有名な五千万円外債募集案も，紙幣消却，政府財政危機の打開を目的としたものであって，産業資金の源泉はあくまで商人・地主資金の動員に求められていたと考えられる(第2章[2])．

20) 規範的経済理論によれば，静学的に最適な資金配分をもたらすシステムは，状態条件付請求権(state contingent claim)による競争的資金市場である(Arrow, K. J. [1964])．しかし，状態条件付請求権のシステムをつくりあげるためには多額の社会的費用がかかるから，制度の費用を考慮するとこのシステムが最適かどうかは必ずしも言えない．状態条件付請求権とは，将来状態が不確実であるばあい，ある特定の状態が起ったときだけ一定額を支払うという貸借形式である．これに対して一般の貸付市場は，将来状態とはかかわりなく，一定の元利合計を支払うという貸借形式であって，このばあい競争均衡といえどもパレート最適を保証せず，たかだか現存の証券あるいは先物契約の種類を与えられたものとして達成される「条件付最適」でしかない(Sandmo, A. [1970])．動学的な意味で効率性を保証する金融システムについては，理論的レベルでも十分な検討はなされていない．ただし，異時点間の資金配分という観点において，将来世代の不可知性を前提とすれば，競争均衡システム一般はパレート最適を保証しないという周知の命題がある．

度変革はなによりも豪商農の蓄積資金の動員による殖産興業，富国強兵を目的としてなされた．豪商農から工業，輸出部門への部門別資金移転の促進が意図されたのである．そのばあい，先に述べたように商人・地主の銀行家化による既存金融技術の利用がなされたし，またアメリカのナショナル・バンク型のシステムがとられたことの背景には，金融市場の地域分断が強く，アメリカ的な地方分権方式が適切であるとの判断があったとも考えられる．それとともに，伊藤博文の提唱するナショナル・バンク案が吉田清成の（イングランド銀行に範をとる）中央銀行設立案との対立において優位に立ったのは，伊藤の政治的地位の強さによるものであったとも言われる．当時（およそ松方デフレ期以前）の制度改革は，実力政治家の個人プレーと個人的理念によってなされることが多かったのである．

　国立銀行設立時の発展資金の源泉は主として長期性の蓄積資金であったため，部門間資金需給の調節は意図されても，期間別資金の調節の問題は原則として生じることはなかった．これに対して，資金源泉が次第に経常貯蓄に依存しつつあった1900年前後の特殊銀行設立にあたっては，期間別資金需給の問題，すなわち長期資金調達問題が部門間資金配分と相ならぶ課題として登場してくる．金融債発行による長期資金調達および興銀による外資の調達が意図されたのである（しかし，この2つの意図はいずれも十分に達成されることなく，かわって普通銀行の産業銀行化がいよいよ進展した）．興業銀行，勧業銀行，農工銀行という分業方式は，商工業，豪農層，小農層への部門間資金配分調節の意図に基くものであった．また，この時期には，各省庁において官僚が地歩を固め，官僚層が形成されていた．特殊銀行構想をめぐる大蔵省と農商務省の対立は，松方デフレ下に疲弊した在来産業の救済を第一義と考える農商務省官僚と地方費を特殊銀行に肩替りさせ緊縮財政方針を貫こうとする大蔵省官僚の基本的な問題意識の相違によるものであった．また，この対立は，規制主義から市場利用主義への移行という市場の統一化の急速な進展に伴うブロードな政策基調の変化とも密接にかかわっていると考えられる（第3章[4]）．

　第3に，戦後昭和20年代後半における金融組織の再編成および人為的低金利政策定着の過程は，再び，部門別および期間別資金需給の調整を意図したものであった．当時の経済課題は，輸出の振興，重化学工業の再建強化による経

済的自立の達成と深化する二重構造現象にみられる雇用問題に対処することであった．金融組織を徹底して分業化し，長期資金を輸出投資部門に割当て，流動性問題には低利日銀信用の受動的供給をもって対処するという方式は，こうした経済課題に対する1つの政策的選択としてとられたものであった(第7章)．制度改革にあたって戦時中以来のテクノクラートが指導力を発揮したことは疑いない．しかしその背景には，テクノクラートの行動は民主的方式の定めるルールの下での限定された合理性の追求であるという点に関して共通の認識があったし，「まずパイを大きくすること」という基本戦略に関して幅広いコンセンサスがあったことも確かであろう．金利規制方式の採用は，金融組織のロバストネスの向上という仲介技術の蓄積を前提として可能であったことも既述のとおりである．また，期間別資金需給調節の方法としての証券流通市場の発展がみおくられたことの背景には，（資産水準の低位という歴史的事情とともに）部門別資金需給の調節といういま1つの政策課題との同時達成が意図されたという事情があったのである．

以上のような資金配分の動学的効率を目的とする公的な制度変革パターンは次のように要約することができよう．すなわち，何らかの長期的経済課題に対応して，金融仲介技術と市場の地理的拡がりの制約の下に，部門間ないし期間別の資金需給を調整するために制度変革がなされるケースである．

公的な制度変革の第2のパターンは，金融政策の有効性を確保するための制度変革である．このような制度変革の例としては次のようなものをあげることができる．

まず，日銀の設立．これは，銀行制度の発展により各地の金融市場が連結され，次第に全国的市場が形成されてきたという金融構造上の変化に対応した制度変革であると考えられる．それ以前の国立銀行制度は，地方的な市場分断を前提として分権的に貨幣供給を行うというシステムであったが，市場統一化の進展とともに中央銀行による集権的貨幣政策を行う必要が生じたのである(第2章[3])．第2に，戦間期における銀行集中政策をあげることができる．さきに述べたように，中小銀行の破綻により，戦間期の金融構造は，財閥系大銀行を中心とする低金利の自律セクターと中小銀行を中心とする高金利の貸越セクターに分化した．中小銀行の高金利圏は日銀からの救済融資に依存したが，日

銀から供給された資金は，低金利圏に流出し，低金利圏では多額の遊資をかかえ（金輸出禁止の下で海外運用が容易でないこともあって）流動性の袋小路に近似する事態が生じたのである．こうして半ば無力化した金融政策の有効性を回復する方法は，高金利圏からの預金流出を防ぎ，さらにできることならば大銀行の自律セクターを貸越セクター化することであった．銀行法(1927年)以後の政府による銀行集中策の強行は，「財界の整理」という部門間資金配分への配慮とともに，金融政策の有効性の回復が主要な動機であったと考えられる（第6章[2]）．第3に，戦後における資金偏在現象は，まさにこの大銀行部門の貸越セクター化による金融政策の有効性確保をねらった制度設定だと考えられる．資金偏在は，中小企業金融機関等に対する専門化規制と店舗政策によって生じたものだと考えられるが（第9章[5]），このシステムの下では都市銀行・大企業グループが貸越セクター化し，金融政策は極めて強力な効果を発揮したのである．

　以上のような金融政策の有効性確保を目的とする公的な制度変革パターンは，日銀設立の例は別として，いかにして操作可能かつ操作効果の大きい貸越セクターを確保するかという点にかかわっているとも言えよう．ヒックスの言うように，貨幣政策の相対的有効性は貸越経済において強く，自律経済において弱いからである[21]．

　言うまでもないことだが，公的な制度変革のばあいでも，現実の制度設定は資金配分の動学的効率性，金融政策の有効性の観点のみから純技術的になされるとは限らない．制度変更によって影響を受けるさまざまな経済主体の利害の対立から複雑な政治過程を経ることが多い．また，同じ経済課題遂行を目的とする他の経済改革の影響を受け紆余曲折の経過を辿ることもある．たとえば，明治初期の銀行業の育成政策は，貨幣制度の整備，国家財政の確立あるいは会社組織の導入等の他の諸課題との絡みで，一見試行錯誤的とも見える複雑な経過のうちに進行したのである（第2章）．

　次に，金融構造変化に対する私的な対応としての制度変革の諸パターンを考察しよう．

---

21)　Hicks, J. R. [1974] 邦訳 p. 77.

わが国の金融制度の変化過程において，民間部門の果した役割を無視することはできない．制度の設定は決してすべて「上から」なされたわけではないのである(第3章[1])．私的な対応としての制度変革には，金融的革新行為による利潤機会の可能性が主要な誘因となる．その代表的な例は，明治期における私立銀行，銀行類似会社の発展である．国立銀行が主として銀行券発行という特権(政府資金による事実上の補助金供給)に誘発されて発展したのに対し，私立銀行および銀行類似会社は(政府預金を除いて)補助金効果に依存することなく，自ら見出した利潤機会によって急速な展開を示した．すなわち，人々の預金慣行の進展あるいは在来産品の商業流通の発展が，銀行設立をプロフィタブルな新事業たらしめたのである(第1章[2])．民間の利潤動機によって非公式組織として発展した私立銀行等は，その後1893年にいたって公式組織に切りかえられることとなる(銀行条例の施行)．同様な経過を辿る金融制度の変革としては，ほかに無尽会社，信託会社がある．両者はともにほぼ非公式組織として発展し，それぞれ1915年の無尽業法，1923年の信託法および信託業法によって公式組織に切りかえられるのである．

　民間の利潤動機によって成立し，非公式のままで終る金融制度もある．その代表的なものは重複金融仲介であろう．商人・地主による金融仲介は，きわめて非公式な制度であるが，明治期においては無視しえない重要性をもっていた．ちなみに，1890年にはじまる日銀による株式担保の信用供給方式(担保品付手形割引)は，銀行から商人・地主を経由する重複金融の制度に対して資産流動性を供給する機能をもった．しかし，担保品付手形割引は，日本銀行条例第12条に実質上違反するいわば非公式な金融政策方式であったのである(第3章[2])．

　他方でまた，民間のイニシアティヴにより公式組織の行動規制が修正され，弾力的に運用される例もしばしば見られる．戦後高度成長期における各種金融機関の同質化とよばれる現象は1つの例である(第7章[2])．また，金融市場に対する規制が，民間経済主体による新たな自由市場の形成を促すこともある[22]．近時における現先市場の発達は預金市場に対する金利規制と密接にかか

---

22) 政府による規制が，民間経済主体による金融的イノヴェイションを促すことは，Silber, W. L. [1975], Greenbaum, S. I. and C. F. Haywood [1971]等で強調されている．

わっていると考えられる(第9章[5]).

　以上の叙述は金融制度変革の諸類型を整理したものにすぎない．わが国の長期的経済発展過程において金融制度はどのように変化したか，またそれと金融構造，金融的諸条件とはいかなる関係にあったかについては以下の諸章で詳しく論じられる．金融制度変化の一般理論を構築することは，今後における1つの重要な研究課題である．

## 補論　間接金融比率について

　ガーレイ＝ショウ(Gurley, J. G. and E. S. Shaw)[1960]は究極的借手と究極的貸手の間を結びつける制度的仕組みを，直接金融と間接金融という2つのパターンで要約した．すなわち究極的借手の発行する株式，社債，国債，長期短期債務等の(本源的証券とよばれる)負債を，究極的貸手が直接取得するばあいが直接金融，金融仲介機関がまず取得し，究極的貸手はかわりに金融仲介機関の発行する預金等の(間接証券とよばれる)負債を取得するばあいが間接金融である．わが国においては，この間接金融の割合が高いことが金融制度上の大きな特色とされており，しばしば「明治以来の間接金融方式」といった表現がなされる．しかしながら，長期的展開過程においては，この間接金融比率あるいは間接・直接という2分法が概念構成として分析上大きな意味をもつか否かは疑問なしとしない．その理由の第1は，間接金融比率の高いことは証券市場の比重の低いことを必ずしも意味しないということである．直接金融の一部はたしかに証券市場を通じてなされるが，間接金融もまた証券市場を通じてなされることがある．金融仲介機関による株式・公社債等の取得がそれである．(2)で述べたように，経済発展過程の基本的問題は期間別資金の長期的需給の調整にあり，そのばあい証券市場の証券流動化機能の如何がきわめて重要である．間接・直接の2分法はこの問題に直接的かかわりをもたないのである．第2に，直接金融の他の一部分は企業間信用および個人間貸借のかたちでなされるが，これらが発展過程においては大きな比重をもっていることである．しかも個人間貸借が，商人・地主から小生産者への貸付のかたちでなされるとき，商人・地主はその資金を銀行借入によって調達することが多く，このばあい彼等は1つの仲介機関としての役割を果すことになるのである(重複金融仲介)．ガーレイ＝ショウの2分法ではこの点をもスキップせざるを得ないのである．ちなみに，企業間信用についてもいわゆる信用の「しわ寄せ」論は，銀行——→大企業——→小企業という信用の重複性を指摘するが，この見解に対しては第9章[5]で否定的評価が下される．

以上のような理由から，本書では間接金融比率を分析上の戦略変数から除外して進むのであるが，ここではこの比率の長期的変化過程を簡単に検討しておこう．"念のため"の作業である．表 0-2 を参照されたい．

間接金融比率 ($\theta$) は，究極的借手の発行する本源的証券すなわち有価証券 ($E$) および借入金 ($B$) に対する金融仲介機関の関与部分すなわち金融機関保有価証券 ($F$) および金融機関貸出金 ($B$) の比率である．データ上の理由から金融機関以外からの借入金はおさえることができないから，借入金と金融機関貸出金は等しいものとしておく．すなわち，

$$\theta = \frac{B+F}{B+E}$$

である．$\theta$ は民間部門のみあるいは民間・政府を合計したものについて求めることができる．表 0-2 の (5)，(6) 列がそれである．民間部門の $\theta$ (第 (5) 列) は 1890 年代以降の戦前期に大体 60% 台で安定しており，戦後期は 90% 位に上昇している．また民間・政府を合わせた $\theta$ (第 (6) 列) は戦前期は約 60% であるが，戦後期は 90% を超えている．こうした $\theta$ の動きがなぜ生じたかをみるために，$\theta$ を

$$\theta = \frac{B/E + F/E}{B/E + 1}$$

と書きかえ，$B/E$ と $F/E$ の動きをみてみよう．(1)，(2) 列は $F/E$ すなわち有価証券のうち金融仲介機関によって取得される割合であり，これは民間については長期的に上昇しており，民間・政府合計については 1900 年以後の戦前期にゆるやかな上昇傾向[23]，戦後における水準の高位化という特色を見出すことができる．他方 $B/E$ すなわち借入金の有価証券に対する比率は，(3)，(4) 列に与えられている．民間については戦前期には長期的に低下しており，民間・政府合計に関しては 1900 年以後ゆるやかな低下傾向が見出される．

$F/E$ の上昇は $\theta$ を上昇せしめる．$1 > F/E$ だから $B/E$ も $\theta$ と同じ方向に動く．それゆえ戦前期において $\theta$ が安定的であるのは，$F/E$ の上昇と $B/E$ の低下が相殺したことによる．また，戦後期において $\theta$ がレベル・アップしたのは $F/E$ および $B/E$ がともに上昇したことによる．それでは，$F/E$ および $B/E$ のこうした動きはいかにして説明されるか．まず，$F/E$ について．戦前期におけるこの比率の上昇傾向は，第 1 に金融機関の発展，浸透によるものであろう．それとともに，資金源泉が蓄積資金から相対的に零細な経常貯蓄に移行し，他方で投資規模の拡大によって必要資金規模が上昇したため，金融機関による資金の集合および長期化がますます必要となったことにもよっている．戦後における $F/E$ 水準の高位は，上記要因とともに人為的低金利政策によって，金融

---

[23] 民間および政府の $F/E$ は 1910 年前後に低下している．これは外債の増加 (有価証券の海外部門による消化) によるものである．詳しくは表 3-21 参照．

表 0-2 間接金融比率（企業間信用を除く）

| | (1) | (2) | (3) | (4) | (5) | (6) |
|---|---|---|---|---|---|---|
| | 有価証券・出資金の金融機関保有割合 | | 借入金/有価証券・出資金 | | 間接金融比率($\theta$) | |
| | 民間 | 民間・政府合計 | 民間 | 民間・政府合計 | 民間 | 民間・政府合計 |
| 1881-1885 | — | 24.9 | 6.38 | 0.40 | 86.7 | 46.4 |
| 86- 90 | — | 32.2 | 2.76 | 0.54 | 73.5 | 56.0 |
| 91- 95 | 5.6 | 33.0 | 1.44 | 0.60 | 61.3 | 58.2 |
| 1896-1900 | 13.0 | 29.0 | 1.39 | 0.69 | 63.6 | 57.9 |
| 1901- 05 | 7.0 | 21.6 | 1.49 | 0.59 | 62.7 | 50.7 |
| 06- 10 | 14.3 | 17.8 | 1.62 | 0.44 | 67.3 | 42.9 |
| 11- 15 | 18.3 | 18.0 | 1.54 | 0.54 | 67.9 | 46.7 |
| 16- 20 | 16.0 | 21.0 | 1.34 | 0.76 | 64.2 | 55.0 |
| 21- 25 | 18.1 | 28.2 | 1.04 | 0.67 | 59.8 | 57.1 |
| 26- 30 | 29.7 | 38.6 | 0.88 | 0.58 | 62.6 | 61.2 |
| 31- 35 | 29.1 | 44.0 | 0.73 | 0.45 | 59.1 | 61.4 |
| 36- 40 | 29.8 | 52.0 | 0.69 | 0.38 | 58.5 | 65.1 |
| 1953- 55 | 33.5 | 65.9 | 4.22 | 3.99 | 87.3 | 93.1 |
| 56- 60 | 36.2 | 64.3 | 3.66 | 4.01 | 86.3 | 92.9 |
| 61- 65 | 43.7 | 67.4 | 3.62 | 4.49 | 87.8 | 94.1 |
| 66- 69 | 46.6 | 75.8 | 5.07 | 4.68 | 91.2 | 95.7 |

〔単位〕 (1), (2), (5), (6)は%, (3), (4)は100%.
〔資料〕 図 0-1 と同じ.
〔注〕 (1)は民間部門負債中の株式・社債・出資金の合計値を金融機関（市中金融機関および政府金融部門）保有の株式・社債・出資金の合計値で割ったもの．(5)は(1)の分子分母にそれぞれ民間部門借入金を加えて比率を求めたもの．(2)は民間部門負債中の株式・社債・出資金の合計値に政府部門負債中の国債・地方債を加え，これを金融機関の有価証券・出資金の保有残高で割ったもの．(6)は(2)の分子分母に民間部門借入金および政府部門借入金を加えて比率を求めたもの．以上において金融機関保有社債には金融債が含まれている．(3)は民間部門借入金を民間部門負債中の株式・社債・出資金で割ったもの．(4)は(3)の分子分母にそれぞれ政府部門借入金および政府部門負債中の国債・地方債を加えて比率を求めたものである．

機関に対する公社債の割当保有がなされたことが大きく影響している．次に，$B/E$ の変動は次のようにして説明される．例を民間部門にとり，それが法人部門と個人部門からなると考えよう．法人部門は借入（$B_c$）および有価証券（$E$）によって資金を調達するのに対し，個人部門の資金調達手段は借入（$B_p$）のみであるとしよう．

$$B = B_c + B_p$$

である．$B/E$ を書きかえると，

$$B/E = (1 + B_p/B_c) B_c/E$$

となる．$B_c/E$ は法人部門の借入金の有価証券に対する比率であり，借入依存度に対応

する．戦前期において，法人部門の借入依存度は比較的低く（自己資本比率が高く），長期的にも大きな変化はなかった（表 3-20）．他方，$B_p/B_c$ は民間借入金における個人部門と法人部門の比率であり，これは金融機関貸出金における商業・農業部門と工業部門の比率にラフに対応する．戦前初期における銀行貸出は商業中心であり，工業の割合は著しく低かったが，次第に工業の割合が上昇した（表 6-5）．以上から，戦前期における $B/E$ の低下は，主として工業化に伴う法人企業のシェアーの増大によると言うことができよう．戦後期においてこの比率が著しくレベル・アップしたことは，ひとつには法人部門の借入依存度が高まったことにもよるが，他方で個人部門の金融機関借入が増加したことにもよると考えられる．戦前期の個人部門は在来的金融手段に大きく依存していたが，戦後は個人部門もまた中小企業金融機関等の金融機関から資金の主要部分を調達するようになったからである（第 6 章[3]）．

ちなみに，間接金融比率 $\theta$ は，金融仲介機関（貨幣組織を含む）のバランス・シートを

$$B+F = C+D$$

とあらわすとき（$C$ は現金，$D$ は間接証券）

$$\theta = (C+D)/(C+D+E-F)$$

と書きかえられる．$E-F$ は有価証券発行残高から金融機関保有分を除いたものであるから，民間部門保有有価証券である．現金，間接証券が全て民間部門によって保有されるものとすると，$\theta$ は民間金融資産における現金および間接証券の保有比率にほかならず，これは本文表 0-1 の現金，預貯金，保険・信託の構成比の合計値に対応する．しかし，この合計値は，表 0-2 の $\theta$ の値にくらべて，特に戦前初期において著しく低い．これは，以上の議論が銀行資本金を考慮外においていることによるものである．初期においては，銀行の資金調達は主として銀行株式のかたちでなされた（第 1 章[1]）．銀行株式は，一種の間接証券であるとみなさねばならないのである．それゆえ，本文表 0-1 の現金，預貯金，保険・信託に有価証券のうちの銀行株式の割合を加えたものが，表 0-2 の $\theta$ に対応するわけである．

# 第1章　明治期における銀行の成立と発展

　本章では明治期における銀行制度の創設，銀行業の成立ならびにその近代的預金銀行への脱皮の過程を分析する．
　[1]では，銀行制度の法制的整備の過程を概観するとともに，主として集計量に依拠して銀行業の発展過程を要約する．
　[2]では，与えられた制度的枠組と金融構造の規定する諸条件の下で，私企業としての銀行業がどのような動機から設立されたかを分析する．わが国の銀行業は，実物経済の発展にさきがけて「上から」「先行的」に設立されたというのが従来の通説であった．これに対してわれわれは主として府県データの検討を通じて，銀行業の成立過程に次の3パターンがあることを指摘する．すなわち，(i)資金需要(銀行貸出の需要)および資金供給(預金保有)の増加とは相対的に独立に，政府資金供給の補助金効果によって設立されたもの，(ii)主として産業企業の資金需要に誘引されて設立されたもの，および(iii)主として資産保有者の預金需要の展開に支えられて設立されたものである．上記通説すなわちいわゆる銀行サービスの供給先行説ないし先行整備説は，(i)のパターンが一般的であったことを主張するものである．われわれもまた初期における大量の政府資金供給の効果からみて(i)のパターンの銀行群の設立はきわめて重要であったと考えるが，それとともに(ii)，(iii)のパターンも無視すべきでないことを指摘したい．特に，明治10年(1877年)代から20年代にかけての在来産業を主導部門とする発展過程において，(ii)のパターンの銀行群の果した役割は高く評価される必要がある．しかし，(ii)ないし(iii)のパターンの銀行群の活動は，また(i)のパターンの銀行の存在・活動の外部経済効果に支えられており，その意味で政府資金供給の重要性はゆるがない．先行整備説の総括的評価とわが国経済発展に対するインプリケーションの検討は第3章で行なわれる．
　また，初期に設立された銀行の多くは自己資金である資本金と政府から供給された資金をその主要な資金源泉としており，主として預金によって資金調達を行う現代の銀行とはかなりかけ離れた実体をもつものであった．

[3]では，1890年代に進行した銀行の資金調達方式の変化，すなわち預金銀行化の過程を分析する．預金銀行化は，一方では家計および企業の資産保有形態の変化すなわち預金保有性向の増加によるものであるが，他方で銀行の預金供給行動のあり方にも依存する．われわれは，前者の要因を叙述的に検討するとともに，後者の要因をマクロ・モデルにより分析する．特に，われわれは政府資金の効果を重視する．すなわち，[3]の分析の焦点は，初期において大量に供給された政府資金が徐々に引揚げられてゆく過程で，銀行の預金供給函数がシフトし，預金銀行化が進展したというメカニズムを明らかにすることにある．明治における銀行業の発展過程において政府資金の果した役割はきわめて重要である．それはまず初期に大量に供給されることによって，少なくとも上記(i)のパターンの銀行設立過程を促進し，その外部経済効果により(ii)，(iii)のパターンの銀行設立をも助長した．それとともにその後それが漸次引揚げられてゆく過程では，銀行の利潤極大行動による預金供給函数のシフトを誘発し預金銀行化が進行したのである．しかしながら，ここで注意すべきことは，この政府資金の「操作」は必ずしも銀行業の育成のみを直接目的としてなされたのではないことである．それはなによりも明治政府の他の重要懸案すなわち貨幣制度の整備および政府財政の確立過程と密接に関連している．またそれは戊辰の役(倒幕戦争)から西南戦争にいたる中央集権政府の樹立過程ともいささかも無関係ではない．明治政府による銀行制度の整備は，常に他の諸課題との相互依存関係の中で推し進められ，政府資金はそのプロセスの中で「操作」されてきたのである．しかしながらまた，そうした試行錯誤的な過程の背後には，初期における上からの積極的拡張主義から中期以降における市場メカニズムを利用した安定成長主義への転換あるいは規制主義から自由市場主義への転換という経済政策パターンの大きな変化が見出されることにも注意せねばならない．この点については，次章で詳しく論じることにしたい．

## [1] 概　　観

**(1)　銀行制度の変遷**[1]

1869年から71年にかけての為替会社の設立育成策の失敗[2]の後，明治政府は1872年(明治5年)11月の「国立銀行条例」の制定により本格的な銀行制度の整備に着手した．この条例による国立銀行[3]は銀行紙幣発行の特権をもった民間銀行であり，銀行紙幣は正貨(すなわち金貨)兌換の義務を負うものとされた．条例第10条第1節は国立銀行の業務を次のように規定している．すなわち「国立銀行ハ為替両換約定為替荷為替預リ金其余引請貸借又ハ引当物ヲ取リテ貸金ヲナシ貸借証書其他ノ諸証券及貨幣地金ノ取引等ヲ以テ営業ノ本務トナスヘシ」[4]．さまざまな業務が雑然と網羅されており，銀行の本来の役割がどこにあるのか明確でないことが注目されよう．また，松好貞夫は従来商業社会で行なわれていた両替金融・問屋金融の方式を念頭においた規定であることを示唆している[5]．また同条例第6条は銀行の設立方法を大略次のように定めている．すなわち国立銀行を設立せんとするものは，資本金の60%を金札(すなわ

---

1) これについて詳しくは東洋経済新報社[1909], [1924], 白井規矩稚[1939], 明石照男・鈴木憲久[1957-58], 加藤俊彦[1957]等を参照せよ．特に加藤の著書が有用である．
2) 為替会社は1869年(明治2年)5,6月以来，東京，横浜，大阪，京都，神戸，新潟，大津，敦賀に「諸国為替金融自在ヲ得，商業弁利ナラシメン為メ」(1869年7月草定の為替会社規則)に設立されたもので，通商司の指導監督の下に借入，預金，貸出，為替，両替等をなす一種の銀行であった．その設立者は，ほとんどが旧幕時代の為替方をつとめた三井・小野・島田等の豪商であった．資金調達方法は，(i)政府の貸下金，(ii)会社員の身元金，(iii)諸預リ金，(iv)発行紙幣であり，設立当初は(i)，(ii)が，その後は(iii)，(iv)の割合が大きくなる．資金運用は，外国貿易，内国商業振興のため，同じく通商司によって設立された商業会社である通商会社に対する貸付が中心であり，その他回漕会社，商人，旧藩主等へも貸出された．為替会社は，一時は政府の保護のもとに活潑な営業を行なったが，1871年7月の通商司廃止を契機に衰運に向い，政府の資金援助をうけて解散するにいたった(横浜為替会社のみは横浜第二国立銀行に転換)．失敗の原因としては，(i)政府の保護監督が強すぎ，参加した旧富商たちの自発的な経営機能が発揮されなかったこと，(ii)協同すべき通商会社が諸藩国産以外の「諸国農商」の商品流通を十分把握しえず経営難に陥ったこと，および，(iii)為替会社の発券に対する準備率規制が次第に強化されたこと等があげられている．為替会社に関する詳細な研究としては，管野和太郎[1931], 新保博[1968]等を参照されたい．また第2章注82), 第3章注7)をも参照．
3) 国立銀行の名称はそのモデルとなったアメリカのnational bankに由来する．国立銀行は民間銀行であるから，national bankの訳語としては誤訳であり，正しくは国定ないし国法銀行とすべきであったであろう．
4) 『明治財政史』第13巻, p.44.
5) 松好貞夫[1971] pp.137-138.

表1-1 設立時国立銀行のバランス・シート(モデル)

| (A) 1872年条例 | | (B) 1876年改正条例 | |
|---|---|---|---|
| 資　産 | 負債・資本 | 資　産 | 負債・資本 |
| 金札引換公債証書(0.6 $E$)<br>正　貨(0.4 $E$)<br>貸　出　等(0.6 $E$) | 資本金($E$)<br>銀行券(0.6 $E$) | 公債証書(0.8 $E$)<br>政府紙幣(0.2 $E$)<br>貸　出　等(0.8 $E$) | 資本金($E$)<br>銀行券(0.8 $E$) |

表1-2 明治前期の東京貸付金利

| 年中 | 貸付金利(%) | 年中 | 貸付金利(%) | 年中 | 貸付金利(%) |
|---|---|---|---|---|---|
| 1868 | 14.02 | 1874 | 12.88 | 1880 | 13.10 |
| 1869 | 13.51 | 1875 | 11.79 | 1881 | 14.02 |
| 1870 | 13.80 | 1876 | 12.12 | 1882 | 10.11 |
| 1871 | 17.67 | 1877 | 10.00 | 1883 | 7.92 |
| 1872 | 13.51 | 1878 | 10.40 | 1884 | 10.91 |
| 1873 | 12.81 | 1879 | 12.01 | 1885 | 11.02 |

〔資料〕 朝日新聞[1930] pp. 383-387.
〔注〕 平均貸付金利. 1868-72年は12月の金利.

ち太政官札)をもって政府に納入し，これと引換えに同額の6分利付金札引換公債証書の下付をうける．銀行はこの公債を銀行券発行の抵当として政府に預け入れ，同額の銀行券の下付を受け発行する．なお，資本金の残り40%は正貨をもって払込みこれを兌換準備とする(加藤俊彦[1957] p. 25).

これからわかるように，この条例における政府の目的は，銀行を設立させて資金市場の整備をはかることとともに，明治元年以来発行してきた不換紙幣たる太政官札を国立銀行券という兌換券に切換えようという点にあった．設立時(すなわち預金を受入れそれを貸出す以前)の国立銀行のバランス・シートをモデル的に示すならば，資本金を$E$とするとき，表1-1(A)のようにあらわされる．銀行券に対する正貨準備の割合は3分の2であってかなり高い．いま，銀行券を1872年の東京市中貸付金利13.51%(表1-2)で貸付けたとすると，発行紙幣は無利子であり，銀行の収益は貸付利子と金札引換公債の利子の和であるから，銀行資本金の収益率は11.71%となる[6]．紙幣発行の特権にもかかわらず，銀行の設立時収益率は市中貸付金利を下まわっていることが注目されよう．

---

6) 金札引換公債は6分利付．銀行資本収益率＝$(0.06 \times 0.6 E + 0.1351 \times 0.6 E)/E = 0.1171$．設立時収益率でなく，預金を吸収したばあいには(預金金利と経費の和が貸付金利以下である限り)，収益率はより高くなることは言うまでもない．

この条例により設立された国立銀行は,東京第一,横浜第二,新潟第四,大阪(東京)第五のわずか4行であり[7],しかも開業後の業績はいずれも著しく不調であった.理由はいくつかあるが,主たる原因は,条例制定直後の1872年頃から国際的に銀の金に対する比価が低下しはじめ,正貨(金貨)兌換の義務を負う国立銀行券は,発行されるとただちに兌換の請求を受けるという事態(グレイシャムの法則)が生じたことにある(第2章[1]参照).

このため,1876年(明治9年)8月に国立銀行条例は全面的に改正され,銀行券の正貨兌換は(不換紙幣たる)政府紙幣との兌換に切換えられるとともに,諸々の銀行設立条件も大幅に緩和された(第2章[4]).改正条例による設立手続は,資本金の80%を4分利付以上の公債証書をもって政府に預託し,同額の銀行紙幣を発行する,資本金の残り20%は政府紙幣をもって引換準備とするというものである.設立時の国立銀行のバランス・シートのモデルは表1-1(B)のようにあらわされる.銀行紙幣の貸付による収益だけでなく,抵当として預託した公債からの利子収入をも期待できるという特典は以前とかわらず,しかも銀行券に対する準備率が4分の1まで下げられたことがわかろう.いま,抵当公債証書が7分利付の金禄公債であるとし,銀行券の貸出が10%でなされるとすると[8],銀行資本金の収益率は13.6%となり[9],これは1876年の東京貸付金利12.12%(表1-2)より高いことがわかる.預金を集め運用するという金融仲介機能を全く行なわない段階で,これだけの収益率が保証されるということは,1876年以後国立銀行設立が著しく有利な事業となったことを意味している.

当時政府紙幣は不換紙幣であったから,それと兌換関係にある国立銀行券も当然不換紙幣である.かくて,「この改正によって国立銀行をつうじて兌換制度を確立しようとする政策はいちおう後景にしりぞき,数多の銀行を創設し,不換銀行券であれ,とにかく多額の通貨を供給することによって,殖産興業資

---

7) 大阪第三銀行は,認可を得たが開業せずに解散.第五銀行は,当初大阪に設立されたが,1876年1月に本店を東京に移した.1876年9月に東京第三銀行が開業.なお,国立銀行の名称は正式には,たとえば東京第一国立銀行のように言うが,以下では簡単化のために国立の部分を省略してよぶことにする.

8) 銀行紙幣の抵当に用いられた金禄公債は5分利付が一番多いが,これは大部分第十五銀行の出資にむけられた.次に多いのが,7分利付である.また改正国立銀行条例では貸付金利に10%の最高限度が定められた.

9) 銀行資本収益率 $= (0.07 \times 0.8E + 0.1 \times 0.8E)/E = 0.136$.

表 1-3 銀行数および郵便貯金取扱局数の推移

| 年末 | 国立銀行 | 私立銀行（うち貯蓄銀行） | 銀行類似会社 | 普通銀行 | 貯蓄銀行 | 特殊銀行 | 農工銀行 | 郵便貯金取扱局数 |
|---|---|---|---|---|---|---|---|---|
| 1874 | 4 | — | ? | — | — | — | — | — |
| 1875 | 4 | — | ? | — | — | — | — | 89 |
| 1876 | 5 | 1 | ? | — | — | — | — | 161 |
| 1877 | 26 | 1 | ? | — | — | — | — | 295 |
| 1878 | 95 | 1 | ? | — | — | — | — | 597 |
| 1879 | 151 | 9 | ? | — | — | — | — | 774 |
| 1880 | 151 | 38(3) | 120 | — | — | 1 | — | 935 |
| 1881 | 148 | 85(11) | 369 | — | — | 1 | — | 1,161 |
| 1882 | 143 | 164(17) | 438 | — | — | 2 | — | 1,430 |
| 1883 | 141 | 199(19) | 573 | — | — | 2 | — | 1,565 |
| 1884 | 140 | 213(19) | 741 | — | — | 2 | — | 1,664 |
| 1885 | 139 | 217(17) | 745 | — | — | 2 | — | 4,496 |
| 1886 | 136 | 219(17) | 749 | — | — | 2 | — | 3,110 |
| 1887 | 136 | 218(14) | 741 | — | — | 2 | — | 3,067 |
| 1888 | 135 | 230(15) | 711 | — | — | 2 | — | 3,072 |
| 1889 | 134 | 255(13) | 695 | — | — | 2 | — | 3,032 |
| 1890 | 134 | 272(15) | 702 | — | — | 2 | — | 2,812 |
| 1891 | 134 | 294(15) | 678 | — | — | 2 | — | 2,863 |
| 1892 | 133 | 324(21) | 680 | — | — | 2 | — | 2,928 |
| 1893 | 133 | — | — | 606 | 23 | 2 | — | 3,023 |
| 1894 | 133 | — | — | 700 | 33 | 2 | — | 3,027 |
| 1895 | 133 | — | — | 817 | 91 | 2 | — | 3,030 |
| 1896 | 121 | — | — | 1,054 | 161 | 2 | — | 3,468 |
| 1897 | 58 | — | — | 1,305 | 227 | 3 | 6 | 3,532 |
| 1898 | 4 | — | — | 1,485 | 273 | 3 | 41 | 4,277 |
| 1899 | — | — | — | 1,634 | 348 | 4 | 45 | 4,458 |
| 1900 | — | — | — | 1,854 | 435 | 5 | 46 | 4,816 |

〔資料〕 朝倉孝吉[1961] p. 187, 松好貞夫[1971] pp. 81-83, 後藤新一[1970]表 10, 18-1, 38, 64, 『郵政百年史』第 30 巻.

〔注〕 1893 年以降の貯蓄銀行は専業のみ．貯蓄銀行業務兼営普通銀行は普通銀行に含まれる．1892 年以前の貯蓄銀行は私立銀行に含まれているのでカッコ内に内数として示す．（この点はしばしば誤っている例をみるので注意を要する．たとえば，『銀行局第十二次年報』の「私立銀行地方別表」でみると，1889 年末において私立銀行数は（休業中，鎖店手続中のものを含めて）255 行であるが，そのうち銀行名に貯蓄，貯蔵，貯積，貯金等のつくものは 13 行である．）

金をつくりだそうとする」[10]政策が前面にあらわれることになったわけである．こうした政策転換の背景には，大蔵卿大隈重信の積極主義経済思想とともに，

---

10) 加藤俊彦[1957] p. 30.

1877年に交付を予定されていた華士族の秩禄処分のための大量の金禄公債の価格低落を防止しようとする意図があった[11]．この改正条例による国立銀行券の大量発行は，西南戦争による政府紙幣の増発とならんで，その後の激しいインフレーションの原因となったのであるが(第2章[1])，それはともかく，条例改正により国立銀行設立は著しく高利潤のビジネスとなり，設立申請が相次ぐこととなった．

表1-3の国立銀行数の動きを参照されたい．政府は，不換紙幣増発への懸念もあって，1879年(明治12年)12月の京都第百五十三銀行の認可をもって国立銀行の新設を中止した[12]．この間の事情を滝沢直七は次のように述べている．「国立銀行条例の改正せらるるや，その企業の有利なりし上に政府が奪りに国立銀行の設立を奨励せしを以て，ここに多数の銀行の設立を見るに至つた．私立銀行を計画しつつありしものはいふまでもなく，地方官の諭達を誤解して苟も資産のあるものは銀行設立の義務あるものの如く妄信し全国みな国立銀行の創立に狂奔し，銀行の設立は一時社会の流行となり，百五十三の銀行は忽ちにして設立せられた」[13]．

その後，1882年(明治15年)日銀が設立されるに及んで，国立銀行条例は再度大改正され(1883年5月)，国立銀行の営業期限は開業許可時より20カ年と定められ，あわせて国立銀行券の消却も開始された．国立銀行の処分は，1899年に終了し，それまでに122行が私立銀行，普通銀行に改組された[14]．国立銀行券も同年12月をもって通用禁止となった．

次に，表1-3にしたがって，私立銀行の制度的変遷に移ろう．公認の私立銀行の設立は，1876年3月創立許可の三井銀行をもって嚆矢とするが，私立銀行・銀行類似会社の設立申請，銀行類似会社の設立はそれ以前にもきわめて盛んであった．「国立銀行条例」の制定およびその1876年における改正の1つの主要な動因は，民間における銀行設立気運の盛り上りであると言っても過言ではな

---

11) 金禄公債によって銀行資本金を払込ませることにより，対応的に公債に対する需要を創出するねらい．金禄公債には当初売買譲渡禁止の規定がつけられていた．
12) 表1-3によれば1879年末の国立銀行数は151行である．これは開業許可された銀行のうち函館第百四十九と沖縄第百五十二が翌1880年に至って開業したためである．
13) 滝沢直七[1912] p. 71.
14) 153行中，合併による消滅は16行，解散8行，鎖店7行であった．

い．まず，1870-71年にかけて豊岡県の浚疏会社，鳥取県の融通会社，滋賀県の江州会社および東京府の三井バンク，東京銀行，小野組バンク等それぞれかなりの規模をもった私立銀行の設立願が出された．政府はこれに対して「大ニ条例ヲ制定シテ良善ノ銀行制度ヲ我国ニ作ラン事ヲ欲シ其草案ハ大蔵省ニ於テ編成中ナリシヲ以テ」[15]直ちに開業の許可を下すことはしなかった．前述のとおり，編成された1872年の国立銀行条例によってはわずか4行の国立銀行しか設立されなかったが，民間の銀行設立の動きは逆に正貨兌換，準備金保有，最低資本金等の法的制約のない私立銀行の設立に向うことになった．『明治財政史』によれば「然レドモ金融機関発達ノ気運ハ駸々トシテ停止スル所ナク明治五年十一月国立銀行条例ノ頒布アリテ新ニ金融機関設立ノ途ヲ啓カレタルニ拘ラス尚ホ私立銀行及銀行類似会社ノ設立ヲ出願スル者無慮一百ニ上レリ」[16]という状態であった．政府はこれに対して軽々に公式認可を下すことはかえって混乱を招くと考え，地方庁限りの承認にまかせるとの方針をとり，次いで1874年4月には「追ツテ一般ノ会社条例制定相成候迄人民相対ニ任セ候」[17]ことにした．こうして，設立された私立銀行・銀行類似会社には，地方庁において大蔵省の指令により設立したもの，地方庁限りで承認したもの，民間において随意に設立したもの等各種あり，「地方庁限リ処分シテ直ニ営業セシメタルモノ幾何ナルヤヲ知ルヘカラス」[18]という実情であった．しかもこれら銀行会社の実力たるや，「資本ハ其ノ小ナルモノハ固ヨリ数百円ニ達セサリシト雖モ其大ナルモノニ至テハ数十万若クハ数百万円ノ巨資ヲ擁シテ厳然一地方ノ経済ヲ左右シ……其ノ営業ニ至テハ殆ント国立銀行ト相駆逐シ其進退消長ハ実ニ一般大衆ノ利益ニ大関係ヲ及ホスモノアリ」[19]という状況で，大蔵省としてとうてい等閑に付すことのできないものであった．言うまでもなく，上記にいう巨大銀行会社には三井，安田商店そして1874-75年にかけて没落した小野組，島田組等が含まれている．

　こうして1876年(明治9年)の「国立銀行条例」の改正を迎えるわけであるが，

---

15) 『貨政考要』(下) p. 205.
16) 『明治財政史』第12巻, p. 533.
17) 『明治財政史』第12巻, p. 533. 一般の会社条例とは商法のことである (旧商法施行は1893年).
18) 『明治財政史』第12巻, p. 492.
19) 『明治財政史』第12巻, p. 492.

この改正によりはじめて,国立銀行以外の銀行に「銀行」という名称が許されることとなった[20]. 私立銀行が公認されたわけである. 条例改正後最初の2-3年間は,著しく有利な事業と化した国立銀行の設立が(上述のように)相次いだが,それが制限数153に達するとともに,1880年頃から私立銀行の設立が急速に進展することとなる. 表1-3にみられるとおりである.

　しかしながら,私立銀行の名称が公認されたからと言っても,私立銀行の法制的枠組が定められたのではなく,それがなされたのはさらに十数年後の1890年(明治23年)8月法律第72号「普通銀行条例」の公布によってである(施行は1893年7月). これは関連法規である一般会社法たる商法の制定が種々の事情により遅れたことによるものである. このため大蔵省は,私立銀行および銀行類似会社を全て地方庁から大蔵省への稟議をふまえて承認することを通達(1882年),私立銀行認可の内規として無限責任,資本金1万円以上等を規定(1884年)[21],各銀行の決算結果の大蔵省への報告の義務づけを通達(1888年)するなど種々の臨時措置を講じた. 1890年の銀行条例はわずか11条よりなるものであるが,その第1条は「公ニ開キタル店舗ニ於テ営業トシテ証券ノ割引ヲ為シ又ハ為替事業ヲ為シ又ハ諸預リ及ヒ貸付ヲ併セナスモノハ何等ノ名称ヲ用キルニ拘ハラス総テ銀行トス」[22]と銀行を定義し,さらに第5条で「一人又ハ一会社ニ対シ資本金高ノ十分ノ一ヲ超過スル金額ヲ貸付又ハ割引ノタメニ使用スルコトヲ得ス」[23]として,貸付の最高限度を規定したことが特色である. しかしながら,この第5条は銀行業者の団体なる銀行集会所からの激しい反対にあい,1895年2月の改正により削除されることとなった. ちなみに,この条例では銀行の最低資本金を定めていない. これに対して銀行業者の一部より小銀行設立制限の請願がなされたが,大蔵省は「営業の自由」の原則をもってこの請願を拒否したといわれる[24]. このことはその後数年をたたずして開始され

---

20) 「国立銀行条例」第22条第3節および1873年5月の大蔵省達により,国立銀行以外に「銀行」の名称を用いることは禁止されていた. それゆえ明治9年以前においては銀行に類する業務すなわち為替,預り金,貸付などを行う会社はすべて銀行類似会社と慣称されていた(『明治財政史』第12巻, p.683).
21) 『明治財政史』第12巻, p.537. ただし特別の事情のあるものは保証有限責任を認可.
22) 『明治財政史』第12巻, p.594.
23) 『明治財政史』第12巻, p.595.
24) 『明治財政史』第12巻, p.603.

る銀行集中促進の動きからみて興味深い．

　次に銀行類似会社について．さきに述べたように，国立銀行条例の改正によって私立銀行の名称の許されるまでは，国立銀行以外の銀行業務を営む会社はすべて銀行類似会社と慣称されていた．それゆえ，これ以前の銀行類似会社は一般に規模も大きく，府県為替方をつとめるなど有力なものが多く，その多くが1876-79年にかけて国立銀行，私立銀行に転業した．これに対して1879年以後の銀行類似会社は，国立・私立銀行に転化したものにくらべて一段小規模の商人・地主によって設立されたものが多く，投機的高利貸的な行動をとるものも少なからずあったと思われる．またこれら銀行類似会社の中には，単に預金，為替，貸付等の銀行業務だけでなく，肥料，各地方の物産等の物品の販売，貸付業の兼営を行なうものも多く，なかには物品製造等をも行なうものがあった．しかしながら，1882年9月にいたって，大蔵省は農商務省との管轄領域の調整の必要から次のような通達を行なっている．「銀行類似会社ト称スル者ハ貸付金，預リ金及為替，荷為替，割引等凡ソ銀行事業ノ全部又ハ其幾部ヲ専業トスル者ニ限リ候儀ニ付他ノ業務ヲ兼営スル者ハ当省ノ主管ニ無之儀ト可相心得」[25]．これから判断すると，1882年9月以降の銀行類似会社は，銀行業務の一部または全部を営むものに限られ，物品販売業等を兼営する会社は農商務省の管轄の下に，物品販売業ないし貸金会社として分類されるようになったと考えられる．それゆえ，1882年以降の銀行類似会社は，小規模な私立銀行と大差ないものになったとみなしてよかろう．以上からわかるように，銀行類似会社は1876-79年および1882年を画期とする3つの時期でそれぞれ定義範囲が異なっていたわけであり，この点十分留意する必要がある．ところで，銀行類似会社の名称は公式統計上1893年をもって消滅する[26]．これはさきに述べた普通銀行条例第1条の「総テ銀行トス」の規定によるものであることは言うまでもない．表1-3にみられるように，1892年末において私立銀行（貯蓄銀行を除く）と銀行類似会社の数はそれぞれ303, 680である．これに対して，1893年末の普通銀行数は606行であり，多数の銀行類似会社が（私立銀行とともに）普通

---

25) 『明治財政史』第12巻，p. 683.
26) しかしその後も商業，倉庫業，運送業等を兼営する金融会社は多数存在した．しかしその金融業務は貸金業と大差ないものであったと考えられる．そのようなものとしては日本銀行[1966]（解説）p. 522の香川県の例を参照されたい．

銀行に切換えられたことが推察される．

　表1-3の銀行類似会社の計数について2つの注釈を加えておきたい．第1は，1879年(明治12年)以前の会社数である．表1-3では?印になっているが(すなわち公式統計には記されていないが)，これ以前にも多数の銀行類似会社が存在したことは明らかであり，この点おおいに注意が必要である．たとえば，『明治財政史』には，1876年(明治9年)の国立銀行条例改正後「爾来銀行ノ名称ノ下ニ金融事業ヲ営ムモノ続々トシテ生シ為メニ銀行類似会社ハ漸次其数ヲ減少スルノ傾向ヲ来タセリ」[27]とある．これを，さきに引用した1876年以前の設立出願が「無慮一百ニ上レリ」という文章と対比するとき，既に1876年以前に多数の銀行類似会社が存在しており，この多くが1876-78年にかけて国立銀行，私立銀行へと転化しその数を減じたことが推察されよう．また朝倉孝吉は，1873年(明治6年)以前にも多数の銀行類似会社が存在し，それらは1879年以後の設立になるものよりも大規模で高利貸性の少ないものであったとしている[28]．いま，表1-3をそのまま無批判に読むならば，1876年の改正によりまず国立銀行が多数設立され，ついで私立銀行，銀行類似会社の設立が始まったかのように錯覚しがちである．正確には，1876年以前に多数の銀行類似会社が存在しており，その多くが国立銀行，私立銀行設立の母体をなしたと考えねばならないのである．

　第2点．私立銀行および銀行類似会社が1880年以後に急増していることに関連してその地域性に注意を払っておく必要がある．表1-4を参照されたい．1880年から1884年にかけて，私立銀行は38行から214行へと5.6倍になっているが，その増加分の51% 90行が長野，山梨，神奈川，静岡，群馬，埼玉，福島の7県で占められていることがわかろう．静岡は当時の主要な輸出品の1つであった茶の産地であり，神奈川は開港場である．他の5県はいずれも当時の代表的在来産業・輸出産業である製糸業の中心地である．また，銀行類似会社についてみると，総数は120社から741社へと6.2倍になり，増加分の53% 330社は上記7県に集中しており，また26% 161社は北陸3県に集中している．新潟は米穀の主産地であり，富山，石川は製薬業，絹織物業(輸出羽二重)の中

---

27) 『明治財政史』第12巻, p.525.
28) 朝倉孝吉[1961] pp.56, 271.

表1-4 松方デフレ期における私立銀行数および銀行類似会社数の地域別分布

|  | 私立銀行 | | | 銀行類似会社 | | |
| --- | --- | --- | --- | --- | --- | --- |
|  | 1880年 | 1884年 | 増加 | 1880年 | 1884年 | 増加 |
| 長 野 | 3 | 31 | 28 | 6 | 107 | 101 |
| 山 梨 | 1 | 3 | 2 | 5 | 80 | 75 |
| 神奈川 | 1 | 10 | 9 | 5 | 46 | 41 |
| 静 岡 | 3 | 35 | 32 | 1 | 46 | 45 |
| 群 馬 | — | 4 | 4 | 5 | 32 | 27 |
| 埼 玉 | 1 | 12 | 11 | 4 | 26 | 22 |
| 福 島 | 1 | 5 | 4 | 4 | 23 | 19 |
| 合 計 | 10 | 100 | 90 | 30 | 360 | 330 |
| 新 潟 | — | — | — | — | 78 | 78 |
| 石 川 | 1 | 6 | 5 | 11 | 57 | 46 |
| 富 山 | — | 2 | 2 | — | 37 | 37 |
| 合 計 | 1 | 8 | 7 | 11 | 172 | 161 |
| その他合計 | 27 | 106 | 79 | 79 | 209 | 130 |
| 全 国 | 38 | 214 | 176 | 120 | 741 | 621 |

〔資料〕 朝倉孝吉[1961].

心地である．私立銀行・銀行類似会社の展開にみられる以上の地域性は，明治前期における銀行業の設立過程が，特に政府規制・保護の弱い私立銀行・銀行類似会社について，在来産業，輸出産業の展開と密接な関連をもって進行したことを示唆している．この点[2]でより詳しく検討したい．

表1-3にもどって，貯蓄銀行制度の展開過程をみよう．複利の方法によって小額預金を預かるという貯蓄預金の取扱いは，1878年(明治11年)山梨第十銀行にはじまったと言われる．第十銀行はその前身である銀行類似会社興産社の貯蓄預金を引継いだのである．最初の専業貯蓄銀行は1880年設立の東京貯蔵銀行である．その後貯蓄銀行は表1-3にみられるように(1883年19行[29]にまで)増加し，国立銀行でも貯蓄預金を取扱うものが漸次ふえてきた．当時の貯蓄銀行は著しく高利(1883年の調査では預金金利が10%位，貸付金利は15%

---

29) 1883年の大蔵省調査で調査対象とされたのは21行であるが(『明治財政史』第12巻，p.865)この内岐阜貯蓄と平安貯蓄は1883年までに廃業しており(同p.917)，年末行数は報告数(同pp.866-867)と同じ19行である．

位で「往々2割以上2割5分の高位」もある)であり,経営も不健全であったと言われる[30].このため,大蔵省は1884年以降貯蓄銀行の新設および国立銀行等の貯蓄預金業務兼営を許さない方針をとった.ついで,1890年(明治23年)8月には,普通銀行条例と同時に,法律第73号により「貯蓄銀行条例」が公布され,1893年7月施行された.条例の第1条には「複利ノ方法ヲ以テ公衆ノ為ニ預金ノ事業ヲ営ム者ヲ貯蓄銀行トス」と銀行の定義を与え,次いで「銀行ニ於テ新ニ一口五円未満ノ金額ヲ定期預リ若ハ当座預リトシテ引受ルトキハ貯蓄銀行ノ業ヲ営ム者ト為シ此条例ニ依ラシム」[31]としている.この他,1890年の条例は,貯蓄払戻の保証金を(国債によって)供託すること,資金運用に厳重な制限を設けることなど,貯蓄銀行の経営の安定化を意図して厳しい規制を設けたが,これまた貯蓄銀行業者の反対に遭い,1895年の改正により大幅に緩和された.表1-3において1895年以降貯蓄銀行数が急速に増加する理由の一半はこの規制緩和にある[32].

次に特殊銀行について.最初の特殊銀行は1880年(明治13年)に設立された横浜正金銀行である.この銀行設立のイニシアティヴをとったのは横浜の貿易商人であり,大蔵卿大隈重信の賛同保護によって創立されたと言われる.それゆえ「横浜正金条例」が制定され,特殊銀行としての位置づけがなされたのは設立後しばらくして1887年のことであった.しかしながら,設立が民間からの首唱になったとは言え,同行は創立当初から国家金融機関としての性格を濃厚に備えていた.当時,入超とグレイシャムの法則により大量の正貨流出が生じており,また貿易金融では外国人商人および外国銀行が圧倒的地位を保っていたから,政府は正貨蓄積および直貿易の振興のために,同行を国策会社として育成しようとしたのである.まず,創立時資本金の3分の1は政府が銀貨をもって交付し,それについての配当は6%までは受領するが,それ以上は別途積立金となすと定めた.また,巻末に付した統計付録1-Iから明らかなように,初期の資金調達は圧倒的に政府預金に依存している.官金を海外荷為替資金として内外貿易商に貸付けることが創立後しばらくの間の同行の主要業務形態で

---

30) 『明治財政史』第12巻, pp. 863-875.
31) 『明治財政史』第12巻, p. 889.
32) 貯蓄銀行については『明治財政史』第12巻とともに加藤俊彦[1957]第1章第3節,第2章第2節,進藤寛[1966]を参照されたい.

あった．しかも1889年には日銀と外国為替手形再割引の契約を結ぶにいたるが，それは限度を1千万円とし年2%という低利資金であった．日銀はこの資金を日銀券の保証準備発行限度額を7千万円から8.5千万円に引上げることによって調達した[33]．

　1882年(明治15年)6月の日本銀行条例により設立された日本銀行(同年10月開業)も実質的には政府金融機関の性格の強いものであったが，形式的には株式会社形態をとる私法人(資本金1千万のうち半額政府出資)であったから，表1-3では同行をも特殊銀行に加えてある．日銀の創立の直接契機となったのが松方正義の「財政議」(1881年9月)および「日本銀行創立ノ議」(1882年3月)という2つの建議[34]であることは周知のことであろう．また，「財政議」以前に，すでに大隈重信，伊藤博文連署になる「公債ヲ新募シ及ヒ銀行ヲ設立センコトヲ請フノ議」(1881年7月)において兌換券を発行する一大中央銀行設立の構想が提示されていたことも現在ではよく知られていることである[35]．日本銀行の設立過程については第2章[4]で詳しく検討する．

　他の特殊銀行は世紀の変わり目頃に相次いで設立された．まず1896年(明治29年)4月公布の「日本勧業銀行法」により日本勧業銀行(1897年8月開業)が設立され，同時に公布された「農工銀行法」により勧業銀行と「輔車唇歯」の関係に立つ農工銀行が1897年から99年にかけて北海道を除く各府県に相次いで設立された(46行)．北海道には農工銀行にかわって，1899年3月公布の「北海道拓殖銀行法」により北海道拓殖銀行(1900年4月開業)が設立された．これらはいずれも金融債発行による資金調達と不動産抵当貸を主業務とする特殊銀行であった．これに対して動産抵当銀行として，1900年(明治33年)3月公布の「日本興業銀行法」により，日本興業銀行が設立された(1902年4月開業)．この銀行の主たる設立目的は公社債の応募引受および公社債株式を担保とする貸付により，普通銀行を株式担保金融から「えまんしぺーと」[36]し本来の商業銀行業務に専念せしめることおよび外貨導入により長期資金を供給することに

---

33) 山口和雄[1969]．
34) 『明治前期財政経済史料集成』第1巻，pp. 433-439．
35) たとえば藤村通[1968] p.363参照．この構想の中央銀行は横浜正金銀行を拡充改組し中央銀行機能を与えようとするものであった．
36) 興銀初代総裁添田寿一の演説による．加藤俊彦[1957] p.194．

あった.

　これら特殊銀行設立の構想は上述の松方建議「財政議」および「日本銀行創立ノ議(附日本銀行創立趣旨書)」にある[37]. 両建議において松方は中央銀行とともに勧業(興業)銀行および(国営)貯蓄銀行をそれぞれ1行設立し, 3者をして「全国理財の鼎足」とすることを提唱した. このうち勧業(興業)銀行は「土地家屋ヲ抵当トシテ, 起業資本ヲ貸付ケ, 或ハ田野ノ開墾ヲ勧メ, 或ハ地質ノ改良ヲ翼ケ, 或ハ製糸鑿溝築港等ノ事業ヲ振作スル」[38]ことを目的とする(すなわち後の日本勧業銀行に対応する)ものであった. しかしながら, この構想においてはあくまで紙幣整理(第2章[2]参照)のための焦眉の課題である中央銀行設立が主目的であり, 勧業(興業)銀行案は提唱された金融制度のモデル上のコンシステンシィを保つためにとりあげられた感が強い. 長期産業資金供給のための特殊銀行を設立するという構想は, その後松方デフレの終期における農商務省と大蔵省(さらには内務省および工部省をも含む)との間の対立抗争を経て, 次第に問題の焦点が明確化したのであり, 1890年の松方建議「日本興業銀行, 動産銀行及農業銀行設立趣旨ノ総説明」において真にリアリスティックな内実を得るに至ったと考えられる. これらの点については第2章[4]で検討する.

　最後に, 郵便貯金制度および大蔵省預金部(現在の資金運用部)すなわち政府金融制度について概観しよう. 郵便貯金制度は, 1875年(明治8年)に始まった[39]. すなわち貯金預り規則(1874年制定)による内務省駅逓寮の付帯業務として, 1875年5月東京の18局と横浜で貯金預り業務が開始されたのである[40]. 貯金の金利は3%であり, 高金利の当時としては著しく低利子率であった. 預り額総額制限は500円未満であった. その後金利は徐々に引上げられ1881年(明治14年)には7.2%となり, 総額制限も撤廃された(1890年再開). これは紙幣整理の過程における1つのインフレ対策として準備金への紙幣回収を目的とした措置であったと言われる[41]. 郵便貯金取扱局数も漸次増加し, 特に1885

---

37) 同じ頃農商務省においても「土地抵当貸銀行案」(作者不詳, 農商務省の罫紙使用)が作成されていた.
38) 『明治前期財政経済史料集成』第1巻, p. 446.
39) 制度創設にあたって重要な役割を演じたのは前島密である.
40) 当初は「駅逓寮貯金」, 1880年には「駅逓局貯金」, 1887年には「郵便貯金」と改称されて現在に至っている. 迎由理男[1977] p. 496.
41) 迎由理男[1977] p. 495による. 原典は, 『郵便貯金局郵便貯金事務史』第1編.

年(明治18年)にはすべての郵便局で貯金事務を取扱うこととしたため，取扱局数は前年の1,664局から一挙に4,496局へと増加している(表1-3参照)．それ以前は主として都市部のみであったのが，農村部へも取扱局が拡張されたのである[42]．貯金額も前年の6.7百万円から11.7百万円へと急増しており，この金額は同年の国立銀行民間預金20.7百万円，私立銀行民間預金7.7百万円にくらべて無視しえない額であることがわかる(統計付録1-I参照)．その後の郵便貯金の展開については本章[3]および第6章，第8章を参照されたい．

郵便貯金の運用は当初は東京為替会社への預金，ついで為替会社が不調に陥ると東京第一銀行に預け入れられた(金利は5%であった)．その後1878年からは大蔵省の準備金に預入されたが，1885年には預金取扱い規則が制定され，大蔵省国債局の別途預り金として準備金とは独立に運用されることになった．大蔵省預金部は1885年(明治18年)5月の「預金規則」に従って設置された大蔵省預金局にはじまる．従来の国債局の別途預り金はすべて預金局に移され，郵便貯金と大蔵省預金部からなる戦前の政府金融制度(財政投融資制度)はこの時点で成立したと考えることができる[43]．

ところで，預金規則第1条は「大蔵省ニ預金局ヲ置キ左ノ貯金積立金ヲ預リ之ヲ保管利殖セシム．第一駅逓局貯金，第二各管庁ノ成規ニ従ヒタル積立金，第三社寺教会社其他人民ノ共有ニ係ル積立金ニシテ其請願ニ拠ルモノ」[44]と定め，預り金取扱手続，預り金利子割合は大蔵卿が定め(第2,3条)，預り金に関する損益は国庫の負担とする(第4条)としている．資金運用方法についての規定はこのほかにはなんらなくその意味できわめて不完全な規定であった．事実上全て「大蔵卿の裁量に一任」[45]される仕組みであった．当初の資金運用は主として国債であったが，日露戦争後次第に多様化され特殊会社貸付，株式社債等にも運用されるようになり，いわゆる西原借款等の不良貸付を生み，数々の問題が生じることになった．不良貸付とならんで問題とされたのは，地方か

---

42) 迎由理男[1977] p.498.
43) 預金規則制定に至る経緯については，迎由理男[1977] pp.506-512を参照されたい．
44) 『明治大正財政史』第13巻，p.567.
45) 『明治大正財政史』第13巻，p.572. ちなみに預金規則第6条は「預リ金ノ運用ハ日本銀行ヲシテ取扱ハシムルモノトスル」とあり，出納等の実務は日銀に委託された(『明治大正財政史』第16巻，pp.569-570).

ら(郵便貯金のかたちで)資金を吸収しながら,その運用が国家財政と特殊銀行会社に偏り地方に還元されない点であった(地方資金問題). このため1925年(大正14年)に至って,預金部は大幅な改造を受けることになる(預金部預金法および預金部特別会計法の制定). この点については,第6章を参照されたい.

ちなみに,前述の松方建議「財政議」および「日本銀行創立ノ議」における貯蓄銀行の構想は,この郵便貯金・預金部制度に対応するものであった. それは,この構想が1行からなる国営銀行を想定していることから明らかであり,また郵便貯金との関係について「財政議」に「駅逓局現行ノ法ハ少シク更生ヲ加エ,益々拡張ヲ謀リ,其集合シタル金額ハ皆本行ニ引受ケ運用スヘシ」[46]とあることからも明白であろう. 松方はこの国営銀行により,脆弱な民間の貯蓄銀行群を補完せしめることを構想したのであった.

(2) 集計量分析

法制度による概観に続いて,若干の集計量によって銀行制度の発展過程を跡づけておこう. 図1-1は明治期における銀行業の資金調達の方法の推移を,その主要項目である民間預金,$G$および自己資本(払込資本金および積立金)の構成比のかたちで整理したものである. $G$については後に詳しく説明するが,それは政府資金(government credit)の略であり,政府の銀行業に対する陽表的,陰伏的な資金供与額を示す. 具体的には,国立銀行券(流通高),政府預金および政府・日銀の民間銀行に対する貸出からなる. この図から次のような事実が読みとれる. (i)初期(1884年頃まで)において銀行資金総額に占める民間預金の割合は10-20%と極めて低い. 資金の主要部分は株式および$G$(政府資金)によって調達されている. 1884年(明治17年)の前年1883年に,国立銀行条例が再改正され,紙幣発行の特権を持たない私立銀行・普通銀行に切換えられることになったことに留意されたい. (ii)1884年頃より,民間預金の割合は急速に増大しはじめ,同時に$G$の割合は40%水準から10%水準へと向かって低下しはじめる. 株式の割合もゆるやかながら45%水準から25%水準へと低下する. (iii)これらの上昇低下傾向は1905年(明治38年)頃一段落し,各比率は相

---

46) 『明治前期財政経済史料集成』第1巻,p. 434.

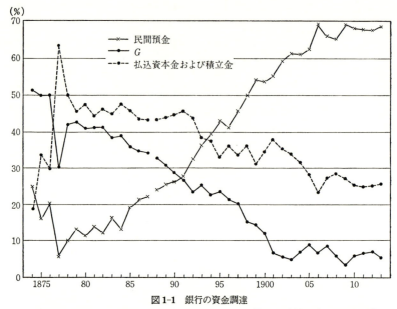

**図1-1 銀行の資金調達**

〔資料および注〕 統計付録1-I, 1-II による．1887年以前は国立銀行のみ．1888年以後は統計付録1-II のすべての銀行．%は民間預金，$G$，払込資本金・積立金の和に対する各項目の比率を示す．

対的にほぼ一定となる．

　初期における民間預金の割合の低位は極めて印象的である．すなわち，この時期の銀行の機能は，自己資金および$G$を貸出，有価証券投資等に運用することにあり，他人の預金を集めて運用するという近代的金融仲介業務はわずかしか行なわれていなかったのである．いわゆる預金銀行への転化（預金銀行化）は明治20年代，30年代を通じて進行し，明治後期にはいって，はじめて定着したわけである．こうした初期銀行における自己資本比率の高位は，一般に小規模銀行ほど顕著であり，また国立銀行にくらべて私立銀行，私立銀行にくらべて銀行類似会社において著しい．当時の小銀行について「これらの銀行は，ほんらい他人資本である預金を基礎とする商業銀行とはおよそかけ離れた，いわば一部の地主・旧富商たちが資金をもちよった高利貸的な貸付会社とみてよいであろう」[47]と言われるゆえんである．この加藤俊彦の評価は主として地方の

---

47) 加藤俊彦 [1957] p.45.

小銀行に関するものであるが，明治前期の銀行一般を金貸銀行とする見方は幅広く行なわれており，筆者自身も，かつて次のように述べたことがある．すなわち，初期の銀行は「本来他の産業分野に容易に投下されるべき資金（銀行株式およびG）を仲介したにすぎず，その社会的遊休資金の動員能力あるいは金融市場の不完全性への対応としての金融仲介機能は限られたものでしかなかった」[48]．しかしながら，このような主張は2つの意味で修正されねばならない．第1は，当時においては銀行の制度そのものが新奇であって，預金者の目から見て組織の安全性に乏しく，他人の預金を吸収する前提として，その保証たる自己資金が必要であったということである．少なくとも最初の預金者に対して，銀行預金の預入と払戻におけるタイミングの確率的不一致が，信用創造を可能ならしめるということを信じさせるには，余ほどの手間がかかったであろう．第2は，資本金のかたちで集められた資金は，それなりに資産運用の多様化に伴う規模の経済性を発揮し，個々の株主には利用できない新たな投資機会をもたらしたということである．たとえば当時の荷為替業務は運送業務および倉庫業務によって補完される必要があり，大商社ならともかく，通常の個人資産家では到底単独にはなしえないものであったであろう．このような意味で，初期の銀行の中には貸金業と大差ない高利貸的行動をとるものの少なからずあったことはいなめないとしても，それを一般化して銀行業全体を貸金会社的であったと規定することは，過度の一般化である感をまぬがれないのである[49]．さらに言うならば，その資金調達形態は銀行制度に関する知識の不足という制約の下では1つの効率的な金融仲介方法であった可能性が強いのである．

　銀行業の新奇さ(novelity)という点では，近代の両替金融と近代的預金業務との関連についてふれておく必要がある．徳川時代においても，大阪を中心とする両替商人は，預金を受け入れることにより自己資金に数倍する資金を運用していたといわれる．しかも受け入れた預金に対して，両替商は預り手形として銀目（銀の量目表示）の譲渡可能預金証書（今日のCDに対応か，ただしCDよりも通貨としての流通性が高い）を発行し，また預金者たる商人は両替商宛の支払を指図した同じく銀目の手形[50]（今日の小切手に対応）を発行することが

---

48）　寺西重郎[1979a] p.67.
49）　正田健一郎[1971] p.133.

できた.これら銀目手形は,金属貨幣[51]とならんで貨幣として流通し,大口取引は大部分銀目手形で決済された.手形を受取った商人は,通常それを現金化することなく,自己の取引先の両替商に送付して預金したと言われ,両替商は「きわめて複雑な径路を経」ながらもともかく「ほとんど正金銀の授受」を行なうことなく手形の相殺決算をなしたと言われる[52].一般に両替屋における商人の当座勘定は貸越になっており,また(無抵当)貸付や大名貸もさかんに行なわれていたから,これらのことは派生預金に基く信用創造がなされていたことを意味している.これは,何よりも両替商の信用が強固であったこと,および親両替,子両替という信用網が完備して,現金のリーケッジが小さかったことによるものであろう.それゆえ,大阪地方においては預金銀行の業務はすでに徳川期から馴染みぶかいものであったと言うことができよう.次節でみるように,近畿地方においては,他地域にくらべていち早く銀行の預金銀行化が進展する.このことは,近世以来の両替金融の伝統と密接に関連していると考えられる.しかしながら,両替金融とその後の銀行預金業務との間には1つの大きな相違点があったことも見逃せない.それは,両替金融における預金の滞留が,当時における蔵物,納屋物といった物資流通の定期性に大きく依存するものであり,近代的銀行預金のように多数の預金者の存在による大数の法則に基くものではなかったということである.米穀を中心とする農産物の流通は季節的に周期的であり,他の産品も当時の輸送手段の発達度[53]からしておおむね定期的に流通していた.両替商は定期的な支払と受取の間のラグを利用して,資金を運用しえたのである[54].これに対して,近代の預金銀行業務では,本源的預金の預入,引出は予測できない不確実なものである.ただ預金慣行が一般化して

---

50) この銀目手形は,維新の幣制改革に伴って1868年(慶応4年,改元により明治元年)5月廃止された.これについては梅村又次[1979a],松好貞夫[1971]第3章等を参照されたい.

51) 当時,金・銀・銭の3種の金属貨幣が通用しており,取引のためには銀目と称する計算単位に(その時々の相場で)換算せねばならず,便利さの点からも銀目手形が好まれた.近世の幣制・金融組織の詳細については作道洋太郎[1958],[1969],[1970]第4章等を参照されたい.

52) 新保博[1956] pp.125-126.

53) たとえば当時の幹線的輸送径路の1つであった日本海航路は冬季は運航されない.(たとえば酒田の城米積船の出航は大部分が4月中旬から8月上旬になされた.梅村又次[1979b]による.)両替商は秋までに輸送されてきた物資の販売代金の預入を受け,これを翌年の春まで運用することができた.

54) この点,松好貞夫[1971]第1,3章参照.また預金の満期期間の不確実性の問題についてはニーハンス(Niehans, J.)[1978]参照.

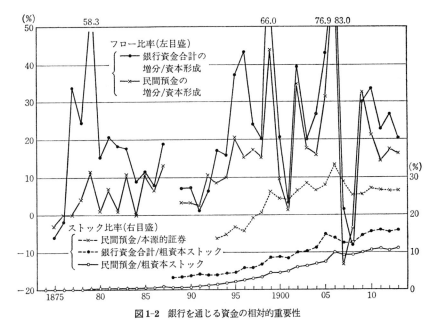

図1-2 銀行を通じる資金の相対的重要性

〔資料および注〕 銀行の範囲は，統計付録1-Iおよび1-IIのすべての銀行．資本形成は粗国内固定資本形成(当年価格)．1875-84年は，『長期経済統計』第1巻第5表の農林水産業粗国内固定資本形成と同第4巻第1表合計の和．1885年以後は『長期経済統計』第1巻第4表による．銀行資金合計(民間預金，G，資本金・積立金の和)，粗資本ストックは統計付録による．本源的証券は，統計付録1-IIの(2)，(3)，(4)の和．1887年以前のフロー比率における銀行資金合計のうちGは国立銀行のもののみ．

いるため，多数の多様な顧客がおり，その顧客の多様性によって，確率的な平均残高が滞留することを期待しているに過ぎない．この意味で，近代的預金業務と両替金融とは，やはり1つ次元の異なるものなのである[55]．

次に，図1-2によって銀行を通じる資金の流れが経済全体の資本形成にくらべてどの程度のものであったかを見よう．まず，ストック間の比率．民間預金の本源的証券に対する比率および銀行資金総額および民間預金の資本ストック

---

55) ちなみに，預金業務については，銀行家自身もかならずしもすべてがその機能を十分理解していたとは言えないようである．たとえば，1つの極端な例であるが，渋谷隆一氏は山形県の大地主本間家の設立した私立銀行本立銀行(1888年設立，資本金72万円)に関する次のような興味深いエピソードを記している．本立銀行の社長斎藤善右衛門と本間光弥との会話．斎藤「本立銀行ハ一般ノ預金ヲ扱ハレマスカ」本間「扱ヒマセン止ムヲ得ザルモノダケ扱ヒマス他人ノ金ヲ預リ若シ間違ヒアリテハ相済マズ故ニ扱ヒマセン」(渋谷隆一[1962b] p.204)．

に対する比率は初期において低く,その後なだらかに上昇し,1905年,または1906年以降安定化していることが読みとれよう.この事実は,図1-1の銀行資金調達の構成比の動きに対応するものである.次にフロー間の比率[56].まず,民間預金増分の投資に対する比率を見ると,初期において低く,1895年に上昇し,1900年頃から変動は激しいものの高水準に達していることがわかろう.このことは預金銀行化の進展により,銀行預金を通じる資金が経済の貯蓄投資の連結機構に次第に大きな役割を果すにいたった過程を示している.次に,民間預金に$G$および銀行資本金を加えた銀行資金総額変化分の投資に対する比率をみると,2つの顕著な山があることが注目される.第1の山は1879年をピークとするものであり,これは1876年(明治9年)の国立銀行条例の改正に伴う第1次の銀行設立ブームに対応している.このときの$G$および銀行資本金のかたちの資金の流れは,経済の資本形成の30-60%を占めており,無視しえないものである.またこの山は民間預金の動きとはおおむね独立に生じていることも注目される.第2の山は1894年以降,1906年頃にかけてのものであり,1896年,1899年,1905-06年の3つのピークをもっている.このうち1896年の比較的低いピークは,民間預金の動きからは独立であるが,1899年のピーク以降の銀行資金の動きは次第に民間預金の動きに支配されていることがわかろう.1896年のピークはこの前後の会社設立ブームに伴う資金需給に関連して銀行資本金の第2次の急増が生じたことによるものである.その後の銀行資金は専ら預金の集中を通じて資本形成に寄与してゆくことになる.

　図1-2において1つの興味深い点は,1880年代から1890年代前半にかけて,銀行資金フローの資本形成に対する比率が低位にあることである.このことは,この時期の資本形成にとって銀行を通じる資金が重要でなかったことを意味しているのであろうか.集計量的な比率においては確かにそうである.しかしながら同時に,当時のわが国経済には著しい地域格差があったことが留意されねばならない.全般的な銀行業の伸びなやみの中にあって,製糸業等の在来産業地帯では銀行はすこぶる活潑な活動を行なっているのである.在来商工業は当

---

[56] この比率は表3-1に対応するものであり,100%から銀行資金の割合を差引いたものは,内部資金在来金融等および会社株式によって調達される割合である.ただしこの図では銀行の公債保有は調整していない.

時の主導産業でもあり輸出産業でもあったから，このことは1880年代においても銀行業の役割は無視すべきでないことを示唆している．この点次節で詳しい検討がなされる．

最後に，業態別の銀行間の著しい格差と類似性の問題を，1890年のデータによって検討しておこう．表1-5を参照されたい．まず，資本金の規模をみよう．国立銀行は，極端に巨大で例外的な華族銀行第十五銀行を除くと，1行あたり払込資本金は232千円である．これに対して，私立銀行は，三井，安田という2大銀行を除くと1行あたり51千円であり，両者の間にかなりの差があることがわかろう．銀行類似会社の資本金は1社あたり21千円であり，さらに小さい．次に資金調達方法をみるとなによりも$G$の割合，すなわち政府預金および発行紙幣の払込資本金に対する比率に国立銀行と私立銀行の間に大きな差があることが注目される．前者は第十五銀行を除くと0.72，後者は三井，安田を除くとわずか0.03である．三井，安田の政府預金依存度の高いこともみのがせない．銀行類似会社においてはこの比率は一般の私立銀行よりもさらに低いものであったと考えられる[57]．次に民間預金の払込資本金に対する比率は，(第十五銀行を除く)国立銀行で0.90，三井，安田を除く私立銀行で0.52であり，国立銀行の方が預金銀行化していることがわかる．これに対して，第十五銀行はわずかに0.06であり，私立銀行平均よりも小さく，逆に三井，安田の大私立銀行はそれぞれ6.24，1.24と資本金以上の民間預金を集めていることが注目される．両銀行は規模が大きいだけでなく，すでに1890年において預金銀行としても他から抜きんでていたわけである．銀行類似会社については，全国データは利用可能でない．しかし個別府県段階では若干のデータが利用可能である．たとえば朝倉孝吉氏監修の新潟県北越銀行の行史がそれである．表1-6を見られたい．データの得られた新潟県の6つの銀行類似会社払込資本金平均額は75千円と全国平均にくらべてかなり大きいが，それにくらべて預金量が1社あた

---

57) ただし，地方の大きな銀行類似会社は官金取扱いを行なっていたし(たとえば福島第百七銀行の前身である吉野社など，杉山和雄[1965] p.57参照)，1880年(明治13年)頃までの殖産興業政策の盛んな時期には，しばしば大蔵省から貸下金を受けていたようである．たとえば長野開産社(3.9万円，1875-76年頃か？ 栗原るみ[1977])，静岡県韮山生産社(1万円，1877年，朝倉孝吉[1961] p.210)，宮城県三陸社(10万円，1870年，朝倉孝吉[1961] p.140)など．しかしながら，これらの銀行類似会社は後に国立銀行や有力私立銀行になった大規模なものが多く，1879年頃以降設立の大半の銀行類似会社では$G$の割合はとるにたりないものと考えて差支えないであろう．

表1-5 国立銀行, 私立銀行, 銀行類似会社の資金調達の比較(1890年下期)

| | 預金(千円) | | | 貸出金(千円) | 払込資本金(千円) | 発行紙幣(千円) | 民間預金/払込資本金 | (政府預金+発行紙幣)/払込資本金 |
|---|---|---|---|---|---|---|---|---|
| | 民間預金 | 政府預金 | 合計 | | | | | |
| (1) 国立銀行 | 28,767 | 8,011 | 36,778 | 71,193 | 48,645 | 25,785 | 0.59 | 0.69 |
| 第十五国立銀行 | 1,096 | 20 | 1,116 | 23,085 | 17,826 | 11,602 | 0.06 | 0.65 |
| その他133行 | 27,671 | 7,991 | 35,662 | 48,108 | 30,819 | 14,183 | 0.90 | 0.72 |
| (133行平均) | (208) | (60) | (268) | (362) | (232) | (107) | | |
| (2) 私立銀行 | 20,837 | 4,502 | 25,339 | 39,533 | 16,811 | — | 1.24 | 0.27 |
| 三井銀行 | 12,460 | 3,929 | 16,390 | 17,974 | 2,000 | — | 6.24 | 1.97 |
| 安田銀行 | 1,238 | 100 | 1,338 | 1,219 | 1,000 | — | 1.24 | 0.10 |
| その他270行 | 7,139 | 473 | 7,611 | 20,340 | 13,811 | — | 0.52 | 0.03 |
| (270行平均) | (26) | (2) | (28) | (75) | (51) | | | |
| (3) 銀行類似会社 702社 | | | | | 14,513 | — | | |
| (702社平均) | | | | | (21) | — | | |

〔資料〕 『銀行局第十三次年報』, 『三井銀行八十年史』(第十五銀行小史), 『安田銀行六十年誌』.
〔注〕 安田銀行政府預金100千円は推定(1888年上期で116千円, それ以前はさらに小). 三井銀行貸出金は1891年6月末の数字. 銀行類似会社の払込資本金は資本金.

表1-6 新潟県における国立銀行, 私立銀行, 銀行類似会社の比較 (1890年末, 単位：千円)

| | 預金 | うち民間預金 | 貸出金 | 資本金 | 払込資本金 | 発行紙幣 |
|---|---|---|---|---|---|---|
| 国立銀行(4行合計) | 1,181 | 629 | 1,710 | 1,450 | — | 390 |
| (平均) | (295) | (157) | (428) | (363) | — | (98) |
| 私立銀行(1行) | 4 | 4 | 21 | 22 | — | — |
| 銀行類似会社(43行合計) | — | — | — | 1,687 | — | — |
| (平均) | — | — | — | (39) | — | — |
| 進益社 | 1 | — | 26 | 30 | 27 | — |
| 金融会社 | 3 | — | 29 | 75 | 75 | — |
| 小出金融社 | 0 | — | 33 | 40 | 40 | — |
| 栃尾誠信社 | 2 | — | 56 | 56 | 56 | — |
| 広融社 | — | — | 96 | 150 | 150 | — |
| 量制社 | 1 | — | 67 | — | 100 | — |
| 以上6社合計 | 7 | — | 307 | — | 448 | — |
| (平均) | (1) | — | (51) | — | (75) | — |

〔資料〕 北越銀行『創業百年史』および『銀行局第十三次年報』.
〔注〕 私立銀行の貸出は貸付および当座貸越. 小出金融社, 量制社は1890年6月末, 栃尾誠信社は1889年末の数字.

り千円と著しく小さいことが注目されよう．しかしながら，新潟県は国立銀行においても預金量が小さいため(民間預金の資本金に対する比率は 0.43)，これをもって一般的と考えることはもちろんできない．銀行類似会社の預金に関しては，他に中村政則氏による山梨県の釜右社および済通社のデータがある[58]．それによると釜右社では，「人民より借」の「株主より借」に対する比率は 1881-95 年にかけて大体 5-10% であり，済通社では 1885-92 年にかけて，「他より借」の「株主より借」に対する比率は 50-80% 前後である．済通社の「他より借」には他の銀行からの借入が含まれている可能性が強い．

次に，資金運用面については，私立銀行および銀行類似会社のデータが十分でないため計数的データで比較することはむずかしい．さきに述べたように 1882 年までの銀行類似会社は，物品貸付，物品販売等の他業を兼営するものを含んでいたから，この点では国立銀行等とは大いに異なっている．しかしそれ以外では銀行類似会社においても，製糸業地帯等のものはさかんに荷為替金融を行なっていたし[59]，山梨の興益社や後の第十八銀行となる長崎の立誠社は，すでに 1877 年(明治 10 年)に東京第一銀行との間にコルレス契約を結んでいた(当時全国のコルレス契約数はわずか 10 線であった)[60]．

銀行類似会社の資産運用面に関して，しばしば地主に対する貸付が多く，地主の土地抵当貸付による土地集積のための資金として用いられたという側面が指摘されることがある．しかしながら，農業貸付が多いことが事実としても，それは銀行類似会社が主として農村部および地方小都市に設立されたことを反映するものであって，都市に設立された国立銀行に対商業貸出が多いことと同じで，その性質が特異であったことを意味するものではない．また，地主を中間項とする貸付が行なわれたのは，生産者たる農民の組織(個人企業)が脆弱であることから必然的に生じた重複金融仲介形態であって，後述するように，脆弱な初期の紡績会社が中間項としての商社金融を利用したことと原理において差はない(第 3 章[2]参照)．1879 年以降の銀行類似会社の多くが小規模で，資金吸収，資金運用両面において高金利であり，その意味で高利貸的であったこ

---

58) 中村政則[1972 b]．
59) 中村政則[1972 b]．
60) 表 3-26 参照．

とは事実であろう．しかしながら，総じて資産運用面では，国立銀行，私立銀行と不連続な格差があったとは言えない．基本的な差異はむしろ資金調達面にあったのであり，国立銀行および大私立銀行が政府資金にヘヴィに依存しており，(1879年以降の)銀行類似会社一般はそうではなかったという点こそ重視されねばならない．それにもかかわらず，利潤機会を求めて，銀行類似会社が相次いで設立されたという事実こそ注目すべきである．

## [2] 銀行設立の動機と設立主体

表1-3でみたように，わが国の銀行業は1876年(明治9年)の国立銀行条例改正を契機に本格的な発展期にはいる．153行の国立銀行がわずか2,3年の間に設立されるとともに，その後も1884年(明治17年)頃まで私立銀行・銀行類似会社の急増が続いた．本節ではこの急激な銀行設立ブームが何故生じたか，言いかえるといかなる経済主体がいかなる動機によって相競うようにして銀行業に参入したかを検討する．

### (1) 銀行設立による超過利潤

銀行設立の1つの大きな動因が，初期特に1881年(明治14年)までの大隈財政期に大量に投下された政府資金($G$)にあることは疑いをいれない．国立銀行券，政府預金，日銀・政府の対民間貸出よりなる政府資金は無利子または市中金利にくらべて著しく低金利であり，これが供給されたことによって銀行業へのエントリー(参入)がきわめて有利になったのである．図1-1でみたように，設立当初の銀行業は，(集計量でみて)まず自己資金ないし政府資金を運用することによってその業務を開始したのである．表1-7は政府資金の構成比を示したものである．初期においては，国立銀行券および政府預金の割合が大きく，後の期間になるほど政府・日銀からの借入の比重が大きくなっていることがわかろう．日銀が設立されたのは1882年であり，その対民間貸出が本格化するのは1887年(明治20年)以降のことである．ここではまず国立銀行券と政府預金についてその内容を敷衍して説明しておこう．まず，国立銀行券．さきに述べたように1876年の条例改正により，国立銀行は資本金の80%まで政府紙幣

表1-7 政府資金(G)の構成比(年平均, 単位:%)

|  | (1) 国立銀行券 | (2) 政府・日銀からの借入 | (3) 政府預金 |
| --- | --- | --- | --- |
| 1874-1878 | 38.1 | 11.7 | 50.2 |
| 1879- 82 | 85.0 | 2.6 | 12.4 |
| 1883- 87 | 75.7 | 7.5 | 16.8 |
| 1888- 92 | 36.4 | 40.9 | 22.6 |
| 1893- 97 | 17.9 | 69.2 | 13.0 |
| 1898-1902 | 0.4 | 87.0 | 12.8 |
| 1903- 07 | ― | 86.8 | 13.2 |
| 1908- 12 | ― | 82.3 | 17.7 |

〔資料〕 統計付録1-Iおよび1-IIの注参照.
〔注〕 1887年以前は国立銀行のみ. 1888年以後は統計付録1-IIのすべての銀行. 1874-78年は6月末. 1887年以前の(2)は,国立銀行バランス・シートの借入金. したがって,政府・日銀以外の他の銀行からの借入金をも含む.

を発行できるようになった. 1877年に政府が国立銀行新設に制限を加えることを定めたとき,予定した資本金総額は4,000万円,紙幣発行総額は3,442万円であり,紙幣発行高は,京都第百五十三銀行が設立された1879年末から1883年(明治16年)頃までこの限度額に近い水準にあった. 1883年の国立銀行条例再改正以降国立銀行券が漸次消却されたこともさきにふれたとおりである. 通貨発行権は,制度的可能性としては政府が掌握しうるものであり[61],それを民間銀行たる国立銀行に与えたことは,政府の銀行への陰伏的な信用供与(政府資金)とみなすことができよう. もちろんこの政府資金の利子率はゼロである. 国立銀行は必ずしも利子を支払って民間預金を集める必要はなく,紙幣をプリント[62]することによって必要資金を無利子で調達できたわけである.

---

61) 通貨発行に伴う利益は貨幣鋳造利益またはseigniorage(シニョレッジ)と言われ,歴史的に政府が独占してきた. 政府が発行するのではなく,民間特殊銀行たる日本銀行に発行を代行させるときは,発行税の納付ないし剰余金(の一部)の国庫納付などが義務づけられてきた. 発行税は1888年の改正「兌換銀行条例」によって定められたものであり,1942年の「日本銀行法」で廃止されたが,1947年の同法一部改正で復活され現在にいたっている. 剰余金納付は1932年の「日本銀行納付金法」に定められたもので,「日本銀行法」の規定にもとり入れられ,現在にいたっている. 詳しくは,後藤新一[1970]第1章参照.

62) 正確には印刷製造は政府の紙幣寮が行なう. 国立銀行はその製造実費を政府に支払う(1876年改正条例第4章第45条).

次に政府預金. 政府は，維新当時は主として豪商・豪農に為替方を依頼し，国庫金の出納を管理させていたが，銀行制度が発展するに伴い，各地の国立銀行，主要な私立銀行等が為替方の主体となってきた．

1876年の国立銀行条例改正以前の国立銀行は銀行券発行が不振であったため，その必要資金の殆どを資本金と政府預金に依存していたが，条例改正後もその依存度は極めて高い．たとえば1880年で政府預金は国立銀行総預金の25％である．三井・安田の両大私立銀行の政府預金依存度もまた初期において著しい．1876年の安田銀行で総預金の56％が政府預金である．三井銀行における同様な比率は，1880年で43％，1891年でも20％である．創立時の三井銀行の本支店31店のうち，20店は官金取扱いのみを業務とする出張店であったと言われるし，小野組・島田組倒産時(1874年)および日銀創業時(1882年)には，官金引揚げの猶予を政府に懇願したと言われる．横浜正金銀行もまたその設立当初は主として政府預金に依存していたことはすでに述べたとおりである．

政府預金は，その性質上，租税納付から官金支出までのタイム・ラグを利用して運用するという短期の資金であったが[63]，もちろん無利子であり，一定の手数料さえ支払われた．政府による官金取扱の民間預託は殖産興業政策の一環としてなされたと言われる．まず第1に，当時の財政収入が大部分地租によっていたため，納税期に国庫が大量の貨幣を吸収してしまうと極端な揚超になり，民間金融が梗塞するおそれがあった[64]．第2に，政府は，官金をラグ期間の間民間の自由な運用にまかせて，為替方(銀行，豪商農)による産業資金の供給を補完しようと考えたのである[65]．大隈重信は1875，6年と推定される建議「天下ノ経済ヲ謀リ国家ノ会計ヲ立ツルノ議」において，出納寮出張所の拡大増設，利付預り所，不動産預り所の官設により，「便宜儲蔵有金ノ官金ヲ運動活用シ以テ」農商の資本として供給することを提唱しているが[66]，これは，官金取扱方式の背後にある積極的拡張論を代表する意見である．ちなみに，こうした官設貸付所構想によらずとも，いわゆる殖産興業資金における各種貸付金は，地方

---

63) 長期資金もないわけでない．たとえば池田浩太郎[1964] p.210. しかしこれは例外的であろう．
64) 『世外侯事歴維新財政談』(沢田章編, 1921)(下) p.441 参照．小野・島田破産に関しての，渋沢栄一の発言．
65) 池田浩太郎[1964].
66) 『大隈文書』第3巻, p.125.

の会社,授産所に直接貸付けられるとともに,銀行を通じて供給されることが多かった[67].表1-7における政府の対民間貸付金にはそのようなものが多くふくまれているものと考えられる.[1]でふれたように,横浜正金銀行への政府預金は殖産興業資金としての最たるものであり,直輸出奨励,商権の獲得を直接の目的として預入されたのである.また高橋誠[1964]第2章によると,1873年から81年にかけて総額3,242万円が,準備金から19の国立銀行,三井銀行および北陸銀行に対して貸出されたが,これは政府預金として処理されていた.以上を要約するならば,官金取扱の民間預託は,殖産興業政策における官金の民間部門への供給の一環としてなされたのであり,その過程で仲介を行う銀行業が利潤を得て発展することもあわせて期待されたのである.

さて,初期における政府資金の大量供給が銀行業発展の重大なモーメントとなったことは間違いないが,それが銀行設立ブームをもたらした唯一の要因であったわけではない.少なくとも,政府資金だけでは,1879年以降の銀行類似会社の発展を説明することはできない.1879年以降の銀行類似会社にはほとんど政府資金(政府預金および貸付)は供給されなかったと推定されるからである.それゆえ以下ではまず,銀行業への参入を規定する諸要因を形式的に整理することからはじめよう.参入の問題を考えるには,参入後の超過利潤率(すなわち他の代替的投資機会一般から得られる利潤率を超える利潤率)を規定する要因を考えればよい.参入後の超過利潤率が参入に伴う諸々の費用を超えるとき,参入がなされる.いま,銀行の貸出・有価証券投資利子率を$\bar{r}$,預金利子率を$i$,銀行業に参入しようとする人の資産保有の代替的利潤率を$\delta$としよう.貸出・有価証券投資,預金および代替的投資機会に要する人件費・物件費等の経費がそれぞれ分離できるものとし,かつそれらが$\bar{r},\delta$については差引いてあり,$i$については加算してあるものとする.銀行の資本利潤率$\pi$は

$$\pi = \frac{\bar{r} \times 貸出・有価証券投資 - i \times 預金}{資本金}$$

とあらわされる.銀行のバランス・シートは

$$貸出・有価証券投資 = 資本金 + 預金 + G$$

である(現金保有は簡単化のため無視).それゆえ,銀行業に参入しようとする

---

67) 石塚裕道[1973] pp. 141-142.

人の超過利潤率は

$$\pi - \delta = \bar{r} - \delta + (\bar{r}-i)\frac{預金}{資本金} + \bar{r}\frac{G}{資本金}$$

となる．ここで，預金金利 $i$ は，預金者の資産保有の代替利潤率に等しく(少なくともそうでなければ預金は保有されない)，かつ預金者の資産保有の代替利潤率と銀行を設立しようとする人の代替利潤率との間には一定の関係

$$\delta - i = \varepsilon \,(\text{const.})$$

があるものとしよう．$\varepsilon$ は預金者と銀行設立者の間の資産規模等の差による投資機会の相違に依存する一定値である[68]．すると銀行設立者の超過利潤率は

$$\pi - \delta = (\bar{r}-\delta) + (\bar{r}-\delta+\varepsilon)\frac{預金}{資本金} + \bar{r}\frac{G}{資本金}$$

とあらわされる．

銀行の設立は $\pi-\delta$ が正で大きくなるほど促進されると考えられる．上式によれば $\pi-\delta$ は $\varepsilon$ を一定とすると[69]，$\bar{r}-\delta$，預金/資本金，および $G$/資本金に依存する．$G$/資本金の効果については，[1]で国立銀行条例に関連して詳しく述べたところであり，国立銀行券だけでなく $G$ の他の構成要素の効果も同様である．預金/資本金の値は，まず本源的預金については，人々の資産保有の多様化の程度に依存する．一般に資産の蓄積水準が高いほど人々の資産保有は多様化し，現金と実物資産以外に預金をポートフォリオの一部に組み込む傾向をもつ．また銀行預金に関する知識の蓄積・普及もこの比率を高めるであろう．派生預金は，手形・小切手決済の普及に密接に関連している．手形，小切手を用いる商慣習あるいは近代的企業組織が普及するほど預金/資本金比率は高まるであろう．そのようなばあい，$\bar{r}-\delta$ および $G$ がたとえゼロであっても銀行設立はプロフィタブルな事業となるのである．次に，$\bar{r}-\delta$ について．$\delta$ はたとえ

---

[68) 投資の不可分性等による．不可分性があるときは，一般に保有資産規模の大きい人の方が高利潤率を獲得しうる．ところで，初期の地方銀行においては株式を出資するのは地方の地主，商人，貸金業者であり，預金を行うのもまた同じ地主，商人等であったといわれる．このようなばあいには $\varepsilon$ の値は小さかったであろうし，いわゆる零細預金を吸収するばあいには $\varepsilon$ は大きかったと考えられる．また[3]で述べるように動員される資金が過去における蓄積資金から経常的な貯蓄資金へと移行するばあい，$\varepsilon$ の値はさらに大きくなる．なぜならば，経常的な貯蓄資金は一般的にロットが小さく，したがってその代替用途からえられる利潤率は低いと考えられるからである．

69) $\varepsilon$ の増加は，預金保有が一般家計・小企業にまで普及することによって生じる．それは主として1890年以降に生じ，1893年(銀行条例施行)以後の第2次の銀行設立ブームの主要原因となったと考えられる．

ば，もろもろのマニュファクチュアなど他の事業の収益，農業経営の収益，高利貸業の収益等に依存するであろう[70]．それは，たとえば小規模在来生産が相対的に有利さを失ったり，農業生産性上昇が鈍化したり，小作争議・農民騒擾が頻発したりすれば低下するであろう．また $\bar{r}$ は銀行という制度上の革新による新収益率に依存する．資金を集合することにより個々の資産保有者にはできない大規模な投資計画に融資を行なったり，荷為替により広域にわたる商業流通に資金運用ができるようになればそれは上昇するであろう[71]．

以上要約すれば，銀行設立のモティヴェイションは，超過利潤率の上昇によって与えられ[72]，超過利潤率は，(i) $G$ の供給とともに，(ii)預金保有の高まり，および，(iii)代替的利潤率にくらべての銀行による貸出・有価証券投資の高利潤率性に依存する[73]．(ii)は金融資産の蓄積水準とともに商業・企業活動の活潑さに関連しており，(iii)は主として土地投資の収益率低下に相関している．以下の(2)において，われわれは，明治20年頃の府県別金融構造を分析し，(i)～(iii)の要因の相対的重要性は地域によって異なっており，近畿型地域では(ii)が，在来産業型の地域では(iii)が銀行設立の大きな動因であったことを示唆する．(i)は，近畿型，在来産業型の地域でも重要であったが，その他の地域でよりクルーシャルな要因であった．

### (2) 府県別分析

分析に進むまえに補論で行なった主成分分析の結果を要約しておこう．補論において，われわれはほぼ1889年(明治22年)頃の金融資産の水準，構成，金融機関のタイプ，資金調達，店舗網等各府県の金融構造を示す変数30個を用い

---

70) また安全であるが一般的により低利の国債利子率等にも依存する．
71) 静岡県の野崎銀行は，野崎一族が旧藩士に多額の貸付をなし，それをとりたてるには銀行の名で行うのがより容易であると考えて設立したと言われる(岡田和喜[1961])．これも銀行業によって $\bar{r}-\delta$ が上昇した1つの例に数えることができる．
72) このような利潤動機に対比して，特に地方の小銀行のばあい銀行設立に関する非利潤動機が強調されることがある．たとえば(i)金貸業者が金貸をカムフラージュするために設立されるばあい，(ii)地方的競争意識から設立されるばあい，(iii)個人的もしくは党派的な権勢の競争によるばあいなどである(松好貞夫[1971] p. 195)．しかしながら，このような非利潤動機を分析することは理論，実証両面で今後の課題として残さざるをえない．
73) より一般的に考えると，既存の銀行の行動の問題をも考慮せねばならない．しかしここで問題とする期間は各府県において事実上既存銀行が皆無の状態から始まると考えることができるので，既存企業の問題はさしあたって考慮外においても差支えなかろう．

て主成分分析を行なった．その結果，第1主成分としては金融資産の蓄積，分布を示す指標，第2主成分としては銀行サービス，銀行店舗のアベイラビリティ（利用可能性）をあらわす指標が得られ，両者で全変動の50%を説明することができた．次にこれら2つの主成分により各府県を特徴づけた結果，大略次の3グループに分類することを得た．まず近畿型グループ（大阪，京都，滋賀，兵庫，三重，愛知，福岡等），在来産業型グループ（山梨，長野，岐阜，福島，群馬，埼玉，新潟，石川，富山，福井，静岡等）およびその他グループ（その他府県）である．以下においても，多くの分析表でこの3グループのいずれかがまとまった特質を示すことが知られる．そうした特質をつなぎあわせることにより，銀行設立行動の諸パターンを析出してゆくことが以下の課題である．

さて，まず銀行資本金の業態別シェアーから検討しよう．表1-8において，国立銀行のシェアーが30%以下の府県は10県であるが，それらは佐賀，宮崎，沖縄を除いてすべて在来産業型府県であることがわかる．逆に在来産業型府県で，国立銀行のシェアーが50%を越えるのは，福井，岐阜，福島の3県でしかない．すなわち，在来産業型府県では，銀行は主として私立銀行・銀行類似会

表1-8 銀行資本金業態別シェアーの府県分布（1886年末）

| | | 銀行類似会社および貸金会社のシェアー(%) | | | | | | | | |
|---|---|---|---|---|---|---|---|---|---|---|
| | | 0-10 | 10-20 | 20-30 | 30-40 | 40-50 | 50-60 | 60-70 | 70-80 | 80-90 | 90-100 |
| 国立銀行資本金シェアー(%) | 0-10 | | | | | | | | | 石川 | 沖縄 |
| | 10-20 | | 宮崎 | | 静岡 | | | 埼玉 | | 新潟・山梨 | |
| | 20-30 | 佐賀 | | | 長野 | | | 富山 | | | |
| | 30-40 | 京都・徳島 | | | 長崎 | 神奈川・島根 | 岡山・愛媛 | 大分 | 秋田 | | |
| | 40-50 | 愛知 | | | 兵庫・福岡 | 茨城・栃木群馬・千葉 | | | | | |
| | 50-60 | | 福井・岐阜 | | 和歌山 | 滋賀・熊本 | | | | | |
| | 60-70 | 北海道・大阪 | 青森 | | 福島 | 山形・山口 | | | | | |
| | 70-80 | 三重・鳥取 | | | | | | | | | |
| | 80-90 | 東京 | 宮城・鹿児島 | | | | | | | | |
| | 90-100 | 岩手・広島高知 | | | | | | | | | |

〔資料〕『日本帝国第七統計年鑑』第150, 157表および『第三次農商務省統計表』による．
〔注〕 国立銀行のみ払込資本金，他は資本金．奈良は大阪に，香川は愛媛に含めてある．注139)参照．(銀行類似会社および貸金会社のシェアー)＋(私立銀行のシェアー)＋(国立銀行のシェアー)＝1.

第1章 明治期における銀行の成立と発展

社(および貸金会社[74])の形態をとって発展したのである(長野・静岡等では私立銀行のシェアーが大きく,山梨・新潟等では銀行類似会社のシェアーが大きい).私立銀行では $G$ は政府預金のみであり,その割合は国立銀行より小さい.銀行類似会社にいたっては $G$ はネグリジブルであろう.それゆえ以上から,在

表1-9 国立銀行の資金調達(1889年末)

| | | 払込資本金および積立金の割合(%) | | | | | |
|---|---|---|---|---|---|---|---|
| | | 0-10 | 10-20 | 20-30 | 30-40 | 40-50 | 50-60 |
| 民間預金の割合(%) | 0-10 | | | | 大分 | | 千葉 |
| | 10-20 | | | 鳥取・島根 | 宮崎 | 青森・茨城<br>福井・山梨<br>佐賀 | 東京・新潟<br>高知 |
| | 20-30 | | 沖縄 | 岩手・石川 | 山形・栃木<br>富山・岡山<br>広島・山口<br>愛媛・福岡<br>鹿児島 | 福島・群馬<br>埼玉・愛知 | 神奈川・長野<br>岐阜 |
| | 30-40 | | 秋田 | | 静岡・滋賀<br>兵庫・和歌山<br>熊本 | 京都・大阪<br>長崎 | |
| | 40-50 | | | 北海道・徳島 | 宮城 | | |
| | 50-60 | | | 三重 | | | |

〔資料〕 統計付録1-III,(16)-(19).
〔注〕 (払込資本金および積立金の割合)+(民間預金の割合)+($G$ の割合)=1.
それゆえ点線の左上の部分の府県は $G$ の割合が40%以上.

---

74) 貸金会社に関するまとまったデータは『主税局統計年報』から1903年以降得られる(渋谷隆一[1962a]).それ以前については『農商務省統計表』から若干の年次について府県別データを得ることができる.1889年について,貸金会社および質屋のデータを参考までにあげておいた.ここに記されている貸金会社は,純粋の貸金業(すなわち自己資金のみを貸付けるもの)とともに銀行業類似の業務を営みながら,販売業務等を行うもの,すなわち前述1882年の大蔵省・農商務省間の所管調整により銀行類似会社の定義から除かれたものを含むものと思われる.

貸金会社と質屋の重要性(1889年末)

| | 国立銀行 | 私立銀行 | 銀行類似会社 | 貸金会社 | 質屋 |
|---|---|---|---|---|---|
| 行数または社数 | 136 | 220 | 748 | 118 | 25,847 |
| 資本金(千円) | 44,416 | 17,959 | 15,394 | 4,925 | 17,796 |

〔資料〕 国立銀行,私立銀行,銀行類似会社は『日本帝国第十統計年鑑』,貸金会社は『第五次農商務省統計表』,質屋は渋谷隆一・斎藤博『府県別質屋業統計』(現代経済研究所,1968年)による.
〔注〕 資本金は,国立銀行のみ払込資本金,質屋は貸出額.

来産業型諸府県では，$G$ 以外の要因によって銀行業の設立が促されたと推察することができる．

次に国立銀行，私立銀行の資金調達の模様をみよう．表 1-9 によると，国立銀行の資金調達において，自己資本(払込資本金および積立金)の割合が 40% 以上，民間預金の割合が 30% 以下の(すなわち右上の部分にふくまれる)府県は 16 府県あり，このうちには山梨，長野，岐阜，群馬，埼玉，福島といった製糸業(養蚕)県が大部分含まれていることがわかろう．近畿型府県は，右下の部分すなわち民間預金および自己資本の割合が大きい部分に多いこともわかる．また，$G$ の割合が 40% 以上の府県は 8 県あるが，このうち在来産業型および近畿型府県は石川のみであり，他はすべてその他グループの府県である．このことは $G$ に依存する度合が，その他グループで強く，在来産業型および近畿型において共に弱いことを意味している．次に表 1-10 により私立銀行の資金調達をみると，資本金の割合が 60% 以上，民間預金の割合が 30% 以下(すなわち右上の部分)の府県は 14 県あるが，このうち，愛媛，島根，栃木，福岡，大分を除く 9 県が在来産業型グループの府県であることがわかろう．また民間預金

表 1-10　私立銀行の資金調達(1889 年末)

| | | 資本金の割合 (%) | | | | | | | | | |
|---|---|---|---|---|---|---|---|---|---|---|---|
| | | 0-10 | 10-20 | 20-30 | 30-40 | 40-50 | 50-60 | 60-70 | 70-80 | 80-90 | 90-100 |
| 民間預金の割合(%) | 0-10 | | | 千葉 | | | | | | 愛媛 | 新潟・福井* |
| | 10-20 | | | | | | | | 富山* | 群馬・山梨*<br>島根・大分 | 埼玉* |
| | 20-30 | | | 青森・福島<br>茨城 | | 岐阜・兵庫 | 岡山・佐賀 | 長野・福岡* | 栃木・石川*<br>静岡 | | |
| | 30-40 | | | 神奈川 | | | | 愛知・熊本 | | | |
| | 40-50 | | 北海道 | | | 東京・徳島<br>長崎 | | | | | |
| | 50-60 | 三重 | | | | 京都 | 滋賀 | | | | |
| | 60-70 | | | 大阪 | 山形 | | | | | | |
| | 70-80 | | | 和歌山 | | | | | | | |

〔資料〕統計付録 1-III の (20)-(23)．
〔注〕(資本金の割合)+(民間預金の割合)+($G$ の割合)=1. ($G$ は政府預金のみ.) 1889 年末において，岩手，宮城，秋田，鳥取，高知，宮崎，鹿児島，沖縄の 8 府県は私立銀行なし．また，広島と山口は『銀行局第十二次年報』に預金のデータはあるが，資本金の数字(私立銀行地方別表)がないので，除くことにする．香川，奈良はそれぞれ愛媛，大阪に含めてある．＊印は銀行資本金の業態別シェアーにおいて，国立銀行のシェアーが 30% 以下の府県．

表 1-11 国立銀行の貸出額に対する荷為替手形と割引手形の比率 (1881 年度下期中)

| | |
|---|---|
| 0- 5% | 青森, 茨城, 千葉, 三重, 新潟, 石川, 和歌山, 愛媛, 徳島, 岡山, 広島, 鳥取, 大分, 熊本, 鹿児島 |
| 5-10% | 開拓使, 山梨, 岐阜, 静岡, 福井, 滋賀, 高知, 長崎 |
| 10-15% | 秋田, 宮城, 神奈川, 愛知, 大阪, 兵庫, 山口 |
| 15-20% | 山形, 京都, 福岡 |
| 20-25% | 東京, 島根 |
| 30-35% | 岩手, 福島, 栃木 |
| 40-45% | 長野 |
| 50-55% | 埼玉 |
| 60-65% | 群馬 |

〔資料〕 杉山和雄[1965]第 1 章第 19 表.
〔注〕 下期中のフローの比率.

の割合が 50% 以上の府県 6 県のうち 4 県は近畿型であることもよみとれる.
＊印は表 1-8 において国立銀行のシェアーが 30% 以下の府県(すなわち私立銀行・銀行類似会社中心に発展した府県)を示すが, それらが全て右上の部分すなわち G および民間預金の発達によらずして資金調達を行なっている府県に含まれていることも注目される.

資金運用面の検討に移る. 表 1-11 において荷為替手形および割引手形の割合が 10% 以上の府県をみると, 東京, 大阪, 神奈川といった商業・輸出取引の中心地を除くと近畿型, 在来型の府県および東北の産米地帯が多いことがわかる. 特に 30% 以上をとると, 6 県中養蚕県が 4 県であることが注目されよう. 銀行が荷為替手形を取扱いはじめたのは, 貢米荷為替については 1876 年(明治 9 年)10 月, 7 月に開業したばかりの三井銀行が行なったのが最初であり[75], また生糸荷為替は 1875 年東京第一銀行が前橋・高崎に支店を設けて取扱い始めたのが最初である[76]. それ以前では, 『明治財政史』に(1876 年以前の国立銀行について)「未タ商業界ト密接ノ関係ヲ有スルニ至ラサリシカ故ニ, 遠隔ノ地ト

---

75) 岡田俊平[1960]第 3 章による. この貢米荷為替業務は三井銀行が三井物産と共同で行うものであり, 米穀を担保として, 三井物産会社振出, 三井銀行宛の手形をもって, 農村へ納税資金の供給を行い, しかもその担保米は三井物産会社により, 消費市場に回送販売されるというものであった.
76) 山口和雄[1966] p. 61. なお当時の荷為替業務の在来的性格について第 3 章[1]を参照されたい.

表1-12 国立銀行による主要府県間荷為替取組高(1879年7月-80年6月)

| 貸出地 | 取立地 | 金額(千円) | 構成比(％) |
|---|---|---|---|
| 群 馬 | 神奈川 | 1,548 | 16.35 |
| 福 島 | 東 京 | 1,512 | 15.96 |
| 長 野 | 東 京 | 987 | 10.42 |
| 長 野 | 神奈川 | 651 | 6.88 |
| 大 阪 | 神奈川 | 440 | 4.64 |
| 高 知 | 大 阪 | 317 | 3.35 |
| 神奈川 | 神奈川 | 284 | 2.99 |
| 開拓使 | 東 京 | 261 | 2.76 |
| 宮 城 | 東 京 | 224 | 2.48 |
| 兵 庫 | 東 京 | 224 | 2.48 |
| 山 梨 | 神奈川 | 175 | 1.85 |
| 神奈川 | 京 都 | 160 | 1.69 |
| 福 島 | 神奈川 | 160 | 1.69 |
| 福 岡 | 大 阪 | 146 | 1.54 |
| 山 形 | 福 島 | 122 | 1.29 |
| 神奈川 | 大 阪 | 112 | 1.18 |
| 小　計 |  | 7,324 | 77.33 |
| 総　計 |  | 9,471 | 100.00 |

〔資料〕 伊牟田敏充[1976 b] p. 24, 第13表.

「コルレスポンデンス」約定ヲ締結シテ，為替荷為替等ノ事業ヲ開始セシモノハ僅ニ指ヲ屈スルニ止マレリ」[77]という状況であった．しかし，1876年の輸出急増およびその後の商業を中心とする「上景気」によって，荷為替金融は急速な発達をみせ，明治10年代前半には全国にわたってネットワークが完成されるにいたる．この点をコルレス契約(為替取引契約)の数でみると1877年6月末で10線であったものが，1880年6月末には1,027線へと急増している[78]．荷為替取引の代表的ネットワークをみると表1-12のようであり，当時の主導産業たる在来産業が銀行の荷為替手形によって活潑な流通網に組み込まれている状況がわかろう．『銀行局第二次年報』によれば「東京ノ取引ハ福島長野ノ生糸最モ巨額ヲ占メ開拓使宮城ノ米穀，昆布，干魚等之ニ亜ク神奈川ノ取引ハ十二年下半期ニ於テハ群馬，長野ノ生糸十分ノ八九ニ居リ……大阪ノ取引ハ東

---

77) 『明治財政史』第13巻, p. 419.
78) 表3-26参照.

表1-13 国立銀行の総資産に対する公債証書の比率(1881年度下期末)

| 比率 | 府県 |
|---|---|
| 10-15% | 神奈川 |
| 20-25% | 秋田, 宮城, 福島, 長野 |
| 25-30% | 開拓使, 岩手, 群馬, 栃木, 岐阜 |
| 30-35% | 山形, 静岡, 山梨, 新潟, 石川, 滋賀, 大阪, 兵庫, 高知, 徳島, 山口, 大分 |
| 35-40% | 青森, 茨城, 福井, 京都, 愛媛, 島根, 長崎, 鹿児島, 沖縄 |
| 40-45% | 三重, 愛知, 和歌山, 鳥取, 岡山, 福岡, 熊本, 東京 |
| 45-50% | 千葉, 広島 |
| 50-55% | 埼玉 |

〔資料〕 杉山和雄[1965]第1章第1表.

表1-14 国立銀行の貸付金抵当別構成(1891年末)

| | | 穀物, 地所家屋, 雑品を抵当とする貸付の割合(%) | | | | |
|---|---|---|---|---|---|---|
| | | 0-20 | 20-40 | 40-60 | 60-80 | 80- |
| 株式を担保とする貸付割合(%) | 0-10 | 富山・高知 | 茨城・埼玉 福井 | 岩手・福島 石川・長野 山口・徳島 宮崎 | 北海道・青森 秋田・山形 群馬・神奈川 新潟・山梨 広島 | 千葉・沖縄 |
| | 10-20 | | 長崎 | 愛媛・香川 大分・熊本 | 静岡 | |
| | 20-30 | | 奈良・島根 | 栃木・岐阜 兵庫・岡山 福岡 | 宮城 | |
| | 30- | 東京・滋賀 京都・大阪 和歌山・鳥取 佐賀 | 鹿児島 | | | |

〔資料〕 伊牟田敏充[1976 b] pp.163-165.
〔注〕 (穀物, 地所家屋, 雑品の割合)+(株式の割合)+(信用, 公債の割合)=1.

京神奈川ヲ除クトキハ高知, 福岡ノ二県ニシテ紙生蠟樟脳等ヲ以テ其重ナルモノトス」[79]という景況であった.

表1-13は以上と対照的である. すなわち国立銀行の1881年度末における公債証書の保有比率をみると, その比率が30%以下の府県は開拓使(北海道)と

---

79) 『日本金融史資料』明治大正編, 第7巻(上), p.154. ちなみに「……」とした部分を記せば「十三年上半季ニ於テハ大阪ヨリ向ケタル金銀貨地金銀多ニ居ル蓋シ銀貨ノ騰貴ニヨリ横浜へ輸出スルモノナリ」である. 銀価の騰貴にまつわる諸問題については第2章を参照されたい.

表 1-15　1万円以上土地所有者の所有地価の変化
(1897年/1886年)

| | |
|---|---|
| 2倍以上 | 宮城，茨城，石川，福井，鹿児島 |
| 1.5-2倍 | 秋田，栃木，群馬，滋賀，山口，佐賀，大分，宮崎 |
| 1.2-1.5倍 | 山形，岩手，埼玉，三重，高知 |
| 1-1.2倍 | 山梨，長野，静岡 |
| 1倍未満 | 新潟，大阪(奈良)，徳島，福岡 |

〔資料〕　中村政則[1979b] pp. 124-125.

開港場たる神奈川および栃木を除くと製糸業地帯の府県と秋田・宮城・岩手の東北産米地帯の府県であることがわかろう．公債証書の保有比率が高いということは，銀行という新しい組織による革新的な資金運用機会が乏しく，したがってさきのモデルによれば $\bar{r}-\delta$ が低いことを示唆している．逆に荷為替の比率が高いことは $\bar{r}-\delta$ の高いことを意味しているとみられる．

次に表 1-14 で 1891 年末における銀行貸付金の抵当別構成をみよう．在来産業型諸県は右上の部分に位置しており，穀物，地所家屋，雑品を抵当とする貸付割合の高いことがわかろう．これに対して近畿型諸府県は左下に多く位置しており，株式を担保とする貸付割合が高い[80]．このことは近畿型グループの銀行がすでに 1891 年(明治 24 年)において会社企業の発展と関連しつつ活動しており，他グループではそうでないことを意味している．

ここでモデルにおける $\delta$ の指標として，表 1-15 をあげよう．この表は 1897 年(明治 30 年)における地価 1 万円以上の大土地所有者の保有地価総額の 1886 年(明治 19 年)のそれに対する倍率を示す．この比率は山梨，長野，静岡，新潟といった在来産業県および大阪，福岡といった近畿型府県(農業の先進地帯)で低く，その他の諸府県で高い．このことは，在来産業県および近畿型府県では土地集中がすでに 1886 年段階で一段落しているのに対し，その他府県ではこれが 1886 年以降 1897 年にかけて進行したということである．土地集中は通常土地の直接購入とともに，地主の農民に対する貸付の抵当流れによって生じるから，土地集中が進行している期間は銀行への投資の代替収益率を規定する要因の 1 つである高利貸利潤率が高いことを意味している．すなわち $\delta$ が高く，

---

80)　株式担保貸付のもつ他の含意については第 3 章で検討する．

表1-16 山梨県における銀行類似会社と製糸業の分布

| 郡 | 小作地率(%) | | 製糸工場数 | | 銀行類似会社数 | |
|---|---|---|---|---|---|---|
| | 1883 | 1904 | 1885 | 1903 | 1883 | 1887 |
| 東 山 梨 | 46.4 | 55.3 | 96 | 21 | 15 | 12 |
| 西山梨(甲府) | 63.3 | 66.5 | 49 | 8 | 11 | 8 |
| 東 八 代 | 46.1 | 60.0 | 30 | 24 | 12 | 8 |
| 西 八 代 | 30.5 | 44.5 | 3 | 4 | 2 | 1 |
| 南 巨 摩 | 38.3 | 49.8 | 2 | 10 | 7 | 4 |
| 中 巨 摩 | 69.8 | 73.9 | 8 | 13 | 7 | 6 |
| 北 巨 摩 | 53.1 | 59.8 | 3 | 9 | 20 | 7 |
| 南 都 留 | 33.4 | 41.7 | — | — | 4 | 5 |
| 北 都 留 | 33.4 | 47.7 | — | — | 7 | 6 |
| 全 県 | 48.2 | — | 191 | 89 | 85 | 57 |

〔資料〕 永原慶二[1972], 中村政則[1972b]. 1883年の全県小作地率は山口和雄[1956] pp.64-65.

それゆえ他の事情を一定にして, $\bar{r}-\delta$ が低い. 在来産業型, 近畿型における銀行業の発展は, 単に在来産業および商業の発展によって $\bar{r}$ が高いということによって生じただけでなく, 以上の意味での $\delta$ の低位によっても促されたと考えられる. 言い換えると, 土地集中が一段落したため, それまで土地集積に向けられていた資金が銀行業への投資にふりむけられたと考えられるわけである.

この点, 山梨県の事例によっても補完しておこう. 表1-16において, 製糸工場数からわかるように, 東山梨, 西山梨および東八代は養蚕製糸業地帯であり, この時期において中巨摩, 北巨摩は代表的な水田地帯である. まず, 養蚕地帯の3郡で数多くの銀行類似会社が設立されていることが注目されよう. 1883-84年において全国平均の小作地率は35.9%であったから[81], これら3郡は比較的小作地率の高い地帯に属している. 次に, 水田地帯でも銀行類似会社が多いことが注目される. 小作地率は53.1ないし69.8%と著しく高い. この地帯の銀行類似会社釜右社を分析した中村政則[1972b]は, 個人的貸金業の行詰まりが, 地主による銀行類似会社設立を促したことを強調している. このことは, われわれのモデルによる $\bar{r}-\delta$ の低下による銀行業超過利潤率の上昇に対応している. ちなみに, 北巨摩の銀行類似会社が, 1883年の20社から, わずか4年後の1887年には7社へと激減していることが注目される. 松方デフレの農

---

81) 山口和雄[1956]第4章.

表1-17 所得税/租税比率等(1889年, 単位：%)

|   | 所得税/租税 | 所得税納入人員/人口 |
|---|---|---|
| 北海道 | 0.64 | 0.13 |
| 東 北 | 0.62 | 0.21 |
| 北関東 | 0.64 | 0.29 |
| 南関東 | 4.29 | 0.15 |
| 北 陸 | 0.67 | 0.17 |
| 東 山 | 0.74 | 0.26 |
| 東 海 | 0.75 | 0.24 |
| 近 畿 | 1.12 | 0.37 |
| 山 陰 | 0.42 | 0.14 |
| 山 陽 | 0.65 | 0.22 |
| 四 国 | 0.57 | 0.16 |
| 北九州 | 0.73 | 0.24 |
| 南九州 | 0.53 | 0.13 |
| 全 国 | 1.12 | 0.28 |

〔資料および注〕 統計付録1-IIIによる. 租税・所得税は年度値. 地方区分は次の通り. 北海道(北海道), 東北(青森, 岩手, 宮城, 秋田, 山形, 福島), 北関東(茨城, 栃木, 群馬), 南関東(埼玉, 千葉, 東京, 神奈川), 北陸(新潟, 富山, 石川, 福井), 東山(山梨, 長野, 岐阜), 東海(静岡, 愛知, 三重), 近畿(滋賀, 京都, 大阪＋奈良, 兵庫, 和歌山), 山陰(鳥取, 島根), 山陽(岡山, 広島, 山口), 四国(徳島, 愛媛＋香川, 高知), 北九州(福岡, 佐賀, 長崎), 南九州(熊本, 大分, 宮崎, 鹿児島, 沖縄).

村疲弊時に投機的に設立され消滅したものが多いことが推察されよう.

次にモデルの $\varepsilon$ の値は, 投資の不可分性を前提とすれば, 人々の資産(ないし経常貯蓄)の分布に依存する. 資産分布のデータを得ることはもちろんきわめてむずかしいから, 代理指標として所得税/租税比率をとろう. 表1-17を参照されたい. 所得税は1887年(明治20年)の「所得税法」によって新設されたもので当時の課税最低所得は300円であった[82]. 1889年で所得税納入者は全人

---

82) 阿部勇[1933] pp. 236-279. 所得税は累進税であり, 税率は次のとおり. 第1等(所得金高3万円以上)3％, 第2等(同2万円以上)2.5％, 第3等(同1万円以上)2％, 第4等(同千円以上)1.5％, 第5等(同300円以上)1％. ちなみに, この所得税法の1つの特色は, 法人に対しては課税されないことである. 会社企業の発展を助成するための措置であった. この所得税法は1899年(明治32年)に改正された. 第3章[2]参照.

表1-18 「金融資産」の蓄積水準(1889年)

|  | 人口千人当り「総資産」(千円) | 人口千人当り「金融資産」(千円) | 「総資産」/租税 | 「金融資産」/租税 |
|---|---|---|---|---|
| 北海道 | 50.9 | 41.0 | 41.1 | 35.2 |
| 東 北 | 41.9 | 3.2 | 18.2 | 1.4 |
| 北関東 | 49.9 | 4.6 | 19.5 | 1.8 |
| 南関東 | 73.5 | 39.8 | 35.0 | 19.0 |
| 北 陸 | 47.5 | 6.1 | 21.5 | 2.7 |
| 東 山 | 45.9 | 6.0 | 19.3 | 2.5 |
| 東 海 | 57.3 | 7.8 | 23.1 | 3.2 |
| 近 畿 | 67.6 | 19.5 | 23.5 | 6.8 |
| 山 陰 | 47.8 | 3.1 | 19.9 | 1.3 |
| 山 陽 | 45.4 | 4.4 | 19.9 | 1.9 |
| 四 国 | 42.7 | 4.3 | 20.6 | 2.1 |
| 北九州 | 48.0 | 7.8 | 20.9 | 3.4 |
| 南九州 | 37.8 | 2.9 | 21.6 | 1.7 |
| 全 国 | 52.3 | 11.5 | 22.7 | 5.0 |

〔資料〕 統計付録 1-III.
〔注〕 「金融資産」とは会社資本金,銀行資本金,預貯金,公債の和であり,「総資産」はこれに地券を加えたものである.資本金,預貯金等は各府県の数値であり,他府県の人々によって保有される部分も含んでいる.統計付録 1-III の府県データを表 1-17 と同じ分類によって各地方ごとに合計し,合計値間の比率を求めた.

口のわずか 0.28% であったから(表1-17),所得税/租税比率はごく少数の高額所得者(それゆえおそらく最上位の資産家)とその他の人々の間の資産分布を示すものと考えられよう[83].この比率は東京を含む南関東を別格とすると[84],近畿において最も高く,次いで北九州,東海,東山地方等で高い.この地方の府県はわれわれの言う近畿型,在来型府県を多数含んでいる.これら府県では,高額資産者とそうでない人々の間に大きな差があり,それゆえ,前者の資産保有収益率を $\delta$ で,後者のそれを $i$ で近似するならば,両者の間の差すなわち $\varepsilon$ が大きいと考えることができよう.

最後に,人々の預金需要は,その資産水準にも依存する.資産水準が高いほど,資産の多様化が進展し,それゆえ現金にくらべて多額の預金を保有すると

---
83) より下位の所得者に関する所得分布は地方税中の戸数割データによっておさえることができる.これについては,南亮進・小野旭・高松信清「戸数割資料による戦前期の所得分布の研究:その1,その2」(一橋大学経済研究所ディスカッション・ペーパー,第39号,1981年3月)参照.
84) 東京には,華族,財閥等の大資産家が含まれるため.

考えられる．現金の府県別データはもちろん利用可能でないが，金融資産のうち若干のものは府県別におさえることができる．表1-18は，現金を除く4つの資産からなる「金融資産」およびそれに地券を加えた「総資産」の対人口，対租税比率をとったものである．人口あたりの「金融資産」,「総資産」は，南関東，北海道を例外とすると，近畿において最も高く，次いで東海，北九州で高い．「総資産」,「金融資産」の租税に対する比率についてもほぼ同様なことが言える．これら地方の府県の多くはわれわれが近畿型に分類しているものである．それゆえ，近畿型府県では，単に資産分布の不平等度が高いだけでなく，資産の蓄積水準自体も高く，このことが預金割合の高いことのいま1つの原因であると言うことができよう．

以上の議論は次のように要約することができよう．まず，近畿型府県では，国立銀行のシェアーが比較的高く，国立銀行は$G$に頼ることなく民間預金と自己資金によって資金調達を行なっている．私立銀行の資金調達においては民間預金の割合が高く，資本金の割合が低い．これらのことは，近畿型諸府県では預金銀行化が早くも明治10年代に進展しており，銀行の設立は預金保有の展開すなわち超過利潤率の式における預金/資本金の高位を前提としてなされえたことを示唆している．預金銀行化の早期的展開は，1つにはさきにふれた近世における両替金融（銀目手形）の伝統に基くものであり，いま1つの理由としては近畿府県では金融資産の蓄積水準が他地域にくらべて著しく高く，資産多様化の前提条件が満たされていたことをあげることができるであろう．商業活動との関連で手形小切手による決済も広く普及しており[85]，早くも1879年（明治12年）にわが国最初の手形交換所が開設されている[86]．これにより派生預金が急速に増加する条件が形成されたことは重視する必要があろう[87]．

次に在来産業県では，私立銀行・銀行類似会社のシェアーが大きく，それらは国立銀行とともに主として資本金のかたちで資金を調達している．このグループの銀行は活潑に荷為替金融を行なっており，したがって公債証書の保有割合も低い．それゆえこれらの府県では産業の資金需要と銀行という新制度を媒

---

85) 『明治財政史』第13巻, p.450には「明治八年以前ニ在リテハ各銀行ノ報告中絶エテ割引手形ノ取引ヲ見ス，独リ大阪ハ古来商業ノ中心ナリシ以テ手形取引ノ習慣自然ニ発達シタルモノアリシノミ」とある．
86) 東京では1887年，名古屋では1889年に開設．

介とする高収益の投資機会によって銀行設立が促進されたと考えることができる．さきの超過利潤の式では$\bar{r}-\delta$の項が重要なわけである(土地集中がすでにかなり進展しているため$\delta$が低位にあることにも注意する必要がある)．在来産業のうち生糸，茶，絹織物等は当時の中心的輸出品であって，在来産業県の銀行業はこれら主要輸出産業の展開と密接に関連しつつ発展したのである．

最後にその他府県のグループでは，一般に国立銀行のシェアーが高く，国立銀行の資金調達も主として$G$の供給に依存している．荷為替金融等積極的な融資活動は(東北の産米地帯を除いて)少なく，公債証書といった消極的な資産運用形態が多い．それゆえ，これら地域の銀行は一般に$G$のもたらす利潤機会に誘引されて設立されたと考えることができる．預金市場の展開，産業企業の資金需要等から独立に，あるいはそれらに先がけて，官金取扱いと紙幣発行による低利資金を運用することのみを目的に設立されたわけである．

以上の分析および要約に対して1つの極めて重要な但し書をつけ加えねばならない．それは，在来産業型銀行の産業金融および近畿型銀行における預金銀行化は，ともに$G$に支えられた国立銀行および大私立銀行の存在のもたらす便益によって可能になったという一面，すなわち外部経済効果の問題である．在来産業型府県における私立銀行・銀行類似会社の多くは，その府県の中核銀行たる国立銀行の荷為替ネットワークに結合することにより，各地との金融取引を行なった．またしばしば中核的大銀行からの資金供給(借入金)にも依存している[88]．同様に近畿型府県の中小私立銀行等が十分な預金を吸収できたことの前提には，府県の中核的な国立銀行等がその$G$に基く信用力で手形決済圏を創りあげたことがある[89]．中小銀行の信用度もまた大銀行からの(親銀行，子銀

---

87) 吉野俊彦[1954a]は手形交換所を「預金の創出にとって不可欠の前提条件である」としている．預金量は預金の需給によって決まり，その需要は人々の資産選択行動に依存しているわけであるから，交換所は預金創出にとって「不可欠」という訳ではない．しかしながら，交換所は取引費用を大幅に減少させることにより派生預金創出の増加を可能ならしめるという点は重要である．もし交換所がないならば，小切手の受取人(あるいはその業務を委託された銀行)は振出人の取引銀行まで出かけて現金化し，あらためて自己の取引銀行に預金するという手間のかかる行動をとらねばならないからである．言いかえると，交換所は派生預金保有の取引コストを低下させることにより預金需要を増加せしめる．その結果均衡預金量が高まるのである．

88) たとえば山梨県では，興商社，育蚕社，済通社等の銀行類似会社は山梨第十銀行から(当座貸越，手形割引のかたちで)資金供給を受け，第十銀行はまた，東京第一銀行とコルレス契約を結んでいた．中村政則[1972b]，石井寛治[1966]参照．

行関係を通じる)信用供与に支えられているのが常であった．それゆえ，在来産業型，近畿型といえども，その府県の中心的国立銀行の機能を通じて，間接的には $G$ の効果に大いに依存していると考えねばならない．明治10年代における在来産業のもつ投資機会，先進府県における預金慣行の伝統と普及の役割は，従来通説でしばしば軽視されてきたところであり，その重要性は正当に評価されねばならない．それとともに政府資金 $G$ の銀行業の初期的展開に直接的間接的に果した大きな役割もまたいささかも軽視してはならないのである．

ちなみに，$G$ の銀行業発足に関して果した役割はたしかに強力であった．しかし，$G$ の1つの中心的構成要素である国立銀行券の大量発行が，1877年(明治10年)以降の急激なインフレーションのひきがねになったことからみて，$G$ の供給が過大でなかったとは言いきれない．特に，産業の資金需要，預金慣行の普及等，銀行業の設立を促す他の諸要因の効果を考えるとき，この感が強いのである(第2章参照)．

### (3) 設立主体

以上における銀行設立動機の問題は，銀行設立者のタイプの問題に密接に関係している．一般に，銀行が商人・産業家等によって設立されたならばその銀行は産業企業の資金需要と密接な関連の下に設立された可能性が強いと考えることができるし，金禄公債を持つ華士族，遊休資金を保有する地主等によって設立されたなら，それは資金需要とは必ずしも密接な関係をもつことなく設立された可能性があるとみることができるからである．朝倉孝吉[1961]はこの点に着目して，銀行設立主体に関して画期的な主張を展開した[90]．すなわち氏は，従来しばしば禄券銀行といわれ，士族によって設立運営されたとみられていた国立銀行のうち，多くのものは商人や地主の主導の下に設立されたこと，士族によって設立されたものの中にも次第に商人に経営の実権と所有が移って行ったものが多いことを見出し，明治10年代の銀行設立が産業企業の資金需要[91]

---

89) $G$ は単に銀行に安定した運用収益を保証しただけでなく，たとえば国庫金の出納担当者になること自体が銀行の信用度を高めた(池田浩太郎[1964] p. 210)．
90) 朝倉孝吉[1961] p. 77 および北越銀行『創業百年史』p. 26参照．
91) 氏の用語では「農業にまつわる金融」．すなわち米穀，生糸，茶等の農産物とその加工品の生産販売に伴う資金需要．

表1-19 設立者の職業別による国立銀行の類型

| 商　　人 | 東京第一，横浜第二，東京第三，東京第五，高知第七，名古屋第十一，大阪第十三，長崎第十八，大分第二十三，川之石第二十九，大阪第三十二，大阪第三十四，明石第五十六，横浜第七十四，山形第八十一，川越第八十五，千葉第九十八，福島第百七，彦根第百三十三，大阪第百四十八(20行) |
|---|---|
| 商人・地主 | 新潟第四，福島第六，山梨第十，岐阜第十六，上田第十九(5行) |
| 商人・士族 | 福岡第十七，水戸第六十二，長岡第六十九，東京第百，水戸第百四，名古屋第百三十四(6行) |
| 士　　族 | 高知第三十七，前橋第三十九，館林第四十，土浦第五十，松山第五十二，仙台第七十七，高松第百十四，東京第百十九(8行) |
| ┌未確認<br>└士族→商人 | 金沢第十二，富山第百二十三，大垣第百二十九，函館第百四十九(4行)<br>松代第六十三，奈良第六十八，津第百五，飯田第百十七(4行) |
| 華　　族 | 東京第十五(1行) |

〔資料および注〕　主として朝倉孝吉[1961]，土屋喬雄[1961]による．他に大内力・加藤俊彦[1963]，山口和雄[1966]，間宮国夫[1963]，田辺靖彦[1963]，杉山和雄[1965]，藤井光男・藤井治枝[1965]等を参照．

と密接な関連があることを指摘したのである．

　表1-19は，朝倉氏の業績を中心にして，現在までにわかっている国立銀行の設立主体別類型を整理したものである[92]．情報のえられる全48行のうち商人によって設立されたとみられるものは20行であり，その代表的なものは三井・安田の設立した東京第一，横浜の原，茂木等大貿易商の設立した横浜第二等である．商人および地主の合弁によって設立されたと分類されるものは5行であり，たとえば山梨第十，上田第十九等は養蚕業に関係する地主と商人の設立したものである．商人と士族の共同によって設立されたものは6行である．これらのうち，福岡第十七，水戸第六十二などは設立時の所有に関しては士商連合だが，経営の実権，設立のイニシアティヴは商人が掌握していたと言われる．士族銀行として分類されるものは8行であり，他に士族銀行と言われながらデータ的に確認できないものは4行，士族によって設立されたもので，その後所有，経営が商人の手に移行したものとして奈良第六十八等4行をあげることができる．華族によるものは東京第十五の1行である．

　以上の分類はもとより極めておおざっぱなものである[93]．所有を言うときは

---

92) 土屋喬雄[1961]は国立銀行の設立主体別類型を士族によるもの，士商によるもの，商人あるいは地主によるもの，産業家によるものに区分している．
93) たとえば山形第八十一は見方によっては「士族→商人」に分類することもできるし，他の銀行についても必ずしも一義的に判定できないばあいが多い．

少なくともたとえば持株数のシェアーと分布，経営権を論じるときは重役数とその権限，地位等を厳密に検討せねばならない．しかもまた商人はしばしば大地主でもあり，大地主はしばしば米穀回漕業等の商業等を営んでいたから両者を厳密に分類することも容易ではない[94]．しかしながら，大勢は明らかであろう．1876年(明治9年)の国立銀行条例改正の1つの重要なねらいが，華士族をしてその所有金禄公債の投資により銀行のオーナーにならしめる点にあったにかかわらず，設立された国立銀行では商人および地主の力が極めて強いのである．なかには岐阜第十六銀行のように「8人の発起人は，32人の株主から資本金5万円の払込をうけその資金で秩禄公債を購入し銀行紙幣の抵当として出納局に差出した」と言われ，全く金禄公債によらずして設立されたものもあり[95]，また福島第百七銀行のように出資公債のうち金禄公債はわずか8%という例もある[96]．周知のように，岐阜は提灯，ろうそく，傘などの手工業の古くからの中心地であり，福島は東北随一の製糸業地帯に位置している．また，表1-19において商人および商人・地主によって設立された銀行は，大部分がわれわれの分類でいう近畿型，在来産業型あるいは東京，大阪，神奈川など大都市のものであることも注目される．逆に，士族によるものはわれわれの地域区分におけるその他府県に設立されたものが多い．このことはさきの府県別分析の結果を補完するものであると言えよう．

次に表1-20により，国立銀行の族籍別株式保有額をみておこう．1880年(明治13年)において，士族の割合は52.9%，商人34.8%である．士族の割合は1888年には35.0%と急速に低下し，かわって商人および特に雑業者の割合が急増していることがわかろう．およそ1882-85年にかけての松方デフレ期に士族はその持株を大量に手放したのである．雑業者とは公務自由業，会社員等であり，これら中流階層がこの後次第に小資産保有者としての地位を占めてくることになる．日本銀行，正金銀行では商人のシェアーが著しく高いことも注目されよう．表1-20でいまひとつ重要な点は農の割合が著しく小さいことであ

---

94) 地主の定義については第3章参照．
95) 朝倉孝吉[1961] p.96. 1876年の改正国立銀行条例では紙幣発行の抵当とする公債は単に「四朱以上利付」と規定されているだけで，金禄公債とは指定していないことに注意されたい(表2-15参照)．
96) 杉山和雄[1965] p.65.

表1-20 国立銀行等の族籍別株式保有額構成比

| 年末 | 1880 | 1888 | 1896 |
|---|---|---|---|
| 国立銀行 | [42,107] | [44,196] | [44,736] |
| 華族 | 43.2 (3.2) | 42.7 (3.9) | 41.5 (2.7) |
| 士族 | 31.0(52.9) | 20.9(35.0) | 19.1(31.7) |
| 農 | 4.0 (6.9) | 4.0 (6.7) | 4.7 (7.8) |
| 工 | 0.1 (0.2) | 0.1 (0.2) | 0.1 (0.2) |
| 商 | 20.4(34.8) | 21.4(36.0) | 21.1(35.5) |
| 雑 | 1.1 (2.0) | 10.9(18.2) | 13.5(22.4) |
| 日本銀行 | | [5,000] | [12,051] |
| 華族 | | 5.5 | 17.1 |
| 士族 | | 12.3 | 8.9 |
| 農 | | 3.4 | 3.6 |
| 工 | | 0.1 | 2.0 |
| 商 | | 52.3 | 34.0 |
| 雑 | | 26.4 | 34.4 |
| 横浜正金銀行 | | [3,296] | [4,850] |
| 華族 | | 16.5 | 15.7 |
| 士族 | | 31.9 | 14.1 |
| 農 | | 0.3 | 2.1 |
| 工 | | — | — |
| 商 | | 42.5 | 47.4 |
| 雑 | | 8.8 | 20.7 |

〔資料〕 朝倉孝吉[1961] pp. 121-120.
〔注〕 [ ]内は資本金(単位千円),他は単位%.
( )内は第十五銀行の資本金 17,826 千円をすべて華族のものとして(実際には 1891 年以降平民の株式所有が若干ある)合計から除いて求めた構成比.

る.この点については第3章[2]で検討する.

　最後に,私立銀行および銀行類似会社の設立主体であるが,これについては商人および地主が圧倒的に多いと言われる.特に旧幕時代に地方為替方,国産方,物産方をつとめた商人・地主がその中核になったと考えられる.山梨等の製糸養蚕地帯では,中規模地主が個人貸金業の行きづまりによって生じた遊休資金を銀行類似会社に投資したことはさきにふれたとおりである.私立銀行・銀行類似会社の設立主体については朝倉孝吉[1961]第5,6,7章を参照されたい.

## [3] 預金銀行化の進展[97]

以上のような動機および主体によって設立された銀行は，最初にみたように，初期において，資金調達に占める G および資本金の割合が高く，民間預金の割合が著しく低いという特徴をもっていた．民間預金のシェアーの上昇は1885年頃から生じ，それが高位安定化し今日的な預金銀行の姿がみられるのは，ほぼ1905年以降のことである．初期銀行における資本金による資金調達は，それ自体当時の金融市場の発達状況からみて自然なことであり，明治10年代から20年代にかけての経済発展に大きな役割を果したことは上述のとおりである．しかしながら，銀行および会社企業の資本金のかたちで，主として過去に蓄積された大資産保有者の資金を動員した後は，資産保有者の経常的な貯蓄資金の動員が生じなければならない[98]．そうでないならば，銀行業の利潤が保証されないだけでなく，持続的な成長過程の軌道に乗りえないからである[99]．言い換えると，商人・地主の蓄積資産を遊休現金保有から実物資本形成資金に転換しおわった後は，商人・地主および一般資産保有者の経常的貯蓄を遊休現金化させることなく，資本形成資金に転用せねばならないのである．過去に蓄積された資金にくらべて，経常貯蓄は資産規模(ロット)が小さく，したがって投資の不可分性を前提とするならば，資産保有の多様化の余地が小さい．他方，銀行の供給する預金という資産保有形態は，原則的には株式にくらべて流動性が高く，将来時点の選択変更を低コストで行いうる．また原則として低リスクであるため多様化によってリスク分散をはかる必要もない．それゆえ，預金は小規模な資産で保有可能である．およそこのような事情が，発展過程において銀行の預金による資金調達すなわち預金銀行化を必要ならしめるのである．

しかしながら，預金による産業資金の調達は1つの新たな問題を提起することになる．それは預金が銀行および会社資本金にくらべて比較的短期性の資金

---

97) 本節は寺西重郎[1979 a]および Teranishi, J. and H. Patrick[1978]を全面改訂したものである．
98) この資金蓄積は19世紀の初期にはじまる非常に長い期間にわたってなされたと考えられる．第3章[2]参照．
99) さもなければ外資を導入せねばならない．

であるということである．以下でみるように明治20年代から30年代にかけての預金の増加は主として小口当座預金（普通預金）を主体とするものである．明治40年代以降定期預金の預入期間が次第に長期化し，その総預金に占めるシェアーも上昇するが，他方で工業化過程における資金需要はますます長期化する．ここに，明治30年代以降のあらたな課題として長期産業資金調達の問題が生起してくることになる．明治30年前後にかけての特殊銀行の設立等はこの新たな課題に対する1つの対応であり，銀行の産業銀行化はその主要な帰結であった．これについては，第3章で再論する．

本節では，明治中後期における預金銀行化の進展過程に焦点を合わせる．戦前期は基本的に自由金利システムであったから，預金は預金供給函数と預金需要函数の交点において定まる．両函数の双方またはいずれかがシフトすることにより，均衡預金額は増加する．預金供給函数は銀行の利潤極大行動から導かれるが，明治中後期においてそれはなによりも銀行に対して外から供給される政府資金 $G$ に依存している．$G$ が小なるほど所与の投資機会の下で銀行は利潤極大のために預金供給函数を右方にシフトせしめねばならない．他方，預金需要函数は商人・地主および一般資産者の本源的預金の保有性向に依存するとともに，派生預金の歩留り率を規定する決済慣行，信用網の浸透度にも依存している．以下では，これらの点を，銀行の利潤極大行動と預金市場均衡を陽表的に示したモデルを用いつつ検討し，預金銀行化の進展過程を解析してゆこう．

先に進む前に，いわゆる発展過程における貨幣経済化という問題にふれておきたい．貨幣経済化は取引コストを大幅に低下させるという意味で，経済発展のための最も重要な前提条件であることは言うをまたない．一般的に言ってこの過程には2つの段階がある．1つは，物々交換から現金による支払への変化であり，いま1つは現金による支払から預金による支払への変化である．わが国においては，すでに徳川期においてかなり現金決済の慣行は進展していたから[100]，明治期における貨幣経済化の進展は専ら上記第2の段階，すなわち預金通貨の普及によって進展したと考えられる．この意味で，われわれの問題としている預金銀行化の問題は，他面で，明治期における貨幣経済化の問題にほか

---

100) 新保博[1978]．特に1820年代以降．この点について第3章[2]参照．

ならないわけである[101].

### (1) $G$ の減少過程

明治10年代前半までの銀行業の設立に極めて大きな効果を発揮した政府資金 $G$ は, 大体1881年(明治14年)頃をさかいに次第に減少することとなる.

まず, $G$ のうちの国立銀行券であるが, 1882年(明治15年)の日本銀行設立, 1883年の「国立銀行条例」の改正により, 国立銀行券の消却が開始されたのは既述のとおりである. 国立銀行券の減少過程は貨幣制度の整備, 中央銀行組織確立の主要な一環として行なわれたわけである. この点については次の第2章で詳しく述べよう.

次に政府預金については, その縮小過程は1874年(明治7年), 75年の小野組・島田組の倒産を契機にはじまるが, それが本格化するのは1881年(明治14年)10月の松方財政開始以後である. 三井組とともに官金取扱の最大手であった豪商小野組・島田組が倒産すると政府はまず官金出納の安全性を重視する姿勢に転じ, ついで予算制度の整備が進展するとともに官金をより効率的に管理するため大蔵省による集中管理方針をうちだした. すなわち1875年大蔵省出納寮中に納金局を置くとともに, 1876年には従来各庁が定期的に支給される現金を保管し, あたかも基金のごとく使用していたのを改め, 納金・支払の大部分を大蔵省で直接行うことにした. 次いで松方正義が大蔵卿になると, 官金取扱いの合理化は財政赤字縮小のための手段として重視されることになる. 松方は1882年に国庫金の出納取扱順序を定め, ついで1883年には国庫金取扱所を設けるなどして日銀をして国庫金の出納を担当せしめる方針をとった[102]. 国庫金出納の日銀への集中はその後も漸次進められ, 1889年2月に新会計法が公布せられ, 政府会計制度が確立されるとともに, これに基づいて制定せられた金庫規則によって, ほぼ全ての国庫金が日銀の統一的管理の下に置かれることとなった[103]. このような整理過程の進展に伴い, 為替方たる銀行ないし豪商

---

101) ただし, これまた非常にブロードな立言であることに注意されたい. たとえば第4章の補論にみられるように, 農村部では第1次大戦中に再び急速な現金経済化すなわち物々交換から現金支払への変化が生じた可能性がある.
102) 日銀の設立目的の1つは国庫金の集中管理にあった. 第2章[3]参照.
103) 以上については池田浩太郎[1964]参照.

農の手許に滞留する官金は次第に少なくなり，預り期間中のタイム・ラグを利用しての運用範囲も次第にせばめられて行ったと考えられる．

政府資金 $G$ のうち政府の対民間銀行貸付金は，初期殖産興業政策の主要な手段であったが，政策の基調が積極主義から安定政策にかわり殖産興業政策が後退しはじめる 1880 年頃から次第に減少したと考えられる．たとえば国立銀行の負債勘定における政府からの拝借金は 1879 年上期の 1,426 千円をピークに次第に減少している[104]．

最後に，日銀の対民間貸出金について．日銀の対民間貸出は，1887 年 (明治 20 年) 頃から大きくなり，特に 1890 年 (明治 23 年) の恐慌時に保証品付手形割引が開始されて以来，普通銀行の資金調達上無視しえない役割を持つことになる．もちろん，日銀の対民間貸出を含む政府資金全体としては既に縮小段階にはいっているわけであるが，政府預金，国立銀行券の引き揚げに伴う民間銀行の負担をしばらく日銀貸出が緩和し，預金銀行への転化をスムーズならしめる役割を担ったわけである．吉野俊彦 [1954 b] によると「明治 15 年の日本銀行の設立をみると共に，銀行券の発行は日本銀行に集中せられることとなり……日本銀行設立後は漸時銀行券を消却し預金の吸収に力を注いだのであった．然しながら何分預金の吸収は十分でなく従来の貸出の規模を維持するためには既発行の銀行券の消却分だけ日本銀行からの借入金に振替え，又新規に貸出の規模を増加させるためにも，預金の増加で不足する部分は積極的に日本銀行からの借入金を増加させねばならなかった」とある．日銀借入への依存は，普通銀行制度の成立後も変わらず，低利の日銀資金を借受け，これを高利で貸出すといういわゆる「鞘取銀行」の弊がさけばれるようになった[105]．もちろん，鞘取が可能である以上，1897 年以前の日銀貸出は市中金利に較べて一般に低利であったと考えられる．特に銀行紙幣消却貸付金，横浜正金への貸出などはそれぞれ無利子および 2-3% であった．

このような日銀借入への依存に対して，日銀は個人取引の開始によってその依存度を減らそうとした．すなわち，1897 年，日銀はその取引先を銀行だけに限ることなく個人・企業にも拡張することにし，当初は，対銀行貸出よりも若

---

104) 各年の『銀行局年報』による．
105) 加藤俊彦 [1957] p. 136 参照．

干高い金利を個人貸出にはつけていたが,次第に金利差を縮め,1900年11月には,全く同一利子率で銀行にも個人・企業にも貸出すことにした(11月27日現在貸付金利子7.67%). この措置により,原理的に鞘取は不可能になったわけであり,事実上も日銀借入への依存度は1897年頃を境に次第に減少した[106]. 滝沢直七[1912]はこの間の事情を次のように記している.「我銀行業は紙幣発行より預金銀行と変更し,然かもなほ純然たる預金銀行たる能はず,所謂鞘取銀行となつて日本銀行より低利の資金を借入れこれを高利に貸出し,以つて利益を獲得したのであつたが,日本銀行の個人取引開始より利益を壟断すること能はず,我銀行業者の独立心を生長せしめたのである. 即ち日本銀行の下を離れ,断然預金銀行として活動するの外なきを悟つて自立の決心を起し来り,大に預金を吸収せんとするに力を致すの傾向を生ずるやうになつた」(p. 591).

以上のように,政府資金はいずれも減少過程をとることになったが,その直接的な原因はさまざまである. 国立銀行券は貨幣制度の整備,政府預金は政府会計制度の整備および歳入不足と緊縮財政,政府貸出は殖産興業政策の転換・後退,日銀貸出は預金銀行化の促進と主として関連している. 日銀貸出を除いていずれも(少なくとも表面的には)銀行政策とは別箇の政策課題に対応しつつ,しかもほぼ一斉に縮小の途をたどったわけである. しかしながら,これらを総合的にみるとき,われわれはその底流には1つの大きな政策基調の変化があることを見出すことができよう. それは中央集権的財政金融制度の整備とそれに伴う「上から」の積極的拡張政策から市場メカニズムに依拠した安定成長政策への変化の流れがそれである. 初期の政策当局者が政府資金の直接供給と規制による「上から」の積極拡張策をとったことの背景には,岩倉使節団の『米欧回覧実記』[107]に象徴される強烈なカルチュラル・ショックと,それに対比しての手持の財政金融政策手段の貧弱さ・未熟さがあったことは疑いないだろう.

---

106) 実際に,個人企業が市中銀行借入から日銀借入に切換えたものがあったかというと,必ずしもそうではなかったと言われる(明石照男[1935] p. 183). 1897年以降の市中銀行の日銀依存度の低下は,主として,人々の経常貯蓄を中心とする預金の伸びが順調となったため,日銀借入コストが一般の銀行にとって次第に割高になったことによるものと思われる. もっともその後も借入を継続した資金調達コストの高い中小銀行にとっては,ある程度順鞘であったことも確かである.

107) 久米邦武編・田中彰校注『特命全権大使米欧回覧実記』(1)~(5),岩波文庫. 『米欧回覧実記』の経済政策上の評価については藤村通[1968]第3編第3章を参照されたい.

同時に，財政金融政策が徐々に整い，地域分断市場が次第に統一化され富国強兵策に一応の目途がついた段階で，より市場メカニズムに立脚した安定成長政策に移行したこともまた理解できることであろう[108]．われわれの $G$ 変数は，そのようなブロードな政策基調の流れの中で，初期における大量供給とその後における引揚げというかたちで「操作」されてきたのである．

ところで，以上では日銀貸出は預金銀行化あるいは広く銀行政策を主目的として運用されたと述べたが，これまた，ある意味で一面的であることを注意しておこう．当時の金融市場は著しく地域的に分断されており，特定地域の銀行に対する日銀貸出はその地域の特定産業への資金供給に直結することが普通であり，日銀もまた特定産業への融資を意識しつつその貸出を運用したという他の一面があるのである．このような日銀貸出の産業金融的ないし殖産興業的性格については第3章[3]で再論する．

### (2) $G$「操作」政策の理論と計量分析

以上のような $G$「操作」政策の効果をトービン(Tobin, J.)タイプの資産市場に関するマクロ的一般均衡モデルによって分析しよう[109]．

理論モデル．われわれのモデルは，政府(日銀を含む)，民間銀行，(個人)資産保有者および企業の4セクターからなり，経済には，現金通貨(政府通貨，日銀券および国立銀行券からなる)，銀行預金(民間銀行によって供給され，個人資産保有者によって保有される)，1種類の証券(政府，企業および民間銀行によって供給され，民間銀行および個人資産保有者によって保有される)[110]およ

---

108) 政治史の文献では，積極主義・消極主義の対立という類型化がしばしばなされる．われわれの積極拡張主義と安定成長主義という概念もこれにならうものである．ただし，われわれは，この積極拡張・安定成長の対立図式の上に，規制主義と市場(メカニズム利用)主義といういま1つの次元の対立をオーバー・ラップさせることを考えている．なお，富国強兵策に一応の目途がついたという表現は若干漠然としすぎているが，具体的には，1883年(明治16年)における「軍備拡張8カ年計画」の発足を一応念頭においている．この計画は，朝鮮事変(1882年壬午事変, 1884年甲申事変)の突発により，財政当局の反対を受けつつ，事実上やむをえない措置として開始されたものであった．しかし，この時点以降(経済は景気循環的には松方デフレの苦境下にあったが)富国策と強兵策の同時進行方式がともかくもとりえたことは1つの画期的現象である．それ以前の段階では，限られた国力を富国，強兵のいずれに優先的にふりむけるかという問題が政策論争の最大の課題であったとみられるからである．松方デフレ以前の内治派，外征派あるいは富国イデオロギーと強兵イデオロギーの対立については坂野潤治[1981 b]を参照されたい．
109) Tobin, J. [1971]およびTobin, J. and W. Brainard[1963]を参照されたい．
110) 証券は，この経済における貸出・有価証券投資の総称である．

び政府資金(国立銀行券,政府預金および日銀貸出からなる)が存在する．以下のような記号が使用される[111]．

$C$：現金需要額
$\bar{C}$：政府通貨および日銀券
$G_1$：国立銀行券
$G_2$：政府預金および日銀貸出
$D$：預金需要額
$\bar{D}$：預金供給額
$Q$：証券価格
$E$：企業の発行する証券の数(一定)
$\alpha E$：政府の発行する証券の数(純発行数), $\alpha$ は一定数
$\beta E$：銀行の発行する証券の数, $\beta$ は一定数
$E^h$：個人資産保有者の証券需要数
$E^b$：民間銀行の証券需要数
$p$：商品価格(一定)
$pq$：企業の保有する既存資本ストックの市場価格
$K$：資本ストック(一定)
$W$：個人資産保有者の正味資産
$r$：証券の利子率
$i$：預金利子率
$\rho$：資本の限界生産力(一定)

各経済主体のバランス・シートの制約は次のように書かれる(左辺が資産, 右辺が負債・資本)．

政府部門：$G_2 + 累積赤字 = \bar{C} + \alpha Q E$
民間銀行：$Q E^b = G_1 + G_2 + \bar{D} + \beta Q E$
個人資産保有者：$Q E^h + D + C = W$
企業：$pqK = QE$

現金通貨供給量は $\bar{C} + G_1$ であり, 政府資金合計は $G_1 + G_2$ である．証券利子

---

111) 前節の $\tilde{r}$ および $\tilde{i}$ と本節の $r$ および $i$ は本節のものがコストを加減していない点で異なっている．

率は次のように定義される．

$$r = \frac{p\rho K}{QE} \qquad (1)$$

すなわち，証券利子率は，資本の限界生産額を企業の証券発行額で割ったものに等しい．$r$ は，このモデルにおける(資産保有者の要求する)資本に対する必要利潤率であり，これが小さくなると，投資はふえ，経済は拡大する．$r$ が上昇すると，投資は減少し，経済は収縮する[112]．

さて，資産保有者の各資産に対する需要関数は正味資産に関して1次同次であり，互に粗代替財であると仮定しよう．それゆえ，

$$QE^h = B(r,i)W ; B_r > 0, B_i < 0 \qquad (2)$$
$$D = D^d(r,i)W ; D_r^d < 0, D_i^d > 0 \qquad (3)$$
$$C = C^d(r,i)W ; C_r^d < 0, C_i^d < 0 \qquad (4)$$

である[113]．添字は偏微係数を示す(以下同様)．

次に銀行の主体均衡を検討する．各銀行は，不完全な預金市場および証券投資市場に直面しており，所与の経済規模の下で，預金吸収と証券投資の限界管理費用は，それぞれ預金供給額，証券需要額の関数であると仮定される．それゆえ，銀行の利潤極大問題は次のように書かれる．

$$\max \Pi = rQE^b - i\bar{D} - \bar{F}(QE^b, pK) - \bar{H}(\bar{D}, pK)$$
$$\text{subject to } QE^b = G_1 + G_2 + \bar{D} + \beta QE$$

ここで $\Pi$ は利潤，$\bar{F}$ および $\bar{H}$ はそれぞれ証券投資，預金供給の管理費用である．$\bar{F}$ および $\bar{H}$ はそれぞれ $QE^b$ と $pK$，$\bar{D}$ と $pK$ に関して1次同次であると仮定する．したがって，問題は次のように書き換えられる．

$$\max \frac{\Pi}{PK} = re - id - F(e) - H(d)$$
$$\text{subject to } e = g_1 + g_2 + d + \frac{\rho}{r}\beta \text{ (バランス・シート)}$$

---

112) なお，このモデルにおける $q$ はいわゆるトービンの "$q$" であり，

$$q = \frac{QE}{pK} = \frac{\rho}{r}$$

である．すなわち $q$ は株式(企業)の市場価値と企業の再生産価格の比率あるいは資本の限界生産力と市場利子率の比率である．$q$ が上昇(低下)すると資本形成は促進(抑制)せられ，経済活動は拡張(収縮)すると考えられている．

113) かつ $B_r + D_r + C_r = 0$, $B_i + D_i + C_i = 0$, $B + D^d + C^d = 1$ が成立する．

ここで
$$e = QE^b/pK, d = \overline{D}/pK, g_1 = G_1/pK,$$
$$g_2 = G_2/pK, F = \overline{F}/pK, H = \overline{H}/pK$$
である．
$$F_e > 0, F_{ee} \geq 0, H_d > 0, H_{dd} \geq 0, F_{ee}H_{dd} > 0$$
と仮定することは自然であろう．$g_1$ および $g_2$ は政策変数である．$F_e$ および $H_d$ は限界管理費用であり，$F_{ee}$, $H_{dd}$ の符号は限界費用逓増という不完全市場の仮定をあらわしている．

ここで，以上の定式化における $pK$ の役割について2点コメントしておく必要がある．まず，$pK$ は，銀行の費用函数において経済の規模指標として用いられている．規模の指標として何をとるかは，エンピリカルな問題であり，この他に $W$ (資産保有者の正味資産)をとることも考えられる．事実，後述の計量モデルでは，$W$ を用いることによって良好な結果が得られている．第2に，$G_1$ および $G_2$ は $pK$ に比例的であると仮定されているが，これもまたエンピリカルな問題である．$G_1, G_2$ の $\beta QE$ (銀行資本)に対する比率を政策パラメーターとみなすこともできよう[114]．

上記極大問題の1次の条件は
$$r - i - F_e - H_d = 0$$
である．これとバランス・シートの制約条件から，次のような預金供給函数を得ることができる．
$$d = \frac{\overline{D}}{pK} = D^s(r, i, g_1 + g_2) \tag{5}$$
ここで
$$\frac{\partial d}{\partial r} = D_r^s = \left(1 + F_{ee}\frac{e}{r}\right)\Big/J > 0$$
$$\frac{\partial d}{\partial i} = D_i^s = -1/J < 0$$
$$-1 \leq \frac{\partial d}{\partial (g_1 + g_2)} = D_g^s = -F_{ee}/J \leq 0$$

―――――――――
[114] 前節でみたように，$G$ は主として国立銀行などの大銀行に優先的に供給されたと考えられる．しかしもちろん，このことは $G$ の集計量としての銀行資本金 $\beta QE$ に対する比率が政策指標として用いられたことを意味するものではない．

である. また，銀行の証券需要は

$$e = \frac{QE^b}{pK} = D^s(r, i, g_1+g_2)+g_1+g_2+\frac{e}{r}\beta \tag{6}$$

となり，

$$\frac{\partial e}{\partial r} = (1+F_{ee}/J) > 0$$

$$\frac{\partial e}{\partial i} = -1/J < 0$$

$$1 \geq \frac{\partial e}{\partial(g_1+g_2)} = H_{dd}/J \geq 0$$

である. なお

$$J = F_{ee}+H_{dd} > 0$$

である.

(5)および(6)式から明らかなように，われわれの銀行は，$r$ が上昇すると，預金供給，証券需要をともに増加させ，$i$ が上昇すると預金供給，証券需要をともに減少させる. $g_1$ または $g_2$ の増加は，預金供給の減少を招き，それゆえ証券需要は比例的以下にしか増加しない. ここで，1つの興味深い性質は，$g_1$ または $g_2$ の変化に対する預金供給と証券需要の反応の大きさが，管理費用の微係数 $F_{ee}$ および $H_{dd}$ に密接に関連していることである. $F_{ee}$ と $H_{dd}$ は，それぞれ銀行の直面する証券投資市場および預金市場における不完全性の度合を表わすものと考えられ，それらの値が大きいほど(限界費用の増加の程度が強いほど)当該市場の不完全性の度合は大きいと言うことができる. いま $F_{ee}$ を一定とすると，$H_{dd}=0$ のとき，

$$\frac{\partial d}{\partial(g_1+g_2)} = D_g{}^s = -1, \quad \frac{\partial e}{\partial(g_1+g_2)} = 0$$

である. すなわち，証券投資市場の不完全性の度合を所与とすると，預金市場が完全であれば，$g_1$ または $g_2$ の増加は全て預金供給の減少に吸収され，証券供給は全く影響を受けないわけである[115]. また，$H_{dd}$ がゼロから次第に増加すると，$\partial d/\partial(g_1+g_2)$ は絶対値において小さくなり，$\partial e/\partial(g_1+g_2)$ は大きくなるこ

---

115) このことの直観的な理由は明らかであろう. 預金市場が完全ならば，銀行は所与の限界費用で望むだけ預金を吸収しうるわけだから，$g_1$ または $g_2$ の減少はただちに預金供給増加によって代替されるわけである.

とも明らかであろう．したがって，われわれの問題としている $g_1$ または $g_2$ の減少の預金供給増加への効果は，預金市場の完全性の程度が高いほど大きい，と言うことができる[116]．

次に，市場均衡の状況を検討しよう．現金通貨市場の均衡条件は次のように書かれる．

$$\bar{C}+G_1 = C^d(r,i)W \tag{7}$$

預金市場の均衡条件は

$$D^s(r,i,g_1+g_2)pK = D^d(r,i)W \tag{8}$$

であり，証券市場の均衡条件は

$$(1+\alpha+\beta)QE = B(r,i)W+D^s(r,i,g_1+g_2)+G_1+G_2+\beta QE \tag{9}$$

である．(7)～(9)式と銀行のバランス・シート制約を用いて，民間資産保有者の正味資産は次のように書きかえられる．

$$W = QE^h+C+D = (1+\alpha)QE+\bar{C}-G_2 \tag{10}$$

各式を $pK$ で辺々割ることにより，われわれは以下のような $r$ と $i$ に関する2式をうることができる[117]．

$$c+g_1 = C^d(r,i)\left\{(1+\alpha)\frac{\rho}{r}+c-g_2\right\} \tag{11}$$

$$D^s(r,i,g_1+g_2) = D^d(r,i)\left\{(1+\alpha)\frac{\rho}{r}+c-g_2\right\} \tag{12}$$

ここで $c=\bar{C}/pK$ であり，(11),(12)式はそれぞれ現金市場および預金市場の均衡条件である．証券市場の均衡条件はワルラス法則で除外されている．

さて，問題は，(11),(12)式から決まる均衡証券利子率 $r^*$ および均衡預金利子率 $i^*$，そして均衡預金額の正味資産 $W$ に対する比率 $D^*/W$ が，政策パラメター $g_1$ または $g_2$ の変化によってどう動くかである．この比較静学問題を分析するにあたって，1つの問題は，政府資金のうち $G_1$ は現金通貨供給の一部であり，また $G_2$ は政府のバランス・シートによってしばられているために（政府累積赤字を一定として）$G_2$ の変化には政府の現金供給または証券供給の変化が

---

116) 同様に，$H_{dd}$ を一定とすると，銀行の直面する証券市場の完全性が高いほど，$g_1$ または $g_2$ 変化の預金供給への効果は小さく，証券供給への効果が大きいということを言うことができる．

117) (11),(12)式から $r$ と $i$ が決まると，(1)式から証券価格 $Q$ が，さらに企業のバランス・シート制約から既存資本財価格 $pq$ が，したがって $q$ が決まる（$p$ は一定）．

付随せざるを得ないということである．現金通貨の供給は拡張的に働くのは明らかであるから，われわれはその効果をとり除いて，$G_1$または$G_2$変化のネットの効果をみる必要がある．このため，われわれは次のような仮定をおく．まず$G_1$については，政府は$G_1$を増加(減少)させるにあたって，それと同時に同額の政府通貨または日銀券$\bar{C}$を，証券($\alpha QE$)の売(買)オペレーションによって吸収(供給)し，現金通貨量を一定に保つ，と仮定する．次に，$G_2$については，$G_2$の増加(減少)は，$\bar{C}$を一定として，証券($\alpha QE$)供給の増加(減少)によってまかなわれると仮定する．

(9)～(10)式から明らかなように，上記$G_1$の変化方式と$G_2$の変化方式は全く同様な効果をもつ[118]．それゆえ，われわれは$G_1$の変化のみをとりあげれば十分である．(11),(12)式を全微分し，$\Delta c = -\Delta g_1$および$\Delta\alpha = (r/\rho)\Delta g_1 + (\alpha/r)\Delta r$とおき整理することにより[119]，次のような結果が得られる．

$$\frac{\partial r^*}{\partial g_1} = -\frac{C_i^d}{A}\left\{(1+\alpha)\frac{\rho}{r}+c-g_2\right\}D_g^s \geq 0$$

$$\frac{\partial i^*}{\partial g_1} = \frac{1}{A}\left\{C_r^d\left[(1+\alpha)\frac{\rho}{r}+c-g_2\right]-C^d\frac{\rho}{r^2}\right\}D_g^s \leq 0$$

$$\frac{dD^{d*}}{dg_1} = \frac{d}{dg_1}\left(\frac{D^*}{W}\right) = D_r^d\frac{\partial r^*}{\partial g_1}+D_i^d\frac{\partial i^*}{\partial g_1} \leq 0$$

ここで$A = A_{11}A_{22} - A_{12}A_{21} < 0$

$$A_{11} = C_r^d\left\{(1+\alpha)\frac{\rho}{r}+c-g_2\right\}-C^d(1+\alpha)\frac{\rho}{r^2}+C^d\frac{\rho\alpha}{r^2}$$

$$A_{12} = C_i^d\left\{(1+\alpha)\frac{\rho}{r}+c-g_2\right\}$$

$$A_{21} = D_r^d\left\{(1+\alpha)\frac{\rho}{r}+c-g_2\right\}-D^d(1+\alpha)\frac{\rho}{r^2}-D_r^s+D^d\frac{\rho\alpha}{r^2}$$

$$A_{22} = D_i^d\left\{(1+\alpha)\frac{\rho}{r}+c-g_2\right\}-D_i^s$$

である．

比較静学分析の結果は極めて直截である．$G_1$または$G_2$の減少は，銀行の預

---

118) (9)～(10)式において，正味資産，現金通貨供給，政府資金供給の変化は全て，この2つの方式の下で等しい．

119) $\Delta g_1 = \Delta\left(\alpha\dfrac{QE}{pK}\right) = \Delta\alpha\dfrac{\rho}{r} = -\dfrac{\rho}{r^2}\alpha\Delta r + \dfrac{\rho}{r}\Delta\alpha$.

金供給函数を右方にシフトせしめ,所与の預金需要函数の下で預金金利 $i$ は上昇する(図1-3参照). $i$ の上昇は,資産保有者の現金通貨需要の減少をもたらし,一定の現金通貨供給の下で,このことは証券金利 $r$ の低下をひきおこす[120]. $r$ の低下および $i$ の上昇は,均衡預金額の正味資産に対する比率を増加せしめる.すなわち $G_1$ または $G_2$ の減少により銀行の預金供給函数は右方にシフトし,その結果預金銀行化が進展するわけである.

ちなみに,この分析結果に関するいま1つの興味深い性質は, $g_1$ または $g_2$ の変化に関する $r$ および $i$ の反応が,預金供給の $G_1$ または $G_2$ に対する反応微係数 $D_0{}^s$ に比例的なことである.すなわち, $r$ および $i$ の反応,したがって均衡預金額の反応は $D_0{}^s$ が大きいほど大きい. $D_0{}^s$ の絶対値は,預金市場の完全性が高いほど大きいことはさきにみたとおりである.したがって,次のように言える. $G_1$ または $G_2$ の減少は預金増大効果をもち,その効果は,預金市場の完全性の程度が高いほど大きい.

また, $G_1$ または $G_2$ の減少によって,証券利子率 $r$ が低下することにも注意する必要がある. $G_1$ または $G_2$ の減少政策によりたとえ預金銀行化が進展するとしても,その政策が同時に $r$ を引上げるならば,経済活動は収縮する(所与の資本の限界効率の下で投資が減少する)から,この政策は採用されない可能性もある.われわれの得た $r$ が低下するという結論は, $G$ の引揚げ政策が景気拡張的な副次的効果をもつことにより政策の実現可能性をより高くするという点で極めて重要である.

ところで,以上の議論が成立するためには,預金金利が競争的に決定されることが不可欠であることに注意されたい.もし(戦後金融市場におけるように)預金金利が競争均衡水準以下の水準(図1-3の $\bar{i}$)で政策的に固定されているとすると,均衡預金額は預金供給曲線とは無関係に $i$ に応ずる預金需要額に等しく定まる.このばあい,銀行の預金供給は常に資産保有者の預金需要に等しく, $G_1$ または $G_2$ の変化は預金市場に何ら直接的な効果をもたないことになる.第3章で説明するように,戦前期において,金利は基本的に自由金利であった.

---

[120] 同じことをワルラス法則で除外されている証券市場について言えば次のようである. $G_1$ または $G_2$ の減少に伴い政府の証券供給が同額だけ減少するが,銀行の証券需要はより少なくしか減少せず(なぜなら預金供給がふえる),このため $r$ は低下する.

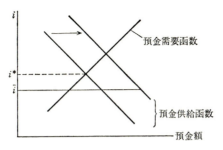

図1-3 預金市場の均衡

このことが G 政策の有効性を保証したことは大いに注目に値する点である．

次の問題は，以上のような理論的に推論されるようなメカニズムが，わが国明治期の金融市場で実際に働いたのか否かである．このことをみるためには，われわれの理論モデルの(11)および(12)式を現実のデータから推定し，諸係数，特に $D_0{}^s$ の値を得る必要がある．

計量作業は，データの利用可能性の考慮から，1888-1913年の期間の時系列データに関してなされた．モデルの性質上，ラグ付きの内生変数を説明変数に加える必要があり（調整ラグの存在），攪乱項に系列相関の生じる可能性がある．このためわれわれは攪乱項に1次の系列相関を仮定したフェアー(Fair, R. C.) [1970]の2段階最小自乗法を採用した．計測結果は表1-21のようである．

(1)式は理論モデルの(11)式右辺に対応するものである．説明変数として，理論モデルでは単純化のために組込まれていない所得変数を追加してある．また，現実の資産需要函数は正味資産に関して必ずしも1次同次である必然性はないから，資産効果として，正味資産の増加率を導入してある．理論モデルの(12)式右辺に対応する(2)式についても以上は同様である．(3)式は理論モデルの(12)式左辺に対応するものであり，理論モデルの説明変数以外に当年価格表示粗資本ストックの正味資産に対する比率を追加してある．この変数のもつ意味については注122)を参照されたい．

対象期間が明治中後期であるということから考えると，計測結果は予想外に良好というべきであろう．現金需要函数において，預金利子率の符号は正しく，有意度も高い．証券利子率は有意とは言えないが，符号は正しい．資産効果 ($\Delta W/W$) は有意ではないが，所得効果は強い説明力を持っている．試みたほと

表 1-21　モデルの計測結果

(1) 現金通貨需要函数
$$\frac{C}{W} = \underset{(-2.93)}{-0.0823} \underset{(-2.86)}{-0.0113i} \underset{(-0.35)}{-0.0001r} + \underset{(4.38)}{12.6689}\frac{\sqrt{Y}}{W} + \underset{(0.33)}{0.0137}\frac{\Delta W}{W} + \underset{(0.65)}{0.1316}\left(\frac{C}{W}\right)_{-1} \underset{(-0.16)}{-0.0092}\left(\frac{D}{W}\right)_{-1}$$
$$R^2 = 0.990, \mu = -0.326$$

(2) 預貯金需要函数
$$\frac{D'}{W} = \underset{(0.76)}{0.0867} + \underset{(1.19)}{0.0188i} + \underset{(1.39)}{0.0014r} \underset{(-0.52)}{-4.5972}\frac{\sqrt{Y}}{W} \underset{(-1.74)}{-0.2096}\frac{\Delta W}{W} + \underset{(2.82)}{0.6649}\left(\frac{D}{W}\right)_{-1} \underset{(-0.76)}{-0.0041}\left(\frac{C}{W}\right)_{-1}$$
$$R^2 = 0.903, \mu = 0.210$$

(3) 預金供給函数
$$\frac{\bar{D}}{W} = \underset{(1.02)}{0.1947} \underset{(-1.47)}{-0.0407i} + \underset{(3.02)}{0.0026r} \underset{(-1.68)}{-0.8819}\frac{G}{L} + \underset{(1.72)}{0.0209}\frac{pqK}{W} + \underset{(3.71)}{0.1965}\left(\frac{\bar{D}}{W}\right)_{-1}$$
$$R^2 = 0.658, \mu = 0.559$$

(4) 現金通貨市場均衡条件
$$\frac{C}{W} = \frac{\bar{C}}{W}$$

(5) 預金市場均衡条件
$$\frac{\bar{D}}{W} = \frac{\bar{D}}{D'}\frac{D'}{W}$$

記号
　内生変数　$C/W$：現金通貨/正味資産
　　　　　　$D'/W$：(民間預金+郵便貯金)/正味資産
　　　　　　$\bar{D}/W$：民間預金/正味資産
　　　　　　$i$：預金利子率
　　　　　　$r$：証券利子率
　外生変数　$\bar{C}/W$：現金通貨/正味資産
　　　　　　$\sqrt{Y}/W$：当年価格表示粗国民支出の平方根/正味資産
　　　　　　$G/L$：政府資金/銀行総資金
　　　　　　$\bar{D}/D'$：民間預金/(民間預金+郵便貯金)
　　　　　　$\Delta W/W$：正味資産増加率
　　　　　　$pqK/W$：当年価格表示粗資本ストック/正味資産

〔資料〕 以下のカッコ内の数字は統計付録 1-II の各列を示す．$C(\bar{C})=(5)-(6)$．$W=(2)+(3)+(5)-(8)$．$\bar{D}=(7)$．$D'=(7)+$郵便貯金・郵便振替貯金．$L=(7)+(8)+(9)$．$pqK=(1)$．$G=(8)$．$r=\{(2)\times$株式利回り$+(3)\times$国債利回り$\}\div\{(2)+(3)\}$．郵便貯金・郵便振替貯金は朝日新聞[1930]による(単位百万円)．株式利回り，国債利回りは藤野正三郎・秋山涼子[1977]のそれぞれ p. 294 の $P_1(F)$, pp. 388-389 の $P(F)$ をとった．ともに資本得失を含む系列である．$Y$ は『長期経済統計』第 1 巻第 1 表から得た．$i$ は『金融事項参考書』の全国平均定期預金金利(6 カ月物)．

〔注〕 カッコ内は $t$ 値．$\mu$ は系列相関係数．フェアーの方法では $\mu$ を逐次的に変えて $DW$ 比を調整するため，計測式の $DW$ 比は全てほぼ 2 である．

んどの計測式で，単なる所得よりも所得の平方根を用いるばあいの方が良い結果が出た．明治中後期経済は少なくとも現金通貨に関する貨幣経済化はかなり進んでいたと考えられるから，このことは現金通貨使用上の規模の経済性があったことを示唆するものかもしれない[121]．預貯金需要函数では，預金利子率の符号は正しく有意度もかなりであるが，証券利子率の符号は正しくない．所得効果は弱い．資産効果は有意に負である．現金需要の資産効果が有意でないことから考えると，このことは証券需要の資産効果が著しく強いことを示しているともとれよう．預貯金保有の調整速度は現金のそれに較べてかなり遅い．これは自然であろう．次に預金供給函数[122]をみると，両利子率の符号は正しく，有意度もかなり高い．$G/L$（政府資金/銀行総資金）の係数は，理論モデルにおける $D_g{}^s$ に近似的に対応する[123]．この係数は有意であり，符号も正しい．$-0.88$ という値は，かなり大きく，このことは政府資金引揚げ政策が相当強力な作用をもったことを示唆していると言えよう[124]．

さて，以上のような計測式にもとづいて，政府資金($G$)操作政策の評価を行なうばあい，最良の方法は $G_1$ または $G_2$ に関する条件付シミュレーションを行なうことであるが，われわれのモデルのような不安定な計測結果では，これは不可能に近い．以下では，モデルの長期均衡を仮定し，簡単な計算によって $G$ 政策効果のおおよその見当をつけることにしたい[125]．われわれのモデルはラグ付き内生変数を無視すると，概略次のようにあらわれる．

$$\bar{C}/W = \alpha_0 + \alpha_1 i + \alpha_2 r + \alpha_3 x \qquad (1)$$
$$D'/W = \beta_0 + \beta_1 i + \beta_2 r + \beta_3 x \qquad (2)$$

---

121) 富および所得の効果は，人々の支払い慣習，預金概念の普及等による預金・現金需要函数シフトの効果を代理的に示すものとみなすことができる．

122) この函数における $pqK/W$ の係数については次のような解釈が考えられよう．$pK$ に対しての $W$ の増加は，国債の急増と特に当時の急速な株式会社組織の進展による株式増によって生じた．本源的証券の急増は，仲介機関としての銀行にある種の市場支配力を与え，銀行は預金金利を引下げ利潤増をはかる目的で預金供給函数の左方シフトをはかることをえた．

123) われわれは $G/L$ だけでなく $G/pqK$ または $G/W$ を用いた計測も行なったが，計測結果は好ましくなかった．

124) なお，表1-21のモデルは，預金供給函数の計測結果がかなり不安定であった．この函数の被説明変数を $\bar{D}/L$ とすることにより良好な計測結果を得ることができる．このようなモデル計測結果についてはTeranishi, J. and H. Patrick[1978]を参照されたい．本章で表1-21のモデルを採用したのは理論モデルにより忠実であるからである．

125) 以下の比較静学分析は，速水佑次郎[1973]で，外地米輸入効果の推定に用いられた方法を応用したものである．

$$\bar{D}/W = \gamma_0+\gamma_1 i+\gamma_2 r+\gamma_3 g+\gamma_4 x' \qquad (3)$$
$$\bar{D}/W = (\bar{D}/D')(D'/W) \qquad (4)$$

ここで，$x$ および $x'$ は外生変数を示し，$g=G/L$ すなわちわれわれのモデルの政策パラメターである．いま $g$ が $\tilde{g}$ に変わったとして，資産市場に新しい長期均衡が成立したとしよう．$\tilde{g}$ に対応する内生変数の新しい均衡値をティルドをつけてあらわすと次のようになる．

$$\bar{C}/W = \alpha_0+\alpha_1\tilde{i}+\alpha_2\tilde{r}+\alpha_3 x \qquad (5)$$
$$\tilde{D}'/W = \beta_0+\beta_1\tilde{i}+\beta_2\tilde{r}+\beta_3 x \qquad (6)$$
$$\tilde{D}/W = \gamma_0+\gamma_1\tilde{i}+\gamma_2\tilde{r}+\gamma_3\tilde{g}+\gamma_4 x' \qquad (7)$$
$$\tilde{D}/W = (\bar{D}/D')(\tilde{D}'/W) \qquad (8)$$

(6)〜(8) より
$$\beta_0+\beta_1\tilde{i}+\beta_2\tilde{r}+\beta_3 x = (\gamma_0+\gamma_1\tilde{i}+\gamma_2\tilde{r}+\gamma_3\tilde{g}+\gamma_4 x')D'/\bar{D} \qquad (9)$$

(2)〜(4) より
$$\beta_0+\beta_1 i+\beta_2 r+\beta_3 x = (\gamma_0+\gamma_1 i+\gamma_2 r+\gamma_3 g+\gamma_4 x')D'/\bar{D} \qquad (10)$$

(9) から (10) を差引き
$$\beta_1(\tilde{i}-i)+\beta_2(\tilde{r}-r) = \{\gamma_1(\tilde{i}-i)+\gamma_2(\tilde{r}-r)+\gamma_3(\tilde{g}-g)\}D'/\bar{D} \qquad (11)$$

を得る．同様に(5)から(1)を差引き
$$\alpha_1(\tilde{i}-i)+\alpha_2(\tilde{r}-r) = 0 \qquad (12)$$

を得る．(11), (12) から
$$\tilde{i}-i = \lambda(\tilde{g}-g) \qquad (13)$$
$$\tilde{r}-r = -\frac{\alpha_1}{\alpha_2}\lambda(\tilde{g}-g) \qquad (14)$$

が得られる．ここで
$$\lambda = \alpha_2\gamma_3(D'/\bar{D})\{\alpha_2(\beta_1-\gamma_1 D'/\bar{D})-\alpha_1(\beta_2-\gamma_2 D'/\bar{D})\}$$

である．また(3)と(7)を用いて
$$\tilde{D}/W-\bar{D}/W = \gamma_1(\tilde{i}-i)+\gamma_2(\tilde{r}-r)+\gamma_3(\tilde{g}-g) \qquad (15)$$

が得られる．

以上に得られた(13)〜(15)式は，われわれの理論モデルにおける比較静学結果の(1次函数を用いて)簡単化されたものにほかならない．いま表1-21において，クロスのラグ付き内生変数を無視し，かつ長期均衡(すなわち $C/W=$

$(C/W)_{-1}, D'/W = (D'/W)_{-1}$ 等) を仮定しよう. このばあい, 係数の推定値は次のようになる[126]. $\alpha_1 = -0.0130$, $\alpha_2 = -0.0010$, $\beta_1 = 0.0561$, $\beta_2 = 0.0042$, $\gamma_1 = 0.0507$, $\gamma_2 = 0.0032$, $\gamma_3 = -1.0976$. また, この期間における $D'/\bar{D}$ の平均値は1.17である. これらの数字を用いて, 以下のような結果を得ることができる.

$$\tilde{i} - i = -11(\tilde{g} - g)$$
$$\tilde{r} - r = 143(\tilde{g} - g)$$
$$\frac{\tilde{D}}{W} - \frac{\bar{D}}{W} = (-0.0507 \times 11 - 0.0032 \times 143 - 1.0976)(\tilde{g} - g)$$
$$= -2.11(\tilde{g} - g)$$

すなわち, 政策パラメターである政府資金 $G/L$ の1%減少は, (長期均衡において) 預金利子率を0.11%引き上げ, 証券利子率を1.43%引き下げたと考えられる. 預金・正味資産比率については以下のようである. まず $G/L$ 減少の直接効果がこの比率を1.0976%引き上げる. 次に利子率変化を通じる間接効果が加味され, 結局, $G/L$ の1%減少は預金・正味資産比率を最終的に2.11%増加させたと考えられる.

以上の計算は, もちろん極めて粗雑なものである. しかしながら, 政府資金 ($G$) 操作政策の量的効果に関して, 非常に大雑把ながら1つの目安を与えるものであると言うことができよう.

### (3) 預金需要

預金銀行化の進展は, 預金供給函数のシフトだけでなく, 預金需要函数のシフトによっても生じる. 後者のシフトは, 2つのかたちで進行した. 第1は, 資産保有者のポートフォリオにおける現金と預金 (当初は小口当座預金ついで定期預金) との間の代替による本源的預金の増加であり, 第2は, 生産販売活動における現金決済から手形・小切手決済への変化による派生預金の増加である. このような変化をもたらした要因としてはつぎのようなものがある. 第1に, 現金, 個人間貸付に代替する新たな価値の貯蔵手段としての預貯金に関する認識の深まりがあげられよう. これには, 郵便貯蓄制度の普及を中心とする政府

---

[126] 表1-21における $\alpha_2$ の推定値は小さすぎ, また有意でない. ここで用いられる $\alpha_2$ の値は他の計測結果を考慮して, 単純に仮定したものでしかない.

表1-22 預金構成比(単位:%)

| 年末 | 当座預金 | 小口当座預金 | 普通貯金及び定期積金 | 定期預金 | 政府預金(官公預金) | その他 |
|---|---|---|---|---|---|---|
| 1878 | 37.2 | — | — | 26.2 | 19.5 | 17.1 |
| 1883 | 37.2 | — | 3.2 | 12.3 | 23.3 | 24.0 |
| 1888 | 33.4 | — | 6.4 | 21.8 | 20.7 | 17.7 |
| 1893 | 44.9 | — | 5.8 | 26.8 | 9.9 | 12.6 |
| 1898 | 36.4 | 14.4 | 9.1 | 22.5 | 5.2 | 12.4 |
| 1903 | 33.4 | 17.3 | 9.0 | 27.9 | 1.6 | 10.8 |
| 1908 | 27.3 | 18.2 | 10.0 | 33.7 | 1.8 | 9.0 |
| 1913 | 23.5 | 15.9 | 9.2 | 42.8 | 1.2 | 7.4 |
| 1918 | 20.5 | 18.4 | 7.3 | 46.6 | 1.3 | 5.9 |
| 1923 | 17.2 | 22.0 | 7.3 | 42.7 | 1.6 | 9.2 |
| 1928 | 12.7 | 18.6 | 9.1 | 48.4 | — | 11.2 |
| 1933 | 10.8 | 16.8 | 10.1 | 47.1 | — | 15.2 |
| 1938 | 13.3 | 17.1 | 8.7 | 45.3 | — | 15.6 |

〔資料〕 朝倉孝吉・西山千明[1979] pp. 107-108.
〔注〕 国立,私立,普通,貯蓄銀行の預金. 1878年は6月末の数字.

による勤倹貯蓄奨励運動の効果があったであろうし,なによりも多数の銀行店舗の存在自体が大きな影響をもったと思われる.第2に,運輸・通信システムの急速かつ早期的整備,銀行店舗網の拡大および大都市における手形交換所の設立が預金の取引コストを低下せしめたことが考えられる.第3に,明治20年代以降の会社企業の急激な発展の効果があげられねばならない.会社企業は,初期においてはたとえば紡績会社のように脆弱で商社を中間項とする重複金融仲介に頼るものが多く見られた.しかし,それにしても近代的企業群は農家にくらべるとはるかに銀行との関係は深く,したがって手形・小切手決済に容易になじむものであった.

表1-22の預金構成の動きをみながら,預金需要の変化の過程を考察してゆこう.まず,1888年までの明治10年代.この時期は政府預金と当座預金が預金の中心部分を構成している.定期預金の割合はいまだ著しく低い.この時期の当座預金は主として商人および地主によって保有されたものである.地主は銀行に当座預金をもち,当座貸越契約を結ぶことにより,土地購入を行なったり,農民への貸付を行なうなどした[127].また商人は銀行借入に依存して,製糸

---

127) たとえば山梨県地主根津家の例を参照されたい.松元宏[1972].

家等への貸付を行なった．しかしながらここできわめて重要なことは，当時の主たる生産主体である農家との間の取引は，ほとんどが現金決済であり，手形・小切手決済はなされなかったということである．商社から金融を受けた製糸家は養蚕農家へは現金で支払ったし，製茶地帯の茶商もまた農家と現金で取引した．米穀についてももちろん同様であった[128]．当時の中心産業は大部分が農業にかかわるものであり，農家がほとんどの生産過程を担当していた．このことは明治10年代においては派生預金の重要性が著しく低かったことを示唆している．たとえ，地主や商人が当座預金をもっていたとしても，彼等の取引相手たる農家に対しては現金で支払うわけだから，銀行の商人・地主に対する貸付は現金化され，預金として還流する部分はわずかでしかなかったと推察される．すなわち，明治10年代の銀行は，いまだ十分な信用創造を行なっていなかったのである．

次に明治20年代にはいると，官公預金が($G$「操作」の一環として)減少するとともに，小口当座預金が無視しえない割合を占めてくる．小口当座預金は別名特別当座預金とも言い，現在の普通預金に対応するものであって，大部分個人の貯蓄性預金であった．ただし貯蓄銀行等における貯蓄預金とちがって，単利であり，また1口10円以上であった(貯蓄預金は5円未満)．また一般に小切手は使用できない[129]．表1-22では小口当座預金のデータが1898年(明治31年)からしかないためはっきりしないが，たとえば三井銀行では1893年から98年にかけて小口当座預金が急増していることを知ることができる[130]．三井銀行では，これら商人以外の小預金保有者の預金の急増を危険視し，1902年から小口当座預金の最低預入金額を50円に引き上げている[131]．また，麻島昭一[1979]は，滋賀県の代表的私立銀行である八幡銀行の預金構成を詳細に分析し，1893年(明治26年)から99年頃にかけて，小口当座預金を中心とする個人の非営利性預金が急増していることを指摘している．ちなみに，そのさい小口当座預金に定期預金に近い高金利がつけられたということである．

---

128) 渡辺佐平・北原道貫[1966]第1編第3章第2節.
129) 朝倉孝吉・西山千明[1979] p.220. ただし，一部では1口10円未満の例や小切手を使えるケースもあったようである．たとえば岡田和喜[1966]参照．
130) 『三井銀行八十年史』の巻末統計表による．
131) 朝倉孝吉・西山千明[1979] p.23および朝倉孝吉[1979] p.713.

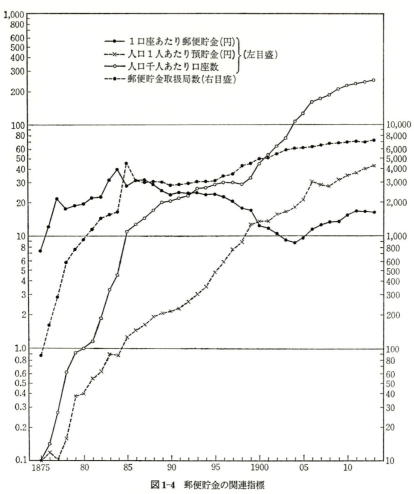

図1-4 郵便貯金の関連指標

〔資料〕 郵便貯金金額, 取扱局数は『郵政百年史資料』第30巻, 人口は日本銀行[1966]による.
〔注〕 (a)郵便貯金は郵便振替貯金を含む. (b)預貯金とは, 郵便貯金と統計付録1-I および1-II の民間預金の和.

　以上のような小口当座預金の増加は, 一般資産保有者が次第に現金の預金による代替を行い, 本源的預金を供給しはじめたことを示唆している. ところで, ここで注目すべきことは, この時期の銀行における預金増が, 高預金金利による郵便貯金からのシフトによっても生じたとみられることである. 図1-4を参

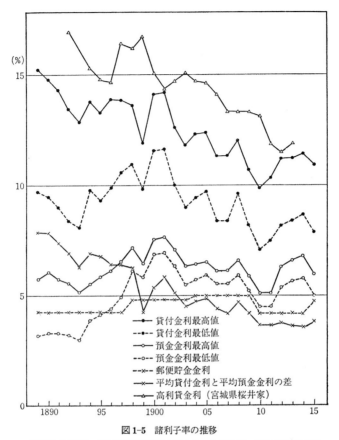

図1-5 諸利子率の推移

〔資料および注〕『金融事項参考書』による．全国金利．預金金利は6カ月定期預金金利．貸付金利は証書貸付金利．1898年以前の平均金利は最高値・最低値の平均．

照されたい．いずれも増加傾向を示している諸指標のなかにあって，1口座あたり郵便貯金額が，1884年(明治17年)から1904年まで低下していることがわかろう．1883年以前の期間にはこの数値はかなり急速に増加しており，また1905年以後の期間でも少なくとも戦前期には一貫してこの比率は増加している(図6-3参照)．考えられる理由は3つある．(i)人々の貯蓄額の相対的低下，(ii)口座数の急増による極めて零細な貯蓄の流入および(iii)大口預金の流出である．このうち，(i)は，同図における1人あたり預貯金額が持続的な増加傾

向を維持していることからして可能性に乏しい．また(ii)についても，当該期間口座数の伸びはさほど急激でなく，逆に1885-98年間は口座数の相対的な停滞期であったことからみて，説得的とは言えない[132]．それゆえ，残る理由は(iii)の大口預金の流出しかない．この流出は，1つには有価証券に向かったと考えられる[133]が，いま1つの主要な流出先として銀行預金を重視する必要があろう．図1-5にみられるように，初期において，銀行預金の最低利子率は郵便貯金以下にあったわけであり，預金金利の1900年代初頭までにかけての持続的な上昇は，銀行預金による大口郵便貯金の大規模な代替をもたらしたと推測される．

ちなみに，この時期において郵便貯金が銀行預金との間で強い競争関係にあったことは，特に分断された市場の統一過程に対して重要な意味を持つと推測される．すなわち全国均一の利子率を持つ郵便貯金は，各地において標準金利としての機能を果したのではないかと思われるわけである．ちなみに，郵便貯金の果した主要な付帯的機能が勤倹貯蓄思想の普及にあることは言うまでもないことであるが，いま1つの役割である安全資産としての機能は，前世紀においては小さく，それが顕著になるのは1900年以降のことであったと言われる[134]．

さて，個人の非営利性預金は明治20年代には小口当座預金（普通預金）のかたちで増加するが，明治30年代以降は定期預金がこれにとってかわる[135]．定期預金の割合が40%を越え，長期資金の主要な源泉になるのは明治40年頃より後のことである．加藤俊彦[1957]は，このことを従来の商人，産業資本家，地主等にかわって「定期預金をなしうる社会層」が増加したことによるとして

---

132) [1]で述べたように，1885年に郵便貯金取扱局数は一挙に倍以上に増加した．これにより，農村部の零細貯蓄が流入したことの影響も考えねばならないが，局数，口座数がその後概して停滞的であることから，この要因はさほど重要でないと判断される．
133) 特に，日清戦争期には国債への流出が激しかったとされる．「60年間における郵便貯金経済史観」『郵政百年史資料』第15巻参照．
134) 前掲「60年間における郵便貯金経済史観」によれば，1890年の恐慌時には，銀行預金の郵便貯蓄への流出はほとんどなく，恐慌時の流出は1900年の恐慌以降著しくなったとされている．なお，1900年以降については第6章[1]を参照されたい．
135) ただし麻島昭一[1979]は，明治20年代においては預金の種目間の金利等の差違が余りないため，後の定期預金になるべき資金が当座，小口当座，別段預金の中に混入していたのではないか（明治30年代にはいって種目間の金利格差が明確化するとともに定期預金が定着した）としている．これは今後検討すべき重要な指摘である．

いる (pp. 132-133). 朝倉孝吉[1979]は, 明治40年代になり企業の減価償却が厳格化し配当率が低下したこと, および, 土地からの実質収益率が低下したことから, 有価証券, 土地投資にくらべて定期預金保有が有利化したことを指摘している[136]. また, 渋谷隆一[1964]は, 東北地帯においては明治40年代から貸金業の活動が停滞化し, 彼等の資金が銀行定期預金に転化したとしている. (ちなみに, 貸金業の停滞は主として特殊銀行を通じる政策金融の拡大と関連づけて説明されている.)

データ的な裏付けを示すことは容易でないが, この間進行した会社企業の発展により, 手形・小切手決済が一般化し, 派生預金もまた増加したことは疑いない[137]. 産業構造が農業から工業に移り, 生産主体が農家から会社企業に移る過程は, 現金決済の後退, 手形・小切手決済の増加過程に対応している[138].

さきの計量モデルによる比較静学分析の結果からもわかるように, 預金銀行化過程における $G$「操作」政策, それによる預金供給函数シフトの効果には無視しえないものがある. 特に明治20年代にはその効果がきわめて強いものであったことは, 図1-5において預金金利が1900年頃まで急上昇していることからも推測される. 預金需要函数のシフトが大であったなら, 預金金利の急上昇は生じないからである. 預金需要函数のシフトは, これに対して, 徐々にかつ長期的に生じたものだと考えられる. それは, 預金に関する知識の普及, 取引コストの低下, 生産主体の農家から会社企業へのシフト等の長期的要因に依存しているからである.

## 補論　府県金融構造の主成分分析 (1889年)

まず, 東京, 北海道, 沖縄, 奈良, 香川を除く42の府県について[139], ほぼ1889年頃

---

136) 中村政則[1979b]は, 税制の変化により土地所有が不利化し, 明治40年代以降地主の有価証券投資が増加したとしている(第3章で再論). しかし, 有価証券投資だけでなく定期預金保有も増加していることを, たとえば山梨県奥山家の例などからうかがうことができる(中村政則[1972a]).
137) 朝倉孝吉[1979]は三井銀行のバランス・シートにおいて1905年に当座預金が小口当座預金より大きくなったことを指摘し, 派生預金に基く信用創造が本格化したとしている.
138) もちろん, 生産主体が農家から会社企業に移らずとも, 農家自体の決済方法が変化すれば, 派生預金は増加する. しかし, この変化がシグニフィカントに生じたとは考えられない.

表 1-23　府県別金融構造の主成分分析

| | | 第1主成分 | 第2主成分 | 第3主成分 | 第4主成分 | 第5主成分 |
|---|---|---|---|---|---|---|
| | 寄　与　率 | 0.285 | 0.232 | 0.097 | 0.078 | 0.063 |
| | 累積寄与率 | 0.285 | 0.517 | 0.614 | 0.692 | 0.755 |
| 1 | 「金融資産」/租税 | 0.938* | △0.131 | 0.131 | 0.155 | △0.120 |
| 2 | 「金融資産」/人口 | 0.950* | △0.137 | △0.087 | △0.060 | △0.093 |
| 3 | 総資産/租税 | 0.554* | △0.197 | △0.063 | 0.486 | △0.141 |
| 4 | 総資産/人口 | 0.532 | △0.096 | △0.615* | △0.031 | △0.028 |
| | 「金融資産」構成比 | | | | | |
| 5 | 　会社資本金 | 0.152 | 0.046 | △0.700* | 0.370 | △0.433 |
| 6 | 　銀行資本金 | △0.121 | 0.830* | 0.304 | 0.202 | 0.100 |
| 7 | 　預貯金 | △0.297 | △0.450 | 0.462 | 0.487* | 0.225 |
| 8 | 　公債 | 0.104 | △0.495 | 0.171 | △0.743* | 0.208 |
| | 「金融資産」・地券比率 | | | | | |
| 9 | 　会社資本金 | 0.788* | △0.081 | △0.359 | 0.173 | △0.246 |
| 10 | 　銀行資本金 | 0.576 | 0.589* | 0.377 | 0.121 | 0.011 |
| 11 | 　預貯金 | 0.861* | △0.282 | 0.327 | 0.011 | 0.010 |
| 12 | 　公債 | 0.694* | △0.351 | 0.221 | △0.454 | △0.064 |
| 13 | 土地所有のジニ係数 | 0.196 | 0.125 | △0.508 | △0.171 | 0.516* |
| 14 | 小作地率 | 0.334 | 0.170 | △0.422 | △0.259 | 0.396 |
| | 国立銀行資金調達割合 | | | | | |
| 15 | 　民間預金 | 0.459 | △0.497* | △0.029 | 0.465 | 0.350 |
| 16 | 　資本金 | 0.316 | 0.414 | 0.246 | △0.060 | △0.441* |
| 17 | 　G | △0.684* | 0.100 | △0.182 | △0.371 | 0.056 |
| | 国立・私立銀行，銀行類似会社資金調達割合 | | | | | |
| 18 | 　民間預金 | 0.475 | △0.722* | 0.085 | 0.356 | 0.203 |
| 19 | 　資本金 | 0.130 | 0.901* | △0.008 | △0.149 | 0.096 |
| 20 | 　G | △0.639* | △0.396 | △0.075 | △0.173 | △0.323 |
| | 金融機関資金シェアー | | | | | |
| 21 | 　国立・私立銀行 | 0.140 | △0.759* | 0.142 | 0.130 | 0.203 |
| 22 | 　銀行類似会社 | △0.003 | 0.841* | △0.096 | △0.174 | 0.169 |
| 23 | 　質屋 | △0.253 | 0.043 | △0.108 | 0.041 | △0.647* |
| 24 | 租税/人口 | 0.272 | 0.044 | △0.724* | 0.301 | 0.114 |
| 25 | 所得税/租税 | 0.783* | 0.051 | 0.262 | 0.136 | △0.256 |
| 26 | 都市人口/総人口 | 0.806* | △0.199 | 0.123 | △0.017 | △0.003 |
| 27 | (郵便局数＋銀行店舗数)/人口 | 0.245 | 0.727* | 0.668 | 0.108 | 0.081 |
| 28 | 銀行店舗数/人口 | 0.238 | 0.857* | 0.125 | 0.156 | 0.138 |
| 29 | (郵便局数＋銀行店舗数)/面積 | 0.770* | 0.318 | △0.117 | △0.114 | △0.050 |
| 30 | 銀行店舗数/面積 | 0.409 | 0.721* | 0.166 | 0.070 | 0.109 |

のデータにより表 1-23 の左側の列に示されている 30 個の変数を計算しておく[140]. 原データは巻末の統計付録 1-III に収録されている. 主成分分析とは, 多変量解析法の 1 手法であって, これら 30 個の変量 $x_{1t}, \cdots, x_{30,t}(t=1, \cdots, 42)$ を比較的少数の原因的変数の動きに支配された結果的変数であるとみなし, 原理的変数によって結果的変数の府県にわたる変動を要約しようとするものである. 原理的変数は主成分とよばれる合成変量であり, それは 30 個の変量 $x_{1t}, \cdots, x_{30,t}$ に基づいて, その 1 次式

$$y_{it} = \alpha_{i1}x_{1t} + \alpha_{i2}x_{2t} + \cdots + \alpha_{i,30}x_{30,t}\,;\, i=1, \cdots, q$$

としてつくられる ($q \leq 30$ である). ここで $\alpha_{ij}$ は変量 $x_{jt}$ の変量 $y_{it}$ への影響の大きさを示すウエイトであって, それは $y_{1t}, \cdots, y_{qt}$ の変動が $x_{1t}, \cdots, x_{30,t}$ の変動をできるだけ近似し, かつ $y_{it}$ と $y_{jt}$ の変動が互に無相関になるように与えられる. $q$ 個の主成分の変動による $x_{1t}, \cdots, x_{30,t}$ の変動の近似の程度を累積寄与率とよぶ. 表 1-23 において, 2 個の主成分の累積寄与率は 0.517 であり, 主成分を 5 個とるとそれは 0.755 まで高まる. すなわち, 5 個の主成分 $y_{1t}, \cdots, y_{5t}$ の変動により $x_{1t}, \cdots, x_{30,t}$ の変動の 75.5% を近似しうるわけである[141]. 表 1-23 の分析結果では, 最初の 2 つの主成分で累積寄与率は 0.517 まで高まり, それ以後主成分を追加しても, 追加主成分の限界的説明力はさほど大きくない. それゆえ, 以下では第 1 および第 2 主成分を中心として議論しよう. 各主成分の下の 30 の行に対応する数値は上記のウエイト $\alpha_{ij}$ にほかならない. また 9 番目までの主成分を検討し, それらのうちで最大のウエイトに*印を付しておいた.

さて表 1-23 において, 第 1 主成分では, 金融資産/租税および金融資産/人口のウエイトが高いことが注目される. また会社資本金, 預貯金, 公債等の地券に対する比率のウエイトも大きい. 所得税/租税比が高いことは, 所得分布の不平等の高いことを示唆するが, 第 1 主成分ではこの変数のウエイトも高い. それゆえ, 合成変量である第 1 主成分は総じて金融資産の蓄積水準および分布を示しているとみることができよう. 都市人口比率のウエイトが高いことは, 都市に商人を中心とする富裕層が多いことに対応して

---

139) 東京は, 面積あたり店舗数, 金融資産/租税等の多くの変量が他府県と著しく異なった値を示すために除外する. 北海道と沖縄はデータが必ずしも全て利用可能でないので除外. 奈良と香川はそれぞれ 1887 年 11 月 10 日, 1888 年 12 月 3 日にそれぞれ大阪府, 愛媛県から分離独立した (それ以前はそれぞれ大阪府大和郡, 愛媛県讃岐郡) が, 本文の分析とデータの統一性を保つために, それぞれもとの大阪府, 愛媛県に含めておく.

140) ここで総資産とは, 統計付録 1-III の「金融資産」合計(10)(これは現金を含まない)に地券 (15) を加えたものである. また, 国立・私立銀行, 銀行類似会社資金調達割合において, 民間預金は国立・私立銀行のみ, 資本金は国立銀行のみ払込額, $G$ は国立銀行については発行紙幣と政府預金, 私立銀行は政府預金, 銀行類似会社の $G$ はゼロと仮定. 金融機関資金シェアーにおいて, 国立・私立銀行は民間政府預金, 資本金(国立は払込), $G$ の合計, 銀行類似会社は資本金のみ, 質屋は貸出額である.

141) 主成分分析については, 刈屋武昭 [1978] および奥野忠一・久米均・芳賀敏郎・吉沢正 [1971] 第 III 章を参照.

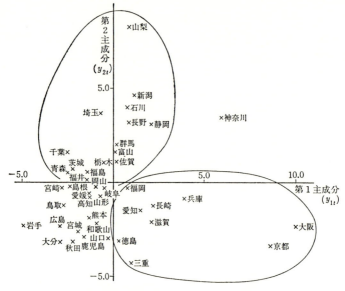

図 1-6 主成分分析；府県のスコアー散布図

いる.

次に，第 2 主成分では，「金融資産」構成比および国立・私立銀行，銀行類似会社資金調達における銀行資本金のウエイトが高い．また同じ資金調達における民間預金が負のウエイトをもって大きい．しかも店舗/人口，店舗/面積のウエイトがいずれも高い．これらの点から判断して，第 2 主成分は，銀行設立の進展度，とくに資本比率の高位と店舗網の充実度にあらわれた銀行サービスの利用可能性を示す指標だと考えることができよう．

以上により，われわれが対象とした 30 の変量の府県間の変動は，金融資産の蓄積水準(第 1 主成分)，銀行サービスの利用可能性(第 2 主成分)という 2 つの指標により，その 51.7% を近似的に代表させることができることがわかった．図 1-6 は，以上のウエイト $\alpha_{ij}$ の計算値と各府県の実際の $x_{jt}$ の値により，各府県の第 1, 第 2 主成分の値 $y_{1t}$ および $y_{2t}$ を計算して，$y_{1t}, y_{2t}$ 平面にプロットしたものである．これにより，金融資産の蓄積度，銀行サービスの利用可能性という 2 つの指標により各府県の金融構造(その 51.7%)を要約し，府県間の構造の類似性相違性を知ることができる．まず，右下の部分には，近畿地方の府県およびそれに類似する福岡，愛知，三重，徳島等の諸府県がかたまっていることがわかろう．これら諸府県では金融資産の蓄積度が高く，銀行資本金比率は低く，人口，面積との比較でみた店舗網もさほど充実していない．次に，左上の

部分には，山梨・長野・岐阜・群馬・埼玉・福島の養蚕製糸県と，富山・石川・福井・新潟の絹織物，米穀流通の中心府県および製茶の静岡等がふくまれている．すなわち在来産業府県である．これら府県では，金融資産の蓄積度が低いが，銀行店舗は多数開設され，主として資本金による資金で銀行サービスが提供されていたと考えることができよう．

　第3のグループとして左下の諸府県を一括することができる．これら「その他府県」は，金融資産の蓄積度は低く，かつ銀行サービスの利用可能性も小さいと特徴づけることができる．最後に，右上にある神奈川だけはどのグループからも独立で，特異であることが注目される．この県は生糸・茶を中心とする在来輸出産業を背景にしている点で同じ開港場である長崎とは異なっており，また，幕末の開港以来巨大な商人資金が蓄積されてきたという点で他の在来産業県と異なり，金融資産水準では近畿型に近い側面をもっていたと考えられよう．

# 第2章 貨幣制度の整備と銀行制度

　前章において，われわれは明治期の銀行政策が，貨幣制度の整備，財政の確立，殖産興業政策等の他の政策課題の一環として，あるいはそれらとの密接な相互依存関係の中で，おし進められたことに注意を促した．そして，銀行組織の発展過程に大きな役割を果した $G$(政府資金)供給の「操作」，すなわち初期における大量供給とその後における引き揚げの過程の背景に，「上から」の積極的拡張政策から市場メカニズムに立脚した安定成長政策へというブロードな政策基調の変化のあることを指摘した．

　問題を経済面に限定すると，こうした政策基調の変化は，次の3つの要因と密接に関連しており，それらに規定されて生じたと考えることができる．第1に，市場の全国化である[1]．道路，鉄道網の整備および電信，郵便等通信組織の発展に伴い，各種市場は次第に全国的に統一される傾向をもった．金融市場では，明治10年代前半に荷為替，コルレス網の急速な拡張が生じたことは前述のとおりである．こうした事情の下では，初期殖産興業政策にみられるような分断された地域市場，エンクレイヴ的な個別産業に対する規制・信用割当は，市場メカニズムによって全国的に拡散され稀薄化されざるをえない．政策手段をより全国的視野の下で，市場メカニズムを重視しつつ運用することが不可避になると考えられるのである．第2に，在来産業を中心とする民間企業家層の成長がある．これら企業家層は，極めて競争的な輸出市場と急速な国内市場の展開に直面しつつ成長した地方の豪商農，産業家達である．彼等は新しい市場条件と経営形態に慣熟するとともに，従来の天下り的経済政策に対し，自由主義と民力，民権を重視した経済政策を主張するにいたる．明治10年代の自由民権運動の全国的拡がりは地方の政治経済の担い手たる豪商農の主張と実力を象徴するものであった[2]．明治政府は各地の豪商農の実力を利用するために，

---

1)　市場の統一過程は幕末から徐々に進展した．しかし明治期において運輸通信網の発達とともにそれが加速度的に進行したことは疑いないと思われる．第3章[3]参照．

少数の政商,官営工場による直営方式から,自由市場利用方式に転換せざるをえないことになる.第3に,消極的な要因ながら,初期においては,市場メカニズムを利用しようにもそれにふさわしい財政金融政策手段は存在しなかったことをあげておく必要がある[3].1873年の地租改正条例までは,政府の財政収入ですら確保されていなかった.貨幣制度,財政制度の整備とともに市場メカニズム利用の客観的条件がととのったと考えられるわけである.

およそ以上のような要因により,明治前期経済政策の基調は拡張政策から安定政策に,規制主義から自由市場主義へと変化した.貨幣制度における初期の混乱は収束に向い,財政制度が確立され,初期殖産興業政策はその使命を終えることになる.明治の銀行制度はその過程のうちで,$G$の「操作」を受け,ゆれ動きつつも次第に近代的な金融仲介機関,金融政策の媒体としての形態を整えてゆくことになる.本章では,特に貨幣制度に焦点を合わせて,全体としての経済制度の整備過程の中に銀行制度の発展過程を位置づけることを試みる.

まず[1]では,初期における政府不換紙幣の大量供給とその回収過程を概説する.[2]では,経済政策の1大転期である松方デフレ期をとりあげ,主としてマクロ的諸変数に注目しつつ明治経済の特質の一部を析出する.以上の準備の下に[3]では,貨幣制度の整備と銀行制度の関連を国立銀行を中心に分析する.[4]では,殖産興業政策の転換過程を概説し,特殊銀行の構想が曲折を経ながら現実化してゆく過程を論じる.

## [1] 政府紙幣の発行とその整理過程

紙幣発行による資金調達は初期(1872年頃まで)の明治政府財政収入の半ばを占めたが,1873年(明治6年)の地租改正条例公布以後その依存度は下る.しかし1877年(明治10年)の西南戦争により2,700万円の紙幣が増発され,国立銀行券の増発と相まって急激なインフレーションが生じた.本格的な紙幣整理は1878年(明治11年)度に開始され,その過程で1882年から85年にかけての

---

2) いわゆる豪農民権.民権運動の財政論・外交論と明治10年代前半の経済情勢・政治情勢の関連については坂野潤治[1981a]参照.

3) このことの原因の一半は,明治新政権が旧来のメカニズムを破壊したことにもある.たとえば,銀目廃止による大阪地方の在来金融組織の破壊については松好貞夫[1971],梅村又次[1979a]参照.

いわゆる松方デフレーションが生じることになる．

### (1) 政府紙幣の発行

表2-1 は明治初期の中央財政の主要項目を示したものである．第5期までの歳入のうち45.5％が紙幣発行により調達されていることがわかろう．これに外国債および借入金を加えると50％を越える．外国債のうち第3期のものは東京・横浜間の鉄道建設のための9分利付債であり，第6期のものは秩禄処分の資金を得るための7分利付債である．わが国の外債発行はこの後1899年(明治32年)まで行なわれない[4]．借入金のうち調達借入は，京阪神の商人層から強制借上げしたいわゆる会計基立金300万両(後の300万円，両円対等規定，(3)参照)であり，太政官札の発行とともに三岡八郎(のちの由利公正)の発案になるものである．維新政府は，こうして得た資金を，倒幕のための戦費や政府

表2-1 明治初期の中央政府主要歳入歳出額(単位：千円)

| | 主要歳入 | | | | | 主要歳出 | | その他共歳入合計 |
|---|---|---|---|---|---|---|---|---|
| | 租税 | うち地租 | 官業及び官有財産収入 | 紙幣発行 | 外国債 | 調達借入及び外国商社より借入 | 家禄 | 勧業関係費 | |
| 第1期 | 3,157 | 2,009 | 50 | 24,037 | — | 4,732 | 295 | 18,478 | 33,089 |
| 第2期 | 4,399 | 3,356 | 83 | 23,963 | — | 912 | 1,607 | 5,765 | 34,438 |
| 第3期 | 9,324 | 8,219 | 110 | 5,355 | 4,782 | — | 1,692 | 3,701 | 20,959 |
| 第4期 | 12,852 | 11,341 | 329 | 2,145 | — | — | 1,780 | 3,917 | 22,145 |
| 第5期 | 21,845 | 20,052 | 442 | 17,825 | — | — | 15,307 | 10,500 | 50,445 |
| 第6期 | 65,015 | 60,604 | 4,226 | — | 10,837 | — | 16,981 | 7,831 | 85,507 |
| 第7期 | 65,303 | 59,412 | 3,095 | — | — | — | 24,750 | 8,564 | 73,446 |
| 第8期 | 76,529 | 67,718 | 4,827 | — | — | — | 24,880 | 7,819 | 86,321 |
| 第1期から第5期まで合計(構成比，%) | 51,577 (32.0) | 44,977 (27.9) | 1,014 (0.6) | 73,325 (45.5) | 4,782 (3.0) | 5,644 (3.5) | 20,681 (12.8) | 42,361 (26.3) | 161,076 (100.0) |

〔資料〕 『明治大正財政詳覧』および石塚裕道[1973] pp. 130-131.
〔注〕 会計年度は次のとおり．第1期(1867年12月-68年12月の14カ月)，第2期(1869年1月-9月の9カ月)，第3期(1869年10月-70年9月の12カ月)，第4期(1870年10月-71年9月の11カ月)，第5期(1871年10月-72年11月の14カ月)，第6期(1873年1月-12月の12カ月)，第7期(1874年1月-12月の12カ月)，第8期(1875年1月-6月の6カ月)．月数計算は閏月，改暦のために複雑になっている．詳細は上記『財政詳覧』p. 2.

---

4) ただし，内国債の外国人による購入はこの間も若干行なわれたから長期資本の輸入が全くゼロであった訳ではない．

表 2-2 現金通貨残高(1868-75年, 単位：千円)

| 年末 | 第 1 種 政 府 紙 幣 残 高 | | | | | 第2種政府紙幣残高 | 国立銀行券残高 | 現金通貨合計額 |
|---|---|---|---|---|---|---|---|---|
| | | 太政官札 | 民部省札 | 大蔵省兌換証券 | 開拓使兌換証券 | 新紙幣及び改造紙幣 | | | |
| 1868 | 24,037 | 24,037 | — | — | — | — | — | — | 24,037 |
| 1869 | 50,090 | 48,000 | 2,090 | — | — | — | — | — | 50,090 |
| 1870 | 55,500 | 48,000 | 7,500 | — | — | — | — | — | 55,500 |
| 1871 | 60,272 | 48,000 | 7,500 | 4,772 | — | — | — | — | 61,681 |
| 1872 | 64,800 | 43,251 | 7,474 | 6,800 | 2,500 | 4,774 | 3,600 | — | 72,258 |
| 1873 | 77,281 | 36,863 | 7,247 | 6,616 | 2,118 | 24,435 | 1,100 | 1,362 | 97,271 |
| 1874 | 90,802 | 26,573 | 6,377 | 1,340 | 402 | 56,108 | 1,100 | 1,995 | 113,916 |
| 1875 | 91,283 | 5,147 | 2,337 | — | — | 83,798 | 7,788 | 1,420 | 112,824 |

〔資料〕 日銀[1966].
〔注〕 現金通貨合計額は第1種, 第2種政府紙幣と国立銀行券の合計に補助貨を加算したもの. 一般に流通した現金通貨としては, このほかに藩札および金銀銅貨があり, ともに1874年まで流通した.

の経常的な財・サービスの購入にあてただけでなく, 殖産興業のための資金にも用いたのである(第5期までで歳入の 26.3%, 表 2-1).

政府紙幣の発行残高の内訳は表 2-2 のとおりである[5]. このうち 4,800 万円にのぼる太政官札(金札)は, 列藩および「農商殖産ノ業ニ志」のある者に貸出すという殖産資金供給を目的に(1868年5月より)発行されたものであったが, 実際の「主要ノ目的ハ歳入ノ欠乏ヲ補塡スルニ」あったと言われる. この紙幣は, 「引替ハ一切無之候事」と同年1月の布告にあるとおり, 当初全くの不換紙幣として発行されたものであった. しかし, これに対して諸外国からの厳しい抗議等もあって, 1869 年 5 月 28 日, 「当冬ヨリ新貨幣鋳造来申年迄ノ間引替可被下候若シ右年限中引替相残金札所持致シ候者ハ一ケ月五朱ノ利足ヲ以テ七月十二月両度ニ割合御払下被仰付候」と布告するにいたる[6]. すなわち, 1869 年の冬から 72 年末迄に新貨幣を鋳造して兌換すること, もしこの期間中に兌換しえない金札があれば, それについては 1 カ月 0.5% の利息を支払うと内外に宣言したのである. しかし, この布告は履行されず[7], 1871 年 4 月には新貨

---

5) ただし現金通貨としては, この他に藩札(1874年まで流通, 1871年9月末残高 38,551 千円)および旧金銀貨(旧幕以来の金銀銅貨および明治政府の新貨条例以前に鋳造した明治一分銀, 明治二分金等, 1874 年まで流通, 1869 年の流通残高 146,310 千円)がある. また贋二分金等の諸藩の私鋳になる贋造貨幣も流通しており, 金札の贋札とならんで金銀貨の品位低下が列強の抗議の的になっていた.
6) 以上引用は「紙幣整理始末」(『日本金融史資料』明治大正編, 第16巻, p.6)による.

幣(正貨)ではなく新紙幣と交換することを布告し，また1873年3月には金札引換公債証書条例により，公債と交換することを約するにいたる．それゆえ，太政官札は当初の布告どおり不換紙幣にとどまるのである[8]．

次に，民部省札は，太政官札が一両以上の大札が多く取引に不便であるために発行された小額紙幣であり，兌換性については太政官札と同一の性格をもつ．また，大蔵省兌換証券および開拓使兌換証券は兌換券であったが，それぞれ特殊な目的のために一時的措置として発行されたものであり，1886年頃までにいずれも新紙幣と交換回収された．

新紙幣は，太政官札，民部省札が紙質，印刷が粗悪でまた贋造が容易であったためそれらと交換するために(1872年6月より)発行されたものである．発行後は上記2種類の紙幣だけでなく，藩札，大蔵省兌換証券，開拓使兌換証券との交換のためにも用いられた．また歳入補填のためにも新規発行され，西南戦争の戦費支弁のために発行された2,700万円の政府紙幣もこの新紙幣であった．改造紙幣は新紙幣の品質をさらに改良したものであり，1881年より発行された．

ところで，この新紙幣は当初ドイツで注文製造していたが，これが1871年12月より漸次到着し，予備紙幣として政府の庫中に納められていた．このため，政府が一時的に資金不足に陥ると，臨時の措置としてこの庫中の紙幣を引出して費うという習慣が生じ一時はかなりの額にのぼった．これが表2-2における第2種政府紙幣(別名繰替発行予備紙幣)である[9]．（これに対して政府の長期負債として発行された紙幣は第1種政府紙幣とよばれた．）

さて，1873年の地租改正条例により財政収入の基礎が固められるとともに，政府紙幣の発行残高は，約9千万円の水準で安定化した．太政官札等は当初は全く信用がなく正貨にくらべて大幅に割引かれて流通する状態であったが[10]，

---

7) 読史上の興味からいうとこれはいささか残念なことである．もし布告が履行されていれば，流通している現金通貨に対して利息を支払うというおそらく史上初の実験になっていたであろう．

8) ただし岡田俊平[1975]は，1871年の布告では「たしかに金札は正貨でなく紙幣と交換されるもので，このことに限ってみれば金札は不換紙幣の性質をもつことになった……しかし政府は新紙幣が正貨と兌換されるものでないことは，その布告には述べていない」(p.6)として，明治政府が兌換化への意欲を失っていない点を強調している．

9) 通常，政府の一時的資金不足は政府短期証券によってまかなわれるべきものである．こうしたシステムは1884年に大蔵省証券発行規則として成立した．

10) 「三府ニ於テスラ正貨ニ対シ六割余ノ下落トナリ他ノ地方ニ在リテハ全ク授受セサル形況ナリキ」(「紙幣整理始末」『日本金融史資料』明治大正編，第16巻，p.6)．金札相場の詳細および本節の以上の部分に関する詳細な研究として沢田章[1934]を参照．

表2-3 現金通貨残高とその増減(1875-85年, 単位:千円)

| | (1) | (2) | (3) | (4) | (5) | (6) | (7) | (8) | (9) | (10) | (11) | (12) | (13) |
|---|---|---|---|---|---|---|---|---|---|---|---|---|---|
| | 第2種政府紙幣残高 | 純増減(△)額 | | 第1種政府紙幣残高 | | | | | 国立銀行券残高 | | | 日本銀行券残高 | 現金通貨合計残高 |
| | | | | 純増減(△)額=(5)-(6) | 発行額 | 消却額 | | | | 純増減(△)額 | 銀行紙幣消却事務報告における消却額 | | |
| | | | | | | | 一般会計剰余金による消却 | 金札引換金及び金札引換公債名代による償却 | | | | | |
| 1875 | 7,788 | 6,688 | 91,283 | 481 | 2,443 | 1,962 | — | — | 1,420 | △575 | — | — | 112,824 |
| 1876 | 11,824 | 4,036 | 93,323 | 2,040 | 510 | △1,530 | — | — | 1,744 | 324 | — | — | 123,550 |
| 1877 | 11,961 | 137 | 93,835 | 512 | 514 | 1 | — | — | 13,352 | 11,608 | — | — | 139,665 |
| 1878 | 19,618 | 7,657 | 119,800 | 25,965 | 27,000 | 1,035 | 7,166 | 2,239 | 26,279 | 12,927 | — | — | 189,171 |
| 1879 | 16,118 | △3,500 | 114,190 | △5,610 | 2 | 5,611 | 2,000 | — | 34,046 | 7,767 | — | — | 188,722 |
| 1880 | 16,528 | 410 | 108,412 | △5,778 | — | 5,778 | 2,000 | 131 | 34,426 | 380 | — | — | 183,464 |
| 1881 | 13,000 | △3,528 | 105,905 | △2,507 | — | 2,507 | 7,000 | 3,280 | 34,396 | △30 | — | — | 178,199 |
| 1882 | 4,000 | △9,000 | 105,369 | △536 | — | 536 | 3,300 | — | 34,385 | △11 | — | — | 169,849 |
| 1883 | — | △4,000 | 97,999 | △7,370 | — | 7,370 | 3,340 | 710 | 34,275 | △110 | — | — | 159,440 |
| 1884 | — | — | 93,380 | △4,619 | — | 4,619 | — | 948 | 31,015 | △3,260 | 779 | — | 152,548 |
| 1885 | — | — | 88,345 | △5,035 | — | 5,035 | — | 1,573 | 30,155 | △860 | 821 | 3,653 | 152,952 |
| (1881) | 14,500 | | 105,905 | | | | | | 34,398 | | | | — |

[資料] (1), (3), (9), (12), (13)は日銀[1966]. (5), (6)は『明治財政史』第12巻, pp. 277-278. (7)は「紙幣整理始末」(『日本金融史資料』明治大正編, 第16巻). (8)は『明治財政史』第9巻, pp. 25-30. (11)は「銀行紙幣消却事務報告」(『日本金融史資料』明治大正編, 第16巻).

[注] 年末および年間数字. ただし, (7), (8)は年度額. (1881)は1881年10月28日段階の数字(『明治財政史』第12巻, p. 234). 現金通貨合計残高は(1), (3), (9), (12)の合計. 1876年消却額の△の意味については『明治財政史』第12巻, p. 278 参照.

1873年頃から正貨と等価に流通するようになっていた[11].しかしながら1877年2月になって西南戦争が勃発するとともに,2,700万円の紙幣が増発され[12],国立銀行条例の改正に伴う国立銀行券の増発とかさなり,激しいインフレーションが生じることとなる.表2-3にみられるように,現金通貨残高は1876年の1億2,355万円から1878年の1億8,917万円へと一挙に1.5倍にふくれあがったのである.

### (2) 1878-81年のインフレーション

政府紙幣の増発過程はいずれも,戊辰戦争,西南戦争および華士族の秩禄処

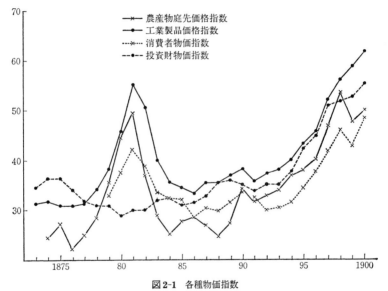

図2-1 各種物価指数

〔資料および注〕 農産物庭先価格指数は『長期経済統計』第9巻,第8表,工業製品価格指数,消費者物価指数,投資財物価指数は同第8巻の第15表および第1表.いずれも1934-36年=100.

---

11) 単に等価というだけでなく,以前とは逆に正貨に打歩を生ずることもあった.これは正貨のうちに多くの劣悪金銀貨,贋金銀貨があったためである.
12) 1877年12月の第87号布告による.西南戦争(1877年2月-9月)の戦費にはこれに第十五国立銀行からの借入金1,500万円を加えた4,200万円があてられ,最終的には43万円程余った.この43万円は1878年(明治11年)度の歳入剰余による紙幣消却716.6万円の一部にあてられた.

表 2-4 松方デフレ期前後の諸現象

|  | (1) | (2) | (3) | (4) | (5) | (6) | (7) |
|---|---|---|---|---|---|---|---|
|  | 全国平均米価 | 米販売代金に対する地租の割合 | 銀行自己資本 | 諸会社資本金 | 東京大阪及京都の商人数 | 身代限債務者数 | 身代限負債金額 |
| 1875 | — | — | 35 | — | — | 8.5 | 2.6 |
| 1876 | — | — | 46 | — | — | 10.9 | 3.4 |
| 1877 | 4.09 | 15.3 | 226 | 0.5 | — | 12.6 | 3.8 |
| 1878 | 4.70 | 13.3 | 268 | 0.9 | — | 10.9 | 2.0 |
| 1879 | 5.78 | 10.8 | 454 | 11.1 | 111 | 9.9 | 1.7 |
| 1880 | 6.28 | 10.0 | 562 | 1.1 | 135 | 9.9 | 1.3 |
| 1881 | 5.36 | 11.7 | 674 | 28.8 | 198 | 7.8 | 1.0 |
| 1882 | 4.86 | 12.9 | 781 | 51.7 | — | 12.2 | 1.6 |
| 1883 | 4.34 | 14.4 | 851 | 36.4 | — | 22.5 | 3.5 |
| 1884 | 4.33 | 14.4 | 900 | 35.2 | — | 27.5 | 4.7 |
| 1885 | 5.55 | 11.3 | 903 | 63.7 | — | 12.5 | 2.9 |
| 1886 | 5.08 | 12.3 | 899 | 63.8 | — | 10.7 | 1.8 |
| 1887 | 4.71 | 13.3 | 943 | 72.5 | — | 8.8 | 2.2 |

〔単位〕 (1)は円/石, (2)は%, (3), (4), (7)は百万円, (5), (6)は千人.
〔資料および注〕 (1), (2), (6), (7)は「紙幣制度調査会報告」(『日本金融史資料』明治大正編, 第16巻, pp. 772-773). (4)は東洋経済新報社[1924] p. 201. (5)は滝沢直七[1912] p. 137. (3)は統計付録 1-I の資本金と積立金の合計. 資本金は国立銀行, 横浜正金銀行が払込額, 他は公称金額, 横浜正金の積立金はゼロとする.

分といった新政府の政権樹立過程の諸施策に対応している. 政府は1869年の為替会社, 1872年の国立銀行制度により, 地方の商人・地主の資力を動員しようとするが, いずれも十分な成功をおさめえず, 1876年の「国立銀行条例」の改正に至って成功の端緒につく. しかしながら, 紙幣増発インフレーションによる強制貯蓄の大部分は, 商人・地主の手許に蓄積され, 政府自体は深刻な財政困難に陥るのである. 以後, 商人・地主の資金を強兵殖産のために活用しようとする中央政府と自立と民権を主張する豪商農との間の相克の過程が政治経済史の前面におしあらわれてくる.

インフレーションの経過は図 2-1 に示されている. 諸物価は 1877 年から 81 年にかけていずれも 1.5 倍から 2 倍に上昇する[13]. 特に重要なのは米価の上昇

---

13) 投資財物価指数のみ上昇していない. これは推計方法に問題があると思われるが, 現在のところはっきりした理由は不明.

表 2-5 租税収入の推移(単位:百万円)

| 年度 | 国税収入 | | | | 地方税収入 | | | 国税・地方税合計 |
|---|---|---|---|---|---|---|---|---|
| | | 地租 | 酒税 | その他 | 地租付加税・反別割 | 戸数割・家屋税 | | |
| 1875 | 59.2 | 50.3 | 2.6 | 6.3 | | | | 59.2 |
| 1876 | 51.7 | 43.0 | 1.9 | 6.8 | | | | 51.7 |
| 1877 | 47.9 | 39.5 | 3.1 | 5.3 | | | | 47.9 |
| 1878 | 51.5 | 40.5 | 5.1 | 5.9 | | | | 51.5 |
| 1879 | 55.6 | 42.1 | 6.5 | 7.0 | 24.0 | 13.8 | 6.7 | 79.6 |
| 1880 | 55.3 | 42.3 | 5.5 | 7.5 | 27.0 | 15.5 | 7.1 | 82.3 |
| 1881 | 61.7 | 43.3 | 10.6 | 7.8 | 33.1 | 19.5 | 8.3 | 94.8 |
| 1882 | 67.7 | 43.3 | 16.3 | 8.1 | 35.3 | 20.1 | 9.1 | 103.0 |
| 1883 | 67.7 | 43.5 | 13.5 | 10.7 | 34.0 | 19.6 | 8.9 | 101.7 |
| 1884 | 67.2 | 43.4 | 14.1 | 9.8 | 28.0 | 19.2 | 8.9 | 95.2 |
| 1885 | 52.6 | 43.0 | 1.1 | 8.5 | 31.5 | 16.3 | 7.6 | 84.1 |

〔資料〕 朝日新聞[1930]および『明治大正財政総覧』.

である.これは約 1.5 倍上昇し,地租が地価に比例して定まって固定しているため,米販売代金に対する地租の割合は約 10% にまで低下している(表 2-4).インフレーションの過程で,当時の主生産者たる農民および地主が最もうるおったのである.くわえて,1877 年(明治 10 年)1 月には,地価の 3% という従来の地租率が 2.5% に切下げられたという事情もあった[14].商人もまたこの過程で多大の利益を得た.表 2-4 にみられるように 3 府の商人数は 2 年間で 2 倍になっている.また銀行とともに多くの会社が設立された.これらはいずれも「投機的奇利を射んとする商品の製造販売に於ける小工業会社その他の商業会社に過ぎ」[15]ない泡末企業であったと言われる.しかし,この過程で,国内市場が拡大し後の発展の基礎がつくられたことも注意せねばならない.

皮肉なことに,インフレにより最も被害を蒙ったのは紙幣増発の責任者たる政府であった.これは,歳入の中心部分をなす地租が地価にリンクして固定的であったためである.中央政府の財政収入はほとんど伸びず(表 2-5),実質値において大幅に減価するにいたった(また,1877 年の地租率の引下げは,財政

---

14) 同時に,民費(地方税)賦課制限も地租の 3 分の 1 以内から 5 分の 1 以内に引下げられた.「竹槍でどんと突き出す二分五厘」と諷刺されたこれらの措置は政府の農民に対する懐柔策であった.このため同年に相次いだ不平士族の反乱は農民の支持を得ることができず,その失敗の一因となったと言われる.この点については藤村通[1968] pp. 254-275 参照.

15) 滝沢直七[1912] p. 138

困難に拍車をかけた). 政府にとって, この財政困難を打開するためには, インフレ利得を得ている豪商農からの所得移転を行うほかなく, そのために(後述のごとく)相次ぐ増税がなされ, また松方デフレ下の物価下落が最終的にそれを可能にするのである. いわゆる「地租一部米納論」[16]は, この間の事情を象徴的にあらわすエピソードである. これは, 政商五代友厚(彼は財政困難のため政府がデフレ政策を採用せざるをえない事態になることを最も恐れていた)等の考案になり, 右大臣岩倉具視, 参議大木喬任, 黒田清隆の連名で1880年(明治13年)8月の閣議に提出された「田畑ノ地租其ノ十分ノ二半ハ現穀ヲ以テ貢納セシム」という趣旨の建議であった[17]. すなわち, 地租の一部を徳川期と同じ現物納にすることにより, 財政のインフレ・ヘッジをはかろうとしたのである. 提案の表むきの主目的は, 政府保有米を都市に貯蔵して, 米価調節の手段とするというものであったが, その真意が歳入増加による財政困難の打開にあったことは言うまでもない. この案はしかしながら, 大隈重信, 伊藤博文等の反対にあい, 最終的には「頗ル不穏ヲ覚ウ」との勅裁によって斥けられた.

ちなみに, 財政困難はまた, 以下に説明する銀貨と紙幣の相対価格の変化によっても, その度合が強められた. それは, 為替レートが低下したため, 政府支出のうち正貨をもって支払う部分の紙幣換算値が上昇したことである. 1870年, 73年起債の外国債, 下の関償金支償, 外国製造の船舶器械等の購入, 雇用外国人への支払等がそれである.

### (3) 銀行紙幣相対価格の騰貴

紙幣の増発の影響は, 他方で銀貨と紙幣の相対価格の騰貴となってあらわれた. 図2-2を参照されたい. ここで銀貨の紙幣価格とは, 当時東洋における支配的な国際通貨であった洋銀(メキシコ銀等)1ドルないしこれと同品位のわが国の円銀(貿易銀)1円に対する紙幣の相対価格である[18]. 明治中期頃までの貿

---

16) これについては坂野潤治[1981a], 猪木武徳[1982], 岡田俊平[1975]第9章および大石嘉一郎[1962]参照.
17) 『岩倉公実記』(多田好間編)(下) pp. 634-638.
18) 正確には, 洋銀の紙幣相場と円銀の紙幣相場は同一でない. 当時, 洋銀の通用力は圧倒的であったから, 円銀はつねに洋銀に対して数%(0.25-4.50%, 洞富雄[1977] p.189)の打歩をもって流通していた. しかし, 銀価格一般が急上昇するとともに, 両者の差は無視しうるものとなった.

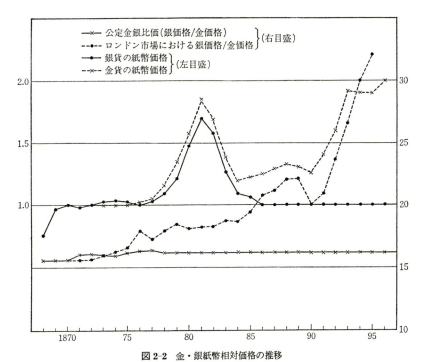

図 2-2 金・銀紙幣相対価格の推移

〔資料〕「貨幣制度調査会報告」『日本金融史資料』明治大正編, 第16巻.
〔注〕 金銀貨の紙幣価格において紙幣が金銀貨との取引に用いられたのは, 正確には1874年以降のことである. 1873年以前は当初は一分銀が, 次いで二分金が金銀貨の売買に用いられていた. この点についての詳細は洞富雄[1977]第2, 3章および山本有造[1979]を参照.

易は主として現銀決済であって, 外国為替手形による取引は外国商社間ないし本支店間に限られていたから[19], 銀紙の相対価格は為替レートに対応するものであった.

わが国では, 1871年5月の新貨条例により, 金本位制(実質的には金銀複本位制)がしかれていたが, 紙幣と金貨との兌換は実行に移されず, 国内通貨と正貨の間のリンクは全く切断されていたから, 実際には対外的には変動為替相場制をとっていた. 変動相場制の下では, 通貨供給の増加があるとき, 為替レートの低下すなわち銀紙の相対価格の上昇が生ずるのは当然であり, それは対外

---

19) 貿易の中心部分である居留地外商と内商(引取商・受込商)の間の取引は大部分現銀決済であった. 山本有造[1979]はこの点について興味深い問題提起を行なっている.

均衡達成のためのきわめて正常な調整過程である[20]. しかしながら, 当時, 明治10年代初期にあっては, 銀紙価格の変化自体が, ある意味では国内インフレーション以上の大問題として受けとめられ, 国論(少なくとも中央政府内の議論)を2分するかのような形勢が生じたのである.

特に, 大蔵卿大隈重信は, 銀紙価格の騰貴は正貨欠乏による金銀価格の騰貴に起因するものであり, 正貨欠乏は輸入超過により正貨が流出するためであり, 輸入超過は国内産業の未振起および関税権の未確定に基くという論理に立ち, 専ら洋銀相場に対する介入により事態を解決しようとした[21]. 洋銀相場に対する直接介入が全く失敗に終わったことは言うまでもない. こうした大隈の主張の背景には, まず第1に, 通貨増発によって殖産興業を行なおうとする彼の年来の積極的拡張主義があった. 殖産興業により生産性を高め貿易不均衡を解消しようとするのは, 今日でいえばいわばファンダメンタルズを改善しようとすることであり, 長期政策としては決して誤りではない. しかしながら, 急上昇を続けている物価に対する当面の対策としてはいかにも迂回的であった. このため, 紙幣整理, 貨幣制度の整備を主張する松方等の批判にさらされることになる[22]. 第2の背景としては, 変動為替相場制に対する無理解あるいは変動相場制への移行の事実に対する認識の欠如があった. これは1つには, 他の東洋諸国にさきがけて採用した金本位制(新貨条例)を極力維持したいという強い願望があったことによると思われる. このため[23], 実質的には形骸化しているにかかわらず, 金本位制メカニズムが機能しているかのような錯覚が生じていたとみられるのである. いま1つの理由としては, 1874年(明治7年)から1877

---

20) 前述のように, 1873年以降26年間は正式の外債の発行はない. それゆえ資本収支の問題はさしあたって無視してよい.

21) 1879年および1880年に東京第一銀行, 横浜第二銀行, 三井銀行および横浜正金銀行を通じて総計900万円余の政府手持銀貨を売出した. 売出し直後は銀価格は一時的に低下したが, その後すぐ上昇しはじめた. 藤村通[1968] p.347.

22) シェーマライズして言うと, 大隈の通貨欠乏論, 積極拡張主義に対し, 松方は通貨過剰論, 幣制整備による安定成長主義をとった. もちろん, 松方においても「物産繁殖」の必要が無視されているわけではないし(たとえば「財政議」『明治前期財政経済史料集成』第1巻, p.436), 大隈も, 1880年以後は, その目的はどうであれ, 紙幣整理の必要を認めているから, 図式化により過度に単純化することは避けねばならない. しかし両者の経済観の間には基本的に大きな差異があったことは間違いない. この点については多くの研究がある. たとえば, 岡田俊平[1975], 藤村通[1968], 正田健一郎[1971], 中村尚美[1968], 長幸男[1963]等を参照されたい.

23) 初期の明治政府が, 金兌換の実現と金本位制の推移を常に意図し, 願望していたことについては岡田俊平[1975]参照.

年頃にかけての為替レートの決定メカニズムが正確に理解されていなかったことがある．このため，当時の貿易収支の不均衡が，何か構造的事情に依存しており，何らかの「根源ニ遡」った対策をたてねば打開できないと考えられるにいたったと思われるのである[24]．

1874年から77年にかけての事情はいささか錯綜しており，また大隈だけでなく「無謬」のはずの松方にも混乱がみられるので，以下簡単に説明しておこう．

1871年(明治4年)5月の「新貨条例」[25]では，純金1.5グラム(23.15グレーン)を含む1円金貨が原貨(本位貨)と定められた．しかしこれと同時に，純銀24.26グラム(374.4グレーン)を含む1円銀貨(円銀)を貿易銀として[26]，各開港場における貿易取引と外国人納税のために用いることが定められ，この貿易銀は開港場以外でも個人間取引で相対(あいたい)で受取渡すことが許されていた．また同じ時に制定された「造幣規則」第4条には，銀地金，日本あるいは外国銀貨幣の提出に対しては純銀16に純金1の割合をもって本位金貨を払渡すこととともに，一円銀貨を希望するものには造幣寮の都合によってこれを払渡すと定められていた．それゆえ，新貨条例の本位制は，多分に金銀複本位制の性格をも備えていたといわねばならない．

本位金貨と1円銀貨の間の交換比率は当分銀貨100円につき本位金貨101円の割合とするとされた．それゆえ，金銀の公定比価は16.01である[27]．ところが，新貨条例制定の直後から，17世紀以来安定していた金銀の市場比価が大きく変動しはじめることになる．これは，欧米諸国が従来の金銀複本位制から相次いで金本位制に移行しはじめたため貨幣用銀の需要が減少したことおよびアメリカおよびメキシコで1860年代以降銀の産出量が急増したことによるものである．このため金銀の公定比価にくらべて市場比価が高くなり，いわゆるグレイシャムの法則といわれる事態が生じた[28]．

---

24)「財政四件ヲ挙行セン事ヲ請フノ議」(『大隈文書』第3巻，p.345)．
25) 1875年6月「貨幣条例」と改称された．新貨条例制定の経緯については，高垣寅次郎[1972]および三上隆三[1975]を参照されたい．
26) 洋銀(メキシコ銀)1ドルの銀の純量は374グレーン(1825年以降の鋳造にかかるもの，三上隆三[1975] p.111)だから，円銀と洋銀はほぼ同品位である．
27) $24.26 \div 1.5 \div 1.01 \div 16.01$. もっとも造幣規則第4条では公定比価は16.0である．新貨条例，造幣規則については『明治財政史』第9巻，pp.332-400および『貨政考要』(上)を参照されたい．

表2-6 グレイシャムの法則と金銀貨の流出

| | 1872 | 1873 | 1874 | | 1875 | | 1876 | |
|---|---|---|---|---|---|---|---|---|
| 金銀相対価格 | | | | | | | | |
| 　ロンドン市場比価 | 15.63 | 15.92 | 16.17 | | 16.59 | | 17.88 | |
| 　日本市場比価 | 15.55 | 15.55 | 15.48 | | 15.85 | | 16.82 | |
| 　日本公定比価 | 16.01 | 16.01 | 16.01 | | 16.17 | | 16.33 | |
| 金貨発行額 | 24,610 | 19,368 | 3,757 | | 822 | 381 | 1,066 | |
| 国立銀行券 | | | | | | | | |
| 　下付高 | — | — 1,362 | 1,896 | 1,995 | 2,020 | 1,420 | 1,420 | — |
| 　流通高 | — | — 853 | 1,357 | 803 | 381 | 234 | 62 | — |
| 金銀輸出高(紙幣価格) | | | | | | | | |
| 　金 | 2,685 | 2,611 | 8,160 | | 7,196 | 9,006 | 2,908 | |
| 　銀 | 1,829 | 2,598 | 6,093 | | 2,383 | 3,630 | 4,478 | |
| 　その他共計 | 4,557 | 5,212 | 14,253 | | 9,579 | 12,696 | 7,399 | |
| 金銀輸入高(紙幣価格) | | | | | | | | |
| 　金 | — | 2,012 | 3 | | 25 | 2 | 901 | |
| 　銀 | 3,758 | 1,104 | 1,110 | | 63 | 1,641 | 7,010 | |
| 　その他共計 | 3,758 | 3,116 | 1,113 | | 88 | 1,681 | 7,917 | |
| 貿易収支(紙幣価格) | | | | | | | | |
| 　輸出 | 17,027 | 21,635 | 20,051 | | 19,151 | | 27,407 | |
| 　輸入 | 26,175 | 28,107 | 25,418 | | 32,824 | | 26,252 | |
| 　輸出−輸入 | △9,148 | △6,472 | △5,367 | | △13,673 | | 1,155 | |

〔単位〕 相対価格以外は千円.
〔資料および注〕 金銀相対価格は「貨幣制度調査会報告」(『日本金融史資料』明治大正編, 第16巻). 金貨発行額は『貨政考要』(上) pp. 116-117. 国立銀行券は『明治財政史』第13巻, p. 297. 金銀の輸出入額は『貨政考要』(上) p. 132 (付表) の数字の金銀輸出入額を紙幣価格に換算.「その他共計」のその他とは, 銅貨および紙幣. 貿易収支は統計付録 2-I の輸出入と同一の方法で計算. なお, 金貨発行額については, 1872年は1871年11月21日-1872年12月3日. 1873, 1874年は年間, 1875年は1875年1月-6月および1875年7月-1876年6月, 1876年は1876年7月-1877年6月. 金銀輸出入額については, 1872-74年は年間, 1875, 1876年は金貨発行額と同じ期間. 貿易収支は年間, 国立銀行券は各年について6月末および12月末の数字.

表2-6を参照されたい. 金銀比価は, 1874年にロンドン市場価格が日本の公定比価を上まわり, その後図2-2にみられるように両者の差は急速に拡大した. このため金貨発行額は, 1874年になって激減している[29]. また, 金貨兌換を義務づけられた国立銀行紙幣は, 政府から下付されたにかかわらず殆ど流通していない. これは銀貨を国立銀行券に換え, 正貨に兌換し, 再び銀貨に交換する

---

28) 「悪貨が良貨を駆逐する」. 正確には, 金属複本位制の下で, 市場において公定比価より相対的に高価になった金属貨幣が貨幣用途から非貨幣用途に転用されること. これについてはニーハンス(Niehans, J.) [1978] pp. 153-158 参照.
29) 政府は1873年12月に上述の造幣規則第4条を改め, 金貨による払渡しにかえて, 銀に対してはすべて一円銀貨を払渡すことにした.

ことにより，当初より多くの銀貨を得ることができるからである(グレイシャムの法則)．外国人は競って金貨を買求め，また国内の旧金貨，金地金は新金貨に鋳造されることなく商品ないし資産として退蔵されることとなった．これに対して，政府は金銀公定比価を市場比価に合わせて高めることにより対処しようとした．すなわち，1875年2月には従来の円銀よりも銀純量を多くした増量貿易銀を鋳造し[30]，1876年3月には金銀の交換比率を金貨100円に対し銀貨100円に改めた[31]．しかし，これらの方法では到底市場比価の上昇に追随できず，市場で流通する通貨は全く紙幣のみとなった．政府紙幣は不換紙幣であり，その正貨量とのリンクは全く絶たれていた．それゆえ，1873年(明治6年)頃以降は，金本位制でもなく，また管理通貨制度下の固定為替相場制でもなく，いわば一種の変動相場制が成立していたのである．開港場における洋銀取引には，すでに幕末から自由相場がたっていた．

ところで，当時，1873年(明治6年)から77年(明治10年)頃にかけての貿易収支はほぼ毎年大幅な入超であった[32]．表2-6をみられたい．また，大量の金銀流出が生じている．それにもかかわらず，図2-2にみられるように為替相場に対応する銀紙の相対価格は1878年以降急上昇するまではほぼ1.0-1.1の間に安定化している[33]．当時の為替制度が変動相場制であったとするならば，これは一見きわめて奇妙なことである．変動相場制の下では，(資本収支を無視するとき)為替レートの変動により貿易収支は均衡化するはずだからである．このことの理由は，新旧金貨の商品としての輸出にある．当時人々のポートフォリオの中には，新旧の金貨が大量に退蔵されており，それが市場比価の変動とともに売出されたのである．それゆえ，金の商品としての輸出をも考慮にいれると貿易収支は均衡していたはずであり，銀貨の紙幣による相場が一定にとどまっているのはむしろ当然のことなのである[34]．もちろん，当時の退蔵金貨量

---

30) これは量目27.216グラム(420グレーン)，品位90%，したがって銀純量24.49グラムであった．それゆえ金と増量貿易銀の間の公定比価は24.49÷1.5÷1.01≒16.17となる．この増量貿易銀に対してもグレイシャムの法則が生じた．すなわち外国人は洋銀を貿易銀に引換え，これを鎔解することにより利益を得たのである．このため増量貿易銀の鋳造は1878年11月にいたって中止された．このため公定比価は24.26÷1.5≒16.17となった．
31) これにより公定比価は24.49÷1.5≒16.33となった．
32) 1876年(明治9年)は例外的に出超である．これは主として欧州における養蚕の不作による．
33) 銀紙比価の上昇は1868-69年にも生じている．これは洋銀との取引に劣位二分金が用いられたため，後者の低品位を反映した結果だと言われる．洞富雄[1977] pp. 199-226.

を統計的に確定することは容易でない．しかし，退蔵を促したとみられる要因は種々あげることができる．(退蔵の動機があり，他方それを阻止する要因がとりたててない以上，実際に多量の退蔵が行なわれたと推測されることが許されよう．) まず，新貨条例制定時の両円対等規定の問題である．円を基準通貨単位に定めるにあたって，従来の1両は1円に換算された．これが両円対等の規定である．それゆえ従来の二分金2個(1両)で1円になるが，実は二分金[35] 2個は金純量において本位金価に換算して1.10885円(新金貨への鋳造費を差引いても1.08642円)の価値をもっていた．このため，新貨条例によって二分金は新金貨に切り換えられることなく退蔵されたのである[36]．しかも，新貨条例により新たに鋳造された新金貨は，上述のグレイシャムの法則により，ことごとく退蔵ないし鎔解されたのである．次に贋造貨幣，劣位二分金の問題がある．さきに述べたように，当時これらの劣悪貨幣が多量に出まわっており，これらの真贋を見きわめるのに多大の手間を要した．このため真贋の問題の少ない政府紙幣が漸次流通貨幣の中心を占めるにいたり，旧金貨は退蔵されたと考えられるのである．しかも1874年には古金銀の通用が禁止されたため，人々の保有する古金銀は全て退蔵され金銀という一個の商品と化したのである．

　以上から，われわれは1874年から77年にかけての事態——貿易収支の恒常的赤字と銀貨の紙幣に対する相対価格の安定——は，退蔵金貨の商品としての

---

34) 山本有造[1979]は，この銀紙価格安定の事実について洋銀相場の「非対称仮説」と称する興味深い仮説を提示している．すなわち，氏によれば，洋銀は国内で不通用であるため，売込商は出超のときは洋銀の処分を急ぎ(このため洋銀相場すなわち銀紙相対価格は低下する)，入超のときは手持の内国金銀貨で支払う(このため洋銀相場は入超にかかわらず上昇しない)というのである．手持の内国金銀貨で支払うというのは結局金銀貨の輸出であるから，この点山本説はわれわれと同内容である．しかし出超のとき「洋銀の処分を急ぐ」というのはどうであろうか．たしかに洋銀は国内ではそのまま流通することはない．しかし洋銀を資産として保有することは十分合理的な行動であって，そもそも外国銀行，横浜為替会社(のちの横浜第二銀行)の洋銀手形，洋銀券は，貿易商の洋銀預金に対する預り証書として発行されたものである．すなわち，洋銀は資産として保有され，預金として運用されていたのである(この点についての詳細は『横浜市史』第3巻(下) pp. 337-339参照)．たとえば，創業時(1876年)における三井銀行の預金は，内国通貨によるもの9,086千円，洋銀によるもの2,282千ドルであった(『三井銀行八十年史』p. 371)．また，1885年5月末(この時点では銀紙はまだパー(par)ではない)の茂木商店のバランス・シートには，国立銀行への円銀預金(資産)，荷主からの円銀預り金(負債)が，紙幣による預金，預り金とは別建に計上されている(海野福寿[1967] p. 44)．この点から，山本氏の「処分を急ぐ」というロジックには再考の余地があると考えられる．

35) この二分金がどの二分金であるか，小野論文には明らかでないが，万延二分金のことであると思われる．洞富雄[1977] p. 208参照．

36) 小野一一郎[1959]参照．

輸出によって説明できると考える．金貨が他の財とならんで輸出されることにより，銀貨すなわち国際決算通貨が供給され，貿易収支の恒常的不均衡にかかわらず，一種の為替レートたる銀紙価格が安定化していたのである[37]．

### (4) 政府紙幣の整理過程

紙幣増発のもたらした，当時の経済状況については，松方正義の次の一文が雄弁である[38]．

> 政府ノ会計ハ其収入ノ実価殆ト其半ヲ減シ民間ニ於テ公債ノ利子恩給年金其他一定ノ収入ヲ以テ生計ヲ立ツル者ハ皆俄ニ会計ノ困難ニ苦シミ金利ハ非常ニ騰貴シ公債ノ価格ハ非常ニ下落シ諸物価ハ皆一斉ニ騰貴ヲ極メ就中半ハ我国産中最多量ニシテ且ツ重要ナルカ為メ其騰貴ノ影響最モ著シク大ニ地租ノ負担ヲ減少シ地価ノ騰貴非常ニシテ農民ハ独リ巨利ヲ得俄ニ奢侈ノ風ヲ成シ全国ヲ通シ贅沢品ノ消費大ニ増加シ伊勢参宮琴平参リ其他大小ノ都会ニ遊フ者等其数未曾有ノ増加ヲナセリ随ツテ外国輸入品ハ益増加シ正貨流出ノ勢殆ト底止スル所ヲ知ラス商業家ハ物価変動ノ甚シキニ眩惑シ皆投機ノ奇利ヲ射ルノミ汲々トシテ敢テ実業ヲ顧リミス故ニ大資本ヲ要スル大工業ハ金利ノ高キカ為メニ起業ヲ企ツル者ナシ

紙幣整理は，大隈重信(1873年10月-1880年2月まで大蔵卿，1880年3月-10月太政官参議)の手により，1878年度予算から開始され，次いで1881年(明治14年)10月の政変後は松方正義によって行なわれた[39]．1878年当時の大隈はいまだ自説たる通貨不足論をまげていなかったが，それにもかかわらず紙幣整理に着手したのである．彼はまず，1879年6月の「財政四件ヲ挙行セン事ヲ請フノ議」に基づいて「国債紙幣銷還方法」(減債方案)を作成し，1878年度財

---

37) 同様の考え方は，『横浜市史』第3巻(下)pp. 350-354，馬場正雄・建元正弘[1967]p. 279でもとられている．なお本来の金本位制の下では，紙幣の金貨兌換による金現送によって為替レートが安定化するのに対し，1874-77年間のばあいは兌換がなく退蔵金銀貨の現送(輸出)によって安定化がなされていることに注意されたい．
38) 「紙幣整理始末」(『日本金融史資料』明治大正編，第16巻，p. 38)．
39) 1877年度以前にも紙幣の回収は試みられたが，紙幣量を大幅に削減するにはいたらなかった．回収の試みとしては，1872年の国立銀行条例に基く正貨兌換による回収，1873年の公札引換公債証書条例による公債との交換による回収がある．また1877年12月西南戦争戦費として2,700万円の新紙幣を増発する際しては，15年間にわたる消却方法が策定されており，これは消却方法公布の濫觴とされている．『明治財政史』第12巻，pp. 200, 227．

政において一挙に716.6万円の政府紙幣を消却し，1905年までの長期消却計画を策定した[40]．以後，1900年頃までの紙幣消却過程でとられた方法には，(i)一般会計の歳入余剰による消却(準備金によるものも含む)[41]，(ii)消却基金を設立し，その運用収益を用いての消却，(iii)金銀貨との交換による回収消却，(iv)金札引換公債との交換による回収消却の4方法があるが，当初は(i)および(iv)の方法が用いられた．表2-3を参照されたい．

消却方法として最も重要でかつ大きな影響をもったのは[42]，もちろん(i)の歳入余剰による消却である．このために増税および経費節減の手段が相次いでとられることになる．まず，1881年の政変以前には，大隈・伊藤の共同になる「財政更革の議」(1880年9月頃)に基づいて，酒造税が増税される(1880年9月第40号布告)とともに中央財政負担の地方財政への転嫁措置(1880年11月第48号布告)がとられ，また各省庁別に経費節減額を指定するなどして歳出抑制が強行された[43]．第48号布告は，(i)地方税率の引上げ(地租割を地租の5分の1以内から3分の1以上に引上げ)，(ii)従来中央財政の負担していた支出の一部(府県庁舎建築修繕費，府県監獄費，府県監獄建築修繕費)の地方費負担への切り換えおよび(iii)地方への補助金(地方税により支弁すべき府県土木費すなわち河港道路堤防建築修繕費中の官費下渡金)の廃止の3項目からなるものであり，インフレ下で致富した地方豪商農に負担を転嫁し，その資金移転を図ろうとする中央政府の意図を明確に示すものであった．このため，表2-5に明らかなように，税収入にみられる地方財政規模は急速に拡大した．しかしながら，この布告は，当時高揚しつつあった自由民権運動に，地方費をめぐる新たな対立点を付加するという結果をももたらすこととなった[44]．

1881年の政変後，新大蔵卿松方正義はかねての主張どおり緊縮財政政策を継承し，3ヵ年間の官庁歳出据置方針を定めた．しかしながら，松方の登場後，景気は急速に下り坂になり，地租を除く租税収入は激減し(1883年度で酒税の

---

40) 非薩長閥である大隈の政策面での柔軟性にも注目されたい(藤村通[1968] p.365参照)．1878年度予算における716.6万円の消却の執行は1878，79両年度においてなされた．
41) ただし後述するように準備金の繰入による消却は，資産の減少による消却であるから，一般会計の経常勘定収支からは中立的である．
42) 「消却」とは経理上の表現である．実際には消却紙幣は裁断ないし焼捨てられた．
43) 『明治財政史』第12巻，pp.197-234．
44) 地方的利益をめぐるこの間の政治状況については有泉貞夫[1980]参照．

みで約3百万円減少,表2-5),しかも,コレラの流行,朝鮮事件,風水害,軍備拡張等により臨時費支出が増加した.このため,松方は,1882年には,売薬印紙税,米商会所株式取引所仲買人税を新たに設定し,酒造税則,煙草税則を改正し,さらに1885年には醬油税および菓子税を起すなどして,相次ぐ増税政策を展開することとなった[45].

次に,(iv)の金札引換公債による紙幣の回収は,前述のとおり,1873年の同公債条例によって開始されたが,この条例による回収額は1873-75年の合計でわずか2.2百万円であった.これは公債の利率が6%と,当時の金利水準にくらべてきわめて低かったためである.このため,まず大隈の下で条例改正がなされ,公債の元利金を金銀貨幣で支払うことに改められた(1880年10月第47号布告).当時紙幣と金銀貨の間には大きな価格差があったから,この条件は非常に有利であり,これにより公債発行による回収は大いに進展しはじめた.次いで松方は1883年12月に金札引換無記名公債条例を定め,1880年改正条例では禁止されていた外国人による公債保有をも許可し,これにより公債発行はさらに増加した.

以上の紙幣整理は第1種政府紙幣に関するものであったが,松方は第2種政府紙幣の回収にも意を注ぎ,表2-3にみられるように,1882年には9百万円,1883年には4百万円の大量整理を行なった.この整理は次の3方法によった.(a)歳入歳出出納の順序の改正.すなわち,各地方庁の資金状況を電報で報告させ,地域間の資金を相互に融通することにより一時的資金不足を補う.(b)準備金からの一時的資金融通を行う[46].(c)中山道鉄道公債(1883年12月第47号布告による)発行によって得た資金を工事の都合により一時的に借用して資金不足にあてる.これらの方法によって第2種政府紙幣を回収した後,松方は,1884年9月に大蔵省証券発行規則を制定し,今日的な政府短期証券制度を確立した.ところで,ここで注意を要する点は,以上の方法によって確かに政府紙幣は回収されたが,その回収過程は,少なくとも上記(b),(c)の方法による部分については,一般会計のネットの収支に関して全く中立的であることである.

---

45) 『明治財政史』第13巻,p.243.
46) 1883年12月,準備金中に予備部がおかれ,常用部の歳入にさきだって歳出が必要なとき,一時的に繰替貸がなされることとなった(高橋誠[1964]).

なぜならば，第2種政府紙幣の回収，消却は政府の負債の減少であるが，他方の準備金，中山道鉄道公債金(別途会計，今でいう特別会計に保管)からの支出は政府の資産の減少であり，両者は相殺されるからである．すなわち，第2種政府紙幣に関しては，紙幣消却と一般会計余剰は相互に無関係なのである．この点[2]の松方財政の評価に関して再びとりあげる．

最後に，第1種政府紙幣の(ii), (iii)の方法による回収および国立銀行券の消却について述べておこう．政府紙幣の金銀貨との交換による回収は，1885年6月政府紙幣の銀貨兌換が布告されたのにはじまる(第14号布告)．この布告は後に貨幣法が成立するに伴って改正され，1897年3月法律第19号により金貨との兌換にあらためられた．ちなみに，1886年1月1日から1890年3月31日までの政府紙幣消却額は，銀貨との交換によるもの43,347千円，金札公債証書との交換によるもの4,933千円，合計48,280千円である[47]．次に，基金方式による消却は1890年3月紙幣交換基金特別会計法が公布されたのにはじまる．この基金は準備金より1千万円，日銀よりの無利子借入2,200万円からなり，この運用収益により，漸次消却がなされたのである．政府紙幣は1889年末をもって通用禁止となった[48]．最後に国立銀行券の消却．この消却は，日銀の設立に伴って，1883年に国立銀行の私立銀行への改組方針が定められたことによるもので，基金方式により，日銀の管理の下で行なわれた．基金は各国立銀行の紙幣引換準備金(表1-1(B)の0.2 $E$)および毎年の積立金(紙幣下付高の2.5

表2-7　国立銀行券の消却(単位：千円)

| 年 | 元資公債証書(年末) | | | 元資公債証書利子収入(年間) | 紙幣消却高(年間) |
| --- | --- | --- | --- | --- | --- |
| | 積立金半期1.25%をもって買入れたる公債証書券面高 | 準備金をもって買入れたる公債証書券面高 | | | |
| 1883 | 10,443 | 507 | 9,936 | 335 | — |
| 1884 | 11,472 | 1,514 | 9,958 | 718 | 779 |
| 1885 | 12,463 | 2,482 | 9,981 | 775 | 821 |

〔資料〕「紙幣整理始末」(『日本金融史資料』明治大正編，第16巻, pp. 54-55).

---

47)　「紙幣整理始末」(『日本金融史資料』明治大正編，第16巻, p. 83).
48)　この間の事情については『明治財政史』第12巻, pp. 251-279参照.

%)からなる．これによって買入れた公債証書(元資公債証書)の利子収益により漸次銀行券を消却したのである．1885年までの状況について表2-7を参照されたい．消却事務は1889年2月に完了した[49]．

## [2] 松方デフレと松方財政[50]

　紙幣整理の過程でいわゆる松方デフレが起る．図2-1にみられるように物価は急激に下落し，ほぼ1884-85年頃には1877年頃の水準まで低下する．銀紙相対価格も下がり，1886年(明治19年)になり両者の等価交換が実現する(図2-2)．これとともに，表2-4にみられるように，会社資本金の減少(倒産)，身代限の増加等深刻な不況現象が現出する．特に苦境に陥ったのは農民，地主および地方の在来産業家であった[51]．特に農民・地主は地租が固定的であったため，インフレ期と逆に租税負担の重圧にあえぐことになる．表2-4における米販売代金に対する地租の割合は1880年の10.0%から1883年には14.4%に上昇している．デフレによる農民・地主から政府への所得移転が行なわれたのである．またこの間に小作地率は1872年(明治5年)の28.9-30.6%から1887年(明治20年)の39.3-39.5%へとおよそ10%も上昇している[52]．土地を失った農民の一部は，その後の工業化過程において産業労働力へと転化してゆくことになる．

　従来，松方デフレについては，松方が断固緊縮財政を行ない紙幣を消却したことによって生じたという説がなされてきた．しかしながら，近年，大隈文書の分析の進展等に伴って，紙幣整理に関する措置の多くは，大隈によってすでに企図されたか実施されたものであることが明らかにされてきた．松方財政はいわば大隈の地ならし工事の上に行なわれたものであり，その功績はすでに設定されていた路線を(多くの障害を克服しながら)完遂したところにある，とい

---

49) 詳しくは『日本金融史資料』明治大正編，第16巻の「解題」(土屋喬雄)を参照されたい．
50) 本節は寺西重郎[1981a]，[1982]に大幅な加筆訂正を行なったものである．
51) 祖田修[1980]第2章参照．前田正名の『興業意見』の地方経済実態報告(巻15，地方1)は随所で「農工商何レモ殆ント衰退ヲ極ハメタリ」等の表現を用いている(『明治前期財政経済史料集成』第18巻，第2巻)．
52) 祖田修[1980] pp. 43-44．

うのが最近の通説である．旧説は，主として公刊の『明治財政史』——これは副題に「一名松方伯財政事歴」とあるように松方を顕賞するために編纂された一面をもつ——に依拠しているため，かなりのバイアスをもっていたことは疑いない．しかし新しい通説についても，その実証的裏付けはいまだ十分でなく，いくつかの重要な問題が未検討のまま残されている．第1に，大隈が松方以前に紙幣整理，緊縮財政を企図——その企図は必ずしも松方のような一貫したロジックからなされたものではないが[53]——したことは確かだとしても，実行の面で，どれだけなしたかが明確にされてないことである．本節(1)では，この点を，主として1881年政変以前と以後の紙幣整理額および財政余剰を比較することにより検討する．第2に，直接的な政策効果と内在的な政策メカニズムの関連如何という問題がある．緊縮財政による紙幣整理が松方デフレと密接な関連をもっていたことは言うまでもない．しかし，それとともに松方デフレ現象は投機的ブームの崩壊というきわめて景気循環的な経済変動であったという側面も無視しえない．従来の分析ではこの点の理解がかならずしも十分でなかったとみられる．本節の(2)では，若干のマクロ経済指標を検討することにより，内在的景気変動の重要性を示唆することにしたい．

## (1) 紙幣整理額および財政余剰の比較

簡単化のために，1881年10月の政変を念頭において比較を1879-81年(あるいは年度)と1882-84年(あるいは年度)とに限り，さしあたって前期間を大隈期，後期間を松方期とよぶことにする．当時の財政年度はその年の7月から翌年の6月までであったから，1881年度を大隈期とよぶことは若干問題であるが，ここではこの年度における松方の財政政策は，大隈の影響下に立案された政策を忠実に執行したものと仮定しておく[54]．

紙幣整理額について表2-3をみられたい．第1種政府紙幣は1879-81年の3

---

53) たとえば，緊縮財政方式による紙幣消却に着手するかたわら，大隈は5千万円の外債を募集し，政府紙幣の大部分を一挙に兌換化することを意図した(1880年5月「通貨ノ制度ヲ改メン事ヲ請フノ議」)．しかしこれは松方等の反対により斥けられた．藤村通[1968] pp. 351-356．

54) また，当時の財政収支は当該年度とその翌および翌々年度の3カ年度にわたって執行された．1881年度財政については約85％が1881年度中に，約15％が1883年度中に執行されている(『大蔵卿年報』)．

年間に合計 13,896 千円の消却であり, 1882-84 年には 12,525 千円である. 第 2 種政府紙幣の消却高はそれぞれ 6,618 千円および 13,000 千円である. 政策のくぎりをさしあたって 1881 年末にとるとき, その前の 3 年間で, 計 20,514 千円, その後の 3 年間で計 25,525 千円の消却が行なわれたことになる.

しかしながら, こうした紙幣整理額の動きは必ずしも財政政策の実態を反映したものではない. 第 1 に, 第 1 種政府紙幣の消却のうち, 金札引換公債による消却部分は財政収支のネットの動向からは中立的である. なぜならば, 紙幣の回収は負債の減少であるが, それは同額の金札引換公債証書の発行という負債の増加によってまかなわれたものであって, 両者は相殺しあうからである. また, 第 2 種政府紙幣の消却についても, 上述[1]の(b), (c)のケースについて

表 2-8 松方デフレ期の一般会計歳入・歳出決算額(単位:千円)

| 年度 | (1) | (2) | (3) | (4) | (5) | (6) | (7) | (8) | (9) | (10) | (11) | (12) |
|---|---|---|---|---|---|---|---|---|---|---|---|---|
| | 歳入($=T+\varDelta D$) | | | | | 歳出($=G+\varDelta A$) | | | | | | |
| | | $T$ | $\varDelta D$ | | | $G$ | $\varDelta A$ | | | | | |
| | | | | 準備部より常用部へ繰入 | その他負債増・資産減 | | | 常用部から準備部へ繰入 | 国債償還 | 紙幣消却 | その他資産増・負債減 |
| 1875 | 69,483 | 64,407 | 5,076 | — | 5,076 | 69,483 | 64,641 | 4,842 | 2,249 | 1,396 | — | 1,197 |
| 1876 | 59,481 | 57,589 | 1,892 | — | 1,892 | 59,481 | 55,305 | 4,176 | 1,040 | 1,962 | — | 1,174 |
| 1877 | 52,338 | 50,553 | 1,785 | — | 1,785 | 52,338 | 44,048 | 8,290 | 5,701 | 1,838 | — | 751 |
| 1878 | 62,444 | 55,018 | 7,426 | 5,908 | 1,518 | 62,444 | 48,819 | 13,625 | 2,171 | 3,623 | 7,166 | 665 |
| 1879 | 62,152 | 59,349 | 2,803 | 1,662 | 1,141 | 62,152 | 54,110 | 8,042 | 1,854 | 3,834 | 2,000 | 354 |
| 1880 | 63,367 | 59,119 | 4,248 | 2,402 | 1,846 | 63,367 | 56,301 | 7,066 | 678 | 4,240 | 2,000 | 148 |
| 1881 | 71,490 | 68,788 | 2,702 | 1,714 | 988 | 71,490 | 54,321 | 17,169 | 3,833 | 5,136 | 7,000 | 1,200 |
| 1882 | 73,508 | 70,935 | 2,573 | 1,615 | 958 | 73,508 | 58,785 | 14,722 | 5,228 | 4,994 | 3,300 | 1,200 |
| 1883 | 83,107 | 71,233 | 11,874 | 10,654 | 1,220 | 83,107 | 61,485 | 21,622 | 6,567 | 10,515 | 3,340 | 1,200 |
| 1884 | 76,670 | 72,297 | 4,373 | 2,373 | 2,000 | 76,670 | 60,352 | 16,318 | 10,723 | 4,395 | — | 1,200 |
| 1885 | 62,157 | 56,321 | 5,836 | 2,376 | 3,460 | 62,157 | 50,282 | 11,875 | 5,699 | 5,276 | — | 900 |

〔資料および注〕『明治前期財政経済史料集成』第 4, 5, 6 巻. 『明治財政史』第 9 巻, pp. 741-743. (5)は借入金, 官有物払下代, 諸返納金の和. (6)は歳入・歳出の差額を含む. これは「歳入出決算残金繰入」として準備部に繰入れられたものであり, (9)に含まれている(『明治財政史』第 9 巻, pp. 741-742). (9)は『明治財政史』第 9 巻の該当数字に 1881-83 年度における「営業資本及繰替金ニ対シ常用ヨリ償戻」した額を加えたものである. 後者の額は 3 年間合計で 14,003 千円であり, 各年度の値は「紙幣整理始末」(『日本金融史資料』明治大正編, 第 16 巻, p.56)の「準備金ニ繰入タル高」から『明治財政史』第 9 巻の「歳入出決算残金繰入」を差引いて求めた. (12)は救助及び勧業のための貸出と備荒貯蓄の和. 1875-84 年度はその年の 7 月から翌年の 6 月, 1885 年度はその年の 7 月から翌年の 3 月まで.

はネットの財政収支とは独立である.

いま,表2-3により,金札引換公債による第1種政府紙幣の消却分(第(8)列)および第2種紙幣の消却分(第(2)列)を除いて,一般会計剰余による消却分のみに注目すると,大隈期は11,000千円,松方期で6,640千円となり,大隈期の方が圧倒的に大きいのである.それでは,このことは,大隈期の財政余剰が松方期の財政余剰より大きいこと,言いかえると大隈期の緊縮財政の程度の方が松方期のそれより甚だしいことを意味しているのであろうか.答は必ずしもイエスではない.というのは,表2-3第(7)列は中央財政の一般会計の剰余のみに注目した数字であって,たとえそれによる紙幣消却額が大きいからといっても,財政全体の動きとは必ずしも一致しないのである.以下この点をよりていねいに検討することにしよう.

表2-8を参照されたい.これは中央財政(経常部および臨時部)の歳入歳出決算を

$$T+\Delta D = G+\Delta A$$

のかたちに整理したものである.$T+\Delta D$ は歳入であり,$T$ は租税,営業収入等の経常収入,$\Delta D$ は負債の増加,資産の減少による収入である.負債の増加とは,たとえば準備部からの借入,国債の発行,他からの借入金によるものであり,資産の減少とは貸出金の返済,官有資産の売却等による収入である.$G+\Delta A$ は歳出であり,$G$ は財・サービスの経常購入,資本形成,移転支払等の支出であり,$\Delta A$ は資産の増加,負債の減少による支出である.資産の増加とは,たとえば貸出の増加,準備部への繰入であり[55],負債の減少とは国債の償還,紙幣の消却等のための支出である.

全体としての政府の財政余剰を論ずるには,しかしながら,以上の情報だけでは十分でない.まず,(i)これ以外に第1種政府紙幣発行による経常支出があ

---

55) 表2-8は寺西重郎[1981a]の第2表を次の2点にかんして修正したものである.(i)常用部から準備部に対する「営業資本及繰替金ニ対シ常用ヨリ償戻シ」のかたちの繰入を加えた.これはそれ以前準備金から支出してきた官業に対する貸付金を常用に引継いだため,総額14百万円の金額が準備金に支払われたものである.(奇妙なことに,この繰入は「紙幣整理始末」には記されているが,『明治財政史』第9巻の「準備金ノ消長」の部分には記録がない.)(ii)上掲論文第2表で差額として計上してあった額は,常用部から準備部に対し「歳入歳出残金繰入」のかたちで繰入れられているものなので,この点を訂正した.上記(i)の修正は東京大学大学院生室山義正氏の御指摘に負う.厚く感謝したい.

表2-9 別途会計：起業基金及び鉄道基金の収支（単位：千円）

| 年度 | 起業基金 | | 鉄道基金 | | 合　　計 | | $\Delta A' = \Delta D' - G'$ |
|---|---|---|---|---|---|---|---|
| | 収入 | 支出 | 収入 | 支出 | 収入($\Delta D'$) | 支出($G'$) | |
| 1878 | 10,000 | 284 | — | — | 10,000 | 284 | 9,716 |
| 1879 | — | 1,326 | — | — | — | 1,326 | △1,326 |
| 1880 | — | 3,390 | — | — | — | 3,390 | △3,390 |
| 1881 | 642 | 2,630 | — | — | 642 | 2,630 | △1,988 |
| 1882 | 732 | 1,698 | — | — | 732 | 1,698 | △966 |
| 1883 | 446 | 1,450 | — | — | 446 | 1,450 | △1,004 |
| 1884 | 581 | 760 | 13,507 | 1,409 | 14,088 | 2,169 | 11,919 |
| 1885 | 4 | 755 | 4,784 | 2,270 | 4,788 | 3,025 | 1,763 |

〔資料〕『明治財政史』第1巻，pp. 894-901.

る．これは1875年度以降の歳入歳出決算には含まれていない．(ii)西南戦争関係の収支．これは「九州賦徒征討費決算」として別会計に付されている．(iii)後の特別会計にあたる別途会計の問題．そして最後に，(iv)地方財政の問題がある[56]．また，このほかにネット概念である財政余剰の観点からは問題にしなくてよい収支もある．それは次のようなものである．(a)国債発行による紙幣消却．前述の金札引換公債による消却がこれにあたる．このばあい，負債増加と負債減少が同額であって，財政余剰には影響がない．(b)準備金等のひきだしによる紙幣消却．第2種政府紙幣の消却がこれにあたる（前述(b)，(c)のケースが中心であったと仮定）．これも，資産減少と負債減少が相殺するから財政余剰とは関係がない．(c)交付公債．金禄公債の発行がこれにあたる．財政収支は通り抜け勘定であるからこれは無視しうる[57]．

ところで，われわれは簡単化のため，考察の対象期間を1879年（あるいは年度）以降の時期に限定した．この簡単化により，上記(i)，(ii)の問題は無視しうることになる．第1種政府紙幣の増発は1879年以後わずか2千円であり（表2-3），また西南戦争の決算は1878年度までに完了しているからである．まず，(iii)の別途会計については，当該期間関係するのは起業基金と鉄道基金であり，

---

56) それゆえ $T-G=\Delta A-\Delta D$ は，これらの(i)〜(iii)を除いた中央政府の財政余剰である．ちなみにいわゆる政府経常余剰ないし政府貯蓄とは，$T$から$G$のうちの政府資本形成を除いたものを差引いたものであり，これは$\Delta A-\Delta D$と政府資本形成の和に等しい．
57) 家禄支払の停止，禄税収入の減少および公債元利金支払という間接的影響は残るが，これは表2-8の段階でおさえてある．

表 2-10 財政余剰の比較(単位：百万円)

| 年度 | (1) 中央政府の余剰($T-G-G'$) | (2) 中央政府租税収入等 ($T$) | (3) 中央政府支出 ($G+G'$) | (4) 地方政府の余剰($T''+T_r-G''$) | (5) 地方政府租税収入 ($T''$) | (6) 中央政府から地方政府への移転支出 ($T_r$) | (7) 地方政府支出 ($G''$) | (8) 財政余剰 $=T+T''-(G+G'+G''-T_r)$ |
|---|---|---|---|---|---|---|---|---|
| 1879 | 3.9 | 59.3 | 55.4 | 2.4 | 24.0 | 2.6 | 24.2 | 6.3 |
| 1880 | △0.6 | 59.1 | 59.7 | 2.9 | 27.0 | 3.6 | 27.7 | 2.3 |
| 1881 | 11.9 | 68.8 | 56.9 | 0 | 33.1 | 1.4 | 34.5 | 11.9 |
| 合計 | 15.2 | 187.2 | 172.0 | 5.3 | 84.1 | 7.6 | 86.4 | 20.5 |
| 平均 | (5.1) | (62.4) | (57.3) | (1.7) | (28.0) | (2.5) | (28.8) | (6.8) |
| 1882 | 10.4 | 70.9 | 60.5 | △1.5 | 35.3 | 1.3 | 38.1 | 8.9 |
| 1883 | 8.3 | 71.2 | 62.9 | △1.1 | 34.0 | 1.7 | 36.8 | 7.2 |
| 1884 | 9.8 | 72.3 | 62.5 | △6.5 | 28.0 | 1.5 | 36.0 | 3.3 |
| 合計 | 28.5 | 214.4 | 185.9 | △9.1 | 97.3 | 4.5 | 110.9 | 19.4 |
| 平均 | (9.5) | (71.5) | (62.0) | (△3.1) | (32.4) | (1.5) | (37.0) | (6.5) |

〔資料〕 $T''$ は表 2-5, $T_r$ および $G''$ は『長期経済統計』第7巻第6表による.

この収支は表2-9に示すとおりである．収入は公債発行によるものだから，$\Delta D'$ とし，支出は $G'$ としておこう．$G'$ はほとんどすべて政府資本形成に用いられた．$\Delta D'$ と $G'$ の差は別途会計の資産変化分だから $\Delta A'$ としておこう．次に(iv)の地方財政．収入は表2-5の地方税収入($T''$ とあらわす)と中央政府から地方政府への移転支出($T_r$)であり，支出は別途得ることができる($G''$ とあらわす)．$T''+T_r$ と $G''$ の差は地方政府の財政余剰で，これが正のときは資産増，負のときは負債増となる．$T''+T_r-G''=\Delta A''-\Delta D''$ としておこう．($\Delta A''-\Delta D''$ の内容は知ることができない．)

こうして，表2-10 がえられる．財政余剰は $T+T''-(G+G'+G''-T_r)$ である．ここで $T_r$ を差引いたのは，$G$ の中にすでに計算済みだからである．財政余剰はまた $\Delta A+\Delta A'+\Delta A''-\Delta D-\Delta D'-\Delta D''$ ともあらわされる．いずれの方法であらわしても財政余剰の額は等しい．また，財政余剰を中央，地方に分割すると，中央政府(別途会計を含む)の財政余剰は $T-G-G'=\Delta A+\Delta A'-\Delta D-\Delta D'$ であり，地方政府の財政余剰は $T''+T_r-G''=\Delta A''-\Delta D''$ である．

さて，表2-10によると大隈期(1879-81年度)，松方期(1882-84年度)ともに財政余剰は正であり，ともに緊縮財政をとっていたことがわかる．しかも，そ

の大きさは大隈期で年平均6.8百万,松方期で6.5百万と,両期間の余剰額はほぼ等しいのである[58]. こうした結果のえられた1つの明らかな理由は,本章の分析が単に中央政府財政のみでなく地方政府財政をも考慮にいれている点にある. 大隈期において,地方政府は年平均1.7百万円の正の余剰を計上している. これは増税とともに年あたり2.5百万円の中央政府からの移転支出におうところが多い. 松方期においては,しかし地方政府の財政余剰は年平均3.1百万円の赤字である(不足分はおそらく大隈期における蓄積とともに地方豪商農,銀行等からの借入によってまかなわれたのであろう). これは1880年11月の第48号布告等にもとづく中央政府からの移転支出の削減および支出の地方負担増によるものである. さらに,1884年度には租税収入も激減している(特に町村地租附加税,反別割の減少が大であった). このため,中央政府としては,大隈期以上の年あたり9.5百万円の余剰を計上しているのであるが,地方とのネットの収支は6.5百万円の余剰にとどまるのである. この点で,松方の超緊縮財政は地方政府への財政負担の転嫁によってなされたともみなすことができよう[59].

大隈・松方両期の財政余剰が金額においてほぼ等しいということは,紙幣整理における大隈の「功績」を重視する新しい通説の立場を支持するものとも言える. しかしながら,大隈期の余剰が大きく推計されたのは,1881年度財政の余剰が11.9百万円と著しく大きいためであることを見逃がしてはならない. この財政の執行は大部分松方によってなされたものである. また,松方が圧倒的に不利な環境の中で紙幣整理計画を完遂したという意味での「功績」も正当に評価される必要があろう. 松方財政の苦難は,まずその登場とほぼ時期を同じくして景気が深刻な下降局面に突入したことによる. この不況はそれ以前の

---

58) この結論は,寺西重郎[1981a],[1982]の結論と大いに異なっている. これは表2-8の推計を手なおししたためである. 注55)参照.
59) 鈴木武雄は,松方の緊縮財政の対象となったのは,もっぱら地方の豪商農であり,中央の巨商,政商に対しては大隈財政期以上に援助が強化されたとして日本鉄道会社への利子補給等の事実を指摘している(鈴木武雄[1962] p. 42). また西野喜与作『半世紀財界側面史』(1932年刊)は,「明治十五年と云へば,松方の紙幣整理時代で大不景気の年であるに拘らず……日本銀行が創立せられる. 共同運輸会社が創立せられる. 大阪紡績会社が建築を起したのもこの年である. 浅野総一郎が深川の工部省のセメント製造所の払下願書を出したのも此年だといふ次第で,同じ不景気と言ひ乍ら此頃の不景気とは稍々趣を異にしてゐた」として,松方デフレ期が中央においては「底力ある不景気」であったことを示唆している(三輪悌三[1980] p. 271 および白井規矩稚[1939] p. 87).

投機ブーム的な「上景気」の反動としておそらく未曾有の激しいものであり，しかも後述のように一種のラグを伴って生じたため，松方にとっては(ほとんど)予想外のことであった．このため，相次ぐ増税を目的とする税制変更にもかかわらず租税収入は増加せず1882-84年度の3年間67百万円台の水準にはりついたままにとどまるのである．これは不況の影響で，所得弾力性の高い酒税が1883年度において一挙に3百万円減少し，煙草税則の改正等によるその他諸税増により，やっと前年度なみの税収額を維持しえたためであった(表2-5)[60]．他方，支出面では松方は1882-84年度3年間の間各官庁必要経費の据置を計画したが，諸事多難のおりから，その効果ははかばかしくなかった．加えて，1882年7月に京城で反日暴動，いわゆる壬午事件が発生し，それまで内治派に抑えられていた陸海軍の軍拡要求が急速に高まってきた．特に海軍省は8カ年間で200人乗組軍艦48艘の建造を計画し，初年度すなわち1883年度予算として銀貨402万円(紙幣換算で約632万円)，通貨(すなわち紙幣)69万円の予算増を要求した(1882年11月)．これに対して大蔵卿松方は「海軍卿上請ノ如キ巨額ノ銀貨目下支弁ノ道無之候」として，銀貨の請求は拒否したものの，通貨3百万円の新艦建造費および1.5百万円の陸兵増加費は認めざるを得ず，これを7.5百万円と予想される増税収入から支出しようとしたのである[61]．しかしながら，上述のように増税計画は予想外の不況の深刻化のため全く画餅に帰し，結局，陸海軍あわせて4百万円にのぼる軍事支出増は1883年度については，10,654千円，1884年度は2,373千円の準備部からの繰入れ等によってからくも実現されたのである[62]．不況の深刻化と朝鮮事変はともに松方にとって多分に予想外の障害であった．しかし，松方財政にとっていずれがクルーシャル(決定的)であったかと言えば，それはやはり前者による税収の減退であった

---

60) 加えて官業の不振によって作業益金収入も増加は望めなかった．『明治前期財政経済史料集成』第6巻，p.15．

61) 『明治財政史』第9巻，p.414．同時に，軍事費の予備資金として準備金中に軍備部を創設した．

62) 10,654千円のうち，5百万円は第十五国立銀行からの(西南戦争)征討費借入金(総額15百万円)の一部支払にあてられた(表2-8で1883年度の国債償還額が1千万円強になったのはそのためである)．これは日銀設立にともなう国立銀行条例の改正により銀行紙幣の消却が定められたため，第十五銀行の準備金を充実させる必要が生じたことによる．当初松方は第十五銀行を中央銀行に切換える腹案をもっていたから，この5百万円の支出も予想外のことであった．(『十五銀行小史』『三井銀行八十年史』pp.556-557)．

であろう．かりにこの時点で朝鮮事変が発生しなかったならば，松方期の財政余剰はいくらか大きくなっていたかもしれない．しかし，そのばあいは税制変革，緊縮財政に対する抵抗は一層強かったであろうから，多少の余剰増があったとしてもその額はわずかであったであろう[63]．

### (2) マクロ諸変数の動き

表 2-11 は実質 GNE 構成要素の成長率を，表 2-12 は実質利子率，実質現金残高の動きを示したものである．これらの数字をもとに当時のマクロ経済変動のシナリオを素描すると概略以下のようになろう．

まず 1878-81 年のインフレ期．1879 年頃までの紙幣増加により，財に対する需要が増加し，物価の上昇が生じる．特に大きく増加したのが総需要の 80-90

表 2-11 GNE 構成要素の実質成長率(単位：%)

| 年 | 実質個人消費支出成長率 | 実質政府の財サービス経常購入成長率 | 実質政府固定資本形成成長率 | 実質民間1次固定資本形成成長率 | 実質民間非1次設備投資成長率 | 実質在庫投資成長率 | 実質輸出成長率 | 実質輸入成長率 |
|---|---|---|---|---|---|---|---|---|
| 1874 | — | — | 30.5 | — | — | — | — | — |
| 1875 | — | — | 18.9 | — | 138.0 | — | 3.0 | 18.5 |
| 1876 | — | — | △2.5 | 9.1 | △27.8 | — | 27.7 | △13.9 |
| 1877 | — | — | 16.8 | 9.2 | 161.4 | — | 7.9 | 4.3 |
| 1878 | — | — | △7.2 | 3.4 | 28.0 | — | 20.3 | 20.0 |
| 1879 | — | — | △8.9 | 11.6 | 19.0 | — | △9.6 | 0.9 |
| 1880 | 9.6 | △2.8 | 29.8 | 3.4 | 43.0 | — | 4.8 | 15.2 |
| 1881 | △4.1 | △3.4 | △4.0 | 3.7 | 1.1 | △39.8 | 7.4 | △18.4 |
| 1882 | △1.4 | 31.9 | 11.2 | △8.6 | △21.4 | △274.5 | 19.6 | △3.4 |
| 1883 | △3.6 | 24.8 | 20.3 | △8.0 | 0.1 | 5.2 | 5.8 | 2.3 |
| 1884 | 4.0 | 2.0 | 12.3 | △17.1 | △4.8 | 36.3 | △2.1 | 14.9 |
| 1885 | 9.4 | △22.9 | 25.2 | 14.0 | △4.3 | 177.3 | 7.2 | 2.0 |
| 1886 | 9.2 | 50.0 | △24.6 | 1.2 | 30.7 | 284.3 | 12.2 | 5.5 |
| 1887 | △0.1 | △6.8 | 2.3 | △6.7 | 63.2 | △104.7 | 6.1 | 43.0 |
| 1888 | 4.1 | 3.2 | △2.7 | △4.5 | 86.6 | △689.8 | 29.2 | 47.4 |
| 1889 | 5.4 | △8.2 | 11.9 | 11.7 | △22.5 | 206.5 | △1.3 | 3.2 |
| 1890 | 6.2 | 8.8 | 14.6 | 9.8 | 24.7 | 99.1 | △20.1 | 14.6 |

〔資料〕 統計付録 2-II による．実質在庫投資は藤野正三郎・秋山涼子[1973]第1.5表(4)による．

---

63) 朝鮮事変，軍拡の問題については坂野潤治氏からの貴重なコメントに負う．なお，これらの問題と海軍費の関係については室山義正[1981]参照．

表 2-12 実質利子率と実質現金残高

| 年 | 物価指数(変化率) | | 実質貸付金利 | | 民間部門保有実質現金通貨 | | 民間部門保有実質MII | |
|---|---|---|---|---|---|---|---|---|
| | (I)農産物庭先価格指数 | (II)工業製品価格指数 | (I) | (II) | (I) | (II) | (I) | (II) |
| 1874 | 24.5 | 31.4 | | | 423 | 330 | 433 | 338 |
| 1875 | 27.0 (10.2) | 31.0 (△1.3) | 1.6 | 13.1 | 412 | 359 | 420 | 366 |
| 1876 | 22.0(△18.5) | 30.8 (△0.6) | 30.6 | 12.7 | 562 | 402 | 570 | 407 |
| 1877 | 25.3 (15.0) | 31.3 (1.6) | △5.0 | 8.4 | 540 | 436 | 548 | 443 |
| 1878 | 28.6 (13.0) | 33.8 (8.0) | △2.6 | 2.4 | 610 | 516 | 626 | 530 |
| 1879 | 35.8 (25.2) | 37.7 (11.5) | △13.2 | 0.5 | 490 | 465 | 536 | 509 |
| 1880 | 39.9 (11.5) | 45.3 (20.2) | 1.6 | △7.1 | 414 | 364 | 461 | 406 |
| 1881 | 44.4 (11.3) | 55.1 (21.6) | 2.7 | △7.6 | 346 | 279 | 412 | 332 |
| 1882 | 37.0(△16.7) | 49.7 (△9.2) | 19.3 | 19.3 | 381 | 283 | 463 | 345 |
| 1883 | 29.1(△21.4) | 39.4(△20.7) | 29.3 | 28.6 | 417 | 308 | 615 | 454 |
| 1884 | 25.5(△12.4) | 35.1(△10.9) | 23.3 | 21.8 | 470 | 342 | 701 | 509 |
| 1885 | 28.0 (9.8) | 34.0 (△3.1) | 1.2 | 14.1 | 390 | 321 | 631 | 526 |

〔資料および注〕 物価指数は図 2-1 と同一．カッコ内は対前年変化率．実質貸付金利は，表1-2 の貸付金利からそれぞれ農産物庭先価格指数変化率(I)，工業製品価格指数変化率(II)を差引いたもの．民間部門保有実質現金通貨および実質MII は藤野正三郎・寺西重郎『金融資産負債残高表』の通貨量(単位千円)を物価指数で割って求めた．

%を占める個人消費であり，名目値では 1878 年の 522 百万円から 1881 年の 904 百万円へと 80% 近く増加している(統計付録 2-I)．実質現金残高と実質賃金は低下したが，当時の消費者のほとんどはまた生産者でもあったから，インフレ下の所得上昇が消費増をもたらしたのである．インフレにより貨幣利子率は上昇したが(表 1-2)，実質利子率は低く，民間投資も増加する[64]．定額金納地租を中心とする固定的租税システムのため，政府の実質収入支出は減少したが，その総需要に占めるシェアーは小さく，需要増の趨勢を逆転させることはない．かくて輸入は増加し，銀紙価格は高騰する．銀紙価格の高騰は単に貿易収支だけでなく，金銀に対する保蔵需要がその価格上昇期待によって高まったことによっても加速された．

銀貨価格の上昇期待により商社の輸入は激増した．しかし価格上昇とともに

---

64) 当時，紙幣の増発があったにかかわらず，利子率が上昇し，さかんに「金融梗塞」の弊がさけばれた．これはインフレ期待によるものである．インフレ期待が貨幣利子率を引上げ，実質利子率を引下げることについては，マンデル(Mundell, R.)[1963]を参照されたい．同様のメカニズムが，デフレ期待のもとでは貨幣利子率を引下げ，実質利子率を引上げることになる．

表2-13 月別の輸出額－輸入額(単位：万円)

| 年＼月 | 1 | 2 | 3 | 4 | 5 | 6 | 7 | 8 | 9 | 10 | 11 | 12 |
|---|---|---|---|---|---|---|---|---|---|---|---|---|
| 1879 | 5 | △56 | △39 | △94 | △10 | △24 | △58 | △7 | △87 | △90 | △13 | △39 |
| 1880 | △89 | △34 | △94 | △92 | △155 | △112 | △84 | △45 | △114 | △55 | 4 | △9 |
| 1881 | 14 | 39 | 50 | 21 | △8 | 11 | 15 | △60 | 8 | △1 | △97 | △47 |
| 1882 | 49 | △19 | 72 | 61 | 229 | 92 | 81 | 35 | 121 | 31 | 2 | 53 |

〔資料および注〕 朝日新聞[1930] p.297による．原数値には明瞭な季節変動があるためEPA法により季節変動調整を行なった．なお，原数値には周知の金銀混計の問題がある．

売れゆきは鈍り，1880年頃から外商の倉庫に滞貨が目立つようになる[65]．また，貿易収支は1881年初頭から赤字から黒字への基調変化をみせはじめ(表2-13)，このことは銀紙価格，国内価格に対する期待を変化させたと思われる．紙幣の減少が顕著になり，松方の緊縮財政および銀紙価格抑制方針がアナウンスされたことも期待の変化に拍車をかけたであろう．かくして景気の反転が生じる．まず1881年から在庫調整が始まり，物価下落期待により貨幣利子率は低下するが実質利子率は上昇に転じる．実質投資は1882年から減少に転じる．消費の減少は，輸入品価格の高騰と米価の下落により1881年には顕著になってくる．さらに1882年における租税納期の短縮化は，米価の下落，農民の消費需要の減退を決定的なものとした．物価下落により政府の実質支出は増大するが，このGNEに対するシェアーは小さく，需要減少によるデフレ過程が持続する．

このようなマクロ経済変動のシナリオはかなり大胆なものに見えるかもしれない．しかし，当時の経済変動を特徴づける以下の3点を考慮するとき，上記シナリオはさほど大きく的をはずれたものとは考えられないのである．まず第1に，このインフレ・デフレ過程で人々の期待にもとづく投機的行動が大きな役割を果したとみられることである．農家が米価期待にもとづいて米の供給調整を行なったことは当時の記録にしばしば指摘されている[66]．また，資産保有者が1億円以上とみられる保蔵金銀を銀紙価格の期待にもとづいて調整したことも間違いないであろう[67]．さらに商社が銀紙価格期待によって輸出入の調整

---

65) 『大蔵卿第7回年報書』p.82，『大蔵卿第8回年報書』p.124.
66) 『大蔵卿第6回年報書』p.78.
67) 1つのエピソード．「魚屋が売り歩く途中に洋銀の騰貴と聞いて天平棒を投げ出して取引所に駈付けたといふ話も伝へられてあるほどに洋銀相場に投機を試みしもの頗る多かつた」(滝沢直七[1912] pp.117-118)．また大隈は5千万円外債論を主張するにあたって，国内の保蔵金銀を1億余円（古金銀の退蔵6,158万円，新鋳造貨幣5,271万円）と推定している(『大隈文書』第3巻，p.449).

を行なったこともさまざまな記録から明らかである．この時期の景気変動が，3-4年間における2倍近い貨幣量の激増による投機的ブームの性格をもっていたこと，その反転が一面で投機ブームの崩壊であったという点はきわめて重要な留意事項である．第2に，当時の経済がすでにほぼ完全なかたちで国際経済変動に包摂されていたことに注意せねばならない．このことはかつて新保博[1967b]によって，最近では中村隆英[1982]によって指摘されているところである．図2-1と図2-2によって物価水準と銀紙価格の変動をくらべると，両者が実に似かよった動きをしていることがわかろう．国内価格＝為替レート（あるいは銀紙価格）×世界価格といういわゆる購買力平価説に近い状況が成立していたと考えられるのである．かりにこの関係が厳密に成立していたとすると，世界価格が一定のとき，国内価格と銀紙価格はパラレルに動くことになる．銀紙価格は変動為替相場に対応するものであるから，これが期待にもとづいていわゆるオーバー・シュート(overshoot)するとき，国内価格にもなにがしかの攪乱が生ぜざるを得ないのである．当時において米は重要な輸出(入)品であったから，米価もまた国際価格の動向と為替レートに関する期待に依存していたことも見逃がしてはならない[68]．第3に，当時の経済政策の効果が著しいラグをもっていたことが重要である[69]．たとえば，インフレの1原因となった西南戦争にともなう27百万円の政府紙幣は，1877年9月の戦争終了後12月の第87号布告により1878年頃支出されたが，その大部分は運送のための人夫賃金等のかたちで北九州に散布されたものとみられる[70]．滝沢直七[1912]は，この紙幣が物流にともなって都会地に還流してくるのは1880年頃のことではないかと記している[71]．この仮説を検証することは容易でないが，著しく経済が地方分断されていた当時にあって，貨幣量等のマクロ政策手段の効果が，相当の

---

68) 滝沢は1881年までのインフレ期に，米価が農凶作とは無関係に，貨幣量の変化と密接に対応して変化したことを指摘している（滝沢直七[1912] pp. 120-123）．また，大阪商法会議所の「農商務卿閣下ヨリ農工商目下衰運＝陥レル実況御下問ノ報告書」(1885年8月)は，米が貿易財であり，その価格が国際価格に平準化するものであることを強調している（『大阪経済史料集成』第1巻, pp. 416-417）．

69) 藤野正三郎[1965]によれば，現金通貨の変化率は物価変化率に対して，戦前平均で10.7カ月先行した．しかも先行の程度は初期に遡るほど大きい(pp. 492-493)．

70) 戦費総額4,157万円中，3,487万円は，戦地において支払われたものと推定される（滝沢直七[1912] p. 111）．

71) 滝沢直七[1912] p. 115.

## 第2章 貨幣制度の整備と銀行制度

ラグをもち,かつさまざまなかたちで拡散しつつ波及したということは十分想定しうることである.いま,かりにこの滝沢の仮説が正しいとすると,大隈期における紙幣整理の効果は,その実施時期においては,九州からの中央への紙幣の還流によって相殺されたと考えねばならない.還流の終了した1881年頃になって,大隈の紙幣整理がようやく奏効し,その時点で松方が登場したとも考えることができよう.これはあくまで仮想でしかない.しかし,図2-3からわかるように月別データの利用可能な多くの変数は,松方の登場の数カ月前には確実に反転していたとみられるから[72],少なくとも景気反転は松方の政策からは独立に生じていたと考えざるを得ないのである.

ところで,以上の考察によれば,少なくともマクロ経済政策の意味では,松方は緊縮財政を行うべきではなかったとも言えよう.むしろ積極的な赤字財政により景気回復をはかるべきであった.松方があえてそれをしなかったのは,マクロ経済運営を犠牲にしてもなし遂げなければならない重要な政策課題があったからにほかならない.それは第1に地方豪商農からの所得移転による政府財政収入の拡大である.地租を中心とする固定的租税システムの下では[73],デフレーションはそのための最も効率的かつ「実質」的な手段であった.第2に,金属(銀)本位制に基く中央銀行制度の確立である.このために,松方は正貨準備を蓄積することに多大の努力を注いだ[74].超均衡財政による財政余剰は単に紙幣整理のためでなく,政府日銀の正貨準備蓄積のためにも不可欠であったのである.

これらの目的遂行のための手段として松方デフレという苛酷な手段がとられたことは,事の正否は別として,いまだ預金銀行化が進展せず,商人・地主の蓄積資金に発展資金の源泉を求めざるをえないという当時の資金市場の発展水

---

72) 銀紙価格のピークは1881年4月であり,7分利付金禄公債利回のピークは1881年1月である.深川正米相場は1880年12月にピークに達している.また,表2-13によれば季節調整済の輸出ー輸入は1881年はじめには黒字基調となっている.

73) たとえば所得税の課税は1888年以降である.

74) たとえば海外荷為替制度の改正がそれである.1882年2月に外国荷為替取扱規定を改正し,さらに1884年6月には外国人荷為替組手続により,外国人に対する荷為替資金貸付を開始した.政府の荷為替貸付は,紙幣でもって荷為換金を貸付け,正貨により支払われることで準備正貨蓄積を促進するシステムであるが,1882年の改正では,従来返済が金銀貨と紙幣の返済時の時価による相対価格によっていたのを貸付時の時価にあらためたものであり,これにより換算に伴う投機の横行を防止した.

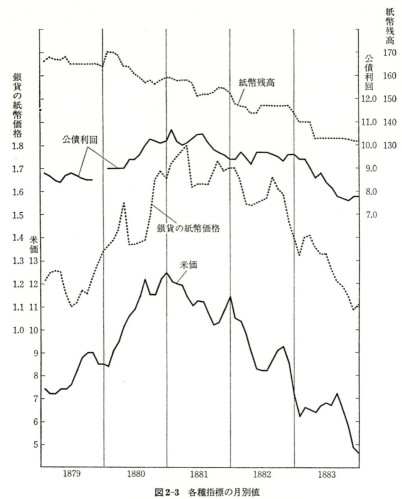

図 2-3 各種指標の月別値

〔資料および注〕 銀貨の紙幣価格（単位，円）および公債利回（単位，％，7分利付金禄公債の利回，7％÷市場価格）は「紙幣整理始末」（『日本金融史資料』明治大正編，第16巻）による．紙幣残高（単位，百万円）は朝倉孝吉・西山千明[1979]の政府紙幣・国立銀行券の合計額．米価は深川正米相場であり，朝日新聞[1930] p. 1165 による．

## 第2章 貨幣制度の整備と銀行制度

準に密接に関連していると考えられる.

松方自身の手になる諸論考では,しばしば松方緊縮財政は銀紙価格の安定化を目標としてなされたという記述がみられる[75]. すなわち,1877年以前の銀紙パー(1対1交種)の状況への復帰が目標とされたのである.

これは1つには1873年から77年頃にかけての貿易収支に関する一般的な無理解ないし錯覚に松方自身も陥っていたことによる[76]. しかしより大きな理由は,銀紙価格の安定化がデフレーションの真の目的を隠蔽するための穏蓑に用いられたことにあるのではないだろうか. 銀紙価格の安定化をはかるためだけならば,銀の純量を円銀より何割か減らしたものを本位通貨の1円とすること(すなわち平価切下げ)によりその目的は達成されるのである[77]. たとえば後の金本位制移行時には,貨幣法(1897年3月)において新貨条例時の1円金貨の約半分の純量を新1円とすることにより,金紙の公定比価を市場比価に一致させる措置がとられたのである(第3章[4]参照). 銀紙価格パー状況への復帰は,徹底したデフレーション政策遂行のための単なる口実であったともみられなくはないのである[78].

ちなみに,以上の分析は,1890年(明治23年)恐慌をもってわが国最初の本格的恐慌とみなす通俗的見解に大きな疑問を投げかけていることに留意されたい. 分析の示唆するところによれば,松方デフレは,それ以前のインフレ的ブーム期から連続的に理解されるべき景気循環過程としての性格が強い. すなわち,松方デフレは1890年以前における1つの「恐慌」であるとみられるのである. 最近の数量経済史の研究によれば,わが国の経済発展過程は,文化文政期(1820年代)には確実に始発していたとみられる(第3章). 松方デフレもこのような長期的過程の中の1現象として把握される必要があると考えられる.

---

75) たとえば「紙幣整理始末」(『日本金融史資料』明治大正編, 第16巻).
76) たとえば「紙幣整理始末」(『日本金融史資料』明治大正編, 第16巻)では, 1873年から77年にかけての情勢をきわめてノーマルな状況であるとしている(p.25). しかし, 実際は, この時期における銀紙価格の安定は金の商品としての輸出に起因するものであった.
77) 同様な見解は彼の金解禁時の石橋湛山『日本金融論』(1936年『石橋湛山全集』第11巻に収録), p.398, および篠原三代平[1969] p.294, 山口茂[1957] p.213 等にみられる.
78) ちなみに, 銀紙価格の引下げが要請されたいま1つの理由に, 政府の正貨による支出部分がある. 特に明治10年代後半次第に強まりつつあった陸海軍の軍備増強の要求に応じるためには, 軍艦等を正貨で輸入せねばならず, このためには交易条件の引上げが財政上必要とされたのである.

## [3] 国立銀行券から日銀兌換券へ

　明治前期における銀行制度の発展は，以上のような初期幣制の混乱およびその収拾の過程と密接な関連のもとで展開した．以下ではこの点を国立銀行制度の変遷と日銀の設立を中心にしつつ考察して行こう．

### (1) 1872年の国立銀行条例

　1887年(明治20年)に編纂された『貨政考要』によると，この条例制定の動機は，「商業進歩ニ由リ資本融通ノ不便ヲ感セシ事」および「政府発行紙幣消却処分ノ事」にあり，特に後者の要因を重視して「此ノ銀行条例ノ編成ヲ最モ促セシモノハ政府発行紙幣ノ処分是ナリ」と記している[79]．前者の要因については，三井組バンク等の銀行設立願が続々と提出されたことを既に述べた．いま後者の要因について説明すると，事の発端は1869年2月28日の布告(太政官札の1872年までの兌換の公約)にある．このため，政府は大蔵少輔伊藤博文を米国に派遣し対応策を検討せしめたのである．伊藤は米国から，(i)金貨単本位の採用，(ii)金札引換公債証書の発行，および，(iii)紙幣発行会社(国立銀行)の設立の三事を建白した．伊藤の国立銀行案はアメリカのナショナル・バンク(national bank)に範をとった銀行の分散設置論であり，政府紙幣による兌換を予定していた．これに対して，吉田清成はイギリスのイングランド銀行を模範とする中央銀行制度および正貨兌換方式(伊藤のナショナル・バンク案に対してゴールド・バンク等とよばれた)を主張し，両者は厳しく対立した．しかし，結局，分散設置の伊藤案を中心とするが，銀行券を正貨兌換とすることで両者の折衷をはかることになった[80]．井上馨の裁断であったと言われる[81]．

　こうして1872年(明治5年)11月に制定された国立銀行条例により，4行の

---

　79) 『貨政考要』(下)pp. 195, 205.
　80) 『貨政考要』(下)p. 213.
　81) 『世外侯事歴維新財政談』(下)pp. 325-326，渋沢栄一の発言．論争の詳しい経緯は残念ながら(現在までのところ)よくわかっていない．しかし，分散設置論が勝をおさめたことの背景には，市場の地域分断の程度が強く，アメリカ的な地方分権方式を適当とする判断があったであろうことは十分推測しうる．ちなみに，アメリカで連邦準備銀行が設立されたのは1914年のことである．このことは，アメリカ経済における地方分権性の強さを象徴していると考えられよう．

表 2-14 初期国立銀行のバランス・シート(単位:千円)

| 年 | 資産主要項目 | | | | | 負債主要項目 | | | | その他共合計 |
|---|---|---|---|---|---|---|---|---|---|---|
| | 貸付金 | 割引手形および荷付為替手形 | 紙幣抵当公債証書 | 諸公債証書 | 金銀勘定 | 発行紙幣流通高 | 民間預金 | 公金預金 | 資本金 | |
| 1874 | 2,884 | 3 | 1,920 | 1,920 | 8,982 | 1,357 | 2,594 | 7,680 | 3,200 | 15,087 |
| 1875 | 2,358 | 4 | 2,020 | 2,020 | 5,735 | 381 | 2,299 | 3,667 | 3,450 | 12,569 |
| 1876 | 2,009 | 135 | 1,420 | 1,480 | 2,831 | 62 | 2,399 | 1,961 | 2,450 | 8,900 |

〔資料〕『銀行局年報』.
〔注〕 民間預金には振出手形,政府預金には御用振出手形,御用仕払銀行手形を含む. 各年6月末値.

国立銀行が設立され,それらがいずれも営業不振に陥った. 主たる理由は資金調達の不調にある. 第1に,1874年頃には総資金の半ばに達していた政府預金が,小野組,島田組の倒産を契機にして次第に引き揚げられはじめたことである. 第2に,さらに基本的な要因として,金銀市場比価の変化に伴うグレイシャムの法則によって紙幣発行が予定通り行なわれなかったことである[82]. すなわち,政府資金($G$)による援助が機能しなかったのである. これに加えて,資産運用上の理由も無視することができない. 表2-14にみられるように,初期の国立銀行は多額の現金および紙幣抵当以外の公債証書をかかえている. 条例によれば正貨準備は資本金の40%でよいはずだから(表1-1),1875年についてみれば,金銀勘定は1,380千円でよい. また発行紙幣の3分の2とすれば,254千円でよいはずである. 同年の5,735千円という金銀勘定には大量の遊休現金が含まれていると判断してもよかろう. 東京第一銀行が荷為替業務を開始するのは,1876年からであり,朝倉孝吉はそれ以前の国立銀行はきわめて不活溌であったとしている[83]. また岡田俊平は,これについて,資金供給機構と資金需要機構の調整の欠如という興味深い仮説を提示している[84]. 単に資金調達

---

82) 銀行による紙幣の発行は国立銀行が最初ではない. それ以前の為替会社においても,金券,銭券,銀券,洋銀券等の紙幣が発行された. このうち金券はすべての為替会社によって発行されたものであり,金貨との兌換券であった. しかし為替会社規則の紙幣発行に関する規定は著しく不完全で,準備率,発行高制限さえ定められていなかった. しかし,その後準備率に関する規定が漸次策定,強化され,最終的には100%準備制となった. この準備率規制の強化が為替会社衰退の一因であったと言われる. 準備率については,岡田俊平[1960] pp. 29-34参照.
83) 朝倉孝吉[1961] p. 166.
84) 岡田俊平[1960] pp. 85-86.

が不調であっただけでなく，実物面からの資金需要が追随しなかったことが国立銀行不振の原因だと言うのである．この点今後一層の検討が必要であろう．特に比較的活潑な東京第一銀行等と著しく消極的な新潟第四銀行等とを比較検討することが1つの手掛りになると思われる．

いずれにせよ，4行の国立銀行は，金融の疏通，不換政府紙幣の兌換銀行券への切換という設立の2大目的をいずれも十分達成できないままに沈滞し，政府の救済措置を請願するにいたる．

### (2) 1876年における国立銀行条例の改正

1876年(明治9年)の国立銀行条例の大幅改正の理由は，第1に国立銀行4行の不振，第2に金禄公債の価格維持，第3に民間における銀行設立の活潑化，銀行類似会社の簇生である．第3の要因についてはすでに詳しく説明した(第1章)．

第1の国立銀行の不振について．4行の国立銀行は1875年頃から政府の援助を請願するにいたる．まず，政府紙幣の借入を要求したが，これは政府に認められ，1885年12月にとりあえず合計71万円の新紙幣が4行に貸付けられた．抵当は金札引換公債であり，このため国立銀行は下付された銀行券を政府に返却し，その抵当たる金札引換公債証書を受取り，あらためてこれを借入金の抵当として提出した．(これにより，金札引換公債の紙幣回収効果は全く無に帰したわけである．)次に，4行は正貨兌換をとりやめて政府紙幣兌換に切換えるよう請願するが，これは認められなかった．理由は，不換紙幣の兌換化という「国立銀行本務ノ大趣旨」を失うという原則論であった[85]．

しかしながら，金銀市場比価の上昇が続くとともに，国立銀行の紙幣発行はますます収縮し，1876年にはわずか62千円(表2-14)となった．政府としても，資金需給に対する配慮から4行の不振を放置するわけにはいかず，ついに国立銀行による紙幣兌換化という根本方針を放棄することのやむなきにいたるのである．『明治財政史』はこの事情を次のように記している．「明治五年国立銀行条例ノ効力ハ此ニ至リテ全ク堙滅ニ帰シタリト云フモ不可ナルナシ然レトモ若

---

85) この間の事情については藤村通[1968] pp. 229-236 を参照されたい．

シ徒ニ条例ヲ墨守スルニ於テハ独リ政府紙幣銷却ノ目的ヲ達スル能ハサルノミナラス併セテ金融ヲ疏通スル能ハサルノ事情迫レルヲ以テ政府ノ議漸ク一変シテ紙幣銷却ノ目的ハ暫ク之ヲ措キ専ラ金融疏通ノ目的ヲ達センカ為メ国立銀行条例ニ一大改正ヲ加フルニ決シタリ」[86]．

　他方，200万に達する華士族の処遇は維新以来の一大課題であり，その交付公債方式による最終的処分方針が1876年8月の金禄公債発行条例で布告された(第108号布告)[87]．これは従来の家禄賞典禄を公債に切換えることにより，毎年度約4百万円の歳出を節約し，約20年間で公債元金を消却しようとするものであり[88]，このため1877年より総額1億7,400万円余の公債発行が予定されていた．

　しかし，ここで最も憂慮されたことは，この大量の公債発行が市場需給を変化させ公債価格の大暴落につながる可能性であった．すなわち「一億余円ノ金禄公債証書ヲ発行スルハ恰モ一億余円ノ物品遽ニ市場ニ増発スルト異ナラサレハ或ハ其権衡ヲ失シ其価格ヲ堕シ遂ニ其所有主ヲシテ利用ノ途ヲ失ヒ不測ノ窮途ニ陥ランムルモ知ルヘカラス」というわけである[89]．金禄公債発行条例の公布と同時に，第109号布告で同公債の譲渡禁止措置がとられてはいたが，これはあくまで暫定措置でしかなかった．金禄公債によって銀行資本金を払込ませ，銀行設立促進と公債価格維持の一石二鳥をねらうというアイディアはここに生れたのである．大蔵卿大隈重信の主張によるものであった．

　こうして1876年(明治9年)国立銀行条例は改正された．また，1877年3月には，国立銀行設立に限って，先の第109号布告(金禄公債譲渡禁止措置)を解除することが各府県に内達され，ついで，1878年9月には書入，質入，売買が全て自由化された[90]．新旧の国立銀行の主要相違点を比較すれば，表2-15のようである．まず，資本金の60%の紙幣発行が80%に引き上げられ，準備率

---

86) 『明治財政史』第13巻，p.111．
87) 同年2月に日朝修好条規が調印され，東アジアの緊張が一段落したため，軍部が不平士族の反抗に加担する可能性が少なくなったことによる．これ以後，明治政府は内治第一主義に基く富国政策を展開するとともに，不平士族抑圧政策に転じたと言われる．坂野潤治[1981 b]参照．
88) 第8期(1875年1月-6月)の家禄支払は歳入の約29%の25百万円弱に達していた(表2-1)．金禄公債償却方法の詳細については藤村通[1968] p.224参照．
89) 『銀行局第一次年報』(『日本金融史資料』明治大正編，第7巻(上)，p.3)．
90) 『明治財政史』第13巻，pp.255-256，『日本金融史資料』明治大正編，第13巻，p.500，伊牟田敏充[1976 b] p.18，長幸男[1963] p.62．

表 2-15　新・旧国立銀行条例の主要規定比較

|  | 1872 年国立銀行条例 | 1876 年改正国立銀行条例 |
| --- | --- | --- |
| 発　券　額<br>抵　当　公　債<br>兌　換　制　度<br>準　備　率 | 資本金の 60% の紙幣抵当公債，同額の紙幣発行.<br>金札引換公債に限る.<br>正貨兌換.<br>資本金の 60%（発行紙幣の 2/3）の正貨準備. | 資本金の 80% の紙幣抵当公債，同額の紙幣発行.<br>4％以上利付の公債証書.<br>政府紙幣による兌換.<br>資本金の 20%（発行紙幣の 25%）の通貨準備. |
| 貸出金利制限 | 可成丈廉価にする. | 年 10% 以内. |
| 最低資本金 | 人口 10 万人以上の地では 50 万円以下は不許可. 10 万-1 万人の地では 20 万円でも許可. 1 万人未満の地では 5 万円でも許可することがある. | 10 万人未満は不許可. 人口 10 万人以上の地では 20 万円未満は不許可. 但し時宜により 5 万-10 万円でも許可することがある. |
| 1 株の額面 | 100 円. | 100 円または 50 円，25 円. |

〔資料〕『明治財政史』第 13 巻, pp. 219-220, および『銀行課第一次報告』(『日本金融史資料』明治大正編, 第 7 巻(上), p. 5).

は資本金の 60%（発行紙幣の 3 分の 2）から資本金の 20%（発行紙幣の 25%）へと引き下げられた. 第 1 章で述べたように，これにより銀行の利潤率が著しく上昇した. 次に，正貨兌換は政府紙幣兌換に切り換えられ，抵当公債も金札引換公債に限定されていたのが，一般の (4%以上) 利付公債に拡大された. 金札引換公債により政府紙幣を回収し，かわって (同額の) 正貨兌換銀行券を発行するという旧条例の基本的方針が放棄されたのである. また改正条例では最低資本金および株式額面金額を引下げることにより[91]，比較的小資産者による銀行の設立を容易にするための措置がとられている. これはかつての巨商・政商の資金動員方針から，より一般の地方豪商農の資金を重視する姿勢に転じたことのあらわれである. 最後に，利息制限について旧条例では「可成丈廉価ニスル」とあったのを，10% 以内とあらためた. これは次第に資金市場が整いかつての著しい高利が影をひそめつつあることに対応した措置である. 金利制限設定の根拠を『銀行局年報』は「国立銀行ナル者ハ特殊ノ権利ヲ付与セラレタルモノナレハ其利息亦普通ノ割合ヨリ軽減シ以テ公益ヲ謀ルハ一般人民ニ対シテ甘ンシテ尽スヘキノ義務タリ」と説明している[92]. ちなみに，1877 年 9 月に利

---

[91] 引下げられても，額面が著しく高額であることにはかわりない. このため 1872 年条例には株式の分割払込制が定められており (第 7 条)，これらの規定は改正条例においてもほぼ同じかたちで継承された (改正条例第 3 章第 30 条).

[92] 『日本金融史資料』明治大正編, 第 7 巻(上), p. 4.

息制限法が制定され，国立銀行もまた同法に準拠する趣旨の改正が行なわれた(1878年10月).

第1章に述べたように，この条例改正に伴って銀行設立の1大ブームが現出することになるが，国立銀行についてはその設立は紙幣増発を伴うため無制限に認可することは許されない．このため大隈は1877年(明治10年)11月次のような稟議を行なった．すなわち，「昨九年国立銀行条例御改正以来銀行創立願出候者陸続有之即チ今既ニ許可セシ者三十四ニシテ未タ許可セサル者三十三通計六十有余ニ至レリ加フルニ目下各地方ニ於テ尚創立ヲ希望シ協議イタシ居候哉ノモノ許多ニシテ其数殆ント予定スヘカラサルノ形勢ニ有之然ルニ国立銀行ノ儀ハ各自紙幣ヲ発行セシメ候モノニ付能ク其流通ノ度ヲ量リ予シメ其発行額ヲ制限セサルトキハ遂ニ如何ナル弊害ヲ醸成スルモ難測就テハ差向資本金四千万円ヲ標準トシ之ヲ全国(琉球藩ヲ除クノ外)人口税額ニ控除シ大凡別紙ノ通リ相定メ」として[93]，資本金総額4千万円の制限とその各府県への割当を提案した．太政官はこの稟議を裁可し，若干の曲折の後，条例の発券額に関する規定(第2章第18条)を次のように改めた(1878年3月)．「大蔵卿ハ発行スヘキ銀行紙幣ノ総額ヲ制限スルコトアルヘシ故ニ新タニ創立ヲ願フ者アルトキハ其資本金額ヲ節減シ或ハ其創立ヲ許可セサルコトアルヘシ尤モ発起人ノ請願ニ依テハ特ニ其発行紙幣ノ割合ヲ節減シテ其創立ヲ許可スルコトアルヘシ」[94].

この改正により銀行設立と紙幣増発との関係はフレキシビリティを得た．以後，設立時に80％未満の紙幣発行しか認められないもの，増資時に紙幣発行増を80％未満に規制されたものはそれぞれ12行および6行であった[95]．前者のうちには製糸業に関連して著しく積極的な活動を行なった福島第百七銀行が含まれており，その紙幣発行額が資本金額のわずか40％であったことが注目される．表2-16にみられるように，発行紙幣の資本金額に対する比率は1878年，

---

93) 『明治財政史』第13巻, p.222.
94) 『明治財政史』第13巻, p.231.
95) 前者は，大聖寺第八十四(44％)，大橋第八十七(50％)，水戸第百四(72％)，福島第百七(40％)，山口第百十(77％)，東京第百十九(53％)，大阪第百二十一(54％)，桑名第百二十二(74％)，大阪第百三十(48％)，保土谷第百三十二(57％)，二俣第百三十八(64％)，山形第百四十(64％)である．カッコ内は発行紙幣の資本金に対する比率．水戸第百四は増資時にも紙幣発行増が認められず，この点をも考慮すると60％である．後者は，高知第七，山梨第十，岡山第二十二，大分第二十三，高知第三十七，松江第七十九の6行.

表 2-16 国立銀行の資本金と発行紙幣

| 年度 | 年度内に開業した銀行数 | 開業時 | | | 明治12年度末(1880年6月末) | | |
|---|---|---|---|---|---|---|---|
| | | 資本金額 | 発行紙幣 | 発行紙幣/資本金額 | 資本金額 | 発行紙幣 | 発行紙幣/資本金額 |
| 1876 | 12 | 21,176 | 19,341 | 0.913 | 22,176 | 20,093 | 0.906 |
| | (うち第十五銀行) | 17,826 | 16,661 | 0.935 | 17,826 | 16,661 | 0.935 |
| | (その他) | 3,350 | 2,680 | 0.800 | 4,350 | 3,432 | 0.789 |
| 1877 | 27 | 3,230 | 2,584 | 0.800 | 4,380 | 3,480 | 0.795 |
| 1878 | 109 | 12,545 | 9,628 | 0.767 | 12,905 | 9,804 | 0.760 |
| 1879 | 5 | 775 | 556 | 0.717 | 775 | 556 | 0.717 |
| 合計 | 153 | 37,726 | 32,109 | 0.851 | 40,236 | 33,933 | 0.843 |

〔単位〕 資本金額, 発行紙幣は単位千円.
〔資料〕 『明治財政史』第13巻, p.260 および『銀行課第一次報告』(『日本金融史資料』明治大正編, 第7巻(上), pp.9-14).

79年の新設銀行について, それぞれ平均76.0%, 71.7%に抑制されるにいたったのである. 国立銀行の設立は, 1879年(明治12年)12月5日の京都第百五十三銀行の認可をもって打切られた. 資本金総額が予定の4千万円に達したからである.

この時期の国立銀行設立に関して2つのトピックスをとりあげておこう. 第1は, 大隈の稟議にもとづく, 銀行資本金(したがって銀行紙幣)の各府県への割当方法である. 上記稟議における別紙[96], および『明治大正財政史』第14巻, pp.11-12の表を手掛りに推論すると, この割当は次のようにして行なわれたと考えられる. まず資本金総額4千万のうち, 1,780万円を華族のための特権銀行第十五銀行のためにとり, 次に東京, 大阪および開港場たる神奈川にそれぞれ500万, 200万, 100万を割当てる. 残る1,420万のうちの20%すなわち284万円は「開港場所在ノ府県其他貨財ノ需要特ニ多キ地方」に, 制限額以上の銀行を許可する可能性を考えて予備資本金として控置する. 残り80%すなわち1,136万円は, 36府県に次の公式で割りふったとみられる. すなわち各府県の人口×0.1759+各府県の租税×0.1122=各府県の資本金. 問題はこの公式中の2つの数値が如何にして得られたかである. この2つの数値を2つの未知数 $x$ および $y$ とするとき連立すべき2方程式のうち必ず成立しなければならない制約条件は, 36府県の人口合計×$x$+36府県の租税合計×$y$=1,136万円で

---

96) 『明治財政史』第13巻, pp.223-227.

## 第2章 貨幣制度の整備と銀行制度

ある．他の1本の方程式は任意であり自由度が1である．ここで大隈は $x=1,136$ 万円 $\div 36$ 府県の人口合計 $\div 2=0.1759$（したがって $y=1,136$ 万円 $\div 36$ 府県の租税合計 $\div 2=0.1122$）と定めたのである．この方法は，一応の根拠はないとは言えないものの，明らかに無数の方法の中の1つでしかない．その意味で若干の政治的配慮が働いたということは想像にかたくない．たとえば，人口 1,209 千人，租税 1,616 千円の鹿児島は，上記公式によると約 394 千円と計算され，大隈は資本金制限額を 390 千円と定めた．これに対して人口 810 千人，租税 1,735 千円の三重は約 337 千円と計算され，大隈は制限額を 340 千円とした．鹿児島の方が資本金制限額が大きくなったのは，租税よりも人口に相対的に大きなウエイトが付されているためである．『明治大正財政史』は配分の方法が不明であるとして，暗に恣意性——たとえば佐幕藩府県に対する差別——のあることを示唆している[97]．確かに，上記の意味で，配分には若干の恣意性がある．しかしながら，その恣意性はたとえあったとしても決して大きなものではないことが注意されねばならない．人口，租税を基準として 36 府県に同一の公式で割当てたということは，著しく公平な措置と言うべきであろう．予備資本金の控置をも考えにいれるとき，大隈の割当案が各地の資金需給への客観的対応，効率的な資金配分を第1の目的として策定されたと判断して差支えないと思われるのである[98]．ちなみに，こうした国立銀行券の割当方式は当時における一種の金融政策であったとみなさねばならない．著しく分断された地域市場を前提とするとき，租税と人口に応じて貨幣供給量を定めるという方式は当時においてはそれなりに合理的な政策方式であったと考えられよう．

第2に，金禄公債の銀行資本金への転用について．金禄公債価格の下落を防止し，華士族の銀行資本家への転化を図るという条例改正のいま1つの目的はどの程度達成されたか．表 2-17 を参照されたい[99]．紙幣抵当公債のうち，金禄公債の占める割合は合計 86.4% であり，金禄公債が大量に動員されたことは

---

97) 『明治大正財政史』第14巻，pp. 10-11.
98) ちなみに，紙幣発行額については，まず第十五銀行に 1,666 万円の発行を許した．これはこのうち 1,500 万円を西南戦争戦費として借入れを予定していたためである．残りの資本金 2,220 万円については 80% の紙幣発行 1,776 万円を想定し，総額 3,442 万円の発行が計画されていた．
99) 公債証書は市場価格（紙幣頭が指定）によって納入することになっていた．表 2-17 の抵当額 $\div$ 券面額が市場価格である．

表 2-17 国立銀行紙幣抵当公債

|  | 抵当額<br>(千円) | 抵当額構成比<br>(%) | 券面額<br>(千円) | 発行総額<br>(千円) | 券面額/発<br>行総額(%) |
|---|---|---|---|---|---|
| 5分利付金禄公債 | 15,999 | 46.5 | 29,070 | 31,412 | 92.5 |
| 6分利付金禄公債 | 2,771 | 8.1 | 4,090 | 25,004 | 16.3 |
| 7分利付金禄公債 | 10,300 | 29.9 | 13,435 | 108,243 | 12.4 |
| 1割利付金禄公債 | 652 | 1.9 | 652 | 9,186 | 7.1 |
| 秩 禄 公 債 | 2,681 | 7.8 | 2,822 | 16,566 | 17.0 |
| 起 業 公 債 | 1,308 | 3.8 | 1,635 | 12,500 | 13.1 |
| その他共計 | 34,396 | 100.0 | 52,688 | — | — |

〔資料〕 伊牟田敏充[1976 b] p. 119.

間違いない．国立銀行が別名「禄券銀行」と言われたゆえんである[100]．特に5分利付金禄公債が46.5%を占めていることが注目される．これは大部分が第十五銀行に対するものである[101]．5分利付債は金禄元高千円以上の華士族に交付されたものであり，6分利付債および7分利付債はそれぞれ金禄元高百円以上千円未満，百円未満の一般ないし下級士族に交付されたものである[102]．次に，券面額の発行総額に対する割合をみると，5分利付債は発行額の92.5%が銀行資本金に動員されているのに対し，一般士族の6分利付債，7分利付債はわずか16.3%，12.4%しか銀行資本金として出資されていないことが注目されよう．国立銀行条例改正の恩恵は主として富裕な華士族にのみ及んだと判断されるのである．

1876年の国立銀行条例の改正は大隈のリーダーシップの下で行なわれたものであった．不換紙幣の整理はひとまず措き，国立銀行に対する政府資金($G$)の大量供給と紙幣増発により殖産興業を図ろうとする政策は，積極拡張主義者大隈の最も得意とするところであった．『銀行局第一次年報』(銀行課第一次報告)は，「直接ニ於テハ多数ノ華士族ヲシテ其ノ禄券下付ノ日ニ於テ頓カニ価格ノ下落ニ逢フノ不幸ナク永遠ニ之ヲ維持スルノ道ヲ得セシメ間接ニ於テハ銀行ノ設置アリテ金融ノ道ヲ疏通シ為換ノ便ヲ開進シ一般ノ商業ヲシテ活潑ナラシ

---

100) しかし経営の実権は商人に握られているものが多く，株式所有も次第に商人の手に移っていったことは既述のとおりである(第1章[2])．
101) 銀行紙幣の抵当とされた5分利付債29,070千円のうち28,792千円が第十五銀行のものであった．『日本金融史資料』明治大正編，第7巻(上)p. 123.
102) 『明治財政史』第8巻，pp. 278-280.

メ随テ農工ノ事業ヲ誘進セリ其功実ニ浅少ナラス」として大隈の功績を賛えている[103]．この報告は1880年1月付けで銀行課長岩崎小二郎より大蔵卿大隈あてに提出されたものであり，多少割引いて考える必要があるが，条例改正のポジティヴな政策効果は十分評価する必要があろう．しかしそれとともに，政府資金($G$)の供給，紙幣発行が多少過剰供給であったという側面も軽視することはできない．特に，福島第百七銀行が40％の紙幣発行で十分成功したこと，条例改正の前後に$G$に依存しない銀行設立が相次いだという事情等からして，大隈の政策は若干積極的にすぎたと言えなくもないのである．

　最後に1つの注意を与えておこう．しばしば，この国立銀行条例改正によって華族資金の産業資金への転化がなされたとする説明がなされることがあるが，こうした表現は正確でないであろう．華士族の出資は大部分その保有公債によってなされたとみられるが，これは国立銀行においてそのまま公債(紙幣抵当公債)として保有(厳密には政府に抵当として提出)されたのであって，売却され売上代金を民間融資に向けるという行動がとられたわけではない．単に政府への(公債のかたちの)投融資の主体が華士族から国立銀行に入れ替ったにすぎないのである．(このため第3章[2]でみるように国立銀行は政府部門に対して多額の純資金供給者となった．)また，資本金出資のうち現金による部分は大部分商人・地主によって出資されたとみられるが，これまた準備紙幣として保有されたから民間部門に投融資されたわけでない．もちろん，設立によって下付された国立銀行券はその多くが民間投融資に向けられたことは言うまでもないが，これは華士族の資金でも商人・地主の資金でもなく，政府資金($G$)にほかならない．ちなみに，これに対して私立銀行，銀行類似会社への出資は抵当公債保有，準備現金保有等の制約がないから，その大部分は民間産業資金等に用いられたであろう．出資が現金でなされたとすれば，現金需要函数のシフトが生じたとみられるわけである(商人・地主の蓄積資金の動員，序章参照)．

### (3)　日銀兌換券

　国立銀行券の発行方式は地方的分散発行方式であった．さきの大隈の稟議か

---

103) 『日本金融史資料』明治大正編，第7巻(上)，p.14.

らもわかるように，著しく地域的に分断されていた当時の金融市場の発展度を前提とすると，各地域それぞれの資金需給を個別的に把握し，分散的通貨供給を行うという方法は1つの適切な方法であったのである．しかしながら，国立銀行条例の改正が奏効すると同時に，分断されていた地域的金融市場は急速に統一され全国的市場が形成されてきた．これは1877年(明治10年)以降の荷為替網，コルレス網の急速な発達に大きく負っている．他方，西南戦争が政府側の勝利に終るとともにかつての府藩県制の連邦的要素はほぼ完全に払拭され，政治的にも中央集権政権の基礎が固められた．これらの事情は，全国経済的視野に基く通貨量の制御，そのための集中発券制度の整備を必要ならしめたと考えられる．松方の「財政議」(1881年9月)，「日銀創立ノ議」(1882年3月)，および大隈・伊藤の「公債ヲ新募シ及ヒ銀行ヲ設立セン事ヲ請フノ議」(1881年7月)が出され，中央銀行設立の気運が盛り上ったことの背景はおよそ以上のようなものであった[104]．

「日本銀行創立ノ議」における「日本銀行創立趣意書」によると，日銀設立の目的は以下の5点である．(i)商業銀行組織の枢軸となって，通貨を調整し，全国の金融を便易にすること，(ii)貸付割引により商業銀行の資金力を補完すること，(iii)手形の再割引により商業金融を拡充し，金利を低下させること，(iv)国庫の出納を管理させること，および，(v)貿易手形割引を行ない正貨量をコントロールすること[105]．

1882年6月布告第32号「日本銀行条例」により，同年10月日銀は開業した．株式組織で資本金1千万円であった．これにともない翌年5月国立銀行条例が再度大改正され，その私立銀行への改組，銀行紙幣消却の方針が定められた．設立当初の日本銀行は銀行券を発行していない．これは銀貨の紙幣に対する等価兌換を予定していたため，銀紙価格の乖離が消滅するのを待たねばならなかったからである．銀行券の発行は1884年5月公布の「兌換銀行条例」にもと

---

104) これ以前の中央銀行構想としては，さきに述べた吉田清成のゴールド・バンク案およびアラン・シャンドの国立銀行条例改正に関する意見書がある．後者については『明治財政史』第13巻，pp.114-147参照．また1881年7,8月頃には，内外から資本を募って外国人によって中央銀行を設立させようという動きがあり，松方がこれに反対したと言われる(「紙幣整理」『日本金融史資料』明治大正編，第16巻，p.177)．
105) 『明治前期財政経済史料集成』第1巻，pp.438-447．

づき1885年5月から始められた．(また，1886年1月より政府紙幣も漸次銀貨に兌換された.)

松方は当初3分の1の比例準備制を考えていたが[106]，兌換銀行条例ではその第2条に「日本銀行ハ兌換銀行券発行高ニ対シ相当ノ銀貨ヲ置キ其引換準備ニ充ツヘシ」ときわめてあいまいな規定を定めていた[107]．これは条例制定時にはいまだ銀紙の価格乖離が残っていたため，厳密に準備率を規定することが適当でないと考えられたからである[108]．

兌換銀行条例第2条は1888年8月に大改正を受け，いわゆる保証発行屈伸制限制という発券制度が定められた[109]．この改正条例による銀行券発行は次の3方式による．(i)正貨準備発行，すなわち正貨準備と同額の銀行券の発行，(ii)制限内保証準備発行，すなわち公債証書，大蔵省証券，確実なる証券，商業手形を保証としての7千万円を限度とする発行，および，(iii)制限外保証準備発行，すなわち市況により大蔵大臣の許可を得たうえ年5%以上の発行税を納入して(ii)と同種の証券を保証とする発行である[110]．特に，制限外発行が認められたことは日銀の発券制度を著しくフレキシブルなものとした．最初の制限外発行は1890年(明治23年)の恐慌時に3月3日から4月1日にかけて行なわれた(金額は500万円)[111]．3方式による日銀券発行高の推移は表2-18にみられるとおりである．保証準備限度額はその後1890年，1899年，1932年，1938年，1941年に漸次拡大された．詳細は後藤新一[1970] pp. 4-5を参照されたい．

---

106) この点については山口和雄[1969]および渡辺佐平[1965]を参照．
107) 『明治財政史』第14巻, p. 265.
108) 山口和雄[1969].
109) これに対して，現行の発券制度は最高発行額制限制度といわれ，1941年の「兌換銀行券条例ノ臨時特例ニ関スル件」により定められ，翌1942年の現行「日本銀行法」に採用されたものである．この制度はいわゆる管理通貨制度であり，保証発行屈伸制限とくらべて，(i)正貨兌換の定めがなく，したがって兌換銀行券という名称は廃止せられ，発行される銀行券は単に銀行券とよばれる，(ii)発行最高限度は，条例によらずして，大蔵大臣が単独で決定する，(iii)正貨準備と保証準備の区別はなく，地金銀は手形・国債等と同列の保証物件となる，などの特徴をもっている．「日本銀行法」はその後幾度か部分的な改正がなされた．たとえば第1章注61)で述べたように，1942年の同法では制限外発行税は廃止されたが，これは1947年の同法一部改正で復活された．また発行最高限度の決定は，1952年の改正で，閣議を経て大蔵大臣が決定することに改められた．
110) 『明治財政史』第14巻, p. 270.
111) 山口和雄[1969].

表2-18 日銀券の発行準備（単位：千円）

| 年 | 年末発行高 | 正貨準備 | 準備の内訳 | | |
|---|---|---|---|---|---|
| | | | 保証準備 | | |
| | | | | 制限内 | 制限外 |
| 1885 | 3,956 | 3,111 | 645 | — | — |
| 1895 | 180,337 | 60,371 | 119,966 | 64,883 | 55,083 |
| 1905 | 312,791 | 115,595 | 197,196 | 120,000 | 77,196 |
| 1915 | 430,138 | 248,418 | 181,720 | 120,000 | 61,720 |
| 1925 | 1,631,784 | 1,056,999 | 574,785 | 120,000 | 454,785 |
| 1935 | 1,766,555 | 504,065 | 1,262,490 | 1000,000 | 262,490 |

〔資料〕 後藤新一[1970] pp. 4-5, pp. 14-15.
〔注〕 1895年の制限内発行額が64,883千円であるのは，それと1890年5月-1899年3月間の限度額85,000千円の差20,117千円が政府借入金と推定されるからである．この点について山口和雄[1969] pp. 11-12を参照．

## [4] 殖産興業政策の転換と特殊銀行の設立

　全国的市場の漸次的形成，民間産業家の擡頭および財政金融制度の整備という経済基調の変化に伴い，明治経済政策の中心的モチーフは「上から」の積極的拡張政策から市場メカニズムに依拠した安定成長政策へと漸次移行した．このことを象徴するのがいわゆる殖産興業政策の転換であり，銀行政策面では銀行への政府資金($G$)供給の引揚げ，それに伴う預金銀行化の進展である．殖産興業政策の転換は，基本的には規制から市場メカニズム利用への変化というブロードな変化の一環をなすものであったが，結果的には在来産業への補助の切捨て，近代産業の民間移管による保護育成というバイアスをもつことになった．このため農商務省を中心にして，在来産業補助を目的とする新たな殖産興業の主張が興り，その基幹的施策として特殊銀行設立構想が提示された．これは，松方デフレ下に苦闘する地方豪商農の願望を代弁する主張でもあった．他方，自由民権運動の高揚に対する治安面の配慮から，内務省はさきの1880年布告第48号の廃止を中心とする地方費の財政補助を大蔵省に要求するにいたる．歳入不足に悩む大蔵省は，地方費供給を目的とした特殊銀行設立によりこの要求に応じようとした．こうして1884年(明治17年)から85年にかけて，農商

務省の在来産業振興を目的とする特殊銀行設立構想と大蔵省の地方費肩替り機関としての構想は真向から対立することになる．

しかしながら，この時期の特殊銀行構想，特に農商務省案は，細分類された特定産業への資金の信用割当を行なおうとするものであり，市場機構の整備に伴う自由市場ルールへの移行というブロードな政策基調の動きにいわば逆行するものであった．くわえて，当時は預金銀行化の進展はさほどでなく，商人・地主の長期蓄積資金への依存度が高く，長期資金の全般的不足という新たな発展資金問題はいまだ顕在化していなかったとみられる．1884-85年における両省の構想がともに実現されることなく終るのはおそらくこのためであろう．長期資金供給の問題は，明治20年以降の本格的工業化過程で次第に強く認識されてくる．近代工業の必要資金の大規模化とそれに対比しての預金形態の経常貯蓄の相対的零細性，短期性の問題がこれである．商業銀行の貸出の固定化および日銀の担保品付手形割引の定着は[112]，従来の商人・地主の蓄積資金にかわる新たな長期資金調達の必要性を次第にクローズ・アップしてきた．特殊銀行による長期資金供給構想は，このような資金循環の変化を背景に，1900年(明治33年)前後に次々と実現されるのである．

### (1) 殖産興業政策の転換

1870年(明治3年)の工部省設置にはじまり，1873年(明治6年)の内務省設立によって本格化する初期殖産興業政策は[113]，1880年(明治13年)11月の工場払下げ概則の制定および1881年4月の農商務省設置を契機に大きな転換期をむかえる[114]．

政策転換の基本的な理由は上述のとおりであるが，直接的原因として，(i)政

---

112) 銀行の株式担保金融と日銀の担保品付手形割引の関係については第3章参照．
113) 1873年9月征韓論をめぐる対立に一応の結着がつくとともに，11月に内務省が設置され内務卿大久保利通と大蔵卿大隈重信を中心に，内治第一主義に基く本格的殖産興業政策が開始されたと言われる．ただし坂野潤治[1981b]によれば，内治派ないし富国派の最終的制覇は1876年2月の日朝修好条規締結以後(あるいは西南戦争以後)であったとされている．また，本格的殖産興業政策といってもその後のインフレと財政困難により，その華々しい展開は1875-76年のごく短期間のものであった．殖産興業政策に関するサーヴェイとして中村尚美[1968]補論および小林正彬[1977]第1章を参照．
114) これ以前の1873年の内務省設置も殖産興業政策の1つの転機であったとする見方がある．祖田修[1980]はこれを工部省の「直営」方式から内務省の「模範」方式への変化としてとらえている．(p.9)．なお永井秀夫[1961]をも参照．

府による直営,模範方式がおおむね失敗に終ったこと,および,(ii)インフレ下の政府財政困難をあげることができる.すなわち,工部省所管の鉱山,官営製造工場はその多くが赤字に陥ったし[115],内務省の勧業寮における各種試験場,農学校を中心とする「泰西農法」の「直訳」的輸入はほとんど効を奏さず,また製糸,紡績の洋式模範工場による育成策も著しく不調であった[116].直輸入の洋式技術と産業的技術との間に懸隔がありすぎたこと[117],および官営工場が単に模範工場たることのみでなく利潤追求をも要請されディレンマに陥ったこと等が主要な原因であると言われる[118].また官営,模範事業所だけでなく,内務省を中心に資金貸付による民間産業育成策もとられたが,多くは未返済に終り,明確な効果を確認しえなかったとも言われる[119].他方,1888年以降のインフレで中央財政は著しく逼迫し,官営工場の赤字,民間への勧業資金供給等は冗費ではないにしても真先に切捨てられねばならない支出であった.

　直営・模範方式による殖産興業政策に対する内外の批判・反省は明治10年代にはいると急激に高まってきた.民間においては,自由民権派の論者が政府の干渉政策を激しく批判して自由放任主義を主張したし,在野の経済学者田口卯吉は民権派の政府批判を理論的におしすすめた[120].また政府部門でも,当時大蔵大輔兼内務省勧農局長であった松方正義は政府の過度の干渉が,民間の企業心を抑圧し生産力の発展を阻害しているとして保護干渉政策を批判した(1879年9月の「勧農要旨」)[121].

　こうして1880年(明治13年)11月工場払下げ概則が制定され,官営工場の民間移管の方針が定められた.概則制定の直接の契機は大蔵卿大隈の「三議一件ノ建議」(1880年5月)中の「勧誘ノ為メ設置シタル工場払下ケノ件」である.

---

115) たとえば,長崎造船所,兵庫造船所,赤羽工作分局(機械工作),深川工作分局(煉瓦製造所),品川工作分局(硝子製造所)等.
116) 富岡製糸場,千住,関口の各製絨所,新町,堺,愛知,広島の各紡績所.
117) 石塚裕道[1973]第2章,特にp.116.
118) 小林正彬[1977]第4章.
119) たとえば,高橋誠[1964]第2章によると,1873年から81年にかけての準備金からの民間貸出約5,299万円の回収率は89%であり,このうち地方政府を通じる対民間貸出81万円の回収率は78%であった.
120) 藤村通[1968] pp.372-378.また梅村又次[1981 b]は,それ以前に伊藤博文によって勧業政策批判がなされたとしている.
121) 『明治前期財政経済史料集成』第1巻,pp.522-532.

この中で，大隈は官営工場を，(i)政府直営たるべき陸海軍工廠，造船所および貨幣鋳造所，(ii)多額の資金と高度の知識を要し，あるいは秘密を要する金属精錬所，郵便電信業，および，(iii)民間の工業勧奨のための紡績，製絨，機械製造等の諸工場に3分し，この(iii)のグループに属する14工場を民間に払下げることを提唱した．理由は「事業ニ依リテハ政府自ラ経営シテ利益ナキモ，人民ヲシテ営業セシメナハ，其利益ヲ収ムルモノアラン，故ニ若シ利益アルニ，政府仍ホ営業ヲ継続シテ止マサルトキハ，識ラス知ラス専業ノ状勢ヲ来シ，勧誘ノ本旨ニ乖ク，若シ利益ナキモ仍ホ継続シテ止マサレハ，倍々国帑ノ損失ヲ崇ム，寧ロ元資ノ幾分ヲ棄捐シテ，速カニ人民ニ売渡シテ，煩冗ヲ除クヘキナリ，況ンヤ方今国債償還ノ資ヲ増加スルノ急且要ナル，苟モ歳出ノ節減スル方アラハ，之レカ挙行ヲ怠ルヘカラサレハナリ」というものであった[122]．

主要な官業の払下げ過程は，表2-19に示したとおりである[123]．概則制定直後は，財政困難，紙幣整理の関係から，国庫資金の回収をねらってかなり高価で払下げしようとしたため，スムーズにいかなかったが，1884年7月以降赤字工場群だけでなく鉱山をも払下げ対象に加え，また価格を引下げたため，払下げは急速に進展した．さらに，1888年以降は三池鉱山等黒字の優良物件が払下げられ，その多くが三井，三菱といった大財閥の手にはいった[124]．

次に，農商務省の設置は，1880年11月の「参議大隈重信参議伊藤博文建議」に基くものである[125]．設置の目的は，(i)従来の直接的干渉主義では保護育成される農商とそうでないものとの間に差別が生じがちであるから，間接的誘導主義に転じること，および(ii)農商務事務が内務大蔵両省の分掌になっているため，経費の重複が生じており，統合により歳出削減をはかる必要があること，である．農商務省は，内務省の勧業関係の部局を中心に，工部，大蔵両省管掌の勧工商部門を加えて，1881年(明治14年)4月に設置された．農商務省は殖産興業政策に関しては，いわば残務処理的機関であったと言われている[126]．

---

122) 『大隈文書』第4巻，p.112.
123) 従来，官営工場払下げに関しては，(i)財政困難原因説，(ii)民間産業勃興説，(iii)財閥育成説の3説があった．これに対して小林正彬[1977]は，払下げ過程を1884, 1888年を画期として3期間に区分し，第1期では(i)，第2期では(ii)，第3期では(iii)が主要な動機であったとしている．
124) 柴垣和夫[1965] pp.77-85，小林正彬[1977] pp.152-156.
125) 「農商務省沿革略志」，土屋喬雄編『維新産業建設史資料』第1巻に収録．
126) 小林正彬[1977] p.106.

表 2-19 主要な官業の払下げ過程(単位:十万円)

| 年(月) | 払下げ物件 | 物件に対する官業時投下資金額合計 | 物件の払下価格合計 |
|---|---|---|---|
| 1874(11) | 高島炭鉱 | 3.9 | 5.5 |
| 1882(6)-1884(1) | 広島紡績所,油戸炭鉱 | 1.0 | 0.4 |
| 1884(7)-1888(3) | 中小坂鉄山*,摂綿篤製造所,深川白煉化石,梨本村白煉化石,小坂銀山,院内銀山*,阿仁銅山*,品川硝子,大葛・真山金山,愛知紡績所,札幌麦酒製造所,新町紡績所,長崎造船所,兵庫造船所*,釜石鉄山*,三田農具製作所,播州葡萄園 | 80.8 | 18.9 |
| 1888(8)-1896(9) | 三池炭鉱,幌内炭鉱鉄道,紋鼈製糖所,富岡製糸所,佐渡金山,生野銀山 | 68.0 | 76.2 |

〔資料〕 小林正彬[1977]および鈴木武雄[1962].
〔注〕 ＊印は 1870-86 年の収支が赤字であったものを示す(鈴木武雄,上掲書 p.29). 投下資金額合計には梨本村白煉化石,札幌麦酒,三田農具に対するものを含まない. 多くは 1885 年末までの,他は払下時までの投下資金(詳しくは小林正彬,上掲書 pp.138-139).

その設立の翌年 1882 年度以後その勧業関係支出はほぼ一定となり,1885 年度には前年の約 2 分の 1 まで減少している.また工部省のそれは 1879 年度以降定常化ないし,減少,内務省のそれは(勧業部門が農商務省に移されたため),1881 年以降ゼロとなっている[127]. 初期殖産興業政策はほぼ 1881 年(明治 14 年)以降その使命を終り,その整理過程にはいったと言われるゆえんである[128]. しかしながら,こうした残務処理機関としての位置づけに対して,農商務省の(形成されつつあった)官僚層の内部に深い不満があったことに留意せねばならない.松方の影響下にあった旧(内務省)勧農局関係の部局は別にして,他の部局の官僚は殖産興業政策の転換に根強い不満を抱いていたといわれる.こうした不満が,前田正名というアクティヴなリーダーを得てその後の特殊銀行構想において一挙に燃えあがることになるのである.

殖産興業政策の転換は基本的には,「上から」の積極主義から市場メカニズム利用主義への政策基調の変化によるものであり,その変化を象徴するものでもあった.しかし,その転換が結果的には在来産業に対して近代産業をより優遇するものとなったことも否めない.なぜなら,転換に伴って従来の内務省関

---

127) 石塚裕道[1973] pp.130-131.
128) 官業払下げ,農商務省設置とともに,準備金からの民間貸出も 1880 年 6 月に廃止され,1881 年より常用部への移管,回収がはかられることとなった.高橋誠[1964]第 2 章.

係の在来産業向け勧農支出は大幅にカットされたのに対し,近代産業は結果として官業の払下げというかたちで多額の補助金を受けたとみられるからである.官業払下げが官業への投下資本にくらべて必ずしも安価なものではなかったことは近年の諸研究の指摘するところではあるが,その支払が無利息できわめて長期の年賦であったことおよび創業時の企業者リスクがすでに政府によって負担されたものであること等からして,やはり一種の補助金効果があったと見るのが妥当であろう[129]. また官業払下げを契機に三井,三菱といった大財閥が,従来の商業,運輸中心の経営から,鉱業,製造業を加えたコングロマリットとして多角化していったことにも留意しておきたい[130]. しかも,近代産業部門は殖産興業政策の転換の後も,海運,鉄道を中心に巨多の補助金供給を受けることになるのである[131].

### (2) 特殊銀行の構想

長期資金供給機関としての特殊銀行設立の構想は,松方の「財政議」(1881年)および「日本銀行創立ノ議」(1882年)にはじまる.しかしながら,この両建議における松方の主目的は,中央銀行の設立にあり,特殊銀行構想は中央銀行を中心とする金融制度モデルの一環として付随的にとりあげられた感が強い.松方はこのアイディアを(1878年の万国博覧会出席のための渡欧時に),フランスの不動産銀行(crédit foncier)から得たのであり,当初は不動産抵当の長期資金銀行がいずれ必要であるとの軽い認識を抱いていたにすぎないとみられる[132]. 加藤俊彦[1957]は,この構想が,松方の資本観——商業資本と農工資本からなる——に基くものだとしている[133].

本格的な特殊銀行構想は1884年,85年の大蔵農商務両省の構想にはじまる.大蔵省案としては,(a)「興業銀行条例同定款草案」(いわゆる明治17年草案,1884年),および,(b)「日本興業銀行条例定款草案」(いわゆる明治18年草案,

---

129) 田村貞雄[1977]参照.
130) 柴垣和夫[1965] pp.77-85.
131) 鈴木武雄[1962]は,殖産興業政策における転換を,大隈期における総花式配分方式から松方期への「緊縮財政」を前提とした特定資本への重点的配分方式への変化としてとらえている(p.42).
132) 高垣寅次郎[1972]は,当時松方が長期信用銀行の種類にまで考えが及んでないことを指摘し,初期構想が具体性を欠くものであったことを示唆している.
133) 加藤俊彦[1957] p.79.

1885年)があり[134],農商務省案としては,(c)「興業資本局設立方按」(1884年前半)[135],および,(d)「興業銀行設立方按」(1884年8月)がある[136],[137].(d)は前田正名の『興業意見』の未定稿の中心部分(方法乙)をなすものであり,これが1884年11月に印刷・配布された定本では大蔵卿松方の反対によって全文削除されたことは有泉貞夫氏の明らかにしたところである[138].

(a)と(b)あるいは(c)と(d)はそれぞれほぼ同一内容であり,主要な相違点は,設立される特殊銀行の管轄官庁に関する1点のみである.(a)では単に大蔵省の監督によるとされていたものが,(b)では営業監理は大蔵省だが,貸付は内務,大蔵,農商務の3卿の監督とされている.同様に,(c)では農商務省の監督によるとされているが,(d)では貸付は農商務省,行務および設立は大蔵省となっている.これは両省の対立交渉のうちに,他省の権限を認めるというかたちで相互に譲歩がなされたことによる[139].

大蔵省案(a, b)と農商務省案(c, d)の基本的な相違点は貸付目的およびその方法にある[140].大蔵省案(b)では,その第25条に「府県又ハ郡区町村ノ公益ニ係ル事業ヲ興ス為メ資金ヲ要シ特ニ政府ノ許可ヲ受ケタルトキハ日本興業銀行ハ要抵当又ハ無抵当ニテ其府県又ハ郡区町村ニ長期又ハ短期ノ貸付ヲ為スコトヲ得」と規定し,第29条には「日本興業銀行ハ第二十五条ニ記載シタル事業及農工事業ヲ興作スル資本ノ外一切貸付ヲ為スヘカラス」とある.すなわち,大蔵省案は,地方政府および農工業の2つの貸付対象を計画しているのである[141].(この地方政府への貸付規定が,さきの内務省要求に対応しての地方土木費の肩替り案にあたるものである.)これに対して,農商務省案は主として在来産業への資金供給を計画している.いま(d)案の貸付対象を整理すると表2-20のよ

---

134) 『日本勧業銀行史資料第1集・日本勧業銀行法草案関係資料』(1951年)に(a),(b)とも収録.
135) 拝司静夫[1969].
136) 有泉貞夫[1980]補論,祖田修[1980]第4章参照.
137) 以上の諸案において興業銀行ないし興業資本局とよばれているものは,いずれも不動産抵当銀行であって,後の日本勧業銀行に対応するものであることに注意されたい.
138) 有泉貞夫[1980]補論.
139) 詳しくは有泉貞夫[1980] pp. 182-187,拝司静夫[1966]を参照.
140) その他の相違点としては上述の所管官庁のちがい,および,特殊銀行の設置場所のちがいがある.この時点では大蔵省は東京への1行設置を計画していたが,農商務省側は1885年中に中央設置論から地方分散設置論に方針転換を行なった(拝司静夫[1974]参照).
141) 大蔵省案(a)では単に不動産抵当により長期または短期の貸付をなすと定めているのみで,貸付対象に関する限定はない.

表 2-20 農商務省の興業銀行構想における貸付対象の分類

|  | 第1期 | 第2期 |
|---|---|---|
| 甲種(短期;半年から3年) | 生糸, 茶, 砂糖 | 煙草, 紙, 漆器, 薬種, 海産物, 牧畜, 紡績, 織物, 雑貨他 |
| 乙種(長期;5年から15年) | 山村, 道路, 疏水, 開拓, 地質改良 | 運河, 造船, 築港, 堤防 |

[資料] 祖田修[1973] p.99.
[注] 『興業意見』「未定稿・方法乙」による.「興業資本局設立方按」ではこれと若干ちがっており,全体を5区分している(祖田修[1980] pp. 81-82 および拝司静夫[1969]).

うである.すなわち,農商務省案では,輸出主導の在来産業である生糸,茶および輸入代替の必要とされる在来産業である砂糖に最大の重点がおかれているのである.大蔵省案(b)の公共事業貸付にあたる道路,築港,堤防工事等は乙種とされ,在来産業の下位に位置づけられている.両省案のちがいはその貸付方法においても歴然としている.大蔵省案では単に地方政府の事業および農工事業と定めているのに対し,農商務省案では単に在来産業というのではなく個別産業で指定し,しかも貸付の順序まで規定しているのである.表2-20で言うと,甲種第1期──→甲種第2期──→乙種第1期──→乙種第2期である.貸付金利についても,大蔵省案では単に「貸付金ノ利子ハ年八歩以下トス」((b)第17条)とあるのに対し,農商務省案(c)では,各種各期の事業について個別に金利が定められている.要するに,大蔵省構想ではまず長期低利の資金供給という制度的枠組のみを定め,他は市場諸力にまかせて資金配分を行おうとしたのに対し,農商務省案では,個別産業にまでさかのぼってすべての資金配分を統制的信用割当によって行なおうとしたのである[142].

このような両省案の相違は基本的には両省の特殊銀行設立目的のちがいに由来する.農商務省にとっては,なによりも自己の所管下にある地方豪商農経営の松方デフレ下の疲弊が焦眉の問題であった.その特殊銀行構想は,「農工商イヅレモ衰頽ヲ極メタリ」という実状下にあって「松方デフレの嵐のなかにもがく豪農たちの主観的願望を政策体系にまで高め」たものであるとも言えるの

---

142) 特殊銀行法案構想にはさすがにとりいれられていないが,『興業意見』では個別地域の個別産業の特定工場まで選別し,必要資金供給額およびその割当方法を指定している.たとえば祖田修 [1980] pp.82-83.

である[143]. これにくわえて，殖産興業政策の転換によって，在来産業が不利な扱いを受けるに至ったという一種の差別感もあったであろう. 転換後も，まず鉄道，ついで海運が以前にもまして多額の産業補助金を受ける状況が続くのである(表3-18)[144]. 他方，大蔵省にあっては，地方経営の安定化をめざす内務省の地方費増額の要求，具体的には1880年第48号布告の廃止による地方土木費国庫補助の制度化の要求がある. デフレ政策により一応財政危機を回避したものの，大蔵省は当時依然として緊縮財政方針を標榜していた. しかし，地方土木費は軍事力増強の見地からも無視することのできないものであった[145]. こうして大蔵省はその特殊銀行構想に地方費肩替り機関としての性格を付与することを計画したのである. また，両省の対立には，市場メカニズムに対する認識の差もあった. 特定産業関連の省庁が，ともすれば市場メカニズムを軽視し，直接規制の手段をとりがちであることは，現在でも(程度の差はあれ)しばしば見られることである. しかし当時は市場メカニズムの急速な発達期にあたっており，金融組織を掌握し市場の拡大を実感している大蔵省と内務省の殖産興業部門を受継いだ農商務省の間に，市場のワーキングの認識に関して大きな懸隔があったことは十分考えられることである. 前田正名等が，松方デフレ下の在来産業の疲弊を憂い，従来の洋式技術直輸入的な殖産政策を批判したことはそれなりに時宜にかなった主張であった. しかしその政策的対応として従来以上の直接的規制による信用割当方式をとろうとしたことは一種の時代錯誤たる感をまぬかれない[146].

以上のように両省の構想はともにそれぞれの省庁に固有の政策課題に密接に関連しており，必ずしも経済全体の資金需給から構想されたものとは言えない. このためもあって，両省の対立には結局政治的な結着がつけられることになる[147]. すなわち，大蔵省側は(a)をとりさげるかわりに，農商務省は(d)の定本への収録を断念し，またその後大蔵省側は(b)をとりさげ，これに対して

---

143) 有泉貞夫[1980] p. 192.
144) 海運業の発展と政府助成の関係については安場保吉[1979]参照.
145) 御厨貴[1980] pp. 71-76参照.
146) また，厳格な信用割当方式を主張するかたわら，他方では起業者を助ける精神に基き確実な担保をとることよりは担保の流れぬよう配慮せねばならないとも主張している(有泉貞夫[1980] p. 191, 御厨貴[1980] p. 76).

農商務省側ではその構想の中心人物前田正名が非職されるにいたるのである(1885年12月)[148]。

### (3) 特殊銀行の設立

資金循環変化の実態に立脚したよりリアリステックな特殊銀行構想はその後1890年に至って策定された．すなわち，松方の「日本興業銀行，動産銀行及農業銀行設立趣旨ノ総説明」(1890年後半)であり[149]，これが結局後の諸特殊銀行設立の基本構想となった．この草案においてはじめて，松方は(i)不動産抵当銀行たる興業銀行，(ii)動産抵当銀行たる動産銀行，および(iii)小農への資金供給を目的とする農業銀行からなる3本建構想を提示したのである．

従来の1銀行構想にかわって3本建構想が登場した背景にはいうまでもなく政策課題の多様化がある[150]。第1に，松方デフレ以後の小農の著しい疲弊がある．松方期前後の農村の急速な貨幣経済化を背景として，デフレ下で農家負債が累増し[151]，各地に農民騒擾が相次ぐという事態が生じたのである．このため，特殊銀行は単に豪商農の援助だけでなく，小農をも対象とし，その負債整理を1つの大きな課題とする必要に迫られたのである．第2に，1886年(明治19年)以降の工業化の過程で，銀行の貸付が固定化し，商業金融資金供給にことかくかのような傾向が生じた．特に，1890年には，日銀貸出さえ株式を担保としてなさざるを得ない状況が生じた．このため，有価証券を担保として長期産業資金を供給する特殊銀行を設立し，普通銀行を本来の商業銀行にたちかえらせることが構想されるに至ったのである．第3に，全般的な長期資金の不足がある．工業化に伴って資金需要面ではますます長期設備資金が必要とされ

---

147) この政治結着の過程は，特に『高橋是清自伝』の解釈をめぐって若干錯綜している．詳しくは，有泉貞夫[1980] pp. 192-193，拝司静夫[1971]および梅村又次[1981 b]参照．梅村は大蔵省案(b)(その参院での修正案)のとり下げが，従来考えられていたような農商務省側の不賛成によるものでなく，内務省からの圧力によるものであるとする興味深い仮説を提示している．
148) 前田はその後一時期農商務省に復帰するが，やがて辞職し，全国農事会等の諸団体設立，町村是の勧奨等の地方産業振興運動に身を挺することになる．詳しくは祖田修[1973]参照．
149) 『日本勧業銀行史資料第1集・日本勧業銀行法草案関係資料』(1951年)，pp. 199-226．
150) 内務省はその後土木費国庫補助構想を中心とする地方費補助政策から地方自治へと政策を転換した．(1889-91年にかけて府県郡市町村制の公布施行，御厨貴[1980] p. 231参照．)このため，地方土木費問題は一応特殊銀行問題から切り離された．
151) 斎藤萬吉(述)『農村の開発』pp. 28-43参照．

るのに対し，商人・地主の蓄積資金の活動化過程は一段落し，資金調達の主力は，預金のかたちの経常貯蓄に移りつつあった．預金にもとづく銀行貸付は産業資金としては本来短期性資金である．しかも当時は，定期預金の発達がいまだ十分でなく，預金の中心は短期性の小口当座預金および当座預金であった．こうした事情は，金融債，信託等による長期資金の動員さらには外資の導入を必要ならしめ，特殊銀行構想はそうした課題をも考慮することが必要となったのである．

　このような資金循環の変化に対応して，松方の3本建構想は次々に実現化することとなった．まず，(i)の不動産抵当銀行としては，1896年の「日本勧業銀行法」により日本勧業銀行が設立され(1897年開業)，(ii)の動産銀行としては1900年公布の「日本興業銀行法」により日本興業銀行が設立され(1902年開業)た．また(iii)に対応しては，1896年公布の「農工銀行法」により農工銀行が各府県(北海道のみ北海道拓殖銀行)に開設された．この農工銀行法には，その第6条に20人連帯に対する無抵当貸付規定(その後1919年には10人連帯に拡充)が定められており，小農に対する資金供給への配慮がみられる[152]．また同第6条第2項は，「法律ヲ以テ組織セル公共団体ニ対」する貸付をも定めており，産業組合法案(1897年制定)との連繋による産業組合を通じる資金供給も意図されたのである[153]．ちなみに，設立後の日本興業銀行は，その設立目的の1つである株式担保金融ではさほど効果をおさめず，主として外資導入機関および預金部資金の仲介機関として活潑な業務を行なった[154]．

---

152) 1912年上期末において農工銀行の20人以上連帯貸付残高は4,098千円であり，これは総貸付残高77,611千円の5.3%にあたる(日本勧業銀行『全国農工銀行営業状況表』).
153) 渋谷隆一[1977b]参照．
154) 加藤俊彦[1957] pp. 200-202 参照．

# 第3章　明治の経済発展と金融

　本章の課題は，明治期経済発展過程の金融的側面に関して1つの総括を行うことにある．[1]ではまず，産業資金の供給状況を4局面に分割し，マクロ的に考察する．次に会社資本金を通じる資金，銀行を通じる資金，内部資金および在来金融手段を通じる資金のそれぞれについて実物面の経済発展との関連性を分析する．銀行を通じる資金に関しては，いわゆる「先行的」発展仮説あるいは「上から」の移植仮説が検討される．[2]は経済発展資金の源泉とその推移を考えるためのものである．まず，国立銀行を通じる族籍間資金移動および大資産保有者層の職業分析によって，商人・地主の蓄積資金の重要性を考察する．蓄積資金が産業資金化される過程で生じた諸現象に関しては，重複金融仲介という概念によって総合的に把握することが試みられる．次に，資金源泉が蓄積資金から経常貯蓄に移行する過程を検討し，およそ日露戦争以降の新たな資金循環パターンの出現について説明する．[3]では，初期において著しく地域的に分断されていた資金市場の漸次的統一の過程を検討する．明治期において，資金市場の統一化はかなりの速度で進展したが，地域的な格差はついに消え去ることはなかった．低金利規制および日銀信用供給という2つの政策の効果をめぐって地域的分断の縮小，残存のもつ意味が検討される．[4]では，1897年（明治30年）の「貨幣法」による金本位制の成立過程について簡単にふれ，同制度のワーキングについて予備的な考察を行う．

## [1]　産業資金の供給径路

　産業資金供給に関する従来の諸研究は，一部主要産業，地主資金あるいは銀行資金という部分的な資金循環にのみ目を集中しがちであった．本節では，まずマクロ指標により資金供給の全体像を把握し，ついで個別資金の果した役割の検討に進むことにしよう．

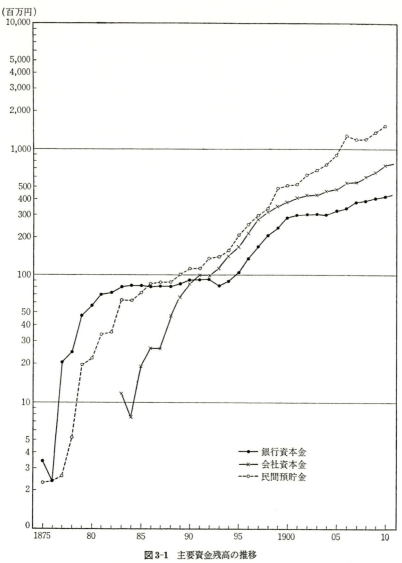

**図 3-1　主要資金残高の推移**

〔資料〕　銀行資本金，民間預貯金，銀行の国債地方債投資，直接金融会社株式，会社積立金は藤野正三郎・寺西重郎『金融資産負債残高表』による．

第3章 明治の経済発展と金融

## (1) 資金循環の4局面

産業への資金供給径路としては,銀行資本金,預金等のかたちで銀行組織を通じて流れる資金(近代的金融仲介機関を通じる間接金融),貯蓄主体による会社株式取得の形態で供給される資金(直接金融),投資主体の内部資金および貸金業者,質屋,個人間貸借等の在来金融手段によって供給される径路がある.図3-1は,これらのうちの主要なものとして銀行に対する民間預貯金,銀行資本金および銀行以外の会社資本金をとりあげその残高の動きを示したものである.まず,銀行資本金をみると,それは1876年から1879年までの期間および1896年から1900年までの期間に急増し,その間の期間では停滞している.民間預貯金[1]は1883年まで急増した後,1894年頃までは若干ペースを落し,1895年以降再び急速度で上昇している.会社資本金の増加は1888年頃はじまり,1890年から92年の間の中断期(明治23年恐慌)をはさんでその後1897年頃まで急速に増加している.

表3-1は,以上の諸変数に銀行に対する政府資金供給($G$)等を加え,5年ごとのフローのかたちに整理したものである.ここで「その他」とは,民間粗固定資本形成から,間接金融を通じる資金フローおよび直接金融(会社株式)を通

表3-1 明治期における産業資金供給状況(金額,5年間のフロー合計)(単位:百万円)

| 年 | (近代的金融仲介機関を通じる)間接金融 | | | | 直接金融 | その他 | | 民間粗固定資本形成(当年価格) | | |
|---|---|---|---|---|---|---|---|---|---|---|
| | 銀行資本金 | 民間預貯金 | $G$ | (一)銀行の国債地方債投資 | 会社株式 | | (うち)会社の積立金 | | 農 | 非農 |
| I 1878-1882 | 100 | 52 | 32 | 42 | 26 | 245 | — | 345 | 308 | 37 |
| II {1883-1887 | 58 | 10 | 53 | 0 | 5 | 279 | — | 337 | 275 | 62 |
| {1888-1892 | 69 | 11 | 47 | 9 | △2 | 75 | 466 | — | 610 | 337 | 273 |
| III {1893-1897 | 268 | 92 | 167 | 59 | 50 | 186 | 595 | — | 1,049 | 466 | 583 |
| {1898-1902 | 435 | 155 | 339 | △57 | 2 | 164 | 684 | 41 | 1,283 | 621 | 662 |
| IV {1903-1907 | 684 | 70 | 600 | 99 | 85 | 109 | 841 | 54 | 1,580 | 730 | 850 |
| {1908-1912 | 638 | 116 | 635 | 26 | 139 | 380 | 1,164 | 60 | 2,182 | 854 | 1,328 |

〔資料〕 銀行資本金,民間預貯金,銀行の国債地方債投資,直接金融会社株式,会社積立金は図3-1と同じ.$G$は統計付録1-I,1-II,民間粗固定資本形成,農は『長期経済統計』第1巻,第5表,非農は『長期経済統計』第4巻,第1表による.
〔注〕 その他は民間粗固定資本形成から間接金融,直接金融会社株式を除いて求めた.

1) 民間預貯金には郵便貯金も含む.保険も間接証券の一形態であり,損害保険は1879年,生命保険は1881年にはじまっているが,小額であるためこれは除いてある.

表3-2 明治期における産業資金供給状況(構成比)(単位：%)

| 年 | (近代的金融仲介機関を通じる)間接金融 | | | | | 直接金融 | その他 | (うち)会社積立金 |
|---|---|---|---|---|---|---|---|---|
| | 銀行資本金 | 民間預貯金 | G | (一)銀行の国債地方債投資 | | 会社株式 | | |
| I 1878-1882 | 29.0 | 15.1 | 9.3 | 12.2 | 7.5 | 71.0 | | — |
| II {1883-1887 | 17.2 | 3.0 | 15.7 | 0.0 | 1.5 | 82.8 | | — |
| {1888-1892 | 11.3 | 1.8 | 7.7 | 1.5 | △0.3 | 12.3 | 76.4 | — |
| III {1893-1897 | 25.5 | 8.8 | 15.9 | 5.6 | 4.8 | 17.7 | 56.7 | — |
| {1898-1902 | 33.9 | 12.1 | 26.4 | △4.4 | 0.0 | 12.8 | 53.3 | 3.2 |
| IV {1903-1907 | 43.3 | 4.4 | 38.0 | 6.3 | 5.4 | 6.9 | 53.2 | 3.4 |
| {1908-1912 | 29.2 | 5.3 | 29.1 | 1.2 | 6.4 | 17.4 | 53.3 | 2.7 |

〔資料および注〕 表3-1による．民間粗固定資本形成に対する比率．

じるフローを差引いてもとめた残差であって，会社企業その他投資主体の内部資金による部分および在来的金融手段によって仲介された資金フローに対応している．表3-2は表3-1の資金フローを粗固定資本形成に対する比率としてあらわしたものである．各種資金フローは必ずしもすべてが固定資本形成に用いられるわけでなく，その一部は運転資金として用いられるのだが，運転資金と固定資本形成の比率が年々ほぼ安定しているものとすると，この表は，固定資本形成資金の調達比率をあらわすものだと考えることができる[2]．

図3-1の観察結果に基づいて，さしあたって表3-2をI～IVの4局面に分割することにしよう．各局面の資金循環の特質は，概略次のようである．まず，1878年(明治11年)-1882年(明治15年)の第I局面．この期間は松方デフレ期以前のインフレ期であり，1876年(明治9年)の国立銀行条例改正による銀行設立の第1次ブーム期を含む．それゆえ，間接金融の割合が29%と著しく高い．しかも銀行資本金および$G$の割合が高いことが注目される．$G$の割合が10%を超えるのはこの局面のみであり，その後は$G$の引揚げ「政策」により，低位にとどまる．ただし，$G$の全てが民間固定資本形成に用いられたわけではない．なぜならば，$G$の主要部分である国立銀行の紙幣発行は，それに対応して同額の公債を保有せねばならないからである．表3-2では公債保有は7.5%であり，それゆえネットの民間に対する資金供給は4.7%程度である．直接金融(会社

---

[2] また，銀行組織を通じて政府部門に流れる資金がある．表3-1, 3-2では公債を通じる部分を差引いて調整してある．このほかに政府貸出金も考えねばならないが，これは無視してある．

株式)の正確な数値は得られないが，インフレ景気によりこの期間多数の商業会社が設立されたことは既述のとおりである．商業会社の資本金(ただし公称資本金)は5年間のフローで51.2百万円と計算される[3]．これは粗固定資本形成に対して，14.8% であり，かりにこの2分の1が払込まれているとすると，7.4% である．このばあい，「その他」の割合は63.6% である．また，この時期は初期殖産興業政策の後半期にあたっており，政府からの勧業関係資金供給も考えねばならない．勧業関係資金は5年間のフローで68.5百万円と計算される[4]．これは粗資本形成の19.9% であり，$G$ よりも大きく，無視しえない額である．ただしこの68.5百万円は準備金がすべて対民間補助金に向けられたと仮定されており，準備金のうち政府の現金(正貨を含む)保有，貸付金の返済部分を除くと，もっと小額になる[5]．表3-2では，政府の勧業資金は「その他」に含まれる計算になっている．いずれにせよ，第I局面は，政府からの補助金供給に誘発された銀行資本金の急増が，産業資金供給の中心部分を占めていることが特徴である．

次に，1883年(明治16年)-1892年(明治25年)の第II局面．この局面の前半部分は松方デフレ期であり，後半部分は明治20年頃の企業勃興期および明治23年恐慌を含む．この局面は，何よりも「その他」割合が大きいことが特徴である．前半期間について直接金融の割合が不明であるが，深刻なデフレ現象から考えて，この期に会社資本金の大きなフローがあったとは考えられない．後半期では会社資本金割合が12.3% に達しており，会社企業設立ブームを反映しているが，銀行を通じる設備資金の流れは(マクロ的に)著しく停滞的である．第II局面全体としては，内部資金および在来的金融手段により，在来産業の資本蓄積が行なわれた時期であるとみることができよう．この時期の会社企業には，紡績，鉄道および一部の大企業を除くと，会社名義の個人企業および組合的な農業関係企業が多く，これらを中核にして「その他」資金に基づく在来的企業群が設備投資活動の実質的部分を構成していたと推察されるのである．たとえば，当時の主導産業である製糸業は，問屋および地方銀行からの運転資金

---

3) 正木久司[1973] p.9による．
4) 石塚裕道[1973]．
5) 石塚裕道[1973]によると，準備金の5年間フローは24.8百万円である．準備金の正確なバランス・シートをつくることは今後の課題である．

供給に依存しつつ，内部留保資金のほとんどを設備投資に投入していたと言われる．

1893年(明治26年)-1902年(明治35年)の第III局面では，会社株式の割合が無視しえない大きさに達し，また銀行資本金の急増が再び生じている．会社株式の割合が高いのは，日清戦争後の会社設立ブームに対応しており，後述のようにこの頃から株式会社組織は多数株主による大資本調達という本来的な機能を発揮しはじめる．またこの局面から民間預貯金のシェアーが急上昇していることも注目されよう．この時期の銀行資本の発展は，会社企業の資金需要と民間預金の高まりという2つの要因に誘引され，それらとほぼ同時的に生じていることが特色である．近代的金融仲介機関を通じる間接金融と直接金融の高まりに対応してこの期以降「その他」割合は50%レベルにまで低下している．

1903年(明治36年)-1912年(大正元年)の第IV局面では，民間預貯金および直接金融のシェアーはひき続き高い．他方，銀行資本金の割合は5%前後に落ちこんでいる．この時期以降，銀行組織は長期にわたる淘汰集中の過程にはいるのである(第5章および第6章参照)．銀行資本金による資金動員が一応完了するとともに，この時期以降資金源泉は商人・地主の過去の蓄積資金を主とするものから人々の経常貯蓄を主とするものに移行する[6]．その過程で，新しい資金循環パターンのもとでの長期産業資金調達という新たな問題が発生する．外資導入，特殊銀行，税制等の問題がそれである．

以上の局面分析について3点のコメントを与えておこう．第1に，第I局面はいささか特異である．この時期は初期殖産興業政策の影響を非常に強く受けており，その後の時期と区別されねばならない．第2に，第II局面において，松方デフレ期と明治20年頃の企業勃興期およびその後の明治23年恐慌を一括して扱っていることに注目されたい．第1次企業勃興期における近代企業群成立の意義をいささかも軽視するつもりはないが，全体としてみると，この時期の主導産業はいまだ在来産業であり，その自己蓄積資金による設備投資活動および在来的繊維・食料製品の輸出活動が経済活動の実質的部分を占めていたと

---

6) 明治40年代以降，地主の有価証券投資が増加したことを重視する見解がある．後述のように，われわれはこの現象は地主制「運動法則」の問題としては重要であっても，全体としての資金循環に関してもつ意義はうすいものと考えている．

みなしているのである．株式会社組織の定着は，預金銀行化の進展とほぼ同時に，日清戦争以後，日露戦争にかけての時期に生じたとみられる．第3に，第IV局面はそれ以前の局面と大きく異なっており，日露戦争前後が資金循環の1つの転機であると考えられることである．それは，預金銀行化の進展，株式会社組織の定着により持続的成長に対応する資金循環が出現したことである．従来の蓄積資金動員方式にかわって，一般資産保有者の経常貯蓄に依存するという体制がこの期以後成立したと考えられる．

(2) 株式会社組織の発展

わが国の近代的株式会社の嚆矢は1869年(明治2年)の為替会社であるとも，1872年(明治5年)の国立銀行であるとも言われる[7]．明治10年代においても，いくつかの大規模な株式会社が成立したし[8]，またその他にも合本結社的あるいは組合的な商業・金融・生産会社が地方において数多く設立された[9]．しかし，本稿では，行論の簡単化のため，明治20年前後の企業勃興期以後に議論の焦点を絞ることとしたい．

表3-3は『帝国統計年鑑』の会社資本金を整理したものである．この統計のカバレッジは著しく不連続であるが，点線にはさまれた期間はほぼ同一のカバレッジだとみなすことができる．この表より，1887年(明治20年)から1889年(明治22年)にかけて，諸産業の会社資本金が急増していることが読みとれよう．この急増の中心にはもちろん，鉄道，紡績などの近代企業群がある．まず，鉄道では，1886年の6社にはじまって，87年には11社，88年には5社，89年には14社，90年以降は10社が計画され，このうち12鉄道会社が開業免許を受け，いわゆる第1次鉄道ブームが生じた．紡績では，1886年三重紡績が株式会社に改組されたのに始まり，87年には6社，88年には倉敷紡績等5社，89年には5社が設立され，それぞれが1万錘以上の近代紡績企業であった．この他，製鉄，セメント，電灯，麦酒，製糖，製紙等の分野で数多くの近代的大企業が設立された[10]．しかしながら，当時の会社企業には，これら近代的企業とならん

---

7) この点については正木久司[1973] pp. 3-8を参照されたい．
8) たとえば，東京株式取引所(1878年)，東京海上保険(1879年)，大阪紡績，日本鉄道(1883年)，大阪セメント，大阪商船(1884年)．
9) 松好貞夫[1971]第9章．

表3-3 『帝国統計年鑑』の会社資本金(単位:百万円)

| 年 | 農業 | | 工業 | | 商業 | | 運輸業 | |
|---|---|---|---|---|---|---|---|---|
| | 資本金 | 払込資本金 | 資本金 | 払込資本金 | 資本金 | 払込資本金 | 資本金 | 払込資本金 |
| 1881 | 3.0 | | 1.4 | | 11.7 | | | |
| 1882 | 2.6 | | — | | 42.6 | | 5.1 | |
| 1883 | 3.2 | | 1.5 | | 16.2 | | 9.5 | |
| 1884 | 1.2 | | 5.0 | | 9.0 | | 6.9 | |
| 1885 | 1.5 | | 7.8 | | 15.8 | | 25.6 | |
| 1886 | 1.1 | | 14.7 | | 9.9 | | 24.8 | |
| 1887 | 2.9 | | 20.0 | | 19.2 | | 25.7 | |
| 1888 | 6.0 | | 39.0 | | 21.4 | | 51.3 | |
| 1889 | 8.1 | 2.6 | 70.2 | 33.8 | 35.4 | 19.2 | 69.9 | 35.3 |
| 1890 | 8.2 | 2.9 | 77.5 | 40.8 | 36.1 | 17.9 | 103.6 | 49.8 |
| 1891 | 6.3 | 2.8 | 70.2 | 41.7 | 28.1 | 16.5 | 94.9 | 62.3 |
| 1892 | 4.4 | 2.5 | 69.0 | 43.8 | 30.5 | 17.6 | 94.7 | 67.0 |
| 1893 | 2.5 | 2.0 | 78.3 | 51.8 | 38.7 | 16.1 | 90.3 | 67.6 |
| 1894 | — | 1.2 | — | 44.6 | — | 20.0 | — | 82.6 |
| 1895 | — | 1.5 | — | 58.7 | — | 23.8 | — | 90.0 |
| 1896 | 2.2 | 1.6 | 143.6 | 89.9 | 301.7 | 192.7 | 171.7 | 113.2 |
| 1897 | 3.4 | 2.2 | 165.3 | 105.4 | 417.3 | 260.2 | 267.0 | 164.7 |
| 1898 | 4.8 | 2.3 | 183.7 | 122.1 | 470.5 | 300.0 | 271.9 | 197.2 |
| 1899 | 3.6 | 2.3 | 226.7 | 147.8 | 532.3 | 335.6 | 269.6 | 198.1 |
| 1900 | 4.5 | 2.6 | 216.8 | 158.9 | 600.8 | 389.1 | 305.8 | 228.7 |

〔資料〕 日銀[1966].
〔注〕 1886年以前は報告未達のため集計に含まれていない府県がある. 1887年から90年までは, 会社名義の個人企業を含む. 1891年から93年までは会社組合名義の個人企業を含むのみならず, 工業に資本金千円以上の非会社名義の個人企業をも含む. 1894年以降は合資・合名・株式会社のみで個人企業は含まない. なお, 銀行, 米商会所・取引所は1895年までは含まれていないが, 1896年以後商業に含まれることとなった. 詳しくは伊牟田敏充[1976a] pp.5-7を参照.

で多数の組合的企業, 個人企業が含まれていた. たとえば『日本帝国統計年鑑』には, 「二人以上資本金ヲ合シタルモノハ勿論, 一個人ト雖モ会社等ノ集合名義ヲ用ヒ各其事務ヲ営ムモノハ悉ク掲載セシモノナリ」と記してある[11]. また, この統計のカバレッジが法人企業のみとなった1894年とその前年(1893年, 商法施行)をくらべると, 1894年の社数および資本金がそれぞれ2,104社,

10) 以上伊牟田敏充[1976a] pp.(12)-(15)による.
11) 『日本帝国第10統計年鑑』p.429.

148,353千円であるのに対し,その前年ではそれぞれ4,133社,209,865千円である.この2年間に法人企業の発展が後退したとは考えられない.それゆえ,このことは少なくとも社数において2,029社,資本金において61,512千円に達する個人企業,組合的企業が1893年段階では会社統計に含まれていたことを示唆している.構成比にして,社数で49.1%,資本金で29.3%である.

しかも,1893年(明治26年)7月の商法(旧商法)施行までは,近代的会社といえども原則として無限責任であった[12].株主の有限責任制が確立し,合資,合名,株式という形態分類がなされたのは旧商法施行後であり[13],会社設立が

表3-4 資本金別,株主数別業種数(1889,1898年末)

| 1889年末(133業種) | | | |
|---|---|---|---|
| 資本金＼株主数 | 1万円未満 | 3万円未満 | 3万円以上 |
| 10人未満 | 12($a_{11}$) | 10($a_{12}$) | 8($a_{13}$) |
| 30人未満 | 10($a_{21}$) | 15($a_{22}$) | 13($a_{23}$) |
| 100人未満 | 12($a_{31}$) | 16($a_{32}$) | 20($a_{33}$) |
| 100人以上 | 3($a_{41}$) | 6($a_{42}$) | 8($a_{43}$) |

| 1898年末(153業種) | | | |
|---|---|---|---|
| 資本金＼株主数 | 2万円未満 | 5万円未満 | 5万円以上 |
| 20人未満 | 24 | 8 | 1 |
| 50人未満 | 28 | 26 | 17 |
| 200人未満 | 7 | 14 | 22 |
| 200人以上 | 1 | 0 | 5 |

$a_{11}$ 烟草,度量衡,扇子,(蘭莚),味噌,醬油,灯器,石鹼,農具,裁縫,摺付木
$a_{12}$ 屛風,(牛乳),精米,靴,コークス,製蠟,漆器,染物
$a_{13}$ 麦粉及麵類,(金属),材木,鉱業,製薬,諸機械,造船,(外国貿易)
$a_{21}$ 麦稈細工,石灰,(糖業),陶磁器,蘭莚,生糸
$a_{22}$ (諸仲買),(搾乳),活版及印刷,染料,(陶磁器),木具,煉瓦及瓦,(酒類),(為換)
$a_{23}$ (家畜),製綿,鋳物,酒類,製氷,製紙,(肥料),(用達)
$a_{31}$ (魚類),(古物),(烟草,(漁業),(青物),(温泉)
$a_{32}$ (木材),(桑樹培養),(物品貸付),(氷),(演劇),昆布,織物,(紙),(貸金),(織物)
$a_{33}$ 製油,其他,(穀物),(河湖水運),(糸類),捻糸類,諸車,(旅宿),(陸運),ガラス器,セメント,(委託物),工事請負,(綿),電灯
$a_{41}$ 竹細工,(養蚕),(古着)
$a_{42}$ (漆樹培養),(茶業),(耕作),(開墾)
$a_{43}$ (米質改良),(海運),(山林業),紡績,(保険),(鉄道)

〔資料〕 伊牟田敏充[1976 a] pp. 25-49. 原資料は『帝国統計年鑑』.
〔注〕 業種名においてカッコ付きのものは商業および運輸,カッコ付きで下線のあるものは農業,カッコのないものは工業に属する.1889年の原資料は銀行および取引所を含まない(1896年より含む).

免許主義から準則主義に移行したのは1899年(明治32年) 6月の新商法施行以後のことである.

次に, 表3-4によって1889年(明治22年)末の資本金別, 株主数別業種数およびその内訳をみよう. まず, 資本金3万円未満の会社は, 大部分が農業関係, 在来産業関係の組合的企業ないし商業, 生産会社であることがわかろう. 後にみるように, これら業種では会社形態は例外的であって, ここに記載された在来的産業の活動は, 実は大部分が非会社組織, 非工場形態をとってなされているのである. 第2に, 資本金規模が大であるのに, 株主数の著しく少ない業種が少なからずあることも注目される. $a_{13}$と分類された8業種がその代表であり, これには鉱業, 造船, 外国貿易等が含まれている. 財閥ないしいわゆる政商関連の業種である. 第3に, 逆に, 資本金が小であるのに, 株主数が著しく多い業種がある. $a_{41}, a_{42}$ と分類されている7業種がその代表であり, 養蚕, 茶業, 耕作, 開墾等農業関連会社が多い. これらは多数の小農から小額の出資を得て, 共同で販売・購入・生産を行なう組合的な企業であると考えられる.

さて, 表3-3によると, 1890年(明治23年)恐慌の後, 1893年頃から日清戦争後の1895-96年にかけて, 再び会社資本金の急増が生じている. これは, 地方短距離鉄道を中心とする第2次鉄道ブーム, 紡績, 銀行の新設を中心とするものであり, 電力, 造船, 鉄鋼等の重工業関連企業も次第に多数設立されてきた. 表3-4で1898年(明治31年)の資本金別, 株主数別業種数をみると, 1889年に$a_{31}, a_{41}, a_{42}$に分類されていた業種がほとんど姿を消していることがわかろう[14]. 業種分布はほぼ対角線に沿って集中してきたと言いうる. 大規模な資本を多数株主によって集中するという法人企業組織本来の機能が, この頃になって定着してきたと考えられよう. 1898年の資本金5万円以上, 株主数200人以上の5業種は銀行及貸金, 紡績, 綿紡績, 鉄道, 其他工業からなっており,

---

12) 国立銀行, 株式取引所, 米商会所, 日本銀行, 横浜正金銀行および日本郵船会社はそれぞれ個別の条例, 特別法ないし命令書によって有限責任制が定められていた. 私立銀行は原則として無限責任の株式会社であった(ただし, 1884年以降は株主責任は保証有限および無限の2種となる). 正木久司[1973] p. 13.

13) ただし, 旧商法では合資会社は有限責任で可. 新商法により, 無限責任社員による設立, 無限責任社員の存在が義務づけられた. 伊牟田敏充[1976 a] pp. 11-12.

14) 『帝国統計年鑑』によると, 1889年の1社平均資本金額は45,147円, 1社平均株主数は55.2人であり, 1898年にはこれらはそれぞれ88,256円, 97.1人とほぼ2倍になっている. このため表3-4の資本金, 株主数区分は1898年では1889年のほぼ2倍の間隔をとってある.

1889年の $a_{43}$ の分類には米質改良,山林業などの農業関連業種が含まれていたのに対照的である.

こうした変化は1つには,商法施行に伴い会社制度が整備されたことにより組合的企業が整理されたこともあるが,より重要な理由は,商人・地主の過去の蓄積資金によって設立された企業が,その後の設備投資資金を広く一般の資産保有者に求める必要が生じてきたことにある.大規模設備,多額の必要資金,多数株主というロジックがこの頃から貫徹してきたと考えられる[15].

### (3) 「その他」資金

紡績,鉄道および重化学工業で株式会社組織による近代的企業群が勃興するかたわら,明治30年(1897年)代までの経済では依然在来産業が生産・輸出面の主導部門であった.製造業の実質生産成長に対する各業種の寄与率をみると表3-5のようであり,1900年までは繊維,食料品が中心的部門であることがわかる.繊維産業は紡績業を除くと製糸,織物業等すべて在来的な産業部門であり,食料品においても製糖業を例外として,ほとんどが在来産業であった[16].他方,表3-2によると,民間固定資本形成に対する「その他」資金の割合は,

表3-5 製造業の実質生産成長に対する各業種の貢献度(単位:%)

|  | 1877-1900 | 1900-1920 | 1920-1930 |
|---|---|---|---|
| 繊　　維 | 34.9 | 28.9 | 21.6 |
| 食 料 品 | 40.3 | 21.6 | 6.8 |
| 金　　属 | 1.5 | 11.3 | 17.5 |
| 機　　械 | 4.0 | 19.4 | 23.6 |
| 化　　学 | 7.5 | 8.9 | 20.3 |
| 窯　　業 | 1.2 | 2.5 | 2.8 |
| 製材・木製品 | 2.5 | 1.4 | 2.8 |
| そ の 他 | 8.1 | 6.0 | 4.6 |

〔資料〕 南亮進[1981].
〔注〕 実質生産(7カ年移動平均)の増加分に対する各業種の実質生産(7カ年移動平均)増加分の割合.

---

15) 伊牟田敏充[1976a]に負う.なお,明治期の会社企業の発達に関するサーヴェイとして永江真夫[1980]を参照.
16) また在来産業は織物業が紡績業から原料の供給を受けるなどのかたちで近代産業部門と補完的共存関係にもあった.この点について中村隆英[1971]第2章参照.

表 3-6 製造工業の営業形態

|  |  | 家内工業 | 工　場 | |
|---|---|---|---|---|
|  |  |  | 非会社組織 | 会社組織 |
| (1) 製造工業生産額(百万円) | | | | |
| 1884 年 | | 273.1-271.5 | 6.5- 8.1 | |
| 1892 年 | | 510.7-505.3 | 16.7-22.1 | |
| 1909 年 | | 1,034 | 881 | |
| 1930 年 | | 2,458 | 6,376 | |
| (2) 生　糸(1900 年) | 製造場数 | 426,092 | 2,535 | 2,208 | 327 |
| (3) 陶磁器(1900 年) | 製造場数 | 4,719 | 154 | 112 | 42 |
|  | 職 工 数 | 22,907 | 3,362 | | |
| (4) 漆　器(1900 年) | 製造場数 | 4,922 | 9 | 3 | 6 |
|  | 職 工 数 | 18,026 | 170 | | |
| (5) 摺付木(1900 年) | 製造場数 | 101 | 188 | 152 | 36 |
|  | 職 工 数 | 5,329 | 12,762 | | |

〔資料および注〕　(1)製造工業生産額は中村隆英[1978] p. 86, 原資料は山口和雄[1956]および『長期経済統計』第10巻.　(2)-(5)は『第21回帝国統計年鑑』による.　工場は10人以上職人工場数であり, 家内工業は製造場数－10人以上職人工場数として求めた. 非会社組織工場数は10人以上職人工場数－会社数.

1890年頃まで著しく高く, その後においても50%を超えている.「その他」資金とは, 内部資金および貸金業, 質屋, 個人間貸借(地主, 商人から農民への貸付等)等の在来的金融仲介手段によって調達された資金である. しかも内部資金のうち, 近代的な会社企業の積立金はこの時期資金額としてさほど大きくない(表3-2において3%前後). それゆえ「その他」資金の大部分は在来的な個人企業ないし農家の内部資金および銀行以外からの借入資金だとみなければならない.

いま, 表3-4のうち, $a_{11}$ に属する摺付木(マッチ), $a_{12}$ に属する漆器, $a_{21}$ に属する陶磁器および生糸をとり, 同じ『帝国統計年鑑』によって, その経営形態を調べると表3-6のようになる. 生糸すなわち製糸業をみると, 約43万の製造場数のうち工場生産によるものはわずか2,535であり, 大部分は家内工業生産である. しかも工場生産形態をとるもののうち, 会社組織によるものはさらに少なく, 327でしかない[17]. 陶磁器, 漆器においても家内工業が圧倒的で

---

[17) 同様の指摘は小林正彬[1977] p.73にみられる. ちなみに, ここでも地域格差がある. たとえば, 太田健一[1965]による岡山県(1897年)の例では, 生糸工場22のうち会社組織のものは16であり, 他方摺付木では4工場全て非会社組織である.

あって，工場形態で会社組織のものはそれぞれわずか42および6である[18]．

また，表3-6において製造業全体の生産額構成をみても，家内工業生産の圧倒的優位は明らかであり，1900年以前において95％以上の生産が家内工業において行なわれていることがわかる．

以上から，当時の主導産業である在来産業は大部分が非工場形態，非会社組織の家内工業であり，それらによる資本形成が経済全体の資本形成の50％以上を占めていたということが言えるであろう．しかも，全体の50％以上を占める在来産業の資本形成資金はその多くが自己の留保利潤から調達されていた．製糸業にあっては，問屋の前貸金融が釜数を基準になされたこともあって，製糸家はその留保利潤の大部分を設備投資に投入したと言われる[19]．また，織物業においても，小経営のものはその設備投資資金を殆ど自己資金に頼っていた[20]．もちろん，製糸家は地方銀行および(問屋金融を仲介して)横浜の大銀行から多額の資金供給を受けていたが，これはほとんど購繭資金および賃金等の運転資金であった．織物業者にあっても同様であり，地主兼貸金業者ないし地方銀行からの借入に大いに依存していたが，それは主として運転資金であり，設備資金を借入れるのはマニュファクチュア的な規模以上のものであった．最後に，最も重要な在来産業部門として農業がある．農家も貸金業者や肥料商，米穀商等から資金供給を受けていたが，この多くは納税資金等の運転資金にあてられたと考えられる．設備資金はほとんど自己資金であったであろう．ちなみに，在来商工業に関しても，その創業資金は多くのばあい農業蓄積資金に基いていたと考えられる．たとえば，長野，山梨の製糸業者の多くは1-3町前後の中農層から出たものであり，福井，石川の輸出羽二重生産者も，10町未満中小地主のマニュ経営から発展したものだと言われる[21]．

---

18) 摺付木のばあいは導入技術による一種の近代産業であるため，工場形態，会社組織のものはかなり多い．これは表3-4の$a_{11}$に属しており，小資本少数株主により(対角線上にあるという意味で)一応会社組織のメリットを利用した産業であるといえる．
19) 山口和雄[1966] p.33, 東京高商『生糸金融調査』(1915年) p.50.
20) 山口和雄[1974] pp.17-19.
21) 中村政則[1975]参照．

### (4) 銀行業

銀行業は初期には，主として商人，地主，商社等を通して間接的に産業企業に資金を供給していた（重複金融仲介）が，ほぼ日露戦争頃から次第に産業企業への直接的融資の割合を高めることになる．銀行業を通じる資金の流れについては，次章で詳しく論じることにして，ここではいわゆる銀行業の「先行的」整備仮説および「上から」の移植仮説について一言しておこう．わが国の銀行業が，産業企業の発展に対して「先行的」に，政府の手によって「上から」移植されたという仮説は，今日までのいわば通説である．しかしこれらの仮説は，十分な実証的吟味なしに直観的に主張されることが多く，しかも「先行的」「上から」という用語の定義もしばしばきわめてあいまいである．以下では，多少含意が狭くなることを承知したうえで，これら用語に経済理論的な定義を与えることから出発しよう．

まず「先行的」．銀行の先行的設立とは，設立当初の銀行が実物的，資金的な意味で過剰能力を保有している状況と定義する．実物的な過剰能力とは銀行の物的設備および労働力の操業度が100％以下の状況であり，資金的な過剰能力とは，リスクに対する配慮から必要とされる以上の安全資産（現金および公債）を保有している状況である．設立当初の銀行が，このような過剰能力を持っており，それが実物面の経済発展に伴って次第に活動化されるばあい，設立は実物面の経済発展に対して先行的であったと言うことができよう．このばあい実物面の経済発展とは単なる工業化を意味しない．狭い意味での工業化すなわち製造工業を中心とする経済発展のみを考えるばあい，答はほぼ自明である．すなわち，わが国の本格的工業化は日清戦争ないし日露戦争以後のことであるから[22]，明治10年代に設立された銀行が「先行的」であることは明らかである．しかし，たといまだ近代的工業に対して資金を供給していないとしても，銀行が在来産業活動に密接に関連しているばあい，それは過剰能力を保有していることにはならないであろう．

それゆえ問題は在来産業の活動をも含んだ産業発展との関係であり，そのばあい明治10年代後半から明治20年代前半の経済発展過程すなわち表3-2の第

---

22) あるいは大川一司・H. ロソフスキー流の近代経済成長は1900年ないし1905年以後のことである．Ohkawa, K. and H. Rosovsky [1973].

II 局面が焦点となる．まず，実物面の過剰能力については，藤野正三郎[1965]に1つのマクロ的検証がなされている．すなわち，ここでは，操業度(利用度)の指標として預金払込額の銀行資本金に対する比率，設備能力の指標として銀行資本金変化率をとり，両者の時系列的な先行遅行関係が検討されている．その結果，1876-84年にかけては，後者が前者に対して先行して動いていることが指摘され[23]，これは「革新企業としての銀行業の設定」によるものであるとされている．すなわちマクロ的にみる限り，初期の銀行業は実物的な過剰能力をもっていたと判断されるのである．次に，資金面の過剰能力については，われわれの前2章における分析がある．分析結果は要約次のようである．まず，1876年の国立銀行条例の改正前の4行の国立銀行は大むね過大な遊休現金と公債を保有しており，その意味で資金面の過剰能力があった．次に，1876年以降は3つのタイプがあり，近畿型府県の銀行は民間預金の普及と関連して発展しており，手形，小切手決済が盛んであるという意味で，かなり活潑な融資活動を行なっていたとみられる．在来産業型府県では，銀行は在来産業の資金需要に対応して発展しており，荷為替手形等の貸出活動が著しく活潑である．その他府県の銀行は，主として政府資金($G$)の供給に誘引されて設立されたものであり，公債証書割合が高いこと等からみて，資金面の過剰能力を保有していたと考えられる[24]．

以上の考察は，一方がマクロ的時系列分析，他方が府県別クロス・セクション分析であり，必ずしも完全ではない．しかしながら暫定的に次のように言うことは許されるであろう．すなわち，政府資金に誘引された銀行，特に国立銀行の一部は少なくとも資金的および実物的な過剰能力を保有しており[25]，その意味で産業発展に対して「先行的」に設立された．しかし他方で，私立銀行，銀

---

23) また1893-1900年にかけては両者が同時，1910-20年にかけては前者が先行的であると判定されている．藤野正三郎[1965] pp. 384-386 参照．
24) パトリックは初期の銀行に関して「貸付その他金融的サービスに対する産業側の需要にも，また個人貯蓄者の貨幣ないし定期預金に対する需要にも先立って創設」されたとしている(Patrick, H. [1967])．これはわれわれの分類におけるその他府県を，在来型，近畿型に対して相対的に重要視する考え方であると言えよう．なお，パトリックは，銀行は1880年代の工業化に関しては供給先導的であったが，その後は需要追随型に変化したとしている．
25) 資金面の過剰能力を保有していた国立銀行の具体例として山形第八十一銀行と津第百五銀行をあげることができる．設立当初の両行は「紙幣抵当の公債証書と人民貸付が少々と紙幣発行のほかはなんら資金運用を行なっていな」かったと言われる(朝倉孝吉[1961] p. 148)．

行類似会社および国立銀行の残りの部分は，在来産業活動および商業活動と密接な関連をもって展開しており，「先行的」設立とは言いがたい．先行的か否かは，このように政府資金($G$)の供給と密接に関連している．初期における$G$の供給がいささか過大であったとみられることはすでに指摘した．「先行的」設立とみられる現象はこの$G$の過大供給と表裏の関係にあると考えられるのである．

次に，「上から」の移植仮説．この仮説に経済学的定義を与え，なんらかの検証を施すことはきわめてむずかしい．なぜならば，この問題は政治過程に密接にかかわっており，しかもたとえ経済的側面のみを分離しえたとしても，「上から」の銀行業の移植には何らかの民間側からの対応および技術的土台がなければ成功せず，両者はまた不可分の関係にあるからである．それゆえ，以下の考察はきわめて暫定的である．まず移植であったのか否か．銀行制度の整備にあたって，政府が欧米諸国の制度の研究に多大の努力を注いだことはよく知られている．またシャンド，エッゲルト等の外国人顧問が金融制度に関してさまざまな助言をしたことも知られている．しかしながら，欧米のモデルも外国人顧問の助言もともにそのままのかたちで直輸入されたのではないこともまた確かである[26]．しかも，わが国の初期の銀行制度には，徳川期以来の在来的制度が引継がれ大きな役割を果したことも注意しなければならない．初期国立銀行における振出手形は近世大阪地方の銀目手形の伝統を継ぐものであるし[27]，荷為替制度にしても，保険業，倉庫業が未発達であったため，旧来の問屋金融における荷為替方式が長期にわたって行なわれていた[28]．この点を松好貞夫は次のように説明している．「国立銀行の金融形態に，総じて経済の転換期にさけられない過渡的あるいは経過的な客観条件が取り入れられ，独自の信用組織をみ

---

26) たとえば1872年の国立銀行条例ではアメリカのNational Banking Actでは法貨(正貨および紙幣)兌換としていたのをわが国の実状にあわせて(ただし失敗したが)正貨兌換とした(新保博[1968] p. 208)．あるいは勧業銀行はフランスのcrédit foncierを摸したと言われるが，貸付目的の限定，政府監督の程度等で修正が加えられている(加藤俊彦[1957] pp. 80-81)等である．

27) 振出手形は，1872年国立銀行の紙幣発行が兌換請求のために不振であったため，その代替的資金調達手段としてさかんに発行された(多い時で総預金の18.4%)．また兌換銀行券発行以前の日銀あるいは正金銀行も発行した．国立銀行による発行は1897年まで続いている(後藤新一[1970] p. 46)．本来振出手形は譲渡可能な預金の預り証書であるが，今日のCDよりも通貨性が強く，また預金の裏付けなく発行されるばあいもあり，このばあいはほぼ完全に銀行券の代替物であった．政府は1879年手形金額を1枚100円以上に制限し，その通貨性を制限した．振出手形と初期国立銀行の「過渡的」営業形態については松好貞夫[1971]が有益である．

せたのはむしろ当然であって，その代表的形態こそまことに振出手形と荷為替の取引であった……前者は主として両替金融の方法として，後者は主として問屋資本の融通形態として，近世における生産と流通を結びつける基本的な紐帯をなしたものであり……」[29]．この意味で，銀行制度の移植は，いわゆる修正を伴う技術導入の一形態であり，近代技術と在来技術の較差が比較的小であったために成功したと言うことができよう[30]．

さて，「上から」である[31]．かりにわが国の銀行業が「上から」導入されたと言えるとすれば，そのばあい，少なくとも次の2つの条件がともに満たされていなければならないだろう．第1に，政府資金の供給額および法制度に規定された金融仲介技術が，民間資金の（政府資金の補助金効果のないばあいの）供給および在来的金融技術の蓄積にくらべて，銀行業の成立に大きな効果を及ぼしたこと，および第2に，政府資金供給のあり方と法制度立法化を規定する政治過程が経済活動の変化の直接的結果でないことである[32]．いま，時期を初期殖産興業政策の転換が生じた1880年頃を境に2分すると，1880年以前においては，第2の条件がかなり満たされていたと言えるかもしれない．当時はもちろん議会制はなかったし，民間の経済団体の動きもいまだ活潑でなかった[33]．経済政策は上層官僚層ないし実力政治家の独自の理念と内部的政治過程からなされる傾向が強く，その意味で経済過程の実情に直接的に規定される側面が弱かったと考えられる．しかし1880年以降は，民間における商人・地主および産

---

28) 明治30年頃（このころから倉庫業が発達）までの荷為替金融は，銀行が商品を自己（自己の責任で運送会社を用いて）で回送して代金を受取るという問屋金融的方法であった．1878年3月の『銀行雑誌』（第4号）には「荷為替ノ業務タルヤ蓋シ亦抵当貸ノ一部分ニシテ銀行ハ其荷ヲ引取リ之ヲ名宛人ニ回送シテ其代金ヲ受取ルガ如キ大ニ用達商人（コミッションモルチャント）ノ事業ニ類シ」（『日本金融史資料』明治大正編，第6巻，p. 26）とある．これは「運送業倉庫業保険業の未発達，したがって運送商品の証券化が不可能であったこと」によるものである（岡田俊平[1960] p. 89）．日銀は荷為替手形の普及と近代化のために，1883年8月「荷為替手形の略法」を各国立銀行に通知するが，この略法においても回送された商品はその地の銀行に委託するという方法が規定されている．以上の詳細については松好貞夫[1971]および岡田俊平上掲書を参照されたい．
29) 松好貞夫[1971] p. 163．
30) 小野旭[1968]の仮説．この仮説についてはまた『長期経済統計』第11巻，第2部第3章および寺西重郎[1972 a]等を参照されたい．
31) 「上から」「下から」の認識手法は，日本経済の発展過程全体に関してもしばしば適用されてきた．この点については正田健一郎[1971]第1-3章参照．
32) 経済過程，政治過程，立法過程の相互関係については，渋谷隆一[1977 a]参照．
33) 東京商工会議所の前身である東京商法会議所が設立されたのは1878年である．同会議所の明治10年代における活動に関して，山口和雄[1956]第9章を参照されたい．

業家の自立の動きが強く，また市場も次第に全国化しており，経済政策も市場諸力の動きに規定される傾向が強まったとみられる．こうした中で，積極的拡張政策から安定成長政策へのシフトが生じたことはすでに述べたとおりである．1880年以降は第2の条件は次第に満たされなくなったと考えるべきであろう．次に，第1の条件についてはどうか．1880年以前についても，民間からの(政府資金の補助金効果に依存しない)銀行設立の動きが活潑であったことはすでにしばしば指摘した．在来産業を中心とする民間経済活動自体が銀行設立を必要としたのである．それには，維新の混乱期に銀目停止等で在来の金融組織が破壊されたという事情もあった．また，金融仲介技術については，在来的技術がかなりの程度発達しており，国立銀行ですら在来技術を使用して営業活動を行なったこと上述のとおりである．しかしながら，他方で政府資金($G$)の効果にはきわめて顕著なものがあった．特にその直接的補助金効果だけでなく，外部経済という間接効果をも考慮するとき，その(過度とも言える)効果は無視しえない．しかも政府による近代的銀行制度に関する知識の導入，普及の果した役割もまた軽視しえないと言うべきであろう．1880年以前に，第1の条件が満たされていたか否かは，以上の諸点を慎重に吟味し比較考量したうえで判定されねばならない．われわれは，さしあたって，1880年以前においても(第2の条件はともかく，第1の条件が必ずしも満たされていない可能性があるという意味で)必ずしも「上から」の設定とは言いきれないということを確認しておきたい．ちなみに，以上では「先行的」「上から」という従来からの設問をそのままのかたちでとりあげて検討した．しかし，この問題設定自体，より厳密にかつ射程の長いものに改善される必要があることは以上の検討からも明らかであろう．今後の課題である．

## [2] 経済発展資金の源泉

　明治期の経済発展資金は初期には商人・地主等の蓄積資金の動員によって調達され，そのさい重複金融仲介という特徴的資金循環が生じた．その後，資金源泉は蓄積資金からを主とし，経常貯蓄を従とするパターンから，経常貯蓄を主とし蓄積資金を従とするパターンへ漸次移行し，その過程で資金循環の諸側

面に大きな変化が生ずることとなる．ちなみに，蓄積資金の動員とは，退蔵現金の間接ないし本源的証券による代替を意味している．現金と実物資産しか資産保有形態がないばあい，実物資産投資は固定性が高くかつリスクが大きいため，一般に多くの現金(流動資産でかつ安全資産)が保有されねばならない．これに対して，預金，公債，株式等の間接ないし本源的証券が利用可能になると，現金保有がこれらに代替されると考えられるのである[34]．

### (1) 国立銀行を通じる資金移動

『銀行局第九次年報』から，1886年(明治19年)末の国立銀行について族籍別(華士族，農業者，工業者，商業者，会社および雑種)の預金，資本金，貸出金の(府県別)データを得ることができる[35]．表3-2によると，1883-87年平均

表3-7 国立銀行バランス・シート(1886年末)(単位：千円)

| 資産 | | 負債および資本 | |
|---|---:|---|---:|
| 政府への資金供給 | 60,138 | 政府からの負債 | 8,754 |
| 　公債証書 | 49,346 | 　政府預金 | 7,513 |
| 　貸付金 | 10,361 | 　その他 | 1,241 |
| 　その他 | 430 | 民間預金等 | 28,941 |
| 民間への資金供給 | 42,067 | 　定期預金 | 6,197 |
| 　貸付金 | 29,875 | 　当座預金 | 11,427 |
| 　当座預金貸越 | 5,248 | 　貯蓄預金 | 1,545 |
| 　割引手形・荷付為替手形 | 5,476 | 　別段預金 | 5,184 |
| 　その他 | 1,467 | 　その他 | 4,588 |
| 現金等 | 16,224 | 発行紙幣 | 29,457 |
| その他資産 | 13,852 | 自己資本 | 55,559 |
| | | 　資本金 | 44,416 |
| | | 　その他 | 11,143 |
| | | その他負債および損益勘定 | 9,570 |
| 合計 | 132,281 | 合計 | 132,281 |

〔資料〕『銀行局第九次年報』．

---

34) 資産家の現金保有については序章注6)参照．また1880年に出された『銀行課第一次報告』は，定期預金の伸びのいまだ小さいことの理由として「我国資本家」がその資産(現金)を「土中ニ埋メ」たり「匡底ニ深蔵」したりしてみすみす利子獲得機会を逃がしていることをあげ，「古来之ヲ手元ニ保蔵シテ金円其他ヲ目撃スルニアラサレバ安心セサルノ陋習」あることを指摘している(pp. 102-103)．

35) 藤野正三郎[1965]は，同じデータにより，われわれとは別の方法で族籍間資金移動を分析した先駆的業績である．ただし，そこでの分析は預金と貸出金に限られており，資本金を通じる資金移動は考慮されていない．

で銀行を通じる資金は民間粗固定資本形成の17.2%であるから，国立銀行を通じる資金はもっと少なく，このデータの与える情報は相当限られたものである．しかし，こうした制約にもかかわらず，以下の分析は明治の資金循環に関していくつかの興味深い手掛りを与えてくれる．

まず表3-7の全体のバランス・シートにより，政府と民間の間の資金移動の状況をみておこう．発行紙幣は29,457千円であり，資本金の80%よりかなり低い．これは前述のように資本金の80%以下しか紙幣発行を認められないものがあったこと，およびこの時期既に若干の紙幣消却が行なわれていたことによる．政府への資金供給は60,138千円であり，うち49,346千円は公債証書であるが，このうち紙幣発行と同額の部分29,457千円は紙幣発行抵当公債である．これは，いわば公債の買オペレーションにより紙幣供給がなされたものと考えることができるから，金融仲介による資金移動とは別に考えねばならない．それゆえ，国立銀行を通じる政府への純資金供給は，政府への資金供給－紙幣発行抵当公債－政府からの負債＝60,138－29,457－8,754＝21,927千円であり，民間への純資金供給は，民間への資金供給－民間預金等－自己資本，すなわち42,067－28,941－55,559＝－42,433千円である．このことは，国立銀行の1つの機能が，民間から政府への資金供給であったことを示している．民間からネットで供給された42,433千円のうち，21,927千円が公債，政府貸付等の政府への信用供与となり[36]，残りが政府紙幣などの現金保有等に用いられたのである．

次に，民間部門内部の資金移動をみよう．表3-8(A)は族籍別残高の判明する各資産を整理したものであり，(B)は(A)にカバーされていない預金の一部，貸出の一部および積立金に若干の推計を加えて（念のために）表3-7とカバレッジを統一したものである．大まかな性質は(A), (B)で大差ないから，以下では(A)を中心に検討しよう．まず気付くのは，民間預金(I)および貸出金(I)において商工業者の占める割合が圧倒的に大きいことである（それぞれ58.2%および58.6%）．これに対して農業者の割合は著しく低く，それぞれ3.4および10.6%である．資本金に関しては，華士族の割合が64.5%と最も大きく，商工業者の24.4%がこれについでいる．農業者の割合は著しく低い．資本金に関

---

[36] 政府貸付金のうち10百万円は両面戦争に伴う征討費借入金であり，当初借入額15百万円のうち5百万円はこの時までに返済されていた．

表 3-8 国立銀行を通じる族籍間資金移動 (1886 年末)

(A)

|  | (1) | (2) | (3) | (4) | (5) |
|---|---|---|---|---|---|
|  | 民間預金(I) | 資 本 金 | 貸出金(I) | (1)+(2)−(3) | (4)/{(1)+(2)} |
| 華 士 族 | 3,174 (16.6) | 28,667 (64.5) | 6,229 (17.8) | 25,612 (89.6) | 0.804 |
| 農 業 者 | 642 (3.4) | 1,634 (3.7) | 3,713 (10.6) | △1,437 (△5.0) | △0.631 |
| 商 工 業 者 | 11,153 (58.2) | 10,822 (24.4) | 20,492 (58.6) | 1,483 (5.2) | 0.067 |
| 会社および雑種 | 4,183 (21.8) | 3,292 (7.4) | 4,553 (13.0) | 2,922 (10.2) | 0.391 |
| 合 計 | 19,152(100.0) | 44,415(100.0) | 34,987(100.0) | 28,580(100.0) | 0.450 |

(B)

|  | (1) | (2) | (3) | (4) | (5) |
|---|---|---|---|---|---|
|  | 民間預金(II) | 自己資本 | 貸出金(II) | (1)+(2)−(3) | (4)/{(1)+(2)} |
| 華 士 族 | 4,796 (16.6) | 35,859 (64.5) | 6,515 (15.5) | 34,140 (80.5) | 0.840 |
| 農 業 者 | 970 (3.4) | 2,044 (3.7) | 3,883 (9.2) | △869 (△2.0) | △0.288 |
| 商 工 業 者 | 16,854 (58.2) | 13,537 (24.4) | 26,908 (64.0) | 3,483 (8.2) | 0.115 |
| 会社および雑種 | 6,321 (21.8) | 4,118 (7.4) | 4,762 (11.3) | 5,677 (13.4) | 0.544 |
| 合 計 | 28,941(100.0) | 55,558(100.0) | 42,067(100.0) | 42,432(100.1) | 0.502 |

〔単位〕 (1)−(4)は千円,カッコ内は%.
〔資料〕 『銀行局第九次年報』.
〔注〕 民間預金(I)は定期,当座,貯蓄預金の合計,貸出金(I)は定期貸付および当座貸越.民間預金(II)は表3-7の民間預金合計値 28,941 の民間預金(I)の合計 19,152 に対する比率 1.51 を各預金額に乗じて推計.自己資本は表3-7の自己資本 55,559 の資本金 44,415 に対する比率 1.25 を各資本金に乗じて推計.貸出(II)は表3-7の割引手形および荷付為替手形をすべて商工業者のものとみなし,また,表3-7の民間への資金供給 42,067 から割引手形・荷付為替手形および貸出(I)を差引いた値を貸出金(I)の構成比により各族籍に割りふったものである.なおすべての数値は朝鮮を含まない.

する第 1 章の分析結果をも考慮すると,国立銀行は何よりも商工業者の金融機関であったと言うことができるのである.次に,各族籍別に,民間預金(I)および資本金すなわち資金供給と貸出金(I)すなわち資金需要の差をとり,資金供給で割ってノーマライズした(5)列をみると,農業者のみ負であることがわかる.すなわち,国立銀行に関しては,非農部門から農部門への資金移動が生じていると判断されるのである.非農部門のうち,資金流出の最も大きいのは華士族であって,流出率(5)は 80.4%,流出額の構成比(4)は 89.6% である.次に流出の大きいのは会社および雑種であり,商工業者の流出率(5)は 6.7%,流出

表3-9 地方別の国立銀行を通じる族籍別資金移動(1886年末);(民間預金(I)+資本金-貸出金(I)/(民間預金(I)+資本金)

|  | 華士族 | 農業 | 商工業 | 会社・雑種 | 合計 |
|---|---|---|---|---|---|
| 北海道 | 0.90 | — | 0.70 | △0.73 | 0.61 |
| 東 北 | 0.53 | △0.46 | △0.69 | 0.65 | △0.11 |
| 北関東 | 0.73 | △0.41 | △0.07 | △1.47 | △0.06 |
| 南関東 | 0.84 | △2.29 | 0.04 | 0.40 | 0.61 |
| 北 陸 | 0.76 | △0.25 | △0.22 | 0.28 | 0.10 |
| 東 山 | 0.69 | △0.39 | 0.23 | 0.30 | 0.25 |
| 東 海 | 0.75 | △0.96 | 0.30 | 0.71 | 0.29 |
| 近 畿 | 0.58 | △0.47 | 0.33 | 0.58 | 0.39 |
| 山 陰 | 0.86 | △2.89 | 0.26 | 0.61 | 0.64 |
| 山 陽 | 0.71 | △0.49 | △0.56 | △0.01 | 0.24 |
| 四 国 | 0.66 | △0.23 | 0.10 | 0.72 | 0.45 |
| 北九州 | 0.80 | △8.36 | 0.28 | 0.81 | 0.58 |
| 南九州 | 0.84 | △1.22 | △0.49 | 0.33 | 0.50 |
| 全 国 | 0.80 | △0.63 | 0.07 | 0.39 | 0.45 |

〔資料〕『銀行局第九次年報』.
〔注〕 民間預金(I), 貸出金(I)の定義は表3-8と同じ. 地域分類は表1-17と同一.

額の構成比(4)は5.2%である. すなわち, 商工業者は, 農・非農間の資金移動に関しては, 若干の流出であるが, 部門間資金移動額に対するその寄与度は小さく, 彼等は, 国立銀行組織によって, 専ら商工業者内部の部門内資金移動を行なっていたと言えるのである. 他方, 農業者についても次の点に注意せねばならない. すなわち, 農業者は国立銀行を通じて他部門(非農部門)から資金供給を受けたが, それは金額的には極めて小額でしかないということである. 第4章で詳しく検討するように, 1888年(明治21年)において, 国立銀行の対農業貸出は農家全体の負債額の7.2%でしかない[37]. 農業部門の資金調達の圧倒的な部分は表3-2の「その他」資金すなわち自己資金および在来的金融手段による借入によってまかなわれていたのである.

以上の分析は集計量分析であるが, 当時にあっては著しい地域格差を無視することはできない. 表3-9は, 流出率を各地方別に計算したものである. すべ

---

37) 表4-9. この推計では, 農家負債が過小におさえられているから, 国立銀行農業貸出割合は過大にとらえられていることに注意. なお, 国立銀行の農業に対する資金供給としては, このほかに肥料商, 米穀商等商人を仲介とする重複的資金供給が重要である. 詳しくは第4章[5]参照.

ての地方で華士族の流出率は正,農業のそれは負である.しかし商工業者と会社および雑種では,地域によって負のばあいがあり,またその大きさもまちまちであることが注目されよう.商工業者の流出率は(北海道を別として)近畿,東海,北九州において大きく,また会社および雑種の流出率は北九州,四国,東海において大きい.これら地方はおおむね(第1章の分類における)近畿型府県に対応するものであり,これら府県では商人が大きな蓄積資金を保有していたことを示唆している.ちなみに,近畿地方をとると,族籍別の民間預金,資本金,貸出額は,それぞれ華士族で 184;928;465 千円,農業者で 83;155;350 千円,商工業者で 3,150;2,516;3,802 千円,会社および雑種で 725;1,120;767 千円,合計で 4,142;4,719;5,384 千円であり,純流出額は華士族 647 千円,農業者 △112 千円,商工業者 1,864 千円,会社および雑種 1,078 千円,合計 3,477 千円となる.商工業者の流出額(政府部門を含む他部門への資金供給額)が圧倒的に大きいことがわかろう.最後に,東北と北関東では合計欄が純流入となっている.このことは,政府からの負債が政府への資金供給および現金保有等より大きく,民間部門全体として政府部門から借入れていることを意味している.

### (2) 商人・地主の蓄積資金

以上の分析から,国立銀行の資金が主として商工業者(特に預金および資本金)と華士族(特に資本金)から供給されたこと,および農業者からの資金供給が著しく少なく,ネットでは農業者は資金流入対象であったことが判明した.

本章ならびに前2章でわれわれはたびたび商人・地主の蓄積資金という用語を用いたが,実は最も巨大な蓄積資金の保有者は財閥を頂点とする商人ないし商工業者層なのである.以下でこのことを明らかにし,蓄積資金の保有者の構成およびその蓄積の基盤等を考察することにしたい.もっとも商人と言っても商人等の大資産家はたいてい大土地保有者でもある.また,在村の大地主の多くは,商工業を兼営し有価証券等を保有していた.しかも当時の資産構成において土地の占める割合は著しく大きい[38].それゆえ商人と地主を明確に区別することにはしばしば困難を伴うが,理論的には次のような基準によるべきだろ

---

38) 巻末の統計付録1-IIIによれば,1889年の全国合計で「金融資産」(会社資本金,銀行資本金,預貯金,公債)462,828千円に対し,地券は 1,661,571 千円である.

表 3-10　500万円以上資産保有者の職業(1902年)

| 資産額(人数) | 職業または姓名 |
|---|---|
| 8000万(3人) | 岩崎弥之助, 三井八郎右衛門, 岩崎久弥 |
| 6000　(2) | 銀行(1), 銀行・鉱山・倉庫(1) |
| 3000　(3) | 銀行(1), 金貸家屋持(1), 金貸業(1) |
| 2000　(7) | 炭商・田地持(1), 金貸・田地持(1), 造船(1), 酒造(2), 生糸商(1), 製茶売込商(1) |
| 1500　(6) | 銀行(2), 銀行・貿易(1), 呉服太物(1), 木綿呉服商(1), 飯田新七 |
| 1000　(26) | 銀行(1), 金貸(3), 呉服卸(1), 呉服太物(3), 呉服反物(1), 呉服(1), 米商(1), 米穀(1), 会社員(1), 鉱業(1), 鉱山(1), 地主(6), 酒造(1), 金貸・酒造(1), 紙商(1), 鹿島清兵衛, 高島 |
| 800　(26) | 銀行(3), 銀行・酒(1), 銀行・商業(1), 商業(1), 洋反物商(1), 金貸(1), 海運(1), 汽船業(1), 商工業(1), 貿易(1), 白粉商(1), 酒造(1), 地主(4), 生糸商(1), 生糸(1), 海産物商(1), 茶・呉服商(1), 呉服・縮緬商(1), 鉱山(1), 田村, 石崎 |
| 600　(13) | 太物(1), 呉服(1), 呉服卸(1), セメント(1), 鉄道(1), 銀行(1), 侯爵(1), 請負業(1), 三井物産会長(1), 肥料・食塩問屋(1), 紡績(1), 会社員(1), 鹿島清右衛門 |
| 500　(22) | 鉱業(2), 銀行(2), 汽船持(2), 銀行・呉服(1), 酒造兼製糸(1), 米穀商(2), 烟草(1), 呉服木綿(1), 呉服商(2), 綿糸商(1), 商業・地主(1), 地主(2), 伯爵(1), 倉庫(1), 金貸(1), 川上左七郎 |

〔資料および注〕　職業の次に記してあるカッコつきの数字はその職業の資産保有者の人数．資料は中村政則[1975] pp. 110-111. これには個別資産家名と職業が記載されているが，本表では職業名のないばあいのみ個人名を記した．原資料は山本助治郎斎編『日本全国五万円以上資産家一覧』(1902年)および『大日本全国五拾万円以上財産家・全』(日本館本店，1902年)である．

う．すなわち，資産保有者の所得を，(a)農業手作純収入(農産物販売代金－経常投入財費用－雇用労働者賃金)，(b)小作料純収入，(c)商工業純収入(営業利益＋自己の労働に対する賃金)，および，(d)金融純収入(配当＋預金公社債利子＋貸金利子＋その他資産収入－借入金利子支払)に分割し，(a)＋(b)＞(c)のばあい地主とよび，逆のばあい商工業者とよぶのである[39]．(それゆえ，(d)の大小は商人であるか地主であるかの区別に無関係である．) もちろんこうした厳密な基準をいちいち適用することは通常きわめてむずかしい．それゆえ，以下では，概念上はこの基準によるが，多くのばあい主要な職業および族籍所属によって大雑把な判定を与えることにしたい．判定のむずかしいばあいおよび商人と地主と区別する必要のないばあいは従来通り商人・地主または大資産保有者という表現を用いる．

---

[39) さらに厳密にするには，地租，所得税，営業税を各項目から差引き税引後所得で論じることも考えられる．ただし，1899年の所得税法改正以前は所得税は一括課税であったため，源泉別に分割することはできない．

表 3-11 全国 103 社の大株主(5,000 株以上)数の分布(1899 年)

| 時価総額 | 華族 | 東京 | 大阪 | 神奈川 | 新潟 | 滋賀 | 福岡 | 三重 | 静岡 | 熊本 | 茨城 | 富山 | 計 | 時価合計(千円) |
|---|---|---|---|---|---|---|---|---|---|---|---|---|---|---|
| 1,000 万円以上 | 2 | 1 | | | | | | | | | | | 3 | 78,555 |
| 500-1,000 | | 1 | | | | | | | | | | | 1 | 8,856 |
| 300-500 | 1 | 1 | | | | | | | | | | | 2 | 8,281 |
| 200-300 | 3 | 2 | | | | | | | | | | | 5 | 12,879 |
| 100-200 | 8 | 5 | 4 | 2 | | | | 1 | 1 | | | | 21 | 27,478 |
| 50-100 | 17 | 9 | 9 | 4 | 1 | | 2 | 1 | | | 1 | 1 | 45 | 31,713 |
| 50 万円未満 | 1 | 11 | 6 | | 1 | 2 | | | | 1 | | | 22 | 7,783 |
| 計 | 32 | 30 | 19 | 6 | 2 | 2 | 2 | 2 | 1 | 1 | 1 | 1 | 99 | 175,545 |

〔資料〕 石井寛治[1978], 原資料は『時事新報』5,505 号(1889 年 3 月 29 日)-5,514 号(1899 年 4 月 7 日).
〔注〕 全国 103 社の株主を株主ごとに集計し, 5,000 株以上のものを表示したもの. 華族には天皇家(=内蔵頭)を含む. 1 千万円以上は内蔵頭(41,971 千円), 第十五銀行(22,965 千円), 岩崎家(13,619 千円)である. 第十五銀行の株式保有については星野誉夫[1978]参照.

表 3-10 は 1902 年(明治 35 年)の大資産保有者(500 万円以上)をその職業によって記したものである. 8 千万円以上の大資産保有者は三井・三菱の財閥であり, 6 千万円クラスの銀行(1)は鴻池善右衛門, 銀行・鉱山・倉庫(1)は住友吉左衛門である. これらの財閥を頂点にして, 掲載してある資産家 108 人のほとんどが商工業者ないし銀行家であることがわかろう. 地主は 1 千万円クラスに 6 人, 800 万円クラスに 4 人, 500 万円クラスに 2 人の計 12 人でしかない. また, 華族は 600 万円クラスに 1 人(前田家, 侯爵), 500 万円クラスに 1 人(上杉家, 伯爵)いるだけである. 次に, 資産のうち株式に注目して, その地域分布をみると表 3-11 のようになる(103 社のみ). 大株主は東京, 大阪, 神奈川といった大都市府県に多く, 財閥, 商工業者が多いことを示唆している[40]. 華族も 32 人おり, 株式に関しては華族の持分が無視しえないことがわかる. また, 農村府県の大株主は著しく少ない. 大地主地帯である新潟でも大株保有者はわずか 2 人であって, いわゆる地主の株式投資なるものが, 商工業者のそれにくらべて 1 段小規模なものであることを示している. このことは, 国立銀行への出資をみても明らかであり, たとえば資本金 30 万円の新潟第四国立銀行は,

---

40) このことは株式保有者の分布だけでなく, 資産保有者の分布についてもあてはまる. 1902 年の 50 万円以上の資産保有者 595 人のうち 352 人が東京, 大阪, 京都, 兵庫, 神奈川に在住している(中村政則[1975]).

表3-12 大資産所有者39人の株式投資の構成(1899年末)

| | 銀行 | 船舶 | 鉄道 | 紡績 | その他 | 合 計 |
|---|---|---|---|---|---|---|
| 39人の保有株数<br>(合計に対する構成比) | 89,357<br>(10.0) | 194,194<br>(21.7) | 476,977<br>(53.3) | 44,728<br>(5.0) | 89,965<br>(10.1) | 895,221<br>(100.1) |

| | 銀行および貸金 | 水運 | 鉄道 | 綿糸紡績 | その他 | 合 計 |
|---|---|---|---|---|---|---|
| 会社払込資本金(千円)<br>(合計に対する構成比) | 275,516<br>(40.3) | 38,684<br>(5.7) | 156,967<br>(23.0) | 30,313<br>(4.4) | 182,340<br>(26.7) | 683,820<br>(100.1) |

〔資料および注〕 39人大資産所有者は中村政則[1975]による．中村の分類における財閥系資本家8人，東京のブルジョアジー16人，大阪のブルジョアジー15人である．1899年末の株数の合計値の構成ゆえ，保有額の構成比率とは必ずしも一致しない．会社払込資本金は『第20回日本帝国統計年鑑』による．

市島，白勢という巨大地主によって設立されたと言われるが，この2人の筆頭株主の出資額は各6,500円であり，残りの株式は351人の株主に分割所有されていた．これに対して，ほぼ同規模(資本金25万円)の神奈川第二国立銀行(横浜の貿易商の設立した国立銀行)では，株主数は29人であり，筆頭株主は原で5万円の出資，次いで茂木3万円である[41]．ちなみに，明治政府は大規模な蓄積資金が商人・地主によって保有されていることは十分認識していたが，他方で華族の蓄積資金の動員にも期待していた．たとえば，起業公債の公募にあたって岩倉具視は華族の応募を勧誘したし[42]，また前田正名等はその興業銀行設立資金を華族の蓄積資金に求めることを計画したこともある[43]．

以上の2表は，しかしながら，きわめて巨大な資産保有者のみに注目しておりカバレッジが十分ではない．たとえば表3-11の株主数99名，延人員にして994名は，1899年末の全国会社企業7,044社の株主総数(延人員)684,070人の0.15%でしかない．また株式時価総額17,555万円は，全国会社払込資本金総額62,167万円(時価ではない)とくらべても，その28.2%を占めるにすぎない．しかも，表3-12にみられるように，大資産保有者の株式所有は，会社資本金の構成比にくらべて，船舶，鉄道の割合が大きく，銀行およびその他の割合が小

---

41) 朝倉孝吉[1961] pp.116-117.
42) 藤村通[1968] pp.370-371.
43) 農商務省の特殊銀行構想(c)(第2章[4])の第11条および第13条には「各華族ノ財本ヲ興業資本局ヘ引請ケ保管ノ責ニ任スヘキノ便法ヲ設ケテ本局ノ資本ニ充ツヘキ事」，「各華族ハ全財力ノ幾分即チ目前ノ急用ヲ節省シ蓄積トナスヘキモノヲシテ興業資本局ヘ預ケ込ムヘキ事」とある．拝司静夫[1969] pp.3-4.

表 3-13 都市商工業者の株式公債所有(1901年)

| 株式・公債額 | 所有者数 | | | | 所有株式公債の時価 | |
|---|---|---|---|---|---|---|
| | 大阪 | | 大阪・神戸・京都・名古屋 | | 大阪 | |
| | 人 | 累積百分率 | 人 | 累積百分率 | 千円 | 累積百分率 |
| 200万円以上 | 1 | 0.0 | 2 | 0.0 | 2,013 | 4.5 |
| 100-200 | 1 | 0.0 | 2 | 0.0 | 1,908 | 8.7 |
| 50-100 | 6 | 0.2 | 8 | 0.1 | 3,929 | 17.5 |
| 30-50 | 10 | 0.4 | 12 | 0.3 | 3,613 | 25.5 |
| 20-30 | 18 | 0.8 | 30 | 0.6 | 4,492 | 35.5 |
| 10-20 | 51 | 2.0 | 72 | 1.4 | 7,339 | 51.8 |
| 5-10 | 88 | 4.1 | 148 | 3.0 | 6,282 | 65.8 |
| 3-5 | 102 | 6.5 | 170 | 4.9 | 3,902 | 74.5 |
| 2-3 | 112 | 9.1 | 185 | 7.0 | 2,775 | 80.6 |
| 1-2 | 227 | 14.4 | 418 | 11.6 | 3,195 | 87.7 |
| 0.5-1.0 | 314 | 21.7 | 637 | 18.7 | 2,212 | 92.7 |
| 0.1-0.5 | 1,071 | 46.7 | 2,238 | 43.5 | 3,539 | 98.3 |
| 0.1万円未満 | 2,284 | 100.0 | 5,095 | 100.0 | 765 | 100.0 |
| ゼロ | 8,083 | — | 18,479 | — | — | — |
| 合計 | 12,368 | — | 27,496 | — | 44,963 | — |

〔資料〕 石井寛治[1978]. 原資料は商業興信所『大阪・京都・神戸・名古屋商工業者資産録』(1902年)である.
〔注〕 1901年当時4市在住の所得税納入商工業者の公債株券評価額である. 社債券を含む. 大阪の時価合計は計算すると45,964千円となる.

さい. 銀行およびその他産業では, 中規模の資産保有者からの出資が大きな役割を果しているものと考えられる. それゆえ, 次の問題は, 財閥を頂点とする巨大資産保有者以外の一般の商工業者および地主の蓄積資金の如何である.

まず, 一般の商工業者の資産保有について. 表3-13は大阪, 神戸, 京都, 名古屋4市の1901年における所得税納入商工業者の株式公債所有の分布表である[44]. 大阪のほかは時価額のデータがないため, 以下では大阪に関して考察する. まず, 30万円以上の株式公債を所有している商工業者は人数において全体の0.4%であるが, この層で全体の株式公債時価の25.5%しか所有していない. 他方, 人数において85.6%を占める2万円未満所有者は時価総額の12.3%し

---

44) 株式公債の内訳は商工業者のみについては不明だが, 他の職業をも含む「市人」全体については公債20.7%, 株式79.3%の割合である.

表3-14 紡績会社株主の職業構成
(1898年上期)

| 職　業 | 人数の構成比(%) |
|---|---|
| 呉服太物木綿商 | 18.6 |
| 綿　糸　商 | 8.8 |
| 米穀肥料商 | 5.7 |
| その他商人 | 11.9 |
| 醸　造　業 | 5.0 |
| 大　地　主 | 2.4 |
| 紡績会社重役 | 27.3 |
| 銀　行　重　役 | 7.4 |
| その他会社取引所役員 | 6.1 |
| そ　の　他 | 6.9 |
| 合　計 | 100.1 |

〔資料〕 山口和雄[1970] p.87.
〔注〕 主要株主1,141名中職業判明分866人の職業構成比.

か保有していない[45]. それゆえ, 階層の分け方にもよるが, 中間層の所有がかなり大きいことがわかる. すなわち, 人数において14.0%の2万-30万円所有者が, 時価総額の62.2%を所有しているわけである. このことは, 政商・財閥を頂点とする巨大株主層の下に, 都市の商工業者が, 中規模資産保有者としてかなり厚い層を形成していることを示していると言えよう[46].

商工業者の資産保有に関しては, また表3-14の紡績会社株主の職業構成が参考になろう. 株主の大部分は商工業者であり, 地主の割合が2.4%と著しく低いことが注目されよう[47]. 明治後期以降の主導的近代産業である紡績業は商工業者によって設立, 運営されたと言われるゆえんである. ちなみに, 紡績会社の経営者については, 1897年頃までに設立された紡績会社に関する情報があり, その内訳は商工業者58.1%, 地主4.6%, 士族23.3%, 商人・地主の合弁8.1%, その他5.8%であった[48].

---

45) また, 全体の65.4%の人々は, 所得税納入者であるにもかかわらず, この調査では株式公債を全く保有していないことも注目される.
46) 石井寛治[1978] p.96.
47) ただし, 在村地主で職業の記されていないもののみをとると2.1%となり, 他に職業をもち同時に大地主であったものをも含めると7.3%となる. 村上はつ[1970 b].
48) 絹川太一『本邦綿糸紡績史』(全7巻)から中村隆英氏が計算したもの. 経営者と経営を引継いだ者の合計86人の構成比. 中村隆英[1978] p.61参照.

表 3-15 大地主の有価証券保有

| 年 | 新潟千町歩地主 齋藤家 | | | 新潟2千町歩地主 市島家 | 山梨40町歩地主 奥山家 | | | | | 山梨100町歩地主 広瀬家 | | | | 民間部門有価証券保有 | | |
|---|---|---|---|---|---|---|---|---|---|---|---|---|---|---|---|---|
| | 有価証券合計額(千円) | 構成比(%) 株式 | 構成比(%) 公債 | 有価証券合計額(千円) | 有価証券合計額(千円) | 構成比(%) 地方株 | 構成比(%) 中央株 | 構成比(%) 公債 | 構成比(%) 国債 | 有価証券合計額(千円) | 構成比(%) 株式 | 構成比(%) 公債 | | 保有額(1千万円) | 1907を100とする指数 | |
| 1901 | 25 | 66.6 | 33.4 | 62 | 28 | 76.3 | — | 23.7 | | 93 | 100.0 | — | | 93 | 60 | |
| 1907 | 57 | 47.5 | 52.5 | 191 | 85 | 63.0 | 23.2 | 13.6 | | 62 | 88.4 | 21.6 | | 155 | 100 | |
| 1912 | | | | 500 | 142 | 59.2 | 30.8 | 10.0 | | 96 | 86.0 | 14.0 | | 244 | 157 | |
| 1920 | | | | | 453 | 77.0 | 20.5 | 2.5 | | 167 | 80.1 | 19.9 | | 886 | 572 | |

| 年 | 岡山県300町歩地主 大原家 | | | 岡山県40町歩地主 額家 | | | | | 秋田県500町歩地主 T家 | | | | 宮城県千町歩地主 齋藤家 | | | | 民間部門有価証券保有 | | |
|---|---|---|---|---|---|---|---|---|---|---|---|---|---|---|---|---|---|---|---|
| | 有価証券合計額(千円) | 構成比(%) 株式 | 構成比(%) 公債 | 有価証券合計額(千円) | 構成比(%) 地方株 | 構成比(%) 中央株 | 構成比(%) 公債 | | 有価証券合計額(千円) | 構成比(%) 地方株 | 構成比(%) 中央株 | 構成比(%) 公債 | 有価証券合計額(千円) | 構成比(%) 地方株 | 構成比(%) 中央株 | 構成比(%) 公債 | 保有額(1千万円) | 1907を100とする指数 | |
| 1901 | 285 | 80.3 | 19.7 | 41 | 30.7 | 63.8 | 5.5 | | | | | | 5 | — | 100.0 | — | 93 | 60 | |
| 1907 | 542 | 66.7 | 33.3 | 110 | 16.0 | 80.0 | 4.1 | | 7 | | | | 99 | — | 36.4 | 63.6 | 155 | 100 | |
| 1913 | | | | 141 | 12.0 | 64.2 | 23.7 | | 19 | | | | 94 | 19.8 | — | 80.2 | 259 | 167 | |
| 1918 | | | | 150 | 7.4 | 65.2 | 27.4 | | 151 | | | | 781 | 7.2 | — | 92.8 | 553 | 357 | |
| 1926 | | | | 382 | 5.8 | 70.5 | 23.7 | | 292 | | | | | | | | 1,293 | 834 | |

[資料] (新潟県)齋藤、市島、広瀬、奥山、大原家は中村政則[1979 b]による。民間部門有価証券保有額は藤野正三郎・寺西重郎『金融資産負債残高表』による。頼家の1907年は1908年、T家の1918年は1919年、(宮城県)齋藤家の1913年は1912年の数字でそれぞれ代用。谷隆一[1962 b]による。T家は岸本純明[1975]、頼家は有元正雄[1970]、(宮城県)齋藤家は渋

(注) 市島家の1912年は1914年、頼家の1907年は1908年、T家の1918年は1919年、(宮城)齋藤家の1913年は1912年の数字でそれぞれ代用。

次に地主の蓄積資金．まず大地主の有価証券保有の状況を表3-15によってみよう．これは，地主制に関する主要研究業績の中から有価証券保有額の時系列のえられるものを選びまとめたものである．表3-10から表3-14との比較の意味で，まず1901年についてみると，岡山大原家を除いて多くの大地主の有価証券保有は10万円以下で，予想される以上に小額であることがわかろう．表3-13の4市の株式公債所有者での分布とくらべると，新潟の千町歩地主斎藤家で2.5万円，2千町歩地主市島家で6.2万円というのは著しく小額と言うべきであろう．次に1907年(明治40年)以降，大地主の有価証券保有はかなりの勢で増加していることが注目される．この明治40年代以降の地主有価証券保有の増大は，従来，(i)地主・小作関係の階級矛盾の激化に伴う地主的土地経営の不利化，および，(ii)都市における商工業発展による農外投資誘発効果の2点から説明されてきた．これに対して，中村政則は，地主・小作関係の悪化は主として第1次大戦以降のことであるから，少なくとも(i)の説明要因は弱いとして，(iii)税制の変化[49]による地主的土地所有の有価証券投資に比しての相対的不利化，および，(iv)地方銀行体制の確立による地主貸金業の相対的不利化という2要因による説明を提唱した[50]．われわれも中村説が基本的に正しいと考える．少なくとも農業生産は1920年頃まで高度の成長過程にあったのであり[51]，農業経営の不利化という単独の要因で，地主の有価証券投資増を説明することは無理だと考えるからである．しかしながら，かりに中村説が正しいとしても，地主の有価証券保有増がマクロの資金循環に対して大きな意味をもっていたかどうかということはまた別問題である．われわれは，明治40年代以降地主が有価証券投資を増加させたとしても，そのマクロ的意義(地主制「運動法則」に対する意義はさておく)はさほど大きくないと考える．その理由は，第1に，地主だけでなく他の一般資産保有者の有価証券保有もまた同じく増加

---

49) 1899年地租の増徴があり田畑の課税率が2.5%から3.3%に引上げられた．1904，1905年の日露戦争に伴う非常特別税は地租の増徴を中心とするものであり，所得税・営業税の増徴は軽微であった(鈴木武雄[1962] pp.90-92)．しかもこの特別税は日露戦後も継続された．また1899年に所得税法が定められ，配当所得に対してのみ源泉徴集方式がとられるなど，有価証券所得優遇の税制が採用された．

50) 中村政則[1979b]第1章．

51) たとえば，農業の総産出および総合生産性の成長率は，1880-90年でそれぞれ1.6%および1.2%，1900-20年で2.0%および1.5%，1920-35年で0.9%および0.4%である．速水佑次郎[1973] p.39．

していることである．このことは表3-15の右欄の民間部門有価証券保有高の動きと大地主のそれとを較べることによって確認されよう．地主のサンプルはきわめて小さいから一般化することはむずかしいが，それでも民間全体と地主で有価証券保有の動きに顕著な差があるとは言いがたい．第2に，明治40年代以降は，経済全体としての資金循環が，かつての蓄積資金の動員を主とするパターンから経常貯蓄の動員を主とするパターンへと大きな転換をとげていることである．有価証券とともに，預金の増加，定期預金割合の上昇が生じており，また大紡績会社をはじめとして大企業の内部留保資金が次第に大きな役割を果すようになりつつある．それゆえ，たとえこの時点で地主が蓄積した退蔵現金の残り部分および農村部面での高利貸資金を工業化資金として活動化せしめたとしても，その効果はもはや資金循環の大きな動態を左右することはなかったと考えられるのである．

以上から，明治後期以前の発展資金の源泉は，主として商工業者の蓄積資金であり，これを補完するものとして大地主および華族の蓄積資金があったと考えられるのである[52]．しかしながら，ここでも1つの重要な留保を与えておきたい．それは以上の分析が，大資産家，株式所有者および大地主に限られていたことである．さきにみたように，明治30年代以前では，多数の農業関連の在来的個人企業があったと考えられる．これらはもちろん大資産家の投資対象外であり，また株式組織をとるものもわずかであった．表3-2における，「その他」資金による非農投資部分である．これらの多くは，少なくとも事業の創業資金については，農業経営における蓄積資金から供給されたとみなしてもまず間違いないと考えられよう．表3-15にかかげた大地主はわずか8人であるが，全国の多数の中規模以上の地主が個人企業の形態で在来商工業経営にかかわっていたことは，計数的にはおさえがたくとも，常に留意しておく必要がある[53]．ちなみに，これら地主の兼営個人企業部門は，商法制定等による法人組織の発達および商工業の発展によって，次第に独立化し，その過程で地主層の一部は漸次商工業者に転化して行ったと考えられる．（上記の地主の定義において，(c)が(a)+(b)にくらべて次第に大きくなり，(c)＞(a)+(b)となる．）

---

52) 中村政則[1975] p.123.
53) ちなみに，表3-15の2千町歩地主市島家は地主経営のかたわらで米の回漕業を営んでいた．

次の問題は,以上のような商工業者を中心とする蓄積資金がいかにして蓄積されてきたかである. この点については今後の研究にまつところが大であるが,主要な要因としては以下の2点をあげることができよう. まず第1に,1820年代以降の長期にわたる物価上昇を伴う経済発展過程の効果である. 最近の数量経済史研究の進展により[54],徳川期においても1820年頃からかなり顕著な経済発展が生じたことが次第に明らかにされてきた[55]. まず,多くの地方で人口が増加傾向をもってきた. たとえば速水融[1973]では,信州諏訪地方で天保期(1830-43年)以降人口が増加に転じたことが確認されている. また,梅村又次[1981a]は,多くの地域で幕末期に人口の増加があったなかで,関東,近畿,奥羽のみは減少しているが,これは奥羽については自然災害,関東および近畿については劣悪な都市における(一般市民の)生活環境および都市の人口吸引効果という例外的な理由によるものであり[56],経済全体として幕末期に人口の増大があったことは否めないとしている. それとともに人口の移動が著しく活潑化したことが種々のケースで判明しつつある. 次に,この期間,資本形成率が上昇し,地域間の物流が増加したことをいくつかの情報から推測することができる. 梅村又次[1979b]の日本海における北前船の活動に関する研究では,山陰,北陸,東北の諸港で入港船舶数が1820年以後いずれも急速に増加していることが明らかにされている. 船舶は大型化の傾向にあったから,このことは取扱貨物の増大したことを意味している. 梅村又次[1981a]は,さらに,船舶投資,新田開発等のデータから1820年代以降投資活動が活潑化したこと,および蚕種の改種改良に関する資料から同時期に農業の技術進歩が進展したこと等を指摘している. 農業を中心とする在来産業の発展により1820年以降急速な商業化の進展が生じたと考えられるのである. 他方,こうした資本形成進展の背景をなすものとして貨幣量の増加がある. 幕府は,1818年の文政の改鋳以降たびたび貨幣改鋳を行なっており,諸藩による藩札の発行と相まって,貨幣供給量が急速に増加したのである. この貨幣量の増加によるインフレで,分配構造が

---

54) 数量経済史研究の最近の展開については,新保博・速水融・西川俊作[1975]および速水融[1979]および西川俊作[1982]参照.
55) 新保博[1978]および梅村又次[1981a]参照.
56) 都市の人口吸引効果と生活環境の人口に及ぼす効果は速水融[1975]によって前工業化社会における経済発展の人口に対する「ネガティヴ・フィードバック効果」とよばれている.

表 3-16 徳川期の賃金と物価

|  | 農業日雇賃金(男子) | | 建築業労働者賃金指数 | 小売物価指数 |
|---|---|---|---|---|
|  | 大 阪 | 諏訪(標準) | | |
| 1791-1800 | 0.018 | 0.011 | 100.0 | 115.6 |
| 1811-1815 | 0.025 | — | 100.0 | 98.0 |
| 1816-1820 | 0.025 | — | 100.0 | 94.4 |
| 1821-1825 | 0.025 | 0.011 | 100.0 | 99.2 |
| 1826-1830 | 0.025 | — | 100.0 | 110.9 |
| 1831-1835 | 0.025 | — | 100.0 | 131.9 |
| 1836-1840 | 0.025 | — | 100.0 | 148.4 |
| 1841-1845 | 0.025 | — | 95.5 | 120.9 |
| 1846-1850 | 0.027 | — | 97.8 | 138.4 |
| 1851-1855 | 0.027 | — | 100.0 | 149.4 |
| 1856-1860 | 0.027 | — | 100.0 | 171.8 |
| 1861-1865 | — | — | 133.2 | 311.6 |
| 1866-1870 | 0.050 | 0.052 | 483.1 | 902.5 |
| 1871-1875 | 0.120 | 0.081 | — | — |
| 1876-1880 | 0.150 | 0.178 | — | — |
| 1881-1885 | 0.160 | 0.175 | — | — |
| 1886-1890 | 0.143 | 0.188 | — | — |

〔資料〕 斎藤修[1973]および梅村又次[1961].
〔注〕 諏訪地方農業賃金. 1791-1800 は 1796-99, 1821-25 は 1820-21 の平均. また建築業労働者賃金指数は 1801-10 を 100 とする指数. 1866-70 は 1866-68 の平均.

表 3-17 三井家財産額と株式・現金残高の推移

| 年末 | 三井家共有財産 | | 銀行および会社株式残高 | | 現金通貨残高 | |
|---|---|---|---|---|---|---|
|  | 千 円 | (指数) | 百万円 | (指数) | 百万円 | (指数) |
| 1867 | 977 | (16) | — | — | — | — |
| 1872 | 669 | (8) | — | — | 72 | (31) |
| 1890 | 3,859 | (45) | 178 | (89) | 201 | (87) |
| 1893 | 8,492 | (100) | 201 | (100) | 231 | (100) |
| 1897 | 18,576 | (219) | 461 | (229) | 296 | (128) |
| 1909 | 195,493 | (2,302) | 1,096 | (545) | 521 | (226) |

〔資料および注〕 三井家共有財産は安岡重明[1970] p.514 による帳簿額. 1890年末の財産額には物産会社, 鉱山会社, 呉服店のものが加えられていない. 1909年は10月末の数字, 1867年の単位は千両. 銀行および会社株式残高は藤野正三郎・寺西重郎『金融資産負債残高表』. 現金通貨は日銀[1966].

変化し，経済余剰が主として民間非農部門，すなわち商工業者の手許に蓄積されたと考えられる(新保博[1978])．その理由は，第1に当時の租税制度が米納年貢制であったため，領主層がインフレによる利得を十分には吸収できなかったことであり，第2に，当時インフレにもかかわらず賃金率が著しく硬直的であったことである[57]．このため，実質賃金率の低下による利潤部分は専ら商工業者の蓄積資金に転化したと考えられるのである．1820年以降の物価上昇，賃金の停滞性は表3-16にみられるとおりである．

第2の要因としては，維新後の税制，補助金による商工業の優遇策の効果がある．補助金効果としては，まず豪商農が政府為替方として官金取扱いにより資金蓄積を行なったことがある．また官業払下げについても，必ずしも安価というわけではなかったが，結果的に一部商工業者に対する補助金効果をもったことは既述のとおりである．この点を三井家についてみると，その財産額は表3-17のように展開している．経済全体の銀行および会社株式額あるいは現金通貨残高にくらべて，相当に急ピッチの資金蓄積が行なわれていることがわかろう．周知のように，三井家は幕末期にはかなり財政困難に陥っていたが[58]，維新後，官金取扱，紙幣発行引受による利益[59]，官業三井炭鉱の石炭輸出の一手引受あるいは官業払下げ等により[60]，急速に蓄積を行なったのである．

次に租税面をみると，周知のように，直接税負担に関して農業と非農業に大きな格差があった．後に掲げる表4-6によれば，1883-87年にかけて，直接税負担額の純生産に対する比率は，農業で19.5%，非農業で2.4%である．これはまず農業が地租により初期における政府財政収入の大部分を負担したことによるものである．他方でまた，所得税その他で非農部門が長期にわたって優遇されたことにも注目する必要がある．所得税についてみると，既述のように1887年(明治20年)の税制では，「法人ニ対シテハ課税セズ」と定められていた．

---

[57] このことは，貨幣経済化の急速な進展過程において，貨幣賃金率に関して著しく弾力的な労働供給が出現したことおよび株仲間等による制度的賃金の固定性のいずれかまたは両方の理由によるものと思われるが，正確なところは今のところ全く不明である．
[58] 安岡重明[1970] p. 256.
[59] 三井は大蔵省兌換証券および開拓使兌換証券の発行を担当し，その見返りに発行額の20%を自己運用することを許された．
[60] 三井に対しては新町紡績所，富岡製糸場および三池炭鉱が直接または間接に払下げられた．柴垣和夫[1965] pp. 78-81.

表 3-18 勧業関係中央政府支出,産業補助金および $G$ に関する銀行に対する事実上の補助金(年平均値)(単位:十万円)

| | 勧業関係中央政府支出 | (うち)準備金 | 産業補助金 | (うち)建設 | (うち)鉄道 | (うち)海運 | $G$ に関する事実上の銀行補助金 |
|---|---|---|---|---|---|---|---|
| 第1期-第8期 | 83 | — | — | — | — | — | — |
| 1876-1880 | 93 | 28 | 17 | 15 | — | 3 | 19 |
| 1881-1885 | 171 | 77 | 24 | 15 | 1 | 2 | 43 |
| 1886-1890 | — | — | 33 | 16 | 4 | 1 | 26 |
| 1891-1895 | — | — | 42 | 25 | 6 | 10 | 20 |
| 1896-1900 | — | — | 48 | 4 | 1 | 39 | 12 |
| 1901-1905 | — | — | 76 | 1 | 9 | 48 | 7 |
| 1906-1910 | — | — | 156 | 3 | 2 | 87 | 13 |

〔資料および注〕 勧業関係支出は石塚裕道[1973] pp.130-131による.貸付金を含む.準備金は全額を勧業関係支出とみなしてある.産業補助金は『長期経済統計』第7巻.建設補助金を含む. $G$ に関する補助金は統計付録 1-I, 1-II の $G$ から日銀の民間貸出(後藤新一[1970]の民間貸出および銀行紙幣消却貸付金)を差引いたものに全国定期預金金利(1898年までは推定値,1899年以降は朝日新聞[1930])を乗じて推計.

1899年(明治32年)の改正により,所得を3分類し,それぞれに対して課税することとなったが,税率は次のようであった.すなわち,第1種の法人所得は2.5%,第2種の公債社債の利子所得に対しては2.0%,第3種の個人所得に対しては,所得額300円以上500円未満の1.0%から12区分で累進し,最高の10万円以上では5.5%であった.法人税率の2.5%は個人所得の5千-1万円の税率に等しく,利子所得税率2.0%は個人所得の3千-5千円の税率に等しく,ともにかなりの低率であったと言えよう.しかも,第3種個人所得中の配当所得に関しては「所得税ヲ課セラレサル法人ヨリ受クル配当金」と定められており,源泉徴収方式がとられた[61].これに対して,農業者(自作農,地主)は地租を支払うだけでなく,その農業所得に対して第3所得税をも負担せねばならないのである.次に,営業税をみると,鉄道業は1896年営業税法等では課税対象からはずされており,1902年になってはじめて課税されている.また鉱業税についても,1873年の鉱業税では借区税として鉱区面積に対する比例税と坑物税として坑物代金に対する比例税が定められていたが,後者は1875年に廃止

---

61) 阿部勇[1933] pp.425-428.

されている．復活されるのは1890年であり，この間石炭業等の鉱業はその生産活動に対する可変的な課税部分を免除されていたのである[62]．

最後に，以下の議論展開のために，明治政府による広い意味での補助金政策をきわめて不十分ながら，暫定的に総括しておこう．表3-18を参照されたい．広義の補助金としては，まず初期殖産興業政策に伴う勧業関係支出がある．これには貸付分もあるが，その回収の不十分さ等からみて，おおざっぱには補助金とみなすことができよう．次に，初期殖産興業費以外の産業補助金がある．（これは1885年以前については勧業関係資金と二重計算になっている部分もある．）これは建設を除くと，1886-95年にかけては鉄道業その後海運業に多くが供給されている．第3に銀行業に対する事実上の補助金がある．これは政府資金 ($G$) に関するものであり，無利子で供給されたことは，利子額に相当する額だけ事実上の補助金供給がなされたとみなすことができる[63]．この額が1895年頃まで著しく大きいことが注目されよう．1産業としては，銀行業は初期において最も多額の補助金を受けた産業である．表3-18には組みこまれていないが，この他にも事実上の補助金とみなすべきものがある．それはまず，官業払下げに伴う補助金効果であり，第2に，上述の鉱業，鉄道業に対する租税軽免措置である．また，横浜正金に対する政府預金の供給は，銀行に対する補助金であるとともに，直輸出業者に対する補助金供給としての性格も持つ．いずれにせよ，初期殖産興業費を除くと，銀行，運輸部門が補助金供給の主たる対象であったことがわかろう．しかしながら，いうまでもなく，以上の叙述はきわめて不完全である．明治政府の補助金政策については概念的にも統計的にも多くの分析課題が残されている．

### (3) 重複金融仲介

19世紀前半以来のインフレ的成長過程および明治政府の租税政策，広義の

---

62) 阿部勇[1933]の付表による．
63) $G$のうち日銀貸出に関する事実上の補助金は除いてある．日銀の対市中貸出のうち一部のものは非常に低利であり，その金利と市中金利の差は事実上の補助金とみなされるべきものであるが，一般の日銀対市中貸出は決して戦後におけるほど低利ではなかった．特に日銀の個人貸出開始（第1章[3]）以後，資金調達コストの低い大銀行にとっては日銀信用は逆鞘に近い水準にあったとみられる．もちろん実際に借入を行なった銀行にとっては，ある程度順鞘であったのであろうが，その利鞘メリットは限られたものであったと推察される．

補助金政策の効果によって，商人・地主あるいはよりスペシフィックに商工業者の手許には多額の資金が蓄積されていたと考えられる．他方，明治期における主生産者たる農民の資金は商人・地主にくらべると著しく小額であったであろう．また，新たに勃興してきた会社企業も当初においては人的物的資源の蓄積に乏しく，また高配当率のため内部資金も貧困であった．このため，銀行を通じる間接金融資金は，直接に生産者に供給されることが少なく，多くの部分がまず商人・地主に貸付けられ，商人・地主が銀行借入金を生産者への貸付，株式投資に運用するというかたちで重複的に仲介されることとなった．

いくつかの代表的な重複金融仲介パターンを考察しておこう．まず第1に，製糸金融等における問屋前貸金融．製糸家は，地方銀行および都市銀行の地方支店から運転資金を借入れるとともに，生糸売込問屋から前貸金融を受けた[64]．問屋はその資金を横浜の銀行から借入れたのである[65]．製糸家が横浜の銀行から直接借入れるのではなく，問屋を経由して資金供給を受けたのは，主として問屋の信用力が大であったことによる．当時の地域分断化した金融市場では，一般に，都市の方が低金利であったから，地方銀行の貸出より問屋前貸の方が問屋の鞘取り部分を加味しても低利であった．また，問屋の資金力を反映して，貸付期間も問屋金融の方が長期であったから[66]，製糸家はまず問屋から借入れ，不足分を地方銀行から調達するという行動をとったのである[67]．

製糸家は問屋から借入れた前貸資金を養蚕農家からの購繭資金にあて，生産

---

64) 製糸家の資金調達方法としては問屋前貸金融，地方銀行からの原資金の借入のほか，地方銀行，都市銀行の地方支店から荷為替金融を受ける方法が重要であった．製糸家は製品たる生糸を出荷するにあたって，受取人を地方銀行(または都市銀行の地方支店)，支払人を売込問屋とする荷為替手形を取組み，これを地方銀行(または都市銀行の地方支店)で割引してもらったのである．売込問屋の業務は委託販売であったから，引受けた生糸が売れるまでの間この荷為替代金を立替払し，それに対して製糸家から利子支払を受けた(東京高商『生糸金融調査』1915年，pp. 48-50)．問屋はこの立替代金を，生糸を担保として自己の取引銀行からの借入によって調達するのが常であった．それゆえ，荷為替資金に関しても売込問屋の取引先銀行──売込問屋──製糸家という重複仲介がなされていたことになる．こうした荷為替立替金は生糸の売却によって順次回収せられるものであるから通常短期の立替にすぎなかった．しかし糸況不振で在荷が停滞するばあいには，問屋は多額の資金を要し，製糸金融上悪影響を及ぼすこともすくなからずあった(農林省『製糸金融に関する調査』『日本金融史資料』明治大正編，第23巻，p. 709)．

65) たとえば1917年の例であるが，横浜の諸銀行から売込問屋に対して貸出された金額と，売込問屋が製糸家に貸与した前貸金額はほぼ同額である．山口和雄[1966] p. 57．

66) 山口和雄[1966] pp. 32, 60．

67) 後述([3])のように，地方銀行および横浜の諸銀行はその資金の一部を日銀借入に依存していた．地方銀行の借入先は1900年代から漸次都市銀行に移行する．

した生糸の売上代金から借入金を支払ったのであるが,こうした問屋制前貸金融形態は単に製糸業においてみられるのみでなく,他の多くの在来諸工業に著しく広汎にかつ長期にわたってみられるものであった.たとえば綿織物について,農商務省の「織物及莫大小に関する調査」(1925年)は,各産地の買継業者はその地方の機業者に対して「一種の有力なる金融機関の態」をなし,機業者は当該買継業者よりの借入金を製品納入で返済したことを記している[68].また,日銀調査局「大阪市における小商工業者金融状況」(1914年)は,問屋から材料または資金を前借し,製品納入によって返済するという方式が「二,三の例外をのぞく外,各種の商工業を通じ,一緒に行はるものとす」としている[69].すなわち,「製糸,織物,在来産業等,大部分の産業では産業企業は金融的には問屋に依存し,銀行は問屋とのみ直接の関係をもっている」[70]とも言えるのである.

ところで,製糸金融に関しては,単に横浜の銀行——売込問屋——製糸家という重複があっただけでなく,売込問屋と製糸家の間に製糸結社が介在し,横浜の銀行──→売込問屋──→製糸結社──→製糸家という重複も生じた.製糸結社は長野県では明治10年代より結成されており,結成の目的は,(i)製品の品質改良と標準化をはかること,(ii)共同出荷により地方商人の勢力を排除することとともに,(iii)信用力不足の個別経営に代って売込問屋から金融を受けることにあった.前貸金融を受ける荷主は,明治20年代頃まで,たいてい製糸結社であったと言われる[71].山梨県の製糸結社は,長野県のそれに刺激されて結成されたものであり,品質改良と売込問屋からの前貸金融調達を主要目的として1888-89年(明治21-22年)頃より結成された[72].この点で1つの興味深い点は,こうした製糸結社の活動は明治20年代が頂点であって,明治30年代にはいると,結社は次々と分裂し,最終的にはその多くが解散されるに至ったことである[73].これは,個別製糸家が成長し,その諸資源の蓄積が高まったことによる

---

68) 白井規矩稚[1939] pp. 171-172.
69) 渡辺佐平・西村閑也[1957] p. 258.
70) 渡辺佐平・西村閑也[1957] p. 259.
71) 山口和雄[1966] p. 41.
72) 石井寛治[1966] p. 395.
73) この傾向は特に長野県で顕著であった.

ものだと言われる.個別経営で前貸金融を受けうるだけの信用力がつくことにより,製糸業に関する重複金融の一端は不必要となったのである.

重複金融仲介の第2の例としては,紡績会社と商社との関係をあげることができる.ほぼ日露戦争頃までの紡績会社は運転資金の欠乏に常時的になやんでおり,その綿花購入代金は約束手形によって綿花商社に支払った.しかも,商社(三井物産等)は受取った手形をただちに銀行(三井銀行,横浜正金等)で割引いてもらうのが常であった[74].この約束手形は,一種の融通手形であって,綿花商社の裏書がなければ銀行で割引されず[75],しかも倉敷紡績のばあいなどでは,手形の割引料は商社でなく,倉敷紡績が支払ったと言われる[76].これから判断すると,当時の紡績手形は,商社の信用力を媒介にして,紡績会社が銀行から資金調達を行うための手段であったと考えられる.すなわち,創立当初の紡績諸会社では,その信用が十分でなく,銀行─→綿花商社─→紡績会社という重複形態をとることにより,資金を調達したのである[77].

第3の例としては,農民に対する貸付がある.農民がその納税資金,経常投入財購入資金の一部を米穀商,肥料商等からの借入によって調達したことはよく知られている.これら商人の多くはまた銀行借入によって資金を調達しており,このばあい銀行─→米穀・肥料商─→農民という重複仲介が生じたことになる.ちなみに,三井銀行と三井物産が1876年に貢米荷為替業務を開始したさい,その荷為替規則(第6条)には,個々の農民と直接契約するのではなく,各地方の区長,戸長と契約することが定められていた[78].このばあいのパターンは,銀行─→商社─→区長・戸長(地主)─→農民と整理することができよう.また,地主は自己の保有資金を農民に貸付けるだけでなく,しばしば銀行,銀行類似会社に当座勘定をもち,当座貸越等で対農民貸付資金を調達していた.これは,銀行─→地主─→農民という重複パターンである.

第4の例としては商人・地主の株式投資をあげることができる.この問題は

---

74) 銀行はまたこの手形を日銀で再割引した.
75) 杉山和雄[1970].
76) 石井寛治[1972].
77) 初期における紡績手形に関しては,一時それが商業手形であるとの説がなされたが,今日では一種の融通手形であるとみる見方が一般的である.この点については杉山和雄・川上忠雄[1965],石井寛治[1968],[1972]参照.
78) 岡田俊平[1960] pp. 89-101.

銀行のいわゆる「株式担保金融」と密接に関連している．ほぼ1887年(明治20年)頃から，銀行は商人・地主に対し，株式を担保として貸出を行うことが顕著になり，商人・地主はこうして借入れた資金を再び株式投資に運用したと言われる．たとえば，1890年(明治23年)恐慌時の諸新聞には，「甲の会社の株券を抵当に銀行より金を引出して，乙の会社に払込みをなし，乙の会社の株券を抵当に，又丙の会社へ払込が如き槍繰算段にて金の運転をなし」「株券払込期の迫りたるものあり是に於てか株券を抵当にして金策を為すもの甚だ多し」「会社流行の熱は国人をして自分不相応の事を企てしめ漫に鉄道株の募集に応したりと雖も固より資力外の事なれは其株券の大半は借用金の抵当に使用せられ……株主は種々無量の金策に奔走して銀行の負債に利子を払ひ又一方には会社に向て払込みの義務を果さんとす」等々の記述がみられると言う[79]．当時の株式は，1株50円という高額面株が一般的であり[80]，また，分割払込が認められていた[81]．しかも株主の有限責任は払込額でなく応募額(額面金額)に対して定められており，払込が遅れると株式は没収され競売に付された．しかも1890年公布の商法では競売による代価の不足分についても株主に責任をとらせることになっていた[82]．このため未払込資本金の払込資金の調達は株主にとってきわめてシリアスな問題であり，これを補完するものとして銀行の株式担保金融が一般化したと言われるのである[83]．この重複金融方式は一般的に，銀行──商人・地主──会社企業とあらわすことができよう．「株式担保金融」はこのシェーマにおける最初の矢印が株式担保の貸出のかたちでなされ，第2の矢印が株式購入という資金供給形態をとることを意味している[84]．

以上のように，銀行がまず商人・地主に融資し，商人・地主が借入金(および自己資金)を生産者への貸付および株式投資のかたちで運用するという重複金

---

79) 野田正穂[1980] p. 216 による．
80) 1890年公布の商法では額面金額は20円以上，資本金10万円以上の企業では50円以上と定められた．こうした高額面方式は泡沫株主を排除し，ある程度の資本をもった安定株主を集合するためにとられたと言われる．野田正穂[1980] pp. 206-209.
81) 分割払込制は当初国立銀行条例に定められたものであり，1890年公布の商法では最初に少なくとも4分の1を払込むことが規定された．それ以前は額面50円に対して1円，2円という小額の分割払込みが少なからずみられたと言われる．野田正穂[1980] p. 212.
82) 野田正穂[1980] pp. 213-230.
83) また，部分払込株の上場も許されており，これにより増資新株の発行のさい，旧株の流通市場が果すのと同様な機能が，部分払込株に関して与えられていた．

融仲介形態は，明治後期まで(在来金融における問屋制前貸については昭和初期まで)の産業金融方式の1つの大きな特徴であった．それではこうした重複仲介パターンはなぜに成立したのか．3つの大きな要因がある．第1の理由は，商人・地主の蓄積資金がきわめて大規模であったことである．大規模な資金は多様化投資を可能にし，その安全性が高まる．すなわち貸手たる銀行側からみて信用力が高いのである．これに対して一般農民，在来諸工業家および設立当初の近代企業は概して資金力が弱く[85]，その信用力は薄弱であった[86]．第2の理由は商人・地主の金融仲介技術あるいはその金融取引コストにある．商人・地主は長期にわたる直接生産者との接触から，生産者の情報に精通しており，その意味で高度の金融仲介技術をもっており，仲介における取引コストが低い．他方，当時の銀行はその株主・経営者の関係した生産者に関しては十分な情報をもっていたであろうが，その他の部面では，いまだ人的資源，経営能力の蓄積が十分でないこともあって情報面では商人・地主よりはるかに劣っていたことが考えられる．たとえば製糸金融では，地方銀行はまず売込問屋の融資態度をみてからその製糸家に対する貸出を決定したといわれる．これは問屋の方が製糸家に関する情報を豊富にもっていることによるものであった[87]．第3に金利制限の問題がある．国立銀行は1876年条例で貸付金利の上限を定められていたが，1877年に利息制限法が施行せられるに及んで[88]，国立銀行も同法に準拠することとなった．当時の高利貸金利等は大部分がこの制限金利を超過した

---

84) 「株式担保金融」に関しては最近の研究にいくつかの具体的事例が報告されている．紡績業については第一銀行の三重紡績株主に対する株式担保金融(村上はつ[1970 b] pp. 402-403)および第六十八銀行の郡山紡績株主に対するもの(石井寛治[1970] pp. 725-726)が報告されている．また大阪商船に関する株式担保金融については新保博[1967 a]にふれられている．鉄道業については，直接的な例証はないものの，(i)鉄道建設期間中の配当負担と資金遊休化を回避するために，分割払込制が一般的に用いられたこと，および，(ii)主要な鉄道株が日銀の株式担保金融の担保品に指定されたことからみて，いわゆる株式担保金融は最も普及していたものと思われる．この点については野田正穂[1980]参照．

85) ただし，鉱業，運輸部門は例外である．広義の補助金供給の恩恵にあずかっているこれらの部門は，一般の商人・地主以上に信用力があったと考えられる．

86) たとえば山梨の銀行類似会社釜右社が第十国立銀行から借入をしようとしたさい，第十銀行側は釜右社名義の貸付をきらい，同行の上層株主であり，釜右社の最大株主でもある大土地所有者小林小太郎個人との契約を望んだと言われる．これは銀行類似会社とくらべても大土地所有者の信用力が一層高かったためである．中村政則[1972 b]．

87) 山口和雄[1966] p. 32.

88) 金利限度は，元本100円未満は年20%，100-1,000円は15%，1,000円以上は12%であった．(1919年には改正され，それぞれ15, 12, 10%となる．)

違法金利であったが[89]，国立銀行等の大銀行では違法金利を設定し高利貸的行動をとることをおそらく躊躇したであろう．金利制限を遵守する以上，リスキィな小生産者への直接貸付はむずかしく，制限内金利でも引きあう商人・地主への貸付はふえざるをえない．

明治期の重複金融仲介は，所与の金融構造の下での主として民間部門による金融技術の革新として生じたものであった．しかし，それに加えて1890年以降本格化した日銀の株式担保金融(厳密には担保品付手形割引，1897年以降見返品付手形割引)が，民間銀行に対して(相対的低金利に基く)補助金を供給し，資金の流動性を補完したことも留意せねばならない．日銀の株式担保金融は，日本郵船株，海上保険株および13種の鉄道株を担保とする一種の融通手形であった[90]．この形態の株式担保金融が適格担保とされた15種類の株式供給を円滑ならしめ，海運，鉄道部門の資金調達を容易ならしめたことは否定できない．しかしながらそれ以上に重要かつ本来的な機能は，民間銀行に対する事実上の補助金および資金流動性の供給により，商人・地主に対する投資資金貸付という固定的な融資活動を補助した点にある[91]．言いかえると，単に商人・地主の株式投資だけでなく，全体としての重複金融機構を支えたことに，日銀担保品付手形割引の基本的な意義があるのである[92]．

---

89) たとえば，渋谷隆一[1965]によると，1872年(明治5年)から87年にかけて，宮城県の高利貸桜井家の貸付金利は平均30%であり，1885年(明治18年)の斎藤家(同じく宮城県の貸金業者)の貸出のうち64.5%が同法に照らして違法であった．また，徳島県の材木問屋の機関銀行であった久次米銀行(1879年創立，1891年破綻)の貸出利回は1882-84年にかけて20%程度であった(高嶋雅明[1974] p.229)．

90) 日銀の株式担保金融は1885年5月に事実上開始されていたが，1890年5月の「担保品付手形割引手続」の制定により本格化した．(これにより日本郵船株，海上保険株および13種の鉄道株が担保として採用された．)日本銀行条例第12条は「不動産及証券又ハ諸会社1株券ヲ抵当トシテ貸付ヲ為スコト」を厳禁していたから(『明治財政史』第14巻, p.32)，日銀は株式担保の「貸付」を行なうことはできない．このため，貸付のかわりに手形割引の形式をとったのであるが，実態は株式担保の貸付とかわらず，一種の融通手形だと考えられる．この制度は，1897年に「見返品付手形割引」と名を改められたが，実体に変化はなく，1942年2月の日本銀行法で社債・株式担保貸出が日銀の正式業務として認定されるまで，事実上「やむを得ない便法」として終始日銀貸出形態の一角を担った．

91) 会社企業の発達とともに，商人・地主に対する固定貸はその関連会社への固定貸となり，1900年頃から機関銀行の弊がさけばれるようになる(第5章[1])．

92) 担保品付手形割引の担保として15種類の株式が選ばれたことの背景は，1つには国債残高が1877年頃から1894年頃まで約2,500万円の水準で定常化しており，担保物件として量的に十分でなかったことであり，いま1つの理由は，広義の補助金供給をうけている海運，鉄道部門の株式が国債に次ぐ安全性をもっていると判断されたことにあると考えられる．このことは，1907年(明治40年)の鉄道国有化以後，担保品に占める株式の割合が激減し，かわって公債が担保品の中心物件となっていることからもわかることである．担保品の構成については石井寛治[1972] pp.51-52参照．

この点を敷衍しておくと，次のようになろう．従来のいわゆる「株式担保金融」を重視する議論では，日銀の株式担保金融（担保品付手形割引），民間銀行の株式担保貸出および商人・地主の株式投資がいわば一直線に直結して理解せられることが多かった[93]．しかし，株式担保により日銀から民間銀行に供給された資金が，株式投資資金として商人・地主に貸付けられるとは限らないし，民間銀行から商人・地主に供給された資金は必ずしも最終的に株式投資に用いられるとは限らない[94]．いわんや15種類の株式購入にむけられる保証はどこにもない．また，株式担保によらずとも，日銀──民間銀行──商人・地主への資金供給は可能であり，そうした資金が最終的に株式投資にむけられることもある．この意味で従来の一直線の連鎖を強調するモデルはいわばポーラー・ケースに注目しているにすぎないのであって[95]，限られた範囲の説明力しか持たないのである．

　最後に，明治期における重複金融仲介の果した役割を簡単に整理しておこう．第1の役割は，もちろん生産者のリスクおよび情報費用に関する取引コストを節約することにより，銀行から生産者への資金供給を円滑ならしめたことにある．第2の機能は，商人・地主の株式投資を円滑ならしめることによって，株式形態の長期資金供給が促進されたことである．重複金融仲介により預金の長期資金への転化がなされたのであり，そのさい日銀の株式担保金融は，市中銀行の資産流動性の維持を容易ならしめることにより，長期資金の創出過程を補完したのである．ちなみに，こうした日銀信用の機能は，戦後高度成長期における長期資金の創出・割当過程における日銀信用の役割（第8章）に一見類似しているが，1つの重要な点で異なっていることに注意されたい．それは事実上の補助金性の有無である．戦前の日銀金利は市中金利に密接に関連していたから，資金調達コストの著しく高い中小銀行にとってはある程度低金利であったが，大銀行グループにとっては（特に1897年の個人貸出開始以後）決して低金

---

93) たとえば伊牟田敏充[1976 b]等．
94) たとえば杉山和雄[1976]参照．
95) たとえば，日銀適格担保の1つである日本鉄道株に応募した地主が，（分割払込制の下で）未払込金を銀行借入金によって調達し払込むケースを考えよう．地主がこの株券を担保に銀行から借金し，銀行がそれをさらに日銀に担保として差出し，日銀信用を受けるとする．このようなポーラー・ケースでは，日銀──銀行──地主──日本鉄道という一直線の資金フローが生じることになる．

利ではなかった．それゆえ，日銀金利と市中(銀行間短期金融)金利の差として定義される事実上の補助金は戦後ほど大きいものであったとは考えられないのである．また，戦後における事実上の補助金は低金利規制を受けている公社債引受けの対価としての性格をもつものであり，そのために日銀信用の「割当」が必要であったのであるが，戦前の公社債は原則として市中金利消化であったからそうした必要性もなかったのである．この時期の日銀信用の機能はもっぱら市中銀行の流動性補完にあったとみるべきであろう．

### (4) 資金調達パターンの変化

たびたびふれたように，1900年頃以降およそ日露戦争時を転期にして，産業資金供給の源泉は従来の蓄積資金を主とし，経常貯蓄を従とするパターンから経常貯蓄を主とし蓄積資金の動員を従とするパターンへと変化した．以下では，このパターンのシフトに伴う諸現象を概観しておこう．

資金調達パターンの変化は，まず第1にいわゆる銀行の預金銀行化となってあらわれた．かつての銀行資本金と政府資金($G$)による資金調達方式から民間預金によって資金を調達するという近代的銀行経営への移行が生じたのである．これに伴い，預金構成においても，従来の当座預金，小口当座預金にかわって定期預金の比重がふえることになるし，定期預金の預入期間も徐々に長期化してきた(第1章[3])．また，普通・貯蓄銀行数は1901年にピークに達し，その後銀行業は整理集中過程にはいる(第5章)．

第2の変化は直接金融における株主層の変化となってあらわれた．かつての株式会社は華族，商人，地主，産業家達の共同出資企業(合本組織)的な色彩が強く，大株主の中にはレントナー的なものが多く存在していた．このため大株主の議決権を制限する条項を定款に組み込むことが多くの大企業でなされた[96]．しかし，資金源泉が次第に経常貯蓄に移行するに伴い，レントナー的株主は漸次切り離されてゆくこととなった．このことは明治20年代から30年代にかけて，多くの大企業で株主数が減少する時期があることからも推察される[97]．他方で，新しいタイプの株主として産業家および会社，銀行の重役層が登場して

---

96) 伊牟田敏充[1976a] pp.191-224.
97) 伊牟田敏充[1976a] pp.(1)-(112).

表 3-19  1897年頃の主要企業資金調達

|  | 鉄道会社 | 紡績 | 食品工業 | 化学工業 | 窯業 | 金属工業 | 機械工業 |
|---|---|---|---|---|---|---|---|
| (1) 負債 | 5.8 | 33.3 | 19.8 | 23.6 | 24.7 | 20.3 | 26.4 |
| 　借入金 | 1.7 | — | 5.2 | 1.8 | 5.8 | 13.2 | 2.6 |
| 　社債 | 4.1 | — | 3.4 | 0.0 | 7.7 | — | — |
| 　支払手形買掛金 | — | — | 7.3 | 18.4 | 8.8 | 6.3 | 9.0 |
| 　その他負債 | — | — | 4.0 | 3.3 | 2.4 | 0.8 | 14.8 |
| (2) 自己資本 | 94.2 | 66.7 | 80.2 | 76.4 | 75.3 | 79.7 | 73.6 |
| 　払込済資本金 | 92.6 | 55.1 | 64.6 | 71.1 | 57.8 | 72.5 | 66.3 |
| 　積立金 | 1.6 | 9.3 | 8.5 | 4.6 | 7.3 | 6.1 | 1.6 |
| 　前期繰越金 | — | — | } 7.1 | △0.2 | 0.2 | 0.5 | △0.1 |
| 　当期利益金 | — | 2.3 | | 0.9 | 9.9 | 0.7 | 5.8 |
| (3) 総資産 | 100.0 | 100.0 | 100.0 | 100.0 | 100.0 | 100.0 | 100.0 |
| 　固定資産 | — | 69.9 | — | — | — | — | — |
| 　（有形固定額） | — | — | 58.9 | 65.9 | 55.9 | 57.1 | 54.1 |
| 　棚卸資産 | — | 22.7 | — | — | — | — | — |
| (4) 調査年 | 1897年度 | 1898年度上期 | 1897年度下期 | 1897年度下期 | 1897年度下期 | 1897年度下期 | 1897年度下期 |
| (5) 調査社数 | — | 62 | 15 | 7 | 12 | 5 | 5 |
| (6) 調査対象企業の総資産額(千円) | 132,397 | 53,114 | 2,950 | 1,445 | 1,825 | 1,267 | 2,981 |
| (7) (6)/(5) | — | 857 | 197 | 206 | 152 | 253 | 596 |
| (8) 松田推計 | | | | | | | |
| 　産業 | 陸運 | 織物・繊維 | 食品 | 化学 | 窯業・土石 | 金属器械 | |
| 　払込資本/総資産 | 64.3 | 44.7 | 51.5 | 48.6 | 44.6 | 34.6 | |
| 　社数 | 30 | 60 | 9 | 13 | 11 | 10 | |

〔資料および注〕　鉄道会社は野田正穂[1980] p 129による．払込資本金，積立金，社債，借入金の和を総資産とみなす．社数は不明．紡績業は高村直助[1971]（下）pp.16-17．その他は伊牟田敏充[1976 a] pp.101-139．

くる[98]．また，所有と経営の分離も漸次進行し，雇用者型経営者が実権を把握することとなる[99]．

　ちなみに，明治30年代の会社組織において(社数，資本金ともに)株式会社の割合が低下し，合名会社の割合が増加していることが注目される．このことは，会社組織に関して同族的ないし家族共同体的エトスが色濃く残存し，それが利

---

98)　たとえば石井寛治[1978]によると，大阪市の1万円以上株式公債所有者のうち，22.2%は会社，銀行員であった(1902年)．また，表3-14においても会社重役役員が紡績会社株主の40.8%を占めていることが注目されよう．
99)　この点については青沼吉松[1965]，中村隆英[1978] pp.95-96，および，正木久司[1973]第2章を参照．

表 3-20 企業資金調達の推移(単位：%)

| 年　度 | 1890 | 1895 | 1900 | 1905 | 1915 | 1925 | 1935 |
|---|---|---|---|---|---|---|---|
| 鉄道会社 | | (—) | (—) | (—) | | | |
| 　積立金/払込資本金 | | 1.6 | 2.0 | 3.6 | | | |
| 　自己資本/使用総資産 | | 91.7 | 93.2 | 87.4 | | | |
| 　社　債/使用総資本 | | 7.0 | 5.6 | 11.2 | | | |
| 紡績会社 | (10) | (26) | (54) | (35) | (31) | | |
| 　積立金/払込資本金 | 13.3 | 16.5 | 11.1 | 30.5 | 43.5 | | |
| 　自己資本/使用総資本 | 74.2 | 62.3 | 82.2 | 87.0 | 77.4 | | |
| 　固定資産/使用総資本 | 61.0 | 62.0 | 87.8 | 75.8 | 74.2 | | |
| 「会社統計表」 | | (2,458) | (8,598) | (9,006) | (17,149) | | |
| 　積立金/払込資本金 | | 9.0 | 13.0 | 23.0 | 31.6 | | |
| 「会社表」 | | | | (10,715) | (22,204) | (45,275) | (94,592) |
| 　積立金/払込資本金 | | | | 21.9 | 23.8 | 22.5 | 26.5 |
| 　自己資本/使用総資本 | | | | 11.8 | 12.4 | 32.3 | 21.9 |
| 　社　債/使用総資本 | | | | 1.0 | 2.3 | 6.0 | 4.3 |
| 「事業会社経営効率」 | | | | | (49) | (69) | (295) |
| 　積立金/払込資本金 | | | | | 29.5 | 36.1 | 31.8 |
| 　自己資本/使用総資本 | | | | | 69.1 | 63.9 | 61.5 |
| 　社　債/使用総資本 | | | | | 14.2 | 18.7 | 16.5 |
| 　固定資産/使用総資本 | | | | | 72.8 | 67.1 | 59.2 |
| 　積立金/使用総資本 | | | | | 15.1 | 16.9 | 14.8 |

〔資料および注〕　カッコ内は調査対象社数．鉄道会社は野田正穂[1980] p. 129．紡績会社1890，95年は高村直助[1971]（下）pp. 16-17，1890年は上期，1895年は1894年下期の数字．紡績会社1900年以降は杉山和雄[1970] pp. 122-123．1915年は1914年下期の数字．使用総資本は払込資本金，諸積立金，社債，借入金，前期繰越金の和，1900年は前期繰越金を欠く．会社表，会社統計表，事業会社経営効率(1935年は本邦事業成績分析)は日銀[1966]による．会社表1905年は1906年の数字．事業会社経営効率は全産業の数字，積立金＝自己資本－払込資本金として求めた．

用されたことに対応している[100]．この点は，三井，三菱等の財閥が商法施行時に合名，合資組織を選択したこととと関連して今後いっそうの検討を要する課題である．

　第3の変化は大企業内部の経常貯蓄すなわち内部留保にあらわれた．表3-19にみられるように，初期の会社企業では払込資本金の比率が著しく高く[101]，借入金および内部留保(積立金等)の割合が非常に低いことが特色である．借入金の低位はもちろん銀行資金が商人・地主を仲介して供給され，商人・地主が

---

100)　伊牟田敏充[1976 a] pp. (1)-(112)，および正木久司[1973] pp. 36-62 参照．
101)　ただし松田芳郎・有田富美子・大井博美[1980]によると，1896年の株式会社における払込資本金の使用総資産に対する比率は，49.4％となり(設立済企業の判明分320社による)著しく低いことが注目される．

株式所有によって企業への資金供給を行なったことによっている．商人・地主は多額の蓄積資金を保有していたため，その株式投資に対する機会費用が高く，初期の会社企業は発行株式消化のためには高い配当率を実現することが必要であった．しかも，銀行資金そのものが機会費用の高い商人・地主の資本金を主体にしており，その貸出金利も高利たらざるをえない．したがって，銀行借入に依存している株主もまた高配当率を要求した．このため，設立当初の紡績会社などではその配当率は著しく高く[102]，また日本郵船，大阪商船等でも初期においてはその利潤の大部分を配当していた[103]．

しかしながら，資金源泉が次第に経常貯蓄を主体とするようになると，株主の株式保有の機会費用は低下する．しかも銀行が預金依存度を高めることにより，銀行貸出金利も全般的に低位化する．このため，1900年以降企業の配当性向は次第に低下し，内部留保の充実が生じたと考えられる[104]．他方で，企業の市場支配力も一般的に高まり，この面では高利潤に基く留保利潤の蓄積が生じたと考えられる[105]．表3-20にみられるように，企業の積立金比率はいずれのデータによっても1905年以降かなり高くなっていることがわかる[106]．

第4に，資金源泉の変化は，重複金融仲介方式の後退ないし変容をもたらした．まず，製糸金融については，製糸結社が明治30年代以降いずれも分裂・解散したことは既述のとおりである．在来企業組織の成長，地方銀行組織の展開により，在来的企業群一般も次第に銀行から直接資金調達をするに至ったものと推察される．また，紡績会社に関しても，その高利潤により内部蓄積が進むとともに，従来の綿花商社依存の金融体制からの脱却が進展した．かつては商社の裏書がなければ割引されなかった紡績手形は，紡績会社自身の信用で流通するようになり[107]，1915年頃にはその金利は預金金利をも下まわるほどであ

---

102) 高村直助[1971]（上）p. 108 および山口和雄[1970] p. 71.
103) 朝日新聞[1930] pp. 852, 854.
104) この点についてはPatrick, H. [1967]（邦訳，p. 383）参照.
105) こうした傾向は柴垣和夫[1965]で強調されている．また，佐藤和夫[1981]は，1920年代において，大企業が比較的競争度の低い資本集約的部門に進出し，そのシェアーを高め，高成長と高利潤率を維持したとしている．他方，中村隆英[1971]は第1次大戦後の工業における雇用集中度を分析し，それが高度化したという通説に疑問を提示している．
106) 特に紡績会社の内部留保が著しく高まっていることが注目されよう．この内部留保の上昇は，主として高利潤率(大日本紡績連合会によるカルテルも影響か)によるものであろう．配当性向は，利用可能なデータでみるかぎり，1905年以後もさほど低下していない．
107) 杉山和雄[1970] p. 131.

った[108]．商人・地主の銀行借入による株式投資も，次第にその重要性を減じたと考えられる．これは1つには，株式以外の形態の長期資金（社債，長期貸出）が銀行から直接に供給されるようになったことによる[109]．また，商人・地主にかわって経常貯蓄に基く重役層等の株式投資の比重が増大してきたことも一因である．他方で，農民の重複金融依存度は依然として高度であったが，それでも次第に商人・地主への依存から脱却しつつあった．後掲表4-9にみられるように農家の近代金融機関依存度は1910年頃までにかけて急速に上昇している．これには産業組合の発展，農工銀行の設立等の効果が大きくきいている．後にみるように，農工銀行，産業組合はその資金の無視しえない部分を，勧業銀行および大蔵省預金部に依存している．それゆえ，裏返して考えると，農業部面では，従来の商人・地主を仲介とする重複金融方式にかわって，預金部，勧業銀行──→農工銀行，産業組合──→農民という新たな重複金融が生じたともみることができる．リスクと取引コストが大きい農業金融に関しては重複金融の「制度化」がなされたとも言いうるのである．また，在産諸工業における問屋制前貸金融も長期にわたって残存する．その後退がはじまるのは，第1次大戦のブーム期に中小工業者が次第に独立しうる力をつけて以後のことである．特に，第1次大戦終結による衝撃が貿易商を頂点とする商業企業に大打撃を与えて以後，およそ1920年代の後半頃から問屋による重複金融仲介の本格的後退が生じたと考えられる（第6章参照）．

　資金源泉の漸次的シフトは，しかしながら新たな大問題を生ぜしめた．長期資金調達の問題がこれである．明治後期段階においては，経常貯蓄の主たる供給者たる一般家計の資金蓄積水準はいまだ低位にあり，このため多様化保有によるリスク低減効果を不可欠の前提とする有価証券保有はいまだ十分でない．くわえて，当時の有価証券市場では，次第に実物取引の割合が上昇したとはいえ，戦前期を通じて差金決済を認める清算取引が一般的であって，投機的性格が色濃く残存していた．他方，近代的工業が次々と導入されるに伴い，産業側の必要資本額は年々大規模化しつつあった．このため，さまざまな方法で資金

---

108) 1915年末において一流紡績の大阪割引歩合は2.4%，これに対して大阪定期預金金利は4.2%である（藤野正三郎・秋山涼子[1977] pp. 528, 545）．
109) 表3-20参照．社債の多くは銀行によって引受けられた．

表 3-21 外資依存度の推移

| 年 | (1)<br>外資輸入残高<br>(百万円) | (2)<br>有価証券発行残高<br>(百万円) | (3)<br>=(1)/(2)<br>(%) |
|---|---|---|---|
| 1880 | 11.0 | 292.5 | 3.8 |
| 90 | 5.2 | 433.1 | 1.2 |
| 1900 | 121.6 | 1,284.4 | 9.5 |
| 10 | 1,768.8 | 4,532.2 | 39.0 |
| 20 | 1,584.7 | 13,122.6 | 12.1 |
| 30 | 2,419.7 | 25,762.6 | 9.4 |
| 40 | 1,567.2 | 69,199.3 | 2.3 |

〔資料〕 藤野正三郎・寺西重郎『金融資産負債残高表』.

表 3-22 1910年および1930年の外資輸入残高

| | 1910年 | | | 1930年 | | |
|---|---|---|---|---|---|---|
| | 海外部門保有残高(百万円) | 左の構成比(%) | 発行残高に対する海外部門保有残高の割合(%) | 海外部門保有残高(百万円) | 左の構成比(%) | 発行残高に対する海外部門保有残高の割合(%) |
| 内 国 債 | 108.4 | 6.1 | 8.5 | 84.2 | 3.5 | 1.8 |
| 地 方 債 | 84.7 | 4.8 | 33.4 | 245.2 | 10.1 | 9.4 |
| 外貨国債 | 1,438.8 | 81.3 | 99.4 | 1,520.6 | 62.8 | 97.1 |
| 株　　式 | 28.2 | 1.6 | 2.2 | 113.8 | 4.7 | 1.0 |
| 社　　債 | 108.7 | 6.1 | 35.4 | 455.9 | 18.8 | 9.0 |
| 合　　計 | 1,768.8 | 99.9 | 39.0 | 2,419.7 | 99.9 | 9.4 |

〔資料〕 藤野正三郎・寺西重郎『金融資産負債残高表』.
〔注〕 外貨国債の海外部門保有高の数字は『金融事項参考書』の数字と一致しない．これはわれわれの推計では，外貨国債のうち正金銀行，日銀等で一時的に保有されている部分を調整してあるためである．藤野正三郎・寺西重郎[1975]参照．

の長期化がはかられることになる．まず第1は第1，2章で述べたように特殊銀行システムの創設であり，第2は上述の日銀株式担保金融の「やむをえない便法」としての恒常化である[110]．第3は外資の導入である．このために金本位制が採用せられ，日本興業銀行が設立された[111]．また，1905年には担保付社債信託法が定められた．有価証券消化の外資依存度は表3-21にみられるとお

---

110) 特殊銀行は金融債を発行し，長期資金を供給する．金融債の流通性が保証されているばあい，人々は短期性資金によってそれを保有することができる．それゆえ，特殊銀行方式によって短期資金を長期化することが原理的に期待されるわけである．

りであり，1900年以後高まっている．ただし，1910年の数字は日露戦争の戦費関係の外貨債を除くと16.0%にまで下る[112]．また表3-22によって証券別の外資依存度をみると，1910年において(外貨国債は別として)，地方債および社債で依存度が高いことがわかろう．1930年の数字では地方債，社債とも海外依存度は高くない．しかし依存度は産業によって異なっており，特に電力会社の外貨債は重要である．1923年の東京電燈の外貨債を端緒として，大正末から昭和初期にかけて各社の英米での起債が相次いで行なわれ，低利長期資金を調達した．第4に税制面の措置がある．これについてはすでに述べたとおりである．

しかしながら，これら諸手段による資金長期化の効果は必要資金の大規模化にくらべて限られたものでしかなかった．このためわが国銀行の多くは預金で集めた資金を産業企業の長期設備資金として供給するという行動をとるにいたる．銀行の産業銀行化である．その一部のものは特定企業等と結びつきいわゆる機関銀行性をおびてくる．また，他の一部はいわゆる地方有力銀行として地方産業との固定的関係を強めることになる．資金源泉のシフトと同時にほぼ1900年頃から顕著となるこの傾向は，第1次大戦以後の経済混乱の1つの主要な原因となるのである[113]．この点については，第5章および第6章で詳論する．

## [3] 資金市場の分断と統一

最近の諸研究によれば，徳川期においても(特に19世紀前半において)商業流通の急速な発展に伴って地域分断市場の統一化が相当進展していたと言われ

---

111) 1902年から1913年にかけての外資導入額は2,125百万円(外貨国債を除くと454百万円)であったが，このうち興業銀行の関係分は384億円であり，全体の18.1%(外貨国債を除くと84.5%)であった．興銀関係分のうち176百万円すなわち45.7%は朝鮮および満州に対する貸付資金を外貨社債によって調達したものであった．『日本興業銀行五十年史』第50，第52表による．

112) 1904年5月から1905年11月にかけて5回にわたって起債された外国債の(1905年11月の25百万ポンドの整理外債を含む)起債総額は1,044.6百万円である(『金融事項参考書』1918年調)．

113) 一般論としての立言であることに留意されたい．1900年以前の銀行の一部に産業銀行性がなかったと言っているわけではない．しかしながら，資金源泉の点からは1900年以前は主として蓄積資金であって，銀行資本金を長期貸出に運用するという行動はいわゆる産業銀行ではないとみなすべきであろう．少なくとも上記のわれわれの定義とは異る．また，初期の銀行が幕末以来の商業流通の展開と密接な関連をもって展開してきたことにも注意せねばならない．少なくとも，明治期の銀行一般はドイツ的な産業銀行ではなく，いわゆる商業銀行性を色濃くもっていたことは，本書の以上の分析から明瞭であろう．

表 3-23 運輸組織の発達

| 年度また は年 | 鉄道 | | | 諸車 | | | 水運 | |
|---|---|---|---|---|---|---|---|---|
| | 国有鉄道営業マイル数 | 国有鉄道乗客数(10万人) | 地方鉄道開業粁数 | 荷積用馬車(千両) | 牛車(千両) | 荷車(千両) | 内地汽船噸数(千トン) | 内地帆船噸数(千トン) |
| 1870 | — | — | — | — | — | — | 15 | 2 |
| 1875 | 38 | 28 | — | 0.0 | 1.7 | 116 | 42 | 9 |
| 1880 | 77 | 532 | — | 0.3 | 3.1 | 317 | 41 | 48 |
| 1885 | 168 | 261 | 217 | 8.6 | 5.9 | 474 | 60 | 53 |
| 1890 | 551 | 1,127 | 1,366 | 29.1 | 11.0 | 763 | 94 | 52 |
| 1895 | 593 | 1,876 | 2,731 | 51.6 | 18.5 | 1,043 | 341 | 45 |
| 1900 | 823 | 3,146 | 4,675 | 90.1 | 30.5 | 1,322 | 543 | ? |
| 1905 | 1,500 | 3,103 | 5,232 | 98.4 | 27.1 | 1,356 | 939 | ? |
| 1910 | 4,870 | 13,863 | 823 | 158.6 | 35.4 | 1,668 | 1,234 | ? |

〔資料および注〕 朝日新聞[1930].この資料において帆船の噸数は1898年以降不連続であるため省略.これは噸数船に加えて石数船(和船)が含まれたためと思われる.

表 3-24 通信組織の発達

| 年度または年 | 郵便 | 電信 | | 電話 | |
|---|---|---|---|---|---|
| | 内国通常郵便物引受数(百万通) | 電信線路(里) | 内国電報発信数(万通) | 電話線路(里) | 通話度数(10万通話) |
| 1871 | 1 | 19 | 2 | — | — |
| 1875 | 26 | 637 | 52 | — | — |
| 1880 | 68 | 1,722 | 203 | — | — |
| 1885 | 115 | 2,246 | 264 | — | — |
| 1890 | 224 | 2,881 | 421 | 50 | 3 |
| 1895 | 446 | 4,044 | 910 | 178 | 131 |
| 1900 | 740 | 7,000 | 1,623 | 763 | 666 |
| 1905 | 1,236 | 7,901 | 2,210 | 1,317 | 1,505 |
| 1910 | 1,509 | 9,939 | 2,864 | 2,606 | 5,584 |

〔資料〕 朝日新聞[1930].

る.しかしながら,市場の統一化が最も急激に進行したのは維新以後特に1877年(明治10年)-97年頃にかけてであろう.それは運輸・通信手段がこの間飛躍的に整備されたからである.しかしながら,こうした統一化への動きにかかわらず,戦前期においてはついに地域分断市場の完全な統一がなされることはなかった.統一の完成は1930年頃以降,あるいは第2次世界大戦中に生じたのである.このため,日銀信用供給,低金利規制等の金融政策もその効果が地域格差の存在によって左右されることがあった.

表 3-25 内航運賃

| 年 | 石炭運賃 若松—横浜 (円/英トン) | 米運賃 阪神—東京 (円/100石) | 米運賃 新潟—東京 (円/100石) |
|---|---|---|---|
| 1870 | ? | 120 | 112 |
| 1878 | 3.17 | ? | ? |
| 1880 | 3.84 | 75 | ? |
| 1881 | ? | 60 | ? |
| 1882 | ? | 55 | 110 |
| 1883 | ? | ? | 50 |
| 1898 | 1.65 | 40 | 50 |

〔資料〕 安場保吉[1979].

表 3-26 コルレス線数

| 年月末 | 国立銀行 | うち第一国立銀行 | うち第百十国立銀行 | うち第五十二国立銀行 |
|---|---|---|---|---|
| 1874 | 1 | 1 | | |
| 1875 | 4 | 4 | | |
| 1876 | ? | ? | | |
| 1877 (6月) | 10 | 4 | | |
| (12月) | ? | 16 | | |
| 1878 (6月) | ? | 30 | | |
| (12月) | ? | 54 | | 2 |
| 1879 (6月) | 338 | 98 | 2 | ? |
| 1880 (6月) | 1,027 | 125 | ? | ? |
| (12月) | ? | ? | 29 | ? |
| 1882 | ? | ? | 48 | 19 |
| 1887 | ? | ? | ? | 51 |
| 1888 | ? | ? | 182 | ? |
| 1892 | ? | ? | 219 | 75 |
| 1897 | ? | ? | 359 | 119 |

〔資料〕 国立銀行については第1次および第2次の『銀行局年報』. 第一国立銀行については『第一銀行史』pp 369-373. 第百十国立銀行および第五十二国立銀行は伊牟田敏充[1980]による. 原資料は『山口銀行史』および『伊予銀行史』.

## (1) 資金市場の統一化

維新以後の運輸通信組織の発達の様子は表3-23, 3-24に記したとおりである. 運輸組織においては, まず道路網の漸次的整備によって諸車の数が, 明治10年代に急増している. 明治政府による道路整備は財政困難もあって当初は遅々たるものであったが, それでも広義の殖産興業政策の一環として最重点政策とし

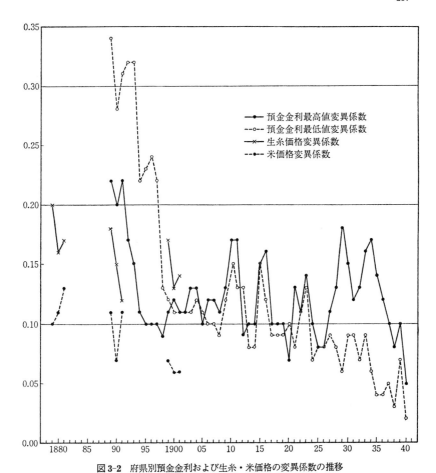

図 3-2 府県別預金金利および生糸・米価格の変異係数の推移
〔資料〕 預金金利最高値, 最低値は『帝国統計年鑑』各年版, 生糸および米の価格は野田孜『明治期における流通段階別・地域別物価差』(一橋大学経済研究所国民所得推計研究会資料, D-28, 1963年, 謄写)による.

て進められたのである. また水運においても, 西洋型帆船および蒸気船の普及がめざましく, 維新後から1895年頃まで急速な発展がみられた. 鉄道の発達は1885年以後加速化し, 1900年頃には主要幹線, 主要地方鉄道が完成した. 他方通信網においても, 電信, 郵便がそれぞれ1870年, 71年に導入され, 以後急速な普及をみせた. 電話の普及は1890年以降のことであるが, その発達

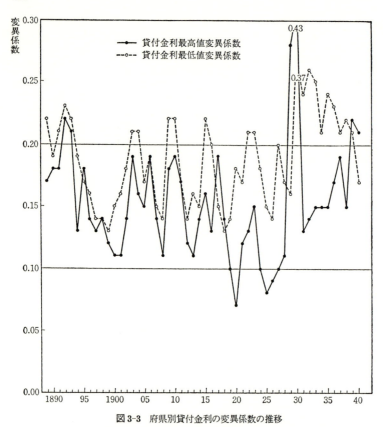

図3-3 府県別貸付金利の変異係数の推移

〔資料〕『帝国統計年鑑』各年版の地方別(府県別)貸付金利最高値,最低値.

も著しく急速であった.

　こうした運輸通信網発展の効果は表3-25の内航運賃の低下過程に明瞭にあらわれている．米および石炭の運賃は1898年頃にかけて低下し，ともに明治初期の半分ないしそれ以下にまで下ったのである．

　1876年以降全国に展開した銀行組織は，こうした運輸通信網の発展を背景として，各地方の資金市場を飛躍的なスピードで結びつけたと推察される．それは，コルレス契約数の増加傾向にはっきりとあらわれている(表3-26)．1874年にわずか1線(東京第一銀行と長崎小野組の間)であったコルレス線は，1879年には338線，1880年には1,027線となったのである．

表 3-27 預金金利・貸付金利およびそれらの変異係数間の単純
相関係数(1890-1925年, 3カ年移動平均値による)

|  | 預金金利 | | 貸付金利 | | 預金金利変異係数 | | 貸付金利変異係数 | |
|---|---|---|---|---|---|---|---|---|
|  | 最高値 (1) | 最低値 (2) | 最高値 (3) | 最低値 (4) | 最高値 (5) | 最低値 (6) | 最高値 (7) | 最低値 (8) |
| (1) | 1.00 | | | | | | | |
| (2) | 0.87 | 1.00 | | | | | | |
| (3) | 0.12 | △0.30 | 1.00 | | | | | |
| (4) | 0.65 | 0.37 | 0.76 | 1.00 | | | | |
| (5) | △0.57 | △0.68 | 0.25 | △0.25 | 1.00 | | | |
| (6) | △0.57 | △0.87 | 0.70 | 0.11 | 0.65 | 1.00 | | |
| (7) | △0.78 | △0.75 | 0.20 | △0.29 | 0.74 | 0.66 | 1.00 | |
| (8) | △0.40 | △0.48 | 0.15 | △0.20 | 0.75 | 0.46 | 0.67 | 1.00 |

〔資料〕『帝国統計年鑑』各年版の地方別(府県別)金利最高値・最低値から求めた全国平均値および変異係数.

　各地域間の荷為替取引は交通通信組織の発展に伴いその効率を高めた．たとえば，横浜と長野の間の生糸荷為替は，生糸発送から地方生糸商ないし地方銀行による代金の入手まで，明治初年には1週間を要し，その間の利子率は千円につき40円であったが，大正初期にはそれぞれ3日間および3円程度にまで短縮化し低下したのである．東京高商『生糸金融調査』(1915年)はこの間の事情を次のように記している．「明治初年ニアリテハ交通機関未ダ発達セズ運送中ノ危険大ナリシモ保険ノ制度起ラズ生糸ニ対シテ荷為替ヲ取組ムハ頗ル危険ナリキ加之当時ニ於テハ荷為替ノ手取金ハ現金ヲ以テ払渡スヲ要シ横浜ニテ取立タル為替金ハ現金ヲ以テ地方ニ回送セザルヲ得ズ現金輸送ノ危険アリシノミナラズ多クノ労費ヲ要シタリ例ヘバ明治初年信州ヨリ横浜ニ生糸ヲ送付シ金ト引換ヘテ持チ帰ルニハ往復一週間以上ヲ要シ打歩ハ千円ニ就キ四十円ナリシト云フ爾来漸次減少シテ明治十年ニハ十五六円三十年頃ニハ六円五十銭トナリ汽車開通スルニ至リ五円ニ減ジ三円トナリ遂ニ今日ニ至タレリ」(p.64).

　資金市場の統一化は，以上のように急速に生じたのであるが，特に1890年代の預金銀行化の進展に伴い，各地の預金市場が急速に結びつけられたことが注目される．図3-2は府県別の預金金利の変異係数(標準偏差/平均値)の動きを示したものである[114]．1890年代において急速な低下が生じていることが読み

---

114) この図は当初，上野裕也・寺西重郎[1975]に発表したものである．以下の分析はこの論文の対応箇所の改訂版である．

表 3-28　1890年から1900年にかけての加重平均預金金利及び預資率の変化

|  | 加重平均預金金利(%) | | | 預資率 | | | 1900/1890(倍率) | |
|---|---|---|---|---|---|---|---|---|
|  | 1890 | 1895 | 1900 | 1890 | 1895 | 1900 | 預金金利 | 預資率 |
| 北海道 | 3.67 | 5.27 | 6.77 | 0.277 | 0.307 | 0.430 | 1.84 | 1.55 |
| 東　北 | 5.05 | 5.25 | 6.79 | 0.866 | 0.735 | 0.736 | 1.34 | 0.85 |
| 関　東 | 4.55 | 5.14 | 6.98 | 2.033 | 1.027 | 0.628 | 1.53 | 0.31 |
| 北　陸 | 4.72 | 5.41 | 6.86 | 1.435 | 1.127 | 0.934 | 1.45 | 0.65 |
| 東　山 | 4.35 | 4.98 | 7.21 | 1.283 | 1.181 | 0.876 | 1.66 | 0.68 |
| 東　海 | 4.30 | 4.92 | 7.07 | 1.191 | 0.927 | 0.639 | 1.64 | 0.54 |
| 近　畿 | 3.85 | 4.71 | 6.45 | 0.678 | 0.455 | 0.404 | 1.68 | 0.60 |
| 中　国 | 4.34 | 4.61 | 6.77 | 0.905 | 0.889 | 0.404 | 1.56 | 0.45 |
| 四　国 | 5.07 | 5.38 | 6.57 | 1.152 | 1.017 | 0.673 | 1.30 | 0.58 |
| 九　州 | 4.95 | 4.43 | 7.21 | 1.363 | 1.130 | 0.944 | 1.46 | 0.69 |

〔資料および注〕　加重平均預金金利および預資率は各年を中心とする前後3カ年の平均値である．加重平均預金金利は『帝国統計年鑑』各年版の府県別預金金利の最高値と最低値の平均値を府県別に求め，それを『銀行局年報』各年版の府県別預金残高(国立，私立，普通，貯蓄銀行合計)をウエイトにして加重平均したものである．預資率は自己資本/預金であり，各年の『銀行局年報』による．国立銀行，私立銀行，普通銀行，貯蓄銀行の払込資本金，積立金，預金の府県別地を地方ごとに集計し，預金と自己資本(積立金および払込資本金)の比率を求めたものである．地方区分は表1-17と同じ．

とれよう[115]．他方，貸付金利の変異係数は図3-3のごとく，トレンドとしての低下傾向をほとんどしめしていない．

　図3-2にみられる府県別預金金利の1890年代における急速な統一化の意味を検討してみよう．まずトレンドとは別に変異係数の動きには一定のサイクルがあることが注目される．変異係数は1908年，1913年，1920年のような金融逼迫期には低下しており，緩和期には上昇している．この点は表3-27から確認できる．預金金利の変異係数は預金金利の水準と負の相関関係にある．すなわち，金融がタイトになり，預金金利が上昇するときは金利の散らばりが小となり，金融が緩和し，金利が低下するときは散らばりが大となっているのである．このことは，金融逼迫期には，高預金金利府県の金利上昇より低預金金利府県の金利上昇の方が大きいことを意味している．この金利上昇率の格差は，

---

115)　参考までに生糸および米の価格の変異係数をも示してある．預金金利の収束がこれら商品価格の収束より急速であることが注目されよう．

府県間の預金のシフトを生ぜしめたであろうか．この点を確認することは容易でない．しかし次のような分析から，預金金利上昇率格差したがって預金金利格差の縮小過程で，若干の地域間預金シフトが生じたことを推測することができる．

表3-28を参照されたい．簡単化のために1890年代の預金金利上昇期を例にとろう．まず加重平均預金金利の動きをみると，1890年から1900年にかけていずれの地方でも上昇している．しかも，1900年では，東北，関東，北陸で金利水準が7%を少し下まわる水準でほぼ均等化し，東山と東海では7%を超える水準で均等化，近畿，中国，四国では，6.5%レベルで均等化していることが認められよう．他方，預資率すなわち自己資金の預金に対する比率はすべての地方で低下しているが，上記3グループ内でその動きに若干の較差があることがわかる．まず東北，関東，北陸をくらべると預資率の1890年から1900年にかけての低下は関東において最も著しく(0.31)，東北において最も小さい(0.85)．このことは預金金利の1890年から1900年にかけての動きに対応している．すなわち預金金利の上昇は関東で最も高く(1.53)，東北で最も小さい(1.34)のである．次に，東山と東海をくらべると，預金金利の上昇率には大きな差がないが，預資率の低下は東海の方が著しい．近畿，中国，四国のグループをみると，預金金利の上昇は近畿および中国において大きく，四国において小さい．これに対する預資率の動きは，中国で最も著しく低下しており(0.45)，近畿，四国では低下は小さい．

以上の分析はもちろん十分なものではない[116]．しかし，1890年代において東北地方から関東へ，近畿・四国地方から中国地方へと高預金金利にひかれた預金の地域間移動があった(かもしれない)ことを示唆するものであろう．

次に，図3-2の変異係数の動きには，最高預金金利と最低預金金利の間に大きな差があることに注目されたい．トレンドとしての低下傾向は特に最低値において著しい．最高値はトレンドとしてはほとんど低下していないとも言えよう．各府県の最高預金金利はその府県の小銀行のものであり，最低預金金利は

---

[116] 預資率の動きは，単に預金の動きだけでなく資本金の動きにも依存しており，また預金の動きは地域間移動だけでなく，地域内におけるその他金融資産との代替関係に依存している．それゆえ上記分析は示唆的なものでしかない．

大銀行の金利だと仮定することができよう．この仮定のもとでは，地域間預金金利格差の縮小は主として大銀行間で生じたものだと言いうる．小銀行は各府県内の部分的小地域市場に依拠していたから，他府県の銀行と預金吸収を競うことは少ないと考えられる．それゆえ，この時期の預金市場の流動化ないし地域間の統合は主として大銀行間で生じたものだと言うことができる．（地域的な意味では地方大都市間とも言いかえられよう[117]．）

以上要約すると，1890年から1900年にかけての預金金利の府県格差の縮小は主として各府県の都市大銀行間の預金獲得競争によるものであり，その過程で，地域間の預金シフトがある程度生じたと考えられる[118]．

### (2) 地域的資金市場と府県農工銀行

1900年頃までの運輸通信組織の急展開に支えられて，わが国の金融市場は明治10年頃から30年頃にかけて急速に統一化されたと考えられる．しかしこの統一は決して完全なものではなかった．図3-2にみられるように，預金金利格差は特に小銀行（各府県の最高預金金利を設定した銀行）に関して，1930-35年頃まではトレンドとしては縮小していない．また大銀行（各府県の最低預金金利を設定した銀行）についても，1890年代の急速な統一化を経た後も，漸次的に統合過程が進展したのである．

1877年頃以降の資金市場の急速な統合化が中央銀行組織による全国的金融政策の必要性をもたらしたことは第2章で指摘したとおりである．しかしながら，資金市場の地域的分断は，1900年以後も完全には消滅することなく永く存続した．このため戦前期1930年頃までの金融政策の効果は地域格差の影響をまぬがれることができなかった．この点を農工銀行に対する低金利規制の効果を例にとって論じておこう．

戦前期1930年代前半までの金利政策は基本的に自由金利政策であった．貸出金利に対する唯一の規制である1877年施行の利息制限法は，貸出金額ごと

---

117) ちなみに，図3-2から（この仮定のもとでは）1900年以前は大銀行間の金利格差が小銀行間のそれよりも大きく，1925年以後は逆の状況が生じていることも言える．
118) われわれと同じ『帝国統計年鑑』の府県金利データを用いて資金市場統合の問題を論じたものとしてコーゾー・ヤマムラ[1970]がある．なお，米価を中心とする地域価格格差問題について，最近小岩信竹氏が[1981]等ですぐれた研究を展開されている．

表3-29 農工銀行最高貸付利率と不動産抵当個人間貸借金利(1913年)

| % | 農工銀行最高貸付利率(年賦償還,個人)(農工銀行別) |
|---|---|
| 9.5 | 沖縄県農工銀行 |
| 8.3 | 新潟県農工銀行 |
| 8.0 | 福井県農工銀行,讃岐農工銀行 |
| 8.5 | 上記以外41農工銀行 |

| % | 不動産抵当個人間貸借金利(府県別) |
|---|---|
| 9以上 10未満 | 香川,福井,滋賀,岡山,兵庫,大阪,山口,徳島,愛知 |
| 10以上 11未満 | 新潟,岐阜,福岡,三重,広島,富山,愛媛,長野,京都,奈良,山形,石川,島根 |
| 11以上 12未満 | 和歌山,神奈川,千葉,熊本,静岡,埼玉,東京,大分,山梨 |
| 12以上 13未満 | 佐賀,茨城,群馬,高知,福島,栃木,鳥取 |
| 13以上 14未満 | 長崎,岩手,宮崎,秋田,青森 |
| 14以上 15未満 | 宮城,鹿児島 |
| 15以上 | 沖縄,北海道 |

〔資料〕 農工銀行金利は勧銀『全国農工銀行営業状況表』(1913年下半期),個人間貸借金利は勧銀調査課『不動産抵当個人間貸借金利調』(1927年4月).
〔注〕 農工銀行金利は1913年下半期,個人間貸借金利は1913年.ちなみに,1913年下半期の農工銀行全国平均金利は以下のとおり.年賦償還貸付金利最高値(個人,20人連帯8.5%,漁業組合8.1%,公共団体,耕地整理組合,産業組合,森林組合8.0%),定期償還貸付金利最高値(個人,20人連帯8.6%,漁業組合8.2%,公共団体,耕地整理組合,産業組合,森林組合8.1%).

に最高金利を定めたものであったが,これは1つには制裁規定を欠くために[119],制定当初からきわめて限られた効力しか持ちえなかった.特に貸金業者の金利等に関しては同法は全く空文化していたことは既述のとおりである.預金金利についてみると,その最高限度を定めた最初の預金金利協定は,1900年恐慌時の1901年に大阪銀行集会組合銀行間で,ついで1902年に東京有志6銀行間で成立したと言われる[120].しかし,これらはいずれも制裁規定を欠く紳士協定的なものであって,事実上最低標準金利として機能したにすぎない[121].

しかしながら,こうした自由金利経済の中で唯一つ厳格な金利規制の行なわれた部面があった.それは特殊銀行の金利である.勧業銀行については「勧業

---

119) 違反のばあいは裁判のうえ無効にすると規定されたのみであった.
120) 岡田和喜[1974]によれば,愛知県銀行協会は早くも1890年に預金金利協定をむすんだと言われる.なお,制裁規定をもつ最初の預金金利協定は1918年東京,大阪,名古屋で成立した.ちなみに,この時の金利規制には甲乙の両種があって,甲種の方が低金利であり,各銀行はいずれかを自分で選択するシステムであった.
121) 後藤新一[1970] p.265.

表 3-30 第 1 次合併農工銀行と存続農工銀行の比較(1920 年末)

|  | 合併農工銀行 | 存続農工銀行 |
|---|---|---|
| (1) 行　　数 | 19 | 27 |
| (2) 払込資本金 | 19,285 | 54,713 |
|  | (1,015) | (2,026) |
| (3) 積　立　金 | 11,062 | 30,451 |
| (4) 自己貸付残高 | 69,298 | 233,898 |
|  | (3,647) | (8,663) |
| (5) 代理貸付残高 | 39,593 | 67,651 |
|  | (2,084) | (2,506) |
| (6) 農工債券残高 | 30,801 | 125,656 |
|  | (1,621) | (4,654) |
| (7) 預り金残高 | 32,631 | 94,168 |
|  | (1,717) | (3,488) |
| (8) (6)/{(2)+(3)} | 101.5 | 147.5 |
| (9) (5)/{(4)+(5)} | 36.4 | 22.4 |

〔単位〕　(1)-(7)は千円, (8), (9)は%.
〔資料〕　『日本勧業銀行史』p.405.
〔注〕　カッコ内は 1 行あたり.

銀行法」第 51 条, 農工銀行については「農工銀行法」第 42 条, 北海道拓殖銀行については「北海道拓殖銀行法」第 20 条に貸付金利規制が定められていた. 「農工銀行法」第 42 条は次のとおりである[122]. 「農工銀行貸付金利子ノ最高歩合ハ毎営業年度ノ初ニ於テ大蔵大臣ノ認可ヲ経テ之ヲ定ムヘシ其ノ営業年度内ニ於テ変更セムトスルトキモ亦同シ」. 農工銀行の貸付金利はある程度地域格差を考慮して定められたが, 地域間の大きな金利格差にくらべると規制金利の傾斜は著しくゆるやかなものであった. これは, 半官営銀行であるため安全性においてほぼ等しい府県農工銀行間で, 大きな金利格差をつけると裁定による大幅な資金移動を惹起するおそれがあったことによるものと考えられる.

府県別の民間(不動産抵当)個人間貸借金利と農工銀行規制金利は表 3-29 に示すとおりである. 民間金利の地域格差にくらべて, 農工銀行規制金利の傾斜が著しく小さいことがわかろう. 貸付金利が低利に規制されていることは, 資金吸収面でも低金利で資金調達する必要性を意味している. しかしながら, 民間金利は一般に高いため, 低金利による資金調達は容易でなく, 特に高金利の

---

122) 『明治大正財政史』第 15 巻, p.893.

農村地方で[123]，農工銀行はいずれも資金不足に陥ったのである．このため，1900年以降は勧業銀行の代理貸付に依存し[124]，1909年以後は預金部資金も導入されることになる．しかし，こうした代理貸付業務は，利潤が少ないし，それにヘビイに依存することは農工銀行の存在意義にかかわることであった．このため農工銀行は「割増金」付きの債券発行を再三請願するが，ついにこれは認可されなかった[125]．こうして農村部の農工銀行の活動はすこぶる低調のうちに推移し，ついには1921年(大正10年)の勧業合併法により，順次勧業銀行に合併されるに至る．1921年から23年の勧農第1次合併で19行が合併されるが，それは山梨，佐賀県，防長(山口県)，福岡県(以上1921年合併)，島根県，鳥取県，讃岐(香川県)，両羽(山形県)，福井県，富山県，石川県，土佐(高知県)，沖縄県，静岡，新潟県，京都府，秋田(以上1922年合併)，青森県，和歌山県(以上1923年合併)の諸行であり，福岡県農工銀行と京都府農工銀行を除くといずれも農村県の銀行である．合併銀行と存続銀行の1920年末におけるバランス・シートを較べると表3-30のとおりである．合併銀行において農工債券残高の割合が小さく，また代理貸付依存度が高いことがわかろう．

　農工銀行に関する以上の事情は，顕著な地域格差の残存する金融市場において人為的低金利規制が無効であることの典型的な例であると言えよう．半官営銀行であって安全性において(原則として)格差のない農工銀行においてさえ人為的金利規制は失敗したのである．人為的低金利政策が機能しうるためには，地域格差および各銀行間の安全性に関する較差がともに消滅することが必要であり，この条件は第2次大戦以後満たされるにいたるのである(第7章[1])．

　最後に，日銀信用供給と地域格差の関係について一言しておこう．顕著な地域格差が残存するばあい，日銀の市中銀行に対する信用供給は，単なるマクロ的なハイ・パワード・マネーの供給であるにとどまらない．それは，信用を受ける銀行の存在する地域金融市場に最も大きなインパクトを与え，地域産業の盛衰に密接な影響を及ぼすことになる．事実，日銀はこの点を十分認識しており，その信用供給には地域格差を利用しつつ産業育成をはかったという側面も

---

123) 表3-29によると個人間貸借金利が12%以上の府県は(長崎を除いて)いずれも農村県である．
124) 勧業銀行は資金不足農工銀行に代理貸付を委託するとともに，余剰資金をもつ農工銀行に勧業債券を販売することにより資金を吸収した(『日本勧業銀行史』p.262)．
125) 杉本正幸[1924]参照．割増金付債券は勧銀にのみ許されていた．

あるのである．この点は特に製糸業において明確であるといわれる．日銀は養蚕製糸地帯の地方銀行に十分な資金を供給するためにさまざまな手段を講じた．たとえば日銀設立直後の1885年12月には保証品付手形割引が開始されたが，これは主として製糸関係の地方銀行への資金供給を目的としたものであった[126]．また，製糸業の資金需要には季節性があり，春繭の出まわる6月頃に製糸家の購繭資金需要が集中するが[127]，日銀貸出はこれに対応してなされたといわれる．たとえば養蚕製糸地帯の普通銀行の借入依存度は上期末に高く，下期末に低いことが石井寛治[1968]に示唆されている．このことは日銀貸出が製糸業の資金需要に対応してなされたことを示唆している．ちなみに，製糸金融に関して，日銀は製糸地帯の地方銀行と集散地である横浜，名古屋等の銀行の双方に融資している．横浜の売込問屋は銀行から借入れた資金を利鞘をとって製糸家に貸付けたのであるが，それでも売込問屋金融の方が地方銀行貸出よりも低利であった．このことは，各地方金融市場間の分断がいかに根強いものであったかを示している．また，石井寛治[1968]には，九州の石炭業，北陸の絹織物業等についても，それぞれの日銀支店がこれら個別産業の資金需要への対応を考慮していたことが示唆されている．農工銀行の例が地域格差を無視したための失敗例だとすれば，日銀信用供給はそれを応用した1例だと言うことができるのである．なお，日銀の公定歩合は，当初，金利の地域格差に対応して各支店出張所で異なっていたが，1906年7月以降全国一律化された．

## [4] 明治期の金本位制

1871年(明治4年)の新貨条例による金本位制が多分に金銀複本位制の性格をもったものであり，しかもその実質が次第に変動相場制下の管理通貨制に移行したことは第2章で述べたとおりである．こうしたなかで，明治政府は1878年(明治11年)5月，一円銀(貿易銀)の国内通用を許可し，形式的に金銀複本位制に移行した．すなわち，貿易銀を「従来各開港場貿易便利ノ為メ鋳造シ各開

---

126) 杉山和雄・川上忠雄[1965]参照．
127) ただし夏秋蚕の普及につれて次第にピークはずれてきた(横浜商工会議所「製糸金融の現況」1927年『日本金融史資料』明治大正編，第23巻)．

港場ニ限リ通用セシメタリシモ自今一般ニ通用セシメ租税其他公私ノ取引総テ之ヲ授受スヘキコトトナリ又同日第十三号布告ヲ以テ同銀ハ一般ノ通用上其払高ニ制限ナキモノ」[128]としたのである．しかしながら，当時すでに金銀貨は1個の商品として保有退蔵されていたから，「実際一般ノ通貨トシテハ唯紙幣ヲ見ルノミニテ金銀貨ハ殆ト其迹ヲ歛メ恰モ一種商品ノ姿ヲナシ其通貨タルノ効用ヲ失」[129]っていたことも既述のとおりである．

次に，1885年から86年にかけて，兌換銀行券が発行せられ政府紙幣の銀貨兌換がなされるにおよんで，貨幣制度は実質的に銀本位制となるが，形式的には1897年まで金銀複本位制にとどまる．この間1891年に，銀本位制を形式的にも法制化しようとする動きがあった．しかしこの提案は，複本位であっても別に不都合がなく，銀単本位に移ることはかえって「貨幣制度ノ退歩ナリトスル説」もあって，結局採用されるにいたらなかった[130]．

本格的な金本位制は，1897年(明治30年)3月公布の法律第16号「貨幣法」によって成立する．純金0.75グラム(12.83グレーン)を含む(すなわち新貨条例のほぼ半分の価値の)金貨を1円とし，当時金の銀に対する相対価格はほぼ2になっていたから(図2-2)，「従来発行ノ金貨幣ハ此ノ法律ニヨリ発行スル金貨幣ノ倍位ニ適用スヘシ」[131](第15条)とされたのである．また，従来発行の一円銀貨は新金貨と等価で交換された．この交換のための新金貨は，3億5千万円余(邦価換算)の日清戦争賠償金を清国庫平銀でなく英貨で受取ることにあらため，イギリスから回送した金塊によって鋳造された．1897年4月から翌年3月までに鋳造された金貨は74百万余円であった[132]．ちなみに，受領した償金のうち回送されなかった部分はいわゆる在外政府資金としてロンドンにおいて保管運用され，海軍省関係の経費支払・為替決済資金等にあてられた[133]．

問題はなぜこの時期に金本位制への移行がなされたかである．移行の是非を

---

128) 『明治財政史』第11巻，p. 402.
129) 『明治財政史』第11巻，p. 403.
130) 1891年5月造幣局長遠藤謹助による(銀本位制)「貨幣法案」の建議．またこれ以前にも1883年に大蔵卿松方による「貨幣条例改正意見書」で，銀本位法制化の提案がなされたが，これが何故不採用になったかは不明である．以上については『明治大正財政史』第13巻，pp. 521-554参照．
131) 『明治財政史』第11巻，p. 603.
132) 東洋経済新報社[1924] p. 175.
133) 在外政府資金，日銀在外正貨(1904-23年)については高橋誠[1964]第3・4章，小島仁[1981]，能地清[1981]参照．

諮問された貨幣制度調査会(1893-95年)における採決が非常にきわどいものであったことはよく知られている[134]. 移行のおよぼす経済的諸影響については,同調査会報告に詳しいが,本位制変換による主要なメリットは次の3点に要約されよう. (i)銀本位下での対金貨国為替相場の乱高下・不安定性にともなう商業・貿易の投機的傾向を防止しうる. (ii)銀価格低下による輸入価格の上昇,それによる一般物価の上昇を防止しうる. (iii)銀価格低下傾向のもとでは金貨国たる欧米からの外資輸入は著しく困難であるが[135], 金本位制採用により,それが可能となる. このうち(i)は変動相場制の経験に慣れた今日のわれわれの感覚からは説得力に乏しい. かりに企業行動の投機的傾向があったとしても,それを為替相場の変動のみに帰すことはむずかしいし,為替変動のリスクは先物カバーによって(排除しようと思えば)排除できるからである. (ii)は,軍艦輸入等については重要であろうが,非貿易財たるサービス・食料品価格(多くは国内自給品)等は比較的安定していたし,事実GNPデフレーターの上昇率もとりたてて高くなかったから,大きな要因とは考えられない. それゆえ最大の要因は(iii)であったと考えるべきであろう. 資金源泉の変化に対応しての長期資金の外債による調達,がこれである. 当時,銀の金に対する比価は傾向的に低下していたから,銀貨国たるわが国の経済発展は為替レートの割安化による輸出伸長に負うところが大であった[136]. こうしたメリットを犠牲にしてまで,金本位移行がさしたる強い反対もなく実行されたことの背景には,輸入原材料(たとえば米国産綿花)および軍艦等軍需品の安価入手の可能性とともに,外債による長期資金の海外からの調達に寄せる産業界の大きな期待があったとみられるのである. 事実,貨幣法公布が間近になるとともに,外資輸入期待から株価は大きく上昇に転じたのである[137]. また,1897年には,軍事公債の1部(43

---

134) 「貨幣制度調査会報告」『日本金融史資料』明治大正編,第16巻. また中村隆英[1982],高橋亀吉[1973]第3章参照.

135) ただし全く不可能というわけではない. たとえば清国はわが国への賠償金支払を英独からの借款によってまかなった. 高橋誠[1964] p.165参照.

136) ただし馬場正雄・建元正弘[1967]の1873-96年時系列による輸出函数の計測では,世界貿易量のおよぼす所得効果は非常に大きいが,輸出価格弾力性(価格効果)は符号も逆で,統計的にも有意でない. (南亮進[1981]第7章は1885-1913年について同様な結果を得ている.) 19世紀末の長期的銀価格変動とわが国の輸出・生産の関係に関しては,一層の検討を行う必要がある.

137) 高橋亀吉[1973] p.112, 滝沢直七[1912] pp.501-502. 滝沢[1912] p.502の表は,法案提出の風説,衆議院への提出,委員会での可決,衆議院通過,貴族院通過という区切り目ごとに株価が騰貴したことを示している.

百万円)が外国人への裏書売出のかたちで海外販売されたし，1899年には1千万ポンド(邦貨換算約98百万円)の4分利付英貨公債が26年ぶりの外貨国債として発行された．これらはいずれも国債の国内募集難によるものであり，この時期から長期資金調達の問題が顕在化してきたことを示唆するものである[138]．

しかしこうした産業界の期待にかかわらず，明治後期における外資導入は産業資金としてはさほど大きな寄与がなかったことは上述のとおりである．これは，当時のわが国企業の国際的信用度が低く，外資導入が大部分国債・市外債・政府関係機関(興銀・満鉄等)のかたちをとったことおよび政府が日露戦争関係の巨額の外債の元利支払に追われて借入能力の限界に達したことによるものであろう[139]．しかしながら，外資の量的な効果がさほど大きくないということはあくまで集計量比較による命題であって，特定の時期における外資が大きな限界効果をもったことを否定するものではない．たとえば，この時期における内国債の外貨債による借換は国内のクラウディング・アウトを緩和し[140]，民間経済活動にかなりの効果を及ぼしたとも考えられるのである．また，量的比重の問題は別として，外債の質的ともいうべき効果には無視しえないものがある．第1に，外債は，1900年前後からの慢性的入超傾向のなかにあって，正貨保有の天井を高め兌換制の危機を(暫定的に)回避する役割を果した．特に日露戦争以後は，政府が非募債主義をとったこともあって，政府関係機関社債・市外債が主要な正貨調達手段として動員されたと言われる[141]．第2に，量的にはきわめて限られたものであったが[142]，外国人によるわが国企業の直接投

---

138) 金本位制採用については，以上のような経済的要因だけでなく，政治的要因も重視せねばならない．明治政府が先進国の貨幣制度たる金本位制に常に強い憧憬の念を抱いていたことはしばしば指摘されるところであり，これが日清戦争賠償金獲得という絶好機に一気に高まったとも考えられる．中村隆英[1982]は「宇内ノ大勢」に遅れまいとする「脱亜入欧」論にもとづく政治の論理の重要性を強調している．

139) ちなみに第1次大戦後(1923年以降)の外債の新規起債は電力会社および政府関係機関(満鉄，興銀等)によるものが中心であった．

140) 1905年の第2回4分利付英貨公債，1910年の4分利付仏貨公債，第3回4分利付英貨公債がそれであり，総額(額面で)469百万円．

141) 高橋誠[1964] pp. 231-232, 持田信樹[1981]参照．また第1次大戦後の1923年に外資輸入が再開されるが，そのさい東京電燈会社の外貨社債起債は正貨危機を懸念する政府によって慫慂されたものだといわれる(伊藤正直[1979])．

142) 表3-22において1910年の株式の海外消化割合はわずか2.2%である．ただし，これは公式統計によるものであり，実際にはそれ以外の直接投資がかなりの額にのぼったといわれる(高橋亀吉[1973]第3章)．

表 3-31 日銀券・日銀正貨増減と貿易(経常)収支(単位:百万円)

|  | 1904 | 1905 | 1906 | 1907 | 1908 | 1909 | 1910 | 1911 |
|---|---|---|---|---|---|---|---|---|
| 日銀券増減 |  |  |  |  |  |  |  |  |
| 　正貨準備 | △33 | 32 | 31 | 15 | 8 | 48 | 4 | 7 |
| 　保証準備 | 88 | △6 | △2 | 13 | △25 | △48 | 44 | 25 |
| 　合　　計 | 54 | 25 | 29 | 28 | △17 | 0 | 49 | 31 |
| 日銀保有正貨増減 |  |  |  |  |  |  |  |  |
| 　正貨準備 | △37 | 36 | 31 | 15 | 8 | 48 | 4 | 7 |
| 　正貨準備外 | 0 | △16 | 56 | △10 | 10 | 28 | △36 | △26 |
| 　合　　計 | △37 | 20 | 87 | 5 | 18 | 76 | △32 | △19 |
| 貿易収支 | △52 | △168 | 3 | △64 | △65 | 18 | △16 | △88 |
| 経常収支 | △131 | △326 | △24 | 0 | △67 | 15 | △46 | △108 |

〔資料および注〕 日銀券増減は後藤新一[1970]表3-1、日銀保有正貨増減は『財政金融統計月報』第5号、貿易収支・経常収支は『長期経済統計』第14巻の国際収支(帝国)をとった。日銀券増減と日銀保有正貨増減の正準備は一致するはずだが、1904, 1905年で合致しない。これは1904年末の正貨準備残高が上掲両資料で異なっているためである。

資は先進国の技術導入の効果をもった。たとえば、芝浦製作所・日本製鋼・東京電気等はいずれもこの当時欧米企業との合弁企業として設立されたものであり、その技術移転効果は看過されてはならない。いずれにせよ、この時期の外資の経済効果については今後一層の検討が必要である。

次に、1904-11年を例にとり、この時期の金本位制のワーキング・メカニズムについて簡単な考察を行なっておこう[143]。まず、表3-31において、日銀券増減が2つの径路(正貨準備発行と保証準備発行)からなっていることがわかろう。次に、正貨準備の増減は日銀保有正貨増減の一部であり、保有正貨の変動は正貨準備と正貨準備外の変動からなることがわかる。日銀保有正貨は正貨準備部分、準備外部分ともに在外正貨として保有されるばあいと国内正貨として保有されるばあいがある。日銀の在外正貨制度は、日露戦争中の1904年6月、政府が日露戦争戦費調達のために募集した外債手取金から軍費調達のための日銀借入金を支払うさい、手取金を一時に国内に現送しえないため、「時局中ノ変通策」としてはじめられたものである。このとき、政府は日銀ロンドン代理店(横浜正金ロンドン支店)中の政府勘定から日銀勘定にふりかえることにより支払いを行ない、日銀はこの在外資金を正貨準備の一部に使用しうることにな

---
143) 以下の説明は小島仁[1981]、能地清[1981]に負うところが大きい。

表 3-32 日銀の正貨収支(単位:百万円)

|  | 1904 | 1905 | 1906 | 1907 | 1908 | 1909 | 1910 | 1911 |
|---|---|---|---|---|---|---|---|---|
| 受取(主要項目) | | | | | | | | |
| 　政府より純買入 | 94 | 189 | 136 | 30 | 51 | △27 | 24 | 39 |
| 　市外債・外貨社債払込金 | | 2 | 37 | | | 52 | | |
| 　英貨為替買入 | 23 | 3 | 8 | | 14 | 43 | | |
| 　産 金 買 入 | 11 | 9 | 9 | 10 | 12 | 15 | 14 | 15 |
| 支払(主要項目) | | | | | | | | |
| 　大口為替売却 | 49 | 172 | 87 | 54 | 61 | 3 | 53 | 52 |
| 　兌　　換 | 107 | 15 | 25 | 23 | 4 | 7 | 25 | 25 |
| 　その他共差引増減 | △37 | 20 | 87 | 5 | 18 | 76 | △31 | △19 |

〔資料〕 能地清[1981]表7による.

ったのである.この制度はその後第1次大戦後の1923年(実質的には1922年)まで行なわれた.この在外正貨のうち正貨準備とされるものは主として英国大蔵省証券のかたちで,正貨準備外とされるものは主としてイギリスの民間銀行への預金(「英貨」預金)のかたちで保有された.

表3-32は,日銀保有正貨増減の主要要因を示したものである.(この最下行が四捨五入の誤差を除いて表3-31の保有正貨増減合計額に対応する.)まず,受取のうちの政府より純買入は,政府の外債募集手取金(これは日清戦争賠償金と同様在外政府資金として保有された)のうちから,国内で支出する分だけ日銀がその都度買取ったものであり,日銀本店における政府当座預金勘定に同額のふりこみがなされたのである.次に市外債・外貨社債払込金は,東京市,興銀等の外債手取金を日銀が買取り,かわりに国内で兌換券を東京市等に払渡したものである.英貨為替買入は輸出為替手形を横浜正金銀行・在日外国銀行から買取ったものである.

次に,支払側の大口為替売却と兌換はともに上記為替銀行の輸入為替手形決済のためのものである.兌換のばあいは日銀保有正貨のうち国内正貨が減少するが,大口為替売却のばあいは在外正貨が減少する.ここで大口為替売却とは,国内正貨節約のため,為替銀行の正貨兌換要求をロンドン向け金為替で代用したものであり,そのさい為替売渡相場は金現送点を基準としてなされた.

以上から,当時の金本位制のメカニズムは概略次のようなものであったことがわかろう.経常収支・資本収支が正または負のとき,その一部に対応して日

銀保有正貨の変動が生じる．この変動は国内正貨に生じるばあい（兌換）もあり，在外正貨のばあい（政府からの外債手取金買入，大口為替売却等）もある．こうした正貨の変動は一部は正貨準備の変動となり，他は正貨準備外の変動となる．正貨準備の変動は保証準備発行の変動と合計されて，日銀券発行高の変動となるわけである．

ところで，教科書的な金本位制モデルでは，国際収支の赤字または黒字は，正貨準備の変動を通じて通貨量に影響し，自動的な調整がなされるはずである（いわゆる物価と正貨移動の理論）．しかしながら，明治後期にあっては，国際収支はほぼ恒常的に赤字で，慢性的な正貨危機の状況にあり，少なくとも教科書的な自動調整が十分であったとは考えられないのである．これは一体何故か．2つの側面から考える必要があると思われる．第1は，通貨量の貿易・資本収支におよぼす影響であり，第2は貿易・資本収支の通貨量（日銀兌換券発行高）におよぼす影響である．

まず第1の側面．いま何らかの理由で通貨量が増加したとする．このばあい物価上昇と利子率低下が生じ，これはさらに貿易収支の赤字化（黒字の減少）と資本収支の黒字化（赤字の減少）を生ぜさせるはずである．当時は，物価，利子率ともに伸縮性が高く為替管理もほとんど行なわれていなかったから，このメカニズムは実際にもかなりスムーズに機能したものと推測されよう．ただし，日露戦争遂行等のいわば経済外的目的から，内外金利差の許容する以上に外資輸入がなされるばあい，このメカニズムは教科書的パターンから乖離する可能性がある．

次に第2の側面である．貿易・資本収支の変動は，貿易・資本収支──日銀保有正貨の増減──正貨準備の増減──日銀券の増減というルートで通貨量に影響するはずである．しかしながら重要なことは，明治の金本位制下では，このシェーマの3つの矢印がいずれもストレートに機能しなかったとみられることである．第1の矢印については政府の在外政府資金による支払，第2の矢印については日銀の正貨準備外の正貨保有，第3の矢印については保証準備発行の問題があるのである．

まず政府の在外政府資金による支払について．上述のように政府はその賠償金，外貨国債および政府関係機関外貨債の手取金を在外資金として保有してい

た．この一部は，国内での財・サービスの購入のため日銀に売却され，その限りで日銀券増加に連動したのであるが，他の部分は，ロンドンで自ら（正金銀行ロンドン支店を通じて）保管運用し，海軍省等の各省経費の海外支払をまかなったのである．このばあい外債による通貨供給増，政府輸入による通貨供給減という正貨移動メカニズムがストレートに機能しないことは明らかであろう．

次に，日銀の正貨準備外保有正貨の問題．日銀保有正貨は正貨準備と正貨準備外に分割され，前者のみが日銀券発行にかかわるわけであるが，実はこの分割がどのようなルールでなされたか（利用可能な資料でみるかぎり）不明なのである[144]．この分割に関しては相当に日銀の裁量の働いた余地があり，その限りで日銀保有正貨増減の通貨量へのストレートな効果が分断されていたと考えられる．

第3に，保証準備発行について．表3-31において，日銀券増減の2つの径路（正貨準備発行と保証準備発行）が多くの年次で逆の動きを示していることが注目されよう．このことはブルームフィールド(Bloomfield, A. I.)の意味で「金本位制のゲームのルール」が守られていないことを意味している[145]．ブルームフィールドは1914年以前の欧州諸国でも同様な状況であったことを見出している．日清戦後経営，日露戦争，その後の（第1次西園寺内閣による）積極政策等多事多難な時局にあって，保証準備発行が機動的に運用せられたのはいわば当然のことであったであろう．1898年から1911年にかけて日銀券の保証準備発行は108百万円から204百万円へ，正貨準備発行は90百万円から229百万円へと増加したのである[146]．

明治後期における金本位制のワーキング，特に外資導入と通貨量との関係に

---

144) ちなみに，この分割ルールの問題とは別に，小島仁[1981]，能地清[1981]は正貨準備外が保証準備の一部をなしたと仮説している．（深井英五[1938] pp. 326-327 も同様な論点を示唆している．）しかしこの仮説には以下の2つの大きな問題点がある．第1に，兌換銀行条例は「英貨」預金（正貨準備外は大部分この形態で保有された，小島仁[1981]第2章）による保証準備発行を認めていない．（大正末までにこの条例は5回改正されたが保証準備に関する規定の変更はない．）第2に，『明治大正財政史』第13巻は保証準備額を在外保証と内地保証に分けて示しているが(pp. 364-366)，この在外保証残高は小島仁[1981]における正貨準備外在外正貨にくらべて著しく小さい．それゆえ，正貨準備外の変動は，日銀券以外の日銀負債項目の変動に対応しており，それが保証準備・正貨準備以外の資産項目との間でさまざまな調整をうけていた可能性が強いのである．

145) ブルームフィールドはヌルクセに従って，中央銀行の国内資産（いまのばあいは保証準備）と国際資産（正貨準備）が同一方向に動くとき「ゲームのルール」が守られているとした．逆に動くばあいがいわゆる不胎化(sterilization)に対応する．

ついては今後の研究にまつところが大きい.しかし,当時の国際収支問題の最大の原因が(賠償金を得ることのできなかった)日露戦争戦費にあることは看過してはならない単純な事実である.この戦費の 55% をまかなった 8 億円の外債は(かりに年利 5% として)その利子だけで 4 千万円であり,これは当時の貿易収支の赤字(表 3-31)にほぼ匹敵する金額なのであった[147].外債利子支払にともなう正貨危機がふたたび外資導入を必要ならしめるという悪循環が,日露戦争後,特に 1910 年前後における最大の経済問題になったのである[148].

---

146) 固定相場制下の小国のケースで資本移動が完全なばあい,金融政策が有効でない(すなわち保証準備発行の変動は正貨準備発行の変動によってフルに相殺される)という有名なマンデル゠フレミングの命題がある.しかしこの命題は次のような理由によって成立しなかったと思われる.(i)対銀貨国貿易においてはわが国は小国ではなかった.(ii)日露戦争時の外資輸入は現実の内外金利差を無視してなされた.(iii)貿易収支の日銀券におよぼす影響は,政府の在外正貨による直接支払および正貨準備外の日銀保有正貨の動きによって分断されていた.
147) 日露戦争の直接戦費は 1,452 百万円であり,このうち外債による調達分は 800 百万円であった.ちなみに 1904-12 年間における外貨公社債発行総額(額面)は 1,953 百万円であった.
148) 高橋亀吉[1973]第 6 章.高橋はまた,正貨危機という問題はあったにせよ,明治後期の外債にもとづく企業発展が第 1 次大戦中の飛躍的経済拡大の基礎をなした点を強調している.

# 第4章　農工間資金移動の分析[1]

　わが国の長期経済発展過程に対して，いわゆる「農業余剰資金を原資とする工業化」のシェーマは適用可能であるか否か．この問題に概念構成上の整理を与えることおよび1つのマクロ的検証を施すことが，本章の目的である．対象とする期間は，主として1899年以降の戦前期である．19世紀については，すでに前章で，いくつかの側面に関して分析を行なった．その主要な結果は，あらためて[1]で簡単に要約しておく．

　[1]では，問題のもつ含意を一般的に論じるとともに，前章ならびに本章において見出された諸命題（ファクト・ファインディングズ）のうち主要なものを要約する．[2]は，農工間資金移動の概念的な枠組を整理するためのものであり，農家貯蓄，農家余剰および農業余剰の流出入の概念的な定義が与えられるとともに，それら相互間の含意の比較がなされる．[3]では，農家貯蓄の純流出入を分析する．流出入の景気循環的性質，経済各部門の貯蓄・投資勘定等について，いくつかの重要なファクト・ファインディングズが示される．[4]では，農家余剰の純流出入が分析される．租税補助金制度の果した役割，農業における租税負担の程度等がここでの主要なテーマであり，参考的に，広義に解した政府の資金移動活動の分析，および農業余剰の流出入の検討結果が紹介される．[5]では，農家と金融制度の関係に焦点があてられる．農村における近代金融組織の浸透度あるいは階層別農家の金融的行動の分析等が主要なテーマである．最後の[6]は，以上で展開された分析および見出された諸事実の総括的評価を行なうためのものであり，上記のシェーマの日本経済論あるいは経済発展論一般に対する含意について，本章の分析から導かれる1つの結論が提示される．

　ちなみに，本章では農工間資金移動をその定義におうじて，金融，財政および民間所得移転の3面から検討するが，このうち包括的データを全く欠く金融面については，新たな推計を行なった．推計方法の概要および推計値は補論

---

1) 本章は寺西重郎[1976b]，[1977]に加筆訂正を施したものである．

(I)に記されている．補論(II)では，農家貯蓄に関する大川一司＝高松信清推計を紹介し，われわれの推計との比較を行う．

## [1] 問題の所在

まず，上記シェーマを検討することの意味について，簡単な解説を与えよう．この問題の，日本経済論あるいは経済発展論一般における重要性は，次の3点に要約されよう．第1は，発展過程における農業の必要資金に対する含意である．わが国の農業発展に関してしばしば概略次のようなことが言われる．少なくとも第1次大戦頃までの時期におけるわが国の農業発展は目ざましいものであった．主として，徳川時代より継承した技術知識のバック・ログを利用することによって，農業は高い生産性成長率を実現し，それによって非農業へ食糧および資本，労働等の生産要素を提供した，と．このような議論は誤りではないが，1つの重要な問題を隠蔽している．それは，もし初期において農業が言われるような成長産業であったなら，資本の流出ではなく，農業の高利潤にひかれての資金の純流入があったはずであるということである[2]．もちろん，(われわれも後に確認するように)財政制度，特に地租を通じて多額の余剰が農外に流出したことは確かである．しかしながら，もし初期における農業の高成長が事実であるならば，税引後の農業利潤率は工業のそれと比肩しうる水準であった可能性があり，そのばあいには，所与の租税制度の下で，非農から農への資金移動すら存在した可能性がある．わが国農業が，品種改良，土地改良，肥料増投等の比較的必要資本の小さい技術進歩に基づいて発展したことは事実であろう[3]．しかしながら，発展のための必要資本が小であったということと，資本をも恒常的に流出させつつ発展したということの間には，指摘するまでも

---

2) たとえば，Ohkawa, K. and H. Rosovsky[1960]による次の叙述を参照されたい．「第一次大戦前には農業への投資誘因は不足していなかった．地主は高率の現物地代を受取り，また産出高を高め，安定させることに関心があった．……これらの要因は企業精神を励ました．……この時代には，不在地主は日本では稀であった．ほとんどの地主は農村地域に住み，しばしば特定の地理条件に適した新しい方法を導入して指導者として活躍した．」(邦訳；大川一司[1962] p.124)．なお，農業利潤率は，自作農および耕作地主については資本利潤率と土地利潤率(地代)の和であって，これが高位であったということは，農業の労働分配率が大体50％前後であったということからも推測される．

3) 速水佑次郎[1973]および石川滋[1967]参照．

なく，大きな相違がある．いわゆる，日本経済における農工の同時的発展の現象は，従来，農業における過剰労働の存在と労働使用的農業技術の進歩という，主として労働市場の事情から説明されるのが常であった．本研究におけるわれわれの1つの目的は，この現象の資金市場の側面における事情に分析を加えることにある．

第2の意義は，非農部門すなわち商工業部門および政府部門の資金調達の問題にかかわる．非農部門の必要資金は，非農部門内，農業部門および外国のいずれかから調達されねばならない．わが国の商工業部門の発展に対して外資導入が量的にはさほど大きな寄与をしなかったことは，前章で指摘したとおりである．したがって，商工業の必要資金は主として部門内または農業部門から供給されたはずである．もし上記シェーマが成立するとすれば，わが国の工業化資金は，専ら農業部門から供給されたことになり，商工業部門の貯蓄メカニズムの役割は小さいということになる．しかし，このシェーマが成立しないとすると，商工業内部における貯蓄蓄積機構が重視されねばならないことになる．そのばあいには，工業における低賃金──→低労働分配率──→高貯蓄といったケンブリッジ学派的視点および租税負担を中心とする商工業に対する優遇政策の効果が重要な検討課題となるであろう．これに関連していま1つの重要な問題は，政府部門の資金調達である．上記シェーマは，狭義に解釈すると，農業資金がなんらかの形で商工業に直接に移転されたという仮説とみることができるが，より広義には，農業資金が政府部門に移転し，その資金が商工業の発展を間接的に助成するというケースをも含むものとみなすべきであろう．戦前期における政府は，大体において貯蓄不足部門であった．この不足資金が民間農・非農部門および海外部門のいずれから供給されたか．この点の検討もまた，本章の分析目的の1部をなしている．

最後に，上記シェーマの制度的側面の含意が注目されねばならない．単に部門間資金移動がどの方向に生じたかということだけでなく，それがどのような機構ないし制度に支えられてなされたかを知ることは，特に経済発展論一般の立場から重要である．金融仲介機関の機能，直接金融を含めた金融市場全体の働き，財政あるいは政府機構全体の動きが，それぞれどの方向に作用したか，あるいは効率的であったか否か．これらの問題は，日本経済発展の財政金融的

側面の問題としてのみでなく,広い意味での金融・財政制度のあり方を考えるさいに,極めて大きな現実的重要性をもっていると考えられる.

　以下の分析は,主として1899年以降の戦前期に限られるが[4],これは次の2つの理由による.第1はデータの利用可能性の問題であって,19世紀に関しては,以下で用いるような包括的データを得ることは容易でない.しかも,農商工の未分離の程度が強いため,農工間資金移動の概念的枠組を厳密に適用することにも困難が伴う.第2の理由は,金融制度のあり方および資金循環が世紀の変わり目頃を境にして大きく変化したことである.19世紀においては,発展資金の源泉は主として商人・地主の蓄積資金であったが,1900年頃以降資金源泉の中心は次第に経常貯蓄へと移行した.また,19世紀が近代的金融制度の成立期であったのに対し,1900年頃以降は既存の金融制度の活動とそれに伴う変質の時期である.

　19世紀の状況については,しかしながら,前章において断片的であるがいくつかの側面から分析を行なった.いま主要な結論をとりまとめると次のようになろう.第1に,蓄積資金の圧倒的部分は商工業者のものであり,これを補完するものとして地主および華族の資金があった.特に,会社組織による商工業活動の資金は大部分が商工業者自身の蓄積資金によってまかなわれたと考えられる.第2に,近代的金融仲介機関の代表として国立銀行をとると,貸出,預金に関しては商工業者の割合が最も高く,資本金については初期には華士族の割合が高いが,次第に商工業者のシェアーが代置している.農業者の割合は,いずれにおいても著しく小さい.また純流出率は農業に関しては明らかに負であって,国立銀行を通じて,資金の農業への純流入があった.以上の2点から,商工業の発展が農業余剰資金によってまかなわれたという命題は,少なくとも19世紀の発展過程に関しては成立しないと言うことができよう.しかしながら,1つの重要なリザーヴェイションとして,非会社組織の商工業の創業資金の問題がある[5].製糸・織物等の在来商工業者は,中小地主出身のものが多く,その創業資金は農業による蓄積からまかなわれたと考えられることである.このかたちの資金の流れがどの程度のものであったかを,数量的におさえること

---

4) ただし,以下の各表では参考までに戦後期の数字をも記載し,読者の比較の便に供してある.

は容易ではない．しかし，少なくとも，上記2点を逆転して農業余剰による工業化のシェーマを適用可能ならしめるほど大きなものであったとは，考えがたい．

1899年以降の戦前期に関する本章の分析からえられる主要なファクト・ファインディングは次の5点である．

(i) 農家貯蓄（農家可処分所得－農家消費）の純流出入で定義される資金移動は，相対的な意味で，一般に予想されているよりははるかに小さい．戦前期の農家部門では，貯蓄は投資を平均的に若干上まわっていたが，両者の差は小さく，金融はその差を限界的に調整する役割を果したにすぎなかった．

(ii) 戦前期において，民間非農部門すなわち商工業は一般的には貯蓄超過部門であって，この超過部分と海外からの資金が，主として貯蓄不足部門であった政府部門に供給されたと考えられる．

(iii) 農家貯蓄の純流出入の動きは景気循環（特にいわゆる設備循環）に極めてよく対応しており，好況期に純流出（あるいはより大きな流出），不況期に純流入（あるいはより小さい流出）という変動を示す．このことは農業投資の相対的不安定性と，農家可処分所得，したがって貯蓄の安定性ということから説明することができる．

(iv) 農家余剰（農家所得－農家消費）の純流出入で定義される資金移動は一般に正であって，特に第1次大戦前は著しく大きいが，その後，大きさは相対的に低下している．農業からの租税は主として政府部門内の支出をまかなったと考えられるが，租税負担における農・非農負担の不均等を，非農への1種の補助金とみなすならば，農家余剰が租税の形で非農民間部門（商工業）に移動させられたと考えることができる．なお，この余剰の移動において，初期には財政の果した役割が圧倒的であったが，次第に金融が主役をとってかわるようになった．

(v) わが国農村への近代的金融組織の浸透は，ほぼ都市と同時的に進行し

---

5) 創業資金のみでなく，設備資金および運転資金を農業から調達した可能性もある．しかし，非会社組織個人企業のばあい，農業との兼業の程度にもよるが，通常は創業後は農業者から商工業者に転じたものとみなすべきだろう．長期にわたって農業から資金を補給せねばならないようなばあい，その商工業の創業は失敗であったとみなさねばならず，このかたちの資金移動が量的に大きいとは考えがたい．

ており，1899年以後の戦前期農業はかなりよく発達した金融市場の下にあった．しかも農工間資金移動に関するかぎり，金融市場にめだった不完全性はみられない．それゆえ，金融の農家貯蓄純流出入に果した役割は中立的であったと考えられる．特に，戦前期における小農民の金融手段のアベイラビリティ（利用可能性）はかなり高く，主として地主にのみ注目してきた従来の分析視角は必ずしも適切でないと考えられる．

## [2] 資金移動の概念的枠組

ひとくちに農工間資金移動と言っても，その資金移動（流出入）の大きさは，農・非農の定義および所得，消費，投資等の定義の仕方に密接に依存しており，一義的でない．それゆえ，資金移動の経済的含意もまたどの概念を用いるかによって自ら異なったものになりうる．本節では，意味のある資金移動の概念として，3つのもの——農家貯蓄，農家余剰，農業余剰の純流出入——をとりあげ，厳密な定義を与えるとともに，その計測方法，経済的含意の差異等について立ちいった検討を加えることにする．

最初に，農家の概念であるが，本章ではこれを農（林水産）業生産活動に労働を投入する家計単位として定義する．それゆえ，いわゆる不在地主（非農家地主）は農家でない．しかし，たとえ都市の工場での労働による農外収入がいかに多くとも，農業労働を行なっているかぎり，その家計は農家である[6]．次に，農業の概念であるが，われわれは農業をこうして定義された農家の行なう生産活動と定義する．それゆえ，本章における農業概念は本来の農（林水産）業生産活動とともに，それらに関連する農外事業（すなわち農家の営む林業，水産業および商工業）を含む．これは，農業本来の労働・資本投入が，農外事業への投入と事実上分離不可能であるという事情によっている．

---

[6] 農商工が未分離であるばあい，われわれが前章の地主の定義で行なったように，金融所得以外の所得を農業収入（手作収入）および農外収入に分け，農業収入と農外収入の大小によって農家，非農家を分類するのが，本来正確な方法であろう．しかしながら，マクロ・データたとえば農業固定資本形成，農業生産等は，農業収入が事実上ネグリジブルであるような家計の農業資本形成，農業生産等をも含んでいる．それゆえ，マクロ・データとの接続を考える以上，農家を上のように広く定義することが必要となる．

## (1) 農家貯蓄, 農家余剰, 農業余剰およびそれらの純流出入の定義[7]

次のような記号を定義しよう（すべて当年価格の金額表示）．

$Y_a$：農業所得（付加価値）

$Y_f$：農外所得（付加価値）

$R$：不在地主への小作料支払

$T$：租税－補助金

$Y_n = Y_a + Y_f - R$：農家所得

国際収支勘定の用語で言うと，$Y_a$ は国内所得，$Y_n$ は国民所得の概念に対応している．

$I$：農家資本形成

$C$：農家消費

$E$：非農家への農家生産物の販売

$M$：非農家からの生産物の購入

また，農家部門の部門外に対する金融資産を $A$, 部門外からの負債を $D$ であらわし，

$\Delta A$：農家部門外に対する金融債権増

$\Delta D$：農家部門外からの負債増

とする．

さて，国際収支勘定とのアナロジーから[8],

$$Y_a = I + C + E - M \tag{1}$$

および[9]

$$E - M = \Delta A - \Delta D - Y_f + R + T \tag{2}$$

の成立することは自明であろう．

---

7) 以下の定義と戦後の『農家経済調査』における用語との関連については，寺西重郎[1976 b]を参照．また，戦後については，土地の売買収入の取扱いが重要な問題となる．これについても上掲論文参照．

8) $I_{ij}(C_{ij})$で$i$部門の$j$部門の生産物に対する投資（消費）のための需要とし，添字1, 2でそれぞれ農・非農をあらわすとすると，$I = I_{11} + I_{12}, C = C_{11} + C_{12}, E = I_{21} + C_{21}, M = I_{12} + C_{12}$ だから，
$$I + C = I_{11} + I_{12} + C_{11} + C_{12} = I_{11} + C_{11} + M = Y_a - E - M$$

9) 農家の収支均衡条件より
$$Y_n + \Delta D = I + C + T + \Delta A$$
これに $Y_n$ の定義および(1)式を代入して(2)式を得る．上野裕也・寺西重郎[1975]では，これら2式を，実質的には同じであるが，よりていねいな方法で導出している．

次に，貯蓄，余剰の諸概念を定義する．

農家貯蓄$(S)$ = 農家可処分所得$(Y_n-T)$ - 農家消費$(C)$

農家余剰$(S_A)$ = 農家所得$(Y_n)$ - 農家消費$(C)$

農業余剰$(S_B)$ = 農業所得$(Y_a)$ - 農家消費$(C)$

これらの概念に対応して，資金の純流出入が次のように定義される．

農家貯蓄の純流出入$(S-I)$ = 農家貯蓄 - 農家資本形成

農家余剰の純流出入$(S_A-I)$ = 農家余剰 - 農家資本形成

農業余剰の純流出入$(S_B-I)$ = 農業余剰 - 農家資本形成

以下では，これらの値が正であるばあい（農から非農への）純流出，負であるとき（非農から農への）純流入とよぶことにする．これら純流出入の概念は，上記(1),(2)式を用いることにより，次のように書きかえられる．

$$S-I = \varDelta A - \varDelta D \tag{3}$$

$$S_A - I = \varDelta A - \varDelta D + T \tag{4}$$

$$S_B - I = \varDelta A - \varDelta D + T + R - Y_f \tag{5}$$

以下では，$\varDelta A - \varDelta D, T, R - Y_f$ の3項をそれぞれ金融を通じる資金移動，財政を通じる資金移動，民間所得移転を通じる資金移動とよぶことにする．(3)～(5)式の重要性は，純流出入の大きさが，直接に貯蓄，余剰，投資を推計することなく，右辺にあらわれる3項をそれぞれ推計することにより知られることを意味する点にある．ところで問題は，(3)～(5)式の値が大きさはもちろんのこと正負の符号まで異なる可能性のあることである．それゆえ，分析にさきだってまずなされねばならないことは，これら資金純流出入の諸概念がそれぞれどのような経済学的含意をもっているかを確認しておくことである．

まず，農家貯蓄の純流出入$(S-I)$の概念をみよう．この概念における貯蓄は，可処分所得に基づいて定義されているから，通常の意味での貯蓄概念である．それゆえ，われわれはこの概念による資金移動を通常の貯蓄・投資函数理論を用いて分析することができる．$S-I$が正（負）であることは，所与の財政・金融制度の下で農家部門が貯蓄超過（不足）部門であることを意味し，それは農・非農間の金融的貸借関係となってあらわれる．(3)式の右辺が，国際収支勘定でいう長短資本収支と金融勘定の和に対応したものであることは言うまでもなかろう．

これに対して，農家余剰の純流出入($S_A-I$)における$S_A$は税込み所得に関して定義されているため，通常の貯蓄・投資理論を適用することはできない．しかしながら，この概念は，いわゆる経済余剰概念に対応しており[10]，農家の現実消費を越える所得部分すなわち余剰の流出入機構およびその過程を考えるばあいに，極めて有用であると考えられる．(3)式と(4)式からわかるように，この概念における純流出入は，農家貯蓄の純流出入に財政を通じる資金移動を加えたものになっており，所与の金融および租税制度の下での農家の貯蓄・投資行動による資金移動と，租税による直接的な資金の流出という対比的な2つのメカニズムから理解することができる．

ところで，問題は農業余剰の純流出入($S_B-I$)の概念である．この概念における農業余剰は通常の貯蓄と異なるだけでなく，農業概念($Y_a$)と農家概念($C$)とのミックスした形になっている．このため，たとえば$Y_a$には非農家地主の所得(小作料受取$R$)が含まれているのに対し，$C$には非農家地主の消費は含まれていないといったようなインコンシステンシィ(不整合性)が生じている[11]．「不在地主の受取る小作料は本来農民のものである」といった式の特定の価値判断に立った主張を行なうためならともかく，定義上の不整合性はこの概念のもつ大きな欠陥であると言えよう．しかも，(2)式と(5)式を参照すれば容易にわかるように，$S_B-I$は$E-M$，すなわち(国際収支勘定での)貿易収支に等しい．いうまでもなく，貿易収支は財の販売額と購入額の差であって，その動きを資金移動の問題に結びつけて考察することは，相当程度無理があると言わざるを得ない[12]．それゆえ，以下ではこの$S_B-I$による資金移動を議論の対象からはずし，単に[4]の最後の部分で参考的に推計結果を示すにとどめることにする．

---

10) たとえば，バラン(Baran, P.) [1954] 参照．
11) しかも，$Y_a$には農外収入($Y_f$)は含まれていないのに対し，$C$には農外収入からの消費が含まれている．それゆえコンシステントな定義にする1つの方法は，$Y_a$に$Y_f$を加え，$R$を差し引くことであるが，こうすると$S_B-I$は$S_A-I$にもどることになる．いま1つの方法は，$C$に，非農家地主の消費を加え，$Y_f$からなされる消費を差引くことであるが，推計上の問題を別として，こうして得られる「農業消費」概念が如何なる意味をもつのか疑問である．
12) 石川滋[1967]は，この貿易収支を「資源」の純移転とよんで，この問題に接近しようとしている．

## (2) 資金移動における金融と財政の役割

(3)式および(4)式からわかるように,農家貯蓄の純流出入は金融を通じる資金移動($\Delta A - \Delta D$)に等しく,農家余剰の純流出入はこれに財政を通じる資金移動($T$)を加えたものに等しい.実際,以下で示されるわれわれの推計値も,$\Delta A$, $\Delta D$, $T$ を計算することにより推計されている.しかしながら,ここで注意すべきことは,推計方法として $\Delta A - \Delta D$ あるいは $T$ を計算することと,メカニズムとしての金融,財政機構の役割とは必ずしも一致しない,ということである.たとえ $\Delta A - \Delta D$ がゼロでなくとも,このことからただちに金融機構が資金移動の大きさを規定したということにはならないし,$T$ の大きさもまた財政の役割の1部分を具現しているにすぎない.以下ではこの点をやや詳しく説明しておくことにする.

まず金融の役割について.重要なことは,金融がなんらかの形で資金移動の大きさを規定するか否かは,金融市場の完全性の度合にかかっているということである.いま,金融市場が完全であるとしよう.このばあい事前的な投資の物的ないし金融的投資への配分は常に実現されるはずである[13].事前的な物的投資(資本形成)が事前的な貯蓄より大きいときは,農家は,不足資金を必要なだけ完全金融市場から借りることができる.逆のときに,農家は余った資金をいかなる金融資産に投資することもできる.それゆえ,市場が完全であるかぎり,資金移動に関する金融メカニズムの役割は全く中立的であって,単に貯蓄・投資決意によって定められた所定の資金を,部門から部門へと移す役割を果すにすぎない.

これに対して,市場が不完全であるとすると,明らかに金融メカニズムは資金移動の大きさに影響を及ぼす.たとえば,いまある階層の農家にとって,何らかの種類の適当な部門外に対する金融資産の保有が可能でないとしよう[14].このばあい,貯蓄の物的・金融的な投資への事前的配分は実現されず,この農家は意図しない物的投資を行なわざるを得なくなる.それゆえ,金融市場の不完全性は,資金の純流出を意図した水準より小さくする役割を果したことにな

---

13) 以下の議論では,事前的な貯蓄と事後的な貯蓄の乖離の問題は無視されている.このことは,所得決定機構を陽表的に示していないことから必要となる簡単化の仮定である.

14) たとえば,資産の不可分性のゆえに有価証券を保有しえないとか,近在に銀行がないために銀行預金を保有しえないとかいった状況.

る．他方，何らかの金融仲介機関が信用割当を行なうとすると，貸出を受けられない農家は，事前的に計画したより小さい投資しか行なえず，このばあい，資金純流出は意図した水準より拡大されることになる．それゆえ，金融機構は，市場が不完全であるかぎり，資金移動の大きさに影響を及ぼすと言うことができる．推計された $\Delta A - \Delta D$ あるいは $S - I$ を解釈するにあたって重要なことは，その大きさが，どの程度，貯蓄・投資決意によって定まり，どの程度が金融市場の不完全性によって影響されたものであるかを確定することである．以下の[5]では，戦前期農業部門における金融市場の発達あるいは完全性の度合に関して，若干の考察がなされる．

次に財政について．農工間資金移動の問題に関して，財政は大きく分けて2種類の役割を果すと考えられる．その第1は間接的効果であって，租税が農家の貯蓄，投資決意に影響を与えることによって，間接的に資金移動（$\Delta A - \Delta D$ の形であらわれる部分）に影響を及ぼす効果である．この効果は所得効果と利子率効果に分けられる．租税が，農家可処分所得の大きさを規定して，貯蓄の大きさに影響するのは前者の効果であり，農業の税引後利潤率に影響を及ぼし，投資の大きさを左右するのは後者の効果である．

財政の第2の役割は，直接的効果ともよぶべきものである．すなわち，財政は，租税の形で，資金をいわば強制的に移動させる機能をも持っている．この部分が上で述べた $T$ の値に対応している．この直接効果による資金移動効果が，間接効果の資金移動効果とは，別の次元に属するものであることは指摘するまでもなかろう．

ところで，財政の直接的効果はより広義に解することも可能である．たとえば，政府の行なう治水工事は，農家部門に補助金を与え，その資金で農家が投資を行なうことに等しいと（帰属的に）考えるとすると，その大きさだけ租税の直接的効果は差引いて考えられねばならないことになる．このような広義の政府概念あるいは事実上の資金移動の問題は，明らかに重要である．しかしながら，この種の議論を進めると，政府の経常支出についても，農家に対するものとそうでないものを分けて考えねばならなくなる可能性もあり，議論は，いちじるしく複雑になると考えられる．それゆえ，本章ではさしあたって，政府支出による資源再配分効果は，本章の問題とは別の次元に属するものとみなす立

場をとることにしたい．[4]において政府の農業関連投資の役割にふれることがあるが，これはあくまで参考までの予備的な議論である．

## [3] 農家貯蓄の純流出入

### (1) 農家貯蓄純流出入の推計

[2]で示したように，農家貯蓄(農家可処分所得－農家消費)の純流出入($S-I$)は，農家部門の部門外に対する金融債権の変化額と部門外からの金融債務の変化額の差に等しい．部門内の金融債権は部門内債務によって相殺されるから，これはまた農家の保有する全金融債権の変化額と全金融債務の変化額の差に等しい．補論(I)において推計されたさまざまな金融債権と債務をそれぞれ合計し，両者の差をとり，5(ないし4)カ年平均することによって，表4-1が作成された．この表から次のような重要な諸事実が知られる．

(i) 第(3)行から知られるように，1899-1964年にかけて，農家貯蓄の純流

表4-1 農家貯蓄の純流出入($S-I$の推計)

| | 1899 -1902 | 1903 -1907 | 1908 -1912 | 1913 -1917 | 1918 -1922 | 1923 -1927 | 1928 -1932 | 1933 -1937 | 1955 -1959 | 1960 -1964 |
|---|---|---|---|---|---|---|---|---|---|---|
| (1) 金融債権増加 | 17 | 34 -32 | 58 -57 | 57 -55 | 388 -399 | 231 | 94 -91 | 283 -280 | 202 | 557 |
| (2) 金融債務増加 | 16 | 20 | 54 | 13 | 186 | 207 | 104 | 60 | 50 | 157 |
| (3) $S-I$ | 1 | 14 -12 | 4-3 | 44 -42 | 202 -213 | 24 | △10 -△13 | 223 -220 | 152 | 400 |
| (4) $I$ | 120 | 146 | 171 | 197 | 450 | 500 | 414 | 358 | 126 | 139 |
| (5) $S(=(3)+(4))$ | 121 | 160 -158 | 175 -174 | 241 -239 | 652 -663 | 524 | 404 -401 | 581 -578 | 278 | 539 |
| (6) (3)/(5) (%) | 0.8 | 8.8 -7.6 | 2.3 -1.7 | 18.3 -17.6 | 31.0 -32.1 | 4.6 | △2.5 -△3.2 | 38.4 -38.1 | 54.7 | 74.2 |
| (7) (4)/(5) (%) | 99.2 | 91.3 -92.4 | 97.7 -98.3 | 81.7 -82.4 | 69.0 -67.9 | 95.4 | 102.5 -103.2 | 61.6 -61.9 | 45.3 | 25.8 |
| (8) (3)÷非農粗資本形成(%) | 0.4 | 4.1 -3.8 | 0.7 -0.5 | 5.1 -4.9 | 7.9 -8.3 | 1.1 | △0.5 -△0.7 | 1.8 | 6.0 | 5.8 |

〔単位〕 (1)-(5)は戦前百万円，戦後十億円．

〔資料〕 戦前期の金融債務・債権は，それぞれ表4-17の(8)列，表4-18の(7)列の値．戦後期のデータは農林省大臣官房調査課『農業および農家の社会勘定：昭和39年』第6表による．戦前期の$I$は『長期経済統計』第1巻第5表の農林水産業粗固定資本形成(住宅を含む，当年価格)であり，非農粗固定資本形成は第1表の粗固定資本形成から$I$を差引いて求めた．

〔注〕 各4ないし5カ年平均値．A-Bは表4-17(8)列の推定値(I)-推定値(II)の意味である．以下，表4-5，表4-8で同じ．

出入は(5年平均値でみるかぎり)おおむね正すなわち純流出であった.

(ii) 農家貯蓄は第(3)行と農業粗固定資本形成の和として推計される(第(5)行)が,これは,初期には主として物的投資に投下され,後の時期になるにしたがって純金融投資の割合がふえてくる(第(6),(7)行).

(iii) 純流出入が5年平均値においてほぼ正であると言っても,その額は一般に予想されているよりもはるかに小さい.特に,非農資本形成との比率でみると,その割合は10%以下でしかない(第(8)行).

表4-1は,しかしながら,5年平均の数字によっているため,細かい動きを見落しており,特に命題(i)に関して必ずしも正確でない.この点を考慮して,図4-1,4-2では各年の推計値を図示してみた.この図から読みとれる1つの重要な事実は,

(iv) 各年についてみると,農家貯蓄の純流出は年によって正または負になっており,一貫した純流出傾向を見出すことはできない,ということである.

もちろん,(i)と(iv)の命題は相矛盾するものではない.たとえ年次によって純流入が生じることはあっても,平均的にみて純流出であったという命題(i)は依然として成立する.しかし,その流出額が極めて(相対的に)小額であったということもまた事実である.

これら諸命題の含意は重要である.それらは,(少なくとも戦前期において)農家部門が恒常的な貯蓄超過部門であったという暗黙裡に支持されてきた通念と鋭く対立している.すなわち,戦前期において,農家部門の貯蓄・投資はほぼバランスしており[15],両者の差は金融純投資のマージナルな変動によって埋められていたわけである.農家部門は,貯蓄が投資を超過するばあいには金融資産の購入,負債の返却を行ない,逆のばあいには債務の導入,金融資産の売却を行なってきた.考えてみればこのことはいわば当然のことである.かなり発達した金融組織をもつ経済において,2つの産業部門間に恒常的な資金偏在があるという想定は,よほど厳しい信用割当と資産利用可能性への制約が存在

---

[15] しかも重要なことは,このほぼバランスしていた貯蓄・投資が水準として決して低くはなかったことである.この点を確かめるために,われわれは,農・非農ごとに粗資本形成(不変価格)と国内生産(不変価格・市場価格表示)の比率を求めてみた(省略)が,非農の投資率が1890年前後の5%レベルから1930年代の10-18%レベルへと,循環変動をくりかえしつつ上昇しているのに対し,農のそれはほぼ一貫して10-15%レベルで,高位安定的に推移していたことが知られる.

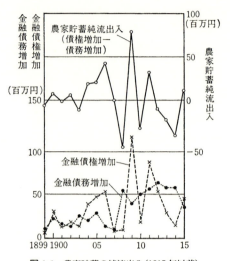

図 4-1　農家貯蓄の純流出入(1915年以前)
〔注〕　表 4-17(8)列の2つの値の平均値および表 4-18(7)列の値に基づく.

するのでなければ成立しえないはずだからである[16].

### (2) 純流出入の景気循環的変動

農家貯蓄の純流出入に関するわれわれの推計値の1つの興味深い性質は,それが極めて明瞭な景気循環的変動を示していることである.このことをみるために,まず図 4-1, 4-2 における純流出入の変動パターンを,1915年以前とその後の時期に分けて,若干詳しく観察しておこう.

まず 1915 年以前の時期.この時期の資金移動における第1の特徴は金融債権の増加,金融債務の増加がいずれも正であって,両者の大小関係によって純流出と純流入の交替が生じていることである.より細かく検討すると,まず前世紀末から日露戦争頃までは流出と流入が交替している.日露戦争期では明らかに農林水産部門からの資金純流出である.近代金融仲介機関に対する債権増(主として預貯金)も増加したが,国債を中心とする有価証券の増加が大きいこ

---

16) 農家部門においても,信用割当の程度,資産利用可能性の制約がさほど強いものでなかったことは,[5]で示唆される.

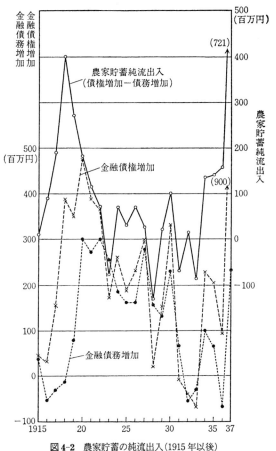

図4-2 農家貯蓄の純流出入(1915年以後)
〔注〕 図4-1に同じ.

とを表4-17から知ることができる．日露戦争後，第1次大戦までの時期は負債の累積期であって，大体の年次で資金の純流入である．債務の増加は，主として銀行等近代金融仲介機関からの借入の急増による(表4-18)．このことは銀行組織(特に特殊銀行)の浸透とともに在来的貸金業者の活動が伸び悩んでいることを示唆している[17].

次に1915年以後の時期をみると，きわだった特徴として，金融債権増，金融

---

17) 渋谷隆一[1962a]を参照されたい．

債務増が負である年次が少なからずあることである．このことは借入の返済という形での資金流出，また金融資産のとりくずしという形による資金流入があったことを意味している．第1次大戦期中は言うまでもなく大幅な資金純流出である．注意すべきことは，この流出が必ずしも現預金，有価証券等の金融資産の増加幅の拡大によってのみ生じたのではなく[18]，借入の返済すなわち金融債務の減少という要因によっても生じていることである．表4-18から，この借入返済は主として大戦前に累積した銀行借入の返済であったことがわかる[19]．第1次大戦期における大幅な資金純流出は1919年頃まで続き，その後1930年頃までは，不況下における流出・流入の激しい交替が生じている．この期間の流出入の交替は，金融債権増，債務増がともに正で，その大小によって生じているという点で大戦前の状況に似ている．次に1931-33年頃の昭和恐慌時をみると，債権増，債務増はともに負であって，その大小によって流出入となっている．債権増が負であるのは不況の影響であり，債務増が負であることは農産物価格の低落によって農業部門の投資意欲が著しく低下したことを反映しているものと思われる．1934年以降は非常時下の軍需景気が次第に農村にまで波及し，金融資産の急増期にはいる．この時期の大幅な純流出には，政府の補助金政策等により農村負債の整理が進み，その結果債務増が微増ないしマイナス(1936年)にとどまったこともあずかっている．

　以上のような農家貯蓄純流出入の各年の変動は，それが何らかの形の景気循環的変動であることを示唆している[20]．いま，表4-1に帰ってみると，その第(3)行 $S-I$ は，1903-07, 1913-17, 1933-37年といった好況期に正かつ値が大きく，1899-1902, 1908-12, 1923-27, 1928-32年といった不況期に値が小さい（負でさえありうる）ことがわかる．ところで，純流出入の変動がいかなるメカニズムによって生じているかを考えるためには，単にそれが景気循環的に変動しているということのみでは不十分であり，どのようなパターンの景気循環で

---

18) 有価証券の急増に対して銀行預金はかえって減少している．これは預金とり崩しによる有価証券投資とみることができよう．
19) この時期は，戦争景気の下で，農村負債の整理が急速に進行した時期であって，1915-19年は特殊銀行農業貸出も停滞ないし微減している．勧業銀行等では多額の貸付の期限前償還のため，遊資の累積に悩まされたと言われる(伊東譲[1962] p.156)．
20) この資金流出の景気循環的性質は，かつて伊東譲[1962]において，推測的に示唆された．

第4章 農工間資金移動の分析

あるかを確認する必要がある．このため，われわれは次のような作業を行なった．まず，各年の純流出入と農家金融資産残高を3カ年，および7カ年移動平均し，純流出入移動平均値を農家金融資産残高移動平均値で割って，（3カ年および7カ年）移動平均純流出入率を求めた．次に，これらをグラフに描き（省略），その山($P$)と谷($T$)を既存の設備循環（中期循環）および建設循環（長期循環）・長期波動の山，谷のクロノロジーと比較した．こうして得られたのが表4-2(A)および(B)である．(A)表におけるクロノロジーの対応は驚くほど明瞭である．これに対して(B)表ははっきりした対応を示していない．それゆえ次のような重要な命題を得る．

(v) 農家貯蓄の純流出入は設備循環に対応した景気循環を示しており，好況期には正（純流出）あるいは正の値が大きく，不況期には負（純流入）または正の値が小さい．

(3) 純流出入のメカニズム

本節において見出された諸事実のうち，特に興味深い点は，(v)にみられる純流出入の設備循環的変動現象である．ここでは，この現象が何故生じたかに

表4-2 純流出入率のクロノロジー

| (A) | | | (B) | | | |
|---|---|---|---|---|---|---|
| | 貯蓄純流出入率の変動（3カ年移動平均） | 設備循環（ディフュージョン・インデックス） | | 貯蓄純流出入率の変動（7カ年移動平均） | 建設循環 | 長期波動 |
| $P$ | — | 1896 | $T$ | 1905 | 1904 | 1901 |
| $T$ | 1902 | 1902 | $P$ | 1906 | 1908 | — |
| $P$ | 1905 | 1905 | $T$ | 1911 | 1914 | — |
| $T$ | 1907 | 1908 | $P$ | 1917 | 1920 | 1917 |
| $P$ | 1910 | 1911 | $T$ | 1930 | 1932 | 1931 |
| $T$ | 1913 | 1913 | $P$ | — | — | 1937 |
| $P$ | 1918 | 1916 | | | | |
| $T$ | 1924 | 1921 | | | | |
| $P$ | 1925 | 1924 | | | | |
| $T$ | 1928, 1932 | 1930 | | | | |
| $P$ | — | 1938 | | | | |

〔資料〕 純流出入率は補論(I)表4-17(8)列の2系列の平均値から求められた．ディフュージョン・インデックスによる設備循環のクロノロジーは藤野正三郎・五十嵐副夫[1973]，建設循環のそれは藤野正三郎[1967]，長期波動のそれは大川一司・H.ロソフスキー[1974]によっている．

ついて簡単な検討を行ない，農・非農間貯蓄移動を規定する諸要因を探ることにする．

図4-3を参照されたい．これは，農業粗固定資本形成($I$)およびこれと$S-I$の和として推計される農家貯蓄($S$)を描いたものである．この図から看取される興味深い事実は，$I$の安定的な動きと対照的な$S$の不安定性である．すなわち，正あるいは大きな純流出は，安定的な$I$に対して$S$が下から上に切るように動くことによって生じており，逆の動きのばあいは純流入が生じている．したがって，問題は$I$および$S$のこのような運動がなぜ生じたかということに変換される．この点に関して概略次のような説明を行なうことが可能であると考えられる．

まず，農林水産業投資$I$の安定性については，十分な計量経済学的裏付けがあるわけではないが，この時期の農業発展が品種改良，土地改良を中心とするものであったことに密接にかかわっていると思われる．これらにかかわる投資は，年々継続的にかつ好不況の波とは無関係になされる必要があるからである[21]．また，$I$にふくまれている動植物への投資は，その懐妊期間の長さのゆえ，これまた本来的に安定的である．他方，農家貯蓄$S$の変動性を説明するた

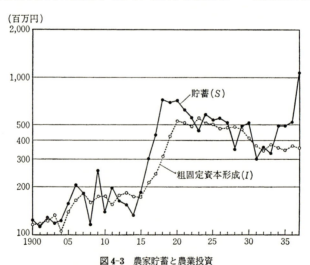

図4-3 農家貯蓄と農業投資

〔注〕 農業粗固定資本形成の資料は，表4-1のそれと同じ．貯蓄推計にあたって補論(I)の表4-17(8)列の2系列の平均値が用いられた．

めの仮説は，もちろん消費函数の安定性と可処分所得の可変性であろう．可処分所得の可変性の仮定は，農産物価格，農業生産の不安定性および農外所得の不安定性等からみて[22]，ほぼ妥当な仮定と言えるであろう．消費函数についてはすでにいくつかの安定的な計測結果が得られている[23]．したがって，われわれの見出した事実は次のように説明されるであろう．好況期になると，農産物価格は上昇し，また出稼ぎ等による農外所得は増加する．租税は地価に従って定められた地租であるから，好況期と言えどもさほど増加せず，したがって可処分所得が増加し，安定的な消費函数の下では貯蓄も増加する．他方，投資は，限られた土地の下での品種・土地改良等に関するものであって，新技術の普及とともに行なわれるものであるから，好況期と言えども大きな増加はない．したがって，貯蓄は投資を越え，差額は金融資産の増加，負債の返済に向けられ，資金の純流出が結果する．不況期については，もちろん逆の論理により，可処分所得，貯蓄の低下と投資の安定性が資金の純流入を説明するわけである[24],[25]．

以上の仮説を検証するための1つの方法は，純流出入率と農家可処分所得の対応関係をみることである．なぜならば，以上の説明が正しいとすれば，両者は景気循環的に同じような動きを示しているはずだからである．表4-3は，純流出入率と可処分所得成長率の時差相関係数を計算したものである．それぞれ，3カ年・7カ年移動平均値から計算された純流出入率と成長率の相関がとられている．純流出入率と1年遅れの所得成長率との相関が最大であることが，ただちに読みとれよう．この事実が上に展開された仮説を支持するものであることは言うまでもない．

---

21) われわれの$I$には在庫投資が含まれていないのだが，典型的な季節産業である農業では，在庫投資の不安定性は，主として季節変動であって，われわれの問題とする年々の変化にはさほど影響しないものと思われる．

22) 農業から非農業への労働移動が景気循環的であることは，南亮進・小野旭等によって既にしばしば指摘されている（南亮進・小野旭[1962]，[1963]および寺西重郎[1972a]）．したがって，いまだ未確認ではあるが，農外所得についても同様の性質があると思われる．

23) 野田孜[1970]およびShinohara, M. [1962]参照．前者は戦後，後者は戦前．

24) 農業技術が機械化に依存する資本集約的な性質のものであるなら，投資はより可変的となりうるだろう．

25) 以上の説明は，超過貯蓄の供給面のみに注目しているため部分的である．貯蓄資金の需要側では，たとえば好況期には商工業部門の資金需要が増加する等の事情が考えられねばならない．この点南亮進氏の指摘に負う．

表 4-3 農家貯蓄の純流出入率($X$)と農家可処分所得成長率($Y$)との時差相関係数

|  | 3カ年移動平均 | 7カ年移動平均 |
|---|---|---|
| $X(t)$ と $Y(t)$ | 0.71 | 0.74 |
| $X(t)$ と $Y(t-1)$ | 0.72 | 0.80 |
| $X(t)$ と $Y(t-2)$ | 0.49 | 0.76 |
| $X(t)$ と $Y(t-3)$ | 0.21 | 0.64 |
| $X(t)$ と $Y(t-4)$ | 0.01 | 0.45 |

〔注〕 農家可処分所得は，高松信清氏の推計値（ワークシート）によっている．$t$ は年次をあらわす．

### (4) 部門別貯蓄・投資の分析

以上に得られた諸命題のうち，いま1つの極めて重要な事実は命題(iii)である．すなわち，われわれの推計によると，農家部門の貯蓄・投資はほぼバランスしており，非農への流出部分は相対的に一般に予想されているよりもはるかに小さく，非農からの流入さえも生じているという事実である．

もちろん，われわれの推計方法およびその解釈にあたっては後に述べるような若干の留保条件が必要なのであるが，大筋においては命題(iii)の正当性はゆるぎそうにない．

それでは，非農部門の必要資金は一体どこから調達されたのであろうか．このことを考えるために表4-4が作成された．これから知られる諸事実は要約次のようなものである．

(vi) 非農民間部門すなわち商工業部門は一般に(1908-12，1923-27年の2期間を除いて)貯蓄超過部門であった．

(vii) 非農民間部門の超過貯蓄は主として政府部門(1899-1902，1903-07，1918-22，1928-32，1933-37年)に供給された．非農民間部門が，貯蓄不足部門となった時期(1908-12，1923-27年)は，不足資金は主として海外から調達された．

(viii) 政府部門は一般に(1908-12，1913-17年の2期間を除いて)貯蓄不足部門であって，その不足資金は主として非農民間部門から調達されたが，1903-07，1923-27年は海外からの資金流入にも依存しており，1918-22年には農からの資金調達も行なわれた．

表 4-4 部門別貯蓄・投資 (単位：百万円)

| | 1899<br>-1902 | 1903<br>-1907 | 1908<br>-1912 | 1913<br>-1917 | 1918<br>-1922 | 1923<br>-1927 | 1928<br>-1932 | 1933<br>-1937 |
|---|---|---|---|---|---|---|---|---|
| 《農民間部門》 | | | | | | | | |
| (1)農家貯蓄 | 121 | 159 | 175 | 240 | 657 | 523 | 402 | 580 |
| (2)農業粗固定資本形成 | 120 | 146 | 171 | 197 | 450 | 500 | 414 | 358 |
| (3) (1)−(2) | 1 | 13 | 4 | 43 | 207 | 23 | △12 | 222 |
| 《非農民間部門》 | | | | | | | | |
| (4)非農貯蓄 | 180 | 310 | 212 | 752 | 1724 | 858 | 1498 | 2637 |
| (5)非農業粗固定資本形成 | 118 | 187 | 299 | 577 | 1643 | 1148 | 867 | 1706 |
| (6) (4)−(5) | 62 | 123 | △87 | 175 | 81 | △290 | 631 | 931 |
| 《政府部門》 | | | | | | | | |
| (7)経常余剰 | 24 | △142 | 205 | 317 | 441 | 801 | 251 | △298 |
| (8)政府粗固定資本形成 | 83 | 91 | 190 | 197 | 587 | 913 | 877 | 864 |
| (9) (7)−(8) | △59 | △233 | 15 | 120 | △146 | △112 | △626 | △1162 |
| 《海外部門》 | | | | | | | | |
| (10)国際収支差 | 5 | △97 | △68 | 338 | 143 | △380 | △6 | △10 |
| 《参考》 | | | | | | | | |
| (11) (3)+(6)+(9) | 4 | △97 | △68 | 338 | 142 | △378 | △7 | △9 |

〔資料〕 農家貯蓄は補論(I)の表 4-17(8)列の 2 系列の平均値プラス粗固定資本形成, 政府貯蓄は, 『長期経済統計』第 1 巻第 6 表より, また非農民間貯蓄は同表粗国民貯蓄 A から農家貯蓄および政府貯蓄を差引いて求めた. 農業部門粗固定資本形成は, 同第 5 表, 政府粗固定資本形成は同第 4 表より非軍事の値をとった. また非農民間固定資本形成は同第 4 表の総計 (非軍事) から政府・農の粗固定資本形成を差引いて求めた. 国際収支差は同第 7 表による. すべて当年価格表示.

さて, 表 4-4 から読みとれる諸事実のうち最も印象的なことがらは, 商工業部門が一般に貯蓄超過部門であったということである. すなわち, 商工業部門は, 一般に考えられているように農家部門に工業化資金の源泉を求めたのではなく, 時折の海外部門との資金過不足の調整を除いて, その発展のための資金を, 専ら自らの部門内部から調達したわけである. 前章において, われわれは 19 世紀後半における蓄積資金の動員過程で, 商工業者の蓄積資金が大きな役割を果したことを指摘したが, 1900 年以降の経常貯蓄を主体とする発展過程においても, 商工業部門の内部蓄積は工業化資金の中心的部分を占めたのである. それでは, このことはいかにして可能であったか. 2 つの重要な要因がある. 第 1 はいわゆるケンブリッジ学派的メカニズムであって, 工業における低賃金率──→低労働分配率──→高貯蓄という径路による蓄積である[26]. このメカニズムを補完するものとして, 一般的な寡占化の進展による「独占的利潤蓄積」の可能性も考慮しておかねばならない. 第 2 の要因は, 租税面での商工業優遇措

置である.農にくらべて非農の租税負担率は,戦前期を通じていちじるしく低位にあった.明治期におけるこの問題についてはすでに前章でふれたところであるが,戦前期全体の状況について,次節であらためて検討することにしたい.

本節を終えるにあたって,われわれの用いた推計値に関して,4つの留保条件を付加しておきたい[27].第1.われわれの用いた農業資本形成($I$)は,固定資本のみであって在庫投資を含んでいない.この点からすると,われわれの農家貯蓄純流出推計は実際より過大に評価されている可能性がある.第2に,われわれは農業資本形成を農家資本形成と等しいものとみなしてきた.しかしわれわれの定義における農家は,農業活動のほかに関連する農外事業を営むから,その資本形成には農業資本形成のデータでとらえられない部分がある可能性がある.ただし,農家の農外活動の多くは農業用の固定資本(たとえば輸送用機具,家屋建物)を転用して行なわれたと考えられるから,この問題はさほど重要ではないとも言えよう[28].いずれにせよ,原理的にはこの点でわれわれの農家貯蓄純流出高は過小推計になっている可能性がある.第3に,農家金融債権には,農家の部門外への貸出が含まれていない.第6章[3]によると戦前期の中小商工業は,知人等からの負債に依存する程度が著しく,この一部分が農業部門から調達されたことが十分推測される.このことからすると,われわれの推計値は実際より過小に評価されている可能性をもっている.最後に,われわれの推計した資金移動額は各年次のものであって,季節変動の問題は当然のことながら考慮されていない.このことは,推計値自体に何ら影響するものではないが,われわれの扱った資金移動の他に季節的な短期資金の移動が存在していることは注意されねばならない[29].梅村又次[1962]はこの問題に関する興味深い叙述を行なっている.

---

26) 篠原三代平[1961]は,このメカニズムを輸出成長と関連づけて壮大なモデルを展開した.このモデルは,低賃金──→低労働分配率──→高資本蓄積率──→高経済成長率という供給面の連鎖と,需要面における低賃金──→低価格──→交易条件の低下──→高輸出成長率──→輸出産業の成長──→高経済成長率という連鎖を結合し,戦前期日本経済の基本的な成長メカニズムを分析したものである.この篠原モデルに関しては,小島清,建元正弘両教授との間でいわゆる「交易条件論争」が展開された.論争の内容および含意については寺西重郎[1974a]を参照されたい.

27) この点については,梅村又次,高松信清,南亮進の諸教授のコメントに負うところが大きい.

28) しかも『長期経済統計』における農業資本形成データも非農業用資本を厳密に分離しているわけでなく,事実上農家資本形成に近いものである.

## [4] 農家余剰の純流出入

### (1) 農家余剰純流出入の推計

　農家余剰(農家所得－農家消費)の純流出入，すなわち[2]で定義された $S_A-I$ の分析に進もう．すでに示したように，これは金融を通じる資金移動(農家貯蓄の純流出入すなわち $S-I$) と財政を通じる資金移動 $(T)$ の和からなる．後者は，農家の租税公課－農業補助金であって，財政による直接的な資金移動効果を示すものである．

　まず表4-5を参照にされたい．これから次のような諸事実が知られる．

　(i) 財政を通じる資金移動は常に正(純流出)でかつその値が大きい．このため，これに金融を通じる資金移動を加えた農家余剰の純流出入も，一貫して正すなわち純流出である．

　(ii) 農家余剰の純流出において，初期には財政の役割が圧倒的であるが，次第に金融の比重が増大し，第2次大戦後には両者の比重は逆転している(第(4), (5)行)．

　(iii) 財政を通じる資金移動と非農(民間)部門への補助金の比率(第(6)行)を調べると，後者の前者に対する割合は極めて小さく，初期において10%以内である[30]．

　(iv) 農家余剰純流出入の非農部門固定資本形成に対する比率は，初期(第1次大戦前)にはかなり高いが，その後は次第に小さくなっている(第(7)行)．

　以上からわかるように，初期における租税の大きな役割，その後における金融を通じる資金移動効果によって，農業余剰の動きは常に純流出であり，しかも非農固定資本形成との相対的大きさでみるかぎり，その大きさは第1次大戦前の時期に関しては無視しえない．問題は，この余剰流出部分が非農部門のう

---

29) 短期資金の季節移動の大きさは無視しえない大きさである．いま，農林省『農家資金動態調査報告；昭和35年度』を用いて計算してみると，1960年度において，年度を通じると44,883円の貯蓄純流出が生じているが，4半期ベースでみると，4-6月6,519円流入，7-9月18,510円流出，10-12月44,655円流出，1-3月4,778円流入となっている(いずれも1戸あたりの数字)．

30) 後の時期にはかなり大きくなるが，これは第(2)行が相対的に小さくなってくることによるもので，問題はない．

表 4-5 農家余剰の純流出入($S_A-I$の推計)

| | 1899-1902 | 1903-1907 | 1908-1912 | 1913-1917 | 1918-1922 | 1923-1927 | 1928-1932 | 1933-1937 | 1955-1959 | 1960-1964 |
|---|---|---|---|---|---|---|---|---|---|---|
| (1) $S-I$ | 1 | 14/-12 | 4-3 | 44/-42 | 202/-213 | 24 | △10/-△13 | 223/-220 | 152 | 400 |
| (2) 租税－補助金 | 104 | 115 | 154 | 166 | 290 | 291 | 188 | 145 | 56 | 50 |
| (3) $S_A-I(=(1)+(2))$ | 105 | 129/-127 | 158/-157 | 210/-208 | 492/-503 | 315 | 178/-175 | 368/-365 | 208 | 450 |
| (4) (1)/(3) (%) | 1.0 | 10.9/-9.4 | 2.5/-1.9 | 21.0/-20.2 | 41.1/-42.3 | 7.6 | △5.6/-△7.4 | 60.6/-60.3 | 73.1 | 88.9 |
| (5) (2)/(3) (%) | 99.0 | 89.1/-90.6 | 97.5/-98.1 | 79.0/-79.8 | 58.9/-57.7 | 92.4 | 105.6/-107.4 | 39.4/-39.7 | 26.9 | 11.1 |
| (6) 非農補助金の(2)に対する割合 (%) | 7.6 | 9.3/-9.4 | 7.6/-7.6 | 5.7/-5.8 | 3.5/-3.4 | 14.9 | 31.5/-32.0 | 23.4/-23.6 | — | — |
| (7) 非農固定資本形成に対する(3)の割合 (%) | 42.0 | 38.2/-37.6 | 28.1/-27.9 | 24.3/-24.0 | 19.2/-19.6 | 13.8 | 9.1/-8.9 | 11.3/-11.2 | 8.2 | 6.5 |
| (8) 表4-6の(4)−(5)の本表(2)に対する割合(%) | 43.3 | 36.5 | 32.5 | 74.1 | 25.2 | 30.9 | 44.1 | 39.3 | △30.4 | △48.0 |

〔単位〕 (1)-(3)は戦前百万円,戦後十億円.
〔資料〕 (1)は表4-1からとった.(2)の租税は,戦前期については,恒松制治[1956],戦後は農林省大臣官房調査課『農業および農家の社会勘定:昭和39年』による.補助金は,『長期経済統計』第7巻第8表からとった.非農固定資本形成の資料は,表4-4と同じ.
〔注〕 各4ないし5年平均値.

ちいかなる部分に流れたかである.

まず上記(iii)の命題に注目されたい.(iii)の意味するところは,租税の形で吸い上げられた農家余剰は,主として政府部門内で用いられ,それが直接的に非農民間部門へ補助金の形で流れた割合は無視しうる大きさである,ということである.このことの含意は一見極めて重要であるかのようにみえる.「農業余剰資金を原資とする工業化」仮説は,そのナイーヴな理解の仕方において,あたかも農──→政府──→工という直接的な資金の流れがあったかのような印象を与えてきたが,命題(iii)は,少なくとも陽表的な補助金でみるかぎり,そのような資金の流れが無視しうる大きさであることを示しているからである.しかしながら,この命題(iii)には,次のような2つの重要な留保条件の付加されることが注意されねばならない.第1に租税の形で政府部門に流入した資金は,主として第1次大戦までの旺盛な政府建設投資をまかなうのに役立ったものと推測されるが,この政府投資が,産業資本の整備等を通じて,間接的に商工業の発展に寄与してきたということである[31].第2に,表4-5における非農への補助金は,その陽表的なもののみであって,陽表的ではないが事実上補助金と

---

31) もちろん,われわれは政府支出の資源再配分機能を,当面の問題である直接的資金移動の問題とは別のものとみなしているから,この点には深く立ちいらない.

みなされるべき部分を含んでいないことである．事実上の補助金として考えられなければならないものはいくつもあるが[32]，特に重要なのは租税負担率の不均衡である．表4-6を参照されたい．しばしば指摘される事実であるが，直接税の純生産に対する比率において農・非農間に大きな格差があることが注目されよう（戦前期のみ）．すなわち，農業は純生産に占める比重以上に大きな割合の直接税を負担し，非農はその逆なわけである．いま，1つの適正な租税負担基準として純生産構成比をとるとすると，このことは，非農部門にインプリシットな形で負の租税すなわち補助金が与えられていることを意味する．表4-6の第(4)および(5)欄には，この点を考慮して純生産構成比からして非農が負担すべき直接税額と現実の直接税支払額を計上してある．いま，この(4)と(5)の差を表4-5の第(2)行と比較すると[33]，表4-5の第(8)行のようになる．明らかにこの値は非常に大きい．

さて，上記第2の論点は，本節の命題(iii)を字義通りに受け取ってはならないことを意味しているように思われる．陽表的な補助金のみでなく，租税負担不均衡という形の事実上の補助金をも考えるとき，農業の負担した租税は商工業に対して無視しえない大きさの資金供給を行なうものであったと言うことができよう．前節では，民間非農部門が戦前期において一般に貯蓄超過部門であったことが指摘されたが，租税負担率の低位はこのことを説明する1つの有力な要因であると考えられる．ちなみに，表4-6において，農業直接税の純生産に対する比率の水準が1900年頃にかけて急速に低下していることが注目される．1900年以降，この比率は10%水準にあり，戦後期と大差がないのである．農業の「過重」な税負担という通念もまたあらためて検討の対象とされる必要があると考えられる[34]．

### (2) 広義における政府の役割および農業余剰の純流出入（参考）

上述の分析は，農工間資金移動における財政の役割を，租税・補助金といっ

---

32) 国立銀行等に対する$G$にまつわる補助金等．この点については前章参照．
33) 表4-6の(2)と比較するのが，適切か否かは若干問題である．
34) ラニス(Ranis, G.)[1959]も，農業租税の強制的吸い上げは，1900年頃までの期間に限られるとしている．

表 4-6 農・非農の直接税負担と補助金

| | (1) 直接税負担の産業別構成比(%) | | (2) 国内純生産の産業別構成比(%) | | (3) 直接税の純生産に対する比率(%) | | (4) 直接税総額と非農の純生産構成比の積 | (5) 非農負担直接税額(現実値) |
|---|---|---|---|---|---|---|---|---|
| | 農業 | 非農業 | 農業 | 非農業 | 農業 | 非農業 | | |
| 1878-1882 | 91.0 | 9.0 | — | — | — | — | — | 6 |
| 1883-1887 | 86.9 | 13.1 | 43.9 | 56.1 | 19.5 | 2.4 | 42 | 10 |
| 1888-1892 | 85.7 | 14.3 | 44.0 | 56.0 | 14.8 | 2.0 | 38 | 10 |
| 1893-1897 | 83.3 | 16.7 | 41.6 | 58.4 | 12.1 | 1.7 | 46 | 13 |
| 1898-1902 | 73.7 | 26.3 | 40.1 | 59.9 | 11.7 | 2.8 | 80 | 35 |
| 1903-1907 | 58.9 | 41.1 | 37.4 | 62.6 | 10.6 | 4.4 | 121 | 79 |
| 1908-1912 | 53.7 | 46.3 | 36.0 | 64.0 | 11.2 | 5.4 | 182 | 132 |
| 1913-1917 | 53.5 | 46.5 | 30.5 | 69.5 | 10.2 | 3.9 | 218 | 145 |
| 1918-1922 | 40.7 | 59.3 | 30.7 | 69.3 | 7.5 | 4.6 | 504 | 431 |
| 1923-1927 | 37.5 | 62.5 | 26.4 | 73.6 | 8.1 | 4.8 | 596 | 506 |
| 1928-1932 | 32.8 | 67.2 | 19.5 | 80.5 | 8.1 | 4.0 | 504 | 421 |
| 1933-1937 | 26.1 | 73.9 | 18.5 | 81.5 | 6.5 | 4.2 | 616 | 559 |
| ⋮ | | | | | | | | |
| 1955-1959 | 14.9 | 85.1 | 16.7 | 83.3 | 8.8 | 10.1 | 803 | 820 |
| 1960-1964 | 10.0 | 90.0 | 11.1 | 88.9 | 10.3 | 11.5 | 1956 | 1980 |

〔単位〕 (4),(5)は戦前百万円,戦後十億円.
〔資料〕 戦前期産業別直接税は恒松制治[1956].戦後の農業直接税は表4-5と同じ.戦後の非農直接税は,『本邦経済統計』より,所得税,法人税,相続税(以上国税),道府県民税,市町村民税,固定資産税,自動車税(以上地方税)の和をとり,これと農業直接税との差として求めた.補助金の資料は表4-5と同じ.産業別国内純生産は,『長期経済統計』第1巻および大川一司・H. ロソフスキー[1974]による.
〔注〕 各5年あたり平均値.

た直接的資金移動の側面に絞って行なわれた.しかし,問題を,支出による資源再配分機能をも含む政府の役割として設定すると,その役割をより広く考えることも可能である.ここでは2つの方向で,政府活動の範囲を拡大してみよう.その第1は,以上では金融として一括されていた政府金融の機能を政府に含めることである.政府金融とは,郵便貯金・簡易保険・郵便年金の形で資金を集め,主として大蔵省預金部(現在は資金運用部)を通じて資金を運用するシステムである.第2は,政府投資のうち民間産業発展に直接かかわるものを一種の資金移動とみなすことである.たとえば,政府投資のうち農業関連のものは,政府が農業に架空の補助金を与え,それによって河川修理,農業土木等が行なわれたという帰属計算措置によって,資金移動に含めて考えることもできる.しかしながら,[2]で述べたように,このような処理方法は,考えようによ

表 4-7 広義における政府による資金移動

| | 政　府　金　融 | | | 財　　　政 | | | | 純流出合計 |
|---|---|---|---|---|---|---|---|---|
| | (1) | (2) | (3) | (4) | (5) | (6) | (7) | (8) |
| | 農林水産業部門による政府金融に対する債権保有増加 | 政府金融の農林水産業向け貸出増加 | 純流出(1)-(2) | 農業負担租税 | 農林水産業向け補助金 | 政府農業関連投資 | 純流出(4)-(5)-(6) | ((3)+(7)) |
| 1899-1902 | 0 | 0 | 0 | 104 | 0 | 13 | 91 | 91 |
| 1903-1907 | 3 | 0 | 3 | 115 | 0 | 13 | 102 | 105 |
| 1908-1912 | 4 | 9 | △5 | 155 | 1 | 30 | 124 | 119 |
| 1913-1917 | 14-10 | 6 | 8-4 | 168 | 2 | 30 | 136 | 144-140 |
| 1918-1922 | 4-15 | 24 | △20-△9 | 295 | 5 | 79 | 211 | 191-202 |
| 1923-1927 | 35 | 51 | △16 | 304 | 13 | 102 | 189 | 173 |
| 1928-1932 | 68-64 | 84 | △16-△20 | 211 | 23 | 114 | 74 | 58-54 |
| 1933-1937 | 83-80 | 110 | △27-△30 | 199 | 54 | 132 | 13 | △14-△17 |
| ⋮ | | | | | | | | |
| 1955-1959 | 25 | 12 | 13 | 144 | 80 | 8 | 56 | 69 |
| 1960-1964 | 48 | 60 | △12 | 220 | 170 | 23 | 27 | 15 |

〔単位〕　戦前百万円，戦後十億円．
〔資料および注〕　農林水産業部門による政府金融に対する債権の保有増加は，郵便貯金，簡易保険，郵便年金の保有増加．戦前の推計については補論(I)参照．戦後は各年の『農家資金動態調査報告』から得られる1戸あたり数字に農家戸数を乗じて求めた．戦前の政府金融農林水産業貸出増分は，預金部地方資金のうち農家向け及び簡易保険・郵便年金積立金からの農業向け貸出の増分である．推計方法の詳細は省略する．戦後は制度資金であって農林省大臣官房調査課『農業および農家の社会勘定：昭和39年』第6表より得られる．農業負担租税および農林水産向け補助金の資料は表4-5と同じ．戦前の政府農業関連投資は『長期経済統計』第4巻の表4-4, 4-6から河川及び農業土木を加えたものをとった．戦後は『国民所得統計年報』(1970, 71年版)の国内総資本形成の政府資本形成産業別から得た．なお，(1)，(3)列のA-Bは表4-17の(2)，(5)列の推定値(I)-推定値(II)の意味である．

っては政府の経常支出にまで拡大されねばならないことになり，議論がかなり複雑になる可能性がある．

　そのような問題点を自覚し，不十分な分析であることを覚悟のうえ，作成されたのが表4-7である．これから次の2つの事実が知られる．

　(v)　政府金融は1920年頃まで，好況期に純流出，不況期に純流入という景気循環的な機能を果しているが，それ以後は純流入に転じている[35]．

　(vi)　政府の農業関連投資は第1次大戦以後非常に大きくなっており，この

---

35) これは主として，1925年の大蔵省預金部の大改造以後，農村不況対策として内地地方資金が大幅に増額されたことによる(第6章[3])．

ため，政府全体の効果は1933-37年に14-17百万円の純流入になっている．しかしながら政府農業関連投資の値は表4-5の第(3)行よりも小さいから，たとえこれを考慮したとしても，金融・財政を合わせた資金移動すなわち農家余剰の純流出入が正すなわち純流出であったという本節の命題(i)は変更を受けない．

ところで，表4-7の表示は政府経常支出の役割を除く，若干広い意味での政府機構の資金移動機能を示すものであっても，その全体をあらわすものではないことに注意しておく必要がある．たとえば，政府への資金流出のうち農林水産業による国債・地方債保有増がこの表には組みこまれていない．しかしながら，かりにこれを考慮したとしても，これは農林水産業部門からの資金純流出効果をもつ要因であるから，政府を通じる効果が大むね純流出であったというわれわれの結論は変更を受けない．

いま1つ参考までの議論を追加したい．[2]で述べたように，農工間資金移動の定義として，農業余剰(農業生産－農家消費)をとる方法が考えられる．この定義は，既に指摘したように，農家・農業概念をミックスしていることおよびそれが定義的に(国際収支勘定の)貿易収支に等しくなる等の欠点をもっているのであるが，それはともかくとして，この定義による資金移動($S_B-I$)を表4-8にかかげた．

$S_B-I$は，金融を通じる資金移動と財政を通じる資金移動に民間所得移転を通じる資金移動を加えたものに等しい．民間所得移転を通じる資金移動は，非農家地主への小作料支払－農外事業以外の農外所得－出稼被贈扶助等収入に等しい．ただし表4-8の数字は，小作料に耕作地主への支払を含んでいるため純流出は過大バイアスをもっており，また農外収入に農外事業によるものが含まれているため，この大きさだけ過小の方向にバイアスをもっている．

表4-8の第(6)行を貿易収支のタームで説明すると，第1次大戦前は農業は出超，それ以後は入超であるということになろう．しかし，この事実をわれわれの目的とする農工間資金移動のタームで解釈することには，かなりの困難が伴うものと思われる．表4-8はあくまで参考表として受けとられることを希望したい．

表 4-8　農業余剰の純流出入($S_B-I$の推計)

|  | 1899-1902 | 1903-1907 | 1908-1912 | 1913-1917 | 1918-1922 | 1923-1927 | 1955-1959 | 1960-1964 |
|---|---|---|---|---|---|---|---|---|
| (1) $S-I$ | 1 | 14 / -12 | 4-3 | 44 / -42 | 202 / -213 | 24 | 152 | 400 |
| (2) 租税－補助金 | 104 | 115 | 154 | 166 | 290 | 291 | 56 | 50 |
| (3) 小　作　料 | 190* | 250 | 310 | 350 | 370 | 690 | — | — |
| (4) 農 外 収 入 | 260* | 332 | 417 | 636 | 1272 | 1082 | 751 | 1415 |
| (5) 小作料－農外収入 | △70 | △82 | △107 | △286 | △902 | △392 | △751 | △1415 |
| (6) $S_B-I$ (=(1)+(2)+(5)) | 35 | 47 / -45 | 51 / -50 | △76 / -△78 | △410 / -△399 | △77 | △543 | △965 |
| (7) 非農資本形成に対する(6)の割合(%) | 14.0 | 13.9 / -13.3 | 9.1 / -8.9 | △8.8 / -△9.0 | △16.0 / -△15.6 | △3.4 | △21.4 | △13.9 |

〔単位〕　戦前百万円, 戦後十億円.
〔資料〕　小作料は石川滋[1967]第3表による. 実物納入を含みかつ農家地主への支払をも含む数字である. 戦前の農外所得は高松信清氏の推計値(ワークシート)であり農外事業によるものをも含む. 戦後は農林省大臣官房調査課『農業および農家の社会勘定:昭和39年』の兼業所得をとった.
〔注〕　各4ないし5年間あたり平均値. *は1898-1902年の平均. 第(1),(2)行はそれぞれ表4-5の(1),(2)に等しい.

## [5]　農村における金融市場

[2]で述べたように, 農工間資金移動の問題において, 金融メカニズムが資金移動額に影響するか否かは, 金融市場がどの程度完備しまた完全であるかにかかっている. 金融市場が十分発達しておりかつ完全であるならば, 金融メカニズムは, 農家の貯蓄・投資決意によって定められた債権増, 債務増を単に仲介するのみであり, 資金移動の大きさの決定にあたっては中立的である. しかし, 金融市場が未発達であり, かつ不完全であるならば, 資金移動の大きさは, 資産利用可能性の制約, 信用割当等によって影響を受けることになる. 本節では, 農村における近代金融組織の浸透の程度, 金融機関の農業に対する貸出行動, 農家各階層ごとの金融機関関与の度合等について若干の分析を行ない, 農工間資金移動(そのうち$S-I$の部分)が全体としてかなりよく発達し, 比較的競争的な金融市場において行なわれたということを示唆することにしたい.

## (1) 農村における近代金融組織の浸透

発展過程にある経済における金融組織の浸透の過程は，新たな仲介方法の導入による金融仲介量自体の増加であるとともに，従来，知人間貸借，貸金業者，商人，質屋，無尽，頼母子講といった在来的な形でなされていた直接的・間接的な資金循環に，近代組織がはいりこみ，在来的金融方法に代替してゆく過程でもある．それゆえ，農村地帯における近代金融組織の浸透を分析するためには，在来的金融に関する情報を得ることが必要である[36]．このためわれわれは明治中期，明治末期，昭和初期のそれぞれ各1年について，在来金融を含む農家部門の包括的な金融資産負債残高表を作成した．表4-9がそれである．分析にはいる前に推計方法に関して，簡単に説明しておこう．

まず，昭和初期である．この時期の農家負債データの代表的なものとして1929年6月末の帝国農会調査があるが，これはカバレッジが十分でないため，負債総額自体も使用することができない．しかし負債総額のみのデータとしては，1929年末の農林省による農家負債調査，1932年末の農林省経済更生部の「農山漁家の負債見込額」調査，1932年末の農林省農務局による農林水産業の負債調査，1935年8月末の農林省による「農山漁村における中小農山漁家の負債調査」等がある[37]．われわれはこのうち，最もカバレッジが高いと思われ，しかも年末計数である，1932年(昭和7年)末の農(林水産)家負債データを採用した．この負債総額のうち，近代金融組織によるさまざまな部門外債務，在来金融による部門外債務については，既に[3]に推計値があるので，総額からこれらを差引いたものを(在来的な)部門内債務として計上した．定義によって，部門内債務は部門内債権に等しく，かつ近代的な部門外債権に関しては[3]の推計値があるから，資産側でも表4-9のような表示が可能になる．次に，明治末期について．この時期には，有名な大蔵省理財局銀行課『大正元年12月調全国農民負債調査』が利用可能である．この調査は，調査時点が，1910年末，11年6月末，11年末にわたって項目ごとにまちまちであるが，われわれは簡単化

---

36) 在来金融方法の多くは，農業部門の貸借であるから，部門内では相互に相殺される．それゆえ負債増と資産増の差にのみ注目する表4-1の段階では，これらの多くの部分は対象からはずすことができる．以上の分析において，在来金融のうち，部門外貸借の色彩の強い貸金業者(貸金会社，質屋，商業者を含む)の貸出のみをとりあげたのは，この理由による．

37) 『1953年農林金融便覧』および『昭和11年本邦農業要覧』．

のため全て1911年(明治44年)末の数字とみなした．また，調査範囲は農業のみであるため，特殊銀行の農業貸出等は『銀行局年報』から別途求めた林業水産業を含む値に修正した．資産側数値の計上方法は1932年と同様である．

最後に，明治中期である．この時期は，1888年(明治21年)について農家負債の推計を行なった．データは農商務省『農事調査表(巻の一)』である．これは1888年について，47府県中，北海道，埼玉，愛知，和歌山，徳島，香川，高知，熊本，沖縄の9県を除く38府県の農業負債額が示されている[38]．いまこの38府県の負債総額を求めると103百万円である．他方，上述の大蔵省理財局『全国農民負債調査』の「農業者負債地方別表」によると，38府県の負債総額は638百万円であって1888年から1911年にかけて38府県の負債は6.19倍になったことが知られる．1911年の農家負債総額は(若干の修正を加えた上で)803百万円であったから，負債の伸び率が38府県と残りの県で同一であると仮定すると，1888年の全国農業者負債は129.7百万円であったと推計されることになる．

斎藤萬吉はその『農村の開発』において「近時農家にして著しく負債を起したる明治十三四年頃に於ける米価好況の反動にして同十七八年頃に在りとす．爾来同二十三四年頃に至っては稍順調に復したりしも，同三十年頃より今日(1911年3月)に至るまでは概して漸次負債を増加したるもの多く……」(pp. 28-29)と述べ，明治21-22年頃の農家負債総額を103百万円，同45年頃のそれを1,000百万円と推定している(pp. 94-95)．斎藤の推定値に較べてわれわれの推定値は若干多いようであるが，概略の数字としてはかなり信頼しうるものであると考えられる[39]．

次にこの129.7百万円の農業負債のうち近代金融仲介機関の貸出の割合がどれだけであったかを見る必要がある．そのためには，この時期の農業関連の近代的な金融機関は国立銀行と私立銀行だけであったから，これからの農業貸出

---

38) これはおそらく全数調査ではない．それゆえ以下の負債値は過小バイアスをもつものとみなしておく必要がある．
39) 秘書類纂『財政資料』(中巻)における「信用組合設立意見」は，全国の土地抵当負債を1884年(明治17年)に233.1百万円，85年に332.3百万円と推定している．上掲の引用にもあるようにこの時期は松方デフレによる負債累積が最も巨額に達した時期であって，これらの数字は首肯しうる．もちろん土地抵当負債と農家負債は同一でないが，この負債が1892年に130百万円になったとすると，この間厖大な土地が抵当流れになったことが推測される．

を推計すればよい[40]. 後藤新一[1970]の国立銀行貸出金の職業別割合表によると農業者割合は1886年の10.6%から1893年の5.6%へと低下している. 上述のようにこの期間は農村負債の整理が徐々に進行した時期であったから,この割合が10.6から5.6へと直線的に低下したと仮定することは不自然ではあるまい. それゆえ1888年の農業者貸出割合を9.2%とする. 同年の国立銀行の貸出金(荷付為替手形,割引手形を除く)は49,103千円であったから,農業者貸出は4.5百万円ということになる. 同様の割合が私立銀行の貸出金にも適用される[41]とすると,私立銀行の農業者貸出は4.8百万円となり,国立・私立の貸出合計は9.3百万円である.

さて,以上のようにして推計された表4-9から得られる主要な諸命題は次のようである.

(i) 負債総額のうち近代金融機関からの債務割合は,1888年の7.2%から1911年の35.7%まで急増しており,1911年から1932年にかけては35.7から47.3%へのゆるやかな増加にとどまっている. 在来金融からの部門内・部門外の債務は,これと逆に92.8, 64.5, 52.7%と動いている.

(ii) 負債総額に占める部門内債務の割合は,1911年と1932年でほぼ等しく,約43%である. 同様に,部門内債権の割合も両期間で大きな変化はなく,約34%である.

(iii) 部門外債務のうち在来金融による部門外債務の割合は,1911年の21.5%から1932年の8.6%へと急激に低下しており,逆に近代金融の部門外債務割合が35.7%から47.3%へと増加している.

これらの事実は,わが国農村金融市場における近代金融機関の浸透が,1888-1911年の間に最も急速に進展したということを示している. 他方,われわれ

---

40) この他に銀行類似会社があるが,その貸出データは不明である. 1888年における国立銀行・私立銀行・銀行類似会社の払込資本金はそれぞれ46,877, 16,761, 14,453千円である. いま私立銀行と銀行類似会社の貸出金/払込資本金比率および農業貸出金割合が等しいと仮定すると,銀行類似会社の農業者貸出は4.1百万円となり,国立銀行・私立銀行との合計では13.4百万円となる. これは,この年の農家負債総額の10.3%にあたる. ただし,銀行類似会社の貸出金/払込資本金比率は私立銀行よりかなり低かったと思われるから,この4.1百万円という推計値は過大に出ていると思われる.

41) 農業貸付割合は,担保別貸出データにおける地所・家屋担保貸付の割合に対応していると考えられる. しかし,地所・家屋担保貸付割合をみると1893-95年にかけて私立銀行の方が国立銀行より多く,1897年は逆である. それゆえこれのみからでは1888年の農業貸出割合が両者のいずれで大であったかを言うことはできない.

表4-9 農家の金融資産負債残高表

| | 1888年 | | 1911年 | | 1932年 | |
|---|---|---|---|---|---|---|
| | 金額(百万円) | 割合(%) | 金額(百万円) | 割合(%) | 金額(百万円) | 割合(%) |
| 《資産》 | | | | | | |
| (1) 部門外債権 | | | 724 | 67.7 | 4,640 | 65.7 |
| (a)現金 | | | 49 | 4.6 | 108 | 1.5 |
| (b)銀行預金 | | | 131 | 12.3 | 858 | 12.1 |
| (c)郵便貯金 | | | 48 | 4.5 | 491 | 7.0 |
| (d)信用組合出資金及び預金 | | | 22 | 2.1 | 1,075 | 15.2 |
| (e)簡保, 郵年 | | | — | — | 169 | 2.4 |
| (f)有価証券等 | | | 474 | 44.3 | 1,939 | 27.5 |
| (2) 部門内債権 | | | 345 | 32.3 | 2,422 | 34.3 |
| (3) 合計 | | | 1,069 | 100.0 | 7,062 | 100.0 |
| 《負債》 | | | | | | |
| (4) 部門外債務(近代金融) | 9.3 | 7.2 | 287 | 35.7 | 2,602 | 47.3 |
| (a)特殊銀行 | — | — | 132 | 16.4 | 919 | 16.7 |
| (b)国立・私立・普通・貯蓄銀行 | 9.3 | 7.2 | 131 | 16.3 | 552 | 10.0 |
| (c)信用組合 | — | — | 20 | 2.5 | 878 | 16.0 |
| (d)政府低利資金 | — | — | 4 | 0.5 | 253 | 4.6 |
| (5) 部門外債務(在来金融) | | | 173 | 21.5 | 474 | 8.6 |
| (a)貸金業者等 | | | 161 | 20.0 | } 474 | } 8.6 |
| (b)商業者 | } 120.4 | } 92.8 | 12 | 1.5 | | |
| (6) 部門内債務 | | | 345 | 42.9 | 2,422 | 44.1 |
| (a)私人・頼母子講 | | | 333 | 41.4 | } 2,422 | } 44.1 |
| (b)その他 | | | 12 | 1.5 | | |
| (7) 合計 | 129.7 | 100.0 | 805 | 100.1 | 5,498 | 100.0 |
| 《差額》 | | | 264 | | 1,564 | |

〔注〕 貸金業者等には貸金会社,買屋を含む.有価証券は,信用組合以外の一般会社への出資金を含む.

は前章において,経済全体の産業資金供給についても,銀行が重要なシェアーを占めはじめるのは,預金の増大をまってであり,それがほぼ1893年以降(表3-2の第III局面)のことであることを示した.すなわち,わが国における近代的金融制度の浸透は農村と経済全体,それゆえ農村と都市部でほぼ同時的に進行したのである.しかも,われわれは経済全体の産業資金供給における銀行シェアーの増大が,(第3章の用語でいう)「その他」資金シェアーの低下に対応するものであることも確認した.「その他」資金は,内部資金と在来金融手段によって仲介される資金からなる.すなわち,銀行のシェアーの増大は,在来金

融手段の銀行による代置によったのである．これに関連するいま1つの情報として，貸金業者の利子率の動きをあげることができる．宮城県の巨大貸金業者桜井家の貸付金利[42]と宮城県銀行平均貸付金利(『帝国統計年鑑』による，最高と最低の平均)の単純相関係数を求めると，それは，1892-1900年について0.068, 1901-18年について0.724，また1892-1904年については0.084, 1905-18年については0.560であった．このことは1900-05年頃にかけて，高利貸金利と銀行金利の動きが関連しはじめたことを示している．他方，表4-9において，負債総額に占める部門内債務割合が，1888年から1911年の期間においても1911年から1932年の期間におけると同様に，安定的に推移したと仮定すると，農村における近代金融市場の成立もまた，在来的な部門外債務の近代的な部門外債務による代替によって生じた，と言うことができる．言いかえると，銀行を中心とする近代的金融組織が貸金業者等の在来的組織に優越してゆく過程が，わが国経済における金融市場の成立過程の基本的な特質であり，しかもこの過程は，世紀の変り目頃を中心にして，都市・農村においてほぼ同時的に進行したわけである．

　先に進むうえに，2つの注意事項を指摘しておこう．第1に，明治中期(1888年)の農村金融市場において，近代金融機関の債務が7.2%(注40でみたように，銀行類似会社を含めても10%程度)でしかないことにいま一度注目されたい．このことの第1の理由は，経済全体としても，いまだ近代金融組織の勃興期であり，在来金融組織が圧倒的な地歩を保っていたということであり，第2の理由は，前章で述べたように，近代的銀行組織が主として商工業者のものであり，預金，貸出，資本金等における農業者の割合が著しく低位にあったことにある．しかしながら，この7.2%という数字を字義通り受取ってはならないことも，いまや明らかであろう．第1に，重複金融仲介の問題がある．銀行から農業への資金の流れとしては，直接的な農業貸出のほかに，商人，地主，貸金業者を経由する間接的な資金の流れがあり，戦前期においては，この後者がきわめて大きな役割を果していた．第2に，商工業者に対する銀行貸付割合が大きいと

---

[42] 桜井家利子率データは渋谷隆一教授の計算による．ちなみに渋谷隆一[1959]は，この利子率データを詳細に分析し，宮城県において，農村高利貸資本の銀行資本による包摂がほぼ1902年(明治35年)頃生じたことを示している．

言っても，明治中期においては，その多くは米穀回漕，精米，製茶，生糸製糸等の農業関連在来商工業への貸出であったことである．朝倉孝吉[1961]の「農業にまつわる金融」である．それゆえ，表4-9における近代的銀行のシェアーの低位は，農村部面におけるさまざまなかたちでの銀行の活溌な活動の事実をいささかも否定するものではないのである．

第2に，1911年における近代的金融機関からの債務は主として銀行からの債務から成っていることに注目されたい．これに対して1932年では銀行のシェアーは後退し，かわりに信用組合および政府低利資金の割合が高まっている．一般に，農村部面等における在来的金融手段(traditional financing または informal financing)の近代的金融手段(modern financing または institutional financing)による代置の過程には2つのパターンがあると考えることが許されよう．第1は，在来的金融の近代的金融組織への転化(conversion)であり，第2は後者による前者の排除(exclusion)である．転化の過程では，貸金業者等の保有運用資金の銀行資本金への変化が生じ，在来的金融業者は銀行家に発展的に変容する．排除の過程では，貸金業者資金の定期預金等への変化が生じ，在来金融業活動は停滞ないし後退する．このような一般論から言うと，1888年から1911年にかけての農村における近代金融機関の急速な浸透は，主として在来的金融の近代的金融組織への転化によって生じたと考えることができよう．政府資金($G$)供給の直接的・間接的効果により，商人・地主の保有する在来的貸金資金が銀行資本に転化し，銀行業の急速な勃興が生じたのである．これに対して，1911年以後の時期では，在来金融の近代金融組織による排除過程が生じたと考えられる[43]．預金部等の低利政府金融資金が農村に大量に供給されたことにより，在来金融業者はその活動範囲を狭隘化され，その遊休資金を銀行預金として運用することを余儀なくされたのである．

### (2) 金融機関の農業貸出行動

次に検討すべきことは，近代的金融機関の農業への貸出行動である．具体的

---

43) 飯淵敬太郎[1947]は転化の過程を，渋谷隆一[1964]は排除の過程を強調した．なお中村政則[1979b](pp. 11-12)，渋谷隆一[1964]等は，飯淵・渋谷両説を相互に対立的なものとして把握しているが，われわれのように，転化──排除の継起による代置過程と考える方が，より適切であると考えられる．

には，農家の借入額に対する制約，あるいは金融機関による信用割当があったかどうかが，ここでの問題である．言うまでもなく，信用割当の存在を厳密な形で論証することは極めてむずかしく，以下の議論も不十分であることをまぬかれない．以下では，戦前期農業貸出における信用割当の存在を主張する1つの仮説をとりあげ，その吟味を通じて，戦前期農村における銀行貸出市場が比較的競争的な性質をもっていたと考えられることを示唆したい．

伊東譲[1962]は，戦前期銀行（特に特殊銀行）による農業への資金供給が信用割当によって行なわれており，量的信用制限が1920年代以降強化されたと主張する．氏は，1920年代以後，農業関連特殊銀行の農業貸出比率が低下したこと（表4-10参照）を重視して，農業への低利融資を要請されているこれら特殊銀行が，利潤極大のため非農貸出を選好し，その結果信用制限が強化されたという仮説を提示した．しかしながら，この特殊銀行の非農貸出割合増加の事実は氏のような信用割当仮説によらなくとも説明可能であることが注意されねばならない．2つの代替的説明要因がある．その第1は，1920年以後における農業（期待）収益率の低下である．この点についてわれわれは，間接的ではあるが，多くの傍証的事実をあげることができる．まず第1は農産物価格の低下である．特に，外地米輸入に伴う米価の低下あるいは低位維持政策は[44]，農業投資の有利性を大きく減じたものと考えられる．第2は農業技術進歩の停滞である．肥料増投，品種改良，土地改良を中心とする農業生産性の上昇が，第1次大戦を境に大きな屈折点を迎えたことについては，多くの研究の示すところである[45]．これらの要因は農業投資の期待収益率に大きな影響を及ぼしたはずであり，表4-10にみられる特殊銀行農業貸出割合の低下は，需要・供給曲線の左方シフトによって十分合理的な説明がつくと考えられる．

第2の説明要因は，資金調達面における農村農工銀行の不振である．第3章[3]で説明したように，一般的高金利の農村府県では，農工銀行はその債券の消

---

44) 第1次大戦後，都市・労働者問題対策および国際収支対策（生産費低減による輸出促進）のため，植民地産米の増産と移入による低米価政策がとられたといわれる．ただし，1931年以降，米穀法の改正によって，政府が小農維持のため，安い外地米の防遏をはかった点も無視されるべきでない（大内力[1952]参照）．米価率と植民地米の輸入に密接な相関があることは，篠原三代平[1961]第10章において見出されている．また，速水佑次郎[1973]第7章の分析を参照されたい．

45) たとえば速水佑次郎[1973]参照．

表 4-10 特殊銀行の農業貸付割合および信用組合の預貸率

|  | (1)<br>特殊銀行の農林水産業貸付比率 | (2)<br>信用組合の預貸率 |
|---|---|---|
| 1903-1907 | 59.3 | 93.4 |
| 1908-1912 | 60.6 | 91.8 |
| 1913-1917 | 58.3 | 92.2 |
| 1918-1922 | 45.3 | 65.4 |
| 1923-1927 | 42.6 | 71.8 |
| 1928-1932 | 49.2 | 76.5 |
| 1933-1937 | 47.5 | 63.6 |

〔資料〕 各年の『銀行局年報』および『農林中央金庫史』(別冊)による.

〔注〕 (1)は特殊銀行(勧業銀行,農工銀行,北海道拓殖銀行)の総貸付金に対する農林水産業貸付の比率.農林水産業貸付は産業組合への貸付をも含む.(2)は農村信用組合(すなわち市街地信用組合を除く)の貸出の貯金+払込済出資金に対する比率.

化が容易でなく,資金調達難から,1921年以降漸次勧業銀行に合併されるに至る.債券消化の不振は,貸出金利が規制されているため,債券金利も低利たらざるを得ず,高金利地域では十分な引受手を見出しえなかったことによるものであった.この説明要因は,基本的には貸出金利規制に依拠しているが,しかしそれは超過需要を残したままでの資金割当という信用割当仮説の主張するメカニズムとは明らかに異質のものである.

他方,信用割当仮説の論理自体にも,多少無理があることも指摘されねばならない.それは,農業は金利規制を受けていない他の金融機関からの借入にも依存しており,それらについても同様な農業貸出の後退が生じていることである.たとえば,貸金業者の農業貸出推定値をグラフに描いてみると[46],それは1923年以降停滞化し,1930年以後は絶対的に減少していることが知られる.しかも重要なことは,1920年以後,近代的農業貸出の中心の位置をなしていた信用組合においても預貸率の低下が生じていることである(表4-10).もちろん,これらの金融機関は金利規制を受けていないし,また信用割当的資金供給を行なっていたとも考えられない.

以上,極めておおざっぱな推論であるが,特殊銀行農業貸出割合の低下という事実は,信用割当仮説と相容れないものであることを示唆した.しかしなが

---

46) 補論(I)表4-18(6)列参照.

ら，以上の考察は，貸出リスク，利子費用，管理費用等に関するより綿密な分析によって補完される必要がある．

### (3) 階層別農家の金融的行動

本節の(1)では，わが国農村への近代金融組織の浸透が，都市への浸透とほぼ同時的に進行したこと，それゆえ，この意味で，戦前期農業はかなりよく発達した金融市場の下にあったことが示された．また(2)では，近代的金融機関の農業貸出市場が，かなり競争的なものであったことを，信用割当仮説を吟味する形で示唆した．ここでは，この農村金融市場の相対的な競争性の命題を，階層別農家の金融行動ないしは金融機関関与度を分析することによって，より強い形で主張することにしたい．また以下の分析によれば戦前期農業において，小農民特に自小作の果した金融的役割には無視しえないものがあるのであって，このことは，大地主にのみ注目してきた従来の視点に対して，1つの対立的な視座を示唆するものであると考えられる．

さて，農工間資金移動の金融的側面に関して，従来しばしば次のような通説が唱えられてきた．すなわち，(i)明治末葉以来の寄生地主化の進展とともに，地主は地代によって得た資金を，農業投資にむけることなく，有価証券投資等の形で主として農外への投資に投入した．(ii)実際生産者である小農はその劣悪な土地・労働比率と高率小作料のゆえに資本市場への接近の途を閉ざされており，無視しうる程度の金融的行動しかなしえなかった．周知のように，この種の通説の最も先鋭的な主張はいわゆる講座派のモデルにみられる．「経済外的強制」に原因する高率小作料を前提とする寄生地主制の下では，資本主義的小農経営は成立しえず，すべての余剰は地主に吸収され，非農部門に投下されるとする見解がそれである[47]．また，いわゆる労農派・宇野派においても，高率小作料の原因，自営農の重要性の評価等では見解を異にするものの，上記(i)，(ii)の命題に関しては基本的に講座派と類同の見解に立っている．たとえば櫛

---

47) たとえば，山田盛太郎[1934]における半隷農主的寄生地主制の下における全余剰労働吸収の地代範疇の概念を参照．近藤康男[1942]は，高率小作料を原因とする農業における資本の欠乏が小農制を維持せしめたというかたちで山田の見解を強化しようとしている．ただし，彼の用いる金融データ(たとえば後述の農山漁村経済事情調査等)は，意図とは逆に農業への資金流入を印象づける効果をもっているように思われる．

田民蔵[1935]は,自営地主の銀行借入等に着眼することにより資金流入の可能性を示唆しているが[48],それを萌芽的なものとしてとらえているため,基本的には大部分の小農の資金不足を前提としている[49].また大内力[1952]では,独立自営農の重要性を強調しているが,他方で農業における資金不足が重要な前提とされている[50].

当然のことながら,以上のような通説に従うかぎり,結果として生じる金融を通じる農工間資金移動のパターンは,農業からの一貫した資金の純流出でなければならない.しかしながら,[3]において詳しく説明したように,われわれの見出したパターンは,このような通説による結論とはいちじるしく対立したものになっている.すなわち,見出された資金移動(農家貯蓄の純流出入)は極めて景気循環的であり,しかもその方向は,流出だけでなくしばしば農業への資金純流入という形をとっている.それでは,見出された事実は通説のいかなる部分と対立するものであろうか.まず,(i)については,地主がその有価証券投資資金を高率地代だけでなく,多額の銀行借入に依存していたことが注意されねばならない.この点は最近の地主制史研究によって明らかにされたところであり,前章でも幾度かふれておいた.地主の行動には,有価証券投資という資金流出の機能とともに,銀行借入という資金流入の側面があるのである.中村政則氏等の諸研究によれば,地主の銀行資金依存度は無視しえないものである.それゆえ通説(i)の資金流出効果は,ネットの額としてはおそらく限られたものであったと考えられるのである.われわれは,さらに通説の(ii)の部分をも疑う必要があると考える.果して小農による資金移動は無視しうるものであったのか.かりにそうでないとすれば,「小農」のうちのいかなる部分がいかなる目的のもとに資金を流出ないし流入せしめたのか.

まず,表4-11の農家階層別借入先別負債割合をみられたい.ここで注目されるのは,自作と自小作の類似性と小作の異質性である.銀行からの借入をみ

---

48) pp. 485-487.
49) 櫛田は「高率」小作料の決定因として小作地に対する競争要因を重視し,かつ自営地主の機能を評価しているが,基本的には,資本主義的農業経営は萌芽的なものでしかなく,過小農を中心とする前資本主義的経営が一般的であるとみなしている(pp. 354-359).
50) 「高率」小作料の決定に関しては,小作地への競争とともに工業における低賃金(雇用吸収力の低位)にも着目.地主の寄生化への傾向は認めるものの,自作農と地主の類似性を強調し,地自作,自小作の役割を評価している.

表 4-11 階層別負債額および借入先別割合等(1937年)

|  |  | 地主 | 自作 | 自小作 | 小作 |
|---|---|---|---|---|---|
| (1) | 1戸当耕地面積(反) | 49.7 | 15.6 | 13.9 | 10.7 |
|  | 所有地 | 49.7 | 15.6 | 7.4 | — |
|  | 小作地 | — | — | 6.5 | 10.7 |
| (2) | 1戸当負債額(円) | 2,979 | 1,441 | 1,039 | 527 |
| (3) | 借入先別割合(%) | 100.0 | 100.0 | 100.0 | 100.0 |
|  | 信用組合 | 21.9 | 24.2 | 24.4 | 22.1 |
|  | 銀行 | 40.6 | 22.4 | 16.4 | 2.6 |
|  | 無尽・頼母子 | 15.8 | 23.8 | 27.2 | 33.1 |
|  | 商人 | 1.8 | 3.2 | 5.0 | 8.9 |
|  | 商人以外の個人 | 14.7 | 20.2 | 21.2 | 26.9 |
|  | 其の他 | 5.2 | 6.2 | 5.8 | 6.4 |

〔資料〕 農林省経済更生部『農山漁村経済事情調査――地方事情調査員報告』(1938年3月).
〔注〕 1937年12月末から翌1月頃にかけての記録. 本表の調査戸数は地主, 自作, 自小作, 小作各 572, 632, 620, 614戸.

ると自作 22.4%, 自小作 16.4% であるのに小作は 2.6% でしかない. これに信用組合を合わせた, われわれのいう近代金融仲介機関からの借入をみても自作 46.6%, 自小作 40.8% であり, 小作の 24.7% にくらべて自小作農の近代金融機関関与度が高いことが注目される.

次に表 4-12 の階層別信用組合利用度を参照されたい. ここでも自小作農の利用度が高いことが注目される. 説明の簡単化のためにまず 1937 年をみると, 自小作は貸付金構成比において 30.2% と第1位であり, 貯金構成比において 24.6% と自作の 26.5% に次いでいる. また貸付金/貯金比は地主は1より小であるのに対し, 自小作は 1.26 であり, 地主の貯金が自小作への貸出に向けられたことが推測される. (小作の貸付金/貯金比は高位にあるが, 貸付金, 貯金に占める構成比はいたって小さい.) さきに指摘したように, 信用組合の貸付金/貯金比は, 1920 年以降低下しており, この事実はしばしば農業からの資金流出の証左とされるが, 階層別の分析では, それは地主, 自作から自小作への資金流出であることが留意されねばならない. たとえば 1926 年でみると組合全体の貸付金/貯金比は1より小であるが, 自小作は 1.06 となっているごとくである.

以上から, 自小作の近代金融機関利用度の高いこと, および信用組合は主と

表 4-12　階層別信用組合利用度

| | 地主 | 自作 | 自小作 | 小作 | その他 | 合計 |
|---|---|---|---|---|---|---|
| 1926 年 | | | | | | |
| (1) 1組合当貸付金 (円) | 37,012 | 56,787 | 70,980 | 29,527 | 23,633 | 217,939 |
| 同上構成比 (%) | 17.0 | 26.1 | 32.6 | 13.5 | 10.8 | 100.0 |
| (2) 1組合当貯金 (円) | 56,779 | 73,662 | 67,116 | 25,885 | 23,865 | 247,307 |
| 同上構成比 (%) | 23.0 | 29.8 | 27.1 | 10.5 | 9.6 | 100.0 |
| (3) 貸付金/貯金 | 0.65 | 0.77 | 1.06 | 1.14 | 0.99 | 0.88 |
| (4) 組合員構成比 (%) | 8.3 | 29.0 | 30.3 | 25.5 | 15.9 | 100.0 |
| 1937 年 | | | | | | |
| (1) 1組合当貸付金 (円) | 12,683 | 30,681 | 33,267 | 13,022 | 20,622 | 110,275 |
| 同上構成比 (%) | 11.5 | 27.8 | 30.2 | 11.8 | 18.7 | 100.0 |
| (2) 1組合当貯金 (円) | 19,522 | 28,417 | 26,392 | 7,876 | 25,167 | 107,374 |
| 同上構成比 (%) | 18.2 | 26.5 | 24.6 | 7.3 | 23.4 | 100.0 |
| (3) 貸付金/貯金 | 0.65 | 1.08 | 1.26 | 1.65 | 0.82 | 1.03 |
| (4) 組合員構成比 (%) | 4.6 | 24.3 | 34.5 | 21.3 | 15.3 | 100.0 |

〔資料〕　1926 年は産業組合中央会『産業組合と小作問題に関する調査』(1928 年3月)，1937 年は農林省経済更生部『農山漁村経済事情調査報告』(1938 年3月)による．

〔注〕　調査組合数は 1926 年は 22 組合，1937 年は 444 組合．1926 年の 22 組合はすべて特別表彰された優良組合．

して自小作への資金供給機関として機能したということが言えよう．次の問題は，全体としての農家負債において各階層がどの程度の割合を占めているかを検討することである．このことの必要性は明白であろう．なぜなら，たとえ自小作の近代金融利用度が高く，信用組合が専ら自小作のものであったとしても，自小作全体の借入が無視しうる大きさであったり，また信用組合貸付の農家負債に占める割合が小であるばあいには，全体としての資金移動に大きな役割を果したとは考えられないからである．表 4-11 と表 4-12 の数字を用いることによりわれわれはこの問題に概略的な答を与えることができる．まず，表 4-11 から自小作 1 戸あたり負債金額が 1,039 円であったことがわかる．加用信文『日本農業基礎統計』によるとこの年の自小作戸数は 2,317 千戸であった．したがってもし表 4-11 の農家が平均的な農家であるとすると 2,407 百万円が 1937 年における自小作の負債であったということになる．これは驚くべき数字である．同年における農家負債総額を(この時期における部門内在来債務の減少を考慮して)かりに 50 億円とするならば，農家負債のほぼ半ばが自小作のものであったということになる．表 4-11 の農家は，しかしながら若干上農に偏っている

ようである．自小作の経営耕地面積はこの表では13.9反であるが，1938年における自小作の平均的耕地面積は10.6反と計算されるからである[51]．それゆえ，いま1つの方法でも自小作の負債総額を求めておこう．表4-12から1937年の信用組合貸付にしめる自小作の割合は30.2%である．同年における信用組合貸付総額は871百万円（補論(I)表4-18参照）であったから，自小作への貸付金額は261百万円ということになる．他方表4-11において，この261百万円は自小作負債の24.4%を構成しているはずである．したがって，このことからすると自小作の負債金額は$261 \div 0.244 = 1{,}070$百万円ということになる．

自小作負債額の推計値は2つの推計方法によって大きく異なっており，しかも残念ながらわれわれは現在両者の乖離を縮めることができない．しかしいずれにせよ11-24億単位の農業負債が自小作のものであり，しかも自小作の近代金融からの借入割合が40.8%に達するということは，いわゆる小農といわれるものが資本市場にどの程度関与していたかの目安を与えるものであると言えよう．

周知のように，この自小作農とよばれる階層は，明治末期以来の傾向であるいわゆる中農標準化傾向の中核を構成しており，大正・昭和期にかけての農業生産の主担当者であった．すなわち自小作前進型という表現に象徴されるように，耕地の借入，購入によって経営面積を拡大するとともに，反あたりの物財投入を高位に保つことによって，家族経営の能率を最大限に発揮した階層が自小作農であった[52]．このような耕地の拡大，改良，物財投入の増大にはそれをファイナンスする資金面の裏付けが必要であったことは言うまでもなかろう．以上に見出された，農業負債における自小作の役割は，このような実物面における自小作のトレーガーとしての役割に表裏一体の関係にある，と言えるのではないだろうか．

それでは，こうした小農の農業負債はどのような目的のために借入れられたのであろうか．まず，しばしば引用される表4-13の数字を参照せられたい．各金融機関とも貸付のうち4割前後が農業用以外の目的（すなわち家計費・そ

---

51) 農林大臣官房統計課『わが国農業の統計的分析』によって高松信清氏の算出した値．
52) 中農標準化傾向およびそこにおける自小作の役割については綿谷赳夫[1959]，大内力[1952]参照．

表 4-13　近代金融機関の種類別・目的別農業貸付(1929年)

|  | 勧業銀行 | | 普通銀行 | | 信用組合 | |
|---|---|---|---|---|---|---|
|  | 貸付金<br>(百万円) | 構成比<br>(%) | 貸付金<br>(百万円) | 構成比<br>(%) | 貸付金<br>(百万円) | 構成比<br>(%) |
| 個人貸付 | 175 | 51.9 | 179 | 97.3 | 114 | 97.3 |
| ①土地購入 | — | — | 38 | 20.5 | 34 | 29.0 |
| ②土地改良・農業経営 | 54 | 16.0 | 44 | 29.4 | 33 | 28.5 |
| ③家計費・その他 | 121 | 35.8 | 87 | 47.4 | 47 | 39.9 |
| 団体貸付 | 163 | 48.2 | 5 | 2.7 | 3 | 2.7 |
| 合　計 | 338 | 100.1 | 184 | 100.0 | 117 | 100.0 |

〔資料〕　『1953年版農林金融便覧』.
〔注〕　帝国農会調．普通銀行は327行，信用組合は1732組合の部分データ．ちなみに，同年の普通銀行，貯蓄銀行全体の農業貸付額は578百万円，信用組合は775百万円，また農工銀行，北海道拓殖銀行を加えた特殊銀行全体の農林水産業貸出は815百万円である．

の他)のために借入れられている．農業目的以外の負債はおそらく消費目的負債，兼業用負債，有価証券投資用負債，租税支払負債等から構成されるものであろう．この4割という数字が大きいとも小さいとも言えない．しかしながら，農業用以外の負債は自作，地主と行くほど大きいと考えられる．表4-14をみられたい．農業用負債の割合にははっきりした階層差のあることが判明しよう．すなわち農業用負債の割合は1925, 1931, 1932年を除くすべての年度において，自小作＞小作＞自作の順になっている[53]．予期されたように，ここでも自小作の積極的な姿勢が印象的である．

以上で階層別負債の分析を終えて，次は階層別金融資産の分析に進まねばならない．しかしながら，われわれは階層別金融資産についてはほとんど資料を持ちあわせていない(大地主を除く)．わずかに，農家経済調査に若干の年度について現預金の階層別数字を見出すことができるが，これから何らかの命題を導出することは極めてむずかしい．それゆえ，以下では，階層別の貯蓄を検討することによって，1つの手掛りを得るにとどめざるを得ない．

表4-15は階層別経営規模別の貯蓄率(農家経済余剰/農家所得)を示したもの

---

53)　ちなみに，農家経済調査は一般に上農偏倚があるといわれるが，これは特に小作農について著しい．この調査に登場する小作はほとんど，15反前後の自作，自小作と並ぶ経営面積をもっており，極めて例外的な小作だと言わねばならない．

表 4-14 階層別農家負債に占める農業用負債割合(単位：%)

| 年 | 自作 | 自小作 | 小作 |
|---|---|---|---|
| 1925 | 24.7 | 38.1 | 55.3 |
| 1926 | 20.5 | 52.9 | 36.0 |
| 1927 | 22.5 | 53.8 | 47.5 |
| 1928 | — | — | — |
| 1929 | 36.1 | 55.0 | 45.1 |
| 1930 | 34.8 | 56.1 | 43.6 |
| 1931 | 45.1 | 47.4 | 40.7 |
| 1932 | 43.6 | 48.5 | 41.5 |
| 1933 | 45.5 | 50.3 | 45.7 |
| 1934 | 43.5 | 49.9 | 47.9 |
| 1935 | 39.7 | 52.8 | 50.7 |
| 1936 | 44.0 | 58.1 | 51.7 |
| 1937 | 46.4 | 55.9 | 49.0 |
| 1938 | 38.0 | 55.8 | 51.5 |
| 1939 | 43.5 | 59.7 | 47.5 |
| 1940 | 37.6 | 59.8 | 49.4 |

〔資料〕 稲葉泰三編『覆刻版：農家経済調査報告』.
〔注〕 1930年以前と31年以後では調査方法が異なるため連続しない. 1931年以降は総農家の計数.

表 4-15 階層別経営規模別貯蓄率(1927年)

| | 自作 | 自小作 | 小作 | 全農家 |
|---|---|---|---|---|
| 5 反未満 | 5.46 | △11.63 | △13.84 | |
| 6 〃 | △11.22 | △4.86 | △3.48 | △5.85 |
| 8 〃 | 1.38 | △7.06 | △3.38 | △3.92 |
| 10 〃 | 1.16 | △3.87 | △2.99 | △2.51 |
| 12 〃 | 0.81 | △4.42 | △5.85 | △3.54 |
| 14 〃 | △6.42 | 5.18 | △0.79 | 1.42 |
| 16 〃 | 5.49 | △1.01 | △2.94 | 0.51 |
| 18 〃 | 8.66 | 5.48 | 1.06 | 5.68 |
| 20 〃 | 6.43 | 3.00 | 2.65 | 3.34 |
| 20 反以上 | 4.39 | 1.90 | △4.18 | 1.07 |
| 合計 | 2.55 | △0.30 | △2.65 | 0.24 |

〔資料〕 内閣統計局『家計調査報告』(第4巻, 農業者の部, 自1926年9月至1927年8月).
〔注〕 原則として対象農家は2町未満.

表 4-16　階層別貯蓄率(%, $Y$)の耕地面積
(反, $X$)に対する回帰

| | | |
|---|---|---|
| 自　作 | $Y=-4.12+0.48X$ | $(R=0.45)$ |
| 自小作 | $Y=-11.93+0.84X$ | $(R=0.84)$ |
| 小　作 | $Y=-9.54+0.52X$ | $(R=0.67)$ |

〔資料〕　表4-15による.
〔注〕　5反未満は自作，小作については3反，自小作は4.4反とみなした．2町以上は原則として対象が2町未満であるので2町とした．他はたとえば6反未満は5.5反，8反未満は7反等々とした．小作5反未満と2町以上の貯蓄率は異例とも考えられる．この2つを除いた計測結果は $Y=-7.17+0.43X$ である.

である．自作農は5反未満規模においても正の貯蓄率を示しており，その生活の安定していることをうかがわせる．小規模自作農は，兼業所得が非常に多いことがこの正の貯蓄率の1つの原因である．自小作，小作では15反規模程度まで貯蓄が負であることが注目される．この年がアメリカでの生糸価格低下等で不況の年であったこともさることながら，小作料負担の大きさがこのような状態を生ぜしめた主な原因であると考えられる．表4-15から表4-16を得る．これは貯蓄率を耕地面積に線型回帰したものである．興味深いことは，耕地面積の係数推定値が，自小作において群を抜いて大きく，かつ決定係数の値が高いことである．すなわち，自作，小作では，1反の耕地面積の拡大は，それぞれ0.48，0.52% 貯蓄率を増加させるのにすぎないのに対し，自小作では，0.84%増加せしめるわけである．この事実もまた，さきにふれた自小作前進型の積極的なパフォーマンスを示しているものと考えられよう．

## [6]　農業をめぐる資金循環の図式

「農業余剰資金を原資とする工業化」の仮説の検証を志した本章の分析は，次第に，日本農業をめぐる資金循環の新たな図式の輪郭を示唆しつつある．以下では本章で見出された新しい図式の概略的なスケッチを行なうことにする．

まず，農業の資金過不足と発展過程に対する含意について．農家貯蓄の移動

は，必ずしも農業からの純流出ではなく，好況期には純流出(あるいはより大きな純流出)，不況期には純流入(あるいはより小さい純流出)という景気循環的変動を示した．特に，その循環はいわゆる設備循環(中期循環)に極めてよく対応したものであった．しかも，純流出であるばあいにも，その額の大きさは，相対的にみて一般に予想されていたものよりはるかに小さいものであった．

このことは，農業において農家貯蓄と投資はほぼバランスしていたことを意味している．わが国農業発展に関しては，従来それが非資本使用的な技術進歩に基づいていたことが強調されてきた．しかしながら，たとえ品種改良，土地改良，肥料増投等を主体とする生産性向上であっても，それを実現するためには，資本財および経常財投入に対する資金面の裏付けが必要とされる．われわれの分析は，その資金が必要に応じて非農部門から供給されたことを意味している．われわれの検討によれば，わが国農業における近代的金融組織の浸透は，非農業におけるのとほぼ同時的に進行した．しかも，このように比較的初期に整備された金融市場はかなり競争的であり，いちじるしい信用割当あるいは資産のアベイラビリティの制約を示唆する事実は見出せない．特に，小農民と近代的金融組織との関係は予想された以上のものであった．

他方，農家貯蓄の移動すなわち金融を通じる資金移動に，財政の直接的資金移動効果(租税－補助金)を加えた農家余剰の移動は，常に正すなわち農業からの純流出であった．これには，初期には財政が，後の時期には金融を通じる移動が主な役割を果した．しかも，農家余剰の純流出は少なくとも第1次大戦までの時期には極めて大きく，非農固定資本形成の 20-40% に達していた．

非農部門のうち政府を除く部門すなわち商工業部門はその必要資金の源泉を農業貯蓄に求めることなく，自らの部門内で調達した．しかも，この部門は一般的に大きな貯蓄超過部門であって，その超過部分を主として政府部門に供給した．また，この部門と海外部門との金融取引は電力会社等による外債の発行と償還および外貨の蓄積とはき出しという形の，マージナルな資金過不足の調整が中心であったと考えられる．

それでは，商工業部門はいかにして貯蓄超過部門たりえたのか．2つの理由が考えられる．第1は，いわゆるケンブリッジ学派的メカニズムである．主として工業部門における低賃金労働の利用は，低労働分配率を通じて高貯蓄率

(企業貯蓄を含む)として実現したと考えられる．第2に，重要な要因として租税負担の問題がある．戦前期全期間を通じて，商工業部門の直接税負担割合は，その生産の国内純生産に占める割合にくらべてかなり低く，農・非農間に租税負担の不均等があったと考えられる．このことは，（生産構成比を租税負担基準とする限り）本来負担すべき租税を負担しなかったという意味で，商工業部門への一種の事実上の補助金供給であったと考えることができる．この租税負担の低位の事実は，この部門の貯蓄超過を説明するにあたって，極めて有力な要因であると考えられる．

ところで，農業余剰による工業化という通念的シェーマは，その1つの解釈において，農業租税として政府に吸い上げられた資金が，直接的に商工業へ補助金として流れたという含意をもつものと考えられる．われわれの分析によれば，商工業への陽表的な政府補助金の流れはとるにたらないものであった．すなわち，政府の租税収入は主として政府部門内部の支出にあてられたわけである．しかしながら，上で述べた租税負担の農・非農間不均衡による事実上の補助金を考えるとき，この形での農業余剰の商工業への移転は無視しえないものであった．

また，非農部門のうち政府部門は一般に貯蓄不足部門であった．その不足資金は，商工業，海外，時には農業から供給されたが，特に大きいのは商工業の超過貯蓄の流入であった．この部門はその収入の主要部分を農業および商工業余剰の租税による吸収という形で得たが，それで足りない部分を主として商工業からの金融的投資資金の流入によって調達したわけである．

以上が，本章において見出された日本農業をめぐる資金循環の輪郭である．

われわれの図式が，農業余剰による工業化仮説とかなり異なるものであることは言うをまたない．両者が，具体的にどの点において異なるのかは，興味のある読者の吟味にまかせたい．

## 補論(I)　戦前期農家部門の金融資産負債残高の推計方法

　[2]で述べたことにしたがって，われわれは農家貯蓄の純流出額の時系列を，農家部門の金融資産および負債残高の対前年変化額の差として推計した．ここでは，戦前期の(原則として)各年末における農家部門の各種金融資産負債残高の推計方法を概説する．

　ところで，農家の資産負債のうち，農家部門内部での貸借関係は相互に清算されるから，残高変化額の差を問題にする限り，それを推計することは必要でない．われわれは農家の知人・頼母子講等からの負債を，このような部門内債務とみなし，その時系列の推計は行なわなかった．これはもとより仮定であって，頼母子講に商業者が加入しているようなばあいにはこの仮定は成立しない．他方，われわれは貸金業者等(貸金会社，質屋を含む)からの債務は部門外債務であると仮定した．農家地主が貸金業者を兼営するようなばあいには，この仮定はなりたたない．

　さて，われわれが，農家の負債のうち部門外に対する債務とみなし，推計の対象としたものは以下の項目である．(1)特殊銀行の農業貸出，(2)普通・貯蓄銀行の農業貸出，(3)信用組合貸出，(4)政府低利資金(地方政府経由預金部資金の農業向け貸出)，(5)政府低利資金(簡易保険・郵便年金積立金の農業向け貸出)，(6)貸金業者等商業者の農業貸出．また，農家の金融資産のうち部門外債権としてとりあげたものは，以下のものである．(7)現金，(8)銀行預金，(9)郵便貯金，(10)簡易保険および郵便年金，(11)信用組合出資金および預金，(12)有価証券および信用組合以外への出資金．

　さきに述べたようにわれわれは，農という語に林業・水産業を含ましめているので，以下における推計も原則として林業・水産業を含んでいる．また，われわれの目的は，農家の金融資産負債を推計することであるが，一貫して厳密な農家概念にしたがうことは極めてむずかしく，原則からの乖離がある程度生じていることはやむをえないことである．たとえば，商工業に従事している不在地主が，金融機関との取引において，自己の職業を農業として申告したばあい，これを推計上分離することは，現在の段階では不可能に近い．推計結果は表 4-17 および表 4-18 に示されている．以下では，各項目の推計方法を順次説明する．

### (1)　特殊銀行の農業貸出

　1898-1937 年．日本勧業銀行，農工銀行，北海道拓殖銀行の農林水産業貸出をとる．資料は各年の『銀行局年報』の各種貸付金借主別表である．農林水産業の金融負債残高として合計するばあいには，産業組合への貸出を除き，農業及び林業水産業者貸付のみ

表4-17 農家金融資産残高(単位：百万円)

| 年 | (1) 銀行預金 | (2) 郵便貯金 推定値(I) | 推定値(II) | (3) 信用組合貯金 | (4) 信用組合出資金 | (5) 簡易保険 推定値(I) | 郵便年金 推定値(II) | (6) 現金 | (7) 有価証券 | (8) 合計 推定値(I) | 推定値(II) |
|---|---|---|---|---|---|---|---|---|---|---|---|
| 1898 | 27 | 6 | 5 | — | — | — | — | 30 | 194 | 257 | 256 |
| 1899 | 31 | 7 | 5 | — | — | — | — | 31 | 193 | 262 | 260 |
| 1900 | 40 | 8 | 5 | — | — | — | — | 29 | 215 | 292 | 289 |
| 1901 | 49 | 8 | 6 | — | — | — | — | 27 | 223 | 307 | 305 |
| 1902 | 58 | 9 | 6 | — | — | — | — | 26 | 233 | 326 | 323 |
| 1903 | 66 | 10 | 7 | 0 | 1 | — | — | 29 | 234 | 340 | 337 |
| 1904 | 70 | 13 | 9 | 0 | 1 | — | — | 34 | 261 | 379 | 375 |
| 1905 | 71 | 18 | 12 | 0 | 1 | — | — | 29 | 310 | 429 | 423 |
| 1906 | 73 | 32 | 18 | 1 | 2 | — | — | 32 | 348 | 488 | 474 |
| 1907 | 75 | 35 | 22 | 2 | 2 | — | — | 43 | 339 | 496 | 483 |
| 1908 | 84 | 35 | 24 | 3 | 3 | — | — | 37 | 343 | 505 | 494 |
| 1909 | 105 | 41 | 28 | 4 | 4 | — | — | 36 | 433 | 623 | 610 |
| 1910 | 119 | 46 | 34 | 7 | 6 | — | — | 35 | 429 | 642 | 630 |
| 1911 | 131 | 56 | 40 | 13 | 9 | — | — | 49 | 474 | 732 | 716 |
| 1912 | 144 | 61 | 42 | 18 | 12 | — | — | 51 | 500 | 786 | 767 |
| 1913 | 154 | 61 | 42 | 23 | 15 | — | — | 45 | 519 | 817 | 798 |
| 1914 | 172 | 58 | 42 | 25 | 18 | — | — | 35 | 523 | 831 | 815 |
| 1915 | 195 | 63 | 48 | 30 | 20 | — | — | 36 | 532 | 876 | 861 |
| 1916 | 121 | 85 | 66 | 44 | 23 | — | — | 56 | 581 | 910 | 891 |
| 1917 | 75 | 125 | 93 | 74 | 25 | — | — | 65 | 709 | 1,073 | 1,041 |
| 1918 | 31 | 165 | 123 | 119 | 29 | — | — | 124 | 997 | 1,465 | 1,423 |
| 1919 | 33 | 198 | 149 | 182 | 36 | 2 | 1 | 188 | 1,180 | 1,819 | 1,769 |
| 1920 | 194 | 110 | 129 | 215 | 47 | 2 | 2 | 165 | 1,532 | 2,265 | 2,284 |
| 1921 | 325 | 143 | 149 | 269 | 55 | 3 | 4 | 169 | 1,694 | 2,658 | 2,665 |
| 1922 | 456 | 140 | 161 | 314 | 66 | 5 | 6 | 159 | 1,872 | 3,012 | 3,034 |
| 1923 | 501 | 233 | 178 | 378 | 80 | 9 | 9 | 201 | 1,823 | 3,225 | 3,170 |
| 1924 | 572 | 224 | 210 | 471 | 92 | 16 | 15 | 204 | 1,888 | 3,467 | 3,452 |
| 1925 | 576 | 230 | 217 | 577 | 104 | 24 | 23 | 214 | 1,929 | 3,654 | 3,640 |
| 1926 | 642 | 241 | 232 | 676 | 111 | 35 | 35 | 157 | 2,020 | 3,882 | 3,873 |
| 1927 | 779 | 275 | 294 | 765 | 126 | 44 | 48 | 148 | 2,030 | 4,167 | 4,190 |
| 1928 | 767 | 323 | 337 | 866 | 143 | 61 | 66 | 149 | 1,882 | 4,191 | 4,210 |
| 1929 | 835 | 369 | 395 | 950 | 154 | 92 | 92 | 146 | 1,793 | 4,339 | 4,365 |
| 1930 | 960 | 444 | 454 | 939 | 162 | 111 | 118 | 97 | 1,963 | 4,676 | 4,693 |
| 1931 | 907 | 495 | 511 | 905 | 166 | 136 | 145 | 95 | 1,964 | 4,668 | 4,693 |
| 1932 | 858 | 491 | 491 | 903 | 172 | 166 | 172 | 108 | 1,939 | 4,637 | 4,643 |
| 1933 | 626 | 549 | 537 | 1,002 | 176 | 197 | 201 | 131 | 1,889 | 4,570 | 4,562 |
| 1934 | 679 | 561 | 561 | 1,069 | 180 | 224 | 233 | 111 | 1,972 | 4,796 | 4,805 |
| 1935 | 608 | 594 | 592 | 1,160 | 184 | 258 | 266 | 151 | 2,047 | 5,002 | 5,008 |
| 1936 | 451 | 642 | 638 | 1,273 | 189 | 294 | 303 | 182 | 2,066 | 5,097 | 5,102 |
| 1937 | 852 | 732 | 716 | 1,470 | 192 | 341 | 347 | 218 | 2,249 | 6,054 | 6,044 |

をとった．これは，われわれの推計では，特殊銀行の産業組合経由農業貸出は産業組合貸出の段階でまとめてとらえることにしているので，重複を避けるための措置である．農業者貸付とは農業者(連帯を含む)，農業会社，耕地整理組合，蓄産組合，土功組合，農会，水利組合，町村，10(20，18)人以上連帯，部落連帯，市町村組合，埠圳組合，公共団体(土功組合等であると思われる)の計である．林業水産業者貸付とは，林業者(連帯を含む)，漁業者(連帯を含む)，漁業組合，森林組合，漁業会社，水産業者，水産組合，

表 4-18　農家負債残高(単位:百万円)

| 年 | (1) 特殊銀行貸出 | (2) 普通・貯蓄銀行貸出 | (3) 政府資金(地方政府経由預金部資金) | (4) 政府資金(簡保・郵年資金) | (5) 農村信用組合貸出 | (6) 貸金業者質屋商業者貸出 | (7) 合計 |
|---|---|---|---|---|---|---|---|
| 1898 | 5 | 38 | — | — | — | 48 | 91 |
| 1899 | 13 | 42 | — | — | — | 47 | 102 |
| 1900 | 20 | 56 | — | — | — | 49 | 125 |
| 1901 | 25 | 65 | — | — | — | 52 | 142 |
| 1902 | 28 | 70 | — | — | — | 58 | 156 |
| 1903 | 33 | 78 | — | — | 1 | 70 | 182 |
| 1904 | 36 | 78 | — | — | 1 | 89 | 204 |
| 1905 | 38 | 74 | — | — | 1 | 121 | 234 |
| 1906 | 41 | 73 | — | — | 3 | 131 | 248 |
| 1907 | 42 | 80 | — | — | 3 | 131 | 256 |
| 1908 | 58 | 90 | — | — | 6 | 157 | 311 |
| 1909 | 67 | 101 | — | — | 8 | 175 | 351 |
| 1910 | 95 | 114 | 2 | — | 12 | 180 | 403 |
| 1911 | 132 | 131 | 4 | — | 20 | 173 | 460 |
| 1912 | 162 | 147 | 5 | — | 29 | 181 | 524 |
| 1913 | 187 | 162 | 5 | — | 38 | 190 | 582 |
| 1914 | 212 | 179 | 5 | — | 46 | 199 | 641 |
| 1915 | 236 | 185 | 4 | — | 52 | 201 | 678 |
| 1916 | 246 | 110 | 4 | — | 56 | 207 | 623 |
| 1917 | 242 | 64 | 5 | — | 65 | 214 | 590 |
| 1918 | 239 | 26 | 5 | — | 82 | 224 | 576 |
| 1919 | 257 | 31 | 10 | 0 | 126 | 230 | 654 |
| 1920 | 314 | 185 | 17 | 0 | 179 | 259 | 954 |
| 1921 | 363 | 297 | 24 | 1 | 228 | 312 | 1,225 |
| 1922 | 414 | 422 | 27 | 1 | 286 | 369 | 1,519 |
| 1923 | 476 | 474 | 39 | 2 | 339 | 444 | 1,774 |
| 1924 | 513 | 531 | 47 | 3 | 407 | 459 | 1,960 |
| 1925 | 560 | 527 | 55 | 5 | 470 | 503 | 2,120 |
| 1926 | 600 | 544 | 62 | 8 | 561 | 504 | 2,279 |
| 1927 | 683 | 619 | 91 | 11 | 644 | 506 | 2,554 |
| 1928 | 773 | 555 | 116 | 12 | 735 | 518 | 2,709 |
| 1929 | 815 | 578 | 130 | 15 | 775 | 526 | 2,839 |
| 1930 | 867 | 659 | 147 | 17 | 848 | 530 | 3,068 |
| 1931 | 896 | 625 | 235 | 18 | 863 | 496 | 3,133 |
| 1932 | 919 | 552 | 234 | 19 | 878 | 474 | 3,076 |
| 1933 | 869 | 365 | 365 | 115 | 860 | 474 | 3,048 |
| 1934 | 835 | 363 | 507 | 124 | 854 | 462 | 3,145 |
| 1935 | 796 | 320 | 652 | 137 | 869 | 436 | 3,210 |
| 1936 | 757 | 238 | 714 | 151 | 873 | 414 | 3,147 |
| 1937 | 721 | 457 | 768 | 163 | 871 | 396 | 3,376 |

水産会の計である．なお，勧業銀行の各種貸付金のうち代理貸付，特別担保貸付は，農工銀行経由の代理貸付であるため，重複を避ける意味でこれらを除いた．

(2) 普通・貯蓄銀行の農業貸出

1898-1937 年．資料の関係で農業貸付のみを推計(農業割引手形はわずかである，1928年で普通銀行農業貸出 548 百万円中 6 百万円)．農業貸付残高は 1911 年(大蔵省理財局銀行課『大正元年 12 月調全国農民負債調査』)，1928, 1933 年(以上後藤新一[1970])お

よび 1929, 1934, 1937 年(以上『1953 年農林金融便覧』)についてデータがある。われわれは，これらのデータを各年の普通・貯蓄銀行の不動産担保貸付(後藤新一[1970]の担保別貸付データ中「地所・家屋および各財団」をとる)に関連づけることにより，各年の農業貸付を推計した。いま，総貸付金に占める不動産担保貸出の割合($y$)を縦軸に，同じく農業貸付の割合($x$)を横軸にとり，上記 6 カ年についてプロットしてみると，1911 年は $x=18.0\%$, $y=36.5\%$ であり，他の 5 カ年は平均 $x=6.9\%$, $y=20.8\%$ のまわりに散らばっている。この 2 点を結ぶ直線は

$$x = 0.707y - 7.806$$

である。われわれは，この方程式に各年の $y$ の値を与えることにより，$x$ を推定し，それに普通・貯蓄銀行の総貸付金を乗じることにより，農業貸付の推定値とした。

ちなみに，以上の作業からわかるように，1911 年では $y$ は $x$ の約 2 倍であるのに対し，他の(昭和年間の) 5 カ年平均では $y$ は $x$ の約 3 倍になっていることが注目される。このことは，地主のレンティエー化が進展したため，農地抵当金融が必ずしも農業貸付ではなくなりつつあったという周知の事実に対応している。

なお，この普通・貯蓄銀行の農業貸付の中には，わずかであるが産業組合への貸付が含まれている。厳密に言えば，重複をさけるためにこの部分をとり除いておかねばならない。しかしながら，この値は極めてわずかである(1929 年で普通銀行総貸付に占める産業組合向け割合は 0.457%――『昭和 11 年本邦農業要覧』)ので，われわれはこの調整を行なわなかった。また，われわれが普通銀行と貯蓄銀行を別々にではなく，あわせてとりあつかったのは，サンプル・データが一部分分離できないことに加えて，貯蓄銀行の普通銀行への切り換え(あるいはその逆)が歴史上しばしば生じたことによるものである。

(3) 信用組合貸出

1903-37 年。農村信用組合の貸出をとる。信用組合全体の計数は『農林中央金庫史』(別冊)等より知られる。他方，市街地信用組合の計数は『銀行局年報』,『本邦経済統計』より，1918-40 年についてわかる。われわれは前者より後者を差引いて，農村信用組合貸出とした。

4 つのことがらを注釈的に付記しておこう。まず，周知のように，産業組合の上部組織として，信用組合連合会，産業組合中央金庫がある。このうち中央金庫の貸出は信連または各産業組合向けであり，信連の貸出は産業組合に対してなされる。したがって直接的に農業へ融資される部分をとらえるためには，産業組合の計数をおさえておきさえすればよいわけである。

第 2 に，さきにわれわれは特殊銀行の農業貸出を求めるにあたって，重複をさけるために産業組合への貸出を除いておいた。また次の地方政府経由預金部資金についても同

様の作業がなされる．しかるに，ここでわれわれの求めた計数は信用組合のものである．したがって，両者の間には，信用事業を行なわない産業組合への貸出の分だけギャップがあるわけである．しかしながら，信用事業を行なわない産業組合は，数においても極めて少なく，また個別規模において一層小さい．それゆえ，この点の調整を行なわなくとも大きな誤差は生じないものと考えられる．

第3に，漁業組合，森林組合について．漁業組合については昭和期に関して断片的なデータが利用可能（『第一回農村金融便覧』）であるがその規模は小さい．しかも，これら組合への特殊銀行貸出は既におさえてあるので，これら組合の出資金，貯金，貸付金等は部門内債権債務で相殺されたものとして差支えない．

第4に，農村信用組合の貸出の必ずしも全てが農業者への貸出ではないという問題がある．われわれは，農業者以外への貸出も広い意味で農村における在来部門に対するものとみなし，この点の調整は行なわなかった．

(4) 政府低利資金（地方政府経由預金部資金の農業向け貸出）

1910-37年．『大蔵省預金部統計書』および『大蔵省預金部年報』による．預金部資金の農林水産業貸出は，いわゆる内地地方資金に含まれている．内地地方資金は勧業銀行，農工銀行，北海道拓殖銀行，産業組合中央金庫及び地方政府を経由して，貸付または債券取得の形でなされる．このうち前4者については，特殊銀行，信用組合の段階で農林水産業向けを把握済みである．したがってここでは地方政府経由の農林水産業貸付をおさえればよい．

預金部貸借対照表において地方債証券と地方公共団体貸出はそれぞれ1910-40年，1932-40年にでてくる．このうちの一部分が内地地方資金関係であり，またその一部分が農林水産業向けなわけである．われわれはまず，統計書の「内地地方資金関係預金部引受各種債券及貸付金明細表」の地方債証券，地方公共団体貸付金のうち都市計画事業資金，中小商工業者産業資金，罹災地中小商工業者復興資金，国際観光ホテル建設資金，東北興業株式会社株式払込資金等々計26項目の非農林水産業関係のものをとり除き，残りを農林水産業向けとした．次に重複をさけるため「内地地方資金最終融通先別融資額表」から地方債，地方公共団体貸付金のうち産業組合を最終融通先とするものを除いた．こうした作業により，上記2種類の表の利用可能な1930-37年について，正確な地方政府経由預金部資金農林水産業貸出の数字を得た．

次の課題は，1910-29年にかけての地方政府経由預金部資金農林水産業貸出を推計することである．1930-40年の地方政府経由預金部資金農林水産業貸出の地方債証券＋地方公共団体貸付金に対する比率をとると，この値は1930年の0.281から1940年の0.617までほぼ単調に増加している．この増加傾向は1929年以前についてもよりなだらかな形で存在したと思われるが，それを知ることはできない．したがって，われわれは，こ

の比率が1910-29年について一律に0.281であったものとみなして，これを各年の地方債証券(地方公共団体貸付は1931年以前はゼロ)に乗じることにより，この期間の地方政府経由預金部資金農林水産業貸出推定値とした．

(5) 政府低利資金(簡易保険・郵便年金積立金の農業向け貸出)

1919-37年．簡易保険(1916年事業開始)，郵便年金(1925年事業開始)は第2次大戦中および戦後の1時期を除いて，預金部資金とは独立に運用された．資産運用内容はそれぞれ1919年，1929年より知られる(『郵政百年史資料』第30巻)．簡易保険積立金の農林水産業者向けは『1953年農林金融便覧』より，1923，1926-40年についてわかる．いまこの農林水産業貸出残高の地方公共団体貸付＋地方債＋契約者貸付に対する比率を求めると，1923年の0.087，1926年の0.077から，1940年の0.181へとほぼ単調に増加している．われわれは0.082(＝(0.087＋0.077)÷2)をもって，1919-22および1924-25年のこの比率の推定値とみなし，これをこれら各年の地方公共団体貸付＋地方債＋契約者貸付残高に乗じることにより，農林水産業貸出の推定値とした．

郵便年金については，簡易保険の農林水産業貸出/(地方公共団体貸付＋地方債＋契約者貸付)を郵便年金の地方公共団体貸付＋地方債＋契約者貸付に乗じることにより，農林水産業貸出を推定した．

(6) 貸金業者等・商業者の農業貸出

1898-1937年．かなり乱暴であることをまぬがれないが，2つの利用可能データに依拠して，貸金業者，貸金会社，商業者，質屋等便宜上われわれが部門外債務(在来金融)とみなすものを推計する．データの第1は1911年の前掲の大蔵省理財局による農家負債調査である．これから1911年の貸金業者，貸金会社，質屋，商業者等の農業貸出がわかる．第2に，『主税局統計年報』から1897-1940年の貸金業者(質屋を含む)数および運転資本額(ただし1927-40年は営業収益額)が知られる．

さて，主税局データは税制の変更にともなって1915，1927年の2カ年で不連続になっている．1915年は課税対象が資本額500円以上から，1,000円以上に引上げられたためであり，1927年は課税対象が営業収益400円以上の業者に変えられたことによる．われわれはこれらの不連続性を次のような単純な方法で修正した．まず，1915-26年については，1915年の運転資本500円以上の業者の運転資本総額推定値(これは前年と同額増加したと仮定して推計)の同年の1,000円以上業者の運転資本総額の比率(1.056)を求め，これを1916-26年の全ての年の1,000円以上業者の運転資本総額に乗じる．次に1927-40年については，1927年の運転資本1,000円以上業者の運転資本総額推定値(これは前年と同額増加したと仮定して推計)の，同年の営業収益400円以上の営業収益総額に対する比率(12.678)を求め，この運転資本・営業収益比率を残りのすべての年の営業収益総額に乗じる．こうして求められた系列はきわめてラフではあるが，資本額500円

以上業者の運転資本額の動きを示すものだと考えられる．この系列は，別途利用可能な貸金業者数の系列と極めて似かよった動きを示し，しかも，1930年までは増加，それ以後減少，1930年以前については，不況期に成長率が大きく，好況期には小さい等々のかなり信頼しうる動きを示している（この点については渋谷隆一[1962a]を参照せよ）．

ところで，われわれはベンチ・マーク年としての1911年について，貸金業者，貸金会社，質屋，商業者の農業貸出のデータをもっている（『大正元年12月調全国農民負債調査』）．他方主税局データは貸金業者と質屋の運転資本の動きを示すものであった．われわれは，貸金業者および質屋の農業貸出が運転資本額と同一の動きを示すこと，および貸金会社，商業者からの農業借入は貸金業者，質屋からの借入と同一の動きを示すことの2つを仮定する．したがって，1911年の貸金業者，貸金会社，質屋，商業者の農業貸出の貸金業者（質屋を含む）の運転資本に対する比率を全期間の運転資本推定系列に乗じることにより，これら部門外債務（在来金融）の推定値を得ることができる．

(7) 現　金

1898-1937年．戦前期の農家現金保有データとしては，稲葉泰三編『覆刻版：農家経済調査報告』に1890-1940年（途中何カ年かを欠く）の間の断片的サンプルデータがある．しかしながら，このデータはカバレッジが十分でなく，しかも周知の上農偏倚の問題があるため，これを基礎資料として用いることはかなりむずかしく，補助的資料として参考にすることにとどめざるをえない．

他方，筆者と藤野正三郎教授の共同研究によって推計された『金融資産負債残高表』によって，非農部門をも含む民間部門全体の現金保有残高を知ることができる．われわれは，このデータを，戦後期データおよび上記の農家経済調査データに関連づけることによって，戦前期農家保有現金を推計した．

戦後期については，各年の『農家資金動態調査報告』から1戸あたりの手持現金を知ることができる（ただし年度末）．これに農家戸数を乗じて，農家部門保有現金（$C_a$）とする．他方，日銀『資金循環表』および『本邦経済統計』から民間部門（法人および個人）の現金保有（$C$）が知られる．いま，$C_a$の$C$に対する比率をとると，それは1953-65年の間，国内純生産（当年価格）（$Y$）に占める農業純生産（$Y_a$）の割合と極めて類似した動きを示し，しかも前者の方が全体として水準が低く，後者にくらべて平均0.747を乗じた水準にあることがわかる．すなわち，戦後期については，

$$C_a = C \times 0.747 \times (Y_a/Y)$$

という関係が成立しているわけである．

問題は，上の0.747という数字（調整係数とよぶ）である．われわれは，この値が，農・非農という産業ごとの取引慣行，制度の相違に基づくものとみなし，上掲農家経済調査の情報を用いて，戦前期におけるこの値を推定することにした．

調整係数は，定義的に

$$\frac{C_a}{Y_a} \div \frac{C}{Y}$$

と書かれる．また農家経済調査から 1913-15 年および 1922-23 年について農家の現金保有額を知ることができる（両期間で調査方法は異なっているが，対象農家の耕地面積はほぼ等しく，また現金，農家所得の定義はかわらない）．これから $C_a/Y_a$ を求めると，1913-15 年では平均 18.9%，1922-23 年では 38.9% であって，両期間の値は大きく異なっている．このことは第 1 次大戦を境として，農村が急速に貨幣経済化していることに対応していると考えられ，無視できない情報であると考えられる．他方，$C/Y$ は，現金通貨に関するマーシャルの $k$ であって，最近になればなるほどわずかずつ小さくなっている．

以上から結局次のような調整係数の値を定めた．すなわち 1923-37 年は，戦後の構造（貨幣経済化の程度）が妥当するものとして，0.747，1913 年以前は $C_a/Y_a$ の水準変化にマーシャルの $k$ の変化を考慮して 0.321，そして 1914-22 年は，この間の急速な貨幣経済化を考慮して直線補完とした[54]．こうして定められた調整係数の値と $Y_a/Y$ の値を上式に代入することにより，$C_a$ が求められる[55]．

(8) 銀行預金

1898-1937 年．戦前期農林水産業保有銀行預金のデータとしては，1886 年の『銀行局年報』に国立銀行の農業者預金残高および『第 1 回農村金融便覧』に 1930 年の貯蓄銀行の農業者預金残高の数字があるのみである．（その他には朝倉孝吉[1949]に，1937-44 年の勧銀調査による農業者銀行預金の計数があるが，かなり過大であると思われ，信頼性は低い．）これらの数字から，全期間の預金を推定することは不可能に近い．また，われわれの『金融資産負債残高表』の民間預金の計数を戦後データに関連づけることも考えられるが，現金のばあいとちがって，複雑な資産選択の下で，安定的な関係を導出することにはかなりの困難が伴う．

他方，さきにわれわれが推計した普通・貯蓄銀行の農業貸出推定値はかなり信頼しうる．したがって，われわれはこの農業貸出推定値を普通・貯蓄銀行の預貸率に関連づけることにより，農林水産業銀行預金（データの関係で農業のみ）を推定することにした．

まず，普通銀行と貯蓄銀行を合わせた預貸率を求める（資料は後藤新一[1970]）．これ

---

54) 0.321 の値は，この間マーシャル $k$ が 9-10% の値から 6-7% の値へ約 3, 4% 低下したことを仮定して求められた．

55) なお，農家経済調査報告から 1931-41 年について農家保有の現金および預貯金が得られる．これの農業所得に対する比率をとると 1931-37 年にかけて，いずれの階層でも低下している．一方，われわれの推計した農業部門保有現金および預貯金を『長期経済統計』第 9 巻の当年価格農業生産で除したものをみると，ここでも同期間における低下傾向が明瞭であり，両者はきわめてよく対応している．

に上で推計した両行の農業貸出を乗じて,農業部門の普通・貯蓄銀行預金保有推定値とする.次に農業者の特殊銀行預金保有については,普通・貯蓄銀行預金残高に占める農業者割合を求め,これを勧業銀行・農工銀行・北海道拓殖銀行の預金残高に乗じることによって推計した.

(9) 郵便貯金

1898-1937年.『貯金局統計年報』の郵便貯金職業別データは1896-1930年度および1932年度について利用可能である.しかしこのうち,1920-30年度は構成比が全て同一であって,これは1920年度の構成比で全期間割りふったものと思われる.また,1920年度以前についても,この職業別数値は厳密な調査にもとづかない推定値であって,信頼度は高くない.たとえば,職業別データにおける農林水産業者構成比と府県別データでみた7府県(東京,神奈川,愛知,大阪,京都,兵庫,福岡)構成比とは,逆相関するはずであるが,実際に相関度を調べると相関係数は殆んどゼロである.府県別データは信頼しうるので,このことは職業別データの信頼性が低いことを意味していると考えざるをえない.他方,1932年度の職業別データは,1930年(昭和5年)内閣訓令第3号に基づいて,貯金通帳番号の末尾3桁が251-751であるものの預金者の職業を,預金者に直接照会して調べたものであって,極めて信頼性が高い.

ところで,1932年の職業別データにおける農林水産業者(貯金局データには林業者という範疇がないので正確には農水産業者)構成比は18.32%,7府県構成比は43.7%であるのに対し,1896-1920年の構成比はそれぞれ29.67%および35.93%の近傍に散らばっている.1920年以前の職業別データの信頼性が低いとしても,その頃における農林水産業者構成比の水準が約3割であったという情報は,必ずしも全面的に無視することはできないと考えられる.なぜならば,このことは,府県別データで7府県割合が1920年頃まで大体36%の近傍で変動し,1925-39年にかけて43%レベルになっていることに対応しており,これらの水準の変化は,第1次大戦後の農業不況で,農業県したがって農業者の資産割合が低下していることを反映していると見られるからである.以上から,われわれは,1920年以前の職業別データを利用するかしないかによって,次の2つの推計を行なった.

(推計I) 職業別データにおける農林水産業者割合を$y$,府県別データにおける7府県割合を$x$とし,1896-1920年における$x$と$y$の年あたり平均値$x=35.93\%$,$y=29.67\%$と1932年の$x=43.7\%$,$y=18.32\%$を結ぶ直線を求める.次に求められた直線

$$y = 81.905 - 1.455x$$

に各年の$x$を与えることにより,$y$を推定する.$y$の推定値に各年の郵便貯金残高を乗じることにより,農林水産業者郵便貯金保有額とする.

(推計II) 1920年以前の職業別データを無視するばあい.1932年の農林水産業者割

合は 18.32% であり，地方府県 (7 府県を除く府県) 割合は 56.3% である．前者の後者に対する倍率 0.325 を各年の地方府県割合に乗じることにより，農林水産業構成比の推定値とする．

上の2つの方法による推定値を比較すると，初期においては I の方法による方が農林水産業者割合が高くでる．しかし後期においては両者の間に大きな差はない．

注釈を2点付加しておこう．第1に，職業別データは外地分も含んでいるために，われわれの推定値にも外地分が含まれている．もちろんこの大きさはさほど大きくはない．第2に，府県別データにおいて，1920-22 年は東京，神奈川のデータが欠けているため，1919-24 年の間の直接補完によって修正した．また 1923 年は関東大震災のために7府県割合が小となっているが，この値はそのままとした．

(10) 簡易保険および郵便年金

1919-37 年．簡易保険積立金データは 1919 年より，また郵便年金積立金データは 1929 年より，ともに『郵政百年史資料』第 30 巻から知られる．また農林水産業 (農水産業) 者の簡易保険割合は『1953 年農林金融便覧』から 1923, 1926, 1929 年についてわかる．この値はだいたい 24% 位である．1926 年を基礎として，この年の郵便貯金農林水産業者の構成比に対する倍率を求めると郵便貯金 (推定 I) では 1.29，同じく (推定 II) では 1.34 である．各年の郵便貯金農林水産業者構成比にこれら倍率 1.29 または 1.34 を乗じて，簡易保険の農林水産業者構成比の推定値とする．郵便年金の農林水産業者構成比は簡易保険と同一とみなす．以上の構成比推定値に各年の積立金を乗じることによって，農林水産業者の簡易保険・郵便年金積立金推定値を得る．

(11) 信用組合出資金および貯金

金融負債残高の推計における (3) 信用組合貸出と全く同様の方法で得る．もちろん農村信用組合のみの計数である．

(12) 有価証券

1898-1937 年．地主の有価証券保有のみをおさえれば十分である．たとえば，小額の有価証券としての勧業小券をとっても，その額面は 10 円ないし 20 円であって，郵便貯金金額別データからうかがわれる多数の小農の資産水準の低さからみて，彼等の手に届かないものであったと考えられる．もちろん信用組合を通じる有価証券保有はかなりあったが，この面の金融資産は信用組合の貯金，出資金の段階ですでにおさえてある．

さて，地主に限ったとしても，その有価証券保有を正確に伝えるデータはない．われわれは利用可能な3つのデータからかなり大胆な推計を行なった．データの第1は，上記の『金融資産負債残高表』における民間部門有価証券保有である．第2のデータは，大蔵省臨時調査局租税部内国掛『租税負担調書』(1917 年 9 月調べ) である．これは全国 3,963 人の地主の所得を所得階層別に調査したものである．第3のデータは，大内力

[1952] (p. 161) に引用されている勧銀調の農業部門有価証券額 (1941年) である.

さて『租税負担調書』から,各8つの所得階層別に地主1人当りの「株式配当金及び公債社債利子収入」と階層ごとの所属人員がわかる.これから計算すると,この年(1917年間とする)のこれら地主全体の配当利子収入は916,536円であった.他方,高松信清氏による各所得階層別の地主1人当り小作地の推計を借用することにより,これら地主全体の小作地保有は80,409町歩と計算される.加用信文『日本農業基礎統計』によると1917年の全国小作地面積は2,749,816町である.したがって,

$$916{,}536 \times \frac{2{,}749{,}816}{80{,}409} = 31{,}343{,}573 \quad (円)$$

が,この年の地主全体の配当利子収入であったということになる.

ところで,地主の有価証券保有額を知るためには,そのポートフォリオの利子率がわからねばならない.われわれは『金融事項参考書』(1918年4月調べ)の「主要社債明細表」と「国債現在高利率別表」から,主要社債と(臨時国庫債券を除く)国債の利率別現在高を求め,これを加重平均することにより,4.9%という利子率を算出した.この利子率を用いると,地主全体の有価証券保有額は639,667千円と計算され[56],これは1917年の民間部門保有有価証券の16.7%にあたる.他方,上記の大内力[1952]によると,1941年の農家部門保有有価証券は,3,402百万円であり,これは別途に求めた民間部門有価証券保有額の8.7%にあたる.

さて,1917年の16.7%と1940年の8.7%はこの期間における農業部門の比重低下に対応していると考えられよう.それゆえわれわれはこの比率をこの間の期間直線補完し,かつ1916年以前についてはその直線を延長することによって,農業部門有価証券の割合推定値とした.この推定値に民間有価証券を乗じたものが農業部門保有有価証券額推定値である.なおここでの有価証券は国債,地方債,株式,社債からなるが,このほかに一般企業への出資金が農業部門から出ていることが考えられる.出資金についても,有価証券と同じ割合を乗じることによって,農業部門出資金を求めた.

ちなみに,こうして得られた農業部門有価証券推定値の信頼性をチェックするために,それを,中村政則[1968]に記載されているいくつかの大地主の有価証券保有の動きと較べてみた.半対数グラフに描き動きをみると,両者はともに1901-03年に停滞,1904-05年に急増,1907-08年に停滞という景気循環的変動を示して,かなりよく対応している.

---

56) この金額はおそらく過大である.上で述べた推計方法は,小作地面積で単純に受取有価証券利子をふくらませたが,この方法は各規模の地主の小作地保有と有価証券保有が厳密に比例的であるばあいにしか許されない.実際に『租税負担調書』から両者の相関をみると全体としてはきわめてはっきりした比例関係があるが,小作地が10町未満の地主は大地主にくらべて有価証券利子/小作地比率が小さいようである.それゆえこの意味でわれわれの方法は若干過大推計となっていると考えられるのであるが,他方で上掲資料はたとえば100-1,000町歩といった巨大地主を対象外にしているため,この点では過小推計へのバイアスが生じている可能性もある.

## 補論(II)　大川=高松推計について

[2]で述べたように，農家貯蓄の純流出入($S-I$)は農家貯蓄と農家資本形成の差であり，農家貯蓄は農家可処分所得と農家消費の差として定義される．大川一司教授は高松信清氏等とともに，この点に着目して，農家可処分所得と農家消費を直接推計することにより，貯蓄の純流出額を求めた(Ohkawa, K., Y. Shimizu and N. Takamatsu [1978])．

農家貯蓄純流出額($S-I$)に関する大川=高松推計とわれわれの推計値(表4-1の$S-I$の2計数の平均値)は，表4-19に示されるように，かなり大きく乖離している．特に，初期においては大川=高松推計の純流出額がわれわれのそれよりも大きく，後の期間では逆にわれわれの推計値の方が大きいことが注目される．

[3]で述べたように，われわれの推計値にもいくつかのカバレッジ上の問題点があるのであるが，大川=高松推計についても，推計方法がきわめて大胆であるため，改良の余地は大きいと考えられる．一番の問題は，消費が初期に行くほど過小推計になっているとみられる点である．表4-19の第(3)行は大川=高松推計によって農家消費/農家可処分所得を求めたものであり，第(4)行は尾高煌之助[1975]から経済全体の個人消費/個人可処分所得を求めたものである．前者が後者にくらべて，特に初期において著しく小さくなっていることがわかろう．経済全体の消費性向のデータは比較的信頼しうる．しかも，経済全体にくらべて，農家の消費性向が，10%以上も低いということの積極的理由は容易に見出せそうにない．それゆえ，大川=高松推計では，消費が過小推計になっており，このため初期において大きな純流出が計算されたと考えられるのである．

それでは，なぜに消費推計は過小となったのか．推計方法[57]がかなり複雑なため確定的なことは言いがたいが，いくつかの問題点を指摘することができる．(i)消費水準の推計値のベイス・イヤーが1926-27年にとられており，この時期の水準を1880年代に

表4-19　大川=高松推計との比較

| | 1899<br>-1902 | 1903<br>-1907 | 1908<br>-1912 | 1913<br>-1917 | 1918<br>-1922 | 1923<br>-1927 | 1928<br>-1932 | 1933<br>-1937 |
|---|---|---|---|---|---|---|---|---|
| (1) われわれの$S-I$ | 1 | 13 | 4 | 43 | 207 | 24 | △12 | 222 |
| (2) 大川=高松の$S-I$ | 44 | 86 | 144 | 266 | 243 | △65 | △189 | 82 |
| (3) 大川=高松の農家消費性向 | 83.5 | 82.1 | 80.5 | 77.0 | 85.8 | 90.7 | 93.7 | 87.5 |
| (4) 個人消費性向 | 97.7 | 90.4 | 95.6 | 88.0 | 92.0 | 96.6 | 93.4 | 87.9 |

〔単位〕(1), (2)は百万円，(3), (4)は%．
〔注〕1899-1902年の(2), (3)は1898-1902年．消費性向は消費/可処分所得．

までひきのばすことはかなりむりがあるとみられることである．特に第1次大戦期の貨幣経済化の進展の影響がとりこまれないため，初期において消費が過大にでるおそれがある[58]．(ii)事実，大川＝高松の説明では，こうして推計された消費水準(第1の推計値とよぶ)は初期において著しく大きく，貯蓄が負になるケースが生じている．(iii)大川＝高松はしかしながら，貯蓄が負になることは「われわれの知識から乖離している」として，より貯蓄が大きくなるように「対策」を講じている．(iv)その「対策」とは『農家経済調査』および斎藤萬吉『日本農業の経済的変遷』(1917年刊行，明治大正農政経済名著集，第9巻，農文協，1976年に収録)から得られる消費支出と米麦消費の比率を『長期経済統計』第6巻の自給米麦量に適用して第2の消費系列を求め，それを上記第1の推計値と平均することである[59]．しかしながら，これら2資料の調査対象農家は上農に大きく偏倚しており[60]，この偏倚を修正していない第2の推計値には大きなバイアスがあると考えられる[61]．特に，小農では米麦以外の雑穀の消費が大であったから，第2の推計値では，今度は消費が著しく過小に出ることになるのである．

以上の説明からわかるように大川＝高松推計では，初期において大きな農家貯蓄がでるように多大の「人為的」努力を払っている．しかし，初期における発展資金の源泉が，主として蓄積資金の動員によるものであることを考えると，こうした努力はいささか無意味の感がある．たとえ，経常貯蓄が小であろうと，過去における貯蓄資金の資産選択の変化によって経済発展は生じうるからである．

---

57) Ohkawa, K., Y. Shimizu and N. Takamatsu [1978] および高松信清「農家の所得・消費・貯蓄の推計；1885-1940年」(未定稿)による．

58) また，1926-27年が異常な農村不況の時期であることも留意されねばならない．たとえば，小作争議参加人員は1926年に戦間期における最高値を示している(中村隆英[1978] p. 108)．

59) 2系列を平均する，すなわちそれぞれに各0.5のウエイトを与えることの根拠はどこにも与えられていない．ウエイトの与え方次第で，さまざまな最終推計値を得ることができる．平均値でなく両方の推計値を並行的に用いて論じる方が，分析がより実り多いものになると考えられる．

60) 『農経調』は注53)でも記したように，上農に大きくかたよっており，特に小作農は経営耕地15反前後という大規模なものである．斎藤萬吉調査でも，家計データのとられた小作農の平均規模は12-15反である．ちなみに，1908年についてみると，全農家のうち耕地面積5反未満は38.1%，5-10反は33.3%である．綿谷赳夫[1959] p. 220.

61) 第1の推計値については，偏倚が修正されている．

# 第5章 1902-45年における銀行業産業組織の変動[1]

戦前期銀行業は1901年(明治34年)の恐慌をさかいにその集中過程にはいった。普通・貯蓄銀行数は1901年にそのピーク2,334行に達した後減少に転じ，40余年間の破綻と合同の過程の後，1945年にはわずか65行となった(巻末の統計付録5-I). この間，超大銀行である5大銀行はそのシェアーを増加し続け，たとえば全普通・貯蓄銀行の貸出有価証券投資にしめる5大銀行のそれのシェアーは1900年の12.0%から1945年の44.5%まで上昇した(表5-1). また，1900年には，普通銀行1,588行(貯蓄兼営普通銀行を含まない)のうち，55.9%にあたる888行が資本金10万円以下の小銀行であり，100万円以上の銀行は70行，4.4%しかなかったのが，1945年には資本金50万円以下の銀行はなくな

表5-1 5大銀行の全普通・貯蓄銀行に占めるシェアー
(単位：%)

| 年末 | 払込資本金 | 預金 | 貸出金 | 有価証券 | 貸出および有価証券 |
|---|---|---|---|---|---|
| 1900 | 5.4 | 15.1 | 10.6 | 20.6 | 12.0 |
| 1910 | 10.2 | 17.4 | 15.1 | 21.1 | 16.4 |
| 1920 | 13.9 | 20.5 | 16.5 | 18.9 | 16.9 |
| 1930 | 24.1 | 31.0 | 27.6 | 31.4 | 28.9 |
| 1940 | 31.6 | 35.4 | 44.7 | 23.5 | 34.3 |
| 1945 | 40.4 | 45.7 | 58.6 | 24.7 | 44.5 |
| 1915 | 11.1 | 18.3 | 16.4 | 19.2 | 16.9 |

〔資料〕 後藤新一[1970]表33-2, 34-1, 34-2, 35-2, 35-3, 36, 37, 39, 『金融事項参考書』1929年版, 1942年版, 日本銀行『本邦主要経済統計』第67表および『昭和財政史——終戦から講和まで』第19巻第167表.
〔注〕 5大銀行とは1942年まで三井, 三菱, 住友, 第一, 安田銀行, 1943年以降は三菱, 住友, 安田, 帝国銀行. 1945年以降の5大銀行の計数は9月末値.

---

[1] わが国銀行集中過程に関しては，金融研究会[1934]をはじめとして，多くの研究があるが，戦後期の分析をも含む包括的な研究として後藤新一[1968]が有用である．本章の叙述もこれに負うところが大きい．

表 5-2 公称資本金別普通銀行数

| | 公称資本金規模(千円) | | | | | | 合計 | 1行あたり公称資本金(千円) |
|---|---|---|---|---|---|---|---|---|
| | -100 | 100-500 | 500-1,000 | 1,000- | 1,000-10,000 | 10,000- | | |
| 1900 | 888(55.9) | 569(35.8) | 61 (3.8) | 70 (4.4) | — | — | 1,588 (99.9) | 186 |
| 1910 | 646(44.6) | 627(43.3) | 98 (6.8) | 77 (5.3) | — | — | 1,448(100.0) | 267 |
| 1920 | 295(22.2) | 476(35.8) | 290(21.8) | 270(20.3) | 237(17.8) | 33 (2.5) | 1,331(100.1) | 1,207 |
| 1930 | 51 (6.5) | 138(17.6) | 212(27.1) | 381(48.7) | 333(42.6) | 48 (6.1) | 782 (99.9) | 2,602 |
| 1940 | 0 | 0 | 60(21.0) | 226(79.0) | 189(66.1) | 37(12.9) | 286(100.0) | 5,289 |
| 1945 | 0 | 0 | 1 (1.6) | 60(98.4) | 26(42.6) | 34(55.7) | 61(100.0) | 23,832 |
| 1915 | 550(38.1) | 663(46.0) | 129 (8.9) | 100 (6.9) | — | — | 1,442 (99.9) | 357 |

〔資料および注〕 後藤新一[1970]による.1900年,1910年は貯蓄銀行業務兼営普通銀行を除く.カッコ内は%構成比.

表 5-3 5大銀行とその他普通・貯蓄銀行の諸財務比率

| | 1900 | 1910 | 1920 | 1930 | 1940 | 1945 |
|---|---|---|---|---|---|---|
| 割引手形勘定比率 | | | | | | |
| 　5大銀行 | 71.4 | 66.4 | 32.0 | 11.1 | 8.7 | 2.3 |
| 　その他銀行 | 43.3 | 50.9 | 18.4 | 7.8 | 12.8 | △2.1(?) |
| 預貸率 | | | | | | |
| 　5大銀行 | 98.4 | 84.5 | 78.7 | 63.0 | 61.4 | 85.1 |
| 　その他銀行 | 148.3 | 99.8 | 102.7 | 74.5 | 41.6 | 50.6 |
| 預金・自己資本比率 | | | | | | |
| 　5大銀行 | 5.76 | 6.89 | 8.82 | 9.87 | 14.87 | 52.10 |
| 　その他銀行 | 1.59 | 2.81 | 4.39 | 5.17 | 17.09 | 74.12 |
| 預借率 | | | | | | |
| 　5大銀行 | 19.1 | 2.3 | 0.7 | 0 | 0 | 24.2 |
| 　その他銀行 | 14.1 | 6.4 | 11.0 | 10.0 | 1.3 | 26.1 |

〔単位〕 預金・自己資本比率は100%,他は%.
〔資料〕 表5-1に同じ.
〔注〕 (a)割引手形勘定比率=割引手形勘定÷貸出金,預貸率=貸出金÷預金,預借率=借入金÷預金,預金・自己資本比率=預金÷(払込資本金+積立金).(b)割引手形勘定は割引手形,荷為替手形,銀行引受手形,商業手形の和.1915年以前は会計概念の不十分のため相当額の手形貸付を含む.1945年は5大銀行の割引手形が全普通・貯蓄銀行のそれよりも大であるため,差引いて求められたその他銀行の割引手形勘定は負となった(割引手形の定義の不統一によるものと思われる).5大銀行の定義は表5-1に同じ.

り，資本金1千万円以上の銀行が34行，全体の55.7%を占めるようになった(表5-2)．また，5大銀行とその他の普通および貯蓄銀行の財務比率をくらべると，相対的な資金吸収力を示す預金・自己資本比率および相対的な資金余裕度(逆に言うと資金必要度)を示す預貸率は，ともに1930年から1940年にかけて格差が逆転している(表5-3)．すなわち，初期においては，5大銀行の方が資金吸収力・資金余裕度が高いが，1930年代の途中からその他銀行の方が高くなっているのである．

このような銀行業における産業組織変動の基本的要因は，産業構造の長期的な変化とそれに対比しての発展資金の源泉のあり方にある．すなわち，一方で，農業を基盤とする在来産業にかわっての鉱工業等近代産業部門の擡頭がある．特に，第1次大戦期以降は新しいタイプの導入産業たる重化学工業が新興してくる．他方で，発展資金の源泉は，かつての商人・地主の蓄積資金の動員を中心とするパターンから，人々の経常貯蓄の動員を中心とするパターンに移行している．しかるに，経常貯蓄の供給者である一般家計の資産蓄積水準は大規模な近代産業の必要資金規模にくらべていまだに低位にあり，多様化によるリスク軽減効果を前提とする有価証券市場の発達は十分でない．このため，銀行は，預金形態で吸収した経常貯蓄によって長期資金を供給するという産業銀行としての役割を担うこととなった．銀行が商業銀行としてではなく産業長期資金の供給機関として機能するとき[2]，個別銀行とその顧客たる個別企業ないし地域の特定産業との間には固定的な取引関係が成立せざるをえない．このため，産業構造の変化に伴って，銀行業はそれに対応した産業組織の変化を余儀なくさ

---

[2] 商業銀行であるか否かの1つのメルクマールは貸出に占める割引手形の割合である．表5-3における割引手形勘定比率が1930, 40年の両年において10%前後と著しく低いことに注目されたい．これに対して，戦後(1965年)における割引手形の貸出金に対する比率は，地方銀行，都市銀行においてそれぞれ34.6%, 34.5%である．1900, 10年の両年では割引手形比率が著しく高いが，これは1916年に銀行条例施行細則が改正されるまで，手形貸付が割引手形勘定に含まれていたためである．この施行細則の改正によって，たとえば三菱，安田，住友の各行の割引手形比率は，1915年から16年にかけて，それぞれ70.2%から10.8%, 48.9%から15.6%, 94.6%から32.5%へと急激に低下した．しかしながら，1916年の時点で必ずしもすべての銀行の会計方式が完全に改正されたわけではない．たとえば三井銀行は1925年に至ってこれまで割引手形勘定に計上されていた無担保および根抵当付単名手形を手形貸付(貸出金勘定)に移す措置をとっている(石井寛治[1975]参照)．また，1924年の大蔵省「銀行改善論達」にも「割引手形と手形貸付とを混合整理せるものあり」との指摘がある(後藤新一[1977] pp.108-109)．表5-3において1920年の割引手形勘定比率が比較的高いのは，こうした改正の不完全さによるものと思われる．いずれにせよ，戦前期においては銀行の商業手形との関与は戦後期にくらべてもかなり低いものであったと考えてさしつかえない．

れたのである．在来産業の漸次的衰退あるいは第1次大戦(終了)の衝撃によって個別の事業会社が不振に陥るとき，それと固定的取引関係にある銀行(いわゆる機関銀行)は同時に苦境に陥らざるをえない．また，いまだ市場の地域的分断が残存する状況の下では，地域市場における中心産業の興亡は，地域内の諸銀行の好不調にダイレクトに関連をもつことになったのである．しかしながら，銀行業産業組織の変動を規定する要因は，単に産業構造の変化だけではない．第2に，産業組織における内部的要因がある．諸銀行の破綻が生じるとき，預金者の危険回避のための預金シフト行動のあり方は産業組織の変化を規定する重要な要因となりうる．また，個別銀行の経営拡張戦略としての合併がいかなるかたちでなされるかは，集中過程の基本的方向を決定すると考えられる．第3に，政府の銀行政策のあり方がある[3]．明治政府は，国立銀行設立時における規制を除いて，銀行業への参入に関しては基本的に自由放任の方針をとってきた．しかし，大正期以降，政府は次第に銀行業への規制を強化し，その集中過程の促進をはかることになる．銀行政策におけるこの変化は，1つには産業構造の変化に対応して「財界の整理」すなわち衰退産業ないし不健全な事業会社の切捨てを行なおうとする構造的視点に基づくものであったが，いま1つの理由は日銀の救済融資累増の過程でほとんど無力化した金融政策の有効性を回復することを目的としたものであった．

　銀行業産業組織の変動と上記3要因との論理的実証的関係については次章で詳論する．本章では，全期間を3期間に分け，それぞれの期間ごとに，銀行業産業組織，産業構造，銀行政策の3者の間の関係を，歴史的背景をふまえつつ叙述的に分析してゆくことにしたい．

　われわれの採用する期間区分は，表5-4のとおりである．第1期は1902-19年の18年間である．この期間の初期における銀行業は少数の大銀行と1,000を越える規模は異なるが経営パターンにおいて比較的同質な多数の中小銀行という典型的な戦前期初期的二重構造を形成していた．政府の銀行集中政策はさほど強くなく，産業構造における一種の均衡的なスムーズな変化に対応して，銀行業の比較的ゆるやかな集中過程が進行した．ちなみに，金融研究会[1934]，

---

3) 銀行集中過程における政策の役割を特に重視するものとして三井高茂[1960]がある．「銀行合同の歴史はまた政府の銀行合同政策の歴史である」(p.183)．

表5-4　3期間における普通・貯蓄銀行集中状況

| | 前期末銀行数 | 期末銀行数 | 新設による増加数(年平均) | 破綻による減少数(年平均) | 合同による減少数(年平均) | 期間減少数 | 年平均減少数 | 期間減少率(%) |
|---|---|---|---|---|---|---|---|---|
| 第1期；1902年-1919年(18年間) | 2,334 | 2,001 | 15.8 | 24.6 | 9.9 | 333 | 18.5 | 14.3 |
| 第2期；1920年-1932年(13年間) | 2,001 | 625 | 19.6 | 43.5 | 88.0 | 1,376 | 105.8 | 68.8 |
| 第3期；1933年-1945年(13年間) | 625 | 65 | 4.2 | 7.8 | 39.5 | 560 | 43.1 | 89.6 |

〔資料〕　統計付録5-Ⅰによる.
〔注〕　原資料である『銀行局年報』の不突合のため，この表にも統計付録と同種類の不突合が生じている.

萬成滋[1948]等では，この時期を1902-13年，1914-19年の2つの別の期間として分類しているが，われわれは，銀行政策と産業構造変化のパターンに本質的変化がないと考えて両期間を一括してあつかうことにした．第2期は，1920-32年の13年間であり，金融恐慌と銀行法制定施行をハイライトとして集中が急速に進行した時期である．産業構造の面では，第1次大戦の終了とともに，急速な工業化に伴う不均衡過程が一挙に顕在化し，それに対応して，銀行業はマーケット・パーフォーマンス(市場成果)において少数の大銀行，脆弱な中規模銀行群，多数の在来的小銀行という3層構造ともいうべき形を呈することになる．一名「銀行集中法」とも言われた銀行法の施行はこのうちのマーケット・コンダクト(市場行動)において同質的な中小銀行群の強制的合同を行なったものと考えられ，その結果，在来部門の資金不足，かえって肥大化した脆弱非効率な中銀行群といった問題をその後に残すことになった．第3期は，1933-45年の13年間であり，戦時経済の進展とともに全般的な金融統制の中で銀行集中が激しい勢で進行した時期である[4]．低金利政策の遂行のためには，銀行の効率化が必要とされ，効率化は合同を軸として進められた．しかし，この時期の合同進展の主な原因は，政府による一県一行主義の下での直接間接の銀行合同勧奨政策もさることながら，金融統制自体が中小銀行の営業基盤を取り崩す等の形で合同を余儀なくさせたことに求められる．金融統制は，他方で都市銀行がコール市場における恒常的な出手であるといういわば戦間期型の資金偏在現象を解消させ，銀行業産業組織の規模分布も戦後型の傾斜構造に近い形へ

4)　萬成滋[1948]はこの1933-45年の時期における銀行集中の激しさを特に強調している.

と変化してゆくことになる．

## [1] 第1期；1902-19年

表5-4によれば，この時期普通・貯蓄銀行数は1902年の2,334行から1919年の2,001行へと減少し，その減少率は14.3％であって，その後の時期にくらべて極めて小さい．また，その内訳も，破綻（解散，破産，廃業）による減少は年あたり24.6行であるのに対し，合同（合併，買収）による減少数は年あたりわずか9.9行である．

この時期は，『明治大正財政史』によると1901年までに濫立した弱小銀行の「整理淘汰」の時期であるとされるが[5]，その過程はかなりゆるやかなものであった．合同による行数減少は単に数が少なかっただけでなく，その参加銀行も一般に小規模のものであった．ただし，この点で第1次大戦直後の時期は例外で，経済規模の拡大とともに銀行業においても空前の増資ブームを現出し，合同も積極的に，かつかなり大規模な銀行間でも行なわれた．

銀行集中の進展が比較的おだやかであったことの1つの理由は産業構造面での不均衡がいまだ顕在化しなかったことにあるが，いま1つの理由は政府の介入がいまだゆるやかなものであったことにある．すなわち，この時期の銀行政策は，専ら新たに設立される銀行の最低資本金制限に関するものであって，既存銀行の集中に関しては何ら強制的手段がとられていなかった．新設銀行の抑制策にしても当初は必ずしも有効でなく，資本金制限が明確な効果をもつにいたるのはこの期の終りの1918年頃からであったと考えられる．

### (1) 明治後期の小銀行問題

この時期の銀行業産業組織の状況は，東京興信所『全国銀行会社統計要覧』（明治42-45年の各巻）に記載されている個別銀行のバランス・シートからある

---

[5] 『明治大正財政史』第16巻，p. 671.「大正時代以前における斯かる普通銀行減少の原因に就きては，政府の新設制限及合同の勧奨等固より之を無視することを能はずと雖も，其の最大の原因は本邦経済の発展に基く弱小銀行の淘汰に在りと謂はざるべからず．……之れ，蓋し三十五年以降に於ける銀行数激減の主原因にして，即ち日露戦役以前に於ける銀行濫立の弊害を暴露せしものに外ならず，斯くて既設の脆弱なる銀行は次第に整理淘汰せられたるものとする．」

表 5-5　1904年普通銀行 408 行払込資本金規模別諸比率

| 払込資本金規模(千円) | (1) 10-50 | (2) 50-100 | (3) 100-300 | (4) 300-500 | (5) 500-1,000 | (6) 1,000- | (7) 1,000-のうち5大銀行 | (8) 全408行 |
|---|---|---|---|---|---|---|---|---|
| 行　数 | 28 | 68 | 185 | 43 | 50 | 34 | 5 | 408 |
| 1行あたり公称資本金 | 101 | 125 | 274 | 540 | 933 | 2,624 | 2,800 | 541 |
| 利潤率 | | | | | | | | |
| (1) 自己資本利潤率 | 0.063 | 0.050[b] | 0.052 | 0.052 | 0.073[a] | 0.045 | 0.052 | 0.053 |
| 費　用 | | | | | | | | |
| (2) 総損金・預金比率 | 0.055[a] | 0.047 | 0.050 | 0.051 | 0.052 | 0.031 | 0.023[b] | 0.039 |
| (3) 総損金・貸出有価証券比率 | 0.041[a] | 0.036 | 0.032 | 0.038 | 0.037 | 0.025 | 0.021[b] | 0.030 |
| 配　当 | | | | | | | | |
| (4) 配当率 | 0.064[b] | 0.080 | 0.085[a] | 0.080 | 0.079 | 0.068 | 0.066 | 0.074 |
| (5) 配当性向 | 0.924 | 1.416[a] | 1.363 | 1.285 | 0.881 | 1.186 | 0.670[b] | 1.130 |
| 資金力 | | | | | | | | |
| (6) 預貸率 | 1.217 | 1.197 | 1.369[a] | 1.162 | 1.192 | 0.944 | 0.815[b] | 1.056 |
| (7) 預貸証率 | 1.325 | 1.306 | 1.546[a] | 1.349 | 1.398 | 1.238 | 1.107[b] | 1.310 |
| (8) 定期預金比率 | 0.213[b] | 0.261 | 0.255 | 0.259 | 0.263 | 0.234 | 0.272[a] | 0.244 |
| (9) 資本金払込比率 | 0.348[b] | 0.537 | 0.613 | 0.655 | 0.700 | 0.835 | 1.000[a] | 0.719 |
| (10) 預金・自己資本比率 | 2.043 | 2.035 | 1.494[b] | 2.007 | 2.224 | 3.293 | 5.292[a] | 2.576 |

〔資料〕　東京興信所『全国銀行会社統計要覧』.
〔注〕　自己資本利潤率＝純益金÷(払込資本金＋諸積立金)，預貸率＝(割引手形＋当座貸越＋諸貸出金)÷(定期預り金＋当座預り金＋其他預り金)，預貸証率＝(割引手形＋当座貸越＋諸貸出金＋所有価証券)÷(定期預り金＋当座預り金＋其他預り金)，定期預金比率＝定期預り金÷(定期預り金＋当座預り金＋其他預り金)，配当性向＝払込資本金×配当率÷純益金．添字a,bは各規模のうちでそれぞれ最大，最小の値を示す．

程度明らかになる．表5-5は，1904年下期に関してこの資料に収録されている普通銀行488行のうち，データの不完全なもの80行を除く408行の財務比率を払込資本金規模別に整理したものである．このデータのカバレッジをみるために，後藤新一[1970]表26の1から得られる普通銀行(他業兼営を含み貯蓄兼営を除く)の公称資本金別行数と比較すると次のようになる．( )内の前の数字がサンプルに含まれる行数であり，後の数字は1904年末現存行数である[6]．公称資本金30千円未満(0, 219)，30千円以上50千円未満(3, 182)，50千円以上100千円未満(20, 390)，100千円以上300千円未満(165, 528)，300千円以

---

6) 300千円以上の各規模では，われわれのサンプルには現存行数よりも多い銀行が含まれていることになっているが，理由は不明である．

上500千円未満(85, 70), 500千円以上1,000千円未満(71, 69), 1,000千円以上(64, 63), 合計(408, 1,521).

これからみると, われわれのサンプルは公称資本金10万円未満の銀行についてかなりカバレッジが小さい. しかしこのような小銀行についても一応23行含まれているわけであるから, 産業組織の全体像を概観するための手掛りとしてはまず十分と考えられる.

表5-5の観察から得られる主要な事実は次の3点である. (i)自己資本利潤率には, 各規模で大きな差がない. (ii)総損金・預金比率と総損金・貸出有価証券比率によって示される単位費用は, 払込資本金100万円以下の規模ではほぼ等しいのに対し, 100万円以上の規模では一段と低くなっている. (iii)預貸率, 預貸証率で示される資金余裕度, 預金・自己資本比率等で示される資金吸収力もまた100万円以下では大差なく, 100万円以上との間で大きな格差がある.

事実(i)は, この時期, 新規参入が事実上自由であったため, 銀行業がかなり競争的な産業であったことを示唆している. また事実(ii)と(iii)は, この時期の銀行業が, 効率的で資本力のある少数(払込資本金1,000千円以上)の大銀行とその他の多数の銀行という二重構造をもっていたことを示している. 5大銀行を中心とする「大銀行は創立当初から他の諸銀行とは隔絶した地位を保持していた」と言われるが, この優越性は単にシェアーにあらわれる規模の大きさだけでなく, 効率性および資金力における格段の実力をも意味している[7]. しかも, ここで特に興味深いことは, 大銀行を除く他の規模の銀行が, かなりの規模格差をもっているにもかかわらず, 効率性, 資金吸収力等のマーケット・パーフォーマンス(市場成果)の点では大差がないことである. このことは, 後の第2期では, 中規模銀行群と小規模銀行群の間に大きな格差が生じること, 銀行法によって小規模銀行群が切捨てられた後の第3期では, 規模ごとに効率性に関してはっきりした傾斜構造が現われること等に対比して, きわめて重要な意義をもつ産業組織上の特色である. 直観的な言い方が許されるならば, いまだ不均衡が顕在化せず比較的順調に成長しつつあった在来産業部門において,

---

[7] このことは1900年以前において既に成立していた. 第1章参照. なお加藤俊彦[1957] p. 152参照.

競争的銀行群がそれぞれ対応した規模の産業・企業に対してかなり効率的に資金を配分しつつあったとも言えよう.

ちなみに,表5-5においていま1つ注意しておくべきことは,払込資本金10万-30万円の規模において,預貸率,預貸証率が最も高く,また預金・自己資本比率が最も低いことである.このことは後の第2期に明白な形をとるにいたる中規模銀行群の困難を予見させるものかもしれない.しかしながら,他より大きい小さいと言ってもその差はわずかであることが重要である.中規模行を含んだ大銀行以外の銀行群のパーフォーマンス上の同質性こそが,この時期の特筆されるべき構造上の特性なのである[8].

さて,1904年において,普通銀行(他業兼営を含み貯蓄兼営を含まない)1,521行のうち,公称資本金100万円以上の大銀行は63行であり,全普通銀行公称資本金合計の42.9%を占めている.公称資本金の残り57.1%を占めるそれ以下の規模の銀行1,458行のうち,最も数の多いのは公称資本金10万-30万円規模の528行であり,5万-10万円規模の390行がこれについでいる.公称資本金10万円(表5-5の(9)行から判断するに払込資本金はおそらく4万円位であったであろう)の銀行というのは,この時期においても株式の額面金額は50円であったこと,同年の郵便貯金金額別構成比において最も口数シェアーの大きいのが1口あたり100円以上300円未満の26.3%,ついで10円以上50円未満の23.5%であったこと等からみて[9],当時においても著しく小規模なものであったと言える.このような小銀行の多くは,日清戦争前後の銀行設立ブームの中で一種の流行に乗って濫立されたものが多く,「同輩五,七名と相語らひ七万円五万円少くは三万円の小銀行を設立すること当時の流行となれり.曰く頭取,曰く副頭取,曰く取締役,曰く監査役,株主にして役員ならさるなく,重役の名を取らんが為に」[10]設立された観のある銀行や,「公衆に便せんが為めに銀行を設立するにあらすして,自己が計画若しくは従事し居る他の事業に投すべき資金を低利に借り入れんが為めに」[11]設立された銀行が多くあったと言われ,

---

8) われわれは,1904年末だけでなく,1911年の普通銀行504行についても同様な分析を行なったが,得られた結論に大差はない.ただし,1904年末に100-300千円規模にあらわれた諸特徴が,1911年には300-500千円規模の銀行に生じている.
9) 表6-19参照.
10) 社説「孤立銀行の弊害」『東洋経済新報』第21号(1896年6月5日),p.3.

その営業の不健全性がしばしば指摘されてきた．

不健全な小銀行の第1のパターンは，銀行の検査監督が十分でなかったこともあって詐欺まがいの営業を行なうものがあったことである．たとえば「朝に千葉県に往つて某銀行と云ふ名称を掲げる．而して多少預金を集めると忽ち閉店して夕には又神奈川県へ往つて銀行の名前を改めてヒョコンと開業する．又其処で多少の預金を集めると忽然と消えてしまふ．……是等は極端な銀行であるが，又中には検査に往つて帳簿を備へてない銀行がある．また重役も支配人も久しい間殆ど出たことがないといふ銀行がある．第一帳簿の無い銀行などは是は銀行では無いので，資本金の高と云つても実に微々たるもので或は一万円とか五千円とかいひ極めて少ない資本金である．さうして其払込も実際払込んで居らないで或は手形を以て払込んで直ぐ借りて居るといふ銀行があるのです．……東京に本店を置て遠方の所で盛なる支店を出して居る銀行があります，東京の本店へ往つて見てもどうしても検査官が其銀行の所在が分らない．さういふものは無いといふ．無いことはない確かに届けてあるといふので往つて見ると或る家の二階の隅の所で何々銀行といふ小さな札が懸つて居ると云ふやうな有様，即ち銀行の本店を東京の或る家の二階に置いて遠方の支店で多少の預金を集めてさうして或る時期が経過すると忽然と消えてしまふ」[12]ようなものもあったと言われる．また，地方の小銀行の中には「地方一部の富有者が，銀行法というかくれみのにかくれて，公然と高利貸兼金融会社をやったという程度の銀行が少くなかった．したがって頭取という地位にあって，貸方の場合など有利な条件や資産のしっかりしている者には銀行を通さず個人融資して利息は個人で収得し，万一不良貸付に陥りそうになると直ちに銀行に肩代りして責任を株主全体の犠牲において負担させたというカラクリ銀行が多かった」[13]とも言われる．

不健全な銀行のいま1つのパターンは，特定の事業会社と結びついたいわゆる機関銀行である．1909年6月の『東洋経済新報』には，「不確実の株券又は

---

11) 社説「数年後の我国銀行業」『東洋経済新報』第58号(1897年6月25日), p.3.
12) 大蔵次官阪谷芳郎「銀行法改正に就て」『銀行通信録』第40巻, 第237号(1905年7月15日), p.23.
13) 荻原進[1952] p.45.

不動産を抵当として高利の貸付を行ひ，或は新会社の未払込株に対して将来の事業収益を予想して額面以上の融通を与へ，或は所謂機関銀行となって事業会社に腐れ縁を結び甚だしきに至りては自己の株主に対し，巨額なる株式融通を行ひ，以て投機をほう助しつつあるもの少なからず」[14]とあり，また1897年8月には「全国銀行の過半数以上は各特殊事業会社の機関として活動し，此等起業家の為めに左右せられ，銀行独得の業務を進捗し，其の美果を収むるを得ずして，遂に他の事業に隷属するに至りし，是非もなき次第なり」[15]と指摘している．

第1のパターンのカラクリ銀行あるいはヤマネコ(wildcat)銀行に属するものは，さほど数多くあったわけではないと思われるが，第2のパターンの機関銀行はこの時期にはかなり一般化しつつあったとみられる．たとえば，1896年10月の『東洋経済新報』は「方今我国の銀行家にして他の幾多事業を兼営するもの甚だ多し．啻に甚だ多きのみならず，銀行家にして他の事業を兼営せざるもの殆んと五指を屈するに過ぎざるべし」[16]と指摘している．しかしながら，この時期の銀行業における中小銀行がこのような不健全で不安定な面を多分に持っていたことは事実としても，その一面のみで中小銀行群の性格を総括することはできないことに注意せねばならない．さきにみたように，この時期の中小銀行群はきわめて競争的であり，行動パターンにおいて同質的である．この時期は，いまだ農業を中心とする在来産業が経済活動の中心であり，各地の各規模の在来産業に対応して，中小規模の銀行群が積極的な金融活動を行なっていたという側面をもみのがすことはできないのではなかろうか．当時の小銀行の設立制限の動きに対して1900年9月の『東洋経済新報』は，地方の小銀行は「其規模小なりと雖も，商取引及び其他資金の需給これあるが故に，是等の機関たる銀行の必要なこと，元とより当さに然るべきなり」[17]と述べ，地方の在来部門における小銀行の存在意義を強調している．

ここで，しばしば問題となる「機関銀行」という用語についてコメントして

---

[14] 社説「再び預金制の変歪に就て」『東洋経済新報』第490号(1909年6月25日)，p.6.
[15] 西山青藍「我国銀行業の現状(上)」『東洋経済新報』第64号(1897年8月25日)，p.8.
[16] 社説「銀行の独立」『東洋経済新報』第34号(1896年10月15日)，p.1.
[17] 鶴原定吉「果して小銀行の興起は憂ふべきか」『東洋経済新報』第171号(1900年9月15日)，p.11.

おこう．さきの引用からも明らかなように，機関銀行という用語は，明治30-40年代に問題となった「特定の事業会社の機関となって，株式による貸出などの不良貸付を行い，ひとたび恐慌に見舞われれば企業と共倒れになるような弱小銀行」を指す言葉として使われたのが，その起源である．その後，この用語は，第1次大戦後の不況期に，新興の中小財閥と結びついて苦境に陥った都市の中規模銀行ないし二流大銀行を形容する言葉として多用されるようになった．たとえば，茂木合名の機関銀行としての七十四銀行，渡辺一族の機関銀行としての東京渡辺銀行，村井家の機関銀行としての村井銀行等々である．また，地方の中小銀行に関しても，それが特定事業会社と関連が深いばあいには機関銀行という用語が用いられたようである[18]．

問題は，加藤俊彦が[1957]において，この機関銀行という用語を中小銀行だけでなく，財閥銀行を含む全普通銀行を対象とする普遍的な概念として拡張したことに始まる．すなわち，加藤は「日清戦争後の好況期にあっては，前記のように多数の銀行の設立をみるのであるが，それは多くは地方産業企業の機関銀行として設立されたものであった．このような事情のもとにあっては，銀行と産業企業との関係が密接になるのは当然である．それに地方小企業と結びつく地方銀行の場合も，財閥傘下の大銀行の場合も同様である」[19]と述べるとともに，田口卯吉の「所謂大銀行なるものも其業務を行ふに当りて根本的の誤謬に陥れることを知るなり，何ぞや，他の実業に関係する事是なり」[20]という指摘を引用して「財閥銀行が機関銀行であったことは，これによっても明らかである」[21]とした．さらに加藤は1920年代の状況についても「ここで指摘されている「諸欠点」は当時の多くの銀行家や経済評論家たちによって主張された問題であり，いわゆる「機関銀行の弊害」にほかならない．銀行が産業資本家の資

---

18) 榎並赳夫[1922] pp. 114-120. 後掲の表5-14における大阪の河泉銀行，徳島の徳島銀行等はそのような機関銀行だと言えよう．また，堀江帰一は「事業家が機関銀行を設立した目的は既に自己の事業経営に必要な資金を此銀行に就て調達しようとするのであるから銀行そのものを大規模とするが如き，必らずしも其重きを置く所でなく随って機関銀行は其性質から云って多くの其規模の小なるを常とする．斯かる小規模の銀行が経済社会の変動に依って打撃を受けることも亦已むを得ないのである」と述べている（「本邦銀行制度の根本問題」田中徳義編『銀行談叢』1927年，加藤俊彦[1957] p. 287 より再引用）．
19) 加藤俊彦[1957] p. 143.
20) 田口卯吉「銀行事務の誤謬」『田口卯吉全集』第7巻，pp. 381-382.
21) 加藤俊彦[1957] p. 144.

金の導入機関として設立せられ,そのために銀行経営が悪化せざるをえないというのである」[22]と指摘するとともに,「日本の普通銀行が何故に「機関銀行」として,すなわち,たんなる支払の媒介をなす商業銀行として発展しないで,草創期から産業融資をおこなう「機関銀行」として発展してきたか」[23]と述べ,機関銀行を商業銀行概念に対応し,我国普通銀行の全般的性格を規定する概念として拡張した.

加藤によって普遍化された機関銀行概念は,その後松成義衛・三輪悌三・長幸男[1959]において受けつがれた.ここでは,各章ごとに,若干の定義上の差はあるものの,機関銀行という概念が,財閥銀行を含む全普通銀行に対して,財閥解体までの全期間に関して適用されるものとされている[24].

さて,こうした加藤俊彦[1957]および松成義衛・三輪悌三・長幸男[1959]における機関銀行概念の普遍化した適用に対して,金融経済研究所[1960]は,機関銀行の定義,適用される銀行の範囲と期間に関してより厳密な吟味の必要なことを主張し,普通銀行＝機関銀行という単純な図式を用いることの限界と危険性を指摘した.金融経済研究所[1960]の基本的立場は「イギリス型の預金銀行,ドイツ型の発行銀行と同じような水準の概念として,日本の銀行を機関銀行として規定できるかどうかは疑わしい」[25]という文章に要約されよう.われわれもこの金融経済研究所の指摘と同意見であり,機関銀行という用語はもっと限定された形で用いられるべきであると考える.それとともに,従来機関銀行概念がしばしば銀行の設立動機と結びつけて定義されたことに,混乱の1つの大きな原因があると思われる.たとえば松成義衛・三輪悌三・長幸男[1959]における「産業又は商業資本が自己の経営する企業の資金を融通するために設立した」[26]銀行を機関銀行とする定義がそれである.このような定義では,銀行の性格が設立動機から固定的に規定されてしまい,その後におけるダイナミックな質的変化を分析することはむずかしくなる.同時に,加藤が「銀行が産

---

22) 加藤俊彦[1957] p. 286.
23) 加藤俊彦[1957] p. 287.
24) 本書における機関銀行の定義は各章において必ずしも同一でない.この点の詳細な検討については金融経済研究所[1960]参照.
25) 金融経済研究所[1960] p. 136.
26) 松成義衛・三輪悌三・長幸男[1959] p. 136.

業資本家の資金の導入機関として設立せられ,そのために銀行経営が悪化せざるをえない」[27]というとき,明らかに論理の飛躍がある.なぜなら,たとえ「資本の導入機関として設立せられ」たとしても,その後も導入機関として機能しつづけたのでなければ,経営悪化にはつながらないはずだからである.財閥系銀行のあるものをその設立と動機から機関銀行と規定したばあい,その後の発展との対比においても同様な矛盾が生ぜざるを得ない.

　1つのテンタティヴな定義として機関銀行を「産業銀行のうち特定の企業ないし企業グループと重役又は株主を共通にするために,その企業ないし企業グループに,資産多様化の利益を犠牲にして,優先的に資金供給をする銀行」と定義することが考えられよう[28].ここで,産業銀行とは商業銀行に対比的な概念であって,商業銀行が商業手形の割引を基本業務とするのに対し,産業銀行は貸付(特に長期資金の貸付)を主業務とするものをさす.この定義の下では,「初期の中小銀行の多くが機関銀行としての役割を目的として設立された」「財閥系銀行のあるものも機関銀行として設立された」あるいは「第一次大戦後の中規模銀行の多くは機関銀行として設立され,その後もその性格を保持していた」等々の論述はその当否は別にして無理なく成立する.もちろん,こうして定義された機関銀行概念が,どの時期のどの範囲の銀行に妥当するかは全く別の問題であり,これこそまさに今後における重要な研究課題であることは言うまでもない.次章において,われわれは戦間期における銀行業の諸困難を産業構造の変化に結びつけるにあたって,機関銀行が1つの有用な概念構成であることを指摘するが,それにもかかわらず,この概念によっては現象の一部分しか把握しえないことを主張する.苦境に陥った地方の中小銀行の中には,機関銀行とはよべないものが多く,それらの遭遇した諸困難は,地方市場分断性の残存による銀行資産運用の多様化の欠如と地域在来産業経済の疲弊によって説明される必要があるのである.

### (2) 政府による新設銀行の抑制と合同の勧奨

　日清戦争後の小銀行の濫立に対して,政府のとった手段は当初専ら銀行合併

---

27) 加藤俊彦[1957] p. 286.
28) 石井寛治[1975]もほぼ同様な定義づけを行なっている(p. 93).

手続の簡素化と合同の勧奨であった．すなわち，1896年に政府は「進テ既存ノ銀行ヲシテ可及的ニ合同セシメ，以テ過度ノ競争ヲ避ケ，資力ヲ充実セシムルコトニ努メサルヘカラズ」として銀行合併法を制定した．これは「商法」(1890年4月27日法律第32号)による銀行の合併は，「一旦解散してしかる後に新銀行を創立することになるので，その間種々の煩雑な手続を要し，たまたま合併を希望するものがあっても，このためにその実行を躊躇するので」[29]その手続を簡単にしてその実行を奨励するために制定されたものである．この合併法は，1899年に新商法が公布され，会社の合併についての一般規定が設けられるに至って1900年に廃止された．さらにその後1920年には，この商法の規定も，多数の預金者即ち債権者のある銀行の場合には手続が煩雑であるということで，商法に対する例外法として銀行条例中の合併に関する条文が改正された．

　こうした合併手続の簡素化とともに，政府は1897年以後，大蔵大臣等の演説を通じて，たびたび小銀行の合同の必要なことを訴えた．ちなみに，この時期の政府の考えていた合同方針は，大銀行による小銀行の支店化という英国式の大銀行主義であったと言われる[30]．

　ところが，1901年の恐慌で，全国で50行の休業銀行が生じ，これを契機に政府の銀行集中政策は，特に小銀行設立制限の方向で強化されることになった．すなわち，1901年8月の大蔵省理財局長の地方長官宛通牒で，新設銀行の資本金認可基準を会社組織のものは50万円以上，個人組織のものは25万円以上とし，さらに同年9月には個人銀行もまた会社組織のものと同様に50万円以上と通牒した．また，1911年の理財局長通牒は，都会地では50万円の基準は低すぎるとして，人口10万以上の市街地に於て普通銀行を新設する場合は100万円以上(但し，新設の際資本の2分の1以上を払込むものは特別詮議する)とした．

　しかしながら，こうした通牒にもかかわらず小銀行の設立はその後も引続き継続した．後藤新一[1970]表26の1によれば，新設普通銀行1行あたり公称資本金は，1901年以降，1901，03，05，06，08，13，16の各年で50万円以下である．こうしたことから，この時期の新立資本金制限は「要するに一つの標準

---

29)　後藤新一[1968] p. 47.
30)　加藤俊彦[1957] p. 38.

を示したるものにして,必らずしも絶対的の制限を附したるものにあらず」[31] とも,また「されば,当時大蔵省は小資本の銀行簇生を防止すべき用意のあることを示せるのみにして,未だ以て絶対に之を禁ずるまでには至らざりしなり」[32] とも言われる.

問題は,新規参入銀行に対する政府の規模制限がいつごろから効果的に行なわれるようになったかであるが,これは必らずしも明確でない.しかし,種々の事情から判断して2つのかなり具体的な通牒の出された1918年以降はかなり有効な参入規制がなされるようになったのではないかと考えられる.すなわち,1918年5月の大蔵次官通牒では,人口10万以上の市街地における資本金最小額を100万から200万に引上げ,さらに同年9月の次官通牒において,既設銀行の廃業または解散を条件とする新設銀行及び普通銀行が貯蓄銀行となる場合にも,新設同様の制限に従うことなど,細かな規定を追加した.後藤新一[1968]によれば,この新設銀行の資本金制限を「大蔵省は厳に守ってきた」[33] とされており,また,上で引用した新設普通銀行1行あたり公称資本金額も,1917年以降すべての年次で100万円を超えている.さらに,これに先だって1916年の銀行条例改正によって,大蔵大臣は銀行の認可を取消しうることになり,銀行業への政府の支配力が一段と強化された.これらの点からみて,大体1918年頃の時期をさかいに政府の銀行参入の規模制限が有効になったと判断できそうである.

さて,第2期の検討に進む前に,第1次大戦中及び直後の状況について簡単にふれておこう.この時期は,大戦によるブームと企業規模の拡大に対応して,「本邦普通銀行史上の増資時代」[34] となり,銀行の規模もまた飛躍的に拡大した.表5-2によれば,普通銀行1行あたり公称資本金は1910年の267千円,1915年の357千円から1920年の1,207千円へと急激な増加を示している.また,公称資本金別行数において,100万円以上の銀行は1915年に100行で全体の6.9%であったものが,1920年には270行となり,全行数の20.3%を占めている.この規模の拡大はまた,増資とともに合同の進展によるところも大きい.

---

31) 『明治大正財政史』第16巻, p.715.
32) 『明治大正財政史』第16巻, p.716.
33) 後藤新一[1968] p.117.
34) 『明治大正財政史』第16巻, p.708.

銀行合同は1917年から盛んになり，それ以前の小銀行同士の合同とちがってかなりの大銀行の合同が行なわれたのが大きな特徴である．1920年の十五銀行と浪速銀行の合同がその代表例である．

## [2] 第2期；1920-32年

この時期，普通・貯蓄銀行数は1920年の2,001行から1932年の625行まで13年間で68.8%減少した(表5-4)．年あたりの合同による減少数は88.0行，破綻による減少数は43.5行であり，前期にくらべて極めて急速な銀行集中期であったことがわかる．この急激な集中を生ぜしめた主要な要因は，この期における慢性的不況と政府による小銀行の切捨てないし強制的合同政策である．

第1次大戦の終了とともに(一時的な戦後景気の後)，大戦中の予期しない輸出需要の急増に支えられて拡張した製造業と運輸業，商業等は一挙に不況に陥った．それとともに，農業を中心とする在来産業も生産性の伸びの鈍化もあって，停滞局面にはいった．こうした産業構造面での不均衡は，大戦中の新興産業と在来産業に結びついていた中小規模の銀行を著しい苦境に陥れた．1920年(大正9年)4-6月の反動恐慌では，取付にあった銀行本店67，支店102に及び，そのうち21行が休業した[35]．この後，銀行の取付，休業は常態化し，1922年(大正11年)10-12月の恐慌では，12行の普通・貯蓄銀行が支払停止に陥った．次いで，1927年(昭和2年)3-4月にかけての金融恐慌では，32行の普通・貯蓄，特殊銀行が休業し，このうち30行は普通銀行であり，その全国普通銀行に占める割合は，行数において2.1%，預金，貸出金において8%超であった[36]．

こうした過程の中で，預金は郵便貯金とともに大銀行に集中し，大銀行は豊富な預金の資金運用難に陥り，その他の中小銀行は預金不足から資金調達難に苦しむという資金偏在現象が定着してくる．それとともにかつて同質的であった中小銀行の中にも階層分化が生じ，苦境にある大戦中の新興企業群への資金供給の必要から預貸率が高く，預金獲得競争を反映して著しく高コストな中規模銀行群と，新規参入が規制されているために地方の在来産業部門内にあって

---

[35] 『日本金融史資料』明治大正編，第22巻，pp. 547-548.
[36] 後藤新一[1968] p. 177.

地域的独占利潤を得つつも，在来部門の不振，中銀行破綻の余波等によって不安定な経営を行なう小規模銀行群というマーケット・パーフォーマンスにおける2層分解現象があらわれてくる．しかも，この期間におけるいくつかの恐慌時の規模別倒産率でみると，小銀行よりも中銀行の方が高く，第1次大戦の衝撃とその後の不均衡現象が主として新興近代企業とそれに結びついた中規模銀行群および地方の局地的市場の中心的銀行に集約的にあらわれたことを知ることができる．

相次ぐ中小銀行の破綻に対して，政府はまず日銀の救済融資によって対応した．1920年の反動恐慌時に「特別臨時的融通方法」によって1億円余の救済資金を合計35行に供給したのにはじまり，日銀特融は年を追ってふくれあがり，特融手形の手形割引残高に占める割合は1929年には92.1%を占めるにいたった．しかしながら，特融は中小銀行および地方経済の困難を一時的に糊塗する効果しかもちえず，地方銀行から引出された現金は，大銀行預金，郵便貯金へとシフトし，ついには日銀預金の著増のかたちで還流することとなった．1911年頃よりとられていた日銀貸出の高率適用制度はなしくずし的に緩和され，貸出政策を中心とする日銀の金融政策はほとんど有効性を喪失するにいたる．他方では，日銀の特融は不良銀行を救済し，「財界の整理」を阻害するものだとの批判が，各方面から提起されてきた．

こうした状況に対応して，政府の銀行政策は，前期における新設銀行の規模制限，合同の勧奨等という緩やかなものから，既存銀行の強制的集中化という方向に漸次転換をとげるにいたる．まず，1922年施行(1921年公布)の貯蓄銀行法で，貯蓄銀行の組織を株式会社に限定するとともに，法定最低資本金を50万円(最低資本金に達するまでの猶予期間5年)と定めた．1920年末において，総数664行の貯蓄銀行のうち42.6%の283行が資本金50万円未満であり[37]，資本金制限の効果は強力であった．加藤俊彦[1957]は「貯蓄銀行法は貯銀の健全性確保，預金者保護を当面の目標として制定されたものであろうが，それのもつ歴史的意義はむしろ，貯銀の集中を促進し独占資本の制覇過程をおしすすめた点にあるといえよう．とくにそれが強制的な集中促進策としての性格をもっていることは，のちの同様な性格をもつ信託業法や銀行法の先駆をなした点

---

37) 後藤新一[1968] p. 192.

で重要な意義をもっている」[38]と述べている．次いで1923年に施行（1922年公布）された信託銀行法でも，信託会社を資本金100万円以上の株式会社に限定し，このため当時全国に500有余あった信託業者は同法によってわずか33社に集約された[39]．

1928年1月施行（1927年3月公布）の「銀行法」はこのような動きの頂点に立つものであり，普通銀行を原則として資本金100万円以上の株式会社に限定し[40]，猶予期間を施行後5年間とした．1927年同法公布時の法定最低資本金に満たない銀行，すなわち無資格銀行は809行であり，これは普通銀行総数1,420行の57.0%であった．しかも政府は「地方小銀行の数を減少せしめ，銀行合同の積極的慫慂を行い，銀行整理を行う」[41]ために，各銀行の増資に際しては，原則として合同または吸収増資として，なるべく単独増資を認めない方針を定めた[42]．後で述べるように，このため増資によって有資格となった銀行は，5年間でわずか50行であり，残りは全て合同ないし，解散廃業の方法で整理された．

こうした政府による小銀行の切捨てないし強制的合同政策は，しかしながら，いくつかの問題点を残すこととなった．その第1は，非効率な中規模銀行がそのまま温存されたこと，第2は，小銀行の合同によってできた新銀行も不良資産の切捨てが十分でなく，必ずしも健全でなかったこと，そして第3は，小銀行の切捨てによって，それと結びついていた在来部門が深刻な資金不足に陥ったことである．

銀行法の残したこれらの問題点は，戦時経済の運営にとって深刻な桎梏となり，金融統制を軸とした1937年以降のいま一度の急激な銀行集中過程を（戦時経済の遂行を前提として）必然ならしめたのである．

### (1) 1925年末の普通銀行業

第1次大戦後の産業構造面の不均衡に対応して，銀行業でもかつて（規模は

---

38) 加藤俊彦[1957] p. 318.
39) 後藤新一[1968] p. 194.
40) ただし東京，大阪に本店，支店を有する銀行は200万円．人口1万未満の地に本店を有する銀行は50万円．
41) 『東洋経済新報』第1273号（1927年11月5日），p. 31.
42) 後藤新一[1968] p. 273.

表5-6　1925年普通銀行1,515行の規模別財務比率

| | (1) | (2) | (3) | (4) | (5) | (6) | (7) | (8) | (9) | (10) |
|---|---|---|---|---|---|---|---|---|---|---|
| 払込資本金規模(千円) | -50 | 50-100 | 100-300 | 300-500 | 500-1,000 | 1,000-3,000 | 3,000-5,000 | 5,000-10,000 | 10,000- | 全銀行 |
| 行数 | 114 | 163 | 546 | 217 | 234 | 156 | 30 | 35 | 20 | 1,515 |
| 利潤率 | | | | | | | | | | |
| (1) 自己資本未処分利益剰余金率 | 0.313 | 0.395$^a$ | 0.175 | 0.158 | 0.136 | 0.130 | 0.158 | 0.137 | 0.129$^b$ | 0.148 |
| (2) 運用資産未処分利益剰余金率 | 0.054$^a$ | 0.035 | 0.038 | 0.042 | 0.036 | 0.025 | 0.022$^b$ | 0.026 | 0.023 | 0.027 |
| 資金力 | | | | | | | | | | |
| (3) 預貸率 | 0.866$^b$ | 0.965 | 1.162 | 1.116 | 1.083 | 1.166 | 1.419$^a$ | 1.120 | 0.874 | 1.031 |
| (4) 預貸証率 | 1.050$^b$ | 1.236 | 1.322 | 1.266 | 1.219 | 1.420 | 1.759$^a$ | 1.347 | 1.150 | 1.280 |
| (5) 定期預金比率 | 0.567$^a$ | 0.505 | 0.511 | 0.518 | 0.488 | 0.480 | 0.520 | 0.451$^b$ | 0.555 | 0.516 |
| (6) 預金・自己資本比率 | 5.488 | 9.160$^a$ | 3.517 | 2.959$^b$ | 3.148 | 3.674 | 4.149 | 3.863 | 4.929 | 4.289 |
| (7) 資本金払込比率 | 0.593 | 0.673 | 0.505$^b$ | 0.582 | 0.620 | 0.557 | 0.589 | 0.669 | 0.710$^a$ | 0.627 |
| 流動性 | | | | | | | | | | |
| (8) 割引手形比率 | 0.072 | 0.140 | 0.059$^b$ | 0.065 | 0.093 | 0.122 | 0.210$^a$ | 0.186 | 0.203 | 0.161 |
| (9) 準備率 | 0.050$^b$ | 0.066 | 0.052 | 0.065 | 0.053 | 0.062 | 0.070 | 0.094$^a$ | 0.091 | 0.078 |
| (10) 有価証券比率 | 0.175 | 0.219 | 0.121 | 0.118 | 0.112$^b$ | 0.179 | 0.193 | 0.169 | 0.240$^a$ | 0.195 |

〔資料〕『第五十次銀行局年報』第21表．全1,536行のうちデータの不完全な次の21行を除く1,515行．岐阜県山縣銀行の金銀在高55.91とあるのは，翌1926年の数字との比較から55,910とした．同様に東京渡辺銀行の貸出金33.7680220とあるのは，33,768,220とした．計算から排除した21銀行は次のとおり．福相，茂原商業，拝島産業，日本工商，東京貿易，独立，中外興業，早稲田商業，赤羽商業，妹尾商業，東陽，岡丸，北陸，櫛，新海株式会社，城下，家島，日置，周防，福陵，今津．
〔注〕 (a)払込資本金規模においてA-BはA以上，B未満を示す．(b)自己資本未処分利益剰余金率＝2×下期純益金÷(払込資本金＋積立金)，運用資産未処分利益剰余金率＝2×下期純益金÷(貸出金＋所有有価証券)，預貸率＝貸出金÷諸預金，預貸証率＝(貸出金＋所有有価証券)÷諸預金，定期預金比率＝定期預金÷諸預金，預金・自己資本比率＝諸預金÷(払込資本金＋積立金)，資本金払込比率＝払込資本金÷公称資本金，割引手形比率＝割引手形÷貸出金，準備率＝金銀在高÷諸預金，有価証券比率＝所有有価証券÷(所有有価証券＋貸出金)，(c)添字aは各規模の中での最大値，bは最小値であることを示す．

相異していても市場行動，市場成果面では)比較的等質的であった中小銀行群に2層分解が生じてきたと述べたが，この点を若干詳しく検討してみよう．分析の対象は，1925年末の普通銀行である．この時期は，1920年，1922年の恐慌と1927年の金融恐慌にはさまれた激動の一時期である．大戦後動揺をくり返してきた銀行業が，1927年金融恐慌と銀行法による整理という劇的な局面を前にしてどのような構造的特性をもっていたかということは，それ自体かなり興味深い問題であると言えよう．

表5-6は，『第五十次銀行局年報』の巻末に記載されている，個別銀行のバランス・シートを払込資本金規模別に整理したものである．記載されている項目は主要項目だけに限られているが，サンプルのカバレッジは十分である．(全1,537行のうち1,536行のデータが記載されており，われわれはこのうちデー

タ不完全なものを除いた 1,515 行を分析対象とした．）この表から，この頃の普通銀行を次のような 3 つのグループに分類することができる．

第 1 のグループは払込資本金 1,000 万円以上の大銀行 20 行であり，このグループは預貸率，預貸証率が低く，預金自己比率が高いという意味で資金力が十分であるだけでなく，割引手形比率，準備率，有価証券比率といった資産の流動性を示す諸比率においてもおしなべて良好である．自己資本未処分利益剰余金率が 0.129 と各規模の中で最低であるが，それも全銀行の平均と較べて極端に低いというほどではない．このグループは言うまでもなく 5 大銀行を含む超大銀行のグループであって，この時期以降全銀行に占めるシェアーを加速度的に増加させてゆくことになる．

第 2 のグループは払込資本金 100 万円から 1,000 万円までの中規模銀行 221 行である．このグループの特徴は，預貸率，預貸証率が極めて高く，預金・自己資本比率が一般に低い，すなわち資金余裕度，資金吸収力がともに低位にあることである．このグループは，この時期都市二流銀行とよばれた銀行群および地方有力銀行を中心とするグループであり，資金不足，高コスト，貸出固定化といった諸困難を一身にかかえていた．このグループの銀行行動については以下でさらに詳しく分析することにしたい．

第 3 のグループは，払込資本金 100 万円以下の小規模銀行群 1,274 行である．払込資本金 100 万円以下を一括して 1 グループとすることの根拠は，前節で述べたように 1918 年以降人口 10 万以上の市街地における新設銀行の最小公称資本金制限が 200 万円となり，それ以後この規模の銀行への新規参入が原則的に禁止されたことにある．表 5-6 にみるように，資本金払込率は大体 6 割程度だから，公称資本金 200 万円は，大体払込資本金 100 万円超に対応する．このグループの銀行の状況は，資本金 10 万円以下の 277 行の極小銀行グループに典型的にあらわれている．まず，これら 277 行では，預貸率，預貸証率が極めて低く，預金・自己資本比率が著しく高い．このことは，これら小銀行がその資金需要に比較して相対的に十分な資金を調達しうる状況にあったことを示している．次にこれら極小銀行では，自己資本未処分利益剰余金率が 30% 以上と著しく高く，また運用資産未処分利益剰余金率も 5 万円規模において 5.4% と極端に高い．自己資本利潤率が高いことの主要な理由は，言うまでもなく，参

入制限の効果である．新規参入がないために超過利潤が消去されないのである．また，それに加えて，運用資産利潤率が高いことは，これら小銀行がその営業地域において，著しくリスキィな小口貸出を行なうか，あるいは地域独占者として高利貸的な独占利潤を享受していたことを示唆している．すなわち，この第3グループは，中規模銀行群とちがって，第1次大戦を中心とする急速な産業社会化に追随することなく，ないしは遅れをとり，専ら小規模な在来部門の経済主体を顧客とする小規模銀行群を主体としている．これらの中には，その貸出行動においては高利貸とさほどかわらないものもあったであろうが，自己資本だけでなく十分な預金を吸収している点で本来の高利貸とは異なっており，またこの時期の在来部門の経済全体に占める比率の大きさからして，これら銀行群の果した積極的な役割を無視することは許されない．

さて，金融恐慌直前の銀行業は以上のように3つのグループに分化していたのであるが，もとよりグループ間の境界線を厳密に確定することは困難であって，われわれの行なった分類も暫定的なものでしかない．（よりゆるやかには，5大銀行を典型とする大銀行群，払込資本金300万円から500万円規模を典型とする中規模銀行群，および払込資本金10万円以下を典型とする小規模銀行群という形で分類することも考えられよう．）要は，マーケット・パーフォーマンスにおけるかつての2層の構造が3層に転化したという点が重要なのである．また，われわれは各グループを主として預貸率，預貸証率，預金・自己資本等の資金力を表わす指標で特色づけたが，このことの正当性をみるために，全1,515行の13個の変数の観測値に対して主成分分析を行なってみた[43]．結果は表5-7のとおりである．10個の主成分によって全変動の94.4%を指標化しているが，第1主成分の寄与率でも16.4%であって，あまり目立った寄与をする主成分はない．しかしながら，第1主成分において，預貸率，預貸証率等の資金力(特に資金余裕度)指標の負荷量が大きく，このことはわれわれの分類方法を正当づけるものと考えられる．また預金規模，払込資本金規模等の相対的規模指標は第2主成分を特徴づけているという点も重要である．すなわち，この時期の1,515行の銀行は主としてその相対的な資金力によって特徴づけら

---

43) 主成分分析については第1章補論参照．

表 5-7　1925 年普通銀行 1,515 行の主成分分析

| 主　成　分 | 1 | 2 | 3 | 4 | 5 | 6 | 7 | 8 | 9 | 10 |
|---|---|---|---|---|---|---|---|---|---|---|
| 寄　与　率 | 0.164 | 0.155 | 0.110 | 0.097 | 0.080 | 0.077 | 0.074 | 0.069 | 0.061 | 0.057 |
| 累積寄与率 | 0.164 | 0.319 | 0.429 | 0.526 | 0.606 | 0.683 | 0.757 | 0.826 | 0.887 | 0.944 |
| (利潤率) | | | | | | | | | | |
| (1) 自己資本未処分利益剰余金率 | 0.067 | 0.010 | 0.380 | △0.444 | △0.110 | 0.242 | △0.057 | 0.400 | △0.502 | △0.275 |
| (配　当) | | | | | | | | | | |
| (2) 配当率 | 0.210 | △0.231 | 0.144 | 0.061 | △0.727 | △0.014 | △0.322 | △0.320 | 0.046 | 0.056 |
| (3) 配当性向 | 0.184 | 0.058 | 0.528 | 0.016 | 0.184 | △0.133 | △0.025 | △0.310 | △0.404 | 0.226 |
| (資金力) | | | | | | | | | | |
| (4) 預貸率 | △0.503 | △0.441 | 0.178 | △0.043 | △0.022 | 0.005 | 0.116 | △0.021 | 0.024 | 0.032 |
| (5) 預貸証率 | △0.480 | △0.445 | 0.187 | △0.055 | △0.001 | 0.002 | 0.112 | △0.048 | 0.037 | 0.018 |
| (6) 定期預金比率 | 0.050 | 0.118 | 0.465 | 0.395 | 0.025 | △0.015 | 0.191 | 0.260 | 0.154 | 0.540 |
| (7) 預金・自己資本比率 | 0.187 | △0.033 | 0.110 | △0.579 | △0.066 | 0.111 | 0.004 | 0.295 | 0.551 | 0.301 |
| (8) 資本金払込比率 | △0.011 | △0.017 | △0.005 | 0.205 | 0.125 | 0.940 | △0.138 | △0.158 | 0.037 | 0.068 |
| (流動性) | | | | | | | | | | |
| (9) 割引手形比率 | 0.036 | △0.236 | △0.421 | △0.291 | 0.159 | △0.016 | △0.178 | △0.102 | △0.377 | 0.645 |
| (10) 準備率 | △0.010 | △0.097 | 0.125 | 0.160 | 0.303 | △0.160 | △0.854 | 0.268 | 0.131 | △0.659 |
| (11) 有価証券比率 | 0.215 | △0.109 | 0.245 | △0.289 | 0.430 | △0.037 | 0.011 | △0.544 | 0.295 | △0.198 |
| (規　模) | | | | | | | | | | |
| (12) 預金規模 | 0.434 | △0.504 | △0.011 | 0.167 | △0.114 | △0.001 | 0.038 | 0.099 | 0.021 | 0.074 |
| (13) 払込資本金規模 | 0.364 | △0.452 | △0.095 | 0.197 | 0.298 | △0.006 | 0.222 | 0.269 | △0.074 | △0.131 |

〔資料および注〕表 5-6 と同じ．ただし，預金規模＝諸預金÷8,712,973，払込資本金規模＝払込資本金÷1,500,628．これら 2 つの数字は『第五十次銀行局年報』から得られる全普通銀行 1,537 行の預金及び払込資本金である．

れ，規模の大きさは第 2 の要因でしかない．規模指標が第 1 主成分の主特性とならないということは，以下で行なう中規模以上 206 行の主成分分析および後に示す 1939 年の普通銀行主成分分析の結果においても共通しており，この点は，井上宜孝[1974]における戦後 1972 年の地方銀行 61 行に関する主成分分析の結果と対照的である．同論文の規模効率を含む 48 指標による分析では，規模効率が第 1 主成分，流動性が第 2 主成分となっており，「規模の大小は経営のあらゆる面に大きな影響を及ぼすため，これを含めて分析すると，他の諸指標と各主成分の関係が規模の影響の陰にかくれて不分明となる危険性がある」[44]として，専ら規模指標を除いた 18 指標で分析の主要部分を行なっている．その結果，第 1 主成分は経営効率，流動性が第 2 主成分となり，両者で 48.9% の累積寄与率を占めている[45]．ちなみに，われわれの主成分分析では，第 3 主成

---

44)　井上宜孝[1974] p.23.
45)　ただし井上宜孝[1974]の第 1 図によると規模効率と経営効率の相関係数は 0.98 であって極めて高い．

表 5-8　1925 年普通銀行 206 行の規模別財務比率

| | (1) | (2) | (3) | (4) | (5) | (6) |
|---|---|---|---|---|---|---|
| 払込資本金規模<br>（千円） | 1,000-<br>3,000 | 3,000-<br>5,000 | 5,000-<br>10,000 | 10,000- | 10,000-<br>のうち<br>5大銀行 | 全206行 |
| 行　数 | 131 | 27 | 30 | 18 | 5 | 206 |
| 利潤率 | | | | | | |
| (1) 自己資本利潤率 | 0.097[b] | 0.102 | 0.099 | 0.105[a] | 0.104 | 0.103 |
| (2) 自己資本未処分利益剰余金率 | 0.139[b] | 0.140 | 0.142 | 0.147 | 0.153[a] | 0.144 |
| (3) 総資産利潤率 | 0.016 | 0.015[b] | 0.017 | 0.017 | 0.018[a] | 0.016 |
| 費　用 | | | | | | |
| (4) 経費・預金比率 | 0.012 | 0.015[a] | 0.011 | 0.010[b] | 0.011 | 0.011 |
| (5) 経費・貸出有価証券比率 | 0.010 | 0.013[a] | 0.009[b] | 0.009[b] | 0.010 | 0.010 |
| (6) 経常支出・預金比率 | 0.067 | 0.072[a] | 0.068 | 0.050 | 0.048[b] | 0.058 |
| (7) 経常支出・貸出有価証券比率 | 0.056 | 0.063[a] | 0.055 | 0.047 | 0.045[b] | 0.052 |
| 利子率・収益率 | | | | | | |
| (8) 貸出収益率 | 0.122 | 0.134[a] | 0.128 | 0.110 | 0.104[b] | 0.118 |
| (9) 貸出有価証券収益率 | 0.114 | 0.120[a] | 0.117 | 0.098 | 0.093[b] | 0.106 |
| (10) 預金借入金利子率 | 0.087 | 0.093[a] | 0.092 | 0.074 | 0.068[b] | 0.081 |
| 配　当 | | | | | | |
| (11) 配当率 | 0.082 | 0.082 | 0.080[b] | 0.103[a] | 0.109 | 0.093 |
| (12) 配当性向 | 0.868 | 0.899 | 0.875 | 0.900[a] | 0.855[b] | 0.890 |
| 資金力 | | | | | | |
| (13) 預貸率 | 0.996 | 0.906 | 1.033[a] | 0.784 | 0.778[b] | 0.887 |
| (14) 預貸証率 | 1.185 | 1.153 | 1.243[a] | 1.065[b] | 1.081 | 1.119 |
| (15) 借入金・総資産比率 | 0.066 | 0.063 | 0.091[a] | 0.009 | 0.005[b] | 0.038 |
| (16) 借入金・貸出有価証券比率 | 0.092 | 0.085 | 0.119[a] | 0.013 | 0.007[b] | 0.051 |
| (17) 定期預金比率 | 0.486 | 0.521 | 0.425[b] | 0.560 | 0.619[a] | 0.525 |
| (18) 預金・自己資本比率 | 3.845 | 4.481 | 3.669[b] | 4.557[a] | 4.182 | 4.267 |
| (19) 資本金払込比率 | 0.756[a] | 0.568[b] | 0.670 | 0.686 | 0.716 | 0.646 |
| 流動性 | | | | | | |
| (20) 割引手形比率 | 0.117 | 0.108[b] | 0.192 | 0.224[a] | 0.214 | 0.187 |
| (21) 準備率 | 0.073 | 0.068[b] | 0.089[a] | 0.086 | 0.068[b] | 0.083 |
| (22) 余資比率 | 0.036[a] | 0.029 | 0.004[b] | 0.023 | 0.014 | 0.023 |
| (23) 有価証券比率 | 0.160[b] | 0.214 | 0.169 | 0.264 | 0.280[a] | 0.225 |

〔資料〕　東洋経済新報社『第4回銀行年鑑』(1927年1月1日発行)．記載されている全237行のうち，1925年下期に休業中のもの，資料の不完全なもの

(ただし，村井銀行の定期預金はこの資料ではブランクになっているが，『日本金融史資料』昭和編，第 24 巻から 24,245 千円であることがわかるので，これを採用），外地のもの等 31 行を除いた 206 行．分析から除いた 31 行名は次のとおり．六十七，栃木，野田太田原，飯能，上総，川崎，古河，早川ビルブローカー，田口，中井，左右田，七十四，遠江，大阪野村，藤田，神戸岡崎，共立商工，尼崎共立，加西合同，社，大同，藤本ビルブローカー，阿波商業，台湾商工，華南，彰化，樺太，朝鮮商業，漢城，韓一，大邱．

〔注〕 (a)資本金規模でA-Bとあるのは，A以上B未満．(b)添字a, bはそれぞれ各規模の中で最大の値，最小の値を示す．(c)自己資本利潤率＝2×(当期利益金－前期繰越金)÷(資本金－未払込資本金＋諸準備積立金)，自己資本未処分利益剰余金率＝2×当期利益金÷(資本金－未払込資本金＋諸準備積立金)，総資産利潤率＝2×(当期利益金－前期繰越金)÷(資産合計－支払承諾見返)，経費・預金比率＝(損失合計－利息－割引料－諸消却金－当期利益金)÷諸預金，経費・貸出有価証券比率＝(損失合計－損失勘定利息－損失勘定割引料－諸消却金－当期利益金)÷(諸貸付＋諸有価証券)，経常支出・預金比率＝(損失合計－当期利益金)÷諸預金，経常支出・貸出有価証券比率＝(損失合計－当期利益金)÷(諸貸付＋諸有価証券)，貸出収益率＝2×(利益勘定利息＋利益勘定割引料)÷(諸貸付＋他店へ貸＋コール・ローン)，貸出有価証券収益率＝2×(利益勘定利息＋利益勘定割引料＋有価証券利息＋株式配当金)÷(諸貸付＋諸有価証券＋他店へ貸＋コール・ローン)，配当率＝2×配当金÷(資本金－未払込資本金)，配当性向＝2×配当金÷当期利益金，預貸率＝諸貸付÷諸預金，預貸証券率＝(諸貸付＋諸有価証券)÷諸預金，借入金・総資産比率＝(借入金＋コール・マネー＋再割引手形)÷資産合計，借入金・貸出有価証券比率＝(借入金＋コール・マネー＋再割引手形)÷(諸貸付＋諸有価証券)，定期預金比率＝定期預金÷諸預金，預金・自己資本比率＝諸預金÷(資本金－未払込資本金＋諸準備積立金)，資本金払込比率＝(資本金－未払込資本金)÷資本金，割引手形比率＝割引手形÷諸貸付，準備率＝現金有高÷諸預金，余資比率＝(コール・ローン－コール・マネー＋他店へ貸－他店より借)÷諸預金，有価証券比率＝諸有価証券÷(諸有価証券＋諸貸付)．以上において，諸貸付とあるのは，証書貸付，手形貸付，当座貸越，割引手形，荷付為替手形の和である．

分以下には大きな特色がないが，第 4 主成分で預金・自己資本比率すなわち資金吸収力の負荷量が大きく，流動性指標は第 7 (準備率)，第 8 (有価証券比率)，第 10 (割引手形比率)主成分においてやっと大きな負荷量を持つにすぎないということが注目される．

大および中規模銀行グループ，特にこの時期の問題の 1 つの焦点である中規模銀行の状況のより詳しい分析に進もう．資料は『第 4 回統計年鑑』である[46]．これには 237 の中以上の規模の銀行の比較的詳細なバランス・シートと損益計算書が記載されている．このうち，資料不完全なもの等 31 行を除いて，払込

---

[46] 伊牟田敏充[1971]では，同一の資料に基づいて類似の問題意識の下に分析がなされている．そこでは，都市所在銀行と地方所在銀行の差異，預金規模ごとの銀行グループの格差等に焦点があてられている．あわせて参照されたい．

資本金規模別の諸財務比率を整理したものが表 5-8 である．サンプルのカバレッジは，表 5-6 と比較すれば，100 万-300 万円規模 84.0%，300 万-500 万円規模 90.0%，500 万-1,000 万円規模 85.7%，1,000 万円以上規模 90.0% であって，かなり高いと言える．この表から読みとれる主要な事実は次のようである．(i) 経費または経常支出の預金・貸出有価証券等に対する比率は 300 万-500 万円規模を頂点として 1,000 万円以下の規模で全体的に高く，1,000 万円以上規模または 5 大銀行において低い．(ii) 貸出収益率，貸出有価証券収益率および預金借入金利子率は 300 万-500 万円規模を頂点として 1,000 万円以下の規模で全体的に高く，1,000 万円以上または 5 大銀行で低い．(iii) 相対的な資金余裕度を示す預貸率，預貸証率および借入金の総資産または貸出有価証券に対する比率は，500 万-1,000 万円規模を頂点としてやはり 1,000 万円以下規模で高く，それ以上で低い．資金の安定性を示す定期預金比率については，1,000 万円以上規模で高く，それ以下で低いという格差がわずかながらある．(iv) 資金運用の流動性の面では，割引手形比率および有価証券比率にかなり明瞭な格差があり，1,000 万円以上規模で高く，それ以下で低い．

次に，これら 206 行について，表 5-8 にとりあげられている 23 項目に 3 つの相対規模指標を追加して主成分分析を行なってみた．表 5-9 を参照されたい．第 1 主成分では経費・預金比率，経常支出・預金比率等の預金単位あたりのコスト指標と預貸率，預貸証率，借入金・総資産比率，借入金・貸出有価証券比率等の相対的資金指標の負荷量が高い．しかも，この第 1 主成分の寄与率は 23.2% であり，かなり大きい．第 2 主成分では，貸出収益率，貸出有価証券収益率および預金借入金利子率という利子率関係の諸指標のウエイトが大きい．第 3 主成分は 3 つの規模関係指標の負荷量が大きい．第 4 主成分の性格はやや不分明．第 5 主成分は預金・自己資本比率で特徴づけられる．流動性関連指標は第 6，第 7，第 9，第 11 主成分で重要であり，それぞれ余資比率，有価証券比率，割引手形比率，準備率で特徴づけられる．第 8 主成分では定期預金比率のウエイトが大きく，第 10 主成分の性格ははっきりしない．以上のような主成分分析の結果は，ほぼ全普通銀行を対象になされた表 5-7 の結果にもかなり良く対応しており，中規模以上の各銀行が，第 1 に資金力および経営効率，第 2 に利子率，第 3 に相対的規模，第 4 に流動性で特徴づけられることを意味して

表 5-9 1925 年普通銀行 206 行の主成分分析

| 主成分 | 1 | 2 | 3 | 4 | 5 | 6 | 7 | 8 | 9 | 10 | 11 |
|---|---|---|---|---|---|---|---|---|---|---|---|
| 寄 与 率 | 0.232 | 0.155 | 0.127 | 0.092 | 0.076 | 0.052 | 0.045 | 0.040 | 0.033 | 0.033 | 0.029 |
| 累積寄与率 | 0.232 | 0.387 | 0.514 | 0.606 | 0.682 | 0.734 | 0.779 | 0.819 | 0.852 | 0.885 | 0.914 |
| (利潤率) | | | | | | | | | | | |
| (1)自己資本利潤率 | 0.649 | △0.023 | 0.139 | 0.359 | 0.510 | △0.205 | △0.168 | △0.080 | △0.003 | △0.059 | △0.053 |
| (2)自己資本未処分利益剰余金率 | 0.496 | 0.006 | 0.028 | 0.256 | 0.698 | △0.102 | △0.224 | △0.054 | 0.135 | 0.167 | 0.117 |
| (3)総資産利潤率 | 0.211 | △0.031 | 0.612 | 0.515 | △0.224 | △0.293 | △0.133 | △0.154 | 0.092 | 0.115 | △0.004 |
| (費用) | | | | | | | | | | | |
| (4)経費・預金比率 | △0.658 | △0.442 | △0.322 | 0.176 | △0.012 | △0.367 | △0.210 | 0.008 | 0.029 | △0.116 | 0.014 |
| (5)経費・貸出有価証券比率 | △0.503 | △0.496 | △0.451 | △0.076 | △0.131 | △0.424 | △0.138 | △0.037 | 0.115 | △0.113 | 0.072 |
| (6)経常支出・預金比率 | △0.752 | △0.430 | △0.200 | 0.349 | 0.127 | △0.111 | △0.069 | 0.066 | △0.086 | △0.027 | △0.026 |
| (7)経常支出・貸出有価証券比率 | △0.293 | △0.747 | △0.534 | △0.076 | △0.002 | △0.128 | 0.039 | △0.015 | △0.036 | 0.049 | △0.014 |
| (利子率・収益率) | | | | | | | | | | | |
| (8)貸出収益率 | 0.370 | △0.785 | △0.067 | 0.228 | 0.054 | 0.243 | 0.081 | △0.162 | △0.144 | 0.058 | △0.123 |
| (9)貸出有価証券収益率 | 0.360 | △0.799 | 0.056 | 0.256 | △0.002 | 0.283 | △0.072 | △0.102 | △0.137 | 0.051 | △0.027 |
| (10)預金借入金利子率 | 0.162 | △0.800 | △0.080 | 0.161 | △0.134 | 0.286 | 0.082 | △0.000 | △0.120 | 0.244 | △0.013 |
| (配当) | | | | | | | | | | | |
| (11)配当率 | 0.736 | 0.036 | 0.095 | 0.340 | 0.187 | △0.272 | △0.047 | △0.070 | 0.082 | △0.212 | △0.136 |
| (12)配当性向 | 0.368 | △0.025 | 0.352 | 0.136 | △0.482 | △0.087 | 0.072 | 0.047 | △0.368 | △0.488 | △0.213 |
| (資金力) | | | | | | | | | | | |
| (13)預貸率 | △0.724 | 0.160 | 0.363 | 0.453 | 0.095 | 0.109 | △0.141 | 0.047 | △0.126 | △0.011 | 0.030 |
| (14)預貸証率 | △0.729 | 0.162 | 0.273 | 0.499 | 0.184 | 0.071 | △0.021 | 0.055 | △0.110 | △0.043 | △0.046 |
| (15)借入金・総資産比率 | △0.782 | 0.212 | 0.071 | 0.230 | 0.342 | 0.222 | 0.196 | 0.077 | △0.082 | △0.046 | △0.053 |
| (16)借入金・貸出有価証券比率 | △0.809 | 0.181 | △0.021 | 0.113 | 0.303 | 0.168 | 0.197 | 0.038 | △0.045 | △0.016 | △0.149 |
| (17)定期預金比率 | 0.516 | △0.127 | 0.044 | 0.225 | △0.033 | 0.200 | 0.174 | 0.490 | 0.147 | 0.137 | △0.094 |
| (18)預金・自己資本比率 | 0.388 | 0.046 | △0.437 | △0.287 | 0.556 | 0.136 | △0.002 | △0.033 | △0.045 | △0.219 | △0.021 |
| (19)資本金払込比率 | △0.109 | 0.033 | 0.223 | 0.384 | △0.259 | △0.175 | 0.473 | △0.305 | 0.384 | 0.178 | △0.010 |
| (流動性) | | | | | | | | | | | |
| (20)割引手形比率 | △0.018 | 0.406 | △0.155 | △0.073 | 0.025 | △0.099 | 0.158 | △0.514 | △0.536 | 0.254 | 0.224 |
| (21)準備率 | △0.256 | 0.259 | △0.041 | △0.277 | △0.089 | 0.056 | △0.439 | △0.234 | 0.040 | 0.278 | △0.661 |
| (22)余資比率 | 0.160 | 0.081 | 0.040 | △0.095 | 0.058 | △0.535 | 0.120 | 0.524 | △0.361 | 0.405 | △0.087 |
| (23)有価証券比率 | 0.132 | 0.039 | △0.046 | 0.072 | 0.261 | △0.243 | 0.597 | △0.122 | 0.059 | △0.092 | 0.336 |
| (規模) | | | | | | | | | | | |
| (24)預金規模 | 0.258 | 0.430 | △0.714 | 0.408 | △0.202 | 0.085 | △0.085 | 0.043 | △0.010 | 0.018 | 0.016 |
| (25)払込資本金規模 | 0.179 | 0.431 | △0.653 | 0.478 | △0.284 | 0.087 | △0.106 | 0.037 | △0.006 | 0.036 | 0.024 |
| (26)総資産規模 | 0.208 | 0.443 | △0.708 | 0.432 | △0.198 | 0.108 | △0.094 | 0.049 | △0.010 | 0.024 | 0.008 |

〔資料および注〕 表5-8と同じ．ただし預金規模＝諸預金÷8,712,973，払込資本金規模＝(資本金－未払込資本金)÷1,500,628，総資産規模＝資産合計÷16,152,596であり，これらの数字は『第五十次銀行局年報』から得られる全普通銀行(1,537行)のそれぞれ諸預金，払込資本金，総資産の数字である．

さて，以上の分析はこの時期の払込資本金100万-1,000万円の中規模銀行が高い預貸率，高い経費・経常支出および高貸出収益率，高預金借入金利子率によって主として特色づけられることを示している．特に興味深いことは，高い預金借入金利子率と高預貸率がともに成立していることである．通常ならば，高い預金利子率は預金吸収を容易にし，預貸率を低下せしめるはずである．それが生じないのは，言うまでもなくこれら中規模銀行の危険性ないし信頼性の欠如に原因がある．当初，預貸率の高まった理由は，おそらくは不況下の関連企業の機関銀行として，あるいは疲弊した地方経済の中心銀行として止むなく不良貸出を累積したことにあるのであろうが，そうして高まった高預貸率が預金金利を引上げても是正されないのは，預金者が預金金利だけでなく預金のリスクをも考慮しつつ行動していたことによるものである．後に示すように，この時期，規模ごとの銀行休業率はこれら中規模銀行において最も高い．資産保有者にとって中規模銀行への預金は高リスク，高収益率の危険資産だったのである．高い預金金利は高貸出金利を余儀なくし，また借入金依存度を上昇させる[47]．さらに，非効率な支店を温存せざるを得ないこと等から経費率も上昇する．高い貸出収益率を得るためには，リスキィな投資をせざるを得ず，このことはさらに所与の預金利子率のもとで預金供給を低下せしめるという悪循環が生じるわけである．

以上において，払込資本金100万円から1,000万円規模の第2グループの銀行群がそれ以下の規模の第3グループの銀行群とくらべて格差をもつにいたった(すなわち中小規模銀行群が2層に分化した)ことを指摘したが，それがマーケット・パーフォーマンス(市場成果)における現象であることにあらためて注意されたい．預貸率，預金・自己資本比率，経費率等は産業組織論の用語におけるマーケット・パーフォーマンスである[48]．これに対して，割引手形比率あ

---

47) 以下で示すように，この借入金には日銀特融，親銀行からの救助的貸出等が含まれているため，借入金利はかなり低利子率であったと考えられる．しかし，借入の割合は預金に較べるときわめて小さく，このためたとえ低利の借入金が利用可能であったとしても，借入金増加が預金借入金利を引下げる効果は小であったと考えられる．

48) 産業組織論におけるマーケット・パーフォーマンス，マーケット・コンダクト，マーケット・ストラクチュア(市場構造)の関係についてはBain, J. S. [1968]序章を参照されたい．

るいは不動産担保貸出比率等はマーケット・コンダクト（市場行動）の指標であると考えることができよう．ここで重要なことは，上記2グループにおいて，マーケット・パーフォーマンスでは明瞭な格差が生じたものの，マーケット・コンダクトにおいては判然たる格差現象がみられないことである．まず，割引手形比率をみると，表5-6において，格差は100万-300万円規模以下とそれ以上の規模の間で生じている．100万-300万円規模の割引手形比率は0.122であるが，これはそれ以下の規模のものに近いのである．次に，表5-8においても，割引手形比率は300万-500万円以下において低く，それ以上の規模において一段と高いことがわかろう．次に，不動産担保貸付金については，後藤新一[1970]に1926年末の公称資本金別の数字がある．それによると，1,000万円以上(11.8％)，500万円以上(23.2％)，200万円以上(18.9％)，100万円以上(30.2％)，50万円以上(34.7％)，20万円以上(47.5％)，10万円以上(42.7％)，10万円未満(35.0％)である[49]．公称資本金1,000万円以上は表5-8(19)行等から判断して払込資本金500万円以上に対応する．この規模以上では不動産担保比率は一段と低いが，それ以下の規模では格差はほぼ傾斜的であって明確な断層は見出されないのである．以上の情報は，この第2期において，中規模銀行の多くが小規模銀行と類同の産業銀行的行動を行なっており，銀行行動の商業銀行性においては大規模グループと明確な格差をもっていることを示唆している．言い換えると，この期における中小規模銀行群の2層分解は，もっぱらマーケット・パーフォーマンスにおいて生じたものであって，ビヘイヴュアないしコンダクトにおいて生じたものではないのである．このことの意味はきわめて重要である．近時の戦間期銀行構造の分析では，構造がかつて言われていたような二重構造ではなく，多層的構造であることがしばしば強調されている[50]．しかし，以上の考察によれば，パーフォーマンスは多層化したが，コンダクトにおいてはいわば第1期と同じ二重構造なのである．この点を明確に認識することなしには，財閥系大銀行を中心とする信託，保険を含む自律セクターおよび日銀貸出に支えられた地方中小銀行の親子銀行関係からなる貸越セクターという

---

49) 後藤新一[1970] pp. 130-131.
50) たとえば伊牟田敏充[1980]の重層的金融構造の概念参照．ただし，この概念は普通銀行業における多層的構造よりは広く，それに貯蓄銀行，信託，保険業等の異種金融業の結合関係をオーバー・ラップさせたものである．

表5-10 1925年普通銀行206行規模別預金・借入金利の推定

| 払込資本金規模(千円) | (1) 1,000-3,000 | (2) 3,000-5,000 | (3) 5,000-10,000 | (4) 10,000- | (5) 全206行 |
|---|---|---|---|---|---|
| 通貨性預金金利($\alpha_0$) | 0.060 | 0.042 | 0.045 | 0.114 | 0.117 |
| ($t$値) | (8.96) | (2.43) | (2.67) | (3.63) | (16.11) |
| 定期性預金金利($\alpha_1$) | 0.118 | 0.148 | 0.150 | 0.038 | 0.039 |
| ($t$値) | (16.39) | (9.87) | (5.84) | (1.76) | (7.04) |
| 借入金金利($\alpha_2$) | 0.073 | 0.036 | 0.076 | 0.256 | 0.082 |
| ($t$値) | (11.84) | (2.31) | (4.66) | (1.10) | (4.81) |
| $\bar{R}^2$ | 0.96 | 0.98 | 0.95 | 0.96 | 0.96 |

〔注〕 2×利息=$\alpha_0$×(諸預金−定期預金)+$\alpha_1$×定期預金+$\alpha_2$×(借入金+コール・マネー+再割引手形)を最小自乗法で計算. この推定方法は刈屋武昭助教授の示唆に負う.

戦間期金融構造における特徴的対比を把握しえないし,またその後の銀行集中が地方大銀行を中核とした地方的合同のかたちをとったことも理解しえないのである. これらの点については次章で詳しく検討したい.

最後に,以上の分析を補完する性格をもつ2つの分析結果について簡単に記しておこう. 第1は,預金金利の推定である. 上の206行の分析で用いた資料では,支払利息は預金金利と借入金利に分割されていないため,規模ごとの預金金利を直接求めることができない. また,表5-8に示されている預金借入金利は最高で9.3%,全行平均で8.1%であって,これは『金融事項参考書』から求められる同年12月の全国金利表中定期預金金利の最高値7.1%,最低値6.3%,平均6.8%に較べて著しく高い. これをどういうふうに解釈すべきか.

このため,われわれは規模ごとのクロス・セクションで支払利息を通貨性預金,定期預金および借入金に回帰し,表5-10のような結果を得た. 通貨性預金金利は通常定期性預金金利より低いはずであるから,1,000万円以上規模および全206行の結果には問題があるとしても,1,000万円以下の3つの規模の推定値にはそういう問題はない. しかし,11.8-15.0% という定期預金金利,および3.6% という300万-500万円規模の借入金金利は現実的であろうか. 間接的ではあるが,この推定値を支持するいくつかの証左をあげることができる. まず預金金利については,資金不足に悩む銀行の多くがその規模の大小を問わず,かなりの高率の金利を付した可能性がある. いま,日本銀行「諸休業銀行ノ破

綻原因及其整理」によれば，1927年中の休業銀行のいくつかは高利預金の吸収がその直接間接の破綻原因となったとされている．たとえば，西江原銀行（払込資本金40万円）については「協定率ヲ超ユル高率ヲ以テ預金ノ吸収ニ努力シ手許ノ緩和ヲ計レルカ遂ニハ此事発覚シテ両度迄モ組合銀行ヨリ違約金ヲ徴セラレタリ」[51]とあり，今治商業銀行（払込資本金250万円）についても「専ラ定期預金ノ吸収ニ努力シタルカ如ク其額ハ毎季累増シテ昭和元年末ニハ預金総額ノ七割余ニ達シ其支払利子モ概シテ高率ニシテ年七歩ヲ最低トスルモ大口ニ対シテハ八歩以上ノモノ多ク中ニハ九歩ヲ付セルモノアリ」[52]とされている．特に興味深いのは，同じく1927年中に休業した唯一の大銀行である十五銀行（払込資本金4,975万円）の支払利息÷預金残高が年率10.2%であり，他の大銀行の安田の8.0%，三菱の7.6%，三井及び三十四の6.2%，住友の6.0%，第1の5.0%に較べて著しく高いことである[53]．十五銀行でさえこうであるから，預金不足の他の中規模銀行が12-15%という高金利を付したとしても怪しむにたりないとも言えるわけである[54]．他方借入金利については，『金融事項参考書』から得られる1925年12月のコール・レート（無条件物・東京）が最高8.58%，最低4.20%であるから，300万-500万円規模の3.6%というのは明らかに低い．しかし，この規模の借入金・総資産比率は0.091，借入金・貸出有価証券比率は0.119であったが，再割引手形・総資産比率は0.017，再割引手形・貸出有価証券比率は0.023であり，他の規模群にくらべて著しく高く，日銀の特別融資への依存度が高いことが推察される[55]．日銀特融の金利は不明であるが，日銀『世界戦争終了後ニ於ケル本邦財界動揺史』には，1920年恐慌時の救済融資に関連して「資金ノ濫用ヲ防止スルニハ充分意ヲ用ヒテ資金ハ平素ノ筋途ヲ通シテ供給スルト同時ニ実際ニ課スル利率ニ付テハ特別ノ考慮ヲ払ヒタリ」[56]とあ

51) 『日本金融史資料』昭和編，第24巻，p.323.
52) 『日本金融史資料』昭和編，第24巻，p.174.
53) 『日本金融史資料』昭和編，第24巻，p.487.
54) 銀行の考課表に記載されている預金金利と実際に支払われた金利が乖離することはしばしばみられることである．たとえば，銀行集会所の活動がいまだ活溌でなかった1882-86年頃において久次米銀行（徳島県，資本金50万円）の考課表における預金金利は定期7%，当座4%であったが実際には11.6-15.9%の高利がつけられていたとされる（高嶋雅明[1974]）．
55) 100万-300万円規模で再割引手形・総資産比率は0.007，再割引手形・貸出有価証券比率は0.009，500万-1,000万円規模ではそれぞれ0.005，0.007，1,000万円以上規模ではともにほぼゼロである．
56) p.447.

表 5-11　1925 年普通銀行 206 行の規模の経済性分析

|  | (1) | (2) | (3) | (4) |
|---|---|---|---|---|
| $y$ | 経費 | 経費 | 経常支出 | 経常支出 |
| $x$ | 預金 | 貸出+有価証券 | 預金 | 貸出+有価証券 |
| $\alpha$ | △2.307 | △3.750 | △1.898 | △3.362 |
| ($t$ 値) | (△8.727) | (△14.362) | (△10.130) | (△18.029) |
| $\beta$ | 0.782 | 0.911 | 0.912 | 1.039 |
| ($t$ 値) | (27.826) | (33.666) | (45.766) | (53.787) |
| $\bar{R}^2$ | 0.790 | 0.847 | 0.911 | 0.934 |

〔注〕　$\log y = \alpha + \beta \log x + u$ ($u$；誤差項)を最小自乗法で計算.

表 5-12　1925 年普通銀行 206 行払込資本金規模別の規模の経済性分析

| 払込資本金規模<br>(千円) | 1,000-3,000 | | 3,000-5,000 | | 5,000-10,000 | | 10,000- | |
|---|---|---|---|---|---|---|---|---|
| 行　数 | 131 | | 27 | | 30 | | 18 | |
| $y$ | 経費 | 経常支出 | 経費 | 経常支出 | 経費 | 経常支出 | 経費 | 経常支出 |
| $x$ | 預金 | 預金 | 預金 | 預金 | 預金 | 預金 | 預金 | 預金 |
| $\alpha$ | △1.338 | △2.026 | 3.027 | 2.199 | 0.807 | 1.828 | △1.386 | △0.425 |
| ($t$ 値) | (△3.687) | (△7.869) | (1.932) | (2.216) | (0.581) | (1.553) | (△1.124) | (△0.555) |
| $\beta$ | 0.657 | 0.918 | 0.260 | 0.511 | 0.486 | 0.561 | 0.726 | 0.789 |
| ($t$ 値) | (15.801) | (31.09) | (1.612) | (5.002) | (3.570) | (4.870) | (7.034) | (12.301) |
| $\bar{R}^2$ | 0.657 | 0.881 | 0.580 | 0.480 | 0.288 | 0.439 | 0.740 | 0.898 |

〔注〕　表 5-11 と同じ.

り,また 1922 年恐慌に関しては「特別ノ方法ヲ講シテ救済ニ努メ其ノ利率ニ付テモ普通特別貸出ノ区別ナク九年ニ採リタルカ如キ厳重ナル手加減ヲ用ヒサルコトヽセリ」[57]とあり,かなりの低利であったことをうかがわせる.

　第 2 の補完的分析は規模の経済性の分析である.いま,銀行活動のコストを $y$ で,その活動の指標を $x$ で示し,$y = Ax^\beta$ というコスト函数を想定しよう.$\beta$ が 1 より小のばあい平均費用が逓減するから銀行活動に規模の経済性があるということになる.$y$ としては人件費・物件費等の経費をとることも,それに金融費用を加えた経常支出をとることも考えられる.$x$ としては,銀行をサービス生産活動を行なう企業とみなして何らかの生産量指標を作成することも考えられるが[58],ここでは単純に預金額または貸出有価証券額で銀行活動の水準

---

57) p. 686.

をあらわすこととする．上式を $\log y = \alpha + \beta \log x + u$ ($u$；誤差項，$\alpha = \log A$) と変形して，最小自乗法を適用した結果が表5-11，5-12である．表5-11で興味深いことは，預金を活動指標としたばあい，経費だけでなく経常支出にも規模の経済性があるということである．このことは，同様の函数を戦後普通・相互銀行について計測し，経費については規模の経済性が認められるが，経常支出についてはほとんど認められないとした西川俊作[1972]の結果に対照的である．この差が，両時期の預金金利決定方式の違い，すなわち戦前は市場決定であるのに対し，戦後は規制金利という点に基づくものであることは言うまでもなかろう．表5-12の規模別計測では，300万-500万円規模における規模の経済性が比較的著しいことが注目される．このことは，これらの銀行が余剰人員と非能率な支店をかかえていること，したがって預金業務がフル・キャパシティで行なわれていなかったことにも大きく依存していると思われる．

### (2) 休業銀行の実態

　この時期のたび重なる恐慌の過程で，多くの銀行が取付にあい，その何割かは休業のやむなきに至ったが，ここで興味深いことは，1920年の反動恐慌時を別にすると，その後の恐慌では休業する銀行の割合は小規模銀行よりも中規模銀行において大きいということである．表5-13を参照されたい．1920年恐慌では，資本金100万円未満の小規模銀行1,719行のうち1.1%にあたる19行が休業したのに対し，100万円以上の中規模銀行の休業率は285行中2行すなわち0.7%であって，小銀行の方が休業率が高い．しかしながら，その後の時期になると1922年10-12月の恐慌時，1922年下期から1923年上期にかけての動揺期，1927年の金融恐慌時，1930-32年の世界恐慌時のいずれをとっても，小規模銀行にくらべて中規模銀行の方が休業に陥る率は高い．もちろん休業の絶対数では小規模銀行の方が多いのであるが，それを率になおしたとき，1920年を除いて小規模銀行の休業率がかえって低いということは興味深い事実であると言わねばならない．

　1920年の恐慌では，中規模銀行の休業率が高くなかった理由は次のようである．中規模銀行は，不況の深化とともに関連企業が苦境に陥り，次第に貸出が

---

58) 蝋山昌一・岩根徹[1973].

**表 5-13　恐慌時における銀行の規模別休業率**

(1) 1920年4-7月の休業銀行（普通・貯蓄銀行）

| 資本金規模<br>（千円） | 休業<br>行数<br>(a) | 1919年末<br>公称資本<br>金別行数<br>(b) | (a)/(b) |
|---|---|---|---|
| -1,000 | 19 | 1,719 | 0.011 |
| 1,000- | 2 | 285 | 0.007 |
| 計 | 21 | 2,004 | 0.010 |

(2) 1920年下半期-1923年上半期の支払停止銀行（普通銀行）

| 資本金規模<br>（千円） | 支払<br>停止<br>行数<br>(a) | 1919年末<br>公称資本<br>金別行数<br>(b) | (a)/(b) |
|---|---|---|---|
| -50 | 1 | 404 | 0.007 |
| 50-100 | 2 | | |
| 100-500 | 8 | 545 | 0.015 |
| 500-1,000 | 9 | 206 | 0.044 |
| 1,000-5,000 | 9 | 139 | 0.065 |
| 5,000- | 3 | 51 | 0.059 |
| 計 | 32 | 1,345 | 0.024 |

(3) 1922年10-12月の支払停止銀行（普通銀行）

| 資本金規模<br>（千円） | 支払<br>停止<br>行数<br>(a) | 1921年末<br>公称資本<br>金別行数<br>(b) | (a)/(b) |
|---|---|---|---|
| -50 | 0 | 901 | 0 |
| 50-100 | 0 | 469 | 0 |
| 100-500 | 2 | 371 | 0.005 |
| 500-1,000 | 2 | 56 | 0.036 |
| 1,000- | 7 | 38 | 0.184 |
| 計 | 11 | 1,835 | 0.006 |

(4) 1927年中の休業銀行（普通銀行）

| 払込資本金<br>規模<br>（千円） | 休業<br>行数<br>(a) | 1925年末<br>払込資本<br>金別行数<br>(b) | (a)/(b) |
|---|---|---|---|
| -1,000 | 28 | 1,244 | 0.023 |
| 1,000-3,000 | 9 | 156 | 0.058 |
| 3,000-5,000 | 0 | 30 | 0 |
| 5,000-10,000 | 4 | 35 | 0.114 |
| 10,000- | 1 | 20 | 0.050 |
| 計 | 42 | 1,515 | 0.028 |

(5) 1930-32年の休業銀行（普通銀行）

| 公称資本金<br>規模<br>（千円） | 休業<br>行数<br>(a) | 1925年末<br>公称資本<br>金別行数<br>(b) | (a)/(b) |
|---|---|---|---|
| -500 | 7 | 246 | 0.029 |
| 500-1,000 | 13 | 235 | 0.055 |
| 1,000-2,000 | 16 | 209 | 0.077 |
| 2,000-5,000 | 11 | 99 | 0.111 |
| 5,000-10,000 | 5 | 43 | 0.116 |
| 10,000- | 4 | 49 | 0.082 |
| 計 | 56 | 881 | 0.064 |

〔資料〕　(1)は『日本金融史資料』明治大正編，第22巻，pp.547-548，(2)および(3)はpp.712-713．(4)は『日本金融史資料』明治大正編，第22巻，pp.986-987，(5)は進藤寛「明治後期から昭和初期までの銀行合同その1」小樽商科大学『商学討究』第15巻，第4号(後藤新一[1968] p.283から再引用)による．公称資本金別行数は後藤新一[1970]表26の1，表72の2による．普通銀行には他業兼営を含み貯蓄兼営を含まない．1925年末払込資本金別行数は表5-6と同じ資料．

〔注〕　(払込)資本金規模でA-BとあるのはA以上B未満．(1)は(a)，(b)に普通銀行，貯蓄銀行の両方を含む．(2)-(4)は普通銀行のみ．

固定化し，預貸率の上昇，預金コストの高騰圧迫に悩むにいたるのだが，1920年恐慌の段階では，このような中規模銀行の経営悪化はいまだ生じていなかったと考えられる．これに対して，小銀行の中には，情実による貸出を行なったり，重役が名前だけのものであり銀行業務に関する知識を全くもちあわせていなかったりするような前近代的な銀行が少なからずあり，これらが恐慌の衝撃で一挙に破綻したと考えられる．日本銀行の『世界戦争終了後ニ於ケル本邦財界動揺史』は，この反動恐慌によって明らかとなった銀行経営上の問題点を次のように整理しているが，これはこの時期における欠陥小銀行の実態を指摘したものとして興味深い．

「一．銀行重役カ他ノ事業ニ直接ノ関係ヲ有シ又ハ自ラ投機ヲ行ヒ，自然銀行ヲシテ此等重役ノ投機又ハ事業ノ金融機関タラシムコト．二．貸出ノ放慢ナルコト．㈶情実ニ依リテ貸出ヲ行フコト多キ結果一会社，一個人若クハ同一事業ニ対シテ比較的多額ノ貸出ヲナスコト　㈺不動産抵当又ハ容易ニ換価シ得サル担保物ニ対シテ多クノ貸出ヲナスコト　㈻信用貸多キコト．三．重役ノ責任観念非常ニ薄キコト，又監査役ノ監査ノ如キ有名無実ニ過キサルコト此等ノ点ハ地方銀行ニ於テ一層甚シキヲ見ル．四．地方銀行ニハ其土地ノ資産家ノ片手間仕事トシテ副業的ニ経営セラルヽ風アリテ重役カ殆ド実際ニ行務ヲ見サルモノ甚タ多キコト．以上三卜四ノ原因ハ破綻銀行ノ多クニ其例ヲ認ム．五．銀行業者ト取引業者トノ関係密接ナラサルコト．銀行業者ト取引先ト関係密接ナラス，其間事情ノ疎通セサル為メ一朝事アルニ際シ銀行ハ徹底的ニ其機能ヲ発揮スルコト能ハス銀行，取引先共ニ非常ナル不利益ニ陥リタル事実ハ此反動期ニ於テ痛切ニ経験セシ所ナリ．六．現金支払準備金ノ割合少キコト．

以上ハ，今回ノ大反動期ニ於テ経験シタル銀行経営上ノ主ナル欠点ナルカ，中ニハ一及二㈶即チ銀行ヲ投機又ハ事業ノ金融機関トスルコト及ヒ一会社一個人若クハ同一事業ニ多額ノ貸出ヲ為スコトノ二点ハ銀行ノ破綻若クハ窮状ニ陥リタル最大原因ヲ為セルカ如シ」[59]．

また同資料は1920年(大正9年)と1922年(大正11年)の恐慌の性格を比較し，1922年恐慌は銀行自体の不健全性に恐慌の主要な原因があったとして次のように記している．「十一年末ノ銀行界動揺ハ範囲頗ル広汎ニ亘リシカ九年上

---

59)　『日本金融史資料』明治大正編，第22巻，pp. 548-549.

半季ニ於ケル動揺ト其ノ趣ヲ異ニシ，九年上半季ニ於テハ銀行カ一般経済界ニ襲来セル恐慌ノ渦中ニ捲キ込マレタルモノナルニ反シ，十一年末ニ於ケル銀行業者中二三平素ノ経営振放慢ナルモノカ偶々其不始末ヲ暴露シタルニ基キ実ニ動揺ノ端ヲ銀行自体ニ発シ，財界不況ノ為メ萎縮セル人心ヲ少カラス不安ナラシメ一般預金者ヲシテ銀行ニ対シ疑惧ノ念ヲ生セシメタル結果，累ヲ多数同業者ニ及ホシタルモノニシテ財界ノ根底ニ変動ヲ来セルニハアラサルナリ」[60].

高橋亀吉はこれをうけて「九年上期における銀行取付動揺は，一般経済界を襲来した恐慌の渦中に，銀行が捲きこまれたものであった．しかるに十一年十二月のそれは，財界の根底に新規の変動が起ったことに基因するものではなく，その動揺の端を主に銀行自体の不始末暴露に発している．この点こそ，この期間の銀行取付け動揺の最も注目に値する特色である．なる程，その直接の動因をなしたものは，本来放漫な経営をして来た少数銀行業者が，たまたまその不始末を暴露し，それが一般預金者の人心不安を激成するに至ったことにあるが，その根本は，九年反動によって受けた大きな打撃を整理せず，これをヒタ隠しにして，無理な乃至は不正な糊塗弥縫を続けて来たところ，十年の中間景気の反動で更に打撃を加重し，いよいよ致命的症状となったことにある．要するに銀行自体の内容が極度に悪化腐朽していて，僅かの風雨に襲われても忽ちに倒壊する状態の銀行が少なくなかったところへ，一陣の強風が来て倒壊したのである」[61]としている．

　長期的な不況の影響は大戦中急成長した新興企業群および農業に基盤をおく在来商工業に特に深刻であり，これと結びついていた中規模銀行の経営内容は不況の深化とともに悪化した．前節で検討したように，1925年の普通銀行業では払込資本金300万-1,000万円の中規模銀行群が高預貸率，高預金コスト，高借入依存度という形できわだった不健全性を示すに至った．当然のことながら，続いて生じた1927年の金融恐慌では，500万-1,000万円規模の休業が0.114と最も高く，300万-1,000万規模でみても0.062と最も高い休業率を示している（表5-13）．しかも，これら休業銀行の中には，十五銀行，台湾銀行は別格としても，中井，村井，中沢，東京渡辺，左右田銀行等の有名銀行が数多く含まれ，

---
60) 『日本金融史資料』明治大正編，第22巻，pp. 711.
61) 高橋亀吉[1955]（上）p. 410.

表5-14 1927年中休業銀行の財務比率(日本銀行「諸休業銀行ノ破綻原因及其整理」に記載されている休業普通銀行)

| | (1)払込資本金(千円) | (2)預金・払込資本金比率 | (3)預貸率 | (4)不動産担保貸出割合(%) | (5)保証信用貸出割合(%) | (6)貸出に占める株主関係貸出の割合(%) | (7)貸出に占める重役・行員関係貸出の割合(%) | (8)貸出に占める関連企業貸出の割合(%) |
|---|---|---|---|---|---|---|---|---|
| 久喜銀行(埼玉) | 161 | 10.3 | 0.88 | 61.6 | 32.7 | — | — | — |
| 河泉銀行(大阪) | 250 | 6.6 | 0.97 | — | — | 49.0 | | — |
| 東葛銀行(千葉) | 400 | 4.8 | 0.91 | — | 68.1 | — | 30.2 | — |
| 西江原銀行(岡山) | 400 | 6.7 | 1.04 | 30.7 | 38.1 | — | 16.4 | — |
| 徳島銀行(徳島) | 700 | 11.0 | 0.63 | 19.5 | 49.8 | 9.7 | — | 30.9 |
| 栗太銀行(滋賀) | 800 | 7.8 | 1.02 | 36.1 | 32.5 | — | 22.9 | — |
| 鞍手銀行(福岡) | 1,000 | 5.8 | 0.93 | 31.4 | 51.4 | — | — | — |
| 中沢銀行(東京) | 1,250 | 7.0 | 1.40 | 2.7 | 89.2 | 23.0 | — | 71.4 |
| 東京渡辺銀行(東京) | 2,000 | 18.5 | 1.04 | — | — | 36.1 | 37.7 | |
| 八十四銀行(石川) | 2,300 | 7.7 | 0.91 | — | — | — | 18.9 | — |
| 今治商業銀行(愛媛) | 2,500 | 5.5 | 1.28 | 29.9 | 49.1 | — | 28.7 | — |
| 左右田銀行(神奈川) | 2,500 | 8.7 | 1.07 | 9.7 | 69.8 | 9.2 | — | 31.1 |
| 中井銀行(東京) | 5,000 | 9.1 | 0.91 | 25.7 | 23.4 | 2.8 | — | — |
| 村井銀行(東京) | 5,125 | 11.7 | 0.95 | 11.3 | 66.0 | 25.8 | — | — |
| 第六十五銀行(兵庫) | 6,250 | 4.5 | 1.03 | 10.8 | 42.5 | 22.5 | 5.9 | — |
| 近江銀行(大阪) | 9,375 | 14.6 | 0.91 | 12.3 | 58.6 | — | 7.7 | — |
| 十五銀行(東京) | 49,750 | 7.4 | 0.97 | — | — | 35.8 | 4.5 | 34.0 |
| (参考)普通銀行平均 | 1,677 | 6.1 | 0.94 | 21.0 | 33.8 | | | |

〔資料および注〕 (1)–(3)は日本銀行「関東震災ヨリ昭和二年金融恐慌ニ至ル我財界」(『日本金融史資料』昭和編, 第24巻)による. 1926年末現在の数字. (4)–(8)は日本銀行「諸休業銀行ノ破綻原因及其整理」(同上資料)による. 時点は銀行によって異なるが, 原則として休業時点の数字. 徳島銀行の(4), (5)は大口貸出のみ. (7), (8)は分子に小口貸出をも含む. 村井銀行の(6)は株主に対する大口貸出の総貸出に対する割合. 普通銀行平均の値は後藤新一[1970]による.

中流銀行の経営上の欠陥が深刻な問題点として浮上してきた. 日本銀行「関東震災ヨリ昭和二年金融恐慌ニ至ル我財界」では, 金融恐慌時の休業銀行の問題点を次のように整理しているが, これは主としてこの時期の中規模銀行にみられる欠陥を指摘したものと言うことができる. 「各休業銀行ニ共通ナル経営上ノ欠陥ヲ挙ゲルハ概ネ次ノ如シ. ㈠貸出方針積極的ニ過キ寧ロ無謀ト称スヘキ程度ノモノ少カラサリシコト ㈡貸出先著シク偏倚シ殊ニ欧州大戦中新ニ勃興シタル基礎薄弱ナル事業ニ対スルモノ並ニ震災ニ最関係深キ東京方面ニ対スルモノ大部分ヲ占メ且ツ其貸出ヲ概ネ大口ニ偏シタルコト ㈢重役関係事業ニ対スル貸出巨額ニ過キ且ツ其貸出条件不当ナリシコト ㈣信用貸少カラス有担保ノモノト雖モ其担保品ハ不動産等換価若クハ処分ノ容易ナラサルモノ多ク又担保有価証券カ債務者タル法人ノ株式又ハ社債等ヨリ成レルモノ少カラサルコト

㈤大正九年ノ財界反動ト十二年ノ大震災ニ依リ預金ハ漸減ノ傾向ヲ辿リ一方貸出ハ固定化シタルニ拘ラス当局者ニ徹底的整理ノ果断ナク却テ無理ナル配当率ヲ維持シ其間営業資金ノ大部分ヲ借入金等ニヨリ一時ヲ弥縫シ来リタルコト等ヲ挙クルヲ得ヘシ」[62]．こうした欠陥の一端は，1927年における一部休業銀行の情報を整理した表5-14からもうかがえよう．河泉，徳島，中沢，東京渡辺，左右田，村井，十五銀行等の諸行で株主関係，重役関係，関連企業関係への貸出割合が多いことが注目される．これらの多くは回収不能になり休業の主要な原因となった．また，不動産担保および保証信用による貸出の割合も著しく高い．預金・払込資本金比率のかなり高いことが注目されるが，これは1つにはさきに述べたように高金利，高経費で無理をして預金吸収に努めた結果であり，いま1つはこれらの銀行が第1次大戦期に急速に預金を増加させ，預金の漸減した後においても，かなり高い預金・払込資本金比率を維持していたことによるものと思われる[63]．

### (3) 銀行法による小銀行の整理

1927年3月公布，28年1月施行の銀行法は，普通銀行の最低資本金を原則として100万円とし，東京・大阪に本支店を有する銀行は200万円，人口1万未満の地に本店を有する銀行は50万円とした[64]．しかも，政府は無資格銀行の単独増資をなるべく認めないことにし，特に最低資本金を100万あるいは50万円に増資すべき銀行については，単独増資を原則として認めずすべて吸収ないし合併増資とした[65]．このため，1928年から無資格銀行の存続猶予期間の終る1932年にかけて小銀行の合同と切捨ては急速度で進展することとなった．表5-15は，銀行法施行時における無資格銀行617行に施行後に新立合併減資等により新たに無資格銀行となったもの14行を加えた631行の整理状況を示したものである．これによると合併買収による減少数は340行で全体の53.9%であるが，増資によるものは50行で全体の7.9%にすぎず，残りの241行はすべて解散，業務停止，免許取消，存立期間満了等の形で切捨てられたことがわ

---

62)　『日本金融史資料』明治大正編，第22巻，p.984．
63)　伊牟田敏充[1971] p.977参照．
64)　銀行法とそれによる整理過程の詳細については後藤新一[1968] pp.251-280を参照されたい．
65)　『東洋経済新報』第1273号（昭和2年11月5日），p.31．

表 5-15 銀行法による無資格銀行整理状況
（1928-32 年の合計）

| | 行　数 | 公称資本金 |
|---|---|---|
| 合　併 | 230 (36.5) | 58,156 (35.9) |
| 買　収 | 110 (17.4) | 21,075 (13.0) |
| 増　資 | 50 (7.9) | 18,994 (11.7) |
| 解　散 | 115 (18.2) | 23,607 (14.6) |
| 業務停止 | 74 (11.7) | 19,609 (12.1) |
| 免許取消 | 30 (4.8) | 9,530 (5.9) |
| 破産確定 | 11 (1.7) | 4,595 (2.8) |
| 存立期間満了 | 6 (1.0) | 2,450 (1.5) |
| 支店廃止 | 4 (0.6) | 4,000 (2.5) |
| 行主死亡 | 1 (0.2) | 20 (0.0) |
| 合　計 | 631 (100.0) | 162,036 (100.0) |

〔資料〕　後藤新一[1970] p.59 による．原資料は小宮陽「所謂一県一行主義の原理」全国地方銀行協会『会報』第2号(1937年5月).

表 5-16　1932年普通銀行規模別財務比率

| | (1) | (2) | (3) | (4) | (5) | (6) | (7) | (8) | (9) |
|---|---|---|---|---|---|---|---|---|---|
| 払込資本金規模<br>(千円) | 100-300 | 300-500 | 500-1,000 | 1,000-3,000 | 3,000-5,000 | 5,000-10,000 | 10,000-50,000 | 50,000- | 全銀行 |
| 行　数 | 90 | 104 | 154 | 113 | 23 | 31 | 14 | 5 | 534 |
| 預貸率 | 0.838 | 0.994 | 0.932 | 0.881 | 0.869 | 0.950 | 0.782 | 0.669 | 0.780 |
| 預貸証率 | 1.112 | 1.233 | 1.204 | 1.217 | 1.210 | 1.234 | 1.164 | 1.048 | 1.134 |
| 預金・自己資本比率 | 3.225 | 2.440 | 2.790 | 3.580 | 4.245 | 3.503 | 5.616 | 5.932 | 4.690 |
| 自己資本未処分利益剰余金率 | 0.092 | 0.072 | 0.083 | 0.072 | 0.078 | 0.079 | 0.100 | 0.134 | 0.100 |

〔資料〕　『第五十七次銀行局年報』全538行のうち資料の不完全な七十四，若尾，藤田，泉南の4行を除く．

かる．

　この整理過程において普通銀行数は，有資格銀行の減少も含めて1927年の1,283行から1932年の538行へと急激に減少するとともに，5大銀行を中心とする大銀行のシェアーはますます増加した．いま整理過程の終了時点1932年末の普通銀行業の規模別主要指標を整理すると表5-16のようになる．この表から読みとれる重要な事実は，金融恐慌前にみられた3層構造が消滅したことである．すなわち，払込資本金1,000万円以下の中小銀行は預貸率，預貸証率，

表 5-17 日銀取引先普通銀行(シンジケート銀行とその他銀行)の預金コスト，証券・貸出利回比較(1932年下期)(単位：%)

| | (1) | (2) | (3) | (4) | (5) | (6) | (7) | (8) |
|---|---|---|---|---|---|---|---|---|
| | 預金コスト | | | 証券平均利回 | 利鞘 (4)−(3) | 貸出平均利回 | 利鞘 (6)−(3) | 行数 |
| | 預金平均利率 | 経費率 | 計 | | | | | |
| シンジケート銀行 | 3.79 | 1.11 | 4.90 | 5.62 | 0.72 | 5.26 | 0.36 | 11 |
| その他銀行 | 3.94 | 1.62 | 5.56 | 5.67 | 0.11 | 5.93 | 0.37 | 136 |

〔資料〕 日本銀行調査局「満州事変以後の財政金融史」(1947年10月)『日本金融史資料』昭和編, 第27巻.

預金・自己資本比率および自己資本未処分利益剰余金率のいずれをとってもほぼ同質的であり，しかもいずれの指標をとっても1,000万円以上の大銀行との間にははっきりした格差がある．

また，表5-17によってシンジケート銀行である11行とその他の日銀取引先銀行136行を比較すると，預金コスト中の経費率において大きな格差があり，それが利鞘の格差を生みだしていることがわかる．

こうした構造は，一見かつて明治末期にみられた構造に類似している．しかし両者の間には1つの重大な差異がある．それは大銀行のシェアーがこの時期において圧倒的に大きくなったことである．表5-1によると，払込資本金，預金，貸出金，有価証券における5大銀行の全普通・貯蓄銀行に対するシェアーは1910年にはそれぞれ10.2%，17.4%，15.1%，21.1%であったものが，1930年においてそれぞれ24.1%，31.0%，27.6%，31.4%であり，それ以後もこの比率は上昇しつづけている．また表5-16に用いた534行の普通銀行についてみると，払込資本金1,000万円以上の19行のシェアーは，払込資本金，積立金，預金，貸出金，有価証券において，それぞれ46.4%，67.0%，65.3%，59.5%，70.1%であり，この時期の大銀行が単に財務面で中小銀行よりすぐれていただけでなく，各種シェアーにおいても全銀行の半ばを占めるものであったことがわかる．銀行法施行後のこうした現象を加藤俊彦[1957]は「巨大銀行の制覇」と表現している[66]．

銀行法による強制的整理過程は，しかしながら，次のような問題点を残すこととなった．第1に，整理が小銀行を対象とし，小銀行以上に休業率の高い中

---

66) 加藤俊彦[1957] p. 310.

規模銀行が対象からはずされたため,中規模銀行の不健全さがそのまま残されたことである.政府は無資格銀行だけでなく有資格銀行についても合同を勧奨し,1928年以後中規模銀行の合同はかなり進展したが,引続く不況の影響もあってその経営内容は必ずしも改善されなかった.このことは,表5-13にみられるように,1930-32年の世界恐慌時においても相変わらず中規模銀行の休業率が高いことからもうかがわれるであろう.第2に,小銀行合同によって出来た新立銀行の多くが合同前の不良資産をそのままかかえていたため必ずしも健全でなく,しばしば新立後に窮地に陥ったことである.すなわち,政府は合同参加銀行の体面を考えて,形式的には1対1の対等合併の方式をとるとともに,不良資産の整理を極力勧奨したのであるが,参加銀行にとっては,不良資産を正直に提示すると合同条件が不利になるおそれがあり,場合によっては合同そのものが不成功に終り,銀行の信用の喪失,取付という事態すら予想された[67].このため,参加銀行はその資産上の欠陥を隠蔽することが多く,引続く不況の影響もあって「健全にするための合同が却って不健全になることが多かった」[68]と言われる.第3に,この整理によって資金の大銀行への偏在,地方在来部門の資金不足がさらに深刻化したことである.預貯金の郵便貯金,大銀行預金へのシフト,その結果としての中小銀行の資金不足,大銀行の資金余剰という状況はすでに1920年の反動恐慌以後慢性化していたのであるが,この状況は不況の進展とともに引続き進行したが,銀行法による小銀行の整理は中小商工業者と地方在来産業に対して新たな打撃を与えた.それは,第1に241行という多数の小銀行が全く消滅したことによるものであり,第2に合同による新立銀行が従来の在来的顧客への貸出を必ずしも十分行なわなかったことによる.この点について金融研究会[1934]は次のように記している.「最近の合同運動が地方に汎く散在した小規模銀行の大部分を整理し,地方金融界の事情を一変せしむるに至つた為め,永く地方の産業に親しみ,これに金融上の便宜を与へてゐた銀行が失はれるに至つた.然るにこれに代つた支店銀行が地方産業に対する理解と同情に欠く所あつたが為め業務が動やもすれば機械的となり,貸出を手控ふる傾向となり,それと同時に地方の資金が大都会へ流入・偏在する傾

---

67) 金融研究会[1934] pp. 103-104.
68) 後藤新一[1968] pp. 294-295.

向は顕著なるものがあつた」[69].不況の過程で集中した資金を大銀行は主として公社債等の有価証券に投下し，預金部は1922年の改造を契機に地方資金の割合を増加させつつあった．しかし，次章で述べるように，預金部資金は主として勧業銀行等を経由して産業組合，地方公共団体に供給されたものであって，直接に地方在来企業をうるおすことは少なかった．

## [3] 第3期；1933-45年

　銀行法による小銀行の強制的整理過程の終了した1932年以後の3,4年間は，合同数，破綻数ともに少なく行数は比較的安定的に推移していたが，日中戦争の始まる1937年以降再び急激な銀行合同の進展がみられるようになった．第3期を通してみると，破綻による年平均減少数は7.8行，合同による減少数は39.5行と圧倒的に合同による減少が大きく，普通・貯蓄銀行数は1933年の625行から1945年の65行へと減少し，期間減少率は89.6％と第2期の68.8％よりはるかに高いことが注目される(表5-4)．

　この期の銀行合同が急速な進展を示したことの1つの理由は，政府による合同の勧奨である．特に1933年，従来の預金者保護にかわって金融統制を銀行合同の目的とするという新方針が出されて以来，銀行合同は戦時経済統制の一環として推進されるようになった．また，日中戦争開始以後の低金利政策の遂行には銀行の預金コストの低下が必要とされ，効率化行政としての合同運動が強行された．1942年の金融事業整備令は，実際に用いられたことはなかったとは言え，政府に銀行合同の命令権を与えたものであり，「銀行合同に対する暗黙の強権」[70]が明白な姿をとったという意味で象徴的である．合同進展のいま1つの大きな原因は，この時期における金融統制により地方銀行がその経営基盤を奪われて資産運用難に陥ったことにある．すなわち，経済統制の強化とともに地方銀行は従来からの顧客である在来商工業部門への貸出がむずかしくなり，もっぱら有価証券への投資を行なわざるを得なくなった．有価証券の金利

---

69) p.143.
70) 後藤新一[1968] p.376. その第1条には「主務大臣金融事業の整備を図るため必要ありと認むるときは金融機関に対し，事業の委託，受託，譲渡若は譲受又は法人の合併の命令を為す得」とあり，これにより金融機関の整理統合のための強権発動が可能となった訳である．

は国債をはじめとして低位に規制されており，地方銀行は預金金利を引下げるとともに経費引下げのために合同を行なうことが不可避となったのである．また，こうした過程で，従来の大銀行の資金過剰，コール市場における余資運用という戦間期型資金偏在現象は解消する．都市銀行の日銀借入依存度は1942年頃から正となり，その後著しく増加する．また，地方銀行は，太平洋戦争開始以降，預貸率が30％程度にまで下り，もっぱら国債消化機関的な役割を果すにすぎなくなるに到る．

以下では，この期を満州事変期の1933-36年と日中戦争・太平洋戦争期の1937-45年に区切り，各時期における銀行業産業組織の変動過程を検討する．

### (1) 満州事変期 (1933-36年)

満州事変 (1931年開始) 以降の「非常時」経済は，軍事支出の増大 (1931年からの満州事件費，1932年からの兵備改善費)，金輸出再禁止 (1931年) と資本逃避防止法 (1932年)，外国為替管理法 (1933年) の制定，歳入補填国債の日銀引受

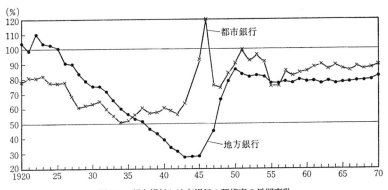

図5-1 都市銀行と地方銀行の預貸率の長期変動

〔資料〕『本邦経済統計年報』1936, 40, 49, 52, 74年版，『三井銀行八十年史』，『三菱銀行史』，『住友銀行史』，『第一銀行史』，『安田銀行六十年史』．

〔注〕預貸率＝貸出金÷預金．都市銀行は1932年まで三井，三菱，住友，安田，第一の5行，1933-42年は上記に三和を加えた6行．1943-44年は帝国，三菱，住友，安田，三和の5行，1945-46年は上記に野村，東海，神戸を加えた8行．1947年は帝国，千代田，富士，大阪，三和，大和，東海，神戸，第一の9行，1948-52年は三井，三菱，第一，富士，住友，三和，大和，東海，神戸，協和，東京の11行，1953-67年は上記に勧業，北海道拓殖を加えた13行，1968年以降は上記に太陽を加えた14行である．地方銀行は都市銀行以外の普通銀行に (1948年まで) 貯蓄銀行を加えたものである．

発行と売オペレーション(1932年以降)による低金利政策の推進，日銀の保証準備発行限度の拡張および制限外発行税率の引下げ(1932年)，時局匡救費(1932-34年)等話題の多い時期であるが，全般的には，金融の超緩和基調，企業部門における遊休能力の存在および為替レートの低落の中で「財政と輸出」に支えられた景気回復の時期であった[71]．軍事費のGNPないし歳出に占める割合はいまださほど高くなく[72]，金融統制も萌芽的でしかなかったが[73]，銀行業産業組織および銀行政策の面では2つの注目すべき変化があらわれつつあった．

　その第1は，大銀行の資金過剰，地方中小銀行の日銀借入依存という第1次大戦終了時以来の戦間期型資金偏在パターンが解消する傾向が見えはじめたことである．図5-1を参照されたい．預貸率は1935年以前は，地方銀行の方が高く，それ以後戦後期にかけて(1955, 56年を除いて)は逆に都市銀行の方が高い．また趨勢においては，1934年頃まで都市銀行，地方銀行ともに低下しているが，1935年以降地方銀行の預貸率は引続き低下するのに対し，都市銀行の預貸率は上昇に転じている．こうした変化の生じた理由としてはつぎのようなものをあげることができよう．(i)鉄鋼，化学，窯業等を中心に重化学工業の成長率が高まり，都市銀行を中心に設備資金需要が出てきたこと．(ii)米穀統制法の実施(1933年)による米の買上資金放出，地方自治体による農村救済資金の放出等によって地方の資金が増加したこと．(iii)有価証券，不動産の値上りにより不良資産の整理が進行したことおよび弱小銀行が不況と銀行法によって切捨てられたことにより，地方銀行への信頼性が上昇し，預貯金が増加しはじめたこと．

　こうした資金偏在の解消は政策的にも意図されたものであった．たとえば，1934年大蔵大臣高橋是清は「従来地方ノ資金ガ頻リニ中央ニ吸収セラレ，是ガ為ニ動モスレバ地方ニ於テ資金ノ手薄ヲ来ス虞ガアリ，随ツテ地方金利ノ低下ヲ期シ得ザルガ如キ傾向ガ存シマスコトニ付キマシテハ，政府ニ於キマシテモ従来或ハ地方銀行ノ合同及ビ大銀行地方支店ノ整理ヲ奨励シ，或ハ不動産金融ノ制度ヲ改メテ，地方銀行ト不動産銀行ノ接触ヲ促シマスル等，諸種ノ方策ヲ

---

71) 中村隆英[1971] p. 213.
72) 中村政則[1979 a] p. 23.
73) 日本銀行「戦時金融統制の展開」(1943年4月)『日本金融史資料』昭和編，第27巻，p. 399.

講ジテ是ガ改善ニ努力シ来ツタノデアリマスルガ，斯カル傾向ハ未ダ完全ニ打破セラルルニ至ツテ居リマセヌ，此ノ点ニ関シマシテハ私ハ一面ニ於テ地方銀行自カラ愈々其ノ経営ヲ堅実ニシテ，信用ノ向上ヲ図リ，金利ノ低下ニ努メマスルト共ニ，他面大銀行ニ於キマシテモ大局ニ着眼シテ，自重ヲ加ヘテ，例ヘバ地方支店ノ廃合又ハ支店預金金利率ヲ本店並ニ引下ゲマスルコト等ニ依リテ，極力地方銀行トノ競争ヲ避ケ，併セテ地方資金ノ還元ニ遺憾ナキヲ期スルヤウナ方法ニ依ルコトガ最モ適当ト考ヘマス」[74]と述べ，地方金利の低金利化のために従来の資金偏在パターンの解消の必要なことを主張している．しかしながら，こうした政策当局者の意図はともかくとして，この時期の資金偏在パターンの変化は主として上記(i)～(iii)の理由によるものであって，政府の銀行政策の直接的効果はさほど大きな要因ではなかった．たとえば，大銀行はこの時期若干の地方支店の整理を行なったのであるが，それは「金融緩慢，低金利の時に当り，店舗にして採算のとれぬものが多くなり店舗の多いことが却つて負担となるといふ事情のために，進んで支店，出張所の廃止，支店の格下げを為すものを生じ，寧ろ大蔵省の勧奨よりも自発的に行ふに至つた」[75]ものとされているし，資産運用に対する規制等ももちろんこの時期にはなかった．

この時期におけるいま1つの重要な変化は，銀行行政の目的が従来の預金者保護，信用秩序の維持から効率化と金融統制の確立へと切換えられたことである．すなわち，大蔵省は1933年次のような新方針を決定した．

「(1) 個々の銀行に対して個別的に内容の堅実化を図り，其の主たる目的を預金者保護に置ける従来の消極的銀行政策を一擲する．

(2) 今後は一府県または経済的に一単位と見らるゝ地域内の全金融系統を整備し，金融統制を確立することを以て政策の主眼とする．

(3) 其の実行方法として

(イ)同一地方に多数の銀行が併存し，金融統制上面白からざるときは，其等銀行が内容堅実なる場合と雖も合併，合同を勧奨すること．

(ロ)東西有力銀行の支店，出張所が当該地方金融界を著しく圧迫し居る場合には之を引上げしむるか之を地方銀行に売却せしむ．

---

74) 『日本金融史資料』昭和編，第6巻，p.397.
75) 矢尾板正雄[1934] pp. 212-213.

(ハ)県外支店を整理し，又不当競争を避けしむる為め支店，出張所の廃合を行はしむること．

(ニ)当該地方の中心をなすべき銀行の資力信用の薄弱なる場合には，都市有力銀行と資本関係を結ばしむるか，又は府県町村等の公共団体をして援助せしむること．

(ホ)銀行の相互援助組織の確立を促進すること」[76]．

この新方針にみられる金融統制のための地方的合同という方向は，その後1936年大蔵大臣馬場鍈一が「普通の県に於ては一県一行乃至二行を理想とする」[77]と述べたことにより，より具体的になり，その後の銀行合同政策は「一県一行主義」の下に進められることとなった．もちろん経済地域ごとに小銀行を合同させるという方針は決して新しいものではなく[78]，銀行法による整理過程も地方的合同方式によって行なわれたわけであるが，その目標を一県一行とし，目的を金融統制の確立に置いた点が重要であり，「非常時」における1つの大きな変化と目されるわけである．

しかし，こうした政府の方針にかかわらず，この時期の合同による減少数は少なく，1933年11行，1934年25行，1935年14行，1936年25行であった．また三十四，山口，鴻池の合併による三和銀行の成立(1933年)を例外として，合同参加銀行も小銀行が主であった．

### (2) 日中戦争・太平洋戦争期(1937-45年)

1937年の日中戦争の開始とともに，我国経済は本格的な戦時経済へ移行した．軍事費の歳出総額およびGNPに対する割合は1936年の52.8%および6.8%から1937年には一躍75.2%および15.2%となり，これらの割合は以後も1941年まで増加しつづけた[79]．高橋財政期のケインズ的低金利リフレーション政策を可能ならしめた遊休生産能力も1935年頃には底をつき，以後は，非生産的軍

---

76) 金融研究会[1934] pp. 238-239．
77) 第69議会貴族院予算委員会での大蔵大臣の説明．『昭和財政史』第11巻, p. 139．
78) さきに述べたように従来明治末期以降の政府銀行合同方針は英国流の大銀行主義であった．地方的合同方針がはっきりと意識されるようになったのは1921年ないし1924年頃からのことであると考えられる．この点については後藤新一[1968] pp. 193-201, pp. 326-330を参照されたい．
79) 中村政則[1979 a] p. 23．

事支出と生産力拡充のための投資支出の間の競合関係の調整，およびこれら支出の低金利での調達に伴う通貨供給増とインフレの危険の間のトレイド・オフ関係の調整が戦時金融統制の主たる課題となる．われわれの本章での分析目的である銀行業の産業組織も金融統制の一環として規制され，変容を遂げることとなる．

金融統制の第1の目的すなわち軍事支出と生産力拡充投資支出との間の競合関係は，もっぱら軍需関係以外の民間支出を統制によって圧縮することによって対応された．このための手段は，1937年の臨時資金調整法をはじめとする一連の資金運用制限ないし命令措置であり，それらの主なものだけでも会社利益配当及資金融通令(1939年)，銀行等資金運用令(1940年)，金融統制団体令による全国金融統制会設立(1942年)，戦時金融公庫の設立(1942年)，軍需融資指定金融機関制度(1943年)，等々あげることができる．これらの内容の詳細は省略するが[80]，いずれも資金を軍需関連産業に集中することを目的としたものであり，その直接の資金配分効果とは別に，間接効果として銀行産業組織に大きな影響を及ぼした．それは，こうした措置による資産運用制限が従来在来部門ないし非軍需関連部門を主たる顧客としていた地方銀行の資産運用を困難ならしめ，中小銀行間の合同を余儀なくしたことである．

すなわち，製造業中の繊維食料品といった産業は，資金供給が削減され衰退したため地方銀行はその主要な貸出先を失った．また配給制度などによる流通機構の統制は，産業組合と各種統制団体を従来の問屋にとってかわらせた．このため，地方銀行は商業流通面でも資金運用難に陥った[81]．地方銀行は国債を中心とする低利の有価証券投資に向うほかなく，証券投資の低利回に対応するために資金コスト引下げを目的として合同せざるを得なくなったのである．

ところで，この軍需産業への資金集中措置は地方の中小銀行間の合同を促進しただけでなく，太平洋戦争期にはいってからは従来合同運動には概して関係のうすかった都市の大銀行による合同をも推進せしめた．これは軍事産業の資

---

80) 戦時金融統制の詳細については『日本金融史資料』昭和編，第27巻の「満州事変以後の財政金融史」，「戦時金融統制の展開」および「金輸出再禁止より終戦までの我国経済統制の推移」を参照されたい．
81) 東京銀行集会所調査課編[1934]第5章には米の配給機構の変化が地方銀行に及ぼした影響に関する興味深い叙述がある．

金需要が巨大化し財閥系大銀行ですら従来の規模では応じきれなくなったためである. 例をあげれば三井銀行による西脇銀行の買収(1941年), 三井と第一の合同による帝国銀行の設立(1943年), 帝国銀行による十五銀行の買収(1944年), 三菱銀行による第百銀行の合併(1943年), 住友銀行による佐賀百六銀行の買収(1943年), 三州平和銀行の買収(1943年), 阪南銀行, 池田実業銀行の吸収合併(1945年), 安田銀行による日本昼夜銀行の買収(1943年), 昭和銀行の吸収合併(1944年), 第三銀行の買収(1944年)等であり, この結果大銀行のシェアーはさらに高まり, 1945年において5大銀行の普通・貯蓄銀行に占めるシェアーは実に払込資本金において40.4%, 預金において45.7%, 貸出において58.6%, 有価証券において24.7%となった[82].

さて, 軍事費と生産力拡充資金を低金利で調達するための簡便な方法は通貨供給量を増加させることである. 政府は1937年の国債担保の日銀貸出金利を引下げ従来の逆鞘から順鞘にすることにより, 日銀の対民間貸出による低金利赤字国債発行の途を開いたが[83], 日銀貸出による通貨増発は当然のことながらインフレーションの危険をはらむ. このために併用されたのが,「人為的な低金利政策」すなわち金利規制である. 政府は会社経理統制令により株式配当を規制し, 社債の起債調整により金利を統制するとともに, 銀行の資金コストの中心部分である預金コストの引下げをはかった[84]. 1938年の第1次と1939年の第2次の2回にわたってくり広げられた金利平準化運動がそれであり, 各地方長官に命じて各府県別に金融懇談会を開かせて金利協定を結ばせることにより地方の高金利を都市の水準に低位平準化させようとした. この試みは一応成功し, 1939年末には平準化運動の目標金利3.5%を下まわる3.4%の協定預金金利を全国20府県で達成した[85]. この目標金利は都市一流銀行の預金金利に0.2%の差を与えて設定されたものであるが, 都市銀行の預金金利が競争的に決まる以上, それ以上の金利引下げは困難であり, 金利平準化運動による低金

---

82) 後藤新一 [1968] p. 372 および p. 406 参照.
83) しかしながらこの措置によってただちに市中銀行の日銀借入による国債保有が急増したわけではない. この点について補論参照.
84) 戦時中も貸出金利は規制されていなかった. ただし, 1944年1月の指定金融機関制度の下で軍需融資指定金融機関に対して指定金利が定められることとなった (志村嘉一 [1975]).
85) 日本銀行「戦時金融統制の展開」『日本金融史資料』昭和編, 第27巻, p. 430.

表5-18 日銀取引先普通銀行の預金コスト(単位:%)

| 期中 | 預金コスト | | |
|---|---|---|---|
| | 預金平均利率 | 経費率 | 計 |
| 1931 下 | 3.72 | 1.39 | 5.11 |
| 1932 下 | 3.84 | 1.29 | 5.13 |
| 1933 下 | 3.42 | 1.25 | 4.67 |
| 1934 下 | 3.13 | 1.13 | 4.26 |
| 1935 下 | 3.11 | 1.08 | 4.19 |
| 1936 下 | 2.82 | 1.07 | 3.89 |
| 1937 下 | 2.70 | 1.01 | 3.71 |
| 1938 下 | 2.66 | 0.93 | 3.59 |
| 1939 下 | 2.59 | 0.82 | 3.41 |
| 1940 下 | 2.53 | 0.77 | 3.30 |
| 1941 下 | 2.51 | 0.74 | 3.25 |
| 1942 下 | 2.48 | 0.72 | 3.20 |
| 1943 下 | 2.48 | 0.68 | 3.16 |
| 1944 下 | 2.45 | 0.61 | 3.06 |
| 1945 上 | 2.30 | 0.54 | 2.84 |

〔資料〕 日本銀行調査局特別調査室「満州事変以後の財政金融史」(1948年11月)『日本金融史資料』昭和編,第27巻.

〔注〕 (a)1931-35年は第1編13,14表,1936-41年は第2編15,16表,1942年11月は第3編14,15表による.
(b)経費率は一般経費を預金で割ったもので,税金を含まない.

利化には限界があった.

このため,一層の預金金利引下げのためにとられたのが,合同による預金経費の引下げである.この間の事情を,日本銀行「戦時金融統制の展開」(1943年4月)は次のように記している[86].すなわち,「事変の長期戦の段階に入ると共に戦費の膨張して巨額の公債発行必至となり其の消化が戦時経済の中核問題となれるが,我国の如く蓄積資金が大部分金融機関,殊に銀行に集中せらるゝ場合に於ては,此の金融機関の資力を動員して公債消化を促進することを必要とし,茲に公債消化力増大の一手段として銀行合同の戦時経済的意義が認めらるゝに致つた.事変勃発以降地方銀行預金利率は既に金利平準化に因り相当低下し

---

86) 『日本金融史資料』昭和編,第27巻,pp.440-441.

表 5-19　1939年普通銀行規模別財務比率

|  | (1) | (2) | (3) | (4) | (5) | (6) | (7) | (8) |
|---|---|---|---|---|---|---|---|---|
| 払込資本金規模(千円) | 100-300 | 300-500 | 500-1,000 | 1,000-3,000 | 3,000-5,000 | 5,000-10,000 | 10,000-50,000 | 50,000- |
| 行　数 | 54 | 53 | 80 | 66 | 20 | 23 | 11 | 6 |
| 利潤率 | | | | | | | | |
| (1) 自己資本利潤率 | 0.083[a] | 0.060[b] | 0.070 | 0.068 | 0.068 | 0.065 | 0.080 | 0.083[a] |
| (2) 総資産利潤率 | 0.010[a] | 0.008 | 0.007 | 0.006 | 0.005[b] | 0.006 | 0.005[b] | 0.006 |
| 費　用 | | | | | | | | |
| (3) 経費・預金比率 | 0.007[a] | 0.006 | 0.006 | 0.005 | 0.005 | 0.005 | 0.005 | 0.004[b] |
| (4) 経費・貸出有価証券比率 | 0.008[a] | 0.007 | 0.006 | 0.006 | 0.005 | 0.005 | 0.005 | 0.004[b] |
| 利子率・収益率 | | | | | | | | |
| (5) 貸出収益率 | 0.060 | 0.062[a] | 0.052 | 0.050 | 0.046 | 0.046 | 0.043 | 0.041[b] |
| (6) 貸出有価証券収益率 | 0.053[a] | 0.052 | 0.047 | 0.043 | 0.042 | 0.043 | 0.042 | 0.041[b] |
| (7) 預金利子率 | 0.027 | 0.028[a] | 0.025 | 0.023 | 0.025 | 0.023 | 0.022[b] | 0.022[b] |
| 資金力 | | | | | | | | |
| (8) 預貸率 | 0.504 | 0.519 | 0.528 | 0.463[b] | 0.542 | 0.550 | 0.601[a] | 0.575 |
| (9) 預貸証率 | 0.877[b] | 0.960 | 0.976 | 0.973 | 1.039[a] | 1.001 | 0.968 | 0.933 |
| (10) 定期預金比率 | 0.586[a] | 0.565 | 0.519 | 0.487[b] | 0.549 | 0.492 | 0.504 | 0.525 |
| (11) 預金・自己資本比率 | 6.443 | 5.666[b] | 7.654 | 9.871 | 10.303 | 9.553 | 13.900[a] | 13.496 |
| 流動性 | | | | | | | | |
| (12) 割引手形比率 | 0.075 | 0.068[b] | 0.104 | 0.164 | 0.140 | 0.161 | 0.208[a] | 0.145 |

〔資料〕　東京銀行集会所調査課『本邦銀行財務分析(第一輯)』1939年上・下期．下期の全323行のうち以下の10行の外地の銀行を除く．朝鮮商工，漢城，台湾商工，東一，彰化，湖南，華南，慶尚合同，大邱商工，樺太．

〔注〕　(a)自己資本利潤率＝2×当期純益金÷(払込資本金＋諸積立金＋諸積立金戻入)，総資産利潤率＝2×当期利益金÷資産合計，経費・預金比率＝通常支出(経費)÷預金，経費・貸出有価証券比率＝通常支出(経費)÷(割引貸付＋有価証券)，貸出収益率＝2×通常収入(貸付金利息及び割引料)÷割引貸付，貸出有価証券収益率＝2×{通常収入(貸付金利息及割引料)＋通常収入(有価証券利息及株式配当金)}÷(割引貸付＋有価証券)，預金利子率＝2×通常支出(預金利息)÷預金，預貸率＝割引貸付÷預金，預貸証率＝(割引貸付＋有価証券)÷預金，定期預金比率＝定期預金÷預金，預金・自己資本比率＝預金÷(払込資本金＋諸積立金＋諸積立金戻入)，割引手形比率＝割引手形÷割引貸付．(b)添字aおよびbは，各規模の中の最大値および最小値を示す．

たるも，多数群小銀行の濫立に因り預金経費率は頗る高く，従つて地方銀行預金原価は昭和14年下期に於ては尚ほ左の如くであつた」として預金利率2.716％，経費率1.264％，計3.980％という数字をあげ，さらに「右の如く預金原価3％98を以てしては三分半利付国債消化は採算上困難なるを以て，是を低下し公債消化力を増大せしむる要あるが，而かも金利平準化に依る預金利率低下の

略々一段落した現段階に於ては，銀行合同に依て預金争奪に因る原価の割高を訂正し，又経営規模の拡大を通し人的，物的経費の節減経営合理化を促進して預金原価を低下せしむる外なく，茲に公債消化力涵養の為め銀行合同が促進せられねばならなかつた」．

半ば強制的な合同政策がかなりの経費引下げ効果をもったことは，表5-18からよみとれる．預金コストのうち，預金利率は1939年頃まで急速に低下した後は余り下っていないが，経費率はそれ以降も急速に低下し，コスト引下げに大きく貢献しているのである．

最後に，1939年末普通銀行313行の規模別財務比率を示しておこう．表5-19を参照されたい．戦間期にみられた中規模銀行の特異性はいまや全く消滅している．経費率と預金利子率は小規模銀行で高く，大規模銀行で低い．貸出収益率も同様である．預貸率および預金・自己資本比率は大銀行で大きく，小銀行で小さい．これら諸比率は規模にかんしてなだらかに傾斜しており，明治末期の2層構造，戦間期の3層構造に対比して傾斜構造とも言うべき格差構造が生じていることがわかる．

## [4] 産業組織パターンの推移

以上における銀行業産業組織の変動に関する考察を，主として諸指標の規模分布に注目して簡単にシェーマライズしておこう[87]．

図5-2，5-3，5-4は，それぞれ預金・自己資本比率，預貸率，経費・預金比率の規模分布の推移を示したものである．まず，本章の分類の第1期にあたる1904年の状況をみよう．既述のように，この時期の規模分布の大きな特色は，5大銀行を中心とする大銀行とその他中小銀行との間の大きな格差と中小銀行間のパーフォーマンスの同質性である．この点は預金・自己資本比率，経費・預金比率の分布において明瞭にあらわれている．すなわち，この時期の中小銀行群は預金吸収力および経営効率に関して大銀行よりははるかに劣るが，それらのグループ内では大きな格差がないのである．相対的な資金余裕度の指標で

---

[87] 規模分布に着目することは1つの便法である．より完全なパターン化にあたっては，立地条件，顧客層（貸出対象等）等の他の要因も斟酌せねばならない．

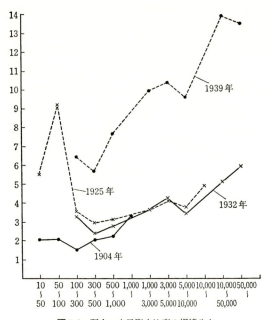

**図 5-2** 預金・自己資本比率の規模分布
〔資料〕 表 5-5, 5-6, 5-16, 5-19 による.

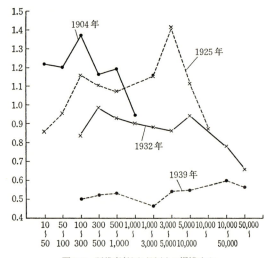

**図 5-3** 預貸率(貸出/預金)の規模分布
〔資料〕 表 5-5, 5-6, 5-16, 5-19 による.

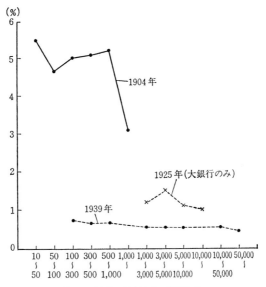

図 5-4 経費・預金比率の規模分布
〔資料〕 表 5-5, 5-8, 5-19 による.
〔注〕 1904 年は総損金・預金比率.

ある預貸率についてもこのことはほぼ妥当する. ただし, 預貸率および預金・自己資本比率については 100-300 千円の中規模銀行群がやや特異である. 白井規矩稚は, 日清戦争後にほぼ確立したとみられる銀行業の産業組織を「少数の有力民間銀行, 国家金融機関, 次いで是等の有力機関と凡そ対蹠的な小規模前資本制的金融機関, 両者の中間を充填した地方銀行群や都市の投機的銀行群」と要約したが[88], われわれの規模分布における特異中規模銀行はこの投機的銀行群に対応するものであろう. しかしながら, これら中規模銀行の特異性は後の戦間期のそれにくらべると, いまだ萌芽的なものでしかないこと既述のとおりである.

第 2 期の中間時点 1925 年の規模分布は他の時期にくらべて著しく奇型的である. 預金・自己資本比率は 300-10,000 千円規模の中規模銀行において大きく落ちこんでおり, 預貸率は逆に突出している. かつて同質的なパフォーマ

---

88) 白井規矩稚 [1939] p. 108.

ンスを示した中小銀行群が2層分解したのである.ただし,既述のようにコンダクトの面では明確な2層分解はみられない.この時期の中規模銀行——都市二流銀行および地方有力銀行——の直面した諸困難については次章で詳論する.第2期においても,銀行法による整理過程の終了した時点である1932年の規模分布では,もはや中規模銀行のマーケット・パーフォーマンスにおける特異性はみられない.預金・自己資本比率および預貸率の分布は,第1期のそれに類似したものとなっている.しかし,この時期は大銀行のシェアーが著しく上昇しており,この点で第1期とは構造を基本的に異にしている.

第3期に属する1939年は日中戦争開始後の半ば強制的な銀行集中が進展しつつあった時期である.預貸率および預金・自己資本比率は大規模銀行ほど大きく,経費・預金比率は大規模銀行ほど低い.傾斜はなだらかであって,戦後期の規模分布に一見類似した構造になっている[89].

ところで,本章においてわれわれはしばしば戦間期型の資金偏在という用語を用いた.戦後期において資金偏在というとき,それはインター・バンク短期金融市場(コール市場等)において,都市銀行が恒常的な取手であり,地方銀行等のその他銀行が出手である状況をさす[90].これに対して,戦間期においては,都市銀行はコール市場において出手であり,地方銀行は日銀借入にヘヴィに依存していた.このことは両時期の資金偏在が一見対照的であるかのような印象を与えるが,実はそうでないことを注意しておきたい.図5-5にみられるように,都市銀行は短期金融市場におけるネットの資金供給者であったが,地方銀行はネットではほとんど短期金融資金に依存していないからである.地方銀行はその不足資金を専ら特融を中心とする日銀借入によって調達していたのである.戦間期におけるコール資金の主な取手は特殊銀行であった.特に台湾銀行は多額の資金をコールによって調達し,鈴木商店等への融資をまかなっていたのである[91].また,資金偏在の原因も両期間で全く異なるものである.戦間期における地方銀行の資金不足は基本的にその組織の脆弱性による預金吸収力の低位に基くものであったが,戦後においては人為的低金利政策の下における店

---

 89) ただし,戦後期は都市銀行と地方銀行の預金・払込資本金比率はそれぞれ54.7及び92.0(1965年末)であって,都市銀行の方が低い.これは店舗規制に関連しているのであろう.
 90) 資金偏在をわれわれは短期金融市場に関連して定義している.詳しくは第8章参照.
 91) 田中生夫[1980]第1章および高橋亀吉[1955](中)pp.572-576.

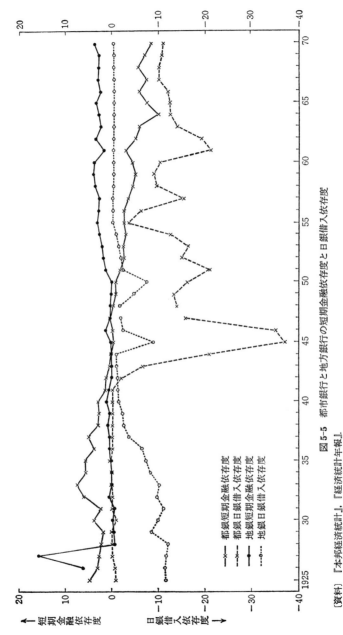

図 5-5 都市銀行と地方銀行の短期金融依存度と日銀借入依存度

〔資料〕『本邦経済統計』,『経済統計年報』.
〔注〕 短期金融依存度とは(コール・ローン)+(買入手形)-(コール・マネー)-(売渡手形)を預金で割ったものである。日銀借入依存度は日銀借入金÷預金である。ただし1947年以前は日銀借入金不明のため借入金を用いている。都市銀行,地方銀行の範囲は図 5-1 の注参照。

舗規制，貸出先の専門化規制が資金偏在の主たる理由となるのである（第8章）．

ちなみに，戦時期についても，都市銀行の資金不足，地方銀行の資金余剰といわれることがある．しかしながら，この状況は戦間期・戦後期のいずれの意味でもいわゆる資金偏在とは関係ないことを指摘しておこう．図5-5にみられるように，短期金融依存度は都銀，地銀双方においてほとんどゼロであった[92]．軍需関連産業に対する融資の優先政策によって，地方銀行はその従来からの貸出対象を失うが，そうして余った資金はもっぱら国債等の有価証券投資に向けられた．地方銀行が余資をコール市場でなく国債投資にむけた理由は，国債の利回がコール・レートより高位にあったからである[93]．戦時において国債利回は国債担保の日銀貸出金利より高く（補論参照），後者はまたコール・レートより高位にあった．これに対して，戦後は長期にわたって国債金利が規制されており，このため地方銀行等はその余資をコールに運用することとなったのである．このことは戦後の資金偏在がいわゆる人為的低金利政策と密接な関連にあることを示唆している（第8章参照）．

1つの追加的コメントを付しておこう．はじめに述べたように，戦前期銀行（普通・貯蓄銀行）数は1901年の2,334行から1940年には357行，1945年にはついに65行まで減少した．しかし，これに対応して支店出張所数（普通銀行の

表5-20　普通銀行支店出張所数の推移

| 年末 | 1行あたり支店出張所数 | | 支店出張所総数 |
|---|---|---|---|
| | 5大銀行 | その他普通銀行 | |
| 1900 | 12.4 | 0.73 | 1,374 |
| 1910 | 13.8 | 1.02 | 1,697 |
| 1920 | 23.4 | 2.03 | 2,796 |
| 1930 | 67.2 | 8.26 | 6,755 |
| 1940 | 73.2 | 15.62 | 4,755 |

〔資料および注〕　後藤新一[1970]pp.101-115, 152による．1920年までは開業銀行あたり，1930年以降は本店あたりの支店出張所数．

92) また通説に反して，銀行の日銀借入依存は一般にさほど高くなく，戦争末期にいたってはじめて急増するのである．この点は図5-5からも確かめられる．なお，補論参照．

93) 戦時期においても，金利規制はなされた．特に株式配当，社債の起債調整等は資金統制の重要な手段であった．しかし，国債に関しては，公募方式ではなかったが，終始市中消化原則がつらぬかれた．もちろん，それは最終的には日銀貸出によって補完されざるをえなかった．

み)は1900年の1,374から1940年の4,755にまで増加したのである．1行ごとの支店出張所数の推移は表5-20のようである．当初は，5大銀行を除くその他普通銀行はわずか1行あたり0.73の支店出張所しか持っていなかったのが，1940年には15.62となっているのである．銀行業の集中過程の中で，かつての単一銀行(unit banking)組織から支店銀行(branch banking)組織へと，個別銀行の組織自体も変容をとげたわけである[94]．ちなみに，1965年3月末において都市銀行および地方銀行の1行あたり支店出張所数はそれぞれ186.6および65.8であり，その総数は6,636である．

## 補論　1937年における国債担保日銀借入順鞘化

　戦時期の金融状況に関して，しばしば，銀行が日銀借入にヘヴィに依存し，それによって赤字国債の消化がなされたという通説がなされる．その根拠とされるのが1937年における国債担保日銀貸出の順鞘化である．以下この点を検討しておこう．
　満州事変の開始とともに政府は1932年，従来の公募方式による国債発行から日銀引受による方式に切換えた．さらに，1937年に日中戦争が開始されると，国債消化促進のために公定歩合を引下げ，日銀借入による国債保有を順鞘とする措置がとられた[95]．すなわち，3分半国債の利回が3.65％であったのに対し，国債を担保とする日銀貸出金利を従来の3.65％から3.29％までに引下げ，以後1946年4月までこの状況を継続した．
　表5-21から見られたい．まず1932年から35年にかけて，3,379百万円の国債が発行され，このうちの約82％2,767百万円が日銀引受となった．残りは，郵便局での売出しおよび大蔵省預金部による引受である．預金部引受の原資は主として郵便貯金であるから，これも一種の市中消化とみなすことができる．問題は，日銀引受部分であるが，表にみられるように，その大部分は金融機関等に売却され，日銀の保有国債の増加はわずか407百万円でしかない．日銀手持国債増以外を市中消化額とみなすならば，第(9)列にみられるように発行国債の88％が市中消化されたことになる．次に，1937年度以降であるが，この期間においても第(9)列から判断される市中消化率は69-96％とそれ以

---

94) いうまでもなく，典型的な単一銀行組織と支店銀行組織はそれぞれアメリカおよびイギリスでみられる．ちなみに，イギリスの5大銀行の支店出張所数は1930年末において1行あたり1,708であった(金融研究会[1934] pp.194-195)．また，近年アメリカではinterstate bankingへの移行の動きがみられるようになった．
95) この間の事情については中島将隆[1977]第3,4章が有用である．

表 5-21　1930 年代の国債発行と日銀

| | (1)<br>国債発行高 | (2)<br>日銀引受額 | (3)<br>日銀売却額 | (4)<br>日銀手持国債増加((2)−(3)) | (5)<br>日銀民間貸出増加額 | (6)<br>日銀発行銀行券増加額 | (7)<br>(4)/(6) | (8)<br>(5)/(6) | (9)<br>(4)/(1) |
|---|---|---|---|---|---|---|---|---|---|
| 1932年<br>(11月以降) | 200 | 200 | 16 | 184 | | | | | 92 |
| 1933年 | 1,215 | 1,115 | 789 | 326 | 84 | 118 | 276 | 71 | 27 |
| 1934年 | 916 | 701 | 900 | △199 | 21 | 83 | △240 | 25 | △22 |
| 1935年 | 1,048 | 751 | 655 | 96 | △35 | 139 | 69 | △25 | 9 |
| (1932-35<br>年合計) | (3,379) | (2,767) | (2,360) | (407) | (70) | (340) | (120) | (21) | (12) |
| 1937年度<br>(7月以降) | 2,230 | 1,780 | 1,095 | 685 | △114 | 371 | 185 | △31 | 31 |
| 1938年度 | 4,531 | 3,751 | 3,287 | 464 | △76 | 450 | 103 | △17 | 10 |
| 1939年度 | 5,517 | 4,017 | 3,247 | 770 | 280 | 910 | 85 | 31 | 14 |
| 1940年度 | 6,885 | 4,995 | 3,803 | 1,192 | △75 | 918 | 130 | △8 | 17 |
| 1941年度 | 10,191 | 8,041 | 6,723 | 1,318 | △143 | 1,077 | 122 | △13 | 13 |
| 1942年度 | 14,259 | 11,209 | 10,614 | 595 | 891 | 1,517 | 39 | 59 | 4 |
| 1943年度 | 21,147 | 15,247 | 13,851 | 1,396 | 2,362 | 4,169 | 33 | 57 | 7 |
| 1944年度 | 30,484 | 20,084 | 17,484 | 2,600 | 10,807 | 9,534 | 27 | 113 | 9 |
| 1945年度<br>(8月まで) | 10,692 | 7,192 | 9,268 | △2,076 | 15,875 | 21,774 | △10 | 73 | 19 |

〔単位〕　(1)−(6)は百万円, (7)−(9)は%.
〔資料〕　1935 年までは「満州事変以後の財政金融史」『日本金融史資料』昭和編, 第 27 巻, p. 25. ただし(5), (6)は日銀[1966]によった. すべて暦年計数. 1937 年以降は, 日銀統計局『戦時中金融統計要覧』による.
〔注〕　交付国債は含まない. 100−(9)がいわゆる市中消化率である.

前と大差なく, 大部分が市中消化されたことが読みとれる. ところがこれに対して, 一般には次のような議論がなされる. すなわち, 1937 年以降は国債担保の日銀貸出が順鞘になったため, 市中銀行は日銀借入により国債を購入したのであり, 形式的には市中銀行による消化にみえても, 実質的には, 日銀資金による消化である, と[96]. ところが事実はそうではないのである. 表 5-21 の第(5)列をみられたい. 1937 年以降も日銀の民間貸出は全く増加せず, 多くの年次でかえって減少しているのである. 日銀の民間貸出のうちの国債担保によるものの割合を(1940 年までであるが)チェックしたが, その割合にも増加傾向はみられない[97].

これは一体なぜか. なぜ市中銀行は順鞘であるのに日銀借入を利用しなかったのか. 理由は, 1942, 43 年頃までは, 通常の理解に反して, 金融市場がタイトでなかったとい

---

96)　たとえば中島将隆[1977] p. 89. 吉野俊彦「三六年間の日本銀行生活を通じてみた証券と金融の関係」(『証券経済』第 120 号)も 1937 年の国債担保貸出利率の引下げの効果を重要視している.
97)　『銀行局年報』から 1940 年までについて日銀の担保別貸出の内訳が判明する.

うことであろう．なぜタイトでなかったかと言えば，臨時資金調整法等による資金統制によって軍需に関連する産業以外への設備（および運転）資金供給が厳しく制限されたのに対し，政府支出による資金撒布で預金が急増したためである[98]．それゆえ，1942,43年頃までは市中金融機関は以前と同じく，急増する預金をもって国債購入にあてたのである．金融がタイトでなかったことのいま1つの傍証として都市銀行の預貸率の動きをあげることができる．本章図5-1からわかるように，都市銀行の預貸率は1920年頃から低下するが，その低水準は1942年頃まで続き，1943年になってはじめて，1920年以前および戦後にみられる80-90％の水準に復帰している．また，預貸証率についても同様の動きがみられる．

---

[98] 坂本雅子[1981]は，満州事変以後の三井系企業にまつわる資金循環を分析し，1938年から40年頃にかけて，臨時軍事費の支払によって，三井系企業の三井銀行への預金が急増したことを示している．

# 第6章　銀行集中と戦間期経済

　前章で述べたような銀行集中過程はいかなる実物的，金融的要因およびメカニズムで生じたのか．また，集中過程は，経済の実物面および銀行業をふくむ全体としての金融の構造にいかなる影響を与えたのか．本章ではこれらの問題を検討する．対象とする時期は主として両大戦間期である．ただし，ばあいによって1900年以降の戦前期全期間を対象とすることもある．

　[1]では，銀行集中の原因としての銀行業産業組織内部における変動要因を検討する．まず，銀行の破綻という状況下では銀行預金がポートフォリオ・セレクション理論でいう危険資産(risky asset)になることに注目して，人々の危険回避行動が弱小銀行預金，大銀行預金および政府金融部門の郵便貯金の間にいかなる預金シフトを生ぜしめたかを分析する．ついで，銀行の経営拡張戦略としての合併行動を検討し，それが日銀信用に依存した中小銀行群と自己金融的な大銀行群の間のいわゆる金融の二重構造といかにかかわっているかを論じる．[2]は，銀行集中過程と経済の実物面での変動過程の相互的関係を検討するためのものである．まず，重化学工業化の開始という導入技術の類型シフトと農業部門の相対的後進化が資金面における発展資金源泉のシフトと相乗し，在来・近代部門間の格差現象および製造業における二重構造を発生させたメカニズムを論じる．ついで，銀行集中と産業における格差構造とを結びつける仮説として，いわゆる資本集中仮説と機関銀行概念をとりあげ，それらの含意を検討する．また，銀行集中過程に大きな影響を及ぼした政府の銀行政策をとりあげ，それが積極政策論，消極政策論の対立の中で，結局，金融政策の有効性の確保の観点から集中促進政策へと進む過程を論じる．[3]では，全体としての金融構造の変化を検討する．まず，銀行業を中心とする金融部門が二重構造化する一方で，政府金融部門が拡張し，また中小商工業，農業部門では在来金融部門が根強い力を持っていることが指摘される．ついで，政府金融部門および在来金融部門について，その果した役割と変容過程が検討される．

## [1]　銀行集中の内部的要因[1]

　わが国銀行業の集中過程では，銀行業の産業銀行化の下での産業構造の変化に伴う銀行業産業組織の変動および政府の銀行政策が大きな役割を果したのであるが，それとともに銀行業の産業組織内部における変動要因も無視できない．本節ではまず，内部的要因をとりあげ，預金者の危険回避的預金シフト行動および銀行の経営戦略としての合併行動を検討しよう．

### (1)　銀行破綻と預金のシフト

　まず，定期性預貯金を例にとり，その需要函数を計測することにより，銀行破綻によって誘発された預金シフトの方向と大きさを確定しよう．

　ここで，とくに定期性預貯金に注目する理由にふれておこう．銀行の破綻が予想される場合，その銀行の定期性預貯金保有者は預貯金をシフトさせようとするであろうが，そのシフトは，他の金融機関の定期性預貯金へなされる場合と，定期性預貯金以外の資産（たとえば，現金，有価証券，保険，信託等）へとなされる場合とがありうる[2]．われわれが以下で分析するのは，定期性預貯金へシフトする場合のみであるが，これは，すべての他の金融資産へのシフトの問題はデータと分析枠組みの制約によって事実上取り扱いえないという理由とともに，他の金融資産へのシフトはさほど大きくはなかったと先験的に推測されるという理由によるものである．まず，現金へのシフトについていうと，資産保有者によって，5大銀行預金または郵便貯金という正の収益を生む安全な預貯金が利用可能であったために，資産保有形態として現金はそれら預貯金によってドミネイト (dominate) されており，資産保有手段としての現金へのシフ

---

1)　本節および[3]の(2)の一部は寺西重郎[1975 c]および Teranishi, J. [1977]にもとづく．
2)　破綻の予想される銀行の定期性預貯金から，その銀行の要求払預貯金へのシフトはほとんどありえない．しかし，他の銀行の要求払預貯金へのシフトは考慮に値する．このためわれわれは以下の分析を定期性預貯金だけでなく，これに要求払預貯金を加えた総預金の形でも行なってみた．しかしこの場合，総預金の場合はラグつき変数が有意でない（調整が速い）点を除いて，計測結果の差異は大きくなかった．また藤野正三郎[1956]では，金融恐慌時における規模別銀行間の預金形態別シフトが分析されているが，これによっても定期預金とその他預金が同一の方向にシフトしていることを確認することができる．

トはありえなかったと考えられる．この点はいっそうの検証を要する点ではあるが，われわれは金融恐慌の時期においてさえ，この現金へのシフトは大きくはなかったと推測している[3]．次に有価証券については，通常銀行破綻の生じる時期は証券価格低下が生じるので，これへのシフトは小であったと考えられる．また保険については，定期預金とはその保有動機が大きく異なっているため考慮外におくことができる．信託については，金銭信託が事実上定期預金と極めて似かよった性質をもった資産であることから，無視することには若干問題がある．しかしながら，金銭信託は期間2年以上で1口あたり最低額500円であったから，これらの点で定期預金とは著しく異なっている．また信託自体，必ずしも同質的な安全資産でなく，財閥系の大信託とその他信託の間でシフトが生じた可能性があり，この点を考えると問題は著しく複雑化すると考えられる．以上のような理由から，以下では定期性預貯金間のみのシフトを分析対象とする．

さて，われわれは3つの主要な定期性預貯金をとりあげる．すなわち，郵便

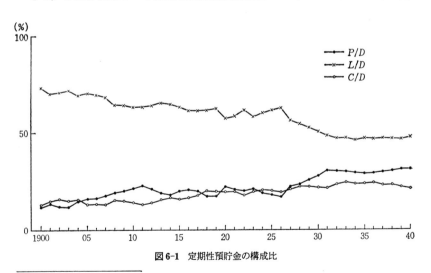

図6-1 定期性預貯金の構成比

---

3) 金融恐慌は1927年3月から5月にかけて生じたのであるが，中央銀行外の現金の急増が生じたのはこの2,3カ月のみであって，恐慌の鎮静化とともに現金残高は漸減し，年末には前年末より若干高い水準にまで戻っている．この若干の増加さえも，日銀の特別融資が銀行の現金準備とされた部分が大きいと推定されるため，公衆の現金保有には大きな変化は生じなかったと考えられる．金融恐慌時の事情については高橋亀吉・森垣淑[1968]を参照されたい．

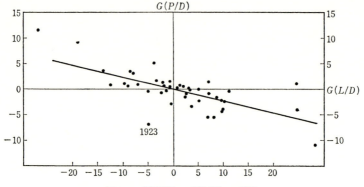

図6-2 $G(P/D)$と$G(L/D)$との関係

〔注〕 線型回帰の結果は

$$G(L/D) = -0.0053 - 0.2049 G(P/D)$$
$$(-1.30)(-4.86)$$
$$\bar{R}^2 = 0.367, d = 2.66$$

貯金,地方銀行定期性預貯金および都市銀行定期預金である.これらの年末残高はそれぞれ$P, L$および$C$で示される.またこれらの合計を$D$で示すことにする[4].前章の分類で言うと,$L$は5大銀行を除く大銀行および中小規模銀行の預金に,$C$は5大銀行の預金に対応する.図6-1は$P, L$および$C$の$D$に対する比率を描いたものである.$P/D$と$L/D$とは逆の動きを示しているようであるが,$L/D$と$C/D$との間でははっきりした関係がない.このことをより明確にするために,図6-2では,これら構成比の変化率の相関をみた.$G(x)$は$x$の変化率すなわち$\Delta x/x$を示す.$G(P/D)$と$G(L/D)$との間の単純相関係数は$-0.62$である.他方$G(L/D)$と$G(C/D)$との間のそれは$-0.09$であり,この2者の動きには組織的な関係は認められない.

このような$P/D$と$L/D$との逆の関係はどのようにして説明されるだろうか.このことを考えるために,われわれは以下の(2)でこれらの構成比を利子率変

---

4) $P$は郵便貯金であり郵便振替貯金は含まない.この数字は『郵政百年史資料』第30巻からとった.$L$は5大銀行以外の普通銀行の定期預金と貯蓄銀行貯蓄預金(普通貯金,据置貯金,定期積金)の和である.$C$は5大銀行定期預金.$L$および$C$の数字は後藤新一[1970]による.ちなみに,1921年(貯蓄銀行法による普通銀行の貯蓄銀行業務兼営の禁止)から1942年の期間を除いて,普通銀行の貯蓄銀行業務の兼営が可能であった.後藤新一[1970]のデータでは,兼営普通銀行の定期預金は普通銀行にふくまれており,またその貯蓄預金は含まれていない.それゆえ,このデータはカバレッジにおいて整合的である.

数,リスク指標(破綻率)および人口1人当り定期性預貯金に回帰させることによって定期性預貯金の需要函数を計測した.主要な分析結果は次のようである.

(i) 定期性預貯金構成比の循環的な動きは,主として利子率とリスク指標によって説明される.とくにリスク指標の効果は著しく,破綻率(年間の破綻銀行数を年末行数で割った値)1%の増加は,$L/D$ を0.264%減少せしめ,$P/D$ を0.169%,$C/D$ を0.095%増加せしめる.

(ii) 定期性預貯金構成比の趨勢的な動きは,主として人口1人当り定期性預貯金額で示される資産効果によって説明される.$P/D$ の上昇トレンドは郵便貯金口数の増加に負うところが大きく,$C/D$ のそれは $C$ に対する需要の資産弾力性が1より大きいことに依存するものであると考えられる.

えられた計測結果のうち,とくに注目すべきはリスク指標の効果である.わが国の銀行集中に関してはしばしば次のような半ば通説と化した叙述がなされてきた.すなわち,破綻の予想される銀行を逃避した預金は大挙都市銀行に流入し,このことが銀行の破綻と集中の過程を加速せしめた,と.われわれの見出した事実は,このような通説と鋭く対立しているように思われる.なぜならわれわれの計測結果は,銀行破綻を予想して地方銀行から引き出された預金は,一部は都市銀行に流入したが(36%),いっそう大きな部分が郵便貯金によって吸収された(64%)ことを意味しているからである.

### (2) 定期性預貯金需要函数の計測

われわれの計測に用いたモデルは部分調整モデルである.すなわちわれわれは各定期性預貯金の保有額の最適値への調整がラグをもってなされると仮定した.このことの理由は一般に定期性預貯金の調整は満期期間,予告期間等が存在することおよび預金保有者と銀行との取引関係によってゆるやか(sluggish)になると考えられるからである.他方われわれは最適値を決定する各説明変数の期待調整はラグをもたずになされると仮定した.これは一部には簡単化のための仮定である[5].

$t$ 期末における総定期性預貯金額に対する各定期性預貯金の比率の最適値 $(Y/D)^*$ $(Y=P, L, C)$ は諸説明変数(利子率,リスク指標,1人当り定期性預貯金額)の線型函数であるとしよう.すなわち

$$(Y/D)^* = a_Y X_t ; \quad Y = P, L \text{ または } C \tag{1}$$

$X_t$ は説明変数の列ベクトル，$a_Y$ は係数の行ベクトルである．現実の保有比率の最適な保有比率への調整は次式によってなされるとする．

$$(Y/D)_t - (Y/D)_{t-1} = \sum_{Z}^{P,L,C} \epsilon_{YZ}[(Z/D)_t^* - (Z/D)_{t-1}] + u_Y \tag{2}$$
$$(Y = P, L \text{ または } C)$$

ここで $u_Y$ は攪乱項，$\epsilon_{YZ}$ は $Z$ 番目の定期性預貯金保有の不均衡に関する $(Y/D)_t$ の調整係数である．われわれが $(Y/D)$ の変化を説明するにあたって，その定期性預貯金保有の不均衡だけでなく，他の定期性預貯金の不均衡の影響(cross effect)をも考慮していることに注意されたい．たとえ $Y$ 番目の預貯金の1期前の保有比率が当時の最適値に等しいとしても，他の預貯金の保有が不均衡であったならば，それを調整するために $Y$ 番目の預貯金も変動する可能性があるからである[6]．しかし，$(Y/D)$ の変動を説明するのに，すべての(すなわち3つの)定期性預貯金の不均衡を考慮する必要はない．2つの不均衡を考慮しさえすればよい．このことは

$$\sum_{Z}^{P,L,C} (Z/D)_t^* = \sum_{Z}^{P,L,C} (Z/D)_{t-1} = 1 \tag{3}$$

の制約が各期について成立していることから明らかである．(3)式を考慮しつつ(1)式を(2)式に代入することによって，われわれは各預貯金構成比についてそれぞれ3本，計9本の計測されるべきモデルをえる[7]．

説明変数に移ろう．理論的には $P, L$ および $C$ のそれぞれの金利が必要であるが，われわれはすべてのデータをもっているわけではない．郵便貯金の金利 ($r_P$) は『貯金局統計年報』からわかる．貯蓄銀行の金利は『日本帝国統計年鑑』

---

5) とくに，われわれが説明変数として用いるリスク指標(銀行破綻率)の期待形成には過去の経験が影響する度合が大きいとも考えうる．次期の倒産の予想は今期の倒産の経験だけでなく，それ以前の倒産の経験にも基づいて決定されると考えられるからである．この点を斟酌するためにわれわれは過去数年の破綻率の平均値を用いた計測も行なったが，結果は大きく変わらなかった．正確には，たとえば期待形成に適応的期待(adaptive expectation)を仮定する等の定式化が考えられるが，この方法をとるとモデルがかなり複雑になることと，われわれの簡単化の仮定の下で相当有意味な結論がえられたことから，この方法は採用しなかった．

6) われわれの仮定したような部分調整モデルについては，トービン＝ブレイナード(Tobin, J. and W. Brainard)[1968]がすぐれた解説を与えている．またナディリ＝ローゼン(Nadiri, M. I. and S. Rosen)[1969]は，同様のモデルを要素需要函数のケースに用いている．クリスト(Christ, C. F.) [1963]は，部分調整モデルを金融資産選択の問題に適用したおそらく最初の試みであろう．

からわかるがすべての期間をカバーしていない．普通銀行金利はその各年の最高，最低，平均金利が『金融事項参考書』からえられる．地方銀行，都市銀行別々の金利はない．したがって，われわれは普通銀行平均金利($r$)を$L$および$C$の利子率とし，それと$r_P$との差，すなわち$r-r_P$を利子率変数として採用した．この変数の増加は，$P$を減少せしめ，$C$および$L$を増加せしめると考えられる．すべての年について$r$は$r_P$より大きい．次に，リスク指標である．都市銀行定期預金と郵便貯金は安全資産であるが，地方銀行の定期性預貯金は，倒産の危険があるために危険資産である．リスク指標としてわれわれは各年の銀行の破綻率$\eta$(年末行数に対する破綻行数の比率)を用いた．$\eta$は統計付録5-Ⅰに用いられたデータから計算される．この値の増加は$P$および$C$を増加せしめ，$L$を減少せしめると考えられる．このことを凹の効用函数をもつ資産保有者(危険回避的資産保有者)について，章末の補論で示しておいた．

$\eta$を用いることの1つの欠点は，それが行数の比率の形で示されているために，個々の破綻の大きさを斟酌しえない可能性があることである．しかしながらこのことはさほど大きな問題点ではない．1つの比較的大きな銀行の破綻は，それに関連するいくつかの小銀行(いわゆる「子銀行」)の倒産をも誘発するのが常であって，この効果は行数に反映されているはずだからである．

最後に，預金保有に対する富の効果を考慮するためにわれわれは人口1人当り定期性預貯金額($D/N$)($N$は人口)を説明変数に加えた．人口は日銀[1966]の数字をとった．

以上のモデルは1900–40年の年末データを用いて単純最小自乗法(OLS)によって計測された．個々の定期性預貯金構成比についてラグ変数のとり方によって3本の計測式が考えられるが，それらは(3)式によって独立でないので，どれか1つの計測式を考えればよい．また

---

7) たとえば，郵便貯金構成比($P/D$)については次の3本のモデルが考えられる．
$$(P/D)_t = [(\epsilon_{PP}-\epsilon_{PC})a_P+(\epsilon_{PL}-\epsilon_{PC})a_L]X+(1-\epsilon_{PP}+\epsilon_{PC})(P/D)_{t-1}$$
$$-(\epsilon_{PL}-\epsilon_{PC})(L/D)_{t-1}+u_{Pt} \qquad (4)$$
$$(P/D)_t = [(\epsilon_{PP}-\epsilon_{PL})a_P+(\epsilon_{PC}-\epsilon_{PL})a_C]X+(1-\epsilon_{PP}+\epsilon_{PL})(P/D)_{t-1}$$
$$-(\epsilon_{PC}-\epsilon_{PL})(C/D)_{t-1}+u_{Pt}' \qquad (5)$$
$$(P/D)_t = 1+[(\epsilon_{PL}-\epsilon_{PP})a_L+(\epsilon_{PL}-\epsilon_{PP})a_C]X-(1+\epsilon_{PL}-\epsilon_{PP})(L/D)_{t-1}$$
$$-(1+\epsilon_{PC}-\epsilon_{PP})(C/D)+u_{Pt}'' \qquad (6)$$

ここで$u_{Pt}, u_{Pt}', u_{Pt}''$は攪乱項である．

表6-1 モデルの計測結果

|  | (1) $P/D$ | (2) $L/D$ |
|---|---|---|
| 定 数 項 | 0.00577<br>(0.03793) | 0.15540<br>(0.83034) |
| $r-r_P$ | △0.01170<br>(△2.71750) | 0.00840<br>(1.58669) |
| $\eta$ | 0.00169<br>(1.65283) | △0.00264<br>(△2.10848) |
| $D/N$ | 0.00015<br>(1.53904) | △0.00018<br>(△1.49973) |
| $(P/D)_{-1}$ | 0.82861<br>(4.16821) | △0.04709<br>(△0.19265) |
| $(L/D)_{-1}$ | 0.05424<br>(0.30527) | 0.76623<br>(3.50720) |
| $\bar{R}^2$ | 0.931 | 0.950 |
| $d$ | 2.039 | 2.394 |
| 弾力性(mean elasticities) | | |
| $r-r_P$ | △0.06650 | 0.01734 |
| $\eta$ | 0.01908 | △0.01087 |
| $D/N$ | 0.05682 | △0.02472 |

〔注〕 $P/D+L/D+C/D=1$
カッコ内は $t$ 値.

$$\sum_{Z}^{P,L,C}(Z/D)_t = 1$$

の条件があるため，$P, L, C$ のいずれか2つの預貯金の計測を行ないさえすればよい(定数項の和は1であり，$\eta$ または $r-r_P$ の係数の和はゼロであるから任意の2つの計測式から他の1つの係数をえることができる).

さて，表6-1の結果を検討しよう．一例として，第(1)列をとりあげる．これはわれわれのモデル(4)(脚注7参照)に対応している．ラグ変数 $(L/D)_{t-1}$ の $(P/D)_t$ に与える効果は有意でない．したがって，われわれは $\epsilon_{PC}=\epsilon_{PL}$ という仮説を棄却できない．すなわち $P/D$ の調整に対して，$L/D$ 保有の不均衡は $C/D$ 保有における不均衡に比べて有意に異なった影響を及ぼさない．いま $\epsilon_{PC}=\epsilon_{PL}$ を仮定すると，$0<1-\epsilon_{PP}+\epsilon_{PC}(=0.82861)<1$ であり，したがって $\epsilon_{PP}-\epsilon_{PC}(=0.17139)>0$ であるので，$r-r_P$ および $\eta$ の符号は正しいことがわかる．同様の検討を他の計測式に対してなすことにより，次のようなことをいうことができる.

(i) 利子率係数の符号はすべて正しい．利子率差 $r-r_P$ の1%の増加は，

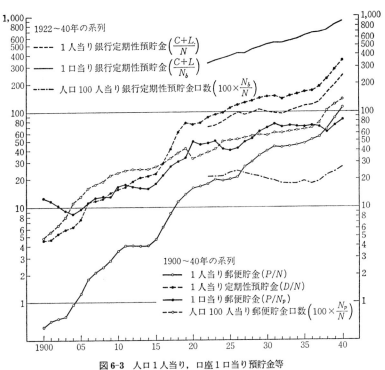

図 6-3　人口1人当り，口座1口当り預貯金等

〔資料〕　$N_p$ は『貯金局統計年報』, $N_b$ は後藤新一[1970], $N$ は日銀[1966]による.

$P/D$ を 1.17% 減少せしめ, $L/D$ および $C/D$ をそれぞれ 0.84%, 0.33% 増加せしめる.

(ii) リスク指標の係数の符号はすべて正しい. 破綻率 $\eta$ の 1% の増加は, $L/D$ を 0.264% 減少せしめ, $P/D$ および $C/D$ をそれぞれ 0.169%, 0.095% 増加せしめる.

(iii) 富効果 $D/N$ の増加は $L/D$ を減少せしめ, $P/D$ および $C/D$ を増加せしめる.

(iv) ラグ変数の交叉効果(cross effect)にはすべて有意な差がない[8].

---

8) それぞれの計測式において, 1つのラグ変数の係数は有意でないが, 2つのラグ変数の効果を合わせて残差平方和に関する $F$ 検定を行なうと有意である. したがって季節ダミー変数の場合と同様に, 有意でないラグ変数を除いて再計測することは必要でない. この点については溝口敏行氏の助言に負っている.

さて，$r-r_P, \eta$ および $D/N$ の推定された係数は，図6-1, 図6-2において見出された $P/D$ と $L/D$ との逆の動きおよび構成比の趨勢的な動きを説明するものである．このうち $D/N$ は図6-3にみるように循環的に動いていないので，トレンドとしての両者の関係を説明するものだといえよう．$r-r_P$ および $\eta$ は，これに対して循環的な両者の逆相関を説明するものである．とくに，倒産の危険の増大によって地方銀行を逃避した定期性預貯金のうち，約64%が郵便貯金に，残りの36%が5大銀行定期預金に流入していることが重要である．もちろんこの数字は，われわれの分析では特殊銀行，信託等の他の金融機関が除外されていることを斟酌して評価されねばならない．しかし，われわれのえた数字がさほど実態からかけ離れたものでないことについては次のような傍証をあげることができる．すなわち日銀調査局「関東震災ヨリ昭和二年金融恐慌ニ至ル我財界」[9]によれば，金融恐慌時の1926年(昭和元年)末から1927年末にかけて，恐慌に基づく銀行預金の減少は1,057百万円であり，そのうち48%の506百万円が7大銀行に流入したとされている．

わが国の金融的発展に関する既存の文献(たとえば加藤俊彦[1957]，大島清[1955]等)では，預金者の恐慌時におけるパニック的行動の銀行集中への効果を強調しすぎた傾向がある．われわれの分析によれば，その効果は考えられているほど大きくはない．もちろん36%という数字が大きいか小さいかについては異論があろう．しかし次節でも述べるように，地方銀行の破綻に関して，都市銀行が中立的，独立的であった点にこそ日本の銀行集中過程の特徴があるのであって，この効果を過度に強調することは，バランスのとれた見方とはいえないであろう．

最後に，富の効果について若干ふれておきたい．われわれの計測結果は人口1人当り定期性預貯金 $D/N$ に関する $L/D$ の弾力性が1より小さく，$P/D$ および $C/D$ の弾力性が1より大きいことを示している．このことは次のようにしてわかる．たとえば表6-1の第(1)列から，

$$P/N = P/D \cdot D/N \simeq (D/N)^{0.05682} \cdot (D/N) = (D/N)^{1.05682}$$

をえる[10]．$L/D, C/D$ についても同様である．このことは文字通り $L$ の資産弾

---

9) 『日本金融史資料』明治大正編，第22巻，p.1058.

表6-2 人口1人当り,口座1口当り預貯金の増加率

| $D/N$ | $P/N_p$ | $P/N$ | $N_p/N$ | $(C+L)/N_b$ | $(C+L)/N$ | $N_b/N$ |
|---|---|---|---|---|---|---|
| 10.89 | 4.76 | 13.22 | 8.43 | 5.67 | 6.89 | 1.23 |

〔資料〕 図6-3と同じ.
〔注〕 数字はそれぞれの年当り増加率を示す.$N_p$および$N_b$はそれぞれ$P$および$C+L$の口座数である.$N_p$については全期間数字がえられるが,$N_b$は1922-40年に限られる.それゆえ$(C+L)/N_b$,$(C+L)/N$,$N_b/N$等は1922-40年の年当り増加率であり,他は全期間の年当り増加率である.

力性が1より小さく,$P$および$C$の弾力性が1より大であること,いいかえると$P$および$C$は$L$に比べてよりぜいたくな資産(luxurious asset)であることを意味しているのであろうか.われわれは$P$についてはそうはいえないことを示しておきたい.いま$N_p$で郵便貯金口座数を表わすと,

$$P/N = P/N_p \cdot N_p/N$$

と書ける.われわれは個別の資産選択主体のレベルでは$P/N$が$D/N$の函数なのでなくて,$P/N_p$を$D/N$の函数とみなす方がより適切であると考える.図6-3および表6-2を参照されたい.$P/N$の急速な増加($D/N$より急速な増加)は主として$N_p/N$の急増に基づいていることがわかろう.そして$P/N_p$の増加率は$D/N$の増加率より小さい.$N_p/N$の急速な増加は,政府による郵便貯金普及努力によるものであることはいうまでもない[11].したがって,$P/D$の$D/N$に関する弾力性が1より大きいことは,主として口数の増加に負っており,そのことは郵便貯金がぜいたくな資産であることを意味するものではない.

$C$の富弾力性についてはどうであろうか.われわれは$C$と$L$それぞれの口座数のデータをもっていないので確定的なことはいえない.しかしながら,$C$の金額の増加率は非常に大きく,しかも口座数の伸びはさほど($C$と$L$の口座数の計でみるかぎり)大きくなかったと考えられるから,われわれは$C$については資産効果がかなり大であったと推測する.事実1900-40年の$C$の増加率は年率13.24%であった.したがって口座数の増加率が13.24-10.89=2.35%より

---

10) 記号≃は,この操作においてわれわれが$P$に影響する$\eta$,$r-r_P$などの他の変数の効果を無視していることを意味している.なお$C/D$の$D/N$に関する弾力性は0.01294である.

11) 貯金局は人口当りの預人員を増加させることを開局以来の重点目標としており,千人当り預人員はたとえば1932年で532人にのぼった.

小であったなら，$C$ の富弾力性は 1 より大きいといえる[12]．$C$ と $L$ を合わせた口座数の増加率は 1922-40 年で年率 2.03% であった．それゆえわれわれは $C/D$ の増加には資産効果がかなり重要な役割を果たしたのではないかと推測するわけである．

### (3) 金融の二重構造

前節でみたように銀行破綻に伴う預金の都市銀行へのシフトは，郵便貯金へのシフトより大きくないという意味でさほど大きいものではなかった．このことは一部には 5 大銀行といえども破綻の可能性がまったくないとはいえなかったという点に基づくものであろう[13]．事実，金融恐慌時に三井銀行の京都支店が，一時的なものではあったが，取付けにあったことさえある．激しい恐慌時に，危険回避者としての預金者が高度に安全ではあるが完全に安全とはいえない 5 大銀行預貯金よりも郵便貯金の方を選好したであろうことは，容易に理解されることである．しかし，このことのより大きくかつ基本的な理由は，都市銀行が恐慌時に預金の吸収に非常に消極的であったことである．たとえば三菱銀行は金融恐慌時に「預金吸収に類する行動を厳重に警」めたといわれるし，三井銀行でも預金勧誘員を廃止する等の措置をとっている[14]．それでは，5 大銀行はなぜこのような消極的態度をとったのであろうか．このことを理解するためには，いま 1 つの事実として，5 大銀行の弱小銀行合同に対する態度に注意しておく必要がある．銀行破綻が銀行業の産業組織に影響を及ぼす径路としては，預金者の行動による預金のシフトとともに，銀行そのものによる合同という径路があるからである．

表 6-3 は，金融研究会[1934]巻末付録および各行の銀行史により，1900-40

---

12) 弾力性を $\gamma$，変化率を $G$ で示すと
$$C/N_b = (D/N)^\gamma$$
より
$$G(N_b) = G(C) - \gamma G(D/N)$$
をえる．ゆえに
$$G(N_b) = 13.24 - \gamma \times 10.89$$

13) 銀行破綻時のパニックの様相については滝沢直七[1912]の 1900 年 4 月の銀行取付状況の描写がヴィヴィッドで興味深い(pp. 642-664)．パニックに陥った預金者の中には，「銀行といふ銀行を危険なりとして日本銀行大阪支店に預け入れんとして拒絶されたる者」もあったといわれる．

14) 『三菱銀行史』p. 198, 『三井銀行史』p. 236 による．

表6-3　5大銀行による直接合同(1900-40年)

| 合同年次 | 合同消滅銀行 | 合同消滅銀行資本金 | 合同存続銀行 |
|---|---|---|---|
| 1911 | 安田合名銀行 | 5,000(千円) | 安 田 銀 行 |
| 1912 | 二 十 銀 行 | 1,500 | 第 一 銀 行 |
| 1916 | 京都商工銀行 | 3,000 | 第 一 銀 行 |
| 1920 | 三菱合資銀行 | 1,000 | 三 菱 銀 行 |
| 1924 | 田中興業銀行 | 2,200 | 住 友 銀 行 |
| 1925 | 浜松商業銀行 | 1,160 | 安 田 銀 行 |
| 1925 | 若松商業銀行 | 100 | 住 友 銀 行 |
| 1927 | 東 海 銀 行 | 21,000 | 第 一 銀 行 |
| 1928 | 久 留 米 銀 行 | 300 | 住 友 銀 行 |
| 1928 | 毛 利 銀 行 | 100 | 安 田 銀 行 |
| 1929 | 森 村 銀 行 | 5,080 | 三 菱 銀 行 |
| 1930 | 浅 田 銀 行 | 100 | 住 友 銀 行 |
| 1931 | 古 河 銀 行 | 10,000 | 第 一 銀 行 |
| 1931 | 和歌山倉庫銀行 | 500 | 住 友 銀 行 |
| 1940 | 金 原 銀 行 | 2,000 | 三 菱 銀 行 |

〔資料〕　本文参照.

年の間に5大銀行によって直接合併された銀行を示したものである．この40年間において，5大銀行の関与した合同はわずか15件である．他方，1902-40年にかけての普通銀行の総合同件数は1,329件であった．したがって，5大銀行の関与した割合は1.13%でしかない．この点を公称資本金の割合でみると，すべての被合同銀行の公称資本金累積額に占めるこれら15行の資本金合計額の割合はわずか3.42%である[15]．もちろん，5大銀行がすべてそろって他行の合同に消極的であったわけではない．たとえば，住友銀行は表6-3にみられる直接合同は5件であるが，この他にもいくつかの銀行の株式を取得し，経営権を獲得している[16]．また，独得の金融財閥である安田銀行は1923年の大合同で成立したものである[17]．しかしながら，三井，三菱等はほとんど他行の系列化を行うことがなかったし，資金量における5大銀行の大きなシェアーに対比

15)　1902-40年間の被合同銀行資本金累計額は1,546百万円である．後藤新一[1970]表23による．
16)　たとえば1927年の西肥銀行，1928年の佐賀百六銀行，1928年の豊前銀行等である．こうした合同によらない経営権獲得のかたちの系列化は，銀行法施行後大蔵省が店舗新設抑制措置をとったため，店舗増設政策の変形としてなされたと言われる．ちなみに，伊牟田敏充[1980]は，表6-3の5件以外に，1902年の泉屋銀行および1912年の六十一銀行の買収または営業譲り受けをあげているが，これらは金融研究会[1934]には含まれていないため表6-3では一応除外しておいた．
17)　1923年10月安田系銀行11行(資本金合計150百万円)は新設された保善銀行(資本金20百万円)と合同し，合同後改めて安田銀行と称した．

して,表6-3の情報は5大銀行の他行合同に関する消極性を明確に示すものと言うべきであろう.

わが国銀行業における破綻と合同の過程は,もっぱら地方銀行あるいは中小規模銀行のグループ内部で生じた. 5大銀行を中心とする大銀行は,この過程に関してきわめて中立的であって,弱小銀行の預金を吸収することにも,それらを救済し合併することにも積極的ではなかったわけである. このことの理由は,いわゆる金融の二重構造に求められねばならない. 5大銀行を中心とする大銀行群とそれ以外の中小銀行群の間には,そのマーケット・コンダクト(市場行動)の方式において,きわめて大きな格差ないし「こえがたい断層」[18]があり,ために両グループは集中過程において相互に独立であったと考えられるのである.

まず,両グループの間では資産の流動性が大きく異なっている. 大銀行では国債等有価証券担保貸出が大きいのに対し,中小銀行群は信用貸,不動産抵当貸が中心であった. 商業手形割引の割合についても大銀行の方が高いことは前章でふれたとおりである. 次に,両グループは営業基盤が異なる. 大銀行は主として大都市を中心として,同一系統大企業の派生預金に依存しつつ活動している. そこでは,低利で預金を受け,低利で貸出すという低金利圏が形成されていたとみられる. これに対し,中小銀行群は地方の高金利地域を営業基盤としており,リスキィな在来商工業を顧客として高利預金,高利貸出という高金利圏を形成していたと考えられる. こうした事情のもとでは,かりに大銀行が中小銀行を合同したとすれば,それにより信用貸,不動産抵当貸という固定的資産をかかえこむことになり,また低金利圏では運用しにくい高利預金を吸収することになる. 大銀行が中小銀行の集中淘汰過程に静観の態度をとったのは当然のことであった[19].

大銀行グループは,他の弱小銀行の系列化には消極的であったが,他方で異業種である保険業,信託業の系列化には著しく積極的であった[20]. 信託におい

---

18) 後藤新一[1970] p. 200.
19) 詳しくは加藤俊彦[1957] pp. 310-314. また加藤俊彦[1957]は,勧業銀行による農工銀行の合併が容易であったのは,債券による資金調達,不動産担保貸出という行動パターンが類似しているからであるとしている (p. 347).
20) 森川英正[1981].

表 6-4　財閥系金融機関のシェアー(1929年末)(単位：資金量シェアーは％)

| | 銀　行 | | 信　託 | | 生命保険 | | 損害保険 | |
|---|---|---|---|---|---|---|---|---|
| | 行数 | 資金量シェアー | 社数 | 資金量シェアー | 社数 | 資金量シェアー | 社数 | 資金量シェアー |
| 3大財閥合計 | 14 | 16.3 | 3 | 53.3 | 3 | 11.6 | 14 | 56.5 |
| 8大財閥合計 | 58 | 42.2 | 7 | 80.2 | 12 | 40.7 | 25 | 76.9 |
| 全国合計 | 1,007 | 100.0 | 37 | 100.0 | 41 | 100.0 | 52 | 100.0 |

〔資料〕 柴垣和夫[1965]．原資料は高橋亀吉[1931]．
〔注〕 3大財閥とは三井，三菱，住友，8大財閥とはこれに安田，渋沢，川崎，山口，鴻池を加えたもの．系列金融機関名の詳細は高橋亀吉[1931]pp. 42-43または柴垣和夫[1965]p. 355参照．資金量は，銀行については払込資本金＋積立金＋預金，信託では払込資本金＋積立金＋信託勘定，保険では払込資本金＋諸準備金．

ては，1924年に三井信託，1925年に安田信託，住友信託，1927年に三菱信託が相次いで設立されたし，生命保険においても，1926年に住友生命，1927年に三井生命がそれぞれ既存保険会社の買収改称によって成立している．このことは2つの重要な意味をもっている．第1に，銀行業におけるこれ以上の拡張は，自己の営業基盤になじまない高金利圏への介入を意味するのに対し，異種金融業の系列化は同じ低金利圏にとどまりつつ，性格の異なった(より長期的な)資金を吸収しうることである．第2に，大銀行グループの属する財閥は，第1次大戦以降従来の軽工業，鉱業，商業を中心とする体制から，次第に重化学工業部面に多様化しつつあったが，このためには生命保険，信託などによって調達しうる長期資金が必要であったのである．財閥グループはその自己金融方式と閉鎖性を大きな特色としており，大銀行が日銀借入にほとんど依存しなかったことは前章でも述べたとおりであるが，重化学工業への進出は，その必要長期資金の巨大性のゆえに資金調達方法の多様化を必要ならしめたのである．1930年代になり，重化学工業が本格化してくると財閥直系会社の株式公開および所有株式の売出がなされてくるが[21]，このことも同一のロジックに沿うものだと考えられよう．

　財閥グループの金融業多様化の結果は，表6-4に明らかであろう．8大財閥についてみると，銀行のシェアーは42.2%であるのに対し，信託，損害保険のシェアーは80%近く，生命保険でも40.7%を占めているのである．

21) 志村嘉一[1969]第4章．

これに対して地方銀行あるいは前章の分類における中小銀行群は，都市二流銀行および地方有力銀行を中心にして積極的に弱小銀行の合同および系列化を行なった．たとえば，長野県ではすでに1921年上期において，県内の大部分の銀行が7つの有力銀行の下に系列化されていたと言われる[22]．こうした系列化が生じたこと自体，中小規模の銀行群がその市場行動様式において同質的であったことを示唆するものであろう．また，日銀の救済融資が，親子銀行関係を通じて，取引先たる中規模銀行から非取引先たる小規模銀行へと供給されたことは，こうした系列化をいっそう促進したと考えられる[23]．日銀と取引関係にある地方有力銀行は，次第に地方的合同の中核銀行となってゆくのである．

ところで，前章においてわれわれは，第1次大戦以後(第2期；1920-32年)，これら中小規模銀行群が，そのマーケット・コンダクト(市場行動)において同質的であるにかかわらず，マーケット・パーフォーマンス(市場成果)において2層分化したと述べた．すなわち，払込資本金100万円以上の規模の中銀行群は預貸率，経費率等が悪化し，高い倒産率を示したのに対し，同じ不動産抵当貸，信用貸によって高金利圏に活動している小銀行群ではそうしたパーフォーマンスの悪化は軽微にとどまっているのである．これはなぜか．

1つの理由は，両者の営業基盤におけるマーケット・ストラクチュア(市場構造)の相違にあると考えられる．すなわち，中規模銀行群は大都市あるいは地方都市においてかなり競争的な市場で活動しているのに対し，小銀行は地方の局地的な市場で半ば独占的に行動していることが多いと考えられる．前章表5-6において，払込資本金10万円以下の銀行の利潤率が著しく高位にあることは，この点を裏書している．独占的地位をもっている方がそうでないばあいよりも不況の影響を受けにくいと考えられるのである．しかしながら，より大きな理由は，第1次大戦終結の衝撃のあり方にあるのではないだろうか．第1次大戦の衝撃とは，単純化して考えると，大戦中の急激な輸出需要の拡大，それに基くブームおよび戦争終結に伴う輸出需要の激減にほかならない．かつて筆者は第1次大戦の直接的衝撃が在来・近代両部門のいずれに対して大であったかというかたちで問題を提起し，それには両部門の供給弾力性と需要成長率

---

22) 伊牟田敏充[1980] p.86.
23) 石井寛治[1980].

とを比較せねばならないと指摘した．しかしながら，問題はどうもこうではないようである．さまざまな情報から考えて，大戦の直接的衝撃は在来部門にも近代部門にもほぼ等しい強さで生じたとみられるからである[24]．それでは，大戦の衝撃は日本経済のどの部面に最も強い直接的影響をもったのか．筆者は現在，それは貿易商社を頂点とする商業流通部門ではないかと推測している．大戦中の輸出増によって貿易商社は巨大な利益を受けたが，戦争終結およびその後の反動恐慌において最も打撃を受けたのも貿易商社であった．すなわち，浅野物産，野村商事，古河商事，久原商事，村井貿易等の貿易商は軒なみ大損失を計上し，そのいくつかは解散のやむなきに至ったのである．これは，1つには大戦末期から1920年初頭にかけてのブームが著しく投機的なものに化していたこと[25]，および大戦中に多数設立された貿易商事会社が十分な経営上のノウ・ハウを蓄積していなかったことにもよる[26]．当時銀行の商業貸出割合は依然として非常に高かったから(表6-5)，これら貿易商の困難は，それに結びつく都市二流銀行の不振の大きな原因になったのである[27]．また，金融恐慌時に破綻した都市二流銀行はいずれも関連商社の不振，それらに対する固定貸が破綻の大きな原因となっている．左右田銀行における太平商会，泰和商会がそうであり，村井銀行における村井貿易，中沢銀行における大華洋行，東海商事，近江銀行における伊藤忠，第六十五銀行(および特殊銀行である台湾銀行)における鈴木商店などもそうである．当時の輸出品の中心は軽工業品および在来工

---

24) 寺西重郎[1973]参照．在来部門の方が固定資本が小さいはずであるから，供給弾力性が大きく，急激な需要変化の影響をうけにくい．他方，中村隆英[1978]は，大戦中先進国からの機械類の輸入が困難化したため，近代部門においても大戦中の固定資産増は小であったのではないかとしている(p.102)．また，生産量統計等をチェックしても，需要変化が両部門で不均等に生じたという事実は見出しがたい．それゆえ，輸出需要変化の直接的影響から在来・近代部門の格差問題を論じることはむずかしいとみられる．寺西重郎[1973]に述べたように，産業間格差の問題は技術面・資金面の長期的変化によって説明せねばならないのである．この点に関しては次節参照．

25) 商品投機の中心は綿糸であり，さらに生糸，鉄，銅等さまざまな商品が投機の対象とされた．物価下落に対処して商社は大量の輸入解約，輸入品の現地での転売，輸出品滞貨のダンピング等を行い，その過程で損失を重ねた．詳しくは高橋亀吉[1955](上)参照．

26) 「久原，古河，村井，浅野，等々の当時の中財閥が蹉跌した根因は，慣れない「商事会社」を興して，貿易に手を出し，その大失敗で致命傷を受けたからである」(高橋亀吉[1955](上))．これに対して，三井物産はその慎重な経営戦略によって損失を計上することなく，また三菱商事は反動恐慌時に軽微な損失を出したにとどまった．また，住友，安田は大戦ブームに便乗しての商社設立を回避したため，打撃を受けることがなかった．(これらの点については森川英正[1981]参照.)

27) 渡辺佐平・西村閑也[1957]は「銀行は商業企業の機関銀行となっているのであって，常に産業企業の機関銀行となっているのではない」と述べている．

表6-5 銀行の業種別貸出割合
(単位：%)

|  | 商業 | 工業 | 農業 |
|---|---|---|---|
| 1893 | 49.2 | 1.0 | 5.6 |
| 1897 | 63.7 | 1.2 | 8.3 |
| 1926 | 50.4 | 18.6 | 7.6 |
| 1928 | 71.8 | | 7.4 |
| 1933 | 42.1 | 22.4 | 5.8 |
| 1940 | 19.6 | 42.8 | 1.7 |
| 1944 | 21.7 | 48.0 | 1.2 |
| 1949 | 20.7 | 56.4 | 3.8 |
| 1955 | 30.5 | 50.2 | 1.5 |
| 1960 | 28.9 | 49.7 | 2.6 |

〔資料および注〕 1893, 97年は国立銀行，1926, 28, 33年は普通銀行の商業者，工業者，農業者への貸出割合．後藤新一[1970] pp. 48-49, 135による．1940, 44年は銀行等資金運用令第14条による金融機関貸出残高の報告値に基く商業，工業，農林業および水産業への貸出割合．日銀統計局『戦時中金融統計要覧』pp. 65-66による．1949, 55, 60年は『本邦経済統計』による全国銀行業種別貸出残高における商業(卸・小売業)，製造業(工業)，農林水産業への貸出割合．原則として年末値だが，1928, 33年のみ6月末値．

業品であったから，貿易商社の不振は，さらに輸出品生産地帯における地方商社の不調へとつながる．地方商社の困難は，それに関連する地方中小銀行のパーフォーマンスの悪化を惹起する．しかしながら，地方商社に対する輸出減の影響はその波及過程で次第に弱化されていたであろう．特に，小商社ほど内国取引の割合が大であったであろうから，影響はより小さいと考えられるのである．かくて，大戦の衝撃は，貿易商社に最も大きく影響し，その機関銀行たる都市二流銀行すなわち多くの中規模銀行に大きな困難をひきおこした．地方の小銀行もまた地方商社の不振の影響を受けるが，その打撃は中銀行ほどではない．第1次大戦後における中小規模銀行のパーフォーマンスにおける2層分化

の大きな理由はこの点にあると考えられるのである.

　しかも,商社の不振の影響は単にその機関銀行の困難をひきおこしただけではない.第3章で述べたように,わが国の在来工業は明治以来,商社(問屋)の前貸金融,商社の銀行借入という重複金融形態に大きく依存していた.第1次大戦後の商社の不振により,商社を通じる金融に依存していた在来工業は大きな打撃を受けたと考えられる.しかし,それと同時に問屋前貸のかたちの重複金融形態は次第に大きく後退し,在来工業者も金融機関と直接的に取引を行うことになるのである.表6-5において,銀行貸出の商業者に対する割合は1920年代の後半から1940年頃にかけて大きく低下し,かわって工業の割合が増加していることに注目されたい.

　念のために述べておくと,われわれは第1次大戦の衝撃が産業企業に直接的に与えた影響を無視しているわけではない.ただ,その程度は在来・近代部門でさほど有意な差がなく,相対的に大きな直接的打撃が商社部門に生じたことを指摘したのである.産業企業への間接的影響は商社──→銀行──→企業あるいは在来工業の重複金融のばあいは,商社──→企業,商社──→銀行──→商社──→企業という過程を経て生じたと考えられる.もちろん,銀行は商社の不振だけでなく産業企業の不振からも大きな影響をうけたはずである.また,第1次大戦の衝撃というとき,より広義の影響を忘れてはならない.都市化,大都市周辺の工業地帯および階層としての工場労働者層の創出,第3次産業人口の急増等がそれであり[28],こうしたブロードな変化はいわば歯止め効果(rachet effect)としてその後の経済社会のあり方を規定したのである.いずれにせよ,第1次大戦の衝撃の真の意味については,今後さまざまな角度から検討がなされねばならない.

## [2]　産業構造の変化と銀行集中

　以上における銀行業産業組織の内部的な変動要因は,銀行集中過程を規定する大きな要因であるが,それだけでは十分でない.なぜなら,銀行破綻に伴う

---

28) この点については中村隆英[1971],[1978]参照.

表6-6 製造工業生産額の構成比

| 年 | 食料品 | 繊維 | 重化学工業 | その他共計 |
|---|---|---|---|---|
| 1890 | 51.0 | 22.9 | 10.5 | 100.0 |
| 1900 | 48.9 | 24.4 | 12.6 | 100.0 |
| 1910 | 39.0 | 27.3 | 18.7 | 100.0 |
| 1920 | 31.6 | 26.3 | 32.3 | 100.0 |
| 1930 | 25.5 | 28.1 | 35.0 | 100.0 |
| 1940 | 13.0 | 17.1 | 59.2 | 100.0 |
| 1952 | 8.9 | 12.6 | 46.3 | 100.0 |
| 1972 | 9.1 | 6.4 | 58.9 | 100.0 |

〔資料および注〕 戦前は『長期経済統計』第10巻，pp.146-148の製造業不変価格生産額（A系列）による．重化学工業は化学，鉄鋼，非鉄，機械の和．戦後は正村公宏[1978]pp.130-131による製造業の要素価格表示国内純生産構成比．重化学工業とは化学，石油石炭製品，1次金属，金属製品，機械，電気機器，輸送機器，精密機器の和．

表6-7 農林水産業の全産業に対する相対生産性の推移

| 年 | 名目額 | 実質額 |
|---|---|---|
| 1888 | 0.63 | 0.60 |
| 1900 | 0.63 | 0.53 |
| 1910 | 0.60 | 0.52 |
| 1920 | 0.55 | 0.47 |
| 1930 | 0.40 | 0.42 |
| 1938 | 0.42 | 0.36 |

〔資料および注〕 南亮進[1981]表9-2．相対生産性とは全産業の就業者1人当りGDP（名目または実質値）に対する農林水産業のそれの比率．

預金者の危険回避行動および他銀行の救済的合併行動のそもそもの発端である銀行破綻の発生を説明しえていないからである．内部的変動要因は振幅を拡大する要因であっても，始発的要因ではない．戦間期における銀行集中の始発的かつ根本的な要因は，なによりも産業構造の変化およびそれに伴う必要資金の需給の相互依存関係に求められねばならない．

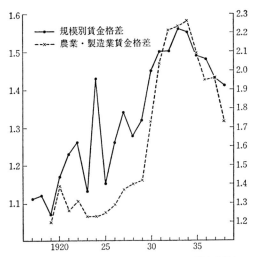

**図 6-4** 製造業規模別賃金格差および農業・製造業賃金格差

〔資料および注〕 規模別賃金格差は，東京市製造業における職工10人以上(1922年まで)または5人以上(1923年以降)の男子職工賃金の10人未満または5人未満の男子職工賃金に対する比率．南亮進[1970]p. 228による．農業・製造業賃金格差は，製造業男子総合賃金の農業男子日傭賃金に対する比率．『長期経済統計』第8巻，pp. 243-245による．

### (1) 産業構造の変化

第1次大戦およびそれに続く20年間は産業構造の大きな転換期であった．まず，この点を概説しておこう．

第1に重化学工業化．表6-6を参照されたい．製造業生産額に占める重化学工業すなわち金属・化学・機械工業等の比率が高まっていることがわかろう．それにともなって，主として在来工業からなる食料品工業のシェアーが低下し，繊維工業も1930年代に至って大きな低下を示している．表6-6のような集計量からではわからないが，この時期の重化学工業の発展は，従来の官営工場にかわって次第に民間企業が進出してきたことが大きな特色である．第1次大戦中にはまず新興財閥が，次いで戦間期に三井，三菱，住友が本格的に重化学工業に進出してくるのである．また，重化学工業発展の基礎となる電力業の急速

表6-8 製造業(東京・横浜・神戸の3市)の二重構造(1932年)

| 資本総額(円) | 1工場あたり従業員数(人) | 資本集約度 資本総額/従業員(千円/人) | (原動機馬力数/従業員数)(馬力/人) | 労働生産性(粗付加価値/従業員数)(千円/人) | 賃金率(千円/人) | 借入金平均コスト(%) | 金融機関からの資金調達コスト推定値(%) | 従業員構成比 事務員・技術員(%) | 徒弟(%) | 家族従業者(%) |
|---|---|---|---|---|---|---|---|---|---|---|
| -100 | 1.6 | 0.03 | 0.01 | 0.26 | 0.04 | 4.10 | 18.52 | 4.8 | 12.9 | 80.2 |
| 100-500 | 2.0 | 0.13 | 0.04 | 0.35 | 0.06 | 4.81 | 12.73 | 7.3 | 23.4 | 66.9 |
| 500-1千 | 2.7 | 0.26 | 0.09 | 0.36 | 0.09 | 4.91 | 13.06 | 10.8 | 29.6 | 56.2 |
| 1千-2千 | 3.2 | 0.42 | 0.14 | 0.43 | 0.12 | 5.81 | 12.80 | 14.3 | 34.1 | 46.5 |
| 2千-5千 | 4.4 | 0.66 | 0.22 | 0.51 | 0.19 | 6.97 | 13.32 | 26.4 | 34.8 | 34.1 |
| 5千-1万 | 6.8 | 0.95 | 0.29 | 0.71 | 0.28 | 7.36 | 12.50 | 44.9 | 30.1 | 20.4 |
| 1万-5万 | 13.8 | 1.44 | 0.46 | 0.95 | 0.44 | 7.67 | 13.19 | 67.4 | 18.6 | 8.8 |
| 5万-10万 | 28.4 | 2.31 | 0.71 | 1.27 | 0.54 | 8.25 | 14.10 | 82.3 | 9.1 | 3.4 |
| 10万-50万 | 70.6 | 2.91 | 1.73 | 1.65 | 0.61 | 7.27 | 12.24 | 92.0 | 2.9 | 0.6 |
| 50万- | 363.0 | 10.44 | 3.71 | 2.62 | 0.80 | 9.75 | 10.05 | 94.0 | 1.0 | 0.2 |
| 合計 | 5.8 | 3.24 | 1.20 | 1.17 | 0.39 | 9.11 | — | — | — | — |

[資料] 東京市(1934年刊)、横浜市(1937年刊)および神戸市(1935年刊)の「工業調査書」。

[注] 借入金平均コストは支払中の利子を借入金総額で割ったものである。金融機関からの資金調達コスト推定値は、この利子支払に、資本総額50万円以上の社債金利について0.73%、13.52%、0%と仮定し、かつ原材料商社問屋、倉庫、その他(すなわち知人、親戚等)からの借入金利をそれぞれ0.73%、13.52%、0%と仮定し、金融機関からのみの借入コストを推定したものである。ここでの金融機関は近代金融のほかに質屋、個人貸金業、無尽の在来金融も含む。また社債(工業調査の社債発行については、『本邦事業成績分析』より、1932年下期において製造業34業種の大企業のカバレッジに対応する業種50万円以上企業の社債、借入金比率が1.077であることから、同一比率を用いて推計。社債金利は『金融事項参考書』より7%とした。また、原材料商社問屋および企業からの借入金利は東京市『商業調査書』(1933年刊)の商業借入金利分布表から加重平均して算出(1931年6月値)。その他からの借入金利は同様な加重平均では6.72%と計算されるが、無利子の割合が47.9%と著しく高いことから0%と仮定した。また、資本総額のA-BとあるのはA以上B未満の意味。

な発展がみられたのも，この時期である．

　第2に，農業およびそれにまつわる在来部門の漸次的後退がある．表6-7にみられるように，農林水産業の全産業に対する相対生産性は1920年頃にいたって，はっきりと低下してくる．農産物価格の変化を反映して，名目額の相対生産性は1920年代に大きく低下し，30年代は若干上昇しているが，実質額の相対生産性は戦間期を通じてステディに低下しているのである．第1次大戦以前の時期でも，農業の生産性は工業等にくらべて低いことはもちろんであるが，両者の格差は乖離することはなかった．第1次大戦以後，農工間あるいは在来・近代部門間の不均衡的成長が顕在化してくるのである[29]．また，このことに対応して，農工間の賃金格差が拡大してくる(図6-4)．

　第3に，製造業内部でも明確な規模格差が生じてきた．規模別賃金格差の動きは図6-4にみられるとおりである[30]．表6-8にみられるように1932年の製造業には，いわゆる二重構造現象が明瞭に看取される．資本集約度，(付加価値)労働生産性，賃金率には明らかな規模別傾斜がある．借入金平均コストは小規模ほど低いという傾向がみられるが，金融機関からの借入のみをとり，資金コストを推定すると，やはり小規模ほど高金利という傾斜がある程度生じていることがわかる(金融機関からの資金調達コスト推定値)．

### (2) 格差の発生と銀行集中

　以上のような産業構造上の諸変化，なかんずく二重構造の発生と銀行集中といかなる関係にあるのか．二重構造，銀行集中はともに全体としての経済過程の中から内生変数として生じてきた現象である．両者の間に密接な相互依存関係があることはもちろんであるが，ともに内生変数である以上，一方が他方を生ぜしめたという論理では十分ではない．正しい論理は両者を規定する外生変数の動きから組立てられなければならない．

　この問題に関する主要な外生的変数としてわれわれは次の3要因をとりあげる．(i)導入技術の類型変化．わが国が工業化社会に関する国際的なレイト・

---

29) 中村隆英[1971].
30) 安場保吉はすでに明治末期において規模別賃金格差が生じたことを指摘しているが(Yasuba, Y. [1976])，それが顕著となったのはやはり第1次大戦以後のことであろう．

カマー(late comer)として,少なくとも工業に関して(少なくとも戦後高度成長期の半ば時点まで)諸外国からの導入技術に依拠したことはよく知られている. 問題は,この導入される技術のパターンが変化してきたことである. 初期における技術の導入は,銀行,電信,電話,鉄道等の制度ないし社会的間接資本にかかわるもの,次いで紡績業等の軽工業であった. 軽工業は一般に労働(特に不熟練労働)集約的であって,相対的に資本にくらべて労働(特に不熟練労働)が豊富であるというわが国の要素賦存率に適合していた. また,そのばあいでも外国技術に部分的に修正を加え,わが国の投入財存在量に適合させるための努力がなされた[31]. しかしながら,第1次大戦以後わが国の産業技術水準も次第に向上し,より高度な重化学工業の導入が顕著になってきた. 重化学工業は一般に資本(および熟練労働)集約的であり,またその技術に部分的な修正を加えることは容易でない. このため,わが国の要素賦存比率と導入技術の要求する要素比率の間に大きな乖離が生じてきたのである. (ii)農業技術進歩の停滞[32]. 初期の殖産興業期における西洋農法直輸入の失敗ののち,わが国の農業は主として在来技術(いわゆる老農技術)のポテンシャルの開発および普及によって発展してきた. 稲作技術の東漸現象にみられるごとく,在来農法の普及はめざましく,第1次大戦期まで農業労働生産性および技術進歩率は高い成

表6-9 農林水産業の成長率

|  | 粗生産の成長率 | 就業者数の成長率 | 労働生産性の成長率 | 技術進歩率 |
| --- | --- | --- | --- | --- |
| 1899-1900 | 1.37 | △0.03 | 1.40 | 0.96 |
| 1901-1910 | 1.66 | △0.33 | 1.99 | 1.11 |
| 1911-1920 | 1.62 | △0.56 | 2.18 | 1.10 |
| 1921-1930 | 0.75 | 0.04 | 0.71 | 0.55 |
| 1931-1938 | 1.30 | △0.28 | 1.58 | 1.03 |

〔資料および注〕 南亮進[1981]表4-1による. 7カ年移動平均系列の対前年成長率を期間ごとに平均したもの. 技術進歩率は総要素生産性成長率であって,労働生産性成長率−資本の生産弾力性×資本集約度成長率−土地の生産弾力性×土地・労働比率成長率として求められたものである.

---

31) 第3章[1]でふれた小野仮説である. 典型的な例として,諏訪中山社が開発し,その後全国的に普及した「諏訪式製糸機械」(1875年)がある. これは鉄製機械の一部を木製,陶器製に変え,蒸気機関のかわりに水車を用いたものである. また南亮進[1981]は,こうした技術的修正を伴う技術導入とならんで,先進国における旧式技術を導入したケースを指摘している. 織機におけるバッタン(飛杼)の導入がそれである.
32) この項については,速水佑次郎[1973]第6章,第7章を参照されたい.

長率を示した．しかし在来技術のポテンシャルが開発しつくされ，かつその普及過程が一段落した第1次大戦後，農業の技術進歩は大きな停滞局面にはいったのである（表6-9参照）．さらに，米騒動(1918年)を契機に，朝鮮・台湾における米作の開発(「産米増殖計画」)とそれにもとづく安い外地米の移入は米価の低落をもたらし，また，不況による工業部門からの労働需要の減少は農業労働の流出傾向を逆転せしめ（表6-9），農業労働生産性成長率をさらに引下げることとなった．戦間期における長期の深刻な農業不況はこうして発生したのである．(iii)資金源泉の変化および証券市場の未発達．発展資金源泉の蓄積資金から経常貯蓄への変化は，1900年頃より漸次顕在化したものであるが，1920年代においては一般家計の経常貯蓄の蓄積水準はいまだ低い．また，初期における長期性蓄積資金の動員および銀行の早期的発展という歴史的経緯によって証券流通市場の発達が遅れており，くわえて，さまざまな部面で大きなシェアーをもちつつあった財閥系企業が自己金融方式をとっていたことから，証券発行市場の機能も十分でなかった．証券市場が一応の発展軌道にのるのは，一般家計の資金蓄積水準が高まり，また財閥が株式公開を始める1930年代のことであるが，その発展の芽は日中戦争以降の統制経済によって摘みとられることになるのである．

さて，(i)〜(iii)の3要因によって，産業構造の変化に伴って銀行集中が生じることを次のように説明することができる．(i)すなわち導入技術の高度化あるいは重化学工業面での技術導入は，資金面において，必要長期資金が大規模化したことを意味する．これに対して(iii)によって，持株会社の内部金融に頼る財閥部門を除いて，証券市場による長期資金の調達は十分でない．このため中規模以下の多くの銀行は，預金によって集めた資金で長期資金ないし設備資金を供給するという産業銀行的性格を強化するにいたる[33]．（この点に関連して，日銀が従来からの担保品付(あるいは見返品付)手形割引に加えて，1919年より銀行引受金融手形の割引を開始し，銀行の産業金融を側面から援助したことも注意せねばならない[34]．）

33) 貸出形式は最長2-3年の証書貸付もあったが，2-3カ月の単名手形の切替えによることが多かったと言われる(後藤新一[1977] pp.111-112)．戦後の高度成長期に一般的にみられたいわゆる「短期のころがし」(rollover credit)は少なくともこの時期からのものなのである．
34) 原政友会内閣時の井上日銀総裁による積極的整理方針の一環をなす措置である．

産業銀行化した銀行は，第1次大戦期のブームを中心とする急速な工業化の過程で，一部企業グループあるいは地域特定産業との結びつきを強めることになる．前者のばあいが，いわゆる機関銀行化であり，後者のケースは地方有力銀行に特徴的である．こうして，資産多様化を犠牲にして特定企業ないし産業に貸し進んできた中小銀行群に2つの外生的衝撃が与えられる．その1つは，上記(ii)すなわち農業の停滞化および農業不況であり，これは主として農業関連の在来産業の中心銀行として行動してきた地方有力銀行の基盤を大きくゆるがすことになる．いま1つは，日本経済にとって外生的な第1次大戦終結の衝撃および反動恐慌である．これにより大戦ブーム中に相次いで設立された新興貿易商社群が苦境に陥り，それを中核とする企業グループの不振が生じる．都市二流銀行群およびその子銀行群は動揺し，休業，破綻への道を辿ることになる．また，当時の輸出品が主として軽工業品および在来産業品であったことから，貿易商社の不振は，地方商社およびそれに金融的に結合した地方在来産業の動揺へと波及し，地方商社の機関銀行たる地方中小銀行の休業，破綻をもたらすことになる．農業不況および第1次大戦の衝撃による在来産業部門の不振は，関連する銀行業の動揺をまねき，その集中を促したのである．銀行の産業銀行性が強まり，その特定企業ないし産業との結合が強い状況の下ではこれは不可避な経過であった．在来産業と近代産業の跛行過程がこの時期における銀行集中の基本的な原因だと考えられるわけである．

　他方，(i)および(ii)によって，賃金格差の成立を説明することができる[35]．重化学工業の導入は，それにみあった熟練労働の需要増大を意味する．当時のわが国では，熟練労働の供給はいまだ十分でなく，このことは熟練労働の賃金水準の上昇をもたらす．他方，農業不況は，農業労働者の限界価値生産力を低下せしめ，都市第3次産業および農村を中心に不熟練労働のプールを形成せしめる．不熟練労働に関しては，いわゆる無制限的労働供給に近い状況が成立し

---

35) 容易にわかるように，以下の論理では賃金格差は(ii)がなくとも(i)のみで説明しうる．しかし，(ii)によって不熟練労働の供給が増大することにより格差はより大きくなるのである．さきに本章の脚注30)で述べたように，安場は明治末期における賃金格差の発生を指摘した．このことは1890年頃から近代的重工業が徐々に導入されつつあったことから容易に首肯されるところである．しかしながら，格差の顕著な拡大にはわれわれの(ii)の要因が大きな効果をもったのであり，それは第1次大戦後のことであった．

たのである[36]．このため，不熟練労働賃金は相対的に低下する．また，重化学工業にあっては熟練労働を確保するために，年功賃金制および終身雇用制を採用し，企業内労働市場により不熟練労働についても限界生産力以上の賃金を支払うようになった[37]．（このことは，激化しつつあった労働運動の影響から自社労働者を隔離するためにも必要であった．）

ところで，以上の説明では(ii)および(iii)とともに(i)，すなわち重化学工業技術の導入を出発点としてきたのであるが，議論を完結するためには，重化学工業がどのような条件の下に導入されたかを論じておかねばならない．技術的な意味では，内外の技術格差が縮小し，高度技術をこなせる状況に至ったとする小野仮説が妥当する．資金的な条件については，以上では，銀行が産業銀行化することにより長期資金の需要に応じえたことを指摘した．しかし，それのみで十分ではなかろう．以上の論理の結論たる銀行集中のフィードバック効果をここでとりあげねばならない．銀行集中およびそれに伴う資金の大銀行グループへの集中は，それに関連する大企業による重化学工業の導入を加速せしめたといういま1つの側面がある．すなわち，銀行集中は，大企業グループへの融資集中をもたらし，大企業は一層資本集約的な技術を採用しえたのである．資本集約度の高位は高い労働生産性へとつながる．高生産性は企業内労働市場の確保を一層容易ならしめたことであろう．

### (3) 資本集中仮説と機関銀行論

在来・近代産業間の跛行関係，製造業の二重構造現象等の産業構造における格差現象と銀行集中の関係については，ふるくから多くの論者によって論じられてきた．そのうちの代表的でかつある意味で対照的な仮説として資本集中仮説と機関銀行論をとりあげ，簡単にコメントしておこう．

資本集中仮説は篠原三代平[1959]，[1961]，[1962]，宮沢健一[1961]，川口弘[1965]等において提唱されたものであり，大企業部面における融資集中が二重構造を発生せしめたことを主張する．すなわち，資本市場において，まず融資集中が成立し，これが規模間の資本集約度格差および物的生産性格差をもたら

---

36) 寺西重郎[1972a]および Teranishi, J.[1972-73]参照．
37) 佐藤和夫[1981] p.23 および中村隆英[1978] p.119．

す．物的生産性格差は，生産物市場における大企業製品の寡占価格性により付加価値生産性につながる．付加価値生産性はさらに労働市場における労働市場の「切断」によって規模間賃金格差につながる，というのがその要旨である．細部にわたる吟味は省略するが[38]，この仮説の最大の問題点は，融資集中を出発点としている点にある．われわれも，上で述べたように，融資集中が資本集約度格差，生産性格差をもたらすメカニズムを無視するものではないが，融資集中自体また産業格差現象の結果でもあるのである．この意味で，資本集中仮説は融資集中──→二重構造という一方の連鎖のみを強調し，二重構造──→融資集中といういま1つの連鎖を無視するものだと言えよう．両者がともに内生的であるばあい，正しいアプローチは，外生変数を陽表的に指定し，その動きによって内生変数を説明するというものでなければならない．

ちなみに，この点でいわゆる融資集中の戦前戦後における違いを明確に認識しておく必要がある．戦前期における融資集中はなによりも銀行集中を中心とするものであって，それは産業構造の変動とともに，いわば内生的に進行したものであった．政府の銀行政策が大きな役割をもったことは確かであるが，以下で述べるように銀行政策自体，主として産業構造政策論の視点から展開されたものであった．これに対して，戦後における融資集中は，いわゆる人為的低金利政策にかかわるものであって，その意味で，外生的性格が強いと考えられる．それならば，戦後においては資本集中仮説が妥当するかと言うと，議論はまた単純でない．第7章で論じるように，人為的低金利政策は政策変数という意味で外生的にみえても，その政策の採用自体は，外生的とみなすには余りに経済状況のダイレクトな影響下にあるからである．制度としての人為的低金利政策の「採用」ないし選択は，いわば内生的に説明されるべきことがらなのである．こうした視点から考えるとき，人為的低金利政策下の融資集中は，単なる大企業小企業間の信用割当問題たるにとどまらず，政府，企業，家計を含んだよりブロードな資金配分問題として検討されねばならないことになる．この点は次章以下で詳論する．

資本集中仮説が，融資集中(戦間期においては銀行集中)──→二重構造という

---

38) 詳しくは寺西重郎[1972a]参照．資本集中仮説の戦間期経済への適用を積極的に主張したものは篠原三代平[1962]および[1976]第4章である．

表 6-10　1927 年中休業銀行の破綻原因(日本銀行「諸休業銀行ノ破綻原因及其整理」に記載されている休業普通銀行)

| 久喜銀行 | 埼玉県における製糸業の不振．東京渡辺銀行，中井銀行の破綻の余波． |
|---|---|
| 河泉銀行 | 頭取一族の行金濫用． |
| 東葛銀行 | 米繭価格下落による地域経済の疲弊．重役の行金融通．整理の等閑．高利預金の吸収． |
| 西江原銀行 | 特産物たる薄荷除虫菊等の価格下落．機業家，製糸家，農家の不振．高利預金の吸収． |
| 徳島銀行 | 頭取関連企業(徳島倉庫)への貸出とその不振． |
| 栗太銀行 | 滋賀県における重役関係商工業の不振．村井銀行，近江銀行の破綻の余波． |
| 鞍手銀行 | 福岡県における炭鉱業等の商鉱工業の不振．不動産思惑買入の失敗． |
| 中沢銀行 | 中沢一族の関連事業への貸出とその不振． |
| 東京渡辺銀行 | 渡辺一族の関連事業への貸出とその不振． |
| 八十四銀行 | 石川県における生糸・絹織物(内地向友禅地)の不振．中沢関連事業の不振． |
| 今治商業銀行 | 愛媛県における綿ネル其他綿織物機業の不振． |
| 左右田銀行 | 左右田一族の関連事業(横浜商品倉庫，横浜莫大小，太平商会等)への貸出とその不振． |
| 中井銀行 | 東京地区における諸事業会社の不振． |
| 村井銀行 | 村井一族の関連事業(村井合名，村井鉱業，村井貿易等)への貸出とその不振． |
| 第六十五銀行 | 鈴木商店との関連による信用不安．預金漸減，取付． |
| 近江銀行 | 大阪地区における綿糸布織物業の不振． |
| 十五銀行 | 松方一門の関連事業(川崎造船，川崎汽船等)への貸出とその不振． |

〔資料〕　日本銀行「諸休業銀行ノ破綻原因及其整理」(1928-29 年)(『日本金融史資料』昭和編，第 24 巻)．

側面を強調するのに対し，機関銀行概念[39]はいわば逆の産業構造の格差——→銀行集中という側面にかかわっている．(その意味で，資本集中仮説と同じく一面的である．)産業銀行化の程度を強めた中小銀行群の一部が機関銀行化し，戦間期において関連商工会社と浮沈をともにしたことは否定できない．戦間期の混乱・諸困難の叙述において，しばしば機関銀行の弊がとなえられるのもまた当然である．しかしながら，産業構造における格差から銀行の産業銀行化を経て銀行集中に至るロジックは，機関銀行だけでなくいま 1 つの要因によっても連結されていることに留意されたい．それは，地方在来産業の産業融資機関としての銀行のあり方である．地方有力銀行の多くは，その所在地の固有産業と密接にかかわっており，1 企業ないし 1 企業グループの機関銀行としてではなく，地域経済の中核銀行として，戦間期の動揺過程の一端にかかわったので

---

39)　機関銀行概念の定義およびその起源等についても第 5 章参照．

ある.再び,金融恐慌時の休業銀行の例を引こう.表6-10を参照されたい.記載されている17行のうち,株主一族,重役関連企業への固定貸が休業の原因となったのは,払込資本金100万円以下では,河泉,徳島の2行であり,100万円以上では,中沢,東京渡辺,左右田,村井,十五の5行である[40].他の休業銀行は,いずれも地域産業の不振が休業の大きな原因になっていることがわかろう.産業銀行化し,固定貸の累増,休業という経過を辿った銀行のうち,すくなからざる部分がいわゆる機関銀行ではなく,地域の特定産業への固定貸により苦境に陥ったのである.いわゆる地方有力銀行の多くは,多少なりともこのような状況にあったと考えられる.

ちなみに,このことは戦間期においても金融市場の地域分断がいまだ完全には払拭されず,いわば局地的な独立市場圏が残存していたことに依存している.前節においてわれわれは,明治期以来の重複金融仲介のうち問屋前貸金融が戦間期においても根強く残存しており,これが第1次大戦の衝撃を地方在来工業にまで伝導する効果をもったことを指摘した.同じことが市場の地域分断においても成立するのである.明治以来(正確にはそれ以前から)の諸特性は戦間期の分析においても,必ずしも無視してはならない.しかしながら,こうした明治期型重複金融仲介と市場分断は,第2次大戦以後は,ほぼ完全に消滅したとみなしてよいであろう[41].

### (4) 「財界の整理」と銀行政策

中小銀行群の産業銀行性の強度化に伴い,戦間期における銀行の産業組織が産業構造と密接な関係をもつにいたったこと,以上のとおりである.このため政府の銀行政策も,産業構造政策および景気政策のあり方と密接な関連をもち,それらの一環として展開されることとなった.いわゆる「財界の整理」すなわち産業構造の改善,具体的には弱小銀行企業および衰退産業の処遇をいかに行

---

40) これらの諸行で,貸出に占める一族関係および重役関連の割合が高いことは表5-14からわかる.

41) このことは戦後期において地域格差問題がなかったことを意味するものではない.1950年代,60年代の所得・賃金における地域格差については篠原三代平[1976]第7表を参照.しかしながら,少なくとも金融面では,戦間期までみられる大きな金利の地域格差等は消滅し,ほぼ全国的市場が完成したと考えられる.

なうかという問題がこれである.

　政友会に代表される積極論は,財政政策においては積極的なスペンディングを主張し,鉄道,道路,港湾等の公共投資を拡張したが[42],産業構造政策においては,在来部門あるいは相対的な衰退部門を包摂しつつ拡大基調のうちに産業構造の転換をはかろうとした.原政友会内閣(1918年9月-21年11月)の下で,高橋蔵相,井上日銀総裁によって主張された積極的整理方針はその典型であって,銀行引受貿易手形,金融手形の日銀再割引によって日銀の産業金融を拡張し,銀行資本の結合(銀行合同の促進)によって「我国金融の政界的地位を昂上せしめ,対外経済上鞏固なる基礎を樹立」しようとしたのである[43].また,戦後の相次ぐ恐慌過程においても,地方在来産業の利害を重視し,インフレの危険をはらむ日銀の特別融通による救済政策を支持した.

　これに対して,憲政会・民政党の消極路線は,財政政策においては,行財政整理,軍縮,公共投資の抑制により緊縮財政方針をとり,産業構造政策においては,在来衰退部門の切捨てもやむなしとする立場をとったと考えられる.日銀の救済融資についても,不良銀行企業をいたずらに温存するものであるとして反対し,大銀行と大企業を中心とする企業合理化政策により急速な産業の構造変革をはかろうとしたのである.浜口民政党内閣(1929年7月-31年4月)における井上蔵相による金解禁政策は,こうした路線の典型的な政策パターンであった.また,「銀行集中法」と呼ばれた銀行法の立案立法化が若槻内閣(第1次,1926年1月-27年4月)の片岡蔵相の下でなされたことも注目しておく必要がある[44].

　こうした両路線の対立はあったものの,戦間期の財政政策は,1929-31年の民政党政権の政策を除いて,基本的には膨張路線が基調であったと言われる[45].

---

42) 戦間期財政政策の積極,消極両路線に関しては原朗[1981]参照.ちなみに,一般に対外政策に関して,政友会は強硬外交,憲政会・民政党は対外協調であったといわれるが,原はこの点は必ずしも一般的には成立しないとしている.

43) 積極整理論における銀行合同方針については加藤俊彦[1957] pp. 293-294 参照.また,田中生夫[1980]第2章参照.

44) 同法を立案した金融制度調査会の普通銀行制度に関する特別委員会の委員長は井上準之助であり,委員の構成は大銀行の首脳を網羅したものであった.

45) 原朗[1981] p. 105.ちなみに原は,量的側面とは別に,財政支出の事後的構成にみられる質的側面においても政友会と憲政会・民政党の間に明確な政策路線の差異はみとめがたいとし,「うちつづく不況と未曾有の震災と貧富の対立激化の三要因を共通の与件として,両政策路線の選択の幅は意外と狭く,政権交替も瀕々たるを免れなかった」と述べている.

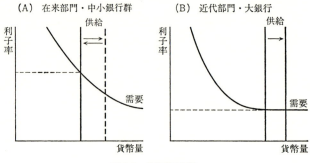

図 6-5 貨幣需要函数

　また，あい次ぐ恐慌の下で，日銀の救済融資は常態化していった．すなわち，1920 年 3 月の反動恐慌で，日銀は銀行支払準備金特別融通方法を講じ，35 行に計 105 百万円の融通を行なったのを手はじめとして，1922 年末の恐慌には 220 百万円，1923 年の関東震災時には 105 行に対して 430 万円（いわゆる震災手形，日銀の勘定では別口割引手形として整理されている），1925 年の金融恐慌時には 1928 年 5 月 8 日（融通締切日）現在で 687 百万円の特融（日銀の整理では第 2 別口手形）がなされたのである．しかも，特別融通額が増大し，対象銀行が拡大しただけでなく，貸出は次第に固定化し，回収は困難をきわめることとなった．特に，第 2 別口手形は再三期限が延長され，最終的に整理が終了したのは実に第 2 次大戦後の 1952 年 7 月のことであった．特融残高は 1930 年(1935 年)に 585 百万円(498 百万円)であって，銀行券発行残高の実に 40.7%(28.2%)に及んでいるのである[46]．

　特融の累積および固定化により，金融恐慌から昭和恐慌にかけての日銀の金融政策は次第に無力化するにいたった．その状況は図 6-5 のようにシェーマライズできるであろう．高預金金利，高貸出金利を特質とする高金利圏（A 図）と低預金金利，低貸出金利からなる低金利圏（B 図）があり，貸出に関しては担保物件の違いおよび情報量の不足により，両市場が分断されていると考えよう．高金利圏は在来的諸企業および中小銀行群を中心に構成され，低金利圏は近代的諸企業および財閥系大銀行からなる．高金利圏の貨幣需要函数は垂直な貨幣

---

46) 後藤新一[1970]第 6 章.

供給量と右下りの部分で交わっているのに対し，低金利圏では，貨幣供給量は需要函数の水平な部分，すなわちケインズの「流動性の袋小路」(liquidity trap) に対応する部分と交わっている．いま，特融により高金利圏に日銀券が供給されたとしよう．これはしかしながらただちに引出されて，大銀行の預金あるいは郵便貯金となって流出する．このため(A図において)高金利圏の貨幣供給量はふえず利子率は低下しない．大銀行に流入した預金は，しかしながら流動性の袋小路のため，利子率を下げる効果を発揮しない(B図)[47]．流入した預金の多くが日銀預金となって日銀に還流し[48]，他の部分は遊休現金となったのである[49]．こうした高金利圏，低金利圏という図式の妥当性は，コール・レートと日銀公定歩合との関係からも首肯される．戦後とは異なって，当時のコール・レートは常に公定歩合よりも低位にあった．コールの取手は主として特殊銀行であり，出手は都市銀行であったから，コール・レートは低金利圏の銀行間短期金融金利である．他方，日銀貸出は主として高金利圏の中小銀行に対してなされた．コール・レートと日銀公定歩合はそれぞれ低金利圏，高金利圏の金利水準に対応していると考えられるのである．

かくして，日銀の特融にかかわらず，金利はさほど下らず，図6-6にみられるように，貸付金利が製造業の自己資本利潤率を上まわるような情勢となった．救済融資を中心とする積極派型(すなわち在来産業部門包摂型)銀行政策は金融政策の無力化という事態によって否定されざるをえない．銀行法による弱小銀行の整理過程(1927-32年)にひきつづいて，1933年の「一県一行主義」声明が出され，政府は銀行の統合政策に拍車をかけることになるのである．日中戦争以後は，さらに低利国債消化のために，銀行合同政策が強行されたことは第5章で述べたとおりである．

以上の高金利圏，低金利圏という図式は，序章でのべたヒックス(Hicks, J.

---

47) もちろん，図6-6にみられるようにマージナルには若干の金利の低下をみた．このため1928年頃から社債の起債市場が隆盛をきわめることとなった．しかしながらこの活況は高利借入金の低利社債への借替を中心とするものであって，大銀行の手許遊資緩和にはさほど効果はなかった．

48) 日銀の一般預金は，金融恐慌後，平残で2-3億円の高水準に達した．加藤俊彦[1957] pp.265, 333．

49) これは1つには，金輸出が禁止されているため，当時の事情では資産の海外運用が容易でなかったことにもよっている．1928年頃の金解禁論は大銀行業者によって強く支持された．これはデフレーションによる「財界の整理」によって金融市場がタイトになることを期待したとともに，遊資を高金利で海外で運用することを期待したのである．加藤俊彦[1957] p.264を参照されたい．

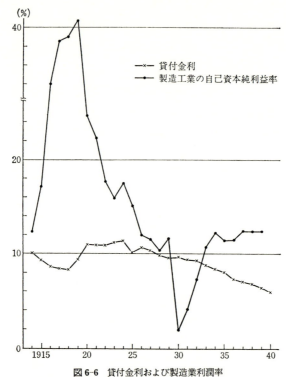

図6-6 貸付金利および製造業利潤率

〔資料および注〕 貸付金利は藤野正三郎・秋山涼子[1977]pp. 510-511 の12月末全国貸付金利. ただし, 1922, 23年は朝日新聞[1930]による(1922年は11月末値). 製造業自己資本純利益率は1929年(下)までは東洋経済『事業会社経営効率の研究』の当期利益(償却前)÷自己資本であり, カバレッジは紡績, 肥料, 洋灰, 製粉, 製糖, 製紙, 麦酒. 1930年以降は三菱総研『本邦事業成績分析』および三菱合資会社『本邦事業成績分析調査附表』の純利益金(＝当期利益金)÷自己資本である. カバレッジは製造業および印刷, 製材.

R.)[1974]の貸越セクター(overdraft sector)と自律セクター(auto sector)の図式に対応していることがわかろう[50]. 日銀借入にその流動性供給を依存する貸越セクターと十分な流動資産を保有する自律セクターの並存こそ戦間期金融構造の主要な特色である. ヒックスによれば, 貸越経済では貨幣政策の有効性が

---

50) 同様の図式はかつてフェルドマン(Feldman, R. A.)[1976](未発表論文)でも示唆された.

高い．銀行法以降の銀行集中の強行策は，貸越セクターからの預金の流出，それによる自律セクターの自律性の強化を防ぐことにねらいがあったと考えることができよう．言いかえると，財閥系大銀行を中心とする自律セクターを切り崩すことにより，金融政策の効果を高めようとしたのである．この点に関連して大蔵大臣高橋是清の次のような発言が注目される．すなわち，高橋は1932年4月日本経済連盟において講演し，「民間の有力銀行の中には，中央銀行より資金の融通を受くることを恥辱と考えるものがある」として，有力銀行の日銀借入すなわち貸越セクター化を要請したのである[51]．この高橋の希望する状況は，第2次大戦末期に実現され，戦後高度成長期の資金偏在現象において定着することになる．

ちなみに，金融政策の無力化という点から考えると，いわゆる高橋財政(1931年12月-1936年2月)においてとられた諸手段は，きわめて合理的で，またしごく当然の選択であったことがわかる．高橋財政の中核は，金輸出再禁止による為替レートの切下げ(その低下の放置)および日銀引受赤字国債の発行による(農村救恤・軍事費増加の)スペンディング政策であった．すなわち主として財政政策と為替政策によって沈滞しきった経済のエンジンをスタートさせたのである．金融市場の状況が図6-5のようであるばあい，買オペレーション，日銀貸出等による利子率引下げは全く無力である[52]．これに対して財政支出の増加と為替政策による輸出増加は，貨幣の取引需要を増加せしめる．取引動機に基づく貨幣需要は高金利圏から流失することはない．この需要残高のうち利子率弾力的な部分が高金利圏において利子率引下げ効果をもったのである．このため，図6-6にみられるように利子率は急速に低下し，輸出，財政に続いて投資需要が喚起されてきたと考えられる[53]．

金融政策にふれたついでに，ここでいわゆる管理通貨制度成立の問題について一言しておこう．管理通貨制度への移行に関しては，しばしば1941年の「兌

---

51) 矢尾板正雄[1934] pp. 173-174.
52) 高金利圏に供給された(取引目的以外の)貨幣は預金シフトにより低金利圏(および政府金融部門)に流出する．他方，低金利圏は遊資をかかえているため，日銀借入には全く依存していない．
53) 輸出・財政による需要は，また他方で物価引上げという重要な効果をもった．これにより企業の利潤率が上昇し，投資増加につながったのである．高橋財政のこの側面は佐藤和夫[1981]の物価伸縮経済の仮説によってよく説明される．

換銀行条例ノ臨時特例ニ関スル件」(法律第14号)または1942年の「日本銀行法」(法律第67号)が重視される．前者により，正貨準備発行と保証準備発行の区別が撤廃されるとともに大蔵大臣が発行最高限度を定める最高発行額制限制度が導入され，後者により(兌換に関する規定が定められていないという意味で)日銀券は不換紙幣となったからである．また，金解禁・金輸出再禁止時における1931年12月の「金貨幣又ハ金地金輸出取締ニ関スル件」(大蔵省令第36号)および「銀行券ノ金貨兌換ニ関スル件」(勅令第291号)の公布・施行がメルクマールとされることもある．前者により1930年5月以来の金輸出解禁が再禁止され[54]，後者により金貨兌換が停止されたからである．

しかしながら，この問題は管理通貨制度をどのように定義するかという点にかかわっており，さまざまな角度から評価される必要がある．少なくとも以下の3点が考慮されねばならないであろう．

第1に金本位制の基本的機能の停止という意味では，1917年の金輸出禁止措置が重視されねばならない．同年9月7日米国が金輸出を禁止したのに続いて，わが国でも9月12日の大蔵省令第28号により金輸出が禁止されたのである．同省令には「金貨幣又ハ金地金ヲ輸出セムトスル者ハ大蔵大臣ノ許可ヲ受クヘシ」とあり，当初は輸出を許可することもあったが「其後厳禁の方針を堅持」したといわれる[55]．銀行券の金兌換については特別な措置はとられなかったが，事実上兌換停止となったことは，日銀の「兌換券受入金貨払出」額が1918年以後ほぼ無視しうることになっていることから判断される[56]．その後米国は1919年に金輸出を解禁したが，わが国は禁止を解くことなく，為替レートは1918年以降(管理)フロートの状態になったのである．1930年のいわゆる金解禁は経済政策上の大問題ではあったが，実質的な貨幣制度の変遷の観点からは一時的な金本位復帰という意味での一挿話でしかないともみられるのである．

第2に，貨幣発行における裁量範囲の拡大という意味では，保証発行限度額の拡大が重要である．限度額は1899年から1億2千万円であったが，1932年に一挙に10億円に拡大され，その後1938年に17億，1939年に22億へと漸次

---

54) いわゆる金解禁による金輸出は1929年11月公布，1930年1月施行の大蔵省令「金貨幣又ハ金地金輸出取締其他ニ関スル大蔵省令廃止ノ件」により，1930年5月から翌年12月まで行なわれた．
55) 『明治大正財政史』第13巻, pp. 95, 102.
56) 『明治大正財政史』第13巻, pp. 375–376.

拡大されたのである．中島将隆[1977]等は管理通貨制移行のこの側面を重視している．このばあい「移行」は漸次的に進展したと考えられよう．

　第3に，単にハイ・パワード・マネーの調整力の如何ということだけでなく，日銀の政府からの相対的独立性の喪失という意味で「管理」通貨制度の成立を論じることもできよう．この意味では，特に，1932年の「日本銀行納付金法」が重要である．これにより，日本銀行は純益金から一定額を控除した残額の2分の1を政府に納付することになり，私企業としての独立性を制限されたのである[57]．しかもこの納付金制度は1942年「日本銀行法」の第39条に，いっそう強いかたちでとりこまれ，日銀は剰余金から配当，積立金を除いた残額を政府に納入することとされた．（もちろん配当，積立金も規制されている．）納付金制度の定められる以前の日銀は，自己の裁量下の資金をかなり蓄積しており，それにより相対自由な行動をとることができた．たとえば，さきに述べた弱小銀行への救済融資は，「日本銀行自らの資力も戦中戦後の巨利で巨額の利益を匿していたので，可なりの損失を覚悟することができた」[58]ために行いえたと言われる．また，納付金制度以外でも，「日本銀行法」により，大蔵省の日銀に対する支配力が若干強化されたことは否めない．たとえば，その43条には「主務大臣ハ日本銀行ノ目的達成上特ニ必要アリト認ムルトキハ日本銀行ニ対シ必要ナル業務ノ施行ヲ命ジ又ハ定款ノ変更其ノ他必要ナル事項ヲ命ズルコトヲ得」とある．この条文は，大蔵大臣が公定歩合の変更等の金融政策にまで命令権をもつと読むこともできるが[59]，金融政策については，1949年の日本銀行法一部改正により，日銀政策委員会が決定することにあらためられた．しかし，いずれにせよ，日本銀行法により，日銀の政府からの独立性が弱められたということは間違いないであろう[60]．以上要約するならば，金本位制の基本的機能の停止という意味では，1917年の金輸出禁止が管理通貨制への実質移行時点で

---

57) それ以前にも，1899年以来，「日本銀行納税ニ関スル件」が定められており，日銀は制限外発行税以外に保証発行の限度内の発行に対して年1.25%の発行税が課せられていた．しかし，保証発行が限度内におさまることはなかったから，これはいわば固定税であって，利益納付の規定とは質的に異なるものと考えられる．

58) 高橋亀吉[1931] p.580.

59) 呉文二[1973] p.16.

60) また，上記以外にも，従来の株式会社組織から(55%)政府出資の特殊法人にあらためられ，株主総会が持っていた諸権利が否定されたことも重要である．

表 6-11 各種金融機関貸出および有価証券

| 年末 | 銀行 | | | 保険会社 | 信託会社 | 政府金融 |
|---|---|---|---|---|---|---|
| | 普通・貯蓄銀行 | 特殊銀行 | | | | |
| 1900 | 931 | 846 | 85 | 18 | — | 60 |
| | (92.3) | (83.8) | (8.4) | (1.8) | | (5.9) |
| 1910 | 2,154 | 1,786 | 368 | 72 | — | 237 |
| | (87.0) | (72.1) | (14.9) | (2.9) | | (9.6) |
| 1920 | 10,155 | 8,966 | 1,189 | 384 | — | 703 |
| | (88.6) | (78.2) | (10.4) | (3.3) | | (6.1) |
| 1930 | 14,864 | 11,368 | 3,496 | 1,665 | 1,484 | 3,390 |
| | (65.1) | (49.8) | (15.3) | (7.3) | (6.5) | (14.9) |
| 1940 | 33,726 | 27,805 | 5,921 | 5,272 | 3,424 | 13,306 |
| | (56.1) | (46.2) | (9.8) | (8.8) | (5.7) | (22.1) |

〔資料〕 藤野正三郎・寺西重郎『金融資産負債残高表』および関連照.

表 6-12 各種金融機関数の推移

| 年末 | 銀行 | | 信託会社 | 保険会社 | 政府金融(郵便貯金取扱局) | 農林水産中小企業金融機関 | | |
|---|---|---|---|---|---|---|---|---|
| | 普通・貯蓄銀行 | 特殊銀行 | | | | 農村信用組合 | 市街地信用組合 | 無尽業 |
| 1900 | 2,289 | 47 | ? | 68 | 4,816 | 13 | — | ? |
| 1910 | 2,092 | 49 | 41 | 56 | 7,054 | 3,891 | — | 831 |
| 1920 | 1,987 | 50 | 425 | 89 | 8,002 | 10,889 | 65 | 202 |
| 1930 | 872 | 23 | 37 | 92 | 9,954 | 12,654 | 259 | 264 |
| 1940 | 357 | 9 | 28 | 79 | 13,278 | 14,116 | 282 | 217 |

〔資料および注〕 主として日銀[1966]による．農村信用組合数は報告組合数．1900年の数字は『農林中央金庫史』(別冊)による組合数．無尽業1910年の数字は1914年末の数字であり，大蔵省『無尽ニ関スル調査』(1915年2月)による．1910，1920年の信託会社数は麻島昭一[1969]p.36の大蔵省銀行局調の数字．特殊銀行数は勧業銀行，興業銀行，横浜正金銀行，北海道拓殖銀行，農工銀行の合計．

あり，保証発行限度額に示される通貨調整における裁量度の意味では，漸次的に管理性が強化されたと考えられよう．また通貨調整力に対して大蔵省の支配力が強化されたという意味では，1932年の「日本銀行納付金法」および特に1942年の「日本銀行法」が大きな意義をもつと考えられねばならない．いわゆる戦間期以後における「管理通貨制度への移行」の意味は，これらの諸点から総合的に評価される必要があると思われる．

投資の推移(単位：百万円，カッコ内は%)

| 農林水産中小企業金融機関 | | | | | | 合　計 |
|---|---|---|---|---|---|---|
| 信用組合 | 信用組合連合会 | 産業組合中央金庫 | 商工組合中央金庫 | 無尽業 | | |
| — | — | — | — | — | — | 1,009 |
| | | | | | | (100.0) |
| 13 | 13 | — | — | — | — | 2,476 |
| (0.5) | (0.5) | | | | | (100.0) |
| 226 | 200 | 11 | — | — | 15 | 11,468 |
| (2.0) | (1.7) | (0.1) | | | (0.1) | (100.0) |
| 1,421 | 1,084 | 148 | 94 | — | 95 | 22,824 |
| (6.2) | (4.7) | (0.6) | (0.4) | | (0.4) | (100.0) |
| 4,412 | 1,994 | 951 | 613 | 82 | 772 | 60,140 |
| (7.3) | (3.3) | (1.6) | (1.0) | (0.1) | (1.3) | (100.0) |

ワークシートによる．推計方法の詳細は藤野正三郎・寺西重郎[1975]参

## [3]　銀行以外の金融機関の展開

### (1)　概　　観

　戦間期金融経済の1つの大きな特色は，銀行(普通・貯蓄銀行)部門のシェアーが低下しその他の金融機関の比重が高まったことである．表6-11および表6-12がその様子を示している．貸出・有価証券投資において普通・貯蓄銀行の占めるシェアーは1920年以後次第に低下し，かわって，信託会社，保険会社，信用組合組織および無尽業等のシェアーが上昇している．また弱小銀行預金の郵便貯金への流入を背景として政府金融部門が大きな割合を占めるに至っている．他方この2表からは明らかでないが，貸金業者，質屋，頼母子講および個人間貸借等の在来金融部門が金融組織の底辺を形成しており，その実力もまた無視できないものであった．政府金融，在来金融については以下で詳説することにして，ここでは信託会社，信用組合組織の動向について簡単に解説しておこう．

　まず信託会社．信託業務が法制的に導入されたのは，1900年の日本興業銀行法に信託業務が明文化されて以来であるが[61]，この前後から，個人貸金業者，

---

61)　なお1905年に担保付社債信託法が制定された．信託業法制史の最近の研究としては，麻島昭一[1980]および山田昭[1981]がある．

無尽業者，質屋等が世間体，貸金取立ての容易さ等の考慮から信託会社の名称を用いるものが多くみられた．最初の専業信託会社は 1906 年の東京信託会社であったが，多数の中小信託会社の多くは無尽業あるいは有価証券割賦販売業を兼営していた[62]．このため，政府は，無尽業法(1915 年)，有価証券割賦販売業法(1918 年)によって，信託会社によるこれら業務の兼営を禁止し，次いで 1922 年の信託 2 法(信託法，信託業法)によって，信託会社の大整理を行なった．これらの法律により，信託会社は大蔵大臣の免許を受け，原則として資本金百万円以上の株式会社とされた．政府の認可方針はかなり厳格であり，表 6-12 にみられるように，信託会社数は 1920 年の 425 社から 1930 年の 37 社へと激減したのである[63]．

信用組合の法制的整備は 1900 年の産業組合法にはじまるが，第 1 次大戦期までに急速に普及し，1920 年末で 10,889 の農村信用組合が存在するにいたった(表6-12)．その資力の充実は 1920 年代にめざましい(表 6-11)．これは弱小銀行の不振とともに，預金部地方資金の供給を中心とする政府の育成施策によるものと思われる．信用組合への預金部資金の導入は 1910 年に開始された．信用組合のほとんどは信用事業のほか生産，販売，購買，水利等の協同事業を兼営するものであったが，1917 年の産業組合法の改正により，市街地の信用組合に関して，これら他事業の兼営を禁止し，かわって組合員外からの貯金の取扱および手形割引業務を認めるなど，専業金融機関としての能力を強化する措置がとられた．表 6-12 において市街地信用組合の数が 1920 年代に急増していることが注目される[64]．また，産業組合中央金庫は 1923 年の産業組合中央金庫法により，1924 年に開業した．

戦間期における銀行以外の金融機関の発展およびその法制を中心とする整備の過程は，一見ガーレイとショウがアメリカにおいて見出した金融機関の多様化の過程に酷似している[65]．しかし，金融機関およびそれに対応する個人金融

---

62) 有価証券割賦販売業とは代金分割払によって有価証券販売を行う事業であり，零細預金を吸収する役割を果すと同時に，掛金または有価証券を担保に貸出をも行ない，貯蓄銀行と無尽会社を合わせたような庶民金融機関であった．

63) 大蔵省は立地，資産内容などを考慮して，健全なものをほぼ 1 県に 1 社程度認可する方針をとったと言われる(後藤新一[1968] p.193)．認可を受けない既存信託会社の多くは商事会社，証券会社，不動産会社等に転換したり，銀行に合併されたりした．詳しくは麻島昭一[1969]参照．

64) 市街地信用組合の単独法規たる市街地信用組合法の制定は 1943 年．

資産のメニューの多様化という視点のみでとらえられない面のあることも見逃してはならない．それは，多様化しつつある金融組織が，資金循環の面では，次第に系列化されてきたことである．

第1の系列としては，財閥系大銀行を中心とする系列がある．戦間期の財閥が，生命保険，信託の分野に積極的に進出し，系列化したことは既に指摘したとおりであるが[66]，大銀行と系列信託，保険会社は互いに密接な資金関係を保ち[67]，日銀信用から独立した1つの資金循環組織を形成しつつあった．上で低金利圏とよんだものがこれに対応する．第2に，中小規模銀行を中心とする系列がある．これらが日銀信用に支えられつつ，いわゆる親子関係によって各地方ごとに金融系列を形成したことも既にふれたとおりである（さきの高金利圏である）．地方の信託，保険会社および上層の無尽会社等も次第にこの系列の中に組込まれていったものと思われる．第3の系列としては政府金融を中心とする系列がある．郵便貯金の急増によって資金力を強めた預金部は，その資産運用の多様化とともに，勧業銀行，興業銀行との関係を次第に強化した．各地

表6-13 政府金融部門の負債構成比（単位：％）

| 期　間 | 預金部<br>貯金局預金 | 預金部債券<br>収入金預金 | 預金部<br>通常預金 | 簡保・郵年 | 預金部<br>その他預金 |
|---|---|---|---|---|---|
| 1901-05 | 39.8 | 9.2 | 37.5 | — | 13.5 |
| 1906-10 | 55.7 | 10.4 | 16.5 | — | 17.4 |
| 1911-15 | 65.0 | 5.4 | 9.5 | — | 20.1 |
| 1916-20 | 74.4 | 2.1 | 6.7 | — | 16.8 |
| 1921-25 | 70.9 | 5.7 | 8.3 | 4.1 | 11.0 |
| 1926-30 | 68.5 | 5.2 | 6.6 | 9.3 | 10.4 |
| 1931-35 | 65.0 | 2.8 | 7.1 | 16.8 | 8.3 |
| 1936-40 | 58.4 | 5.2 | 6.6 | 19.4 | 10.4 |

〔資料〕『明治大正財政史』第13巻および『大蔵省預金部統計書』．
〔注〕債券収入金預金とは，貯蓄債券収入金預金，復興貯蓄債券収入金預金，公債金預金等である．また通常預金に含まれる項目は多数かつ雑多であるが，その若干の例を示せば，中央備荒儲蓄金預金，災害準備金預金，教育基金預金，対支文化事業団積立金及び余裕金預金，米穀需給調整金預金，健康保険積立金預金等であり，主として政府関係団体の積立金の預金からなっている．

---

65) Gurley, J. G. and E. S. Shaw [1960]．
66) 損害保険会社の系列化は，第1次大戦ないしそれ以前に行なわれた．
67) たとえば，財閥系生命保険会社の資産運用における預金，金銭信託等は主として同一系列の銀行，信託会社に預入された．高橋亀吉[1931] p. 56 参照．

表 6-14 預金部資産運用残高構成比（形式別）（単位：%）

| 年度末 | 国債 | 地方債 | 外国国債証券 | 興業債券及勧業債券 | その他特殊銀行会社債券 | 一般会計及特別会計貸付金 | 地方公共団体貸付金 | 特殊銀行会社等貸付金 | 預金及現金 | その他共合計 |
|---|---|---|---|---|---|---|---|---|---|---|
| 1900 | 94.7 | — | — | — | — | — | — | — | — | 100.0 |
| 1910 | 41.6 | 2.2 | 10.9 | 10.4 | 10.2 | 0.1 | 12.9 | 12.9 | — | 19.1 | 100.0 |
| 1920 | 9.6 | 5.2 | 34.7 | 26.3 | 22.9 | 3.4 | 15.7 | 5.9 | 9.8 | 5.2 | 100.0 |
| 1930 | 27.6 | 16.3 | 1.3 | 23.9 | 14.4 | 9.5 | 19.1 | 14.7 | 4.4 | 8.1 | 100.0 |
| 1940 | 64.2 | 1.2 | 10.4 | 12.3 | 3.6 | 8.7 | 7.1 | 1.0 | 3.1 | 3.1 | 3.0 | 100.0 |

〔資料〕『大蔵省預金部統計書』および『明治大正財政史』第13巻.

の農工銀行も漸次勧業銀行に合併され，政府資金のパイプに組込まれてきた．また，急速に発展しつつあった信用組合組織も，預金部の地方資金供給増に対応して，産業組合中央金庫レベルで次第に政府金融部門との関係を深めつつあったのである．最後に，第4の系列として在来金融組織がある．農業の在来金融依存度については，第4章でもふれたが，都市の中小商工業もまた在来金融に著しく強く依存していた．この点は以下で詳しく検討しよう．

(2) 政府金融部門の機能

［1］での分析によれば，銀行破綻の危険から中小銀行を逃避した預金は，一部が大銀行預金となったが，いっそう大きな部分は郵便貯金となって政府金融部門に流入した．このため，戦間期にいたって，政府金融部門は資金市場における1大部門となってきた．

政府金融部門の負債構成比は表6-13にみられるとおりである．第1次大戦以降郵便貯金が原資の大部分を占めている．また，大正期以後，簡易保険，郵便年金が政府金融の一部を占めている[68]．次に表6-14は資金形式別に資産構成比を示したものである．初期においては国債が圧倒的であるが，次第に銀行会社等の債券がふえていることがわかろう．1920年には外国国債証券の割合が多い．これは大戦中の輸出増により政府在外資産が蓄積されたことによる．

---

68) 簡易保険は1916年に開始され，独自でその資金を運用するとともに，1917年よりその積立金の一部が預金部に預入されるようになった．また，郵便年金制度は1926年にしかれ，独自にその資金を運用するとともに積立金の一部が預金部に預入されることとなった．ちなみに，簡易保険は1943年に預金部に統合編入されたが，1953年から再び分離運用されることになった．

表6-15 預金部資産運用残高構成比(目的別)(単位:%)

| 年度末 | 国債 | 一般会計及特別会計貸付金 | 地方資金 | 特殊銀行会社等事業資金 | 特別貸付金 | 外国国債証券及在外資金 | 現金 | その他共合計 |
| --- | --- | --- | --- | --- | --- | --- | --- | --- |
| 1915 | 18.2 | 24.4 | 20.2 | — | 9.7 | 3.3 | 12.9 | 100.0 |
| 1920 | 9.9 | 12.1 | 17.9 | — | 19.8 | 35.0 | 2.1 | 100.0 |
| 1925 | 17.9 | 12.3 | 31.1 | — | 19.7 | 11.6 | 4.6 | 100.0 |
| 1930 | 28.6 | 15.3 | 37.7 | 0.7 | 7.4 | 3.8 | 4.9 | 100.0 |
| 1935 | 41.1 | 2.0 | 44.7 | 1.4 | 4.9 | 0.5 | 4.6 | 100.0 |
| 1940 | 65.4 | 1.0 | 19.8 | 9.7 | — | 1.2 | 2.9 | 100.0 |

〔資料〕『大蔵省預金部統計書』および『明治大正財政史』第13巻.

1930年には地方への救済融資を反映して地方債の割合がふえている．また1940年になると，再び国債の割合が上昇している．表6-15は，以上の資産運用を資金の用途別あるいは目的別に組みかえたものである．1920-25年にかけて特別貸付金，1925-35年に地方資金の割合が高いことに注目されたい．

第1章で述べたように，1885年制定の預金規則が著しくルーズなものであったため，大正期にかけて預金部資金の運用に大きな問題点が指摘されるようになった．その1つは，地方への資金還元が少ないことであった．ある推計によれば郵便貯金の7割は農村部から吸収されるのに対し，(表6-15にみられるように)地方資金の割合は3割程度でしかない．しかも，第1次大戦後の弱小銀行の破綻により地方銀行の預金が都市大銀行へ流入する傾向が顕著になりつつあったから，地方資金の欠乏，資金還元の必要性が大きな問題としてとりあげられるに至ったのである．第2の問題点は，不良貸付問題である．特に，1907年(明治40年)頃から支那大陸への投資を中心とする海外事業資金が巨額にのぼり，その多くが回収不可能となった．その代表的なものが1917,18年に投資されたいわゆる西原借款であり，支那政府(段祺瑞政権)に対する1億円にのぼる事業資金貸付がこげついたのである[69]．この借款は，興業銀行，台湾銀行，朝鮮銀行の3行が政府の命を受けて貸付けたものであるが，預金部も興業債券の引受，滞延利子の補填および朝鮮銀行，台湾銀行に対する救済融資等で全面的に関与していたのである．また，海外投資だけでなく，内地事業資金もその

---

69) 西原借款はいわゆる大陸経営投資であるとともに，第1次大戦中の外貨(正貨)蓄積に対応しての(欧米への公債投資とならぶ)緊縮黒字対策措置でもあった(小島仁[1981] p.261,伊藤正直[1979]参照．西原借款等海外事業資金の不良貸付問題については『昭和財政史』第12巻,pp.84-101参照．

表 6-16  預金部内地地方資金の構成(1930年末)(単位:%)

| 融通形式別 | | 最終融通先別 | | 資金用途別 | |
|---|---|---|---|---|---|
| 地方債 | 47.3 | 道府県 | 16.9 | 公共団体及各種組合普通事業資金 | 34.1 |
| 勧業債券 | 38.6 | 6大都市 | 15.1 | | |
| 農工債券 | 6.1 | 6大都市以外の市 | 7.5 | 社会事業資金 | 9.1 |
| 北海道拓殖債券 | 4.4 | 町村及市町村組合 | 9.6 | 災害復旧関係資金 | 12.2 |
| 産業債券 | 3.5 | 水利組合・北海道土功組合 | 4.1 | 高利債借替資金 | 11.1 |
| 興業債券 | 0.1 | 耕地整理組合 | 11.7 | 失業者救済事業資金 | 1.7 |
| | | 森林・漁業・蓄産組合 | 1.7 | 都市計画・土地区画整理事業資金 | 2.8 |
| | | 重要輸出品組合 | 0.2 | | |
| | | 土地区画整理組合 | 0.8 | 養蚕応急資金 | 2.2 |
| | | 産業組合 | 13.8 | 震災関係資金 | 15.8 |
| | | 住宅組合 | 5.0 | 中央卸売市場建設資金 | 3.3 |
| | | 個人其ノ他 | 13.6 | 其ノ他 | 7.7 |
| 計 | 100.0 | 計 | 100.0 | 計 | 100.0 |

〔資料〕 『大蔵省預金部統計年報』(1930年度) pp. 74-75.
〔注〕 1930年末の内地向け地方資金残高 938,363千円を形式別, 最終融通先別, 資金用途別に分類しそれぞれの構成比を求めたもの. 原資料の森林組合の合計数にはミスがあるため修正.

表 6-17  勧業債券, 興業債券, 産業債券の預金部資金による消化
(単位:百万円, カッコ内は%)

| | 勧業債券 | | | 興業債券 | | | 産業債券 | | |
|---|---|---|---|---|---|---|---|---|---|
| | 発行残高 | 預金部保有残高 | 預金部保有残高/発行残高 | 発行残高 | 預金部保有残高 | 預金部保有残高/発行残高 | 発行残高 | 預金部保有残高 | 預金部保有残高/発行残高 |
| 1910 | 75 | 20 | (26.7) | 37 | 13 | (35.1) | — | — | — |
| 1915 | 203 | 57 | (28.1) | 64 | 20 | (31.3) | — | — | — |
| 1920 | 329 | 107 | (32.5) | 307 | 163 | (53.1) | — | — | — |
| 1925 | 654 | 236 | (36.1) | 286 | 103 | (36.0) | 1 | 1 | (100.0) |
| 1930 | 854 | 402 | (47.1) | 333 | 62 | (18.6) | 41 | 41 | (100.0) |
| 1935 | 729 | 319 | (43.8) | 280 | 49 | (17.5) | 87 | 87 | (100.0) |
| 1940 | 834 | 228 | (27.3) | 1,425 | 188 | (13.2) | 58 | 58 | (100.0) |
| 1945 | 1,235 | 150 | (12.1) | 6,714 | 1,012 | (15.1) | 39 | 39 | (100.0) |

〔資料および注〕 発行残高は後藤新一[1970]および『農林中央金庫史』(別冊)による. 年末値. ただし, 興業債券, 勧業債券の1945年は3月末値. 預金部保有残高は『明治大正財政史』第13巻, および『昭和財政史』第12巻による. 年度末値.

多くが不良債権となった. 国際汽船, 七十四銀行等に対する救済融資がそれである.「明治四十年から大正十五年ころまで融通された事業資金は, 海外たると内地たるとを問わず, まずだいたい回収不能の状態に陥った」[70]と言われる.

---

70) 『昭和財政史』第12巻, p.7.

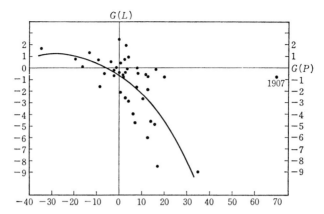

図 6-7 地方銀行の貸出・有価証券投資構成比の変化率($G(L)$)と政府金融のそれ($G(P)$)との相関

〔資料〕 地方銀行,都市銀行の貸出・有価証券投資は後藤新一[1970]による.政府金融部門の貸出・有価証券投資は特殊銀行会社貸付金,地方公共団体貸付金,一般会計及特別会計貸付金,国債,地方債,特殊銀行会社債券の和であり,『大蔵省預金部統計書』,『明治大正財政史』第13巻,『簡易保険局統計年報』から求めた.

〔注〕 2次函数で回帰した結果は次のようである(日露戦争期の1907年は除く).

$$G(L) = -0.606 - 0.135 G(P) - 0.002 G(P)^2$$
$$(-1.74)\ \ (-5.47)\ \ \ \ \ (-2.20)$$
$$\bar{R}^2 = 0.471,\ d = 1.55$$

　こうして,1925年に預金部の大改造が行なわれ,預金部預金法および大蔵省預金部特別会計法が制定施行されたのである[71].以後,上記不良債券は,特別貸付金の名称のもとに一括され,漸次整理され,また,農村不況,在来産業の不振に対応して地方資金の割合が急増することになるのである.特別貸付金,地方資金の割合は表6-15にみられるとおりである.

　表6-16は1930年末の内地向けの地方資金供給状況を示したものである.資金用途別の構成にみられるように,34.1%が地方公共団体等の公共投資等のための普通事業資金であり,残りが災害関係および不況に関する各種救済資金であることがわかろう.また,主たる最終融通先は地方公共団体および各種組合である.形式別でみると,地方債引受によるものが最も多く,次いで勧業債券

---

71) この2法により,運用規則による運用対象の指定,預入金の預入根拠の明確化,運用委員会の設置,経理の明確化等がなされた.

引受による資金供給となっている.

　地方資金の供給方式にもみられるように,預金部資力の充実とともに,勧業銀行,興業銀行等の特殊銀行は,その債券発行の大きな部分を預金部引受に依存するようになった.この状況は表6-17にみられるとおりである.預金部資金の代理貸付が特殊銀行の1つの主要な機能となったのである.産業組合の最上部組織である産業組合中央金庫の発行する産業債券が全額預金部引受で消化されていることに注目されたい.この資金が地方資金として各地の産業組合(その多くは信用事業を行う信用組合である)に供給されたのである.

　さて,弱小銀行を逃避した預金が,政府金融部門に流入し,それが国債,中央政府への貸付金,地方資金,銀行会社等事業資金のかたちで投融資されたことは,政府金融部門の弱小銀行投融資を補完する景気安定化機能を果したことを示唆している.この点をみるために,われわれは,再び[1]の都市銀行,地方銀行,政府金融のシェーマにもどり,それら3部門による貸出,有価証券投資の3部門合計値に対する構成比をとり,その変化率を対照してみた.(政府金融の貸出,有価証券投資からは外国国債証券を除いてある.)図6-7において,地方銀行の貸出・有価証券投資構成比の変化率と政府金融のそれとが逆相関していることが明らかであろう.同様な相関図を他の任意の2つの構成比変化率について作成すると,このような明瞭な関係はえられなかった.地方銀行と政府金融の構成比変化率間の単純相関係数は$-0.718$であり,地方銀行と都市銀行との間のそれは$-0.432$であった.この事実は,政府金融が地方銀行を投融資の面で補完する役割を果したことを示唆するものと考えられよう.しかし,とは言ってもその補完作用が完全なものであったとは言えないことにも注意せねばならない.表6-15にみられるように,政府金融の投融資のかなりの部分は中央政府に対するものであり,地方資金にしてもその最終融通先は主として地方公共団体および各種組合であった(表6-16).したがって,政府金融の投融資により地方経済全体の有効需要減少が仮にくい止められたとしても,破綻した弱小銀行と資金的に結びついていた在来産業は,少なくとも短期的には資金不足に陥りがちであったと考えられる.

　われわれは[1]において,郵便貯金の保有が危険回避者の資産選択行動という合理的行動の理論的枠組みによって説明されることを示したわけであるが,

表6-18 郵便貯金の据置期間別構成比(単位:%)

|  | 1911 | 1932 | 1932 | 1932 |
|---|---|---|---|---|
|  | (全) | (全) | (農) | (商) |
| $t-4 \sim t$ | 53.7 | 42.8 | 34.0 | 46.4 |
| $t-9 \sim t-5$ | 35.2 | 26.1 | 21.9 | 25.2 |
| $t-15 \sim t-10$ | 8.5 | 13.0 | 24.4 | 9.0 |
| $t-20 \sim t-16$ | 1.6 | 4.8 | 5.8 | 6.7 |
| $t-20 \sim$ | 1.0 | 10.2 | 13.9 | 12.7 |

〔資料〕 本文参照.

このことはどちらかといえば1つの新しい発見であった.なぜなら,郵便貯金に関する現在までの議論では,郵便貯金が何か銀行預金等とは本質的に異なったものであり,経済合理性による説明の範囲外にあるものとみなされることが多かったからである[72].たとえば郵便貯金保有の特質として,しばしば零細性,長期性あるいは血縁・地縁,愛国心,老後・病気への備え等の保有動機等が指摘されてきた.そしてこのことを支持するために例外なくあげられるのが,昭和初期において50円程度という1口当り金額の低位,田舎における郵便局長の社会的地位あるいは農民,中小商工業者,職工・使役人,学校生徒等を主体とする郵便貯金保有階層の構成等の事実である.

ある行動の動機ないし目的函数を析出することは難しい.老後への備え,血縁関係等も郵便貯金保有の有力な動機であったことは疑いない.しかしわれわれは危険回避動機という1つの仮説に依拠することによって郵便貯金保有を説明することに成功した.以下では,郵便貯金の特質とされるその他の点,すなわち長期性と零細性について若干の考察を行なうことによって郵便貯金の果した役割を考えたい.

まず長期性である.郵便貯金はしばしば長期的な性質,あるいは渋滞性(sluggishness)をもっているといわれる.われわれはこの長期性に関する1つの事実を指摘したい.『貯金局統計年報』の1919年版と1936年版から,われわれは1911年と1932年について郵便貯金の預入年度別構成比を知ることができ

---

72) たとえば志村嘉一[1960]はその1例である.志村嘉一は,郵便貯金は「資本の循環にともなって生ずる固定資本の償却,ないし生産拡大のための一時的遊休資金からなる」銀行預金とは本質的に異なるものであり,「資本の運動外」にあるものであることを強調している.もっとも志村は,そのすぐ後で,社会保障制度の欠如という観点に立てば不時の支出への備えという動機は説明可能であるという但書きを用心深く追加しているのであるが.

表6-19 郵便貯金金額別構成比および人口1人当り定期性預貯金(単位：構成比は%)

| 年次 | 1円未満 | 1円以上3円未満 | 3円以上5円未満 | 5円以上10円未満 | 10円以上50円未満 | 50円以上100円未満 | 100円以上300円未満 | 300円以上500円未満 | 500円以上 | 人口1人当り定期性預貯金(円) |
|---|---|---|---|---|---|---|---|---|---|---|
| 1901 | 1.89 | 3.13 | 2.45 | 4.98 | 23.38 | 16.55 | 29.13 | 14.75 | 3.74 | 4.54 |
| 1902 | 1.89 | 3.42 | 2.93 | 5.31 | 23.71 | 16.23 | 27.93 | 14.47 | 4.11 | 5.38 |
| 1903 | 2.25 | 3.85 | 3.14 | 5.34 | 23.16 | 15.21 | 27.57 | 15.08 | 4.41 | 5.84 |
| 1904 | 2.67 | 4.30 | 3.38 | 5.61 | 23.53 | 14.23 | 26.33 | 15.21 | 4.73 | 6.10 |
| 1905 | 2.36 | 4.19 | 3.47 | 5.19 | 21.98 | 13.39 | 25.78 | 13.67 | 9.97 | 7.35 |
| 1906 | 1.94 | 3.78 | 3.77 | 5.91 | 25.62 | 12.16 | 22.34 | 12.14 | 12.34 | 10.37 |
| 1907 | 1.73 | 3.42 | 3.23 | 5.34 | 22.65 | 12.30 | 23.31 | 13.32 | 14.71 | 11.45 |
| 1908 | 1.66 | 3.38 | 3.04 | 5.11 | 21.42 | 12.06 | 23.69 | 13.09 | 16.56 | 12.04 |
| 1909 | 1.73 | 3.44 | 3.04 | 4.27 | 20.76 | 11.03 | 22.89 | 15.54 | 17.30 | 13.72 |
| 1910 | 1.41 | 2.83 | 2.62 | 3.97 | 18.72 | 11.21 | 22.55 | 14.65 | 22.04 | 15.88 |
| 1911 | 1.25 | 2.63 | 2.32 | 4.02 | 18.67 | 11.58 | 23.47 | 14.51 | 21.56 | 16.94 |
| 1912 | 1.28 | 2.64 | 2.31 | 4.04 | 18.71 | 11.85 | 23.98 | 14.45 | 20.74 | 18.78 |
| 1913 | 1.32 | 2.65 | 2.37 | 4.10 | 18.77 | 11.90 | 23.97 | 14.43 | 20.49 | 20.33 |
| 1914 | 1.11 | 2.67 | 2.22 | 4.84 | 19.42 | 12.61 | 23.81 | 11.14 | 22.18 | 21.42 |
| 1915 | 1.11 | 2.67 | 2.22 | 4.84 | 19.42 | 12.61 | 23.81 | 11.14 | 22.18 | 22.84 |
| 1918 | 0.47 | 2.67 | 1.13 | 2.65 | 13.79 | 10.77 | 24.87 | 13.25 | 31.76 | 61.90 |
| 1932 | 0.15 | 1.31 | 0.46 | 1.11 | 6.78 | 6.22 | 17.04 | 10.84 | 56.90 | 139.28 |

〔資料〕 本文参照.
〔注〕 1915年の原数字は問題がある．多分1914年の金額構成比で総額を割りふったものと思われる．

る．表6-18はそれを整理したものである．全体の預貯金構成比の2カ年の値を比較すると1932年の方が1911年に比べて長期化していることがわかる．すなわち4年以内据置の構成比は53.7%から42.8%へと低下しており，また9年以内でみても88.9%から68.9%へと低下している．すなわち渋滞性は後の時代になるほど強まったものであることがわかる．このことは，日本経済のさまざまな側面についてみられる第1次大戦以後の寡占的硬直性の高まりという諸事実の一部をなすものであろう．しかし，1932年においても4年以下据置の比率は42.8%を占めていることは重要である．長期性はけっして固定性を意

表6-20 郵便貯

| 100 円 以 下 基 準 ||| 300 円 以 ||
|---|---|---|---|---|
| 年次 | 1人当り預貯金基準 | 構 成 比 || 年次 | 1人当り預貯金基準 |
| 1901 | 約 3.3(円) | 3円未満構成比 | 5.02(%) | 1901 | 約 9.9(円) |
| 1905 | 約 5.3 | 5 〃 | 10.02 | 1915 | 約 46.2 |
| 1910 | 約 11.4 | 10 〃 | 11.15 | 1918 | 約 133.0 |
| 1918 | 約 44.4 | 50 〃 | 19.35 | 1932 | 300.0 |
| 1932 | 100.0 | 100 〃 | 15.21 | | |

〔資料〕 本文参照.

味するものではない．また，1932年について農業者と商業者を比べると，明らかに商業者の方が短期的であって，彼らが積極的な資産選択行動の手段として郵便貯金を利用していることを示唆している．

次に，郵便貯金の零細性である．図6-3における郵便貯金1口当り金額($P/N_p$)の動きをみよう．これと比較されるべきは人口1人当り定期性預貯金($D/N$)の系列である．$D/N$はかなり単調な増加傾向をもっているのに対し，$P/N_p$の動きには3つの局面がある．第1の局面(1904年以前)は初期の郵便局数の急激な増加に伴う，郵便貯金制度の普及期に連なる時期であり，口数の急増に伴って1口当り金額は急激に減少している．第2の局面は1905-30年の時期である．この期間1口当り金額系列と$D/N$の系列の乖離が徐々に進行しており，零細性のゆるやかな進行があったことがよみとれる．とくに注目されるのは1927-31年の金融恐慌時の1口当り金額の急増である．このことはこの時期かなりの高額貯金が銀行から郵便貯金にシフトしたことを示唆している．第3の局面は1932年以後の時期である．この時期における1口当り金額の停滞には2つの理由が考えられる．第1は，1927年の金融恐慌およびそれに伴う銀行法の施行による無資格銀行の整理過程が1931年に一段落したことである．銀行組織の強化がかなり成功したため，銀行預金の安全資産としての性質が向上し，郵便貯金から銀行預金への(とくに高額貯金の)シフトが生じたものと考えられる．第2の理由としては，いわば「お国のため」という愛国心高揚に基づく勤倹貯蓄キャンペーンが戦時色の高まりとともに効果を現わしたため，口数の急増が生じたことが考えられる．

しかし以上のような1口当り金額の動きは，政府の郵便貯金普及努力による

金の零細性

| 下 基 準 | | | 年次 | 1人当り預貯金基準 | 500 円 以 上 基 準 | | |
|---|---|---|---|---|---|---|---|
| 構　成　比 | | | | | 構　成　比 | | |
| 10円未満構成比 | | 12.45(%) | 1909 | 約 49.5(円) | 50円以上構成比 | | 55.73(%) |
| 50 | 〃 | 30.26 | 1932 | 500.0 | 500 | 〃 | 56.90 |
| 100 | 〃 | 30.12 | | | | | |
| 300 | 〃 | 32.25 | | | | | |

きわめて少額の貯金口数の動きに支配されるという難点がある．われわれは『貯金局統計年報』から1909-15年，1918年，1932年について表6-19にあげたような金額別構成比をえることができるので，これを用いて次のような作業を行なった．まず1932年において100円以下または300円以下を零細貯金，500円以上を高額貯金とみなし，それらの基準値を人口1人当り定期性預貯金($D/N$)を用いて尺度変換を行なった．これによると，1932年のたとえば100円は1905年の約5.3円，また1910年の約11.4円にあたる．したがって，1932年の100円以下構成比と1905年の5円以下構成比，1910年の10円以下構成比等を比較すれば，相対的な零細性貯金の比重の動きがわかるわけである．このような作業から表6-20がえられた[73]．これから次のようにいうことができよう．(i)1905-31年にかけての第2局面において，徐々に零細性が進行したという事実を再確認することができる．(ii)高額貯金の構成比がきわめて大きい．500円以上基準でみると，ほぼ56%が高額貯金であり，仮に300円以上を高額とすると，1915年以後70%近くが高額貯金である．100円以下の零細性貯金の構成比はきわめて小さく20%以下である．

表6-21 製造業(東京，神戸の2市)借入金の借入先構成比(1932年)(単位：%)

| 資本総額(円) | 近代金融 | | 在来金融 | | | 合計 |
|---|---|---|---|---|---|---|
| | 銀行・保険・信託 | 信用組合・工業組合 | 原材料商・問屋卸商・倉庫 | 質屋・個人貸金業・無尽 | その他 | |
| -100 | 9.2 | 2.4 | 3.9 | 10.6 | 73.9 | 100.0 |
| 100-500 | 7.8 | 4.7 | 18.0 | 23.9 | 45.6 | 100.0 |
| 500-1千 | 10.1 | 5.0 | 21.5 | 21.2 | 42.2 | 100.0 |
| 1千-2千 | 12.2 | 6.9 | 21.2 | 25.0 | 34.7 | 100.0 |
| 2千-5千 | 19.6 | 9.3 | 20.0 | 22.2 | 28.8 | 99.9 |
| 5千-1万 | 27.6 | 8.7 | 19.0 | 21.5 | 23.2 | 100.0 |
| 1万-5万 | 37.6 | 4.9 | 20.5 | 14.4 | 22.5 | 99.9 |
| 5万-10万 | 37.8 | 1.5 | 18.9 | 18.0 | 23.8 | 100.0 |
| 10万-50万 | 51.7 | 1.0 | 15.8 | 5.9 | 25.8 | 100.2 |
| 50万- | 62.9 | 0.4 | 6.0 | 0.6 | 30.1 | 100.0 |
| 合計 | 59.8 | 1.0 | 8.1 | 3.7 | 27.3 | 99.9 |

〔資料〕 表6-8と同じ．
〔注〕 資本総額でA-BとはA以上B未満．

[73] 1918年については基準のとり方が他の年次とは逆のバイアスをもっていることに注意されたい．

表6-22 製造業(東京, 横浜, 神戸の3市)の
規模別シェアー(1932年)(単位:%)

| 資本総額<br>(円) | 従業員数 | 資本金 | 生産額 | 工場数 |
|---|---|---|---|---|
| -100 | 0.8 | 0.0 | 0.1 | 3.0 |
| 100-500 | 7.5 | 0.3 | 1.6 | 21.4 |
| 500-1千 | 9.9 | 0.8 | 2.8 | 21.6 |
| 1千-2千 | 12.9 | 1.7 | 4.2 | 22.9 |
| 2千-5千 | 14.3 | 2.9 | 7.6 | 18.9 |
| 5千-1万 | 6.8 | 2.0 | 5.6 | 5.8 |
| 1万-5万 | 10.6 | 4.7 | 10.9 | 4.4 |
| 5万-10万 | 3.8 | 2.7 | 5.1 | 0.8 |
| 10万-50万 | 10.0 | 9.0 | 4.6 | 0.8 |
| 50万- | 23.6 | 76.0 | 57.3 | 0.4 |

〔資料〕 表6-8と同じ.
〔注〕 資本総額でA-BとはA以上B未満.

さて,以上のわれわれの分析は,かなり高額の資金が郵便貯金を安全な資産形態として保有したということを十分示唆するものであろう.郵便貯金の零細性という規定を額面通り受けとることはかなり危険であり,通常引用される1口当り金額の低位という事実は一面的であるといえよう.われわれは前述の長期性に関する分析と合わせて,郵便貯金がとくに中小商工業者にとって合理的な資産選択手段として利用されたと考える.このことがわれわれの危険回避行動仮説に基づく計量モデルが適合したことの基礎になっているものと思われる.

(3) 在来金融組織の役割

第4章においてわれわれは農業部門の在来金融依存度を推定し,それが1888年から1911年にかけて急速に低下したこと,およびそれにもかかわらず,戦間期の1932年においても52.7%という高位にあることを示した.こうした在来金融に対する高い依存度は,中小商工業においても等しく見られるところである.表6-21は東京市および神戸市の製造業借入金の借入先別構成比を示したものである.小規模企業ほど在来金融への依存度が高く,近代金融への依存度が低いことがわかろう.しかも,近代金融依存度は資本総額規模5万-10万においても39.3%であって,農業の47.3%より低位にあることが注目される.表6-22によれば,資本総額10万円以下の企業は,従業員数において66.6%,

表 6-23　商業(東京市)借入金の借入先構成比(1931年6月末)(単位：%)

| 資本総額<br>(円) | 近代金融 | | 在来金融 | | | 合計 |
|---|---|---|---|---|---|---|
| | 銀行・保険<br>・信託 | 信用組合 | 問屋・倉庫 | 質屋・個人貸<br>金業・無尽 | その他 | |
| -100 | 24.9 | 2.5 | 24.9 | 36.6 | 11.1 | 100.0 |
| 100-300 | 21.8 | 3.3 | 27.6 | 28.0 | 19.3 | 100.0 |
| 300-500 | 18.8 | 3.8 | 30.1 | 26.2 | 21.1 | 100.0 |
| 500-1千 | 17.8 | 6.9 | 27.2 | 28.2 | 19.9 | 100.0 |
| 1千-2千 | 22.1 | 10.2 | 20.7 | 28.7 | 18.3 | 100.0 |
| 2千-3千 | 23.0 | 14.3 | 20.2 | 25.8 | 16.7 | 100.0 |
| 3千-5千 | 26.6 | 12.6 | 20.9 | 23.6 | 16.3 | 100.0 |
| 5千-1万 | 34.6 | 4.1 | 24.2 | 20.5 | 16.6 | 100.0 |
| 1万-2万 | 40.3 | 3.0 | 22.9 | 18.3 | 15.5 | 100.0 |
| 2万-5万 | 48.9 | 1.1 | 20.9 | 11.7 | 17.4 | 100.0 |
| 5万-10万 | 42.7 | 3.6 | 20.9 | 11.6 | 21.2 | 100.0 |
| 10万-20万 | 60.7 | 1.0 | 15.8 | 5.3 | 17.2 | 100.0 |
| 20万-50万 | 67.5 | 2.5 | 8.8 | 4.2 | 17.0 | 100.0 |
| 50万-100万 | 65.2 | 2.4 | 5.5 | 9.7 | 17.2 | 100.0 |
| 100万- | 62.7 | 0.3 | — | — | 37.0 | 100.0 |
| 合計 | 58.6 | 1.4 | 4.7 | 3.8 | 31.5 | 100.0 |

〔資料および注〕　東京市『商業調査書』(1933年刊)による．ここに掲げられている借入先別構成比率表は借入金額から計算によって求めた構成比と合致しない．後者を採用．四捨五入の誤差は最大値のところで調整．資本総額のA-BはA以上B未満．

資本金において15.1%, 生産において37.9%, 工場数において98.8%を占めている．すなわち，製造業のきわめて重要な部分が，近代金融への依存度において農業平均以下の水準にあるのである．また，表6-8によれば，資本総額5千-1万円までの規模では，従業員の半ば以上が，徒弟および家族従業者からなっていることがわかろう[74]．かつて，大川一司[1962]は戦後初期において非農業の在来部門と農業部門の類似性を指摘し，非農業の近代部門から非農在来部門および農業部門にいたる連続的格差の存在を強調したが(傾斜構造の概念)，戦間期の生産構造はまさにこうした傾斜構造をなしていたとみられるのである．

次に表6-23によって，東京市の商業借入金について借入先別構成比をみると，商業においてもその規模格差は明らかである．しかしながら，商業においては，小規模企業でも近代金融への依存度が相対的に高く，規模格差が製造業

---

[74] 表6-8の賃金率に最小規模と最大規模の間に20倍という差があるのは，この点によるものである．

表 6-24　製造業借入金の借入先別構成比(1957年)
（単位：％）

| 従業員数 (人) | 近代金融 | | 在来金融 | 合計 |
|---|---|---|---|---|
| | 民間金融機関 | 政府金融機関 | | |
| 1-3 | 56.0 | 9.7 | 34.3 | 100.0 |
| 4-9 | 65.0 | 9.8 | 25.2 | 100.0 |
| 10-19 | 73.7 | 9.5 | 16.8 | 100.0 |
| 20-29 | 76.7 | 8.8 | 14.5 | 100.0 |
| 30-49 | 78.7 | 8.1 | 13.2 | 100.0 |
| 50-99 | 79.4 | 7.3 | 13.3 | 100.0 |
| 100-199 | 82.9 | 5.9 | 11.2 | 100.0 |
| 200-299 | 82.6 | 3.8 | 13.6 | 100.0 |
| 300-499 | 89.5 | 1.6 | 8.9 | 100.0 |
| 500-999 | 85.8 | 1.7 | 12.5 | 100.0 |
| 1,000- | 89.9 | 2.5 | 7.6 | 100.0 |
| 合計 | 85.9 | 3.8 | 10.3 | 100.0 |

〔資料〕　経済企画庁『資本構造と企業間格差』pp. 94-95 による．
〔注〕　在来金融とは取引先，貸金業者，親戚・知人，その他の合計．

ほど大きくないことが注目される．たとえば，資本総額100円未満という極小規模でも，近代金融機関から27.4％借入れているわけであって，これは製造業の同規模の11.6％にくらべて著しく高い．このことは，当時においては，銀行がいまだ主として商人のものであること，そして前貸金融形態による商人を通じる重複金融仲介が根強く残存していたことを示唆している．松崎寿[1934]によれば，中小工業者は担保物件の面で銀行からの借入を著しく制限されており，また貸金業者は非常に高利であるため，主として原料問屋または製品問屋から原料の延払または代金の前貸のかたちで経営資金を調達したと言われる．しかも，原料の生産者が直接に工業者と取引する傾向が次第に強まったため，問屋の資力が著しく衰退し，このため中小工業者の金融難が生じる傾向にあったとされる[75]．

表6-21および表6-23において，また，在来金融のうち「その他」の割合が高いことが注目される．「その他」の大部分は親戚・知人からの借入であると

---

75) 松崎寿[1934] pp. 69-71.

思われる．特に，製造業の中小規模層においてこの割合は著しく高い．松崎寿[1934]によれば，中小工業の創業資金は，手許の蓄積資金以外は大部分親戚・知人からの借入によったと言われる[76]．また，東京市役所『商業調査書』によれば，1931年6月末において，「その他」からの借入金はその47.9%が無利子であった[77]．戦間期の長期不況過程の中にあって，ともかくも在来産業が活動を持続しえたことの背景には，こうした在来金融なかんずく無利子の「その他」借入に象徴される家族共同体的エトスの存在ないし残存があったことは忘れてはならない．ちなみに，戦後期においては，従業員数3人以下の小工業でも近代金融からの借入割合は65.7%であって，在来金融の比重は大きく低下している（表6-24）[78]．

## 補論　危険回避的預金者の資産選択問題

[1]において用いられた計量モデルの理論的基礎を明らかにするために，期待効用極大化の仮説に基づいた代替的預貯金の間の資産選択問題を考察する．分析の焦点は銀行の破綻に関する予想の変化が預貯金保有額に及ぼす影響の如何である．

任意の年の年末に $W$ 円の資産をもっている個人（ないし企業）を考えよう．この個人は $W$ のうち $\alpha$ の割合を郵便貯金 $P$ の形で，残りの $(1-\alpha)$ の割合を地方銀行定期性預貯金 $L$ の形で保有しようとしているものとする．$P$ の利子率 $r_p$ は確定変数であるが，$L$ の利子率 $\tilde{r}$ は確率変数であって，次のような2項分布をなすと考えられる．

$$\tilde{r} = \begin{cases} r(>r_p) \cdots\cdots \text{確率} 1-\eta \\ \delta \cdots\cdots \text{確率} \eta \end{cases}$$

ここで $\eta$ は地方銀行の破綻の予想される確率であり，これは年末行数に対する現実に年内に破綻した行数の比率に等しいと仮定されている．$\delta$ は定数であり，$-1 \leq \delta \leq r_p$ である．預入した銀行に来年もし破綻が生じたとして，元金がすべて払い戻されると予想されるならば $\delta=0$ であり，元利とも払い戻されないとすれば $\delta=-1$ である．（現実の $\delta$ の値は個々の破綻のケースごとに異なるのであるが，少なくとも少額預金はたいていの場

---

76) 松崎寿[1934] p. 41.
77) 件数のパーセンティジであると思われる．ちなみに，利子率10%以下の割合は18.6%，10-20%の割合は26.9%である．
78) これらの点に関する戦前戦後の比較については Teranishi, J. and H. Patrick [1976] 参照．

合全額払い戻されたから，さほど小さい値ではなかったと思われる．）

この個人の将来収益は

$$R = \begin{cases} R_1 = (\alpha r_p + (1-\alpha)r)W \cdots\cdots 確率\, 1-\eta \\ R_2 = (\alpha r_p + (1-\alpha)\delta)W \cdots\cdots 確率\, \eta \end{cases}$$

となる．この個人は危険回避者であり，したがって凹な効用函数$u(R)(u'>0,\ u''<0)$をもつとする．個人は期待効用

$$E(u) = \eta u(R_2) + (1-\eta)R_1$$

を極大ならしめるべく保有比率$\alpha$を決定しようとする．極大の1次の条件は

$$\frac{\eta}{1-\eta} = -\frac{u'(R_1)}{u'(R_2)} \cdot \frac{r_p - r}{r_p - \delta}$$

である．この条件を$\alpha$と$\eta$について微分して

$$\frac{\partial \alpha}{\partial \eta} = -\frac{\eta}{(1-\eta)^2} \cdot \frac{r_p - \delta}{r_p - r} \cdot \frac{(u'(R_2))^2}{u''(R_1)u'(R_2)(r_p-r)W - u'(R_1)u''(R_2)(r_p-\delta)W}$$

をえる．右辺の値は正である．すなわち，銀行破綻の期待される確率が増加すれば郵便貯金保有比率は増加し，地方銀行定期性預貯金のそれは減少する．

# 第7章 戦後における金融制度の再編成

　終戦およびハイパー・インフレーションを伴う戦後混乱期を経て，講和の見通しのつきはじめたほぼ1949年ないし50年頃から，金融制度が大々的に再編成されることになった．再編成の過程はほぼ1955年頃に完了し，この時点に成立した制度が，高度成長期金融制度の基本的骨格をなしたのである．本章では，この1950年頃から55年頃にかけての金融制度再編成過程を論じる．
　[1]では，制度再編成の経済的背景を考察する．1950年当時の自立の達成と雇用の確保という2大経済課題に金融的条件を対比し，長期資金の調達ないしは短期資金の長期化が再編成にあたっての最大の課題であったことが示される．[2]では，まず金融組織の再編過程を概説し，それが経済課題に対処して，基本的に分業化の方向でなされたことを示す．ついで，操作的な政策方式としての人為的低金利政策がいかにして採用されたかを論じ，特にその「定着」のメカニズムが重要であることを指摘する．また，1950年から55年にかけて成立し定着した金融制度のその後の変容過程について，経済課題および金融的諸条件の変化と対比しつつ簡単にコメントする．[3]は，高度成長期の金融構造の概説を行なうためのものであり，1960年末の金融資産負債残高表を素材にして，その諸特質を説明する．

## [1] 金融制度再編成の経済的背景

### (1) 経済課題

　昭和20年(1945年)代前半において混乱のうちにある程度の復興をなしとげた日本経済にとって，20年代後半における最大の問題は入超と失業のディレンマ，言い換えると経済的自立の達成と雇用問題への対処であった．経済的自立とは，対米従属と特需依存の経済状態からの脱却であり，そのためには老朽設備の修復，新設備の導入による産業合理化が必須の条件とされた．表7-1にみられるようにこの時期貿易収支は大幅な赤字であり，貿易外収支と移転収支に

表7-1 国際収支(年平均)(単位:百万ドル)

|  | 経常収支 | | | 長期資本収支 | 短期資本収支 | 誤差脱漏 | 総合収支 |
|---|---|---|---|---|---|---|---|
|  |  | 貿易収支 | 貿易外収支 | 移転収支 | | | | |
| 1946-50 | 145 | △188 | △68 | 401 | △16 | 1 | 15 | 145 |
| 1951-55 | 105 | △393 | 442 | 55 | △36 | 23 | 1 | 93 |
| 1956-60 | 23 | 93 | △21 | △50 | △22 | △1 | 28 | 28 |
| 1961-65 | △272 | 391 | △608 | △55 | 64 | 81 | 6 | △121 |
| 1966-70 | 1,240 | 2,725 | △1,310 | △175 | △721 | 311 | 75 | 905 |
| 1971-75 | 1,382 | 5,382 | △3,665 | △335 | △3,894 | 1,490 | △411 | △1,434 |

〔資料〕 『昭和財政史――終戦から講和まで』第19巻, pp.125-126.

よってかろうじて経常収支の黒字を保っている状況であった．また，1951-55年間の年平均輸出額1,607百万ドルに対して，特需による外貨収入は676百万ドルであり，1955-60年間においてもそれぞれ3,120百万ドルおよび528百万ドルであった．しかも1949年4月に採用された360円の単一為替レートは従来の複数為替レートにくらべて，輸出品において円高，輸入品に関して円安の効果をもち，物価を安定させつつ輸出振興を行うためには合理化によるコスト低下が殆ど唯一の方途であった．また，第1次大戦期以後本格的発展を開始した重化学工業は，戦争経済の遂行過程で，一挙に拡大し，雇用および生産の面で製造業の中心部分を占めるにいたっていた．しかし，設備の老朽化と陳腐化は著しく，先進国からの急速な技術導入による合理化・近代化が緊急に必要であった[1]．重化学工業の近代化には多額の長期資金が必要とされる．こうしたなかで，産業合理化審議会，経済安定本部等により自立のための各種計画が策定され，後の「経済自立5カ年計画」(1955年，鳩山内閣)へと結実するに至る[2]．

次に，雇用の問題は，なによりも農業および都市の商業・サービス部門における過剰就業の問題として意識された．表7-2にみられるように，1940-47年において農業(第1次産業)の有業者数は3百万人以上の増加をみた．これは，主として戦災による都市の荒廃と復員によるものであった．昭和初期(1925-30年)にも，農業労働力は増加した．それは約60万人であり，この時期の3百万

---

1) 技術導入は1951年頃から本格的に再開され，1960年から加速化する(正村公宏[1978] p.92).また，戦後の重化学工業の発展には，外国技術の導入とともに，戦時中の軍需産業において開発された技術が応用され普及した効果も無視してはならない．
2) この間の事情については中村隆英[1978]第5章および正村公宏[1978]第2章参照．

表7-2 産業別有業人口の増減(単位:千人)

| | 第1次産業 | 第2次産業 | 第3次産業 | 合計 |
|---|---|---|---|---|
| 1910-15 | △768 | 795 | 558 | 830 |
| 1915-20 | △1,227 | 1,390 | 854 | 955 |
| 1920-25 | △332 | 50 | 1,077 | 845 |
| 1925-30 | 592 | △173 | 899 | 1,514 |
| 1930-35 | △198 | 660 | 1,079 | 1,592 |
| 1935-40 | 73 | 1,401 | △682 | 1,289 |
| 1940-47 | 3,289 | △785 | △82 | 829 |
| 1947-50 | △604 | 385 | 2,959 | 2,297 |
| 1950-55 | △1,097 | 1,408 | 3,325 | 3,635 |
| 1955-60 | △1,871 | 3,542 | 2,787 | 4,458 |
| 1960-65 | △2,502 | 2,480 | 3,936 | 3,914 |

〔資料〕 中村隆英[1978] p. 34.
〔注〕 1947年までは合計に分類不詳を含むため,合計と個別産業の計が合致しない.第1次産業とは農林水産業,第2次産業とは鉱工業,建設業,第3次産業とは,運輸通信,電気ガス水道,商業,金融業,サービス業,公務.

人の増加は未曾有のことであった.1947-50年にかけて農業有業者数は減少をはじめるが,第2次産業の有業者数の増加は大きくなく,農村を離れた労働力の多くは都市の商業・サービス部門に流入したと考えられる.表7-2によれば,第2次産業の雇用増加が本格化するのは1955年以降のことである.しかしながら,図7-1にみられるように,1955年頃から他方で製造業の規模別賃金格差が再び拡大しはじめるのである.この状況は戦間期にみられたと同様な二重構造の再現にほかならない[3].自立のための重化学工業の振興は,合理化を伴わねばならず,このことは二重構造をいっそう拡大させるおそれがある.雇用問題解決のためには,雇用吸収力の大きい中小企業ないし在来産業部門の発展が,同時的に必要とされたのである.

### (2) 金融面の諸条件

以上のような経済状況は,明治以来の近代産業育成による先進国へのキャッチ・アップと大正期以降の二重構造への対処という2つの歴史的経済課題が,同時にしかもいっそう切迫したかたちで出現したことを意味する.戦後の金融

---

3) 戦間期の賃金格差は,1935年頃から縮小傾向に転じていた(図6-4).

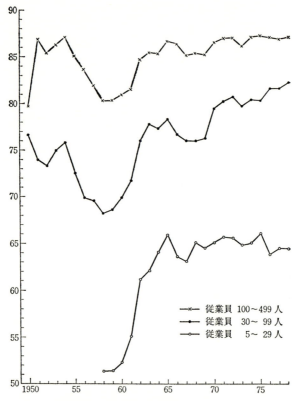

図 7-1　全産業規模別賃金格差(従業員 500 人以上を 100 とする指数)
〔資料〕『毎月勤労統計調査綜合報告書』.
〔注〕　常用労働者 1 人あたり現金給与総額.

制度は，こうした経済課題に対応して，期間別，部門別の資金需給を調整する役割を担うべく再編成されることになる．そのさい，金融面の諸条件も大きく変化しており，これが制度変革の基礎的枠組を規定することとなった．およそ 1950 年頃における金融面の諸条件は次のように要約することができよう．第 1 は，戦時および戦争直後の急激なインフレーションで金融資産の実質値が極端に低下したことである．表 7-3 を参照されたい．1940 年から 1950 年にかけて GNP デフレーターは 127 倍になり，GNP は 100 倍になったのに対し，民間部門の金融資産は 23.6 倍にしかならず，その結果金融資産の GNP に対する比

表7-3 1940-50年のインフレーションと金融資産等

| | 1940年 | 1945年 | 1950年 | 1945÷1940 | 1950÷1945 | 1950÷1940 |
|---|---|---|---|---|---|---|
| (1) 民間非金融部門主要金融資産 | | | | | | |
| (a)現金 | 2,795 | 45,649 | 399,057 | 16.3 | 8.7 | 142.8 |
| (b)預貯金 | 43,293 | 156,110 | 1,212,478 | 3.6 | 7.8 | 28.0 |
| (c)保険・信託 | 10,289 | 22,669 | 85,249 | 2.2 | 3.8 | 8.3 |
| (d)有価証券 | 28,943 | 66,011 | 320,267 | 2.3 | 4.9 | 11.1 |
| (e)合計 | 85,320 | 290,439 | 2,017,051 | 3.4 | 6.9 | 23.6 |
| (2) GNP | 39,396 | 60,952 | 3,947,000 | 1.5 | 64.8 | 100.2 |
| (3) 金融資産・GNP比率 | 2.17 | 4.77 | 0.51 | | | |
| (4) 通貨供給量 | | | | | | |
| (a)現金通貨 | 6,000 | 42,625 | 425,446 | 7.1 | 10.0 | 70.9 |
| (b)M I | 23,163 | 360,026 | 1,160,011 | 15.5 | 3.2 | 50.1 |
| (c)M II | 42,049 | 439,438 | 1,610,631 | 10.5 | 3.7 | 38.3 |
| (5) 物価 | | | | | | |
| (a)GNPデフレーター | 1.91 | 3.70 | 243.0 | 1.9 | 65.7 | 127.2 |
| (b)東京卸売物価指数 | 164 | 350 | 24,681 | 2.1 | 70.5 | 150.5 |
| (c)東京小売物価指数 | 260 | 472 | 36,629 | 1.8 | 77.6 | 140.9 |

〔単位〕 (1)-(4)は百万円.
〔資料および注〕 (1)民間非金融部門主要金融資産. 1940年は『金融資産負債残高表』による. 年末値. 1950年は『昭和財政史――終戦から講和まで』第19巻による. 原則として年末値. 1945年については以下のとおり. 現金は『本邦経済統計』1948年版より, 現金通貨発行高から全国銀行, 農林中金, 商工中金, 恩給金庫, 庶民金庫, 信託, 無尽, 市町村農業会, 市町村信用組合, 損害保険会社および大蔵省預金部の手持現金を差引いて得た. 年末値. 預貯金は日銀統計局『戦時中金融統計要覧(昭和12年から昭和20年8月迄)』(1947年10月)の「主要金融機関預貯金」表の銀行, 預金部, 市町村農業会, 市街地信用組合, 無尽の和(したがって公金預金――不明――を含む). 8月末の値. 信託および保険も同資料による. 8月末の値. 保険には簡易保険, 郵便年金を含めてあるが, それらのみ3月末値. 有価証券は, 国債, 公社債(地方債, 金融債, 会社債), 株式の和. 国債は日銀統計局上掲資料の8月末国債現在高に1944年3月末の「国債所有者別表」の公衆及其他の保有割合0.138を乗じて得た. 公社債は8月末の公社債現在高に, 1940年12月末の民間保有比率(地方債0.127, 社債0.350)を乗じて得た. 株式は, 日銀『本邦主要経済統計』の「会社表」の払込資本金額から『本邦経済統計』1948年版の金融機関(全国銀行, 無尽, 保険会社)払込資本金を差引いて得た. 年末値. (2)GNPおよび(5)(a)GNPデフレーターは『長期経済統計』第1巻による. (4)通貨供給量は朝倉孝吉・西山千明[1979]による. 1940, 1950年は年末, 1945年は9月末値. (5)(b)卸売(c)小売物価指数は『本邦経済統計』1955年版による.

表 7-4  定期預金構成比および金融機関業態別預金シェアー

| 年末 | 定期預金構成比(%) ||| 預金シェアー(%) |||||
|---|---|---|---|---|---|---|---|---|
| | 全国銀行預金に占める定期預金の割合 | 全国銀行個人預金に占める定期預金の割合 | 都市銀行定期預金に占める1年以上定期預金の割合 | 郵便貯金及び郵便振替貯金 | 相互銀行信用金庫預貯金 | 全国銀行預金 |||
| | | | | | | | うち都市銀行 | うちその他全国銀行 |
| 1930 | 49.6 | — | — | 18.3 | 1.2 | 80.6 | 22.7 | 57.9 |
| 1935 | 50.4 | — | — | 19.6 | 3.1 | 77.4 | 31.5 | 45.9 |
| 1940 | 41.7 | — | — | 19.3 | 3.3 | 77.4 | 30.6 | 46.8 |
| 1945 | 29.4 | — | — | 28.1 | 3.0 | 69.0 | 36.9 | 32.1 |
| 1946 | 20.2 | — | — | 26.4 | 3.4 | 70.3 | 35.0 | 35.3 |
| 1947 | 14.5 | — | — | 18.3 | 3.7 | 78.0 | 42.5 | 35.5 |
| 1948 | 14.5 | — | — | 13.4 | 4.2 | 82.4 | 48.2 | 34.2 |
| 1949 | 23.9 | 41.0 | — | 12.8 | 5.4 | 81.8 | 48.6 | 33.2 |
| 1950 | 28.6 | 44.8 | — | 12.1 | 7.3 | 80.7 | 47.7 | 33.0 |
| 1951 | 33.0 | 47.4 | — | 10.6 | 11.3 | 78.2 | 44.4 | 33.8 |
| 1952 | 35.7 | 43.9 | — | 9.4 | 12.8 | 77.8 | 44.1 | 33.7 |
| 1953 | 38.4 | 50.4 | — | 10.1 | 14.3 | 75.7 | 47.8 | 27.9 |
| 1954 | 41.9 | 56.8 | — | 11.3 | 14.7 | 74.1 | 46.4 | 27.7 |
| 1955 | 42.0 | 59.2 | 54.9* | 10.9 | 14.2 | 74.9 | 48.4 | 26.5 |
| 1960 | 51.8 | 73.1 | 77.0 | 9.4 | 17.0 | 73.6 | 46.3 | 27.3 |
| 1965 | 50.3 | 71.5 | 79.3 | 9.2 | 21.3 | 69.5 | 42.1 | 27.4 |
| 1970 | 54.3 | 73.3 | 83.2 | 12.3 | 22.4 | 65.4 | 38.5 | 26.9 |
| 1975 | 53.8 | 73.9 | 82.4 | 16.1 | 23.2 | 60.7 | 34.6 | 26.1 |

〔資料〕『本邦経済統計』1955, 64年報,『経済統計年報』1977年版.
〔注〕 預金シェアーは郵便貯金及び郵便振替貯金,相互銀行信用金庫預貯金,全国銀行預金の合計に対する比率である.全国銀行は普通銀行(都市銀行及び地方銀行),信託銀行,長期信用銀行(特別銀行)からなる.詳しくは上掲資料巻末付記を参照のこと.相互銀行の預金は預金(1945年以降)および未給付口掛金からなる.ただし,1930年の相互銀行信用金庫預貯金には相互銀行の数字は含まれていない.都市銀行の範囲は以下のとおり.1940年までは6大銀行,1945,46年は上記に加えて野村(大和),東海,神戸を含む.1947年にはさらに東京が追加,1948年には協和が追加,1953年には日本勧業,北海道拓殖が追加,1970年以降はさらに埼玉,太陽を含む.(都市銀行同士の合併は実質的影響がないので無視.) *印は1956年の値.

率は1940年の2.17倍から0.51倍へと低下している[4].

このため資金供給は著しく短期化した.表7-4によれば,全国銀行預金に占める定期預金の割合は急速に減少し,1947, 48年には14.5%という低水準に達している.この比率が戦前と同じ50%レベルにもどるのは1960年頃のことである.個人預金に占める定期預金の割合についても同様で,現在と同じ70%レベルに達するのは1960年頃である.これらのことは,当然に銀行の資金供

表7-5 貸出に占める1年超貸出の割合(単位:%)

| 年度末 | 都市銀行 | 長期信用銀行 |
|---|---|---|
| 1948 | 1.6 | 13.3 |
| 1949 | 2.0 | 14.9 |
| 1950 | 2.1 | 38.8 |
| 1951 | 2.8 | 41.0 |
| 1952 | 4.2 | 35.7 |
| 1953 | 5.3 | 44.4 |
| 1954 | 5.8 | 51.6 |
| 1955 | 5.1 | 87.2 |
| 1960 | 6.4 | 93.5 |
| 1965 | 10.0 | 91.7 |
| 1970 | 13.6 | 93.6 |
| 1975 | 29.3 | 92.5 |

〔資料〕『経済統計年報』.

給面にも反映する.表7-5によれば,都市銀行の長期貸出割合が無視しうるほどの大きさであるだけでなく,長期信用銀行についても,1948年の長期貸出割合は13.3%でしかない.1950年には,利付金融債の償還期限が3年から5年になったことを反映して,40%近くなっているが,現在と同じ90%レベルに達するのは1955年以後のことである[5].

インフレーションはまた資産分布に大きな変化をもたらした.戦前の有産階級の多くが没落し,資産水準は低いもののその分布が平等化したのである.特

---

4) インフレ率を1940年から45年にかけての期間と1945年から50年にかけての期間とに分けてみると,GNPデフレーターでみて戦時中が1.9倍であるのに対し戦争直後は65.7倍と圧倒的に後者が高い.これに対して通貨供給量をみると,現金通貨は戦時中7.1倍,戦後10倍と若干後者が大きいが,MI,MIIでは戦時中の伸びの方がはるかに大きい.このことは,戦時中における過剰通貨供給の効果が,経済統制と国民のインフレ経験の欠如によって,直ちに実現することなく,その大半が戦後にもちこされたことを意味している(日銀「金輸出再禁止より終戦までの我国経済統制の推移」『日本金融史資料』昭和編,第27巻,p.495).これらのことは,戦争直後のインフレを単なる臨軍費によるインフレあるいは復金インフレとみることは不十分であることを示唆している.戦争直後経済の分析にあたっては戦時経済との連続性を常に念頭においておく必要がある.

5) 1950年時点で長期資金供給の不足を論じるばあい,以上のような一般的傾向とともに,ドッジ・ラインによって復興金融公庫の業務が停止されたことがあげられねばなるまい.これによる長資不足に対処するため1949年5月には興業債券の発行限度を2倍に拡大する等の措置がとられたが,超均衡財政,復金債の償却による金融引締効果もあって,設備資金不足の程度は痛切であった.戦争直後における復金融資の重要性についてはあらためて言及するまでもあるまい.復金の諸資産および権利義務がその後1952年に開銀に包括承継されたことも周知のとおりである.詳しくは『昭和財政史――終戦から講和まで』第12巻,政府関係金融第1章を参照されたい.

に, 地主はインフレーションによって資産の減価をこうむっただけでなく, 農地改革によって大きな打撃を受けた. 農地改革は形式的には有償であったが, インフレーションにより土地譲渡価格の実質値が大幅に低下し, 事実上無償に近いかたちで土地譲渡がなされたのである. 他方, 農民は土地を入手しただけでなく, 戦前期 40-50 億円といわれた農家負債はインフレの過程で急速に減少し, 農産物価格の騰貴もあって, 一転してネットで資産保有者となった[6]. こうした地主を中心とした有産階級の没落により, 資産家を経由する明治期的な重複金融仲介は最終的に消滅あるいは無視しうるものになったと考えられる[7]. また, 在来的金融方式のうち戦間期においても大きな役割を果した親戚・知人からの借入も, この過程で大きくその地位を後退させたと考えられる.

　金融面の条件の第2は, 金融機関の産業組織が, 戦時および戦争直後の過程で大幅な変容をとげたことである. 変容は3点に関して生じた. その1. 主としてインフレとGHQの金融制度再編成方針の影響で, 各種金融機関の機能が著しく同質化したことである. まず, 特銀については, 1945年9月のGHQ指令により植民地銀行, 外国銀行, 戦時特別金融機関が閉鎖されたのに始まり, 1948年には, 同じくGHQ指令により勧銀と北海道拓殖銀行が普通銀行化し, 1950年には「銀行等の債券発行等に関する法律」および「日本勧業銀行法等を廃止する法律」によって, 興銀もまた銀行法に基く銀行となり, 旧特銀はすべて少なくとも形式上消滅した[8]. 次に, 貯蓄銀行は終戦時にわずか4行を残すのみであったが, これら4行も普通銀行への転換あるいは吸収合併により, 1949年2月をもって消滅した. また, 信託会社も1948年中に残存7社中6社が銀行に, 1社が証券会社に転向するかたちで消滅した[9]. 貯蓄銀行, 信託会社

---

6) 日銀『調査月報』(1948年1月)の「インフレーション下の農村」(『日本金融史資料』昭和続編, 第6巻)によれば, 1946年9月末現在の農家負債は15.7億円程度とされている. これに対して, 農家の資産は預貯金363.8億円, 手持現金90.7億円である.

7) ただし, 大商社を通じる重複金融仲介はいわゆる商社金融として戦後の1つの重要な金融ルートとなった. また, 証券流通市場が未発達であるため, 長期信用銀行の金融債, 各種公庫の政保債を銀行が(預金によって集めた資金で)購入するという重複形態が生じた. この重複仲介は人為的低金利政策の一環をなしており, 以下では, 人為的重複金融仲介とよぶ.

8) 形式的にはすべての普通銀行が債券を発行しうるようになったが, 運用面では旧特銀と農林中金, 商工中金のみに限られており, 興銀の普通化は形式的でしかない. この点について加藤俊彦[1974]は「総司令部の顔をたてたもの」にすぎないとしている(p.320).

9) 銀行法による銀行に改組したうえで, 兼営法により信託業務を兼営する普通銀行となった.

の消滅は，形式的には1943年の「兼営法」（普銀による信託・貯蓄業務の兼営を認可）によるものであったが，実質的にはインフレによる戦時中以来の定期貯金，金銭信託等の不振に起因するものである．いずれにせよ，このような経過を経て，1950年頃の金融システムは，少なくとも形式的には，GHQの理想とする商業銀行一色に塗りつぶされた状態にあった[10]．その2．銀行法施行以来，特に大戦中の半ば強制的な銀行集中政策により，地方銀行が著しく少数となり，戦後経済運営のためには地方の在来金融機関が不足したことである．終戦時の普通銀行数は65行であった．このため，1949年にいたって従来の一県一行主義を修正し地方における銀行新設を認める方針が打出されたが，新設銀行数は1950年から54年にかけて12行でしかなく，1955年頃からは逆に，銀行経営の健全化のために再び新設抑制，合同勧奨の政策がとられるにいたった[11]．その3．戦前にくらべて，都市の大銀行以外の銀行の安全性ないしロバストネス(robustness)が飛躍的に高まったことである．これは，銀行集中の結果行数が少数化したことと戦時中の資金統制によって特定産業・企業との紐帯が切れたこととにより地方金融機関の産業銀行性が薄れたことによるところが大きい．このため，郵貯と都銀の預金吸収面におけるかつての圧倒的優位は消滅し，その他金融機関は都銀等とほぼ同一の利子率で預金を集めうるようになった．表7-4にみられるように，資産保有の短期化によって郵貯の預貯金シェアーが低下し，都市におけるインフレとその後の店舗規制により都銀のシェアーが低下する中で，その他金融機関のシェアーは増大しつつある．特に，1947年に定められた臨時金利調整法の定める最高限度の下で，各種金融機関がほとんど同一預金金利を設定していながらこのような傾向が生じていることにあらためて注目する必要がある．ちなみに，このようなその他金融機関の安全性の向上は，金融仲介技術の学習効果による蓄積だとみなすことができよう．

第3の条件としては，多少外郭的であるが，対外金融関係の遮断をあげねばならない．1949年の外国為替及び外国貿易管理法は，日本の企業や金融機関が外国で株式・社債等を募集すること，外貨建の証券に応募すること，非居住

---

10) 周知のように，GHQは，商業銀行による短期金融，証券市場による長期産業金融というアメリカ式の長短金融分離システムを日本に導入することを意図していた．
11) 後藤新一[1968]第7章参照．

が株式・社債等に応募すること等をすべて規制するものであった．この法律は主として，国際収支対策のために制定されたものであるが，その直接的意図とは別に，高度成長期の金融システムの基本的制約条件としての機能をもっていたことは無視しえない重要な事実である．

## [2] 高度成長期金融制度の成立

### (1) 金融組織の再編成

およそ以上のような経済課題と金融面の諸条件の下で，ほぼ1955年頃までに，その後の高度成長期における基本的枠組となる金融制度が設定された．まず，金融組織の再編成すなわち各種金融機関の新設，改組がなされた．その概要は表7-6に年表のかたちで要約されている．戦後改組または新設され現存している金融機関の大部分が1950-55年の昭和20年代後半に設立されたものであることがわかろう．組織の再編成は3本の柱からなっている．第1は長期信用銀行法を中心とする民間長期資金供給システムであり，貸付信託法，証券取引所の再開等がこれに連なる．第2は農業協同組合法，相互銀行法，信用金庫法を中心とする中小企業・農林水産関係の民間金融機関のシステムである．第3は，各種政府金融機関の設立を中心とする政府金融のシステムであり，開銀，輸銀という設備投資・輸出関係機関，国民金融公庫，中小企業金融公庫，農林中金といった中小企業・農林水産関係機関とともに住宅金融公庫等の民生・地域振興関係機関からなっている．それとともに，大蔵省預金部は大蔵省資金運用部として再発足し，1953年度から財政投融資計画が作成されるようになった[12]．

以上のように再編成された金融組織が，当時の緊急な経済課題を念頭においたきわめて体系的なものであることが明らかであろう．まず，自立の達成，産業合理化と輸出の振興という課題に対しては，長期信用銀行を中心とする民間長期金融機関および民間外国為替銀行をあて，これを開銀，輸出入銀行といった政府金融機関で補完する．次に，失業の解消，二重構造問題への対処として

---

[12] 各種金融機関の制度上の詳細については日銀『わが国の金融制度』および北村恭二[1976]を参照されたい．

表7-6 金融組織の再編成(現存しており戦後新設ないし編成がえしたものに限る)

| | 設備投資・輸出関係 | 中小企業・農林水産関係 | その他 |
|---|---|---|---|
| 1947 | | 12月 農業協同組合法施行 | |
| 1948 | 7,8月 信託6社信託銀行へ転換 | | |
| 1949 | | 5月 国民金融公庫法施行<br>7月 (一部翌3月)中小企業等協同組合法施行 | 5月 証券取引所再開 |
| 1950 | 12月 日本輸出銀行法施行(翌2月開業) | 12月 中小企業信用保険法施行 | 5月 住宅金融公庫法施行 |
| 1951 | 3月 日本開発銀行法施行 | 6月 相互銀行法施行<br>6月 信用金庫法施行 | 4月 資金運用部資金法施行<br>6月 証券投資信託法施行 |
| 1952 | 6月 貸付信託法施行<br>12月 長期信用銀行法施行 | 12月 農林漁業金融公庫法施行(翌4月開業) | |
| 1953 | | 8月 中小企業金融金庫法施行<br>8月 信用保証協会法施行 | 8月 産業投資特別会計法施行<br>10月 労働金庫法施行 |
| 1954 | 4月 外国為替銀行法施行 | | |
| 1956 | | | 5月 北海道開発公庫法施行 |
| 1957 | | | 4月 公営企業金融公庫法施行 |
| 1958 | | 4月 中小企業信用保険公庫法施行(7月開業) | |
| 1960 | | | 6月 医療金融公庫法施行 |
| 1967 | | | 10月 環境衛生金融公庫法施行 |
| 1972 | | | 3月 沖縄振興開発金融公庫法施行 |

〔資料〕 北村恭二[1976]巻末年表および日銀調査局『日本金融史年表』(1974年2月)による.

は,相互銀行,信用金庫といった民間金融機関および農林系統金融機関をあて,これをまた中小企業金融公庫および農林漁業金融公庫等の政府金融機関で補完するというものであった.

組織再編成は一定の陽表的なマスター・プランに立ってなされたものではない[13]. しかしながら,システムとして金融組織再編成を行うという計画は終戦直後からたびたび練られてきたことに注意せねばならない. たとえば,1945年に設置された金融制度調査会(第1次)は,5つの部会からなり,第2〜第5部

---

[13] このため,一部の政府金融機関のように政治的圧力やタテ割り行政のためにかなりアド・ホックな目的のために設立されたものもあった.日本経済調査協議会[1970a]参照.

会はそれぞれ各種金融組織を担当し，第1部会で日銀制度および金融制度全般のあり方を検討するという方式をとった．また，1944年12月に発表された大蔵省の「金融業法案要綱」は，日銀，預金部，保険業関係を除く，全ての金融業関係法を集大成し，統合しようとするものであった．しかも，1948年8月にはGHQの「新法律の制定による金融機構の全面的改編に関する件」なる覚え書が出され，これをめぐって，金融再編成方針の一層の検討がなされたのである[14]．1950年から55年頃にかけての一連の立法措置は，こうした諸案の積重ねの上になされたものであり，それゆえきわめて体系的な改革であったのである．

## (2) 人為的低金利政策の定着

しかしながら，単なる組織の新設，改組のみでは，経済課題に十分対応することはできない．なによりも，金融資産蓄積水準の低位およびそれによる資金供給の短期性という厳しい金融的制約条件がある[15]．このため，所与の金融組織の下での操作的制度としての人為的低金利政策が次第に定着するようになった．

インフレによる実質金融資産蓄積水準の低下の影響はまず証券市場の不振にあらわれた．証券市場の育成は，アメリカ的金融制度を推奨するGHQによっても強く支持されており，1949年の取引所再開以来さまざまな育成策がとられたが[16]，その発展ははかばかしくなかった．その基本的な理由は，人々の資産蓄積水準が低いため，多様化保有によるリスク軽減効果が得られないことにあった[17]．財閥解体に伴う「証券民主化運動」が，早くも1950年にその限界を露

---

14) 詳しくは日銀『戦後わが国金融制度の再編成(昭和20年8月-27年)』(1967年7月)参照．
15) 資産蓄積水準と金融的投資期間との関係については井原哲夫[1976]の分析がある．
16) たとえば，株式配当の課税優遇措置(1950年)，信用取引制度の導入(1951年)，投資信託の導入(1951年)などである．
17) 証券市場の未発達の1つのマイナーな理由として，当時公社債の流通市場が事実上閉鎖されていたことがあげられることもあるが(志村嘉一[1978] pp. 62-65)，これは原因というよりは結果とみなすべきであろう．公社債流通市場が閉鎖されていたのは，当時金融機関が戦争直後に発行された国債と復金債を大量に保有しており，流通市場を再開するとこれらの価格低下によりキャピタル・ロスをこうむるおそれがあると考えられたためであるが，キャピタル・ロスをこうむるような公社債を保有していたことのそもそもの理由は公社債市場が未発達であるため，金利規制による信用割当が必要であったことによるのである．

呈したことは，当時においては，証券市場による大衆資金の動員が限られた効果しか持ちえないことを明瞭に示していると考えられる[18]．

　証券市場が未発達であることは，証券流通市場による短期資金の長期化の機能が果されないことを意味する．新しく設立された長期信用銀行の主要設立目的である金融債による短期資金の長期化もそのままでは機能しえない．このことは政府保証債によって資金調達を行なう各種政府金融機関についても同様である．このため，公社債を銀行等金融機関に割当てて消化するという戦時以来の手法がひき続き用いられることとなったのである．まず，社債については，1937年の「臨時資金調整法」は1948年に廃止されたが，1940年以来の「起債計画協議会」は，起債調整協議会(1947-49)，起債懇談会・起債打合会(1949-58)，全受託銀行会(1958-)と名称を変えつつ存続するのである．また，金融債，政保債についても市中銀行による引受け方式が行なわれ，いわば人為的な重複金融仲介による資金の長期化がなされるにいたるのである．他方，低利公社債を銀行に保有せしめるためには，銀行の資金コストを抑える必要があり，このため，戦時以来の協定金利あるいは1947年以来の「臨時金利調整法」による預金金利規制の継続が必要とされ，「当分の間」(第2条第1項)と定められた金利規制がその後ながく持続することとなる．また，適格公社債を担保とする日銀貸出を原則として順鞘とするという手法，これは1937年の国債担保貸出順鞘化以来の手法であるが，これも終戦直後(1945，46年)の赤字国債の発行以来，断続的個別的に採用されてきた．他方，銀行預金金利の低金利規制は，これと競合関係にある郵便貯金金利の低利規制を可能にし，これにより資金運用部

---

18) 証券処理調整協議会(SCLC)は1947年から持株整理委員会の所有株式に閉鎖機関株式等を加えた総額252億円の株式を売出した．これは1945年末の全国法人企業株式払込金額の5割を越える額である．折からのインフレによる換物気運も手伝って売出は順調に進み，1949年には，株式所有者別構成は政府地方公共団体2.8%，金融機関9.9%，証券会社12.6%，法人企業5.6%，個人その他69.1%と，1945年のそれぞれ8.2%，11.1%，2.8%，24.6%，51.9%にくらべて株式所有の法人から個人への移転が大幅に進展したかにみえた．しかし，この状況は早くも1950年には逆転し，所有者別はそれぞれ3.1%，12.6%，11.9%，11.0%，61.3%となり，個人から金融機関，法人企業へと株式移転が生じた．この理由としてはドッジ・デフレによる「安定恐慌」による賃金遅欠配，1949年末から1950年にかけての株式市況の悪化，金融機関貸出減少により企業が増資によって資金調達しようとしたのに対し大衆株主が増資払込に応じきれなかったこと等があげられている．詳しくは志村嘉一[1974]および『昭和財政史——終戦から講和まで』第14巻(証券)等を参照されたい．なお，野田正穂[1968]によれば，山一証券調査部は1952年に当時を回顧し「今日静かに顧りみれば，当初の民主化運動には多分に無理があった」としている．

(1951年4月以前の預金部)は，低利資金の供給が可能になるのである．そのさい，一般会計からの事実上の補助金供給が大きな役割を果すことになる．

以上のような経過のうちに，人為的低金利政策は，新しい金融組織を機能せしめ，それを補完して経済課題を達成するための操作的政策として次第に定着してくる．それが完結した体系的形態をとるのは，ほぼ1957年頃日銀の「窓口規制」が開始された時点であると考えられる．これにより，受動的日銀信用供給による銀行準備供給が慣行化するのである．流通市場の十分な展開を欠く公社債を市中銀行に保有させるためには，単に低利資金調達を保証するだけでは十分でなく，弾力的な日銀信用供給によりその資金固定化を防止せねばならない．すなわち，銀行に日銀借入能力のかたちの流動性を与え，貸越セクター化しなければならない．このシステムが慣行化した段階で，人為的低金利政策はほぼ完結した形で定着したと考えられるのである．人為的低金利政策の完結した体系はいかなるものであるかについては，次章で詳しく論じることにしたい．

戦後の金融制度に関して，しばしば，戦時中以来の統制的手法と戦後の金利規制の形式的類似性に着目して，戦時からの制度的連続性を過度に強調したり，あるいは，さらに極端に，戦後の金融制度は戦時中より徐々に形成されてきたのである等の主張がなされることがある．しかし，この種の安易なロジックはいささかミス・リーディングであることを指摘しておきたい．制度のうち，金融機関組織については，戦時中および占領時代に全く同質化していたシステムが，新たに専門金融機関方式による分業化の方向で再編成されたことは上に述べたとおりである．すなわち高度成長期の金融機関システムは，戦後の新たな経済課題に対処して新たに選択されたものである．他方，制度の一半をなす，人為的低金利政策が，戦時中ないし戦争直後の方式と著しく類似しており，多くの面でそれをうけついできたことは疑いない．しかしながら，戦時からうけついできたことを強調する論理では，低金利政策がその後20年間近く維持されてきたことを説明しえないのである．人為的低金利政策は，操作的な制度であって，必要ならばきわめて短い時間のうちに変更しうるものである．それが長期にわたって採用されてきたことは，各時点において適切な政策であるとの何らかの判断がなされたと考えねばならない．政策によって影響をうける各種

経済主体の利害がからみあいつつ,結果として,高度成長期のほぼ全期間にわたって低金利政策が「選択され続けた」と考える必要があるのである.言いかえると,戦後の経済課題と新しくつくられつつある金融組織の運用にとって適合した方式であるがゆえに,戦時的方式が採用されたのであった.形式的類似性のみに注目した「戦時から形成されつつあった」等の軽率な主張は,そのインプリケーションが強いだけに,明確に否定されねばならない.われわれがわざわざ「操作的」制度としての人為的低金利政策と述べたのはこの点を意識してのことである.

もちろん,1つの歴史的局面としての戦後が,戦前・戦中から独立にあるわけはない.そうした歴史的経過はわれわれが経済課題・金融面の諸条件として整理したものにある程度集約されている.その一部は戦争の強い影響下にある.他のものは,遠く明治以来の金融的発展過程に源を発している.戦後金融制度はそうした金融構造および諸条件の下で1つの選択として採用されたものなのである.

ここで,人為的低金利政策の選択が可能であったことの背景には,3つの基礎的条件のあったことをあらためて注意しておきたい.その第1は,国際金融関係の遮断であって,これなくしては信用割当は全く無効になったものと考えられる.周知のように,マンデル＝フレミング・モデルによれば,自由な資本移動下の小国では金融政策は効果をもちえない.敗戦により再び極東の小国となったわが国では,国際金融関係の遮断が金融政策の有効性確保の観点からも必要とされたのである.第2は,均一な規制を許すだけの質的な同質性が戦後の金融機関に備わっていたことである.質的な同質性とは安全性の面での同質性とともに経営効率の同質性を意味する[19].特に,預金,公社債といった等質的な資金に関する規制は,戦中ないし戦後において金融機関が相対的に同質化するにいたってはじめて可能になったことに注目する必要があろう.第3に,言うまでもなく,資産蓄積水準の低位がある.このため,たとえば,預金金利規制を行なっても,人々の他資産の利用可能性が限られているため,預金が減

---

19) 戦後においても各種金融機関の間の経営効率は決して同一でないという主張がある.たとえば,預金1円当りの経費率は,都銀と信用金庫の間に大きな差がある(川口弘[1979]上,第2章).しかしこれは主として都銀が大企業等の大口預金を扱うのに対して,信用金庫等では小口預金が多いことによる.小口預金のみをくらべると経費率の差は極めて小さくなるであろう.

少することはなかったのである.

ところで,われわれが以上の条件のうちに,通常よくなされるように均衡財政の維持をあげていないことに注意されたい. 1947年の「財政法」による歳入補塡のための国債発行の禁止および国債日銀引受の禁止は,たしかに重要な要因であったが,以下でわれわれが論じる高度成長期の金融制度のあり方を直接に規定したものとは考えられない. かりに赤字国債の発行があったとしても,当時の状況としては信用割当がなされたであろうし,それによって(クラウディング・アウトはありうるものの)消化されたはずである. 昭和50年代になって大量国債の発行と金利自由化の進展が同時に進行したため,あたかも前者が後者の原因であるかのごとくみなす議論が横行したが,これは正確でない. 正確には次のように考えねばならない. 上記3条件の変化が長期的に進行しており,民間資金調達の面では人為的低金利政策の変容が徐々に生じつつあった. そして,国債はそういう状況の下で大量発行されたために,全くの信用割当でなく漸次市中金利に応じた発行条件をとらざるを得なくなったのである. 国債発行が金利自由化を進展せしめたという議論は,国債の不在が人為的低金利政策を成立せしめたという論理と同様に,一見正しそうであるが実は正しくないのである. もちろん,国債発行が多量であったため,信用割当では消化しきれないという面があったことも事実である. しかしこのことがロジックの質的な方向を逆転させる要因であるとは考えられない.

高度成長期の金融制度の成立・維持に財政が何らかのかかわりをもったとすると,それは赤字国債を発行しなかったからでなく,赤字国債の発行をしなくとも,年々の税の自然増収により(相次ぐ減税をなしえたほど)財政が順調であった点にある[20]. 次章で述べるように,人為的低金利政策における規制金利の体系は,基本的に一般会計からの事実上の補助金供給システムによって支えられており,この供給がスムーズになされたことが金利規制が長期にわたって維持されたことの1つの大きな理由なのである[21].

ちなみに,金融制度の再編成は,戦後の経済課題に対処するためのいくつか

---

20) もちろん一般会計が低金利政策の一画たる財政投融資により援助を受けた一時期もある. たとえば,1963年から65年度にかけての予算編成(田中蔵相)では,一般会計の事業を次々財投に移し,政保債による資金調達に頼ったと言われる. しかし,高度成長期全体としては,財政が潤沢であったと考えるべきであろう.

表7-7 1961年4月時点現行の租税特別措置の創設時期

| | 貯蓄の奨励 | 内部留保の充実 | 技術の振興及び設備の近代化 | 産業の助成 | その他 |
|---|---|---|---|---|---|
| 1913 | | | | ○重要物産の免税 | |
| 1950 | | ○貸倒準備金<br>○特別修繕引当金 | | | |
| 1951 | ○生命保険料控除(復活) | ○重要機械及び合理化機械等の特別償却 | | ○重要機械類の輸入関税の免税 | ○米穀所得課税の特例 |
| 1952 | | ○価格変動準備金<br>○退職給与引当金<br>○渇水準備金<br>○違約損失補償準備金 | ○試験研究用機械設備等の特別償却<br>○新築貸家住宅の特別償却 | ○航空機用揮発油税の免税 | ○新築住宅の登録税の軽減<br>○社会保険料診療報酬の所得計算の特例 |
| 1953 | ○利子所得の分離課税及び税率の軽減 | ○異常危険準備金 | | ○輸出所得の特別控除(通常控除)<br>○重要外国技術使用料課税の特例<br>○再建整備の農業協同組合等の留保所得非課税の特例<br>○航空機の通行税の軽減 | |
| 1954 | ○配当所得に対する源泉徴収税率の軽減 | | ○探鉱用機械設備等及び鉱業用坑道等の特別償却 | | ○交際費課税の特例 |
| 1955 | | | | | ○増資登録税の軽減 |
| 1956 | | | | | ○機械工業振興臨時措置法 |
| 1957 | | | | ○輸出所得の特別控除(割増控除) | |
| 1958 | | | ○新技術企業化用機械設備等の特別償却 | | |
| 1959 | | | | ○輸出所得の特別控除(技術輸出所得控除) | |

〔資料〕 税制調査会『税制調査会第一次答申関係資料集(その1)』(1961年4月)pp. 510-517.

の手段のうちの(重要ではあるが)1つにすぎないことは言うまでもなかろう. より広いいわば「産業優先政策」の観点からは, 財政政策, 特に各種の租税特別措置の果した役割を無視してはならない. 表7-7は1961年4月現在の租税特別措置を整理したものである. 興味深いことは, 内部留保の充実, 産業の助成等にかかわる租税措置の多くのものが, 各種金融機関の整備と時期を同じくして1950年から54年にかけて設定されていることである. 人為的低金利政策の定着は, こうした諸措置と相互補完的に成立したと考えられねばならない. 高度成長期前半における租税特別措置と資本蓄積の関係については, 藤田晴 [1963]および小宮隆太郎[1975]第3章を参照されたい.

### (3) 制度の変容

高度成長期の経過とともに, 昭和20年代後半の経済課題, 金融的制約条件は過去のものとなりつつある. また同時に新たな諸問題が生じつつある. 金融制度もその過程で漸次変容をとげてきた. 以下では, ほぼ昭和40年代以降におけるこのような変化について簡単にコメントしておこう.

まず, 自立と雇用という経済課題は当然のことながら達成された. 表7-1にみられるように, 貿易収支の黒字基調は1965年以降動かないものとなった. また二重構造問題も解消した, あるいは少なくともかつての尖鋭な形態のそれは消滅したとみるべきであろう. 図7-1にみられるように, 1つの指標としての規模別賃金格差は1965年頃にかけて急速に縮小した. 経済の需要構造は, 高度成長期の設備投資主導型から, 輸出・公共投資主導型に転換しつつあり, それとともに新たに, 環境, 資源, エネルギーおよび経済的国際協調等の諸問題が登場してきた.

金融面の諸条件の変化も著しい. なによりも金融資産蓄積水準の急速な上昇がある. 図7-2にみられるように, 民間金融資産のGNPに対する比率は1965年頃にかけて急速に上昇し, 現在では, 戦争直前あるいはアメリカの水準とかわらなくなっている. それとともに預金も長期化し, 定期預金割合は1960年

---

21) 人為的低金利政策を採択するか否かに財政の均衡不均衡は直接的にはかかわりをもたない. しかしながら, 人為的低金利政策の下での日銀の金融政策方式(ポリシー・ルール)のあり方は財政の均衡不均衡に依存している(第10章[2]参照).

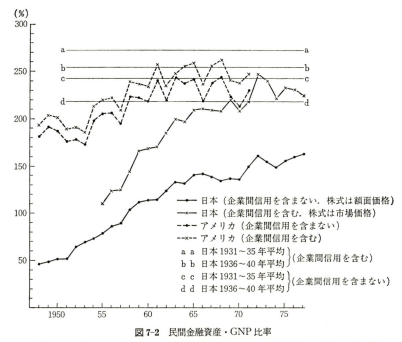

図7-2 民間金融資産・GNP比率

〔資料および注〕 戦後期日本の民間金融資産は日銀『資金循環勘定表』の法人部門と個人部門の資産の和．ただし1948, 50, 51, 52年は『昭和財政史——終戦から講和まで』第19巻の金融資産負債残高表による．アメリカの民間金融資産は Flow of Funds Accounts: Annual Flows 1946-1971, Board of Governors of the Federal Reserve System, Aug. 1972 による．households, personal trusts and nonprofit organizations および nonfinancial business-total の和．日本のGNPは『長期経済統計』第1巻，第8-A表による．ただし1972年以降は『経済統計年報』(1977年)による．アメリカのGNPは日銀『日本を中心とする国際比較統計』による．戦前の民間金融資産は『金融資産負債残高表』による．民間部門の現金通貨，預貯金，保険，信託，有価証券の和は1931-35年平均で14,461百万円，1936-40年平均で61,238億円である．企業間信用は1931-35年平均で14,461百万円，1936-40年平均で28,100百万円とした．この推定方法の概略は次のとおり．まず，1953-65年について，日銀『資金循環勘定』から法人資産の企業間信用の法人負債の株式の割合をとる．大体220-330%である．他方，三菱経済研究所『本邦事業成績分析』(1963年以降は『企業経営の分析』)により，全産業又は産業一般(すなわち銀行，信託，保険，取引所，証券を除く)について，同じ期間，受取手形・売掛金と支払手形・買掛金の和の資本金に対する比率をとると，200-350%で，資金循環勘定の比率とよく対応している．この対応関係は『本邦事業成績分析』が主要企業中心であるため，その買入債務がこのデータに含まれていない中小企業の売上債権を代理していることによるものと考えられる．この対応関係が戦前期にも成立するものと考える．『本邦事業成績分析』により，受取手形・売掛金と支払手形・買掛金の和の資本金に対する比率は，1932-35年平均(1931年は企業間信用のデータなし)で40.37%，1936-40年平均で54.66%であった．これに，それぞれの期間の経済全体の株式発行残高平均値 4,408,694 千円および 10,217,131 千円を乗じて上記推計値が得られる．

頃から高水準に達し,その後は長期性の定期預金の割合が上昇した(表7-4).また,貿易収支における黒字基調の定着および外貨蓄積の増大とともに,金融の国際化が急速に進展しつつある. 1964年のIMF 8条国への移行,OECDへの加盟にはじまり,1970年以降は,対外証券投資および外国人のわが国に対する証券投資が拡大し,制度面でも,投資信託の外国証券組入れ(1970年),外貨建外債の私募形式による国内販売(1970年),国内での外国投資信託の販売(1972年)等さまざまな自由化措置がとられた.この間,銀行の国際業務の拡大も著しく,外貨資産,自由円資産勘定および現地貸付等の拡大がみられた. 1980年の新外資法の施行は(形式的に)こうした動きの頂点にたつものであった.他方,安定成長への移行に伴って,税収の伸びの相対的鈍化,政府支出拡大の必要から,1975年以降大量国債が発行されるにいたった.かつての長期資金創出およびその割当は,一般会計からの事実上および陽表的な補助金供給によるものであったが(第8章),政府財政の困難化は,そうした方式の見なおしを必要ならしめた.量的な資金配分の面でも,民間資金調達と政府資金調達の間の競合関係がクラウディング・アウト問題として登場してきた.

　こうした諸条件の変化は金融制度の対応的な変化を余儀なくする.それは,何よりもまず操作的制度たる人為的低金利政策の変容となってあらわれた.かつての規制金利の体系が各所で緩められ,金利弾力化ないし自由化への動きが生じてきたのである.規制金利という形式はかわらないまでも,金利の変更回数および変異係数は1970年以降次第に増加した.また,流通利回と発行利回との開差も漸次縮小の傾向にある.こうした金利弾力化への動きの先頭に立ったのは,資産保有において大きなシェアーをもつ企業部門であった.高度成長期の買手市場の時期には企業はその資産を主として企業間信用および流通部門等の系列化資金に用いた.しかし,需要構造が,輸出・公共投資を主体とするものに変化するとともに,企業はその資産を短期金融市場(現先市場,既発債市場等)に運用し,また海外投資,海外からの資金調達へと進出したのである(第9章参照).次いで,財政当局も市場メカニズムによる資金調達にむかい,個人部門も次第に預金以外の資産にそのポートフォリオを多様化しつつある.こうして,人為的低金利体系は,まず,規制金利の弾力的変更,ついで自由化という経過のうちに,その歴史的使命を終えようとしているのである.

第7章　戦後における金融制度の再編成　　　　　　　　　　431

　金融制度のうち，金融組織の変容過程には2つの特徴的なパターンが生じた．その一方は民間金融機関であり，私企業としての利潤動機にもとづいて専門化規制の枠を越えて，より有利な資金調達，資産運用にむかう傾向が生じた．その結果，分業化していた各種金融機関が次第に同質化する動きが生じてきた．たとえば，普通銀行の定期預金は(たびたびの制度変更により)次第に長期化し，長期信用銀行や信託銀行の5年ものの金融債，金銭信託との距離を縮めてきた．中小企業金融においても，信用金庫が会員外貸出(いわゆる卒業生金融等[22])を拡張したため，相互銀行との競合が激化しており，他方相互銀行においても，本来の相互掛け金の比重が1%を切り，資産運用面では，外国為替取引が認められる(1973年)など，普通銀行との同質化が顕著になっている．いま1つの変容パターンは政府金融機関にみられる．政府系の各金融機関は，その設立目的がリジッドに規定されているため，資金需給の変化に応ずることができず，近年多くの問題を指摘されつつある．たとえば，1970年代後半には，多くの金融機関で計画融資額を消化しえず，多額の翌年度繰越がなされ，また不用とされる部分も多額にのぼったことが指摘されている[23]．他方，政府金融機関の大部分は民間金融機関による融資が困難な部面に融資することが規定されているのにかかわらず[24]，随所で民間との競合が生じていることも指摘されつつある．

　ところで，前章においてわれわれはいわゆる資本集中仮説にふれて，戦間期における(銀行集中を中心とする)融資集中は(長期資金の不足による)銀行の産業銀行化のもとで，産業構造に格差現象が生じたことに主として原因するのに対し，戦後の融資集中は人為的低金利政策によるものであると述べた．人為的低金利政策の下での長期資金の信用割当が，高度成長期において融資循環の二重性等の現象をもたらしたことについては第9章で詳論する．ここでは，人為的低金利政策の変容ないし後退の過程で，長期資金の信用割当現象も次第に消

---

22)　信用金庫の貸出は原則として会員に限られていたが，1973年以後卒業生金融および小口員外貸出が認められた．卒業生金融とは，過去一定期間会員であった事業者がその資本金または従業員数の増大により会員資格を失い法定脱会しても，一定期間内に限り，引続き融資を受けられる制度である．
23)　野口悠紀雄編『55年度予算への提言』(日本経済研究センター，研究報告，第44号，1980年)．
24)　民間の困難な部面への融資の規定されているものは，国民金融公庫，住宅金融公庫，農林漁業金融公庫，中小企業金融公庫，医療金融公庫，環境衛生金融公庫，沖縄振興開発金融公庫であり，北海道東北開発公庫，公営企業金融公庫および上記中の沖縄振興開発金融公庫では民間金融を補完ないし，奨励することが規定されている．

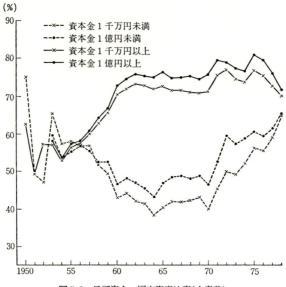

図 7-3 長期資金・固定資産比率(全産業)
〔資料〕 『法人企業統計年報』.
〔注〕 長期資金は固定負債のうち長期借入金および社債と自己資本のうちの資本金の合計.

減しつつあることを指摘しておこう. 図 7-3 を参照されたい. これは規模別の長期資金と固定資産の比率の推移を示したものである. 1955 年から 1960 年にかけてこの比率の規模格差は急速に拡大しており, 1970 年頃まで同じ水準にとどまっている.

このことは, 第 9 章で論じるように, 長期資金が規模を基準として信用割当されてきたことの有力な証左である. ところが, 図 7-3 は 1970 年以降この格差が急速に縮小してきたことを示している[25]. 格差縮小は, 小規模企業の長期資金・固定資産比の上昇によるものであり, それはまた主として, 1965 年以降, 特に 1970 年以後の金融機関からの長期借入金の急増に基くものである[26]. この長期借入金の増加が生じた理由は 2 つあると考えられる. 第 1 は, 都銀, 地

---

[25] 同様な傾向は, 投資財産業対消費財産業という産業別の長期資金配分に関しても見出される (第 9 章補論(III)参照).
[26] このことは, 長期資金を個別に分解してその動きを調べることにより容易に確かめられる.

銀等の長期貸出割合が 1965 年頃から上昇しはじめ，1970 年以降著しく高まったことである．このことは都銀については表 7-5 から明らかであり，地銀についてもほぼ同様なことが言える．都銀等の長期貸出比率が高まったことは1971年の1年6カ月物定期預金，1973年の2年物定期預金の新設により預金が著しく長期化したのに対し，金融の国際化等の影響で公社債発行条件の弾力化が進展し，その保有資産全体の流動性が高まったことによる[27]．また長期貸出は社債とちがって規模による格付などはなく，この点も中小企業の長期借入増に有利に作用したと考えられる．第2の理由は，長銀の中小企業貸出が増加したことである．これは 1966 年から金融債が日銀のオペ対象からはずされたため，都銀の金融債保有が急速に縮小したことによる．かつては長銀は都銀に金融債を引受けてもらう見返りとして都銀の系列企業に貸出していたわけであるが，その必要がなくなった状況では中小企業の中に新たな顧客を見出そうとすることは当然であろう．また，人為的重複金融仲介の後退が必至であるとみられることから，中小企業分野に新たな戦略領域を探ろうとする，より一般的な動機があることも追加的な理由であろう．

## [3] 1960 年末金融資産負債残高表のアナトミー

　高度成長期の金融メカニズムをできるだけ全体的に把握するために，まず1時点をとりあげ，その時点における金融資産負債残高をやや詳細に検討する．本節は以下の議論展開のためのイントロダクションの性格をもつ．選定された時点は，所得倍増計画が採用されたという意味で象徴的な 1960 年末である[28]．日本経済はこれ以前の 1956-57 年にかけていわゆる神武景気を経験しており，1960 年には，1959-61 年にかけての設備投資の大拡張期すなわち岩戸景気の真っ只中にあった．金融の面においても，1950-55 年頃にかけて整備されてきた

---

27) 岩田一政・浜田宏一 [1980] は，この理由として短期の「ころがし」に対する行政指導の効果，拘束預金に対する規制強化により短期貸出の実効利率が相対的に低下したこと，および個人向け住宅金融の増加をあげている．われわれもこれらの要因の効果を否定するものではないが，預金の長期化と保有公社債の流動化という長期的な変化に立脚した解釈の方が一層基本的であると思われる．

28) 1960 年の6月には日米新安保条約が国会において自然成立し，7月には岸内閣にかわって池田内閣が登場しており，その年の12月には「所得倍増計画」が新しい長期経済計画として策定，採用された．

諸制度がほぼ全面的に機能しはじめており，1960年末の資金循環勘定には，高度成長期金融メカニズムの諸特徴がきわめて鮮明な形で現出していると考えられる．

基本となる資料はもちろん日銀の『資金循環勘定』(1966年2月)の1960年末金融資産負債残高表である．また，必要に応じて大蔵省理財局の『財政投融資資料』(1960年度版および62年度版)および日銀『本邦経済統計』を用いるが，そのさい年次を必ずしも1960年末に統一することができず，やむをえず1961年3月末(すなわち1960年度末)の数値を使うことがある．詳細は以下の各表の注に記してある．また本節におけるすべての表の単位は億円である．

『資金循環勘定』の経済主体を金融部門と非金融部門に大別する．非金融部門は中央政府，公社・公団および地方公共団体，民間非金融部門からなる．これらの部門では，資産残高と負債残高は必ずしも等しくない．過去において貯蓄が投資よりも一般に大きいばあい(黒字主体)には，資産が負債より大きく，逆のばあい(赤字主体)には負債が資産より大きくなる．中央政府は『資金循環勘定』の政府一般部と外国為替資金特別会計の合計である．政府一般部には一般会計のほか食糧管理，産業投資，余剰農産物資金融通，国債整理基金等の，資金運用部，郵便貯金，簡易生命保険および郵便年金の4会計を除く，特別会計が含まれる．公社・公団および地方公共団体に含まれる公社・公団は，たとえば日本国有鉄道，日本電信電話公社，日本専売公社，日本住宅公団，日本道路公団，水資源開発公団，農地開発機械公団，愛知用水公団，阪神高速度公団等である．民間非金融部門は法人企業部門と個人部門からなる．法人企業には証券会社が含まれており，個人部門は個人企業を含む．

次に，金融部門では，原則として資産残高と負債残高は等しい．但し，以下の各表では金融部門の負債としての株式・出資金は法人企業部門に含めてあるので，その額だけ資産合計は負債合計より大きい．金融部門は日銀，政府金融，市中金融からなる．政府金融は，運用部等と政府金融機関からなる．運用部等は資金運用部，郵便貯金，簡易保険および郵便年金の4特別会計の合計である．政府金融機関には日本開発銀行，日本輸出入銀行の2銀行のほかに中小企業金融公庫，住宅金融公庫等1960年末現在で8つの公庫が含まれている．市中金融は，全国銀行(都市銀行，地方銀行，長期信用銀行，信託銀行)の銀行勘定，

表 7-8 1960 年末非金融部門の負債

|  | 中央政府 | 公社・公団,地方公共団体 | 民間非金融部門 | | 合 計 |
|---|---|---|---|---|---|
|  |  |  | 法人企業 | 個人部門 |  |
| (1) 政府貸出金・借入金 | 468 | 10,743 | 16,468 | 11,063 | 5,405 | 27,679 |
| (2) 市中貸出金・借入金 | — | 899 | 119,908 | 100,890 | 19,018 | 120,807 |
| (3) 政府短期証券 | 6,797 | — | — | — | — | 6,797 |
| (4) 長期国債 | 3,114 | — | — | — | — | 3,114 |
| (5) 地方債 | — | 1,482 | — | — | — | 1,482 |
| (6) 公社・公団債 | — | 3,246 | — | — | — | 3,246 |
| (7) 事業債 | — | — | 6,925 | 6,925 | — | 6,925 |
| (8) 株式 | — | — | 30,583 | 30,583 | — | 30,583 |
| (9) 出資金 | — | 878 | 3,917 | 3,917 | — | 4,795 |
| (10) 証券会社貸付金 | — | — | 1,341 | 66 | 1,275 | 1,341 |
| (11) 企業間信用 | — | — | 73,140 | 57,150 | 15,990 | 73,140 |
| (12) コール | — | — | 1,054 | 1,054 | — | 1,054 |
| (13) 合計 | 10,379 | 17,248 | 253,336 | 211,648 | 41,688 | 280,963 |
| (14) 合計((10),(11)を除く) | 10,379 | 17,248 | 178,855 | 153,157 | 25,698 | 206,482 |

〔注〕 法人企業の株式, 出資金は金融部門の株式, 出資金を含む.

相互銀行・信用金庫等の中小企業金融機関, 農林中央金庫・農業協同組合等の農林水産金融機関, 保険(生命保険会社と損害保険会社)および信託(全国銀行信託勘定)からなる.

さて, 表 7-8 は非金融部門の負債を示したものである. 合計値でみると法人企業の負債が最も大きく, 個人部門がこれに次いでいる. 個人部門の負債が大きいのは, 個人企業が含まれていることによる. 中央政府の負債はさほど大きくない. これが大きくなるのは歳入補填のための長期国債の発行された 1965 年度以降, 特に 1975 年度の大量発行以降のことである.

法人企業の負債合計 211,648 億円のうち株式と出資金はそれぞれ 30,583 億円と 3,917 億円であり, このうち金融機関のものを除いた非金融法人のみの株式と出資金はそれぞれ 28,274 億円と 3,306 億円である. 金融機関の株式・出資金を除いた負債合計 208,728 億円に対する非金融法人の株式・出資金の比率は 15.1% であり, この値が戦前および諸外国とくらべて極めて低いことがしばしば指摘されてきた. 株式・出資金に準備金・積立金等を加えた自己資本の負債・資本の合計に対する比率は, 日銀『主要企業経営分析』における主要企業で(1960 年度末)28.9% であり, この比率が高度成長期において長期的に低下し

てきたこともよく知られている．自己資本の比率の低いことは，逆に言えば借入金等の割合の大きいことであり，この現象はしばしばオーバー・ボロウィングとよばれている[29]．表7-8によれば法人企業の借入金の大部分は市中からの借入金と企業間信用である[30]．政府からの借入金と事業債はそれぞれ11,063億円と6,925億円であり，額はさほど大きくない．しかし，後にみるようにこの2者は低利で信用割当を伴って供給されてきたため，その資源配分に対する影響には無視しえないものがある．

公社・公団および地方公共団体の負債の主要部分は政府からの借入金および債券発行であり，以下にみるようにこれらも低利で割当てられたものである．公社・公団債3,246億円の内訳はたとえば，国鉄1,159億円，電電公社273億円，道路公団235億円等である(志村嘉一[1978] p.172による，年度末)．中央政府の負債のうち，政府短期証券の額が大きいことが注目されよう．この内訳は1960年度末で外国為替資金証券3,286億円，食糧証券3,510億円であり，後にみるようにいずれも普通銀行の預金コスト以下の低金利であるため，大部分が日銀および資金運用部によって保有されていた．中央政府の政府からの借入金は資金運用部等からの借入であって，たとえば資金運用部の1960年度末の一般会計・特別会計貸付金は347億円である．長期国債3,114億円は主として各種特別会計が事業費(事業公債)及び投融出資または賜金・弔慰金・給付金等のために発行したものである．

本節における主要な関心事は，以上のような非金融部門の負債がどこからどのようにして調達されたかにある．さきに述べたように，金融部門では資産と負債は均衡しているから，非金融部門の負債には非金融部門の資産が対応しているはずである．非金融部門の資産が非金融部門の負債へ至る径路には，周知のように2種類ある．1つは非金融部門から非金融部門へと直接に資金が供給される径路(直接金融)であり，いま1つは，両者の間に金融機関が介在する径

---

29) 主要企業の自己資本比率は1957年度に33.1％，1971年度に17.6％である．しかし，この比率は株式を簿価でなく時価で評価すると，それぞれ24.9％，27.3％となり長期的な低下傾向は必ずしも見出せない(小宮隆太郎・岩田規久男[1973]参照)．また，山一証券研究所の試算によれば，企業の所有する固定資産のうち償却対象資産と土地を時価で再評価すると，東証1部上場594社の1973年度末の自己資本比率は，再評価前の15.8％から再評価後の47.4％へと大幅に上昇することが指摘されている(黒田巌・折谷吉治[1979]による)．

30) 法人企業負債におけるコール1,054億円は証券会社のコール取入れである．

表 7-9　1960年末非金融部門の非金融部門に対する資金供給残高

| | 中央政府 | 公社・公団,地方公共団体 | 民間非金融部門 | | | 合計 |
|---|---|---|---|---|---|---|
| | | | | 法人企業 | 個人部門 | |
| (1) 政府貸出金・借入金 | 571 | — | — | — | — | 571 |
| (2) 市中貸出金・借入金 | — | — | — | — | — | — |
| (3) 政府短期証券 | 282 | 40 | 12 | 12 | — | 334 |
| (4) 長期国債 | — | — | 469 | — | 469 | 469 |
| (5) 地方債 | — | — | 214 | 58 | 156 | 214 |
| (6) 公社・公団債 | — | — | 1,111 | 762 | 349 | 1,111 |
| (7) 事業債 | — | — | 762 | 221 | 541 | 762 |
| (8) 株式 | 832 | — | 21,936 | 7,897 | 14,039 | 22,768 |
| (9) 出資金 | 999 | 25 | 3,767 | 697 | 3,070 | 4,791 |
| (10) 証券会社貸付金 | — | — | 1,341 | 1,341 | — | 1,341 |
| (11) 企業間信用 | — | — | 73,140 | 73,140 | — | 73,140 |
| (12) コール | — | — | — | — | — | — |
| (13) 合計 | 2,684 | 65 | 102,752 | 84,128 | 18,624 | 105,501 |
| (14) 合計((10),(11)を除く) | 2,684 | 65 | 28,271 | 9,647 | 18,624 | 31,020 |

〔注〕　(a)中央政府の非金融部門に対する政府貸出金・借入金は『資金循環表』の中央政府の政府貸出金・借入金1,092億円(これは金融部門に対するものも含む)から,『財政投融資資料』から得られる産投会計の政府金融機関への貸出金521億円(年度末値)を差引いて得た．中央政府の非金融部門に対する政府貸出金・借入金としては，このほかに余剰農産物資金融通特別会計の農林漁業金融公庫，北海道東北開発公庫に対する貸付若干があるが，これは残高詳細不明のため無視．(b)中央政府の非金融部門に対する出資金は『資金循環表』の出資金5,943億円(これは政府金融に対する出資金を含む)から，同じく『資金循環表』の政府金融の出資金(負債)4,944億円を差引いて得た．

路(間接金融)である．

表7-9は直接金融を通じる資金供給残高を示している．非金融部門に属する各経済主体は，国債，地方債，株式，事業債等の各種有価証券を保有することにより，非金融部門の他の経済主体に資金を供給するとともに，直接的な貸付によっても資金を供給する．後者の方法をとるものには，中央政府の政府貸出金571億円，証券会社貸付金1,341億円および企業間信用73,140億円があり，これらの合計値75,052億円は，直接金融を通じる資金合計105,501億円の71%に達している．特に企業間信用の割合の大きいことが注目されよう．有価証券保有による直接金融は直接金融全体の29%でしかない．表7-9の中央政府による資金供給のそれぞれについては説明しておく必要があろう．まず政府貸出金は，産業投資特別会計(略して産投会計)の公社・公団等に対する貸付および余剰農産物資金融通特別会計の各種公団(愛知用水公団等)地方公共団体に対す

表 7-10 1960 年末非金融部門の金融部門に対する資金供給残高

| | 中央政府 | 公社・公団,地方公共団体 | 民間非金融部門 | | 合計 |
|---|---|---|---|---|---|
| | | | 法人企業 | 個人部門 | |
| (1) 現金 | — | 5 | 10,795 | 1,495 | 9,300 | 10,800 |
| (2) 市中金融への預貯金 | — | 2,915 | 101,406 } 39,375 | { 73,295 | 104,321 |
| (3) 郵便貯金・郵便振替貯金 | — | — | 11,264 | | | 11,264 |
| (4) 政府当座預金 | 141 | — | — | — | — | 141 |
| (5) 預託金 | 7,960 | 213 | — | — | — | 8,173 |
| (6) 保険 | — | — | 5,477 | — | 5,477 | 5,477 |
| (7) 簡易保険・郵便年金 | — | — | 7,018 | — | 7,018 | 7,018 |
| (8) 信託 | — | 97 | 6,332 | 2,490 | 3,842 | 6,429 |
| (9) 投資信託 | — | — | 5,862 | 361 | 5,501 | 5,862 |
| (10) 金融債 | — | — | 2,890 | 867 | 2,023 | 2,890 |
| (11) 公庫債 | — | — | — | — | — | — |
| (12) 出資金 | 4,944 | — | — | — | — | 4,944 |
| (13) 政府貸出金・借入金 | 521 | — | — | — | — | 521 |
| (14) 合計 | 13,566 | 3,230 | 151,044 | 44,588 | 106,456 | 167,840 |

〔注〕 (a)公社・公団,地方公共団体の預貯金はすべて民間金融に対する預貯金とみなした. (b)中央政府の金融部門に対する政府貸出金・借入金521億円は,前表の注に記した産投会計の政府金融機関に対する貸出金である. (c)公社・公団,地方公共団体および民間非金融部門の公庫債保有はゼロと仮定した. 中央政府についても産投会計の公庫債保有がゼロであるので,その公庫債保有はゼロとみなした. (d)中央政府の出資金4,944億円は前表の注に記した政府金融機関に対する出資金である. (e)中央政府の預託金7,960億円は表8-5による. 年度末値. (f)公社・公団,地方公共団体の預託金213億円は『資金循環表』の「その他」の数字であり,国庫預託金以外のものも含む.

る貸付である. 1960年度末で,前者は167億円,後者418億円(計画値)である. 中央政府による政府短期証券の保有は大部分国債整理基金特別会計による保有(1960年度末250億円)である. 中央政府の非金融部門の株式保有は東北開発(株),電源開発(株),日本航空等の9つの特別会社の株式保有である. 1960年度末で9社の株式保有者別内訳は一般会計42億円,産投会計772億円,特別会計11億円,民間112億円である. 次に非金融部門への出資金の内訳は,1960年度末において,3公社(国鉄,電電,専売)に対して一般会計から504億円,住宅公団,道路公団等4つの公団に対して一般会計から105億円,産投会計から296億円,特別会計から95億円,22の特殊法人に対して一般会計から526億円,産投会計から141億円,特別会計から29億円である.

表7-10は,間接金融径路における非金融部門の金融部門に対する資金供給

表 7-11　1960年末非金融部門の資金需要と資金供給

|  | 中央政府 | 公社・公団,<br>地方公共団体 | 民間非金融部門 | | 合　計 |
|---|---|---|---|---|---|
|  |  |  | 法人企業 | 個人部門 |  |
| (1) 資金供給 | 16,250 | 3,295 | 253,796 | 128,716 | 125,080 | 273,341 |
| 　対非金融部門 | 2,684 | 65 | 102,752 | 84,128 | 18,624 | 105,501 |
| 　対金融部門 | 13,566 | 3,230 | 151,044 | 44,588 | 106,456 | 167,840 |
| (2) 資金需要 | 10,379 | 17,248 | 253,336 | 211,648 | 41,688 | 280,963 |
| (3) 差額((1)−(2)) | 5,871 | △13,953 | 460 | △82,932 | 83,392 | △7,622 |

〔注〕　非金融部門への資金供給は表7-9の(13), 金融部門への資金供給は表7-10の(14), 資金需要は表7-8の(13)である.

を示したものである. このうち(1)〜(11)行は, 金融仲介機関の発行するいわゆる間接証券に対する需要である. (12)の中央政府の出資金は10の政府金融機関に対する一般会計および産投会計からの出資金である(表8-8). (13)の中央政府による政府貸出金521億円は, 産投会計の政府金融機関に対する貸付金である. また中央政府の預託金7,960億円は, 厚生保険(1942年開始)等の特別会計から資金運用部への預託金である. 1960年度末において, 資金運用部の預託金残高は20,554億円であり, このうち郵便貯金, 簡易保険・郵便年金の預託金は12,594億円であり, 残り7,960億円, 比率にして38.7%がこれら特別会計等からの預託金である(表8-5).

表7-11は表7-10の(14)行に, 表7-9の非金融部門の直接金融による資金供給および表7-8の非金融部門の負債を転記して非金融部門の資金需給を総括したものである. この表の(1)行は各部門の総資産額を示している. 法人企業と個人部門の総資産が圧倒的に大きいが, 中央政府の総資産16,250億円も無視しえない金額である. 後にみるように, この中央政府による資金供給は, いわゆる人為的低金利政策の1つの大きな成立基盤となっている. 法人企業の総資産128,716億円のうち57%にあたる73,140億円が企業間信用であり, これは法人企業の直接金融を通じる資金供給84,128億円で87%を構成している. 表7-11の合計欄から, 非金融部門の総資産273,341億円のうち, 61%の167,840億円が間接金融で, 残り39%の105,501億円が直接金融で供給されていることがわかる. 企業間信用73,140億円を除くと, 間接金融比率は84%となる. また, 個人部門のみをとってみても, 間接金融の割合は85%である. 第1章補論

表 7-12　1960 年末市中

|  | 全国銀行(銀行勘定) |  | 中小企業金融機関 |  | 農林水産金融機関 |  |
|---|---|---|---|---|---|---|
|  | A | L | A | L | A | L |
| 市中金融の預貯金 | — | 76,098 | 2,177 | 22,731 | 1,361 | 9,480 |
| 市中貸出金・借入金 | 82,040 | 1,567 | 20,619 | 373 | 7,388 | — |
| 信　託 | 109 | — | 527 | — | 189 | — |
| 金融債 | 4,466 | 8,776 | 437 | 1,282 | 767 | 482 |
| コール | 1,450 | 2,768 | 867 | — | 124 | — |

〔注〕　(a) $A$ は資産，$L$ は負債である．(b) 市中金融預貯金の $A-L$ は△104,367 の預貯金 190 億円(表 7-14)の合計 104,511 億円と 144 億円の差があるがこの理由は いないが，これは『資金循環表』が不整合であることによる．(d) コールの $A$ の合 循環表』の不整合によるものである．

でみたように，戦前期の(企業間信用を含まない)間接金融比率は1931-35年平均で61.4％，1936-40年平均で65.1％であったから，企業間信用，在来的金融方法を除いてみたばあい，戦後の間接金融比率(1960年の84％)は戦前期より明らかに高い．戦後の金融システムはよく間接金融体制とよばれるが，その主要な根拠はこの点にある．次に(3)行は，非金融部門の総資産と総負債の差額を示している．個人部門は最大の黒字部門であり，法人企業部門は最大の赤字部門である．それとともに，公社・公団および地方公共団体の赤字が無視しえない額であることおよび中央政府が黒字部門であることが注目される[31]．

それでは，167,840億円にのぼる間接証券の保有の形で非金融部門から金融部門に供給された資金は，どのような径路で非金融部門の資金不足経済主体に供給されたか．このばあいの1つの大きな特徴はこの資金の流れが決してストレートではないことである．というのは，その途中で金融部門相互間でさらに貸借関係が生じるからである．まず，金融部門のうち，市中金融のみをとりだし，その内部取引を見よう．表7-12をみられたい．市中金融内部で金融機関の預貯金があり，合計3,942億円である．また金融機関の金融機関に対する貸出金も合計1,942億円である．信託は市中金融機関によって854億円が保有されている．特に重要なのは，金融債とコールであって，金融債については発行

---

31)　合計欄の資産合計が負債合計に一致せず，差額が7,622億円生じている．これは『資金循環勘定』のその他項目および対外金融取引を捨象したためである．

金融内部の資金需給残高

| 保険 | | 信託 | | (内)投資信託 | | 合計 | | A−L |
|---|---|---|---|---|---|---|---|---|
| A | L | A | L | A | L | A | L | |
| 404 | — | — | — | — | — | 3,942 | 108,309 | △104,367 |
| 4,714 | 2 | 7,230 | — | — | — | 121,991 | 1,942 | 120,049 |
| 29 | — | — | 7,283 | 8 | — | 854 | 7,283 | △6,429 |
| 61 | — | 164 | 158 | 158 | — | 5,900 | 10,540 | △4,640 |
| 126 | — | 1,192 | 21 | 1,104 | — | 3,843 | 2,789 | 1,054 |

億円であり，これは表7-10の非金融部門の市中金融預貯金104,321億円と運用部等不明．(c)金融債のAの合計値は，個別金融機関のAの合計値と5億円だけ合って計は3,843億円となっているが，実際の計は3,759億円である．この不一致も『資金

表7-13　1960年末全国銀行(銀行勘定)業態別主要資産負債残高

| | 都市銀行 | 長期信用銀行 | 地方銀行 | 信託銀行 | 合計 |
|---|---|---|---|---|---|
| 〈資産〉 | | | | | |
| 貸出金 | 47,039 | 9,344 | 22,915 | 2,530 | 81,828 |
| 有価証券 | 9,078 | 796 | 4,945 | 424 | 15,243 |
| コール・ローン | 14 | 92 | 1,214 | 130 | 1,450 |
| 〈負債〉 | | | | | |
| 預金 | 55,804 | 865 | 29,189 | 2,864 | 88,722 |
| 債券 | 2 | 8,799 | — | — | 8,801 |
| コール・マネー | 2,376 | 76 | 82 | 233 | 2,767 |
| 日銀借入 | 4,349 | 79 | 66 | 48 | 4,542 |

〔資料〕『本邦経済統計』．

残高の56％にあたる5,900億円が別の市中金融機関によって保有されている．コールは主として市中金融内部の貸借であるが，合計値における差額1,054億円は表7-8でみたように(法人企業内に含まれている)証券会社に供給されたものである．コールの需要は証券会社を除くとほとんどが全国銀行であるが，全国銀行の中でも主として都市銀行にその大半が集中している．表7-13を参照されたい．全国銀行の中でも地方銀行が大きなコールの出手であり，コール・マネーは大部分が都市銀行のものであることがわかろう．これが戦後における資金偏在とよばれる現象であって，コール市場あるいは後に発展してくる手形売買市場等を含むインター・バンク短期金融市場において，都市銀行が恒常的な資金の需要者になり，その他の地方銀行，中小企業金融機関，農林水産金融

表7-14 1960年末金融部門間の資金需給残高

| 負債＼資産 | | 日銀 | 市中金融 | 政府金融 運用部等 | 政府金融 政府金融機関 |
|---|---|---|---|---|---|
| 日銀 | | — | — | 126 | — |
| 市中金融 | | 2,603 | 3,942<br>5,900<br>2,789<br>1,942<br>854 | 190<br>1,750 | 3 |
| 政府金融 | 運用部等 | — | — | — | — |
| 政府金融 | 政府金融機関 | — | 580 | 7,882<br>24 | — |

〔注〕 (a)日銀の市中金融に対する債権2,603億円は日銀貸出金・借入金5,002億円と市中金融の準備金2,399億円の差である．市中金融の準備金は市中金融保有現金通貨2,042億円と日銀当座性預金(負債)357億円の和である．(b)市中金融内部における貸借は表7-12による．市中金融の金融機関預貯金3,942億円，金融債保有5,900億円，コール2,789億円，金融機関貸出金・借入金1,942億円，信託保有854億円からなる．(c)市中金融の政府金融に対する債権は公庫債保有額580億円(年度末値)である．これは，次のようにして求めた．『財政投融資資料』の政府金融機関データから1960年度末の政保債発行残高が604億円である．このうち資金運用部が24億円保有(北海道東北開発公庫債)し，簡保郵年の公庫債保有は同年度末ゼロである．表7-10の注に記したように非金融部門の公庫債保有はゼロとみなし，差引き580億円を市中金融保有とした．(d)運用部等の日銀に対する債権は現金保有である．(e)運用部等の市中金融に対する債権は預金190億円および金融債保有1,750億円からなる．(f)運用部等の政府金融に対する債権(年度末値)は，貸付金7,882億円および上述の公庫債保有24億円である．貸付額内訳は資金運用部6,441億円，簡保郵年1,441億円である．(g)政府金融機関の市中金融に対する債権3億円は預金保有額である．

機関等が恒常的な供給者となっている状況として定義される．

議論を金融部門全体の内部取引に拡げよう．表7-14を参照されたい．日銀の市中銀行に対する資金供給2,603億円は，日銀の市中貸出から市中銀行の準備金すなわち日銀への預金および保有現金を差引いたものである．この値は戦後においておおむね正であり，日銀の市中銀行に対する与信超過の状況が続いている．これがオーバー・ローンとよばれる現象にほかならない．金融制度調

査会[1963]はオーバー・ローンを「銀行の恒常的与信超過とこれが主として日本銀行からの借入れに依存している現象」と定義している[32]．日銀の対市中貸出は現金通貨供給の1手段であるから，オーバー・ローンはまず第1に，マクロ的な現金通貨供給方式のあり方に関係する問題である．しかし，それとともにオーバー・ローンが市中銀行のうちでも都市銀行を中心にして生じていることが注目される．表7-13にみられるように，都市銀行の日銀借入金は4,349億円であり，『資金循環勘定』の日銀貸出金5,002億円の87%を占めている．それゆえ，いわゆるオーバー・ローンはいま1つの側面において，都市銀行の日銀借入金依存の問題であるとも言えるのである．この点についても後に詳しく検討したい．

さて，表7-14の市中金融の内部取引の数値は表7-12から得られたものである．市中金融の政府金融機関に対する資金供給580億円は公庫債の保有である．運用部等の市中金融に対する資金供給のうち1,750億円は金融債の保有であり，これは，金融債発行残高の16.6%にあたっている．金融債の56%は先にみたように市中金融によって保有されているから，長期信用銀行等の間接証券たる金融債の72.6%は金融部門内で保有されているということになる[33]．運用部等の政府金融に対する資金供給は，貸付金7,882億円，公庫債24億円である．

この状況が戦後期における人為的重複金融仲介である[34]．長期信用銀行と政府金融機関は，非金融部門の資産保有者から直接に資金を調達（すなわち金融債，公庫債を販売）するのではなく，銀行等の市中金融および運用部に対して債券を発行し，資金調達を行なっているのである．すなわち資金の流れは，非金融部門──長期信用銀行・政府金融機関──非金融部門ではなく，非金融部門──銀行・運用部──長期信用銀行・政府金融機関──非金融部門という重複的な形態をとっているのである．それが人為的であるというのは，重複が各種金利規制およびそれに伴う事実上の補助金システムによって支えられており，

---

32) 与信超過は「銀行の正味準備金（=現金プラス日銀預け金マイナス日銀借入金，あるいは，=現金プラス預け金マイナス外部負債）がマイナスの状態」と定義されているから，表7-14の2,603億円に対応している．
33) 正確には，金融債の一部は農林中金，商工中金によっても発行されている．
34) 重複金融仲介というのはわれわれの造語であるが，戦後における同じ状況は「間」間接金融とよばれることもある．

表7-15 1960年末非金融部門への資金供給

| | (1) | (2) | (3) | (4) | (5) | (6) | (7) | (8) |
|---|---|---|---|---|---|---|---|---|
| | 非金融部門の非金融部門に対する資金供給 | 金融部門の非金融部門への資金供給 | | | | | 非金融部門への資金供給合計((1)+(6)) | 非金融部門の資金需要 |
| | | 市中金融 | 政府金融 | | 日銀 | 小計 | | |
| | | | 運用部等 | 政府金融機関 | | | | |
| (1) 政府貸出金・借入金 | 571 | — | 12,699 | 14,114 | — | 26,813 | 27,384 | 27,679 |
| (2) 市中貸出金・借入金 | — | 120,049 | — | — | — | 120,049 | 120,049 | 120,807 |
| (3) 政府短期証券 | 334 | 1 | 2,557 | 125 | 3,780 | 6,463 | 6,797 | 6,797 |
| (4) 長期国債 | 469 | 473 | 142 | — | 1,911 | 2,526 | 2,995 | 3,114 |
| (5) 地方債 | 214 | 1,266 | 2 | — | — | 1,268 | 1,482 | 1,482 |
| (6) 公社・公団債 | 1,111 | 1,873 | 223 | — | — | 2,096 | 3,207 | 3,246 |
| (7) 事業債 | 762 | 6,087 | 74 | — | — | 6,161 | 6,923 | 6,925 |
| (8) 株式 | 22,768 | 9,976 | — | — | — | 9,976 | 32,744 | 30,583 |
| (9) 出資金 | 4,791 | — | — | 4 | — | 4 | 4,795 | 4,795 |
| (10) 証券会社貸付金 | 1,341 | — | — | — | — | — | 1,341 | 1,341 |
| (11) 企業間信用 | 73,140 | — | — | — | — | — | 73,140 | 73,140 |
| (12) コール | — | 1,054 | — | — | — | 1,054 | 1,054 | 1,054 |
| (13) 合計 | 105,501 | 140,779 | 15,697 | 14,243 | 5,691 | 176,410 | 281,911 | 280,963 |

〔注〕 (a)第(1)列非金融部門の非金融部門に対する資金供給は表7-9, 第(8)列非金融部門の資金需要は表7-8による. (b)金融部門の非金融部門に対する資金供給のうち, 運用部等の政府貸出金・借入金12,699億円は『資金循環表』の資金運用部政府貸出金・借入金20,581億円から, 表7-14の運用部等の政府金融貸出金7,882億円を差引いて得た. 市中金融の市中貸出金・借入金120,049億円は表7-12のA-Lである. 市中金融および運用部等の公社・公団債1,873および223億円は, 『資金循環表』の公社債券保有額2,453および247億円から, 表7-14の公庫債保有額580および24億円をそれぞれ差引いて得た. (c)第(7)列と第(8)列の不一致は次の事情によるものと考えられる. 政府貸出金・借入金は政府金融の貸出金に年度末値を用いたことによる. 市中貸出金・借入金は『資金循環表』において個別金融機関の貸出の合計値が金融機関全体の貸出額に合わないという原データの不整合による. 事業債の不一致も同一の理由による. 長期国債及び株式は, 金融機関の資産が簿価であるのに対し, 発行主体の負債は額面であることによる. 公社・公団債は, 市中金融と政府金融の保有額に年度末値を用いたことによるものと考えられる.

人為的低金利政策の主要な一環をなしていることを指している. この点については次章で詳しく検討する.

戦前期, 特に明治期の重複金融仲介では商人・地主または商社が重複の機能を果し, あるばあいは在来産業部門に運転資金を供給し, あるばあいは近代企業に長期資金を供給(株式担保金融)した(第3章). これに対して, 戦後の人為

表 7-16 1960 年末金融部門の資金調達と資金供給

| | 市中金融 | 政府金融 運用部等 | 政府金融 政府金融機関 | 日 銀 | 小 計 |
|---|---|---|---|---|---|
| (1) 資金供給 | 141,359 | 25,669 | 14,246 | 8,294 | 189,568 |
| 　対非金融部門 | 140,779 | 15,697 | 14,243 | 5,691 | 176,410 |
| 　対金融部門 | 580 | 9,972 | 3 | 2,603 | 13,158 |
| (2) 資金調達 | 129,525 | 26,455 | 13,951 | 11,067 | 180,998 |
| 　非金融部門より | 124,979 | 26,455 | 5,465 | 10,941 | 167,840 |
| 　金融部門より | 4,546 | — | 8,486 | 126 | 13,158 |
| (3) 差額((1)-(2)) | 11,834 | △786 | 295 | △2,773 | 8,570 |

〔注〕 非金融部門に対する資金供給は表 7-15 の(13), 金融部門に対する資金供給および金融部門からの資金調達は表 7-14 による. 非金融部門からの資金調達は表 7-10 による. 市中金融の 124,979 億円は表 7-10 の市中金融への預貯金, 金融債, 保険, 信託および投資信託の合計, 運用部等の 26,455 億円は郵便貯金・郵便振替貯金, 簡易保険・郵便年金および預託金の合計, 政府金融機関の 5,465 億円は出資金および政府貸出金・借入金の合計, 日銀の 10,941 億円は現金および政府当座預金の合計である. ここで現金通貨は補助貨を含めてすべて日銀の負債とみなしてある.

的重複金融仲介はもっぱら短期資金の長期化のためのものであり, いわば絶対的に不足していた長期資金を, 預金——金融債・公庫債という人為的転化によって調達しようとしたものである. ちなみに, 非金融部門——運用部等——長期信用銀行・政府金融機関——非金融部門という重複形態は, 戦間期以後重要となった非金融部門——預金部——特殊銀行——非金融部門という重複形態に類似していることに注意されたい[35]. 人為的重複金融方式もまた戦前期以来の歴史を持っているのである. ただし, 重複過程に民間銀行が組込まれ, それが金利規制およびそれに伴う事実上の補助金システムによって支えられるということでは戦後のパターンは独得である.

さて, 以上の諸表から表 7-15 と表 7-16 が作成される. 表 7-15 において, 表 7-8 における非金融部門の負債は(8)列に非金融部門の資金需要として示されている. 表 7-9 の非金融部門の非金融部門に対する資金供給は(1)列に与えられており, これと(6)列の金融部門の非金融部門に対する資金供給の小計の和が, (8)列に対応することになっている. また, 表 7-16 において, (1)行は各金融機関の非金融部門および金融部門に対する資金供給の合計, すなわち各金融

---

35) 戦前期の特殊銀行は半官半民であったが, 長期信用銀行は純然たる民間金融機関である.

機関の総資産を示し，(2)行はこの総資産に対応する負債項目，すなわち金融部門および非金融部門からの各金融機関資金の調達をあらわしている．

各金融機関の資金調達・運用の状況を簡単にみておこう．まず，市中金融部門は 140,779 億円の資金を非金融部門へ供給したが，この大部分 120,049 億円が市中貸出であり，9,976 億円が株式，9,700 億円が国債，社債等の公社債への運用であり，残り 1,054 億円が証券会社へのコール供給である．市中金融はこのほか政府金融機関の発行する公庫債を 580 億円保有している．こうした資産運用の原資の中心は預金，保険，信託，金融債等の形で集めた非金融部門からの資金 124,979 億円であり，このほかに運用部等による金融債保有および日銀からの借入れによって 4,546 億円の資金を調達している．次に，運用部等は政府貸出金，公社債保有の形で非金融部門に 15,697 億円の資金を供給しているが，それとともに総資産の 39% にあたる 9,972 億円を他の金融部門に供給している．運用部等から資金供給を受けている金融部門は政府金融機関と市中金融のうち金融債を発行する長期信用銀行等である．運用部等の原資 26,455 億円は主として郵便貯金，簡易保険・郵便年金の形で集められた非金融部門からの資金であるが，政府の厚生保険等の特別会計からの資金供給も無視しえない．政府金融機関は，貸出を主体とする 14,243 億円の非金融部門への資金供給の原資を 2 つの方法で調達している．1 つは，運用部等からの借入金および主として市中金融によって保有されている公庫債による資金 8,486 億円であり，いま 1 つは一般会計，産投会計等中央政府からの出資金を中心とする資金 5,465 億円である．日銀部門は，その資産運用において 3,780 億円の政府短期証券，1,911 億円の長期国債を保有するとともに，ネットで 2,603 億円の資金を市中金融に供給している．その負債の中心はもちろん日銀券である．

表 7-15 および表 7-16 から，1960 年末の資金循環の構造に関して以下のような 3 つの追加的な情報を得ることができる．第 1 に，非金融部門の発行する公社債はその大部分が金融部門によって保有されており，非金融部門によって直接保有される部分は極めてわずかであるということである．ちなみに，表 7-15 から (6) 列の (7) 列に対する割合を求めてみると，政府短期証券 95.1%，長期国債 84.3%，地方債 85.6%，公社・公団債 65.4%，事業債 89.0% となる．次に (2) 列の (7) 列に対する割合を求めると，政府短期証券 0.0%，長期国債 15.8%，地

方債85.4%,公社・公団債58.4%,事業債87.9%である.すなわち,政府短期証券,長期国債は主として金融機関のうち日銀と政府金融によって保有され,地方債,公社・公団債および事業債は主として市中金融によって保有されていることがわかる.第2に,政府金融部門が全体の資金需給の中で大きな比重をもっていることおよびその資金の無視しえない部分が中央政府からの資金供給によっていることである.表7-15の(13)行について(3)列+(4)列の(7)列に対する比率は10.6%である.また原資については,運用部等の資金26,455億円のうち30%にあたる7,960億円は厚生年金等特別会計の預託金であり,また政府金融機関の資金13,951億円のうち39.2%にあたる5,465億円は中央政府からの出資金・借入金である(表7-10).これらの資金は,郵便貯金,簡易保険等の金融市場のメカニズムを通じて調達される資金とは異質のものであり,その調達,運用条件は政府金融全体の資金供給のあり方,ひいては長期資金全体の供給方式に大きな影響をもっていると考えられる.第3に,金融部門を通じる資金供給の中で圧倒的な比重をもっている市中金融が,他の金融部門からネットで資金供給を受けていることである.市中金融の金融部門からの資金調達4,546億円の内訳は,日銀からのネットの借入2,603億円,運用部等による金融債保有1,750億円,政府金融機関からの預金3億円および運用部等の預金190億円である(表7-14).しかも,表7-13でみたように日銀借入を受けているのは主として都市銀行であり,都市銀行はまたその他市中金融機関から恒常的にコール資金の供給を受けている.また主として長期信用銀行によって発行される金融債の発行残高10,540億円のうち,さらに56%にあたる5,900億円は他の市中金融機関によって保有されていることもすでに指摘したとおりである.これらの事実は,市中金融のうちの2種類の金融機関——都市銀行と長期信用銀行——の特殊な性格が問題にされねばならないことを示唆している.表7-13にみられるように,都市銀行は市中金融の中で最大の比重を占めている.また長期信用銀行は総貸出のシェアーはさほど大きくないものの,長期貸出においては大きな割合を占めていることは言うまでもない[36].

さきに行くまえに,ここで以上で用いた部門分割と戦後1953年に開始され

---

36) 1960年度末で総貸出に占める1年超貸出の割合および1年超貸出額は,都市銀行でそれぞれ6.4%,3,235億円,地方銀行で8.4%,1,979億円,長期信用銀行で93.5%,9,231億円である.

表 7-17 財政投融資原資(実績)の構成(単位:%)

| 年度 | 1953 | 1955 | 1960 | 1965 | 1970 | 1975 |
|---|---|---|---|---|---|---|
| 一般会計 | 14.1 | 3.7 | — | — | — | — |
| 見返資金 | 5.5 | — | — | — | — | — |
| 産投会計 | 11.3 | 5.4 | 6.4 | 2.4 | 2.7 | 0.6 |
| 資金運用部資金 | 51.7 | 51.3 | 55.5 | 66.8 | 73.5 | 86.4 |
| 　郵便貯金 | 24.0 | 27.5 | 24.1 | 26.1 | 37.4 | 44.0 |
| 　厚生年金 | 4.8 | 10.5 | 14.7 | 18.3 | 22.5 | 18.6 |
| 　国民年金 | — | — | — | 2.6 | 4.4 | — |
| 　その他 | 22.9 | 13.3 | 16.7 | 19.9 | 9.1 | 23.7 |
| 簡保資金 | 6.0 | 16.2 | 19.2 | 6.2 | 10.7 | 9.0 |
| 余剰農産物資金 | — | 6.0 | — | — | — | — |
| 公募債・借入金 | 11.4 | 17.3 | 17.3 | 24.6 | 13.1 | 4.0 |
| 外貨債等 | — | — | 1.6 | — | — | — |
| 合計 | 100.0 | 99.9 | 100.0 | 100.0 | 100.0 | 100.0 |

〔資料〕 武田隆夫・林健久・今井勝人[1977](原数値により構成比を再計算).

た財政投融資計画との関連について簡単に説明しておこう．財政投融資は，われわれの部門分割における政府金融の資金調達・運用をその中心部分とするが，それよりも広い概念である．その原資の構成は表7-17に与えられている．このうち資金運用部と簡易保険・郵便年金(略して簡保資金)がわれわれの運用部等に対応している．産投会計，余剰農産物資金等われわれが中央政府に含めた特別会計の資金も財政投融資計画の一部であることがわかろう[37]．原資の構成比を見ると，まず，資金運用部資金の比重が最も大きく，その比重が郵便貯金，厚生年金等の資金量の拡大とともに次第に高まっていることが注目される．一般会計からの資金繰入に頼る産投会計の比重は長期的に低下傾向にある．昭和30年代に高いシェアーを示す公募債・借入金のうち公募債とは地方債と元利支払に関して政府保証を加えた政府関係機関の発行する公社債すなわち政府保証債の公募によってえられた資金である．政府保証債(略して政保債)を発行する政府関係機関とは，国鉄・電電等の公社，住宅金融公庫・中小企業金融公庫等の公庫，道路公団等の公団および電源開発(株)・日本航空(株)等の政府出資

---

37) 一般会計からの直接の投融出資は1946年度から1956年度までであり，これが表7-17の一般会計に対応するものである．しかしその後は，一般会計の産投会計の繰入れの形で一般会計資金の間接的投融出資が行なわれている．

表7-18 財政投融資使途別構成(1953-75年)(単位:%)

| 年度 | (1)<br>民生関係 | (2)<br>中小企業・農林水産 | (3)<br>国土保全等 | (4)<br>基幹産業等 |
|---|---|---|---|---|
| 1953 | 19.1 | 19.1 | 32.7 | 29.1 |
| 1955 | 28.1 | 17.0 | 32.1 | 22.8 |
| 1957 | 27.9 | 23.1 | 27.8 | 21.1 |
| 1959 | 26.3 | 22.7 | 29.7 | 21.3 |
| 1961 | 27.3 | 20.1 | 32.7 | 19.9 |
| 1963 | 28.2 | 18.2 | 35.4 | 18.2 |
| 1965 | 31.9 | 18.6 | 32.1 | 17.4 |
| 1967 | 31.9 | 21.2 | 29.7 | 17.2 |
| 1969 | 33.1 | 21.4 | 27.5 | 18.0 |
| 1971 | 37.3 | 20.5 | 27.0 | 15.2 |
| 1973 | 39.4 | 19.4 | 28.7 | 12.5 |
| 1975 | 44.4 | 19.7 | 25.2 | 10.7 |

〔資料〕 武田隆夫・林健久・今井勝人[1977].
〔注〕 民生関係とは,住宅,生活環境整備,厚生福祉及び文教.国土保全等とは,国土保全,道路,運輸通信及び地域開発.基幹産業等とは,基幹産業及び貿易・経済協力.

の特殊会社である.また公募債・借入金のうちの借入金も通常政府保証の下に市中金融から借入れる資金である.

　財政投融資の運用対象は,郵政事業などの特別会計,各種公社・公団,政府金融機関,特殊会社,地方公共団体等であって,われわれの部門分割中の政府金融機関はその一部として含まれている.政府金融機関に対する財政資金の供給は政府金融機関の資金調達の一部に対応する.さきにみた運用部等からの借入,産投会計からの出資,運用部引受による公庫債の発行等の形の政府金融機関の資金調達は,財政投融資の運用面の計画に含まれ,公募による公庫債発行,民間金融からの(政府保証)借入等の形の資金調達は財政投融資計画の原資面の計画(公募債・借入金)に含まれているわけである.

　次に,表7-18は,財政投融資の使途別の構成比を示したものである.初期において基幹産業,国土保全等の使途の割合が高く,最近では民生関係の割合が高まっていることが読みとれよう.財政投融資および政府金融に関する詳しい解説は遠藤湘吉[1966],福島量一・山口光秀・石川周[1973]および石川周・行天豊雄[1977]に与えられている.

# 第8章　人為的低金利政策の論理構造

## [1] 問題の所在[1]

　戦前にくらべて戦後高度成長期の金融制度の1つの大きな特色が，各種金利の人為的な規制にあることは言うまでもない．公社債市場では発行条件が低位におさえられていたため，流通利回と応募者利回に大きな乖離が生じたし，預金金利は臨時金利調整法によって最高限度を画されているだけでなく，1961年4月から1970年4月まで1度も定期預金金利が改訂されなかったことに象徴されるように著しく硬直的であった．また公定歩合も常にコール・レートを下まわる水準に抑えられていたし，長期貸出金利についても長期プライム・レートを基準金利として，事実上硬直的な政策金利に連動していた．銀行の短期貸出金利についても，臨時金利調整法による上限とともに，1970年までは，銀行間の自主規制金利に関する申合せが存在した．（ただし，以下の諸章で再三論じるように，筆者は短期貸出金利に対する規制は実効金利の段階で無効であったと考えている．）

　このような人為的低金利政策の効果を最も単純化したかたちで表現すると，次のようになる．図8-1を参照されたい．この図が，ある特定の資金たとえば社債あるいは銀行貸出の市場をあらわすものとしよう．$DD$線は当該資金の需要曲線であり，$SS$線は供給曲線である．この市場が競争的であるとすると，

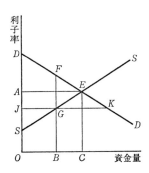

図8-1　人為的低金利政策の部分均衡分析

均衡利子率は $OA$ であり，均衡資金量は $OC$ である．厚生経済学における部分均衡分析の知識を用いると，このばあい供給者余剰(通常の用語では生産者余剰)は三角形 $AES$ の面積であり，需要者余剰(消費者余剰)は $DEA$ である．ここで，金利が政策的に $OJ$ の水準に規制されたとしよう．3つの効果が生じる[2]．第1に均衡資金量は $BC$ だけ削減されて $OB$ となる．すなわち，規制により資金の均衡供給量が減少する．第2に $GK$ だけの資金に対する超過需要が生じ，資金は満たされない需要を残したままで一部または全部の需要者に割当られることになる．すなわち，規制により信用割当が生じる．第3に，供給者余剰は $JGS$，需要者余剰は $DFGJ$ となり，両者合わせた余剰は競争均衡のばあいより三角形 $FEG$ の面積だけ減少する．すなわち，規制によりウェルフェア・ロスが生じる．

以上の分析はその限りで正しいのだが，しかし余りに単純化された部分均衡分析であるため，戦後金融システムの基本的特質である人為的低金利政策の分析としては，著しく不十分である．人為的低金利政策の本質を理解するためには，なによりも次のような4つのベイシックな問題点が検討されねばならない．その第1は，いかなる金融市場金利が規制をうけ，いかなる市場の金利が自由な市場諸力に委ねられているかという規制・自由市場の特定化の問題である．第2は，金利規制を受けている諸市場の間の相互関連の問題である．近時の金利自由化論議に関連して，預金金利の硬直性と公社債金利の規制のいずれをより重視すべきかという点が問題にされたが，これはまさにこの点に関連している[3]．第3に，金利規制を受けている諸市場と自由金利市場との間の相互関連の問題がある．両市場が相互に完全に分断されているとみるのは過度の単純化であろう．両タイプの市場の間にいかなるそしてどの程度の相互依存関係があ

---

1) 本章のトピックについては既に大量の学問的蓄積がある．たとえば，館龍一郎・小宮隆太郎 [1960]，蝋山昌一 [1971]，鈴木淑夫 [1974]，堀内昭義 [1980]，岩田一政・浜田宏一 [1980] 等である．
2) 第4の効果として，金利規制があるばあいの方がそうでないばあいにくらべて金融政策の効果が強いということが言うことができる．いま，金融引締政策がとられたとしてその結果資金供給曲線が左方にシフトしたとしよう．自由金利のばあいは資金量は $DD$ 線に沿って減少するのに対し，規制されているばあいには $GJ$ 線に沿って減少する．同一の $SS$ 曲線のシフトによる均衡資金量の減少分は明らかに後者の方が大きい．すなわち引締効果が強い．
3) 1973年11月から74年3月にかけて行なわれた安場保吉，蝋山昌一両氏の論争も，まさにこの点に関するものであって規制金利間の関係として，公社債市場の規制と預貯金市場の規制のいずれが本質的であるかを基本的論争点とするものであった．論争の内容については鈴木淑夫 [1974] pp.353-358 参照．なお本章の注34)参照のこと．

第8章 人為的低金利政策の論理構造　　　453

るかは，現在まで一般には問題にされることが少なかったが，極めて重要な論点であると考える．第4は，規制市場における金利規制がなぜ有効であるかという問題である．低金利規制は一般に資金の需要者にとっては有利であるが，供給者にとっては不利である[4]．戦後長期にわたって低金利規制が需要者のみならず供給者にも受入れられてきたことの背景には，一体いかなる経済的要因があるのか．換言すると，人為的低金利政策が「選択」され続けてきたのはなぜか．これが第4の，そして問題全体のいわば鍵となる論点である．

　本章では，各種規制市場の状況を詳細に検討することを通じて，上記の4つの問題にいちおうの解答を与えよう．結論をあらかじめ要約しておくと次のようになる．第1に，われわれは長期資金市場，日銀貸出市場，預貯金市場を規制金利市場，短期金融市場および銀行短期貸出市場を自由金利市場とみなす[5]．長期資金市場は公社債市場，政府金融貸出市場，市中金融長期貸出市場および株式市場からなる．ただし長期資金市場における規制の程度は各市場で同一でなく，公社債市場と政府金融貸出市場で最も強い．短期金融市場は，日銀が大規模な取引者として価格に対する大きな影響力をもつという意味で不完全性をもつが，しかし競争市場である．銀行短期貸出市場は，担保，拘束性預金等の金利以外の貸出条件が伸縮的であるため金利の自主規制にもかかわらず，実効金利の段階で競争的であると考えられている．第2に，(a)長期資金市場(特に公社債市場と政府金融市場)，(b)日銀信用市場，および，(c)預貯金市場という3つの規制市場間の相互関係は，機能的に考えると，(b)および(c)の規制が可能であったゆえに(a)の規制が可能であったという側面とともに，(a)および(b)の規制のゆえに(c)の規制が可能であったという側面もある．しかし，人々

---

　4) ただし，低金利規制の下では一般に信用割当が生じる．それゆえ，資金需要者のうちでも，信用割当を受けない主体は不利益をこうむる．
　5) 鈴木淑夫[1974]は自由金利の体系と規制金利の体系を金利の二重構造としてとらえ，前者には主として銀行相互の取引の場である「金融市場の金利」の体系すなわちコール，現先，既発債，手形売買等の短期金融市場が含まれ，後者には公定歩合，預金金利，公社債応募者利回，貸出標準金利等の主として対顧客の「各種規制金利」の体系が対応するとしている(pp. 44-46)．銀行の貸出市場の金利について，鈴木氏はそれが貸出実効金利のかたちで伸縮的に変動したことを認めるが，同時にその市場における需給調節機能は完全ではないとして，両体系の中間に位置づけているようである(p. 48)．しかし，岩田一政・浜田宏一[1980]は，鈴木モデルの論理的帰結は貸出金利がコール・レートと連動するとみなす点にあるとしている(pp. 73, 169, 177)．筆者もこの理解のしかたを支持する．このばあい，鈴木モデルでは銀行貸出市場は自由金利市場に含まれ，われわれの考え方とほぼ同一になる．

の金融資産蓄積水準低位の制約が強いときには，(c)の規制は(a)，(b)に対する規制がなくとも成立する．しかも，経済課題に対処しての金利規制の必要性から言えば，(a)の規制が必要であったがゆえに(b)および(c)の規制が必要であったと考えねばならない．すなわち，公社債の市中金融による保有を可能ならしめるように，日銀信用が規制によって「受動化」かつ低利化し，同時に預貯金金利の低利規制がなされたと考えられる．(a)に対する金利規制は，短期資金の人為的長期化による長期資金の創出およびその信用割当をもたらす．すなわち，人為的低金利政策の基本的目的は，経済的自立の達成とその後の高度成長政策を可能ならしめるための長期資金の創出および割当を行うことにあったのである．第3に，われわれは規制市場である長期資金市場と自由市場である銀行短期貸出市場の間の密接な関係を指摘する(詳細な分析は第9章で行なわれる)[6]．すなわち，高度成長期において，長期資金は主として設備投資部門ないし大企業部門に割当てられたが，この割当は，企業と銀行の「交渉力」を通じるスピル・オーバー効果によって銀行短期貸出市場の資金配分のあり方を規定したと考える．いわゆる「融資循環の二重性現象」は，こうしたメカニズムによってコンシステントな解釈が可能になる．第4に，長期資金のうち公社債市場および政府金融貸出市場の低金利は，一般会計からの事実上の補助金供給に支えられて成立している．この補助金は，政府金融のばあいは一般会計から直接に，公社債のばあいは，日銀から都銀等を経由して政府金融の借入先および公社債の発行主体へと供給された．市中金融機関はまた，長期資金金利規制の論理的な系としての預貯金金利規制により，非金融民間部門の資産保有者から所得移転を受けた．長期資金の信用割当の結果，大企業部門ないし設備投資部門は銀行短期貸出市場において競争均衡水準以下の低金利で資金を調達することをなしえたが，この大企業部門に対する一種の補助金供給は，中小企業部門による均衡水準以上の高金利の支払とともに預金者から市中金融機関への所得移転によって可能になったと考えられる．人為的低金利政策は，基本的にこのような事実上の補助金，課税による所得移転によって各種経済主体の利害を調

---

6) わが国のばあいでは生じないが，預金金利規制が一部の金融機関のみに課されているばあい，その金融機関と他の金融機関の間で預金シフトが生じることがある．これはアメリカ等で重要な規制市場，非規制市場間の関係である．この点についてはSamuelson, P. A. [1969]および奥村洋彦等による野村総合研究所[1979]第Ⅰ部，第5章を参照．

整することによって支えられた．こうした利害の調整が可能であったことの背景には，前章で述べた金融的諸条件があったことは言うまでもない．本章のロジックで言うならば，次のようなメカニズムが成立したことが重要である．(i)高度成長下の税の自然増収により，基本的に一般会計が潤沢であり，事実上の補助金の供給がスムーズに行なわれたこと．(ii)金融資産蓄積水準の低位に加えて，消費者金融の未発達および公社債保有にまつわる補助金と流動性供給の欠如に起因する民間非金融部門資産保有者の資産利用可能性の制約の効果が大きく，低金利下での預金増が続いたこと．(iii)規制のメカニズムにおいて，日銀信用の2つの役割，すなわちハイ・パワード・マネーの供給による金融政策および公社債市場規制による資金配分政策を支える機能が相互に独立性を保ちえたこと．もちろん，これらのメカニズムの成立とともに，預金者，企業家，納税者の間に，高度成長政策によりまず「パイを大きくする」というベイシックな戦略に関して，ブロードなコンセンサスが維持されてきたことが，人為的低金利政策が「選択され続けた」ことの基本的な要因である．

## [2] 金利規制の論理構造

本節では，まず規制3市場——公社債市場，政府金融，預貯金市場——の規制状況を個別に検討し，そのうえで3市場の相互関係を考察する．

### (1) 公社債市場

金利規制と信用割当の行なわれている代表的市場である公社債市場の資金需給の諸条件をみよう．表8-1は1960年における各種債券の発行価格，償還期限，各種利回を示したものである．応募者利回と発行者利回はともに新規発行債の利回であるが，両者の差は手数料の関係であり，一般に前者より後者が高い．問題は応募者利回と既発債の流通利回の関係である．前者は新発債，後者は残存期間2年程度の債券の利回であるため，期間の差があり，厳密には比較しえないが，両者の間には明らかに差があり，前者が後者より低い．このことは，これら公社債の起債時発行条件が人為的規制によって低利におさえられているためである．発行条件の決定方式は各種債券によって異なるが，大体にお

表 8-1 公社債の発行条件と市中利回(1960年)

|  | 発行価格 | 償還期限 | 応募者利回 | 発行者利回 | 既発債流通利回 |
|---|---|---|---|---|---|
| 長期国債 | 96.00 | 7年 | 6.21 | — | — |
| 政府短期証券 | — | 2カ月 | 6.02 | — | — |
| 政保債 |  |  |  |  | 7.50-7.59 |
| ┌公社公団公庫債 | 98.75 | 7年 | 7.313 | 7.524 |  |
| └会社債 | 98.75 | 7年 | 7.337 | 7.664 |  |
| 地方債 | 99.00 | 7年 | 7.720 | 7.354 | 7.93 |
| 事業債 |  |  |  |  |  |
| ┌電力 | 98.50 | 7年 | 7.831 | 8.673 | 7.88-8.18 |
| └一流 | 98.00 | 7年 | 7.945 | 9.103 | 8.02-8.50 |
| 金融債 |  |  |  |  |  |
| ┌利付債 | 99.60 | 5年 | 7.610 | 7.721 | 8.26-8.48 |
| └割引債 | 93.77 | 1年 | 6.643 | 8.099 |  |

〔単位〕 発行価格は円,利回は%.
〔資料および注〕 既発債流通利回は『東証統計月報』上場債券相場表の各債券(いずれも残存期間2年程度)の1960年1-12月の利回の単純平均値をとり,債券が2種類以上あるときはその最大値と最小値を示した. 他は『財政投融資資料』昭和37年度版 pp. 58-65による. 1960年末の発行諸条件である.

いて,国債,政保債,事業債,地方債等は発行関係者と引受者(受託銀行,引受証券会社)が大蔵省,日銀の関係者と協議のうえ決定することになっている. 金融債については他の債券のような引受シンジケートはなく,発行銀行の直接公募により発行され,発行条件は銀行が自由に決定できる建前であるが,実際には大蔵省,日銀の意見を聞いて決定する慣行になっていると言われる. 詳しくは阿達哲雄[1975] pp. 65-69を参照されたい.

応募者利回と既発債市中利回のこのような関係は,高度成長期のほぼ全期間を貫いてみられる. 図8-2をみられたい. 1971-72年の金融の超緩和期で既発債の流通利回が大幅に低下した時期等をのぞいて,応募者利回はつねに流通利回を下まわっていることが知れよう. ちなみに,両利回の乖離が,国債については他の債券ほど大きくないことが注目される. これは,1965年(昭和40年)度以降,国債の市場価格がさまざまなかたちで政策的に管理されていることによるものである(中島将隆[1977]第7章,志村嘉一[1978]第7章参照).

応募者利回が流通利回より低いことは応募者が購入した債券を市場で売るとキャピタル・ロスをこうむることを意味している. 1例として,1960年7月に起債された事業債八幡製鉄(1/を)債のケースをみよう. この起債は,興銀と大

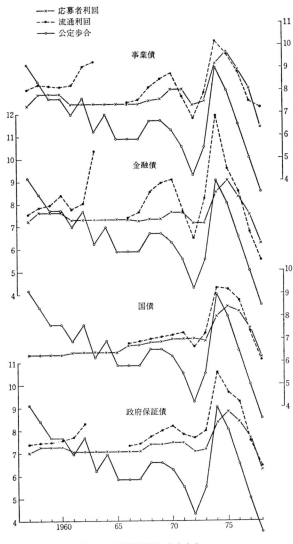

図 8-2　公社債利回と公定歩合

〔資料および注〕　流通利回は野村証券『証券統計要覧』による．応募者利回は『公社債要覧』による．各年6月末現在の発行条件．ただし国債の1965年までの利回は『昭和財政史——終戦から講和まで』第19巻による．1-6月の平均発行条件．公定歩合は国債もしくは指定された債券等を担保とする貸付金利であり，各年6月末値．『経済統計年報』による．応募者利回における事業債はAA格企業担保債，金融債は5年もの利付債．

表8-2 債券売買高(東京市場)及び構成比

|  | 1968年度 | | | 1978年度 | | |
|---|---|---|---|---|---|---|
|  | 上場 | 店頭 | 計 | 上場 | 店頭 | 計 |
| (1) 構成比(%) | | | | | | |
| 利付国債 | 14.9 | 4.6 | 4.8 | 1.6 | 34.8 | 33.4 |
| 公募地方債 | 0.5 | 3.5 | 3.5 | 0.0 | 3.7 | 3.6 |
| 政府保証債 | 1.0 | 2.8 | 2.7 | 0.0 | 5.2 | 5.0 |
| 電力債 | 3.3 | 7.3 | 7.2 | 0.1 | 3.0 | 2.9 |
| 一般事業債 | 9.3 | 3.9 | 4.1 | 0.1 | 1.7 | 1.7 |
| 転換社債 | — | 0.0 | 0.0 | 96.2 | 0.3 | 4.1 |
| 利付金融債 | 1.5 | 49.0 | 47.9 | 0.0 | 26.0 | 25.0 |
| 加入者引受電電債 | 69.5 | 14.7 | 15.9 | 1.6 | 2.7 | 2.6 |
| 非公募債 | — | 14.2 | 13.9 | — | 17.4 | 16.7 |
| 円建外債ほか | — | — | — | 0.4 | 5.2 | 5.0 |
| 合　計 | 100.0 | 100.0 | 100.0 | 100.0 | 100.0 | 100.0 |
| (2) 売買高(億円) | 1,231 | 50,123 | 51,354 | 81,996 | 1,966,463 | 2,048,459 |
| (3) 店頭売買高に占める現先の割合(%) | — | 20.0 | — | — | 56.6 | — |

〔資料および注〕『公社債要覧』1979年版. 売買高, 上場は出来高の往復計算, 店頭(現先を含む)は「売り」と「買い」の合計. 1968年度の現先売買高は千葉寛[1977] p.4による(推定値). 計は上場・店頭合計の構成比.

和証券をそれぞれ受託会社, 引受幹事とする年限7年, 表面利率7.5%, 額面価格100円, 総額750百万円の事業債の起債であり, 発行価格は98.50円であった. 他方, 同じ八幡製鉄の既発債として, 1956年1月に発行された表面利率8%, 償還期限1963年1月の八幡製鉄(37回)債がある. この債券の1960年6月末における価格は99.50円であった. それゆえその利回は8.24%となる[7]. いま, 債券利回が期間に依存しない, すなわち利回曲線が水平であることを仮定すると, 1960年7月の新規発行債の流通価格は96.71円と計算される[8]. それゆえ, この債券の応募者は購入した債券を市場で販売すると債券1単位あたり98.50 − 96.71円 = 1.79円のキャピタル・ロスをこうむることになる. 逆に, 八幡製鉄がもし市場価格でこの債券を発行したとすれば, (7年後に100円で償還する)債券1単位あたり1.79円だけ少ない資金しか調達できなかったはずである.

---

7) 利回(償還期限まで保有することを仮定した最終利回)は, クーポン(このばあい8%)を$R$, 額面(100円)を$F$, 単価(99.50円)を$P$, 残存期間(2.5年)を$Y$であらわすとき, $\{R+(F-P)\}/Y \div P \times 100$として計算される.
8) 前注の公式を8.24に等しいとしておき, $R=7.5$, $F=100$, $Y=7$として$P$について解く.

表 8-3 公社債売買回転率(単位：(1),(2)は億円，他は%)

| 年　度 | 1967 | 1969 | 1971 | 1973 | 1975 | 1977 |
|---|---|---|---|---|---|---|
| (1) 公社債売買高 | 15,038 | 27,883 | 54,776 | 105,559 | 248,668 | 623,425 |
| (2) 公社債現存額 | 86,029 | 128,327 | 172,910 | 256,547 | 374,609 | 597,412 |
| (3) 回転率((1)/(2)) | 17.5 | 21.7 | 31.7 | 41.1 | 66.4 | 104.4 |
| (4) 銘柄別回転率 | | | | | | |
| 国債 | 8.2 | 7.5 | 5.1 | 9.9 | 7.2 | 52.5 |
| 政府保証債 | 4.3 | 3.3 | 10.2 | 11.7 | 29.6 | 131.6 |
| 公募地方債 | 28.2 | 28.9 | 27.7 | 33.1 | 52.5 | 161.6 |
| 電力債 | 16.3 | 19.5 | 21.5 | 24.8 | 37.7 | 69.3 |
| 一般事業債 | 7.7 | 8.5 | 16.3 | 10.9 | 24.4 | 49.8 |
| 転換社債 | 5.0 | 12.6 | 137.6 | 47.7 | 76.6 | 177.3 |
| 利付金融債 | 26.1 | 38.5 | 43.1 | 69.0 | 103.8 | 162.1 |
| 加入者引受電電債 | 31.2 | 42.1 | 81.2 | 96.6 | 109.2 | 94.0 |
| 円建外債 | — | — | 0.0 | 16.8 | 20.2 | 120.1 |
| 非公募地方債 | — | 14.0 | 33.5 | 41.0 | 115.9 | 145.1 |

〔資料〕『公社債要覧』1979 年版.
〔注〕 売買高は東京店頭の「売り」と「買い」の2分の1及び上場出来高の合計.

市場で売るとキャピタル・ロスをこうむる以上，通常のばあい応募者は債券を売りに出さない．その結果高度成長期における公社債の流通市場は著しく不活潑であった．たとえば，1960年度末の事業債，金融債，政保債，地方債合わせて3,557銘柄の債券のうち，東京証券取引所に上場されている債券はわずか11銘柄(1960年末)であった．ちなみに1974年度末の国債を含めた銘柄数合計は4,144であり，上場数は125である．もっとも，公社債の売買市場は諸外国においてもそうであるように上場市場でなく主として店頭市場である．表8-2の第(2)行からこのことが確認される[9]．店頭市場における売買では利付金融債の割合が大きいことが注目される．これは特に1966年に金融債が日銀オペの対象からはずされて以降金融機関が現金調達のために金融債を売りに出したためである[10]．国債の売買高に占める割合は1968年度には小さいが，大量発行されるようになった1978年度では大きなシェアーをもつようになっている[11]．ところで，流通市場の活潑度を判断するには，売買高を現存額で割った売買回

---

9) 表8-2に関連することがらについては中村孝俊[1979] pp. 141-148 を参照.
10) このことが短期資金市場としての既発債市場の発展を促す効果をもったことおよびそれと日銀のポジション指導の関係については堀内昭義[1980] p. 216 参照.

転率が有用である．表 8-3 をみられたい．1967 年における回転率は17.5% であって，特に国債，政保債，事業債等はほとんど取引されていないことがわかろう[12]．回転率は次第に高まっているが，1975 年頃までこれら公社債の回転率は低位にあることが知られる．

序章で述べたように，公社債等の直接金融手段が設備資金ないし長期資金の調達手段として有用であるためには，通常のばあい，活潑な流通市場の存在が前提とされる．なぜなら，流通市場があることにより，資金の貸手は短期資金を市場で互いに肩代りすることによって，長期につなぎあわせることができ，このため借手は満期まで債務の返済をまぬかれることができるからである．しかし，戦後金融システムにおいては，流通市場のもつこのような短期資金の長期化の機能は十分には利用されることがなかった．これは言うまでもなく，期間別資金需給調節とならんで，公社債等の長期資金を中心とする部門別資金需給の政策的調整が意図されたためである．証券流通市場の活用は，資金の長期化には有効であるが，信用割当を許さないため，後者の政策目標達成には適当でないのである．それでは，流通市場の未発達な高度成長期の公社債市場はどのようにして長期資金調達の場として機能しえたのか．このことは，起債市場における以下に述べるような公社債の消化メカニズムおよび日銀信用の機能に密接に関連している．

1960年の例にもどろう．この年度下期において，都市銀行および相互銀行の資金コストはそれぞれ 6.443% および 7.72% であった[13]．これを表 8-1 の応募者利回とくらべてみると，普通銀行については，長期国債と政府短期証券の利回はコスト以下であり，相互銀行については，わずか事業債の利回のみそのコストを上まわっていることがわかる．前章でみたように，1960年末において長期国債と政府短期証券はその大部分が日銀および運用部等の保有であった．市

---

11) 債券の条件付売買あるいはいわゆる現先の店頭売買に占めるシェアーが増大していることも注目されよう．これは法人企業が資産保有パターンを変化させ，金融資産保有を増加させたことに主として基く．第9章を参照されたい．

12) 加入者引受電電債の回転率が例外的に高い．この債券の特殊な性格については，志村嘉一 [1978] pp. 149-150を参照．

13) 『経済統計年報』による．都市銀行の資金コストは預金債券利率と経費率の和であり，経費率は人件費・物件費などの一般経費と税金の和である．相互銀行の資金コストは掛金・預金利率と経費率の和である．借入金利子率は含まれていない．

中金融機関の保有が少ないことは，その利回が普通銀行の資金コストすら下まわっていることによる．それでは，資金コストを上まわる利回をもつ他の債券，政保債，地方債，事業債，利付および割引金融債についてはどうか．前章において，われわれは政保債，地方債，事業債が主として市中金融機関によって保有されていることをみた．また利付金融債は政府金融と市中金融の両者で大部分が保有されている．実は，これらが保有されるためには，他の条件を一定にして，その利回が資金コストを上まわるだけでは十分でない．なぜならば，金融機関の利潤最大化のためには，債券が保有されるばあいその利回は少なくともその金融機関の機会費用に等しくなければならないからである[14]．機会費用は金融機関に利用可能な他の資産運用手段の収益率に依存する．1960年度下期において都市銀行の平均貸出利子率は 7.674% であった[15]．これを債券保有の機会費用とみなすと，表 8-1 の債券のうち，事業債と地方債の利回のみが，機会費用を上まわっていることがわかる．金融債と政保債の利回はすべて機会費用を下まわっており，他の条件を一定にして，都市銀行(それゆえ相互銀行等)の利潤極大条件を満たしていない．それにもかかわらず，利付金融債と政保債は事業債，地方債とともに大部分が都市銀行を中心とする市中金融機関によって保有されているのである．

　もちろん，ここで，他の事情は一定でない．それは日銀信用の存在にある．日銀信用は次の 2 つの理由により，市中金融の公社債保有を可能ならしめていると考えられる．第 1 に，通常公定歩合，特に債券を担保とする日銀貸出歩合は応募者利回を下まわっている．それゆえ債券担保の日銀借入は銀行にとって順鞘である．1960年末において債券担保日銀貸出歩合は 7.30% であった．これは政保債，地方債，事業債，利付金融債の利回を下まわっている．高度成長期全般においてもほぼ同様の関係があることも図 8-2 から明らかである．それゆえ銀行，特に日銀貸出の対象である都市銀行は，これら公社債を日銀借入の担保とすることにより，低利の日銀借入を受けることができ，その借入資金を貸付等に運用することができる．日銀貸出の低利性は市中金融機関に対する一

---

14) 利回＞平均資金コストの条件は単に正の利潤を保証するにすぎない．利潤極大点では利回＝限界コストが必要であり，この点で利回＝貸出の限界収益(機会費用)となっている．
15) 『経済統計年報』による．

種の補助金としての効果をもっているとみなされる．日銀信用が低利公社債の市中金融による保有を可能ならしめていることの1つの理由はこの点にある．しかも重要なことは，このばあい日銀貸出は都市銀行による公社債保有額と同額でなく，それをかなり下まわる水準で十分なのである．このことのもつ重要な意味合いについては後に述べる．

さて，金融機関にとって，流通性を欠く公社債を引受けるためには，単に事実上の補助金供給を受けるだけでは十分でない．なぜなら，市場に売出せば必ずキャピタル・ロスが生じるという状況の下では，公社債保有は金融機関にとって固定的な長期貸出と同値であって，日銀買オペの対象とならないかぎり，資産の流動性の低下・固定化という追加的なコストがかかるからである．金融機関の中心である都市銀行の資金は1年ものの定期預金であって，後述のようにその平均滞留期間は郵便貯金等にくらべて著しく短い．十分な流通市場を欠く公社債の消化において日銀信用の果す第2の役割はまさにこの点にある．後の第10章で詳しく論じるように高度成長期の日銀信用は若干の信用割当性を伴いながらも，原則として銀行の借入需要に受動的に供給されてきた．しばしば言われるように，日銀借入は事実上銀行の準備資産として機能してきたのである．第10章においてわれわれは人為的低金利政策の下では日銀信用の受動的供給は1つのリーズナブルな政策方式であることを論じ[16]，その根拠として，コール・レートの高位化阻止の必要，貸出市場に関する情報量の限界，成長通貨供給の必要および銀行資産の流動性の不足の4点をあげている．この4つの理由のうちなんといっても最重要なのは流動性の問題であろう．1年もの定期預金によって償還期限5-10年の公社債を多量に保有するためには[17]，流動性の高い準備資産を多量に保有する必要がある．しかし，通常，第2線支払準備となるべき公社債の流動性が欠如している以上，もし日銀信用供給が受動的になされなかったならば，銀行は多額の遊休現金を準備資産として保有せざるを得なかったであろう[18]．人為的に規制された金利の下で大量の公社債を市中銀行に引受けさせるためには，日銀貸出は低利であることにより補助金を供給す

---

16) 第10章ではまた，受動的日銀信用供給の下ではいわゆる「窓口指導」が，ハイ・パワード・マネーを制御するための有効な政策手段であることが指摘される．

17) しかも事業債，国債等は，しばしば借換発行がなされ，実際の資金固定化はさらに長期化する傾向がある．

るという属性とともに，受動的に供給されることにより市中銀行資産の流動性を保証するといういま1つの属性を備える必要があったわけである．

ちなみに，流通市場を欠く公社債が金融機関によって引受けられたことの背景には，日銀貸出の効果以外にもさまざまな付随的理由がある．たとえば，地方銀行が事業債を引受ける理由は協調融資により大企業との取引関係を開拓強化するというねらいがあると言われるし，相互銀行，地方銀行等の金融債保有は代理貸のメリットが強くきいていると言われる．縁故地方債と地方銀行との関係も預金吸収のメリットが関連していることは言うまでもない．日銀貸出の対象外にある金融機関については，これらの諸事情が公社債保有の主要な動機になっていると考えられる．この点については志村嘉一[1978] pp. 134-145 を参照されたい．

### (2) 政府金融

政府金融の貸出金利が著しく低利であることは疑いない．1960年末において，1年もの銀行定期預金金利は6％，日銀の債券担保貸出金利は7.3％であったが，この年度における開銀の電力向け貸出金利は6.5％であり，しかも償還期限30年，据置期間5年であったし，輸銀の船舶，一般プラントの輸出に対する貸出利率は4％であった．また農林漁業金融公庫の土地改良に対する貸出金利は5-6.5％，償還期限15年，住宅金融公庫の個人木造住宅に対する貸付金利は5.5％，期限18年であった．以下では，このような低金利がなぜ可能であったかを検討し，それが主として一般会計からの事実上の補助金供給に支えられたものであることを示そう．また，この補助金が従来のインプリシットなかたちから収支差補給金というかたちに次第に陽表化したこともあわせて指摘される．

まず，第7章の部門分類における運用部等のうちの主要部分である資金運用部の資金調達，運用状況から検討してゆこう．表8-4はその1960年末におけるバランス・シートである．負債は大部分預託金であり，資産はその約4分の

---

18) 短期貸出の「ころがし」という不自然な貸出資金供給方式がとられたことの主要な理由もこの点に求められる．このことは戦間期において資金固定化に陥った諸銀行が単名手形の切りかえにより，「ころがし」を行なったことに対応している(第6章).

表 8-4 資金運用部貸借対照表(1960年度末)(単位:億円)

| 資　産 | | 負　債 | |
|---|---|---|---|
| 貸付金 | 15,739 | 預託金 | 20,554 |
| 　一般会計・特別会計 | 420 | 積立金その他 | 227 |
| 　政府関係機関 | 7,929 | | |
| 　地方公共団体 | 4,789 | | |
| 　特別法人 | 765 | | |
| 　電源開発株式会社 | 1,835 | | |
| 　その他 | 1 | | |
| 債券 | 5,030 | | |
| 　長期国債 | 828 | | |
| 　短期国債 | 2,274 | | |
| 　政府関係機関債券 | 148 | | |
| 　金融債 | 1,674 | | |
| 　特別法人債券 | 106 | | |
| 　その他 | 0 | | |
| 現金その他 | 12 | | |
| 合　計 | 20,781 | 合　計 | 20,781 |

〔資料〕『財政投融資資料』1960年度版追録.

表 8-5　資金運用部預託金内訳および預託条件(1960年度末)

| | 金　額 | 期　間　別　構　成　比 | | | | | |
|---|---|---|---|---|---|---|---|
| | | 7年以上 | 5年以上 | 3年以上 | 1年以上 | 3カ月以上 | 1カ月以上 |
| 郵便貯金・郵便振替貯金 | 11,176 | 100.0 | — | — | — | — | — |
| 簡易保険・郵便年金 | 1,418 | 7.1 | — | — | 86.2 | 6.7 | — |
| その他政府預託金 | 7,960 | 77.6 | 2.1 | 1.6 | 6.9 | 3.5 | 8.3 |
| ┌厚生年金 | 4,504 | 96.4 | — | 1.5 | 1.1 | 0.3 | 0.7 |
| ⎨その他特別会計 | 1,895 | 60.7 | 4.0 | 2.9 | 15.6 | 12.6 | 4.3 |
| └その他 | 1,561 | 44.1 | 5.4 | 0.6 | 13.2 | 1.4 | 35.3 |
| 合　計 | 20,554 | 84.9 | 0.8 | 0.6 | 8.6 | 1.8 | 3.2 |
| 金　利 | — | 6.0 | 5.5 | 5.0 | 4.5 | 3.5 | 0.2 |

〔単位〕　期間別構成比,金利は%,金額は億円.
〔資料〕　『財政投融資資料』1960年度版追録.
〔注〕　期間7年以上預託金に対する特別利子は次の通り.1961年度より72年8月31日まで0.5%,72年9月1日から73年5月31日まで0.2%,73年6月1日から10月31日まで0.5%,11月1日から74年1月31日まで0.75%,2月1日から9月30日まで1.5%,10月1日から75年11月30日まで2.0%,12月1日から77年5月31日まで1.5%,6月1日以降0.75%(石川周・行天豊雄[1977]による).

表8-6 1960年度の資金コスト及び資産運用利回の比較(単位：%)

|  | 郵便貯金特別会計 | 資金運用部 | 産投会計 | 普通銀行 | 相互銀行 |
|---|---|---|---|---|---|
| 資金コスト | 6.81 | 6.05 | 0.05 | 6.71 | 7.72 |
| 支払利子 | 4.80 | 5.61 | 0.05 | 4.37 | 3.93 |
| 経費又は事務費 | 2.01 | 0.02 | 0.00 | 2.16 | 3.79 |
| 郵便貯金特別会計へのくり入れ | — | 0.42 | — | — | — |
| 運用収入 | 6.05 | 6.35 | 1.49 | 7.77 | 9.72 |
| 利子収入 | 6.00 | — | — | — | — |
| 雑収入 | 0.05 | — | — | — | — |
| 差額又は利鞘 | △0.76 | 0.30 | 1.44 | 1.05 | 1.70 |

〔資料〕 『財政投融資資料』1962年度版および『本邦経済統計』1964年度版, 『経済統計年報』1974年度版.
〔注〕 産投会計の資金コスト等は損益計算書の対応項目を年度末使用総資本5,839億円で割って求めた. 普通銀行, 相互銀行の数値は1960年度下期のもの. 普通銀行の資金コストは支払利子(預金債券利回)と経費(預金債券経費)のほかにコール・マネー, 借用金のコストを含む総資金コスト.

3が各種貸付金, 4分の1が債券である. 貸付金15,739億円のうち政府機関への貸付は7,929億円であるが, このうち6,441億円が政府金融機関に対するものであり, 残りは国鉄および電電公社に対するものである[19]. 預託金の内訳および預託条件は表8-5に与えられている[20]. 預託金の主要部分はもちろん郵便貯金であるが, その他の政府預託金も約38.7%を占めている. 期間別には84.9%が7年以上の預託であり, 特に郵便貯金は100%, 7年以上の長期預託となっている.

預託金の原則的な預託金利は表8-5の最下行に記されている法定金利(資金運用部法第4条第3項による)であるが, 実際の運用はもっと弾力的であって, 原則として郵便貯金特別会計の資金コストすなわち貯金者への支払金利および郵政事業特別会計に繰入れられる経費をちょうどカバーする水準に与えられている[21]. この点をより詳しくみると, まず1954年度から1960年度にかけては,

---

19) 表7-10の預託金は7,960億円であり, 表8-5のその他政府預託金に対応する. これは表7-10では郵便貯金, 簡保・郵年等が運用部に含まれているためである.

20) 簡保・郵年は1953年から資金運用部とは分離して運用されるようになった. 表8-5の預託金に簡保・郵年があるのは, 分離運用以前の分および, 次年度の積立金として運用される以前の余裕金の短期預託分である(詳しくは, 福島量一・山口光秀・石川周[1973] p.144).

21) しばしば指摘されることであるが, この郵便貯金の経費は銀行等民間金融機関の経費と直接比較することはできない. 前者は受信行動にかかわる経費を中心とするのに対し, 後者は授信面での経費をも含むからである.

表 8-7 政府金融関連の

| 年又は年度 | 1951 | 52 | 53 | 54 | 55 | 56 | 57 |
|---|---|---|---|---|---|---|---|
| 郵便貯金(定額貯金, 1年超)金利 | 3.0<br>(6-) 3.15 | (4-) 4.80 | → | | | | (12-) → 5.0 |
| 運用部預託金利率(7年以上) | 6.0 → | | | | | | |
| 運用部貸付利率 | | | | | | | |
| 　特別会計 | 5.5<br>-6.0 → | | 6.0 → | | | | |
| 　政府関係機関(北東公庫を除く) | 5.5<br>-6.5 → | | 6.5 → | | | | |
| 　地方公共団体 | 6.5 → | | | | | | {(a) 6.5<br>{(b) 6.3 |
| 　公団事業団等 | | | | | 6.5 | | |
| 　帝都高速度交通営団 | 8.5 → | | | | (7-) 7.5 | | 7.3 |
| 　電源開発会社 | | 7.5 → | | (3-) 6.5 → | | | |
| 開銀主要貸付利率 | | | | | | | |
| 　基準金利 | (5-) 10.0 → | | | | (8-) 9.1 → | | |
| 　主要特別金利 | | | | | | | |
| 　　電　力 | | | | (10-) 7.5 → | (2-) 6.5 → | | |
| 　　外航船 | | | | (10-) 7.5 → | (2-) 6.5 → | | |
| 　　電子工業 | | | | | | (6-) 6.5 | |
| 輸銀貸付利率(一般プラント, 輸出) | 7.5 | (10-) 6.0 | (3-) 5.0<br>(8-) 4.5 | (10-) 4.0 → | | | |

〔資料および注〕　郵便貯金金利は『経済統計年報』,運用部預託金利率は表8-5,カッコ内の数字は改訂月を示す.運用部貸付利率の地方公共団体で(a), (b)とあるとあるのは1951年10月19日の追加決定分より6.0%となりその他は5.5%の意

運用部は一応法定金利を支払うものの,それによって郵貯特別会計に欠損が生じるばあいは運用部資金の繰入れを行なうことになっていた[22].表8-6を参照されたい. 1960年度において,運用部の平均支払金利は5.61%であり,平均運用収入は6.35%であった.両者の差のうち,0.02%を事務費に計上し,0.42%

---

22) 1954年度は,運用部に剰余のあるばあいに繰入,1955-60年度は剰余の有無にかかわらず繰入れすることとされた.なお,1953年度以前は一般会計からの繰入が行なわれていた.詳しくは福島量一・山口光秀・石川周[1973] pp. 192-196 参照.

主要利子率の推移

| 58 | 59 | 60 | 61 | 62 | 63 | 64 | 65 | 66 | 67 | 68 | 69 | 70 |

————————→ (4-)4.7 ——————————————————————→ (4-)4.75

————————————→ (4-)6.5 ————————————————————————→

————————→ 6.3  6.5 ————————————————————————————→

————————→ } 6.5 ——————————————————————————————→

————————→ 7.5  7.3 ——————→ 7.0 ————————————————→

————————→ (2-)8.7 ————————→ (1-)8.4
　　　　　　　　　　　　　　　 (10-)8.2) ————→ (9-)8.5

他は『財政投融資資料』1970年度版による．運用部貸付利率のみ年度，他は暦年.
のはそれぞれ公営企業等資金および一般事業資金の利率．また特別会計で5.5-6.0
味．政府関係機関の5.5-6.5についても同様．

を郵貯特別会計に繰入れている．実は，この繰入れ額は，郵貯特別会計の差額
または利鞘 △0.76% と金額において等しい(7,880百万円)．郵貯特別会計は，
この繰入額と運用収入(利子収入プラス若干の雑収入)により，ちょうどその資
金コストをまかなっているわけである．それゆえこの年度における運用部の金
利支払は5.61%ではなく，実質6.03%であり，郵貯の受取り金利は法定の6%
(表8-5より100% 7年以上預託)ではなく，実質6.76%だとみなさねばならな

い．この運用部から郵貯に対する繰入方式は1961年度にいたって廃止されたが，それにかわって，1961年以後は大蔵省令により7年以上預託金に対して特別利子を付すことになった．特別利子の詳細は表8-5の注に記されているとおりであるが，1961年以降郵貯会計が（わずかずつ利益金を計上しつつ）ほぼ収支均衡しているところからみて，ほぼ郵貯会計の資金コストをカバーする水準に弾力的に運用されてきたと考えられる．

運用部の貸出金利は表8-7にその推移が示されている．著しく固定的であることがわかろう．運用部貸出は通常15-30年の長期貸出であるが，期間に関する傾斜はほとんどみとめられない．この貸出金利は，7年以上預託金金利と同一水準に定められていると言われる（福島量一・山口光秀・石川周[1973] p. 194）．この方式がいつから行われたか明らかではないが，おそらく1961年の特別利子制度開始以降のことではないかと思われる．しかしそれ以前についても，運用部の運用収入は，郵貯への繰入分を加算した資金コストに大体等しい水準にあり，貸出金利が郵貯への実質支払金利を基準に定められていたと考えることができる．

以上の考察から，運用部の貸出利子率の決定方式について概略次のように言うことができよう．すなわち，郵便貯金の資金コストすなわち支払金利と経費をほぼちょうどカバーするように運用部への実質的預託金利が決められ，運用部貸付金利はこれとほぼ同水準に定められる．このような金利決定方式の最も重要な特徴は，郵貯と運用部の利鞘が著しく小さいということである．表8-6にみられるように，普通銀行の1.05％，相互銀行の1.70％にくらべて，郵貯会計の利鞘は負であり，運用部の利鞘は0.30％である．運用部においては，貸付金利は預託金コストに等しいため利潤は原則としてゼロであり，正の利潤が得られるのは（市中と同じ金利で運用される）債券保有に限られるわけであるから，このことはいわば当然である．また，郵貯と運用部は政府金融であるから利鞘はミニマムであるべきであるというノーマティヴな議論がなされることがある．しかしノーマティヴに是か非かという問題を別にして，以上の分析は事実の問題として，利鞘部分が政府から運用部資金の貸出先に対して一種の補助金として供給されていることを意味している．資金運用部貸付金が低利であることの最大の理由はこの点にある．また，後に示すように，郵便貯金金利は銀行預金

表8-8 1960年度政府金融機関の資金コスト,資産運用利回及び資金調達残高

| | (1)開発銀行 | (2)輸出入銀行 | (3)北海道東北開発公庫 | (4)住宅金融公庫 | (5)公営企業金融公庫 | (6)医療金融公庫 | (7)農林漁業金融公庫 | (8)国民金融公庫 | (9)中小企業金融公庫 | (10)中小企業信用保険公庫 |
|---|---|---|---|---|---|---|---|---|---|---|
| 〈資金コスト〉 | 3.66 | 4.39 | 7.57 | 5.69 | 7.33 | 5.53 | 5.55 | 8.28 | 8.95 | — |
| 支払利子 | 3.20 | 3.46 | 6.28 | 4.43 | 7.16 | 1.12 | 3.68 | 4.69 | 4.88 | — |
| 事務費及び代理店手数料 | 0.16 | 0.27 | 0.39 | 1.20 | 0.17 | 3.96 | 1.53 | 4.24 | 2.68 | — |
| 貸倒準備金その他 | 0.30 | 0.66 | 0.90 | 0.06 | — | 0.45 | 0.34 | 1.35 | 1.39 | — |
| 〈運用収入〉 | 6.54 | 4.39 | 8.29 | 5.69 | 7.33 | 5.53 | 5.55 | 8.28 | 8.95 | — |
| 〈差額〉 | 2.88 | 0 | 0.72 | 0 | 0 | 0 | 0 | 0 | 0 | — |
| 〈運用資産の構成〉 | | | | | | | | | | |
| 資本金 | 2,340 | 583 | 25 | 575 | 18 | 10 | 806 | 200 | 242 | 147 |
| 一般会計 | — | — | — | 425 | — | 10 | 440 | 200 | 160 | 109 |
| 産投会計 | 2,340 | 583 | 25 | 150 | 18 | — | 366 | — | 82 | 38 |
| 準備金 | 474 | 61 | 16 | 61 | — | — | 41 | 82 | 78 | — |
| 運用部借入金 | 2,089 | 789 | 256 | 996 | — | 20 | 695 | 689 | 906 | — |
| 簡保借入金 | — | — | — | 516 | — | — | 490 | 206 | 238 | — |
| 産投会計借入金 | 504 | — | — | — | — | — | 17 | — | — | — |
| 政保債 | — | — | 225 | — | 379 | — | — | — | — | — |
| その他共合計 | 6,405 | 1,433 | 527 | 2,153 | 397 | 30 | 2,050 | 1,208 | 1,466 | 154 |
| 資本金および準備金の割合(%) | 43.9 | 44.9 | 7.8 | 29.5 | 4.5 | 33.3 | 41.3 | 23.3 | 21.8 | 95.5 |

〔単位〕 資金コスト,運用収入,差額は%,運用資産の構成は億円.
〔資料〕 『財政投融資資料』1962年度版.
〔注〕 支払利子は借入金利息および政保債の債券利息,取扱費.農林漁業金融公庫の出資金は一般会計,産投会計からのもののみで,土地改良助成基金からの出資金65億円を含まない.

金利とともに不均衡低位にあると考えられる.このことは,運用部低利貸付の第2の理由である.第3の理由としては,郵便貯金以外の政府預託金が低利であることがあげられる.表8-5の法定金利は7年未満の短期預託金について著しく低利である.たとえば1960年末において銀行の1年もの定期預金金利は6%であったが,1年以上の預託金利は4.5%でしかない.また1960年度以前において,運用部からの繰入というかたちの実質的な特別利子が郵便貯金にしかついていないことも注目される.全体の38.7%にあたる郵便貯金以外の政府預託金は,少なくとも郵便貯金より不利な条件で預託されていたのである.

次に,政府金融機関の検討に移ろう.表8-8は1960年度の10機関の損益および資金調達を示したものである.資金調達は大別して3つの方法で行なわれ

ている．第1は一般会計および産投会計からの政府出資による資本金，第2に，運用部および簡保すなわちわれわれの分類における運用部等からの借入金，第3に，政保債であり，これについては前章で説明したとおりである．この表から得られる1つの興味深い命題は，資金調達のパターンと資金コストにおける支払金利の相関である．すなわち，資金調達方式において資本金のシェアーの高いほど，支払金利が低くなっているという傾向がある．北海道東北開発公庫と公営企業金融公庫は，資本金シェアーがそれぞれ7.8％，4.5％と著しく低いが，これに対応して支払利子も6.28％，7.16％と最上位にある．次に，資本金シェアーが40％を越える開銀，輸銀，農林漁業金融公庫をみるといずれも支払利子は3％台であり，他より低位にある．新設されたばかりの医療金融公庫（1960年設立），中小企業信用保険公庫（1958年設立）を除くと，上記相関関係は明らかに成立している．

　このような関係が成立するのは，それぞれの資金調達方法のコストの間に著しい差があることによる．まず，政保債は市中金利に近い発行者利回がかかるため最も高コストである．これについては，日銀信用の補助金的機能によって流通利回より低くおさえられているが，それにしてもここでは一番高い．（政保債を主要な資金調達手段としている北東公庫と公営企業公庫が資金コストの最上位にあることは，これから理解されよう．）運用部，産投会計，簡保からの借入金がこれに続く．最低は一般会計，産投会計からの出資金である．全額政府出資機関である政府金融機関は全てそれぞれの会計法規によって利益金の国庫納付が定められているが，実際に納付を行なった機関は極めて少ない．1960年度についてみると北東公庫と開銀のみであり，それぞれ納付額は348百万円（翌年度納付額）および13,097百万円であり，両者の合計はこの年度末の政府金融機関に対する出資金4,946億円の2.7％でしかない．多くの政府金融機関にとって出資金は事実上無利子の資金として用いられているのである．産投会計は一般会計とともに前節におけるわれわれの分類の中央政府の一部をなしている．表8-9にみられるようにその資産運用は大部分出資金であり，その負債は設立当初（1958年）見返資金特別会計および一般会計から開銀，輸銀，農林公庫等に対する出資金のかたちで承継した部分と一般会計からの繰入金を中心にしているが，一般会計からの繰入の割合が次第に大きくなっている．それゆえ，

表8-9 産業投資特別会計貸借対照表(単位:億円)

| 年度末 | 1960 | 1969 |
|---|---|---|
| 〈資産〉 | | |
| 現預金 | 427 | 47 |
| 貸付金 | 688 | 982 |
| 優先株式 | 7 | — |
| 出資金 | 4,717 | 11,301 |
| 〈負債〉 | | |
| 外貨債 | 108 | 450 |
| 見返資金承継分 | 2,294 | 2,294 |
| 一般会計承継分 | 1,187 | 1,187 |
| 一般会計より受入 | 820 | 6,206 |
| 積立金 | 1,116 | 2,394 |
| 〈その他共合計;資産負債共通〉 | 5,839 | 12,219 |

〔資料〕『財政投融資資料』1970年度版.

　政府金融機関に対する出資金の大部分は実質的に一般会計からのものであって，利益金の納付が殆どなされていないことは，一般会計から政府金融機関を通じてその借手に事実上の補助金が供給されていることを意味しているのである．
　しかも注目すべきことは，この一般会計からの補助金が，従来のインプリシットなかたちから次第に収支差補給金のかたちで陽表化したことである．表8-10を参照されたい．政府金融機関全体の資金構成のうち，政府借入金，公庫債の割合が増加し，出資金その他の割合が減少していることがわかろう．これは税収の伸びの鈍化と一般的な政府支出の必要性の増大に伴って一般会計からの出資が困難になってきたことによっている．事実上無利子に近い政府出資金の構成比の低下は，政府金融機関の資金コストを高め，低利貸出の実行を不可能にしかねない．このため登場したのが，出資より必要財源の小さい直接的な利子補給である．表8-10にみられるように，昭和40年(1965年)代以降その額は無視しえない．特に，国民・住宅・農林の3公庫の補給金依存度が高く，多少とも補給金をうけている政府金融機関は1975年度において12機関中7機関に及んでいる．
　最後に，2点の付加的説明を行なっておこう．第1に，政府金融機関の貸付のうち開銀の貸付はそれ自体が長期・低金利であるだけでなく，長期貸出のプライム・レートとして市中金融の長期貸出金利をリードしてきたことである．

表 8-10　政府金融機関の資金構成と一般会計からの受入（単位：%）

| 年末および年度中 | 資金構成比 | | | | 一般会計からの受入額の貸付金利子収入に対する割合 | |
|---|---|---|---|---|---|---|
| | 政府借入金 | 公庫債 | 外貨債 | 出資金その他 | 全金融機関 | 国民・住宅・農林の3機関 |
| 1955 | 37.3 | — | — | 62.8 | — | — |
| 1960 | 56.9 | 4.0 | — | 39.1 | — | — |
| 1965 | 61.9 | 9.0 | — | 29.1 | 11.1 | 33.4 |
| 1970 | 75.3 | 10.3 | 0.4 | 14.0 | 15.8 | 45.3 |
| 1975 | 83.7 | 9.3 | 0.2 | 6.9 | 7.1 | 18.3 |

〔資料〕　資金構成比は『資金循環勘定』に基く．貸付金利息および一般会計よりの受入額は『財政統計』1977年度版および『財政投融資資料』1962, 69, 70年度版の各金融機関の損益計算書による．
〔注〕　資金構成比は年末，受入額および利子収入は年度中の数値（ただし1970年度の値は計画値）．政府金融機関は，1955年は表 8-8 の10機関のうち北海道東北開発，公営企業，中小企業信用保険，医療を除く6機関，1970年は上記10機関に環境衛生金融公庫を加えた11機関，1975年はさらに沖縄振興開発金融公庫を加えた12機関．

表 8-7 にみられるように，開銀の貸出金利は基準金利と戦略産業に対する低利の特別金利からなっている．開銀の基準金利はその最高金利であるが，長信銀，都銀等の市中金融の長期貸出金利は，1960年頃からこれと同一金利を最優遇金利として電力，海運，鉄鋼等に対する長期貸出に適用してきた．ちなみに，電力・海運等に対して，開銀はさらに低い特別金利を適用した．1960年度における特別金利適用は電力，海運，特定機械，電子工業，石炭，硫安，合成ゴム等の諸産業であり，いずれも運用部貸付金利と同一の 6.5% が適用された．

　第2に，ここで問題とした政府金融機関は1975年現在で12機関（表 8-10 注参照）であるが，1960年前後より類似の機能を果す各種の融資事業団，公団が次々と設立されている事実に注意しておく必要がある．表 8-11 はその主要なものを示す．これら融資業務を行う事業団，公団はその資金を政府からの出資，運用部からの借入および債券発行により調達し[23]，特定目的のために低利貸付を行うという点で，政府金融機関と機能においてほとんど異ならない．表 8-11 に掲げた12機関の貸付金合計は 18,598 億円であり，これは1975年末の『資金循環勘定』から得られる政府金融機関の貸出金 183,471 億円の約10%にあたる．政府金融機関の問題は，これら融資事業団をも考慮して検討されねばならない．

---

23)　その他，地方自治体，市中金融からの借入も若干ある．

表 8-11　主要な融資事業団及び融資業務を行う公団(1975年末現在)(単位：億円)

| | 負債および資本 | | | | | | 貸付金 |
|---|---|---|---|---|---|---|---|
| | 資本金 | | | 借入金 | 債券発行高 | | |
| | 一般会計 | 産投会計 | その他特別会計 | | | | |
| 融資事業団 | | | | | | | |
| (1) 石炭鉱業合理化事業団 (1960.9) | 1,034 | 303 | — | 731 | 259 | — | 1,271 |
| (2) 雇用促進事業団 (1961.7) | 2,699 | ? | ? | 2,685 | 1,038 | 30* | 1,093 |
| (3) 年金福祉事業団 (1961.11) | 2 | — | 2 | — | 5,927 | — | 5,945 |
| (4) 金属鉱業事業団 (1963.5) | 103 | 3 | 100 | — | 138 | — | 181 |
| (5) 公害防止事業団 (1965.10) | 4 | 4 | — | — | 2,827 | — | 2,131 |
| (6) 中小企業振興事業団 (1967.8) | 2,658 | 2,658 | — | — | 483 | 1,098 | 3,775 |
| (7) 石炭鉱業事業団 (1968.7) | 147 | 10 | — | 137 | — | 30 | 227 |
| (8) 国際協力事業団 (1974.8) | 228 | 174 | 54 | — | 0 | — | 112 |
| (9) 労働福祉事業団 (1957.7) | 639 | — | — | 639 | 118 | — | 124 |
| 融資業務を行う公団 | | | | | | | |
| (1) 石油開発公団 (1967.10) | 1,616 | 9 | 620 | 987 | — | 326 | 1,967 |
| (2) 地域振興整備公団 (1974.8) | 658 | 134 | 210 | 314 | 1,005 | 591 | 1,745 |
| (3) 船舶整備公団 (1966.12) | 5 | — | 5 | — | 415 | 493 | 27 |

〔資料〕　日銀『わが国の金融制度』．
〔注〕　カッコ内は設立年月．＊印は1976年3月末の数値．

ちなみに，日銀『資金循環表』では，上記における公団は地方公共団体・公社・公団のグループに，事業団は法人企業の中にふくまれている．

### (3) 預貯金市場

図8-3は，短期金融市場の代表的金利であるコール・レートと現先レート，定期預金金利および公定歩合を描いたものである．この図において，まず，コール・レートと現先レートが若干の差を示しながらも，ほぼ同一の動きを示し，公定歩合，定期預金金利等にくらべて伸縮的であることに注目されたい．コール・レートと現先レートの動きに若干の差があるのは，前者が手形売買市場と

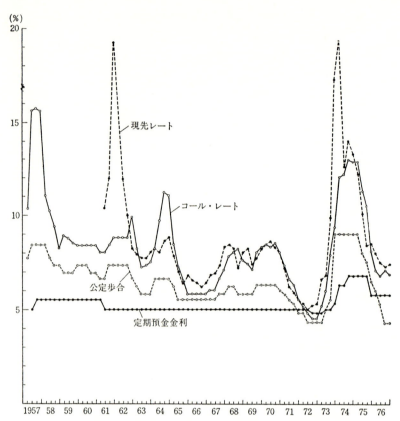

図 8-3 戦後期の公定歩合,コール・レート,現先レート及び定期預金金利
〔資料および注〕 コール・レートは東京の無条件物平均であり,企画庁『経済変動観測年報』による. 現先レートは3カ月物の買手レートであって『公社債要覧』1979年版による. 定期預金金利は6カ月物,公定歩合は商業手形割引歩合であり,いずれも『経済統計年報』による.

ともに金融機関のみを市場構成員とするインター・バンクの短期金融市場であるのに対し,後者がCD市場とともに事業法人等をも構成員とする短期金融市場であることによる. しかし,金融機関が両市場に参加しているため,両市場の間には裁定関係が成立し,2つの金利はほぼ同一の動きを示すことになる[24]. これらの短期金融市場が昭和30年代以降ほぼ完全な自由競争市場であることはいわば通説であって,われわれもこのことを前提として議論を進めたいと思

第8章 人為的低金利政策の論理構造　　475

う．ちなみに，この点に関連して日銀が，短期金融市場のうちコール市場と手形売買市場において，金融機関および短資業者への貸出・売出手形のかたちで市場参加していることから，これらの市場に対して日銀の金利規制がなされているとみなす議論がなされることがあるが，これは適切でないと考えられる．このばあいの日銀の市場参加はあくまで市場における一方の取引者としての参加であって，金利自体は日銀の取引をも含む需給関係によって決定されていると考えねばならない．一般に日銀による売買高は無視しえない額であるから，これは当然に金利水準に影響を及ぼす．それゆえ通常は，短期金融市場は完全競争的ではないことはもちろんであるが，このことは金利決定が伸縮的になされることといささかも矛盾することではない．金利は，日銀の売買による影響を受けながら，一種の不完全競争の下で，競争的に決まり，その金利水準で資金の需給は均衡していると考えられる．この状況は，金利が規制されて，需給の不均衡が残ったまま取引がなされる信用割当の状況とは明らかに異質のものである[25]．以下において，われわれは短期金融市場の金利は(日銀の価格影響力という意味で)不完全競争的に需給を均衡させる水準に定まっていると考える．

ところで，コール・レートないし現先レートが需給均衡水準に定まっているものとすると，日銀貸出と預金の金利が低位に規制されていることを容易に示すことができる．まず日銀貸出を考えよう．図8-3において，日銀貸出金利すなわち公定歩合は常にコール・レート，現先レートよりも低位にある．このことは，日銀が所与の利子率の下でいくらでも貸出すという行動をとっていないことを意味する．なぜならば，もし日銀がそのような行動を行なったとすれば，コール市場の需給均衡により，コール・レートは公定歩合の水準まで下り，それに常に等しくなるはずだからである[26]．それゆえ，日銀貸出は信用割当を伴

---

24) 1961，62年頃，現先レートが著しく高くなっているのは，当時の公社債投信の解約続出という事態に対して，証券会社が大量の自己現先による資金調達を行なったためである．この点については，中島将隆[1977] p.234を参照．
25) また，コール・レートの実際の決定には，建値方式がとられており，建値の水準に日銀の意向が強く反映されていることが，金利規制の証左のように言われることがある．しかし，日銀はその意向を貫徹するためには，手形オペ，日銀貸出等のかたちで短期資金市場の需給に影響を及ぼさねばならず，結果として建値は需給均衡を保証するものになっていると考えられる．この点については，堀内昭義[1980] pp.203-211を参照．

って供給されており,超過需要を残したまま市場がクリアされている.このことは,日銀貸出金利が需給均衡水準よりも低位に固定されていることを意味している.しかしながら,ここで重要なことは,超過需要を残すとしても,どれだけの大きさの超過需要を残すか,言い換えると(需給均衡水準以下という制約の下で)どれだけの日銀貸出を供給するかということについて,日銀は市中の資金需給実勢にかなり敏感であらざるをえないことである.なぜなら,市中銀行は上述のように売り出せばキャピタル・ゲインをこうむる公社債を保有するというかたちで,資産の非流動化を余儀なくされており,日銀信用が弾力的に供給されない限り重大な準備資産不足に陥る可能性があるからである.また,コール・レートの実勢を無視して日銀信用を引締めると,コールによる資金調達に依存している都市銀行等は,低利の公社債を引受けることが不可能になることも考えられる.それゆえ,日銀は,資金需要をすべて満たすわけでないが,市中の資金需給に応じて弾力的にその貸出額を変更せねばならない.具体的には,日銀は,自分が一個の取引者として参加しているインター・バンク短期金融市場(コール及び手形売買市場)の需給を日々把握しておき,市中銀行の日銀預金の範囲内で手心を加えつつ,短期金融市場の超過需要に受動的に貸し応じていると考えられる.このような日銀信用供給方式は,われわれが受動的方式とよぶものにほかならない.この方式のメカニズムの定式化およびその金融政策上の含意については,第10章で詳しい検討がなされる.

預貯金市場の問題に進もう.戦前とちがって,預金金利は全て政策的に規制されている[27].具体的には,銀行預金金利は,1947年以来の臨時金利調整法の定める最高限度の枠内で,日本銀行のガイドラインによって定められている.また,信用金庫等の組合金融金利は,銀行預金金利を基準として定期預金等では0.1%高,普通預金等では0.25%高の金利を適用することになっている[28].図8-3にみられるように,預金金利は著しく固定的である.この金利が均衡水

---

26) コール・レート>公定歩合ならば,銀行は日銀借入をとり入れてコール需要を減らすため,コール・レートは下る.逆のばあいはコール・レートが上昇する.この点については蠟山昌一[1971]参照.

27) 預金金利についても,理論的には非価格競争によるインプリシットな金利支払——景品の提供,得意先係による店舗外での預金集めサービス等——によって,実効金利がフレクシブルになることは考えられる(野村総合研究所[1979]第Ⅰ部,第5章).しかし,わが国において,この効果が実質的に重要であるとは考えにくい.

表 8-12 定期預金と定額貯金の金利比較(単位：%)

| 年 末 | 1960 | | 1970 | | 1975 | |
|---|---|---|---|---|---|---|
| | 表面金利 | 半年複利計算金利 | 表面金利 | 半年複利計算金利 | 表面金利 | 半年複利計算金利 |
| 銀行定期預金 | | | | | | |
| 3カ月 | 4.30 | — | 4.00 | — | 4.50 | — |
| 6カ月 | 5.50 | — | 5.00 | — | 5.75 | — |
| 1年 | 6.00 | — | 5.75 | — | 6.75 | — |
| 2年 | — | — | — | — | 7.00 | — |
| 定額貯金 | | | | | | |
| 6カ月以上 | 4.50 | 4.50 | 4.25 | 4.30 | 5.00 | 5.06 |
| 1年以上 | 5.00 | 5.06 | 4.75 | 4.81 | 5.50 | 5.58 |
| 1年半以上 | 5.50 | 5.58 | 5.25 | 5.32 | 6.25 | 6.35 |
| 2年以上 | 6.00 | 6.09 | 5.75 | 5.83 | 6.75 | 6.86 |
| 3年以上 | — | — | — | — | 7.00 | 7.12 |

〔資料〕『経済統計年報』.

準より低位であることは，次のようにして示唆することができる．いま，取引単位と期間の相違を無視して，預金金利が競争的に定まるとすると，金融機関による裁定によって，コール・レート×(1-準備率)=預金金利，という関係が成立せねばならない[29]．ここで準備率は超過準備をも含んだ準備現預金保有額の預金に対する比率である．準備率として全国銀行の現金及び預け金の預金に対する比率をとると，これは大体10-15%である．それゆえ，預金金利が均衡水準にあるとすると，それはコール・レートよりも10-15%低位になければならない．図8-3によれば，預金金利とコール・レートの差は1966年，1972年頃の金融の超緩和期を除いて，これよりもはるかに大きい[30]．このことは預金金利が需給均衡水準以下に規制されていることを示唆している[31]．

銀行の定期預金の金利が不均衡低位であることは，それと密接な競争関係に

---

28) この金利差が極めて小さいことに注目されたい．第5章でみたように戦前期においては，銀行間の数パーセントの預金金利差はごくありふれたことであった．戦後期において，金融機関がいかに均質化したかということはこの点からもわかろう．
29) 銀行の利潤極大点において，貸出・有価証券収益率=預金金利/(1-準備率)=コール・レートが成立する．コール・レートが預金金利/(1-準備率)より高ければ，銀行はその資金調達においてコールを預金に代替するから，コール・レートが下る．逆のばあいにはコール・レートが上昇する．それゆえ，市場均衡においても預金金利/(1-準備率)=コール・レートが成立する．
30) たとえば，1970年について計算すると，全国銀行の準備率は0.122である．コール・レートは大体8.4%だから，均衡預金金利は8.4×(1-0.122)≒7.38%でなければならない．しかるに6カ月物定期預金金利は1970年において5%であった．

表 8-13 郵便貯金および銀行預金の平均滞留期間

| 年又は年度 | 郵便貯金 | | 全国銀行預金 | |
|---|---|---|---|---|
| | 通常貯金 | 定額貯金 | 通貨性預金 | 貯蓄性預金 |
| 1955 | 0.71 | 2.86 | — | — |
| 1960 | 0.59 | 3.36 | 0.02 | 0.88 |
| 1965 | 0.64 | 3.84 | 0.03 | 0.85 |
| 1970 | 0.62 | 3.69 | 0.02 | 0.84 |

〔資料および注〕 平均滞留期間は郵便貯金については年度中平均残高÷払戻額,銀行預金については年末残高÷払戻額.郵便貯金の資料は『財政投融資資料』1970年度版,銀行預金の資料は『経済統計年報』1973年版および『本邦経済統計』1964年報.

ある郵便貯金金利も不均衡低位にあることを意味している.いま両金利の関係をみると表 8-12 のようになる.表面金利でみると両者の(最長期)最高金利は同一であるが,郵貯の定額貯金のメリットである半年複利計算を行うと,両者の間に期間に関する一種の役割分担があることが明らかとなる.すなわち,6カ月および1年の預入期間では銀行の定期預金が有利であるのに対し,2年以上の預入では定額貯金の方が高金利となるのである[32].このことは両者の滞留期間における顕著な差となってあらわれた.表 8-13 にみられるように,定額貯金の平均滞留期間が3年程度であるのに対し,銀行の貯蓄性預金のそれは 0.8-0.9 年程度でしかない.さきに指摘したように,郵便貯金は資金運用部に大部分7年以上の長期にわたって預入され,運用部はその資金を公社債投資および最長30年の貸付に用いている.そのことの背景には,このような資金吸収面における銀行預金との分業体制があるわけである.また市中銀行についてみると,平均滞留期間1年未満の定期預金により 5-10 年の期間の公社債を多量に引受けることには,明らかな無理がある.「受動的」供給により市中銀行の資

---

31) 以上の議論はむろん大雑把な概算である.コールと定期預金をくらべると,何よりも取引単位が異なる.コール取引は最低 100 万円単位であるが通常は 1 億円以上である.代替資産の利用可能性から言うと,コール・レートは預金金利よりいっそう高くなければならない.それゆえ,取引単位をかりにそろえるとすると,預金金利の不均衡性は上の推論よりも小であるということになる.他方,期間をみると,図 8-3 の定期預金が 6 カ月物であるのに対し,コールは通常 30 日未満である.それゆえ,この点では預金金利の不均衡性は上記推論よりも大である可能性がある.

32) 定額貯金の有利性は半年複利計算であることの他に,預入 6 カ月以後解約自由であること,契約日から解約日まで利子がつくこと,および銀行預金が小額貯蓄非課税の扱いをうけるには申請が必要であるのに対し,郵貯の非課税預入限度の適用は自動的になされること等にもある.

産流動性を補完するという日銀信用の機能は,この意味でも人為的低金利体系の不可欠な道具立であることがわかろう.また,市中銀行特に都銀,地銀の長期貸出割合は1968-70年頃まで10%以下という低位にあった.このことは,公社債割当による資金の固定化と相対的に短期資金吸収を分担してきたという一面に密接に関連している.

　それでは,戦後長期間にわたって,預貯金金利が需給均衡水準以下の低位に据置かれてきたことあるいは据置きにすることのできた理由はどこにあるのか.戦前の自由預金金利との比較で言うならば,1つの必要条件として,戦後の銀行組織の安全面における強度あるいはロバストネス(robustness)をあげることができる.すなわち,1927年の銀行法公布以降,特に戦時中の強制的な銀行業の集中措置により,戦後の銀行業は戦前に較べて飛躍的に強化されるとともに均質化された.少なくとも現在では,倒産の危険があるために自己の債務である預金に高金利をつけなければならない銀行はない,あるいはあるとしても極めて少数である.銀行数が少数であるため大蔵省・日銀の監督が行届くこともこれに関係している.いずれにせよ,このことが戦後において預金金利規制が有効であったことの,消極的ではあるが,戦前期との比較では重要な理由である.しかしこれだけでは十分ではない.預金金利規制が有効であるためには,資金供給者である預金者が不均衡低利に甘んぜざるをえない状況がなければならず,その条件は預貯金以外の他の金融資産の利用可能性が制限されているばあいに成立する.戦後において人々の金融資産の利用可能性を制限した要因は次の3つである.第1は,戦争直後のインフレーションにより人々の戦前・戦中に蓄積した金融資産の実質値がほとんどゼロに帰したことである.預貯金,現金以外の金融資産すなわち有価証券等を保有するためには,多様化によるリスク軽減の必要性と分割不可能性からある程度以上の資産水準が前提される.前章で指摘したように戦後の民間金融資産のGNPに対する比率は1965年頃まで,戦前あるいはアメリカに較べて,著しく低い.これが預金金利低位化を可能ならしめた1つの理由であり,戦前初期ほどこの要因の効果は大であったと考えられる.第2の理由は,公社債市場における金利規制である.さきにみたように,戦後公社債市場では,応募者利回が不均衡低位におさえられているために,流通市場の発達が著しく阻害されている.流通市場を欠く公社債が金

融機関に保有されている理由は,日銀信用供給の低利と「受動性」にある.これに対して金融機関以外の資産保有者は低利日銀信用供給による補助金を受けることもなく,また(当然のことながら)準備資産として日銀信用を利用することもできない.すなわち,公社債を保有するにたる魅力的な資産たらしめるためのプレミアムが,金融機関には供給されるが,一般の資産保有者には与えられないのである.これが,預金保有者の代替資産利用可能性を制限し,預金金利規制を可能ならしめているいま1つの要因である.第3に,消費者金融未発達の問題がある.高度成長期における銀行貸出は,長期資金の信用割当の影響を受けて,輸出・投資財部門に集中される傾向があり,流通・消費面は相対的に軽視されてきた(第9章).特に,消費者金融のたちおくれが著しく,家計は借入能力のかたちで流動性を持つことができず,比較的流動性の高い普通預金および1年物定期預金のかたちで資産を保有せざるをえなかったのである[33].預金金利規制が,民間金融資産蓄積の高まった1965年以降でも有効であることからすると,これら第2,第3の要因が極めて重要であったことが察せられる.

　ここで金融資産としての郵便貯金,とくに定額貯金の性格について1つのコメントを与えておこう.さきにみたように,郵便貯金の金利は銀行預金等にくらべて長期預入に関して高い.しかも注32)で述べたように預入6カ月以後解約自由という流動性をももっている.すなわち,郵便貯金は高い流動性をもった長期性資金なのである.この意味で,郵便貯金は長期資金でありながら市場性を欠いていた公社債の代替資産であるとみることもできる.しばしば郵便貯金が資産家の資産匿しの手段であると言われるのもゆえなしとはしないのである.また別の見方をすると,郵便貯金は日銀信用に依存することなく,それ自体の機能で短期性資金の長期資金化を行なってきたと考えることもできる.戦後における政府金融の大きな地位を解く鍵はこの点にあるように思われる.詳しくは寺西重郎[1981 b]を参照されたい.

---

33) ヒックス流に考えると,現金・短期性預金等の現実の流動資産保有とともに確実な借入能力も流動性の一部とみなすことができる.それゆえ,消費者金融のかたちの借入能力に限界があることも資産利用可能性の制限の一部に含めて考えることができる.

### (4) 規制市場間の関係

 以上の考察をまとめる意味で，(a)長期資金市場(特に公社債市場および政府金融貸出市場)，(b)日銀貸出市場，および(c)預貯金市場の3つの規制市場間の相互依存関係を検討しよう．

 まず，公社債市場においては次のことが明らかにされた．すなわち，公社債の発行条件が人為的に規制されているため，流通利回と応募者利回の乖離が生じ，このため流通市場が未発達であった．こうした条件の下で，市中銀行が公社債を保有すれば，銀行は公社債保有による評価損と資金の固定化に陥る可能性があり，そのためには，低利かつ受動的な日銀信用供給により，銀行に対して事実上の補助金を供給し資金の流動性を高める措置が必要であった．同様の機能は預貯金市場の規制に関しても期待されることは言うまでもない．すなわち，預貯金金利を規制し預金者から市中銀行等に所得移転を生ぜしめることにより，銀行は応募者利回以下の流通利回しかもたない公社債保有による評価損(の可能性)を補填しうるのである．これらのことは，(a)における金利規制が，(b)および(c)における金利規制によって支えられていること，あるいは(b)，(c)の規制が可能であったがゆえに(a)の規制がなされたことを意味している．

 他方，預貯金市場の分析では，次のことが明らかにされた．すなわち，預貯金金利の低位規制が可能であったのは，人々の預金以外の金融資産の利用可能性が制限されていることによって主として依存している．他資産の利用可能性の限定は，1つには金融資産蓄積水準の低位から，多様化によるリスク軽減効果を必要とする有価証券保有が妨げられていたこと，第2に応募者利回の低い公社債の魅力を高めるための日銀信用による事実上の補助金および流動性供給が銀行に対してのみ保証されており，一般資産保有者には与えられなかったこと，第3に消費者金融の未発達により，人々が比較的流動性の高い1年物定期預金，普通預金等を選択せざるをえなかったことによる．この第2，第3の要因は，(c)に対する規制が，(a)および(b)の規制によって支えられているという側面を示している．(c)の規制が成立するためには，(金融資産蓄積水準の低位という要因を除けば)(a)および(b)の規制が必要であったのである．

 それゆえ，規制諸市場の相互関係としては，(a)および(b)のゆえに(c)が可能になったという面とともに，(b)および(c)のゆえに(a)が可能になったと

いう側面もある。したがって，(a)と(c)に関して言うならば，両者はともに原因でもあり結果でもあるということになる[34]。しかしながら，この結論には2つのきわめて重要な留保条件が付されねばならない。第1に，(c)に対する規制は(b)および(a)に対する規制に支えられているという面は無視できないが，しかし，金融資産蓄積水準低位という制約が強いばあいは，(c)に対する規制は，(b)，(a)への規制がなくとも成立しうるということである。この点は，資産水準の著しく低い高度成長期の初期局面において特に重要であったと考えられる。第2に，以上の市場間の関係はいわば機能的な関係であって，規制の目的ないし経済効果を無視して導かれたものであった。規制の目的から言うならば，(c)に対する規制はそれ自体が政策目的となることは通常ありえないと考えられる。これに対して，(a)に対する規制は，高度成長期の経済課題に直接的に関連したものであった。すなわち，部門別・期間別の資金需給の調整という2つの政策目的の同時達成のために，短期性資金である預貯金を日銀信用の支持によって長期化し，これによって得られた限られた量の長期資金を信用割当によって供給することは，いわば高度成長のための基本的戦略であった。この意味で，われわれはやはり人為的低金利政策の本質は，長期資金の信用割当を日銀信用および預貯金の信用割当によって支えた点にあると考えたい[35]。

ちなみに，(b)および(c)の規制に支えられて(a)の規制が成立している機構において，われわれのいう人為的な重複金融仲介がその一部として成立していることは言うまでもない。公社債のうち，金融債および公庫債の市中銀行による保有を可能にし，これにより銀行預金を長期貸出に転換するメカニズムがこ

---

34) さきの安場・蠟山論争に関して，鈴木淑夫[1974]は，両者の間に基本的な相異点はないとしている。われわれの分析結果も(a)⇄(c)であってこの鈴木の見解を支持している。しかしながら，これについては以下に述べる重要な留保条件があることを忘れてはならない。

35) (a)の規制が(c)の規制のための必要条件でないことは，アメリカにおいて「1933年銀行法」以後商業銀行を対象に預金金利規制が行なわれているのにかかわらず，公社債金利が規制されていないことからも明らかである。ちなみに，アメリカでは，わが国のような戦後インフレがなかったため，資産蓄積水準が一貫して高位にある(対GNP比率)。このため，物価上昇により預金金利の実質値が低下すると，預金がマネー・マーケットにシフトするという，いわゆるフィナンシャル・ディスインターミーディエイションが生じた(野村総合研究所[1979]第II部およびTobin, J. [1970])。1973-74年の急激なインフレ下でも，わが国においてはこうしたディスインターミーディエイション現象は生じなかった。このことは，(i)小口預金者については有価証券需要の利子率弾力性がいまだ小さいこと，および(ii)インフレーションが短期性のものであることが予見されたため，取引コストの考慮から公社債へのシフトが生じなかったことによるものと思われる。この点については寺西重郎[1976a]でいちおうの分析が行なわれている。

れである．こうした人為的な重複が，単に低利預金，低利日銀信用という金利面の措置だけでなく，日銀信用の受動化による銀行資金固定化の防止という措置にも依存していることに注意しておきたい．従来，人為的重複金融あるいは「間」間接金融は，金利面の利鞘関係のみによって説明されたり，金融債担保による日銀信用供給という側面のみに注目して説明されたりすることが多かった．しかしながら，重複金融成立のためには，これら2つの要因は共に重要であり，しかも人為的低金利政策の体系の中で2つの要因は密接な相互依存の関係にあるのである．

## [3] 事実上の補助金の流れと金融政策

　以上の考察によれば，政府金融貸出市場と公社債市場における低金利化は，資金供給を行う金融機関に対する一種の事実上の補助金供給を梃子として成立している．すなわち，政府金融においては，資金運用部・郵便貯金特別会計がその金融仲介機能の遂行に対して要求すべき利鞘（利潤）を事実上全く受けとっていないこと，また政府金融に対する政府出資金も出資の機会費用にみあうべき国庫納付金を殆ど受けていないこと等が指摘された．このことは，政府金融貸出の供給者である資金運用部と政府金融機関に対して，一般会計から事実上の補助金が供給されていることを意味している[36]．次に，公社債市場については，その大部分は流通利回を大幅に下まわる低金利で市中金融機関に割当られており，市中金融機関（特に都銀）はその見返りとしてそれら公社債を担保とする低利の日銀貸出を受けている．日銀貸出が不均衡低利であることは，「日本銀行法」39条（第6章参照）に定められている国庫納付金がそうでないばあいに較べて小さいことを意味し，このことは公社債を引受ける市中金融機関に対して一般会計から事実上の補助金が支払われているとみなすことができる．

　本節では，このような事実上の補助金が，一般会計から金融機関に支出された後に，どのように流れるかを考察し，あわせて日銀信用の補助金性がその本

---

[36] この補助金が近時次第に陽表化しつつあることも指摘した．また，ここでは簡単化のためにふれていないが，簡保資金についても資金運用部・郵貯特別会計と同様な命題が成立するし，産投会計等中央政府からの政府金融以外への出資金すなわち公社・公団・特殊会社等への出資金についても類似の補助金的属性を指摘することができる．

表8-14　都銀に対する事実上の補助金

| 年 | (1) コール・レート (無条件物平均) | (2) 公定歩合 (国債又は指定された債券を担保) | (3) (1)−(2) | (4) 都銀日銀借入残高 | (5) (3)×(4)÷100 |
|---|---|---|---|---|---|
| 1966 | 5.84 | 5.84 | 0.00 | 13,482 | 0 |
| 1967 | 6.57 | 6.21 | 0.36 | 11,538 | 42 |
| 1968 | 7.85 | 6.21 | 1.64 | 13,552 | 222 |
| 1969 | 7.72 | 6.25 | 1.47 | 17,225 | 253 |
| 1970 | 8.28 | 6.00 | 2.28 | 21,237 | 484 |
| 1971 | 6.42 | 4.75 | 1.67 | 5,386 | 90 |
| 1972 | 4.72 | 4.25 | 0.47 | 19,053 | 90 |
| 1973 | 7.16 | 9.00 | △1.84 | 20,370 | △375 |
| 1974 | 12.54 | 9.00 | 3.54 | 14,453 | 512 |
| 1975 | 10.67 | 6.50 | 4.17 | 14,676 | 612 |
| 1976 | 6.98 | 6.50 | 0.48 | 16,055 | 77 |
| 1977 | 5.68 | 4.25 | 1.43 | 17,376 | 248 |
| 累計 | — | — | — | — | 2,255 |

〔単位〕　(1)-(3)は％, 他は億円.
〔資料〕　『経済統計年報』による.
〔注〕　コール・レートは無条件物中心の a~b とあるものから, $(a+b)\div2$ として求めた. 年中平均値. 他は全て年末値.

来の金融政策のあり方にいかにかかわっているかを検討する. もちろん, 補助金等の流れには複雑な転嫁が伴うはずだから, 最終的な転嫁・帰着の状況を判断することは極めてむずかしい. 以下においてわれわれのなしうることは, 補助金を受けた金融機関からの第1次転嫁に関して概略的な見当をつけることの域を出ないことをあらかじめことわっておきたい.

　問題を第1次転嫁に限ると, 政府金融については結論は明瞭である. 政府金融は, 資金運用部・郵貯特別会計にしても政府金融機関にしても利潤は殆どゼロであるから, 補助金は大部分がその借入先に転嫁されているとみなすことができる. 政府金融貸出の対象は民間の企業部門, 個人部門, 公社・公団, 地方公共団体および一般・特別会計等であり, いずれの部門がより多く補助金を受けているかは, たとえば財政投融資の運用先別資料等から把握することができる. 問題は公社債市場における日銀貸出に伴う補助金の流れである[37]. 日銀貸

---

[37]　日銀貸出に伴う事実上の補助金および公社債保有に伴う課税効果に関するこのような分析の嚆矢は岩田一政・浜田宏一[1980]第7章である. 以下の分析もこの先駆的業績に負うところが多い.

表 8-15　都銀に対する事実上の課税(単位：億円)

| | 国債 | 地方債 | 政保債 | 金融債 | 事業債 | 合計 |
|---|---|---|---|---|---|---|
| 1966 | 1.8 | 2.8 | 6.4 | 4.3 | 2.7 | 18.0 |
| 1967 | 3.6 | 7.5 | 11.5 | 33.5 | 10.1 | 66.2 |
| 1968 | 4.9 | 29.9 | 23.1 | 97.1 | 38.6 | 193.5 |
| 1969 | 7.1 | 55.2 | 39.7 | 125.5 | 61.5 | 289.1 |
| 1970 | 5.9 | 59.7 | 36.2 | 133.6 | 51.1 | 286.4 |
| 1971 | 15.4 | △9.1 | 22.3 | 2.4 | △22.7 | 8.3 |
| 1972 | △28.6 | △20.4 | △26.8 | △97.4 | △48.8 | △222.0 |
| 1973 | 20.9 | 52.3 | 52.6 | 188.9 | 27.9 | 342.5 |
| 1974 | 88.3 | 125.7 | 180.5 | 572.3 | 80.7 | 1,047.5 |
| 1975 | 141.2 | 75.2 | 63.6 | 86.6 | △6.2 | 360.5 |
| 1976 | 191.1 | 79.2 | 73.9 | 35.7 | △4.1 | 375.8 |
| 1977 | △87.3 | △51.6 | △13.9 | △99.7 | △41.3 | △293.8 |
| 累計 | 364.3 | 406.4 | 469.1 | 1,082.8 | 149.5 | 2,472.0 |

〔資料〕　統計付録8-Iによる．
〔注〕　各公社債について市中利回と応募者利回の差に都銀保有額を乗じて得た．

出の主対象は都銀であるから，以下では都銀に焦点を合わせて考察を進めることにしたい．

さて，都市銀行が預金額を超える不足資金を調達する方法は，日銀借入と短期金融市場からの借入である．短期金融市場の金利は競争的に定まっていると考えられるから，都銀が日銀借入を利用するばあい，借入1単位あたり，短期金融市場金利と公定歩合の差だけ事実上の補助金を受けていると考えることができる[38]．表8-14はこれを計算したものである(短期金融市場金利はコール・レートで代表させてある)．問題は，この第(5)列に与えられている年々の補助金が，都銀の利潤ないし従業員給与として他に転嫁されることなく都銀内部でつかわれたか，それとも都銀の顧客に対する低金利資金の供給というかたちで転嫁されたか，である．そのためには，この補助金支払の対価として，公社債保有に伴う都銀の追加負担を考えねばならない．都銀が流通利回を下まわる応募者利回で公社債を割当てられていることは，引受公社債1単位あたり両利回

---

38)　コール・レートと公定歩合の差は，都銀の日銀借入を制約とする利潤極大問題における日銀借入制約のシャドウ・プライス(潜在価格)とみなすことができる．すなわち，それは日銀借入が限界的に1単位変化したときどれだけ利潤が変化するかを示す．補助金の計算は日銀借入が現実値からゼロに変化したとき，シャドウ・プライスが不変であるという仮定のもとになされている．この点については，岩田一政・浜田宏一[1980]第2章および第7章参照．

の差だけ事実上の課税[39]を受けているとみなすことができよう．表8-15は，各公社債について，流通利回と応募者利回の差に都銀保有額を乗じることにより，年々の事実上の課税額を計算したものである．その基礎データは統計付録8-Iにまとめてある．

　表8-14と表8-15との比較から，1つの驚くべき事実が見出される．それは，1966年から1977年の12年間の累計をみると，事実上の補助金額と課税額がほぼ等しいということである．前者は2,255億円，後者は2,472億円である．これは偶然の一致であろうか．われわれは次のような諸々の理由からそうでないと考える．まず第1に，岩田一政・浜田宏一[1980]における計算結果との比較．岩田・浜田によると当該期間1966-77年の補助金推計値累計額は2,586億円であり，われわれの推計値と大差ない[40]．しかし，課税額累計(岩田・浜田では国債のみがとりあげられている)は約112億円であって，われわれの表8-15の国債に関する課税額364億円の約3分の1となっている．この差の生じた原因は，主として両者の用いる流通利回データの違いにある．われわれが用いた『証券統計要覧』の東証上場債券利回は通常残存期間2-3年のものを中心としているのに対し，岩田・浜田は残存期間9年の利回を用いている．当該期間において一般に前者より後者が低いことから，上記の差が生じたわけである．理論的には，課税額の評価は，都銀の保有する債券を残存期間別に分割し，それぞれについて発行時の応募者利回と残存期間に対応した流通利回をとり，両者の差をそれぞれの保有額に乗じることによって求められねばならない[41]．国債のばあい，発行後1年を経過した国債は大部分日銀の買オペで吸収されるから，都銀の保有国債は残存期間9年以上のものの割合が大きいと考えられる．それゆえ，この点から岩田・浜田の推計値の方がわれわれのものよりも正確であると考えられる[42]．しかしながら，幸いなことに，表8-15において課税額における国債

---

　39)　この用語は若干ミス・リーディングであるが，以下の議論を経て，この「課税」は，公社債発行者への補助金と言いかえることができる．
　40)　岩田・浜田は半期ごとに計算しているため，われわれの計算より正確である．補助金推計値の差は主としてこの点に基く．
　41)　言うまでもなく，このような理想的な計算を行うことは，データの制約上困難である．
　42)　ただし，国債価格は，この期間，事実上管理されていたという有力な見解がある(たとえば中島将隆[1977]第7章)．この点からすると，特に，残存期間9年の国債の利回がどれだけ実勢を反映しているかは問題なしとはしない．

表 8-16 金融債に関する事実上の課税の各種ケース(単位：(1)-(5)は%，(6)-(10)は億円)

| 年 | 1971 | 1972 | 1973 | 1974 | 1975 | 1976 | 1977 | 累計 |
|---|---|---|---|---|---|---|---|---|
| (1) 流通利回 A | 7.66 | 6.45 | 8.22 | 11.89 | 9.57 | 8.56 | 6.75 | |
| (2) 流通利回 B | 7.31 | 6.06 | 8.66 | 13.24 | 9.76 | 8.22 | 6.49 | |
| (3) 流通利回 C | 7.72 | 6.50 | 8.18 | 11.86 | 9.61 | 8.56 | 6.73 | |
| (4) 流通利回 D | 7.76 | 6.62 | 8.56 | 10.87 | 9.11 | 8.68 | 6.98 | |
| (5) 応募者利回 | 7.64 | 7.10 | 7.10 | 8.50 | 9.00 | 8.30 | 7.50 | |
| (6) 都銀金融債保有額 | 12,221 | 14,990 | 16,862 | 16,883 | 15,198 | 13,734 | 13,292 | |
| (7) {(1)−(5)}×(6) | 2.4 | △97.4 | 188.9 | 572.3 | 86.6 | 35.7 | △99.7 | 688.8 |
| (8) {(2)−(5)}×(6) | △40.3 | △155.9 | 263.0 | 800.3 | 115.5 | △11.0 | △134.2 | 837.4 |
| (9) {(3)−(5)}×(6) | 9.8 | △89.9 | 182.1 | 567.3 | 92.7 | 35.7 | △102.3 | 695.4 |
| (10) {(4)−(5)}×(6) | 14.7 | △72.0 | 246.2 | 400.1 | 16.7 | 52.2 | △69.1 | 588.8 |

〔資料〕 統計付録 8-I および『公社債要覧』1979 年版.
〔注〕 流通利回 A は統計付録 8-I の『証券統計要覧』による．B, C, D は『公社債要覧』の残存期間それぞれ 1, 3, 5 年の金融債利回(店頭気配)の 1-12 月の単純平均値である.

のシェアーはさほど大きくなく，また岩田・浜田の推計値を採用すると課税累計額は約 2,220 億円となり，一層補助金額に近くなる．しかし，残存期間の相違による利回の差が，一般的に結果に大きくひびくとするとことは重大である．このためわれわれは課税額の中で最大のシェアーをもつ金融債について，残存期間 1，3，5 年ものの利回を用いて計算結果がどの程度変わるかを調べた．表 8-16 がそれである．表 8-15 に用いた利回による累計課税額(1971-77 年)は 688.8 億円であり，他の利回を用いたばあいとさほど大きな差がないことがわかろう．以上のような諸理由は，課税累計額と補助金累計額の均等という事実に関するいわば傍証であるが，均等関係が偶然でないことのより直観的な理由として，都銀を中心とする国債シンジケート団と大蔵省の間の国債引受条件をめぐる交渉過程をあげることができよう．周知のように，両者は，1975 年度の国債大量発行以降特に，引受条件が都銀利潤に及ぼす影響と評価損益の評価方法をめぐって対立を繰り返してきた．このような対立関係は，会計上の評価方法は別として，国債引受に伴う課税というムチと低利日銀貸出によるアメがほぼ拮抗した関係にあることを示唆しているとみることができる．評価損益の算定方式が 1980 年に至るまで固定化していないことは，また，このアメとムチの均衡が各年度ごとではなく，かなりの期間をならして(別の言葉でいえば累計値として)成立する性質のものであることを示唆しているともみられよう.

必ずしも問題がないわけではないが，われわれは以下で，都銀に対する補助金累計額と課税累計額の均等という事実を1つの作業仮説として受入れて進もう．この事実の含意はきわめて重要である．

まず第1に，補助金の流れについて．日銀信用にまつわる補助金は一般会計から日銀を経由して都銀に供給される．これに対して，都銀は累計額において補助金とほぼ等しい額の租税を低利公社債の引受というかたちで支払っている．このことは，都銀に供給された補助金が事実上公社債保有者に転嫁されていることを意味していると言えよう．補助金は，都銀の株主，従業員の所得となるのでもなく，また，低利貸付という形で都銀の借手に転嫁されたわけでもない．それは，一般政府，企業，公社・公団，地方公共団体，長期信用銀行という公社債発行主体に供給されていると考えられる．このことの1つの重要なインプリケーションは，補助金が貸付金利の低下とは結びつかないということである[43]．すなわち，補助金の流れは一般会計──→日銀──→都銀──→公社債発行者であって，一般会計──→日銀──→都銀──→企業ではない．公社債のうちには事業債が含まれるから，両者はもちろんある程度オーバー・ラップしている．しかし2つのルートが同一でなく，真のルートは前者であるということは極めて重要である．ちなみに，このことは，銀行貸出市場(特にその中心となる短期貸出市場)の金利が実効金利の段階で伸縮的である，すなわち低金利規制は有効でないとするわれわれの基本的立場にコンシステント(整合的)である．また，課税額すなわち公社債発行者に対する補助金額が金融債に関して最大であることも注目に値する．このことは，一般会計──→日銀──→都銀──→長期信用銀行──→企業という人為的重複金融を支えるための補助金の流れが無視しえないものであることを意味している．特に，昭和30および40年代において，都銀は大量の金融債を引受けており，それは「系列の論理」によるものと言われた．以上の考察によれば，このことは金融債を通じる補助金の流れを都銀系列企業に注入してきたことを意味している．

第2の含意は，公社債による低利長期資金供給と日銀信用供給の独立性の問

---

[43] 岩田一政・浜田宏一[1980]は補助金が都銀の借手に転嫁された可能性を示唆している(p.208)．もっとも，貸出金利の非伸縮性を主張する岩田・浜田にとって，補助金の流れが貸出金利低下につながると推論することは，それなりにコンシステントなロジックではある．

題，すなわち，人為的低金利政策下の長期資金創出割当過程における金融政策の有効性の問題にかかわる．1960年の例にもどると，公社債のうち，政保債，長期国債，政府短期証券（および割引金融債）を除いて事業債と利付金融債の引受は日銀借入に関して順鞘すなわち応募者利回＞公定歩合であった．また，図8-2によれば，政保債，長期国債についても，その後間もなく順鞘となっている．他方，われわれの上記事実発見によれば，中期的な累計額でみて，都銀に対する事実上の補助金≒事実上の租税であった．このことは

(コール・レート－公定歩合)×都銀日銀借入
≒(流通利回－応募者利回)×都銀公社債保有額

と書ける．ここで簡単化のために，

コール・レート＝流通利回

と仮定して[44]，順鞘の関係を導入すると，

都銀日銀借入＜都銀公社債保有額

という関係を得ることができる．このことは，都銀に公社債引受させることの対価としての日銀貸出が都銀引受額よりも小さいことを意味している．しかも容易にわかるように，両者の差は利鞘である応募者利回と公定歩合の差が大きいほど大きい．言いかえると，人為的低金利政策における補助金と課税のシステムの下では，低利公社債の発行を支えるための日銀信用供給は，都銀の公社債引受額より少なくてよいということである．このことの重要性は，日銀引受で公社債を発行するばあいと較べることによって明らかになる．日銀引受によるばあいは，少なくとも公社債発行額と同額だけの日銀信用供給が必要となる．このことは，低利公社債発行による低利長期資金供給・割当という人為的資金配分政策が日銀信用によるハイ・パワード・マネー供給という金融政策の下限を画すことを意味し，その限りで，両者の間の独立性が失われることを意味している．低利公社債の発行が優先されるばあい，日銀信用の量は，公社債引受によって下限を画されるため，ともすれば急激なインフレーションの危険が避けえないものとなることは言うまでもない．戦後経済成長過程に関してしばし

---

44) コール，CD，現先，債券流通の各市場の金利は，期間，取引方法，取引対象，取引主体等のちがいにより，短期的には相互に乖離するが（たとえば黒田康夫・石橋国興・荒井晴仁[1977]第4図参照），中長期的にはほぼ同一である．これは各市場の取引参加者が相互にオーバー・ラップしているため金利裁定が生じることによっている．

ば,日銀信用に支えられた公社債市場がインフレの危険を内蔵しているという指摘がなされてきた.このような議論は,事実上の補助金方式による日銀信用による支えを日銀引受と同一の性質のものとみなす著しくナイーヴなアナロジーに基づいている.人為的低金利政策下における公社債市場と日銀信用の関係は,日銀信用による支えが部分的であり,それで十分であったというところにその機能の仕方の鍵がある.補助金と課税のメカニズムは,日銀信用を通じるハイ・パワード・マネーの供給という金融政策と公社債による長期資金創出・割当システムとの間の相互独立性を保証しえたゆえに,高度成長期における一貫した方式として機能しつづけることができたと考えられる.周知のように,高度成長期において,財政は原則として均衡財政主義をとったため,景気安定化政策はもっぱら金融の役割とされた.日銀信用が一方で資金配分政策に関与しつつ,ほぼ成功裡に安定政策を遂行しえたことの背景には,この意味での自由度が大きな役割を果したと考えねばならない.

ちなみに,低利日銀貸出が都銀に対する事実上の補助金供給の機能をもち,かつその補助金が低利公社債引受に伴う都銀に対する事実上の課税に対する対価という意味を持つということは,日銀貸出が公社債を担保としてのみ供給されることを意味するわけでないことは言うまでもない.日銀貸出は適格商業手形担保であろうと公社債担保であろうと,それが補助金をもたらしさえすれば十分である.適格な商業手形,貿易手形を担保とすることにより,日銀は都銀に対してその公社債保有額以上の貸出を行なうことが可能である[45].われわれが検討した1966年から1977年の期間ではこのようなケースはなかったが,金融政策上大幅な緩和政策が必要であるばあい,こういうこともももちろんありうる.そのばあい,公定歩合が応募者利回を下まわるかぎり,都銀に対する事実上の補助金額は事実上の課税額を上まわることになる.この差は一部は都銀の付価価値となり,一部は借手である企業(特に第9章の分析によれば大企業)に低貸出金利のかたちで転嫁されることになろう.

ところで,以上の議論において,事実上の補助金の支払にかかわるのは日銀の対民間信用のうちでも日銀貸出の部分である.しかし,1962年の新金融調節

---

45) 正確には担保率を考慮せねばならない.通常公社債および適格手形の担保率は,時価または手形金額の約85-95%程度である.

表 8-17 政保債の発行額と日銀買オペ額

| 年度 | (1)<br>発行額 | (2)<br>買オペ額 | (3)<br>(2)/(1) |
|---|---|---|---|
| 1962 | 1,019 | 333 | 32.7 |
| 1963 | 1,477 | 560 | 37.9 |
| 1964 | 1,794 | 1,480 | 82.5 |
| 1965 | 3,010 | (不詳) | |
| 1966 | 4,349 | 5,395 | 124.1 |
| 1967 | 4,118 | 3,311 | 80.4 |
| 1968 | 3,232 | 1,463 | 45.3 |

[資料] 高田太久吉[1974].
[単位および注] 億円及び%. 発行額は上掲資料第4表,買オペ額は第7表及び参考資料による. 売オペを差引いた純額. 1964年度の買オペ額は1964年4月から1965年2月までの累計.

表 8-18 国債の消化及び日銀買オペ実施状況

| 年度 | 1965-69 | | 1970-74 | | 1975-78 | |
|---|---|---|---|---|---|---|
| (1) 発行額 | 24,866 | (100.0) | 75,321 | (100.0) | 311,868 | (100.1) |
| (2) 運用部消化額 | 2,456 | (9.9) | 12,841 | (17.1) | 28,843 | (9.3) |
| (3) 市中公募額 | 22,410 | (90.1) | 62,480 | (83.0) | 283,025 | (90.8) |
| (4) 　金融機関引受 | 19,976 | (80.3) | 54,727 | (72.7) | 231,918 | (74.4) |
| (5) 　証券会社引受 | 2,434 | (9.8) | 7,753 | (10.3) | 51,107 | (16.4) |
| (6) 買オペ実施額 | 11,432 | | 45,958 | | 37,067 | |
| (7) 　金融機関むけ | 10,435 | | 45,328 | | 30,116 | |
| (8) 　証券会社むけ | 997 | | 630 | | 6,951 | |
| (9) (6)/(3) | 51.0 | | 73.6 | | 13.1 | |
| (10) (7)/(4) | 52.2 | | 82.8 | | 13.0 | |
| (11) (8)/(5) | 41.0 | | 8.1 | | 13.6 | |

[資料] 中島将隆[1977] p.166および『公社債要覧』1979年版.
[単位および注] (1)-(8)行は億円,カッコ内は構成比で%,(9)-(11)行は%. 金額は各4-5年の累計額. 買オペ額は売オペを差引いたネットの金額.

方式の採用以来,日銀は日銀貸出だけでなく債券買オペのかたちでも対民間信用を供給するようになり,日銀信用に占める債券買オペのシェアーは次第に高まってきている(表10-1第(3)列参照). このことは事実上の補助金と課税による公社債消化システムにとってどのような意味をもっているであろうか. まず,債券オペの実状についてみておこう. オペ対象債券は1963年から1966年2月までは政保債,国債,金融債,電力債,適格地方債であったが,1966年の長期

国債発行に伴って方式が変更され,その後は政保債と(発行後1年を経た)国債のみが対象とされている[46].政保債の買オペ状況は表8-17に示されている.1965年を除いて1962-68年の累計額を求めると発行額15,989億円に対して買オペ額12,542億円であって,発行された政保債のうち78.4%が日銀に買いとられていることがわかる.次に表8-18で国債の消化・買オペ状況をみると,消化については金融機関引受が70-80%であることがわかろう.金融機関に売られた国債の買オペ率は1965-69年に52.2%,1970-74年に82.8%,1975-78年に13.0%であり,相当の部分が日銀に買いとられていることになる.国債のうち,オペ適格国債のみをみると1965-74年において金融機関向け買オペ実施率は実に99.9%に達するという推定もなされている[47].

このような債券オペ拡大のもつ第1の意味は,市中金融機関にとって事実上の課税の対象物が小さくなることである.それと同時に,オペ拡張によって日銀貸出が相対的に縮小することは,事実上の補助金の対象物が小さくなることでもある.すなわち,債券オペは,理論的には長期資金の供給・割当システムの一翼である補助金・課税方式による公社債消化システムの役割が縮小・後退することを意味している.しかしながら,理論的にはともかく,実際の運用においては新金融調節方式以後の債券オペの機能は,日銀貸出と大差ないものであることに注意する必要がある.すなわち,公社債の流通市場の発達が十分でないため,債券の買取りは日銀と各市中銀行との間の相対取引のかたちで行なわれている.しかも買取り価格はいわゆる「理論価格」であって,これは市中銀行の評価損を防ぐように流通価格より高い水準に定められていると言われる.また,1966年の長期国債発行開始後に公社債の取引所取引が再開されたが,この取引所価格も実際には大蔵省の管理下にあると言われる[48].したがって,現在までのところ,日銀による債券オペは日銀貸出と同様な補助金供給の性格をもっていると考えられる.また,日銀はその政策運営において債券オペと日銀貸出をほぼ同一の性質をもつものとみなし,両者の合計値たる日銀信用額によって金融政策を行なっているとみられる.それゆえ,債券オペについても「受

---

46) 大蔵省『財政金融統計月報』第214号(1969年9月),p.13.
47) 中島将隆[1977] pp.170-172.
48) 中島将隆[1977] pp.169-176.

表 8-19 預金者から都銀への所得移転

| | (1)<br>準備率 | (2)<br>コール・レート<br>×(1-準備率) | (3)<br>定期預金金<br>利(1年物) | (4)<br>都銀定期<br>預金残高 | (5)<br>{(2)-(3)}×<br>(4)÷100 | (6)<br>経常利益 |
|---|---|---|---|---|---|---|
| 1966 | 0.146 | 4.99 | 5.50 | 73,207 | △373 | 1,525 |
| 1967 | 0.135 | 5.68 | 5.50 | 83,457 | 150 | 1,625 |
| 1968 | 0.139 | 6.76 | 5.50 | 98,905 | 1,246 | 2,105 |
| 1969 | 0.138 | 6.65 | 5.50 | 117,083 | 1,346 | 2,559 |
| 1970 | 0.136 | 7.15 | 5.75 | 133,780 | 1,873 | 3,402 |
| 1971 | 0.115 | 5.68 | 5.75 | 168,766 | △118 | 4,411 |
| 1972 | 0.128 | 4.12 | 5.25 | 218,289 | △2,467 | 4,000 |
| 1973 | 0.140 | 6.16 | 6.25 | 235,396 | △212 | 4,285 |
| 1974 | 0.139 | 10.80 | 7.75 | 249,575 | 7,612 | 5,407 |
| 1975 | 0.132 | 9.26 | 6.75 | 289,912 | 7,277 | 4,517 |
| 1976 | 0.128 | 6.09 | 6.75 | 328,009 | △2,165 | 5,243 |
| 1977 | 0.109 | 5.06 | 5.25 | 372,404 | △703 | 5,156 |
| 累計 | — | — | — | — | 13,461 | 44,235 |

〔単位〕 (1)は100%,(2),(3)は%,他は億円.
〔資料および注〕 都銀経常利益は『銀行局年報』による.年度値.他は『経済統計年報』による年末値(ただしコール・レートは表8-14と同じ).準備率は,現金と預け金の和の預金に対する割合.

動性」の性質はかわらず,市中銀行にとって日銀信用が流動性供給の意味をもつこともかわらないのである.

最後に預金金利規制の効果にふれておきたい.さきに述べたように,人々の蓄積資金の水準が低いこと,消費者金融の発達がたちおくれたこと,および公社債保有に関する事実上の補助金が金融機関に対してのみ支出されるということ,あるいは一般資産保有者は公社債保有により事実上の課税のみを受け日銀からの補助金を受けえないということから,預金金利に対する低金利規制が成立する.すなわち,コール・レート×(1-準備率)は預金金利よりも通常大きい.両者の差は預金者から銀行への(預金1単位あたりの)所得移転とみなすことができる.表8-19は都銀についてこの移転を計算したものである.12年間の累計額は13,461億円であり,これは都銀の経常利益累計額の約3分の1にあたる.さきにみた事実上の課税・補助金額にくらべてこの値が1桁大きいことが注目される.この移転額の最終的な帰着についてここでは何も確定的なことを言うことができない.後の第9章で示すように,潤沢な長期資金の供給を受けている大企業部門は,銀行短期貸出市場において,その借入金利を競争均

衡水準以下に引下げることが可能である．銀行から大企業部門に対するこの一種の所得移転は，一部には中小企業に対して競争均衡水準以上の高金利を負担せしめることによってまかなわれたと考えられるが，預金者から銀行への移転所得が，さらに大企業部門へと移転された可能性も否定できない．また預金者からの移転所得のうちのなにがしかが，市街地における豪華な銀行店舗の建設費に費やされたということも大いにありうるであろう．都銀は，公社債割当に伴う補助金の直接的な流れに関しては，補助金と課税額が累計値において等しいという意味で，あるいは補助金が公社債発行者に転嫁されたという意味で，中立的であった．しかしながら，公社債割当の系としての預金金利規制に関して，都銀とその系列大企業は間接的には，公社債割当システムの大いなる受益者であると推察されるわけである．

## [4] 長期資金の信用割当

われわれが長期資金とよぶものは，政府金融貸出，公社債，市中金融長期貸出および株式からなる．このうち公社債の一部である政府短期証券は明らかに長期債券ではない．しかしながら，われわれは，昭和20年代初期において政府短期証券が長期国債の代替物として用いられたという経緯[49]，およびその後においても借換えにより恒常的な歳入不足の一部をまかなってきたという点を考慮して，さしあたって長期資金の名称の下に一括して考察する．また，これら長期資金の全てが低金利規制を受け，それゆえ信用割当を伴って供給されてきたとみなすことにも若干の問題がないわけではない．特に，市中金融長期貸出と株式についてはそうである．しかしながら，われわれは，長期貸出について，少なくとも高度成長期においては，開銀の基準金利が事実上の長期プライム・レートとして機能し，市中金融の長期貸出の金利水準をリードしてきたという事実，および長銀，信託銀行等の最優遇金利は，建前としては各金融機関が自主的に決定しうるようになっているが，実際は政策当局との話合いでその意向を強く反映して決められているという点から，これについても人為的な低金利

---

[49] 中島将隆[1977] pp. 136-141 および志村嘉一[1978] pp. 36-37，日銀『わが国の金融制度』(1977年版) pp. 111-112.

規制がなされてきたとみなす[50]. ちなみに, 古川顕[1977]の計測によると, 都銀の規制外貸出(その大部分は1年超の長期貸出)金利の変動の96%は長期プライム・レートによって説明されている. また株式については, 低金利規制は存在しないものの, 上場規準に資本金と純資産の最低限度が定められていることは, 資本市場を利用する機会がある規模以上の企業に割当てられているとみなしうる. このような理由から, 以下ではすべての長期資金が広い意味で人為的低金利規制を受け, 信用割当を伴って供給されてきたと考えることにする.

本節では, これら長期資金がどのようにしてさまざまな経済主体に割当てられてきたかを検討する. 言うまでもなく, この点について包括的な解答を用意することは容易なことではない. 以下では, 国家財政の長期資金調達および産業長期資金の規模別・業種別配分という2つの側面をとりあげ, 簡単なコメントを加えることにしたい.

### (1) 国家財政と低金利政策

しばしば, 公社債市場における長期資金調達では, 国家財政の資金調達が民間資金にくらべて優先されてきたという主張がなされる. 国家財政とは一般会計と財政投融資の合計を意味する. この点の証左としては, 新発債の起債条件の体系が国債・政保債の消化を優先して定められているとみられること[51], および起債実績額と起債希望額の比率(起債達成率)をみると国債・政保債と一般事業債の間に明確な格差がみられること等があげられている[52]. われわれも, 公社債割当についてはこのような一面があったことを否定できないと考える. しかし, こうした主張が重要な意義をもつかどうかという点については懐疑的たらざるを得ない. なぜなら, 国家財政資金の優先的調達と言っても, それが公社債の割当に限られるということである. 政府の不足資金は, その大部分が公社債市場で調達されてきたのに対し, 民間部門の不足資金が公社債市場で調達されてきた割合はさほど大きいものではない. 特に, 銀行貸出市場を通じる大量の資金はほとんどすべてが民間産業に投入されてきたのである. 人為的低

---

50) 中島将隆[1977] p. 215.
51) 志村嘉一[1978] p. 241 参照.
52) 志村嘉一[1978] p. 112 および中島将隆[1977] p. 202 参照.

金利政策の主な目的は，なによりも民間設備投資主導型の高度成長過程を推進することにあったと考えられる．しかも，たとえ公共債が優先されたとしても，それはおそらくは，公社債の起債調整が事実上，財政当局たる大蔵省の管轄下にあることによるものであろう．少なくとも，いわゆる「国家独占資本主義」の論理に大きく関わっているとは考えられない．

また，人為的低金利政策の目的あるいは公社債市場の規制の目的が国家財政資金の「安価」な資金調達にあると主張されることもある[53]．こうした主張の正当性は，以上におけるわれわれの分析に照らして大いに疑問である．また，少なくとも，公社債市場を人為的低金利政策の一環として考えるばあいには明らかに誤った主張である．なぜなら，公社債市場の低金利規制に伴う補助金は事実上一般会計から支出され，日銀（剰余金の国庫納付制度），都銀を経て，結局それぞれの公社債発行主体に供給されているからである．国家財政は，その一面において，国債，政保債の発行主体であるから，補助金の一部の供給をうける立場にあるが，他方で全ての事実上の補助金はもともと国家財政のうちの一般会計から支出されたものである．同様のロジックは政府金融貸出についても成立する．それゆえ，人為的低金利政策の下での国家財政は決して「安価」な資金調達を行なっているわけでなく，事実はその逆だと考えねばならない．このことは管轄官庁である大蔵省がその資金調達を安価ならしめる意図をもって行動していることと矛盾するものではない．単に，ミクロ主体としての管轄官庁の行動が，必ずしもマクロ的には保証されないだけのことである．この点は，マクロ経済理論における貯蓄のパラドックスに似ているとも言える．大蔵省の国債利子を軽減しようとする行動は，かえって全体の補助金支出額を大きくすることもありうるわけである．

### (2) 産業資金の信用割当

産業における長期資金の信用割当に関しては，かなり確定的な傾向を指摘することができる．まず，戦後における重化学工業化の高度化を反映して，設備

---

[53) たとえば中島将隆[1977]．中島氏の著書はいわば「国独資論」への傾斜があるため，管理通貨制度への移行，国家資金調達等を過度に重視するなどの問題点をもつ．しかしながら，金融政策の問題を広義の資源配分政策の観点から分析しようとする姿勢には多くの共感を覚えざるをえない．

表8-20 拡大された産業資金供給状況表(単位:%)

| 年(度)中 | (1) 株式 | (2) 社債 | (3) 貸出 民間金融機関貸出 | (4) うち全国銀行長期貸出 | (5) 貸出 政府金融機関貸出 | (6) 融資特別会計貸出 | (7) | (8) 自己資金 | (9) 企業間信用 | (10) 長期資金合計((1)+(2)+(5)+(6)+(7)) |
|---|---|---|---|---|---|---|---|---|---|---|
| (A) 企業間信用を除いた構成比 | | | | | | | | | | |
| 1951-55 | 8.0 | 2.1 | 46.8 | 41.0 | 5.0 | 4.0 | 2.3 | 43.0 | — | 21.4 |
| 1956-60 | 8.1 | 2.7 | 46.4 | 41.8 | 5.8 | 3.4 | 1.3 | 42.7 | — | 21.3 |
| 1961-65 | 8.2 | 2.6 | 48.2 | 44.1 | 6.2 | 3.3 | 0.8 | 41.0 | — | 21.1 |
| 1966-70 | 3.4 | 1.6 | 45.8 | 41.3 | 7.7 | 4.0 | 0.6 | 49.2 | — | 17.3 |
| 1971-75 | 3.3 | 2.3 | 53.1 | 48.0 | 15.7 | 4.5 | 0.6 | 41.4 | — | 26.4 |
| (B) 企業間信用を含む構成比 | | | | | | | | | | |
| 1956-60 | 6.4 | 2.1 | 36.4 | 32.8 | 4.6 | 2.7 | 1.0 | 33.5 | 21.6 | 16.8 |
| 1961-65 | 6.1 | 1.9 | 36.0 | 32.9 | 4.7 | 2.5 | 0.6 | 30.6 | 25.4 | 15.8 |
| 1966-70 | 2.5 | 1.2 | 33.8 | 30.5 | 5.7 | 2.9 | 0.4 | 36.3 | 26.2 | 12.7 |
| 1971-75 | 2.5 | 1.7 | 39.9 | 36.1 | 11.8 | 3.4 | 0.4 | 31.1 | 24.8 | 19.8 |

〔資料および注〕 企業間信用は『資金循環表』の企業間信用合計値の年中増分. 全国銀行長期貸出は『本邦経済統計』および『経済統計年報』から都市銀行, 長期信用銀行, 信託銀行, 地方銀行の1年以上貸出残高(年度末)をとり, その年度間増分を計算したものである. 他は『昭和財政史——終戦より講和まで』第19巻, pp. 462-463による. 年中数字. 原資料は『本邦経済統計』及び『経済統計年報』.

投資関連産業はその他産業にくらべてより多くの長期資金配分を受けたと考えられる. 第9章の補論では, このことが消費財物価上昇率と投資財物価上昇率の跛行的関係を通じて投資主導型成長パターンをもたらす1つの重要な要因となったことが示唆される. 第2に, 大企業は小企業にくらべてより多くの長期資金配分を受けた. もちろん, 設備投資関連産業は主として大企業であるから, この規模に関する格差は第1の業種に関する格差の裏返しの面でもある.

しかし, 規模間の信用割当の問題はいわゆる二重構造における融資集中の問題にほかならず, それ自体興味深い問題に関連している. いま表8-20において産業資金供給に占める長期資金の割合を求めると[54], 企業間信用を総資金に含めたばあい, 13-20%程度であって, 決して大きくはない. より大きな資金調達手段は, 全体の30-35%を占める自己資金, 25-30%を占める民間金融機

---

54) 表8-20では, 資金運用部・郵便貯金特別会計は産投会計等とともに融資特別会計として一括されている.

表 8-21 事業債格付基準の推移

| | 資本金規準 | 純資産規準 | 起債残基準 | 質的規準 ||||
|---|---|---|---|---|---|---|---|
| | | | | 純資産倍率 | 自己資本比率 | 使用総資本営業利益率 | 配当率 |
| **1959年4月（開始）** | | | | | | | |
| A格 | 100億円以上 | | 50億円以下 | | | | [a]10% |
| B格 | | | | | | | |
| C格 | 10億円以上 | 20億円以下 | | | | | [a]10% |
| **1963年5月** | | | | | | | |
| A格 | 600億円以上 | 900億円以上 | 150億円以上 | | 25% | 5% | 8% |
| B格 | 40 〃 | 60 〃 | 10 〃 | | 25% | 5% | 8% |
| C格 | 20 〃 | 30 〃 | 5 〃 | | 25% | 5% | 8% |
| D格 | 20億円未満 | 30億円未満 | 5億円未満 | | 25% | 5% | 8% |
| **1965年5月** | | | | | | | |
| A格 | 700億円以上 | 1,050億円以上 | 200億円以上 | | 20% | 4% | 6% |
| B格 | 40 〃 | 60 〃 | 10 〃 | | 20% | 4% | 6% |
| C格 | 20 〃 | 30 〃 | 5 〃 | | 25% | 5% | 8% |
| D格 | 20億円未満 | 30億円未満 | 5億円未満 | | 25% | 5% | 8% |
| **1966年5月** | | | | | | | |
| A格 | 700億円以上 | 1,050億円以上 | | 1.2倍 | 20% | [b]4% | [c]6% |
| A'格 | 300 〃 | 450 〃 | | 1.2倍 | 20% | [b]4% | [c]6% |
| B格 | 40 〃 | 60 〃 | | 1.2倍 | 20% | [b]4% | [c]6% |
| C格 | 20 〃 | 30 〃 | | 1.5倍 | 25% | [b]5% | [e]8% |
| D格 | 20億円未満 | 30億円未満 | | 1.5倍 | 25% | [b]5% | [e]8% |
| **1972年9月** | | | | | | | |
| AA格 | | 1,000億円以上 | | 1.2倍 | 15% | [b]4% | [c]6% |
| A格 | | 450 〃 | | 1.2倍 | 15% | [b]4% | [c]6% |
| BB格 | | 60 〃 | | 1.2倍 | 15% | [b]4% | [c]6% |
| B格 | | 40 〃 | | 1.5倍 | 20% | [b]5% | [d]8% |

〔資料〕 証券政策研究会[1978]第II巻, p.339.
〔注〕 質的規準はいずれも指定された%または倍率以上であることを要求．ただし，$a$は3カ年10%以上，$b$は2期平均4または5%以上，$c$は6期連続6%以上（または2期連続8%以上），$d$は6期連続8%以上（または2期連続10%以上），$e$は6期連続6または8%以上であることが要求されている．

関短期貸出（(4)列－(5)列）および20-25%を占める企業間信用である．しかしながら，われわれは，長期資金における信用割当の重要性は単にそれ自体の資金配分効果にあるだけでなく，銀行短期貸出市場の資金配分に対するスピル・オーバー効果にあると考える．第9章では，金利規制のなされている長期資金市場と自由金利市場である短期貸出市場との関係を，前者における信用割当の

後者に対するスピル・オーバー効果という視点から分析し，借入金利の規模間格差，融資循環の二重性といったいわゆる二重構造現象を解明することが試みられる．

最後に，社債の格付規準に関して1つの興味深い事実を指摘しておこう．表8-21 をみられたい．よく知られているように，格差は主として資本金・純資産等の規模を基準になされている．規模の大きいほど，上位にランク付けされ，起債条件（応募者及び発行者利回等）が有利に定められる．しかし，近年，自己資本比率，配当率等の質的規準が次第に重視されるようになってきており，その条件も多様化しつつある．興味深い点というのは，その質的規準が低い格付ほど高水準を要求されていることである．逆に言うと，小規模企業であるほど，そして高水準の経営体質をもっているほど，格付が低くしたがって高金利で資金を調達せねばならないのである．ここまで規模基準が重視されているということは，高度成長期における信用割当のあり方を象徴する事実であるということもできよう．

## [5] 人為的低金利政策と資金偏在現象

前章でみたように，戦後経済では，インター・バンク短期金融市場において，都銀が恒常的な取手であり，地銀，相互銀行，信用金庫，農林水産金融機関等のその他金融機関が恒常的な出手であるという状態が成立しており，これは（多少不必要な規範的な意味合いをこめて）資金偏在現象とよばれている．図 5-5 における短期金融への依存度（コール・ローン＋買入手形－コール・マネー－売渡手形の預金に対する比率）と日銀借入金依存度の長期的推移を再び参照されたい．短期金融依存度は，1951 年以後都銀に関して負，地銀に関して正というパターンになっている．すなわち，戦後の資金偏在現象は 1951 年以後明瞭なかたちをとるに至ったのである．それとともに，地銀の日銀借入依存度は 1955 年以降ほとんどネグリジブルになるのに対し，都銀のそれは 1942 年以降戦後にかけて一貫して高位にあることがわかろう．この状況は戦間期における状況と明らかに対照的である．戦間期では，日銀借入に依存していたのは地銀であった．これは第5章で述べたように，相次ぐ恐慌の過程で，弱小銀行救

済資金として多額の日銀特融が供給されたためである．これに対して，都銀は日銀借入に殆ど依存することなく，短期金融市場では恒常的な資金の出手であった．戦前は戦後と逆に，資金は都銀に「偏在」していたのである．資金偏在現象におけるこのような戦前，戦後の対照的様相は，戦後の資金偏在現象が戦後金融政策のあり方，特に人為的低金利政策と何らかの関係をもっていることを示唆している．以下ではこの点を検討しよう．

　戦後における資金偏在現象を説明する最も明白で単純な要因は，各種金融機関に対する店舗行政と専門化規制の相異である．人為的低金利政策の一環としての預金金利の低位規制のため，貸出金利と預金コストとの間には大きな利鞘があり，各金融機関にとって預金吸収は常に追加利潤を保証するという状態が持続した．預金金利がほぼ一律に規制されており，かつ金融機関のロバストネスに大差のないばあい，預金吸収力は主として店舗の数と立地状況に依存する．店舗の新設・配置等は大蔵省の認可事項である．店舗行政にあたって大蔵省はそれなりに効率性と公正な競争条件の維持に配慮してきたことは言うまでもないが，事後的にみる限り，店舗認可は都銀に対して一般に厳しく，相銀，信金等に対して寛大になされてきたことはいなめない．すなわち，店舗行政の結果，都銀の預金吸収力はその他金融機関にくらべて相対的に劣位にあった．他方，資産運用面では，都銀はその資産をいかなる貸出先に対しても運用しうるのに対し，その他金融機関はさまざまな専門化規制の下におかれている．たとえば，地銀の活動は主として国内の特定地域に限られているし，中小企業金融機関としての相銀，信金，信組等は貸出先の企業規模等を規制されている．農林水産金融機関の貸出対象が限定されていることも言うまでもない．このような専門化規制の結果，都銀はその他金融機関にくらべて相対的により大きい貸出機会をもつことになる．このことが，さきの預金吸収力の差とあいまって，都銀の資金不足，その結果としてのコール需要とその他金融機関の資金余剰，コール供給というパターンを生みだしたと考えられるわけである．

　以上の論点は簡単な金融機関の主体均衡モデルによっても説明することができる．ある金融機関の資産収益 $R$ が運用資産 $L$ の増加関数であり，かつ限界資産収益が逓減すると仮定しよう．すなわち

$$R(L);\ R' > 0, R'' < 0$$

金融機関は必要資金を本源的預金 $D$, 日銀借入 $N$ およびコール・マネー $C$ で調達するものとし，それぞれの利子率を $i, r_d, r_c$ であらわす．$C$ は正のばあいコール・マネー（コール資金の需要），負のばあいコール・ローン（コール資金の供給）である．金融機関の費用 $K$ は

$$K = iD + r_d N + r_c C$$

である．これをバランス・シートの制約条件

$$L = D + N + C$$

を用いて書きあらためると，$K$ は $L$ の函数として

$$K(L) = r_c L + (i - r_c)D + (r_d - r_c)N$$

とあらわされる．利潤 $\Pi$ は

$$\Pi = R(L) - K(L)$$

であり，これを $L$ に関して極大にすると1階の条件として

$$R' = K'$$

を得る．すなわち

$$R'(L) = r_c$$

を得る．この式は利潤極大をもたらす運用資産額 $L$ が，限界収益とコール・レートの等しい点に定まることを意味している．ここで，$L$ は $R$ 曲線の形状と $r_c$ とのみから定まり，それゆえ本源的預金額 $D$ から独立である[55]．ところで，金融機関が，コールの取手であることは，

$$C = L - (D + N) > 0$$

であり，出手であることは

$$C = L - (D + N) < 0$$

である．すなわち，資金偏在パターンは $L$ と $D+N$ の相対的大きさに依存している．ここで $N$ は政策的に所与だとしよう．$D$ は店舗配置によって主として定まる．他方 $L$ は，コール・レート $r_c$ が市場で与えられているものとすると，限界収益 $R'(L)$ に依存する．資産運用に関する専門化規制があれば，そう

---

[55] 鈴木淑夫[1974]の第6章における銀行行動の分析は，そのコール・ローン収入曲線にさまざまな次元のちがう要因をとりこんでいるため，われわれのモデルでいう $K$ 曲線の傾きが $D$ に依存するかたちになっている．このため，鈴木モデルでは，最適な $L$ が $D$ から独立に定まるという明快で重要な論点が見失われる結果になったとみられる．この点については寺西重郎[1975a] pp. 87-88 参照．

表 8-22 金融機関本支店数の推移

| 年末 | 都市銀行 本支店数 | 倍率 | 地方銀行 本支店数 | 倍率 | 相互銀行 本支店数 | 倍率 | 信用金庫 本支店数 | 倍率 |
|---|---|---|---|---|---|---|---|---|
| 1948 | 1,523 | 1.03 | 2,404 | 1.46 | 397 | 3.63 | — | |
| 1952 | 1,572 |  | 3,507 |  | 1,443 |  | 1,806 | |
| 1953 | 1,821 | 0.99 | 3,595 | 1.04 | 1,663 | 1.39 | 1,996 | 1.38 |
| 1962 | 1,799 |  | 3,729 |  | 2,310 |  | 2,757 | |
| 1967 | 2,036 | 1.13 | 4,097 | 1.10 | 2,701 | 1.70 | 3,417 | 1.24 |
| 1969 | 2,351 | 1.06 | 4,057 | 1.20 | 2,673 | 1.26 | 3,640 | 1.31 |
| 1976 | 2,502 |  | 4,887 |  | 3,359 |  | 4,780 | |

〔資料〕 1952年までは『昭和財政史——終戦から講和まで』第19巻による. その後は『本邦経済統計』および『経済統計年報』.
〔注〕 都銀の数字は新規加入行によって大きく不連続となる. 1953年には日本勧業と北海道拓殖が加入, 1968年には太陽加入, 1969年には埼玉加入.

でないばあいにくらべて限界収益は $L$ の増加によってより急速に低下するであろう. それゆえ, 所与の $r_c$ に対して, 利潤極大をもたらす資産運用額は専門化規制によって小さくなる. より厳格な店舗規制と専門化規制の欠如は, 都銀に対して $L$ が $D+N$ より大きい状態すなわちコール・マネーの状態をもたらし, 逆の条件はその他金融機関に対してコール・ローンの状況をもたらす[56].

以上の議論の1つの検証として, 金融機関業態別の店舗数の動きを調べてみよう. 表 8-22 を参照されたい. 都銀と相互銀行・信用金庫の間には店舗数増加倍率に著しい差があることがわかる. 両者の間の資金偏在は, 店舗規制と専門化規制の両要因が原因であると考えられる. 都銀と地銀の間の差はさほど大きくはないが, いわゆる銀行行政自由化通達の行なわれた1963年の直後の時期を例外として, 両者の間には少なくともゼロと有意な差があるとみるべきだろう. しかし, 都銀・地銀の間の資金偏在関係は, 店舗規制の差よりも貸出先

---

56) 以上のモデルでは, 簡単化のため, 現金準備, 派生預金, および預金経費を無視しているが, これらの要因を考慮しても, $D$ と $L$ が独立にさだまり, 資金偏在のパターンが店舗規制と専門化規制に依存するという基本点はかわらない. いま派生預金歩留率を $l$, 現金準備率を $k$, 預金に伴う経費を $f$ として, $f$ が $D$ に依存して $f'>0, f''>0$ すなわち預金に伴う経費は逓増するものとする. このばあい, $K=iD+f(D)+ilL+r_dN+r_cC$, バランス・シートの制約は $L+k(D+L)=D+lL+N+C$ となる. 利潤極大条件は

$$R'(L) = r_c(1-l+kl)+il$$
$$i+f'(D) = r_c(1-k)$$

である. $L$ と $D$ はそれぞれ $R$ 函数の形状を規定する貸出市場の諸条件と $f$ 函数の形状を規定する預金市場の諸条件に依存して, 両者は相互に独立に定まる. $R$ 曲線の形状が専門化規制に, $D$ 曲線の形状が店舗規制に主として依存していると考えれば, 本文と同様の結論を得ることができる.

第8章 人為的低金利政策の論理構造 503

の差異から主として理解すべきかもしれない[57]．高度成長期は一面では都市化のいっそう進展した時期であったが，それ以上に発展過程の一局面として近代部門が在来部門に急速に交替した面が著しい．地銀の主たる顧客である地場産業と都銀の顧客である投資財部門の大企業の成長率の差は，都銀と地銀の $R$ 曲線の形状の差をもたらし，これが両者間の資金偏在パターンの主要な決定因となったと考えられる．

ところで，資金偏在現象は都銀の相対的な資金不足現象である．しばしば，このことは都銀が他方で日銀借入金に依存していることと密接な関連があるとみなされてきた．以下では，この点を検討しておこう．まず，資金偏在は都銀に対する日銀貸出の原因であるか．これはもちろんそうでない．日銀貸出はハイ・パワード・マネー供給の一方式であって，これは資金偏在があるなしにかかわらず，必要に応じて利用される性質のものである．それでは，資金偏在は日銀貸出を主として都銀に集中して供給することの原因であろうか．日銀貸出が低利で信用割当を伴って供給されるばあいにはこの命題は成立する．なぜならば，このばあい，都銀以外のコールの出手であるその他金融機関にも日銀貸出がなされるとすると，その他金融機関は日銀から借りた資金をコールにまわすだけで利潤をあげることができるからである．すなわち，鞘取を防ぐには日銀貸出の都銀集中が必要である．これが1957年の金融政策方式の変更と同時に[58]，日銀貸出が都銀に集中されるようになったことの主要な理由である[59],[60]．それ以前では，たとえば1950-54年頃にかけて地方銀行は短期金融市場で資金余剰部門であるにかかわらず日銀借入を受けている（図5-5）．これはこの当時日銀貸出が高率適用制度によって供給されており，鞘取の危険がなかったことによる[61]．

それでは逆に，都銀の日銀借入は資金偏在の原因であるか．この命題は鈴木

---

57) 吉田暁[1976]は店舗の伸びでは都銀，地銀に大差のないことから，店舗行政だけで資金偏在を説明しえないとしている．問題は店舗規制と専門化規制の相互関係にあるから，2要因を同時に考える必要がある．
58) ほぼこの年から，従来の高率適用制度にかわって日銀貸出の割当と窓口指導，すなわち，われわれの言う受動的日銀信用供給窓口指導併用による金融調節方式が開始された．
59) 図5-5において地銀の日銀借入は1955年から1956年にかけてゼロになっているが，これはこの時期の金融の超緩和によるものと考えられる．
60) 日銀貸出の都銀集中の理由として，しばしば都銀が日銀借入の担保として適格な優良手形を多く保有していることがあげられる．これも1つの理由には違いないが，付随的である．

淑夫[1966]，[1974]において強力に主張されている．鈴木氏の議論を簡潔に紹介することは容易ではないが，大略次の2つの論点があると思われる．第1は，都銀に対する日銀貸出の存在そのものが資金偏在をもたらすという主張である．すなわち氏は，第2次大戦以来都銀が大量の日銀借入に依存してきたという歴史的経験をとりあげ，このため，都銀は支払準備の枯渇が「権威の失墜」であると意識する金融ディシプリン（ないしはポジション意識）を喪失してしまい，安易な与信超過を行なうようになったと考える．第2の主張は，都銀に対する日銀貸出が増加すると資金偏在が拡大するというものである．この点を，氏は極めて複雑なモデルによって論じているのであるが，そのエッセンスは，日銀が都銀のある程度のコール取入を前提として貸出を行なうこと，そのため都銀は低利な日銀借入を行なおうとして意図的に貸出を拡大し，コール取入を増加させる，という点にある．

このような鈴木氏の主張はいずれも賛成しがたい．まず第1点について．われわれのモデルによれば，貸出 $L$ は本源的預金 $D$ および日銀借入から独立に定まり，$N$ が存在するか否かは，コールの取手になるか出手になるかということとは全く関係がない．このことはたとえば，$N$ がゼロであっても，最適な $L$ は $D$ よりも大きくなりうることから明らかである．次に第2点．われわれのモデルでは，日銀借入が増加すれば資金偏在の程度は減少する．すなわち鈴木氏の議論と逆であって，このことはコール取入が $L$ と $D+N$ の差であることからただちに成立する命題である．しかしながら，鈴木氏はわれわれのモデルとちがって，日銀貸出 $N$ が都銀貸出 $L$ に依存している状況を考えているようである．それゆえ，氏の議論にとって最も好都合なように，日銀貸出が都銀の貸出と本源的預金の差の増加函数であると仮定してみよう．すなわち，1次函数のかたちで，

$$N = a(L-D)+b\,;\,a,b > 0\,;\,一定$$

とする[62]．簡単な計算から，利潤の極大条件は

$$R'(L) = r_c + (r_d - r_c)a$$

---

61) 以上の議論は簡単化のため都銀，地銀等がそれぞれ同質的な銀行からなるという仮定に立っている．銀行の個別差を考えるばあい，たとえば地銀全体としてはコールの出手であっても，一部の銀行が取手であることがありうる．このばあい，この一部銀行が低利日銀貸出の割当を受けることは，もちろんありうる．

となる．このばあい，日銀貸出は，少なくとも都銀の意識においては内生的であるから，日銀貸出の増加は $a$ の上昇によって示されることになる[63]．$R'(L)$ は $L$ の減少函数であり，$r_d < r_c$ だから，$a$ が増加すると $L$ は増加する．しかし同時に，当然のことながら $N$ も増加する．それゆえ，$L$ と $D+N$ の差であるコール取入額が $a$ の増加によって増加するか否かは，このばあい不確定である．それゆえ，鈴木氏にとって最も好都合なケースを考えても，日銀貸出の増加が資金偏在を強めるということは必ずしも言えないわけである．戦後における資金偏在現象の説明には，預金金利規制の下における店舗規制と専門化規制という最も単純かつ明白なロジックで十分であると考えられる[64]．

　最後に，難問ではあるが重要な1問題にふれておこう．われわれの分析によれば，高度成長期の資金偏在現象は，預金金利規制の前提の下で，各種金融機関に対する店舗行政と専門化規制によって生じたものである．それでは，資金偏在現象はなぜ成立し，長期にわたって存続したのか．預金金利規制は終戦直後のインフレ対策としての「臨時金利調整法」以来のものであり，専門化規制は昭和20年代後半の金融組織再編成過程で当時の多様な経済課題に対処して成立したものである．また，店舗行政は，戦前以来のものであり，大蔵省はそれなりに効率性，預金者の便宜等を考慮して運用してきたとみられる．それゆえ，資金偏在の（1951年における）「設定の目的」を言うことは容易でないし，おそらくそうした現象を生ぜしめようという意図は誰も陽表的には抱いていなかったであろう．しかしながら，資金偏在が長期にわたって「維持」されてきたことの背景には確固とした理由がある．それは，人為的低金利政策下の金融政策が資金偏在の下ではすこぶる効率的に運営できたことである．第10章で詳論するように，高度成長期の金融政策は，日銀信用の受動的供給を基本的なポリシー・ルールとし，窓口指導によって調整するというパターンを基本とし

---

62) これはきわめて極端な定式化であって，われわれがこれを支持しているわけではない．日銀貸出が都銀の資金需要を考慮してなされるとしても，日銀は他方でその他金融機関の資金供給をも考慮している．また，都銀の日銀に対する準備預金の額にも配慮を払っている．第10章ではこれらの点を検討したうえで，日銀貸出がコール・レートに依存するという定式化が提示される．もちろん，この定式化の下でも，日銀貸出が資金偏在を助長するという命題は成立しえない．

63) かわりに，$b$ が増加するとすると，$N$ を一定としたケースと同一の結論がえられる．すなわち，$b$ の増加により資金偏在の程度は小となる．

64) 堀内昭義[1980] p.28 参照．

てきた．このばあい日銀信用供給は，市中銀行に対する公社債割当から必要となる事実上の補助金と流動性を供給する機能をもつものであるから，それは当然相対方式で供給されねばならない．「横ならび意識」なる都銀の行動様式を利用しつつ，原則として各行の公社債割当に応じて信用供給を行なう必要があるわけである．窓口指導が個別的規制であることは言うまでもない．こうした相対・個別方式の金融政策運営にとって，戦後の資金偏在現象はきわめて都合良い枠組を提供したと考えられる．都銀という大規模で少数の銀行群を貸越セクターにしておくことにより，相対・個別的な規制は高度の機動性を確保しえたのである．戦間期の金融政策の有効性喪失時に，高橋蔵相が有力銀行の貸越セクター化を強く望んだことは第6章でふれたとおりである．

　また，第10章で説明するように，高度成長期金融政策手段の大宗をなした窓口指導の有効性は，貸出市場の不完全性の程度あるいはセグメンテーション（市場分断）の度合に依存する．すなわち，都銀以外金融機関の貸出市場のセグメンテーションが強いほど，窓口指導の引締効果は強いのである．貸出市場の分断は，本節の資金偏在現象と同じく，都銀以外金融機関の貸出行動に対する各種専門化規制に起因するものである．戦後金融制度編成の1つの中心的モチーフであった分業化方針ないし専門化規制は，資金偏在現象，窓口指導という2つのルートを通じて人為的低金利政策の遂行過程に密接な関連を有しているのである．

# 第9章　長期資金市場と短期貸出市場[1]

　本章の課題は，高度成長期経済における企業部門への資金配分機構を銀行貸出市場のワーキングを中心にして検討することにある．[1]～[3]では，この問題に関するわれわれ自身のモデルを提示する．[4]では，われわれの仮説に対する諸批判を紹介し吟味する．また，われわれの仮説に代替的な貝塚啓明氏によるジャッフィ＝モジリアーニ型のモデルをとりあげ，両者の相異点，対立点を明確にするとともに，貝塚氏の擬似的信用割当の概念が戦後銀行貸出市場の理解にとってきわめて重要な概念であることを指摘する．最後に，[5]では，企業間信用と銀行貸出との関係を分析する．企業間信用については，従来の分析ではその資金調達手段としての側面に過度に力点がおかれてきたきらいがある．われわれは，企業間信用の資金運用面を重視して，それを戦後企業部門の流動資産選択という一般的フレーム・ワークの中に位置づけることを試みる．また，補論(III)では，長期資金の産業別配分が産業間の生産性上昇率における格差現象と密接な関係があることを示し，投資部門への長期資金の優先的配分が，いわゆる生産性上昇率格差インフレーションにかかわっていることを示唆する．

　まず，最初の3節で展開されるわれわれのモデルの要旨を述べておこう．企業部門への資金供給はさまざまな金融的債権を介して行なわれるが，われわれはこれを民間金融機関短期貸出と長期資金(政府金融機関貸出，民間金融機関長期貸出，株式，社債)に大別する．この区別は，前章で述べたように，短期貸出が自由金利市場に，長期資金がブロードな意味で規制市場に属することによる．長期資金に関しては，さまざまな人為的規制により信用割当が行なわれており，そこに直接・間接の行政的裁量が加えられたことはまず間違いないだろう．

　まず，それは高度成長期の工業化が大量生産による規模の利益の追求を主た

---

1) 本章は寺西重郎[1974 b]および[1975 b]を全面的に加筆訂正したものである．

るモチーフとしてきたことから，企業規模を基準として大規模企業により優先的に配分されてきた側面がある．また，戦後における第1の経済課題が，合理化・近代化投資による経済的自立および高度経済成長であったことから，輸出・投資財部門に優先的に配分されてきたともみなすことができる．おおざっぱに言って，輸出・投資財部門は大規模企業からなっていたから，これら2つの側面は同じコインの表裏の関係にあるともいえよう．問題は短期貸出市場である．この市場に対する規制は自主規制金利の形での金利規制に限られ，それは原則的に企業規模あるいは産業分類等にかんして無差別に適用される．しかも，われわれの見解によれば金利規制は実効金利の段階でほぼ無効である．このような状況の下で，なんらかのバイアスをもった資金配分が短期貸出市場についても生じている——後述のように，このバイアスは企業規模にかんしては明瞭に見出すことができる——としたら，それはいかに説明されるべきであろうか．

われわれの仮説は，この問題を長期資金市場における不均衡のスピル・オーバー効果という視点から理解しようとするものである．すなわち，長期資金市場では，その供給量と金利に政策的ないし行政的裁量が加えられるために，満たされない需要という形の不均衡がバイアスをもって生じている．このバイアスをもった不均衡は，長期資金の代替財である短期貸出の市場にスピル・オーバーし，その配分にバイアスを与えることになる．これが以下の[1]から[3]においてわれわれの提示しようとしている仮説の骨子である．

## [1] 長期資金の信用割当

本章では，長期資金の信用割当の企業規模基準による配分の側面に主として注目する．これは1つには簡単化のための手続である．以下における小規模企業，大規模企業という2分法を，流通・消費財部門に属する企業，輸出・投資財部門に属する企業とよみかえても議論の本質に差異は生じないし，また流通・消費財部門に消費者金融を加えても基本的なロジックは不変にとどまる．（長期資金信用割当の消費・投資財という需要基準に関する側面は補論(III)でとりあげられている．）

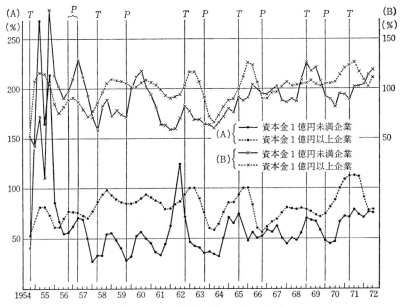

図 9-1 規模別の長期資金・固定資産比率

〔資料〕 『法人企業統計季報』.
〔注〕 上方の 2 曲線は,(A)規模別(社債+株式+固定負債金融機関借入金+内部資金)純増 4 期移動平均÷固定資産純増 4 期移動平均,すなわち増分による総長期資金・固定資産比率であり,下方の 2 曲線は,(B)規模別(社債+株式+固定負債金融機関 借入金)純増 4 期移動平均÷固定資産純増 4 期移動平均,すなわち増分による長期資金・固定資産比率である.左側の(A)目盛は長期資金・固定資産比率,右側の(B)目盛は総長期資金・固定資産比率に対応する.$P$ および $T$ は,鉱工業生産指数の対前年同期比の動きから判断した景気の山および谷(以下の諸図表で同じ).

図 9-1 の下方の 2 曲線は,規模別の増分にかんする長期資金・固定資産比率——(株式+社債+金融機関長期借入金)の純増÷固定資産純増——を描いたものである.ここではさしあたりこの 2 曲線の水準に注目されたい.小規模企業(資本金 1 億円未満)については 50% 程度,大規模企業(資本金 1 億円以上)については 80% 程度である.すなわち両規模企業において長期資金・固定資産比率は 1 よりかなり小さく,しかも小規模企業の方がいっそう小さい[2].わが国企業の資金調達においては,欧米のごとく固定資産に長期資金が対応し,棚卸資産に短期借入および買掛金が対応するという構造ではなく,短期借入と買掛金のうちのかなりの部分が固定資産に対応し,それらが長期資金の代替財の

表9-1 外部からの設備資金調達方法の実績と希望の対比
(企業に対するアンケート調査結果の一部)(単位:%)

| 設備資金調達方法 \ 資本金規模実績と希望 | 10億円以上 | | 1億-10億円 | | 5千万-1億円 | | 1千万-5千万 | | 1千万円未満 | | 全調査企業 | |
|---|---|---|---|---|---|---|---|---|---|---|---|---|
| | 実績 | 希望 | 実績 | 希望 | 実績 | 希望 | 実績 | 希望 | 実績 | 希望 | 実績 | 希望 |
| 短期借入金 | 7.3 | 7.8 | 23.1 | 16.9 | 25.1 | 16.5 | 27.7 | 14.8 | 33.7 | 20.2 | 21.4 | 14.4 |
| 企業間信用 | 2.8 | 1.8 | 3.6 | 1.8 | 3.9 | 3.5 | 8.4 | 3.6 | 12.9 | 3.9 | 5.5 | 2.7 |
| 長期資金 | 84.8 | 87.6 | 64.1 | 76.1 | 57.2 | 74.1 | 51.9 | 75.7 | 37.6 | 64.6 | 62.9 | 77.4 |
| 　長期借入金 | 73.7 | 73.0 | 61.0 | 67.8 | 55.0 | 64.1 | 47.7 | 64.8 | 35.4 | 53.9 | 57.7 | 66.4 |
| 　社債の発行 | 3.8 | 5.3 | 0.0 | 0.0 | 0.0 | 0.9 | 0.0 | 0.3 | 0.0 | 0.0 | 1.0 | 1.6 |
| 増資 | 7.3 | 9.3 | 3.1 | 8.3 | 2.2 | 9.1 | 4.2 | 10.6 | 2.2 | 10.7 | 4.2 | 9.4 |
| 無回答 | 5.3 | 3.0 | 9.1 | 5.2 | 13.9 | 6.1 | 11.9 | 5.8 | 15.7 | 11.2 | 10.2 | 5.6 |
| 計 | 100.0 | 100.0 | 100.0 | 100.0 | 100.0 | 100.0 | 100.0 | 100.0 | 100.0 | 100.0 | 100.0 | 100.0 |

〔資料〕 金融制度調査会[1970].

役割を果しているわけである.

しかも重要なことは,この短期借入等によって長期資金の代替がなされていること,およびその程度が小規模企業ほど大きいことは,企業がそれを望んだ結果生じたものではなく,企業の長期資金需要が十分満たされないために,いわば強制的に代替がなされているということである[3].このことは,長期借入金の要望に対して調達の実績を対比した表9-1から明らかである.表9-1は,長期外部資金による設備資金調達割合が,各規模とも希望割合に実績割合が満たないことを示している.この程度は明らかに小規模企業ほどはなはだしい.しかも,資本金1億円以上の大規模企業においても少なからぬ満たされない需要のあることが注目される(資本金1億-10億円で希望76.1%に対して実績64.1%).また表9-1は,この長期資金需要の満たされざる部分が主として短期

---

2) 長期資金・固定資産比率の定義にあたって,分子に内部資金を加えることが考えられる.こうして定義された比率は図9-1の上方に総長期資金・固定資産比率として示されている.これでみると,小規模企業の方が一般に内部資金で設備投資をまかなう割合が高いから,小規模企業の長期資金・固定資産比率はかなりかさ上げされる.しかし,それにもかかわらず,小規模企業の長期資金・固定資産比率は1よりかなり小さく,しかも大規模企業のそれを下回っている.この定義による大規模企業の長期資金・固定資産比率は100%程度であるが,その水準は時期によって大きく変動している.しかし,たとえ長期資金・固定資産比率が100%水準であっても,長期資金の中には長期運転資金が含まれているから,実質的なそれは100%に満たない可能性のあることに注意する必要がある.また小規模企業の場合,その内部資金のうちには,本来配当に回されているべき部分が,長期外部資金へのアクセシビリティが小さいために,いわばゆがめられた形で含まれていることも考慮されねばならない.
3) この強制的代替という表現はコルナイ(Kornai, J.)[1971]のcompulsory correctionまたはforced substitutionの概念に対応している.

表9-2 金融機関別貸出期間1年以上の貸出金の総貸出金に対する割合
(単位:%)

| | (A) 約定ベースで1年以上貸出の総貸出に対する割合 | | | | (B) 実質ベースで1年以上貸出の総貸出に対する割合 | | (C) (B)−(A) | |
|---|---|---|---|---|---|---|---|---|
| | 1955 | 1960 | 1965 | 1968 | 1965 | 1968 | 1965 | 1968 |
| 都 市 銀 行 | 5.8 | 9.3 | 12.2 | 12.9 | 23.4 | 24.4 | 11.2 | 11.5 |
| 地 方 銀 行 | 8.1 | 9.7 | 20.0 | 19.7 | 37.7 | 38.2 | 17.7 | 18.5 |
| 長期信用銀行 | 51.6 | 92.8 | 91.7 | 88.9 | 91.7 | 89.4 | 0.0 | 0.5 |
| 信 託 銀 行 | | | | | | | | |
| 　銀 行 勘 定 | | | 36.0 | 42.4 | 36.9 | 43.3 | 0.9 | 0.9 |
| 　信 託 勘 定 | | | 99.5 | 99.8 | 99.5 | 99.8 | 0.0 | 0.0 |
| 相 互 銀 行 | | | 40.1 | 38.8 | 47.3 | 43.8 | 7.2 | 5.0 |
| 信 用 金 庫 | | | 27.2 | 30.3 | 42.1 | 45.3 | 14.9 | 15.0 |

〔資料〕 金融制度調査会[1970]. ただし1955, 1960年の(A)の値は『本邦経済統計』による.
〔注〕 各年の3月末の値.

借入金によって代替されていることを示している.企業間信用による代替は資本金1千万円未満企業ではかなり生じているが,その他の規模では相対的に小さい.しかも資本金1千万円未満企業でも,企業間信用による代替と短期借入金による代替を比べると後者の方が大きい.

短期借入による長期資金の代替はいわゆる「短期のころがし」という現象にあらわれている.表9-2を参照されたい.都市銀行,地方銀行による貸出は90%以上が,1年未満の短期貸出であるが,そのうちのかなりの部分が借替えによって実質上の長期貸出の役割を果している[4].この傾向は,相互銀行,信用金庫においても同様である.

したがって次のように言うことができよう.わが国企業の資金調達において,設備投資のための長期借入金需要は十分に満たされていず,その満たされざる部分は主として短期借入金によって代替されている.しかも,長期資金の満たされざる需要およびその短期借入による代替の程度は小規模企業ほど強い.すなわち,戦後わが国の長期資金市場は恒常的に不均衡状態にあり,その不均衡

---

[4] 表9-2の短期の借替えのデータは1965年と1968年のものであって,この時期はいわゆる金融正常化論によって,短期貸出の長期への切換えがかなり進んでいたことに注意する必要がある.昭和30年代をとれば,この「ころがし」の割合はもっと多かったと思われる.

表 9-3 「貸し手の二重構造」(1960 年末)(単位：億円)

| | 大規模企業向け貸出 | | 小規模企業向け貸出 | | 計 | 大規模企業向け貸出割合 | 小規模企業向け貸出割合 |
|---|---|---|---|---|---|---|---|
| | 金額(a) | (12)に対する割合(%) | 金額(b) | (12)に対する割合(%) | (c)=(a)+(b) | (%) | (%) |
| (1) 都市銀行 | 34,203 | 46.6 | 12,364 | 26.0 | 46,567 | 73.4 | 26.6 |
| (2) 地方銀行 | 10,373 | 14.1 | 12,365 | 26.0 | 22,738 | 45.6 | 54.4 |
| (3) 長期信用銀行 | 8,768 | 11.9 | 574 | 1.2 | 9,342 | 93.9 | 6.1 |
| (4) 信託銀行銀行勘定 | 2,107 | 2.9 | 409 | 0.9 | 2,516 | 83.7 | 16.3 |
| (5) 全国銀行信託勘定 | 6,675 | 9.1 | 555 | 1.2 | 7,230 | 92.3 | 7.7 |
| (6) 保険会社 | 4,714 | 6.4 | — | 0.0 | 4,714 | 100.0 | 0.0 |
| (7) 輸出銀行・開発銀行 | 6,634 | 9.0 | — | 0.0 | 6,634 | 100.0 | 0.0 |
| (8) 政府系中小企業金融機関 | — | 0.0 | 4,535 | 9.5 | 4,535 | 0.0 | 100.0 |
| (9) 相互銀行 | — | 0.0 | 7,444 | 15.6 | 7,444 | 0.0 | 100.0 |
| (10) 信用金庫 | — | 0.0 | 7,721 | 16.2 | 7,721 | 0.0 | 100.0 |
| (11) 信用組合 | — | 0.0 | 1,600 | 3.4 | 1,600 | 0.0 | 100.0 |
| (12) 計 | 73,474 | 100.0 | 47,567 | 100.0 | 121,041 | 60.7 | 39.3 |
| (13) 規模別借入金 | 61,884 | — | 20,141 | — | 82,025 | 75.4 | 24.6 |

〔資料〕『本邦経済統計』．
〔注〕 (a)小規模企業の範囲は(1)-(5)の金融機関については資本金 1,000 万円未満．(b)保険会社，輸出銀行・開発銀行の貸出は全て大規模企業向け，政府系中小企業金融機関(中小企業金融公庫，商工組合中央金庫，国民金融公庫)，相互銀行，信用金庫，信用組合の貸出は全て小規模企業向けと仮定．(c)(13)は『法人企業統計年報』より得た規模別(1,000 万円区切り)金融機関借入金(全産業)．

の程度は規模にかんしてバイアスをもっているわけである．

次の問題は，このような長期資金市場における不均衡およびその規模にかんするバイアスがどのような理由から生じたかということである．われわれは以下で，この不均衡が戦後における人為的低金利政策の採用を必要ならしめた実物的・金融的諸条件および人為的低金利政策の構造に密接に関連して生じてきたものであることを示したい．表 9-3 を参照せられたい．この表はいわゆる貸手の二重構造とよばれる事実を示している．まず各規模企業がどのような金融機関から資金を調達しているかを見よう．大規模企業は金融機関借入の 61% を都市・地方銀行に依存しており，30% を長期信用銀行，信託銀行，保険会社から得ている．小規模企業は金融機関借入金のうち 52% を都市・地方銀行か

ら，また35%を相互銀行，信用金庫，信用組合等の中小企業専門金融機関から得ている．次に各種金融機関別に規模別貸出を見よう．都市銀行，地方銀行の大規模企業向け貸出割合はそれぞれ73%，46%であり，長期信用銀行，信託銀行ではそのほとんどが大規模企業向けである．

表9-3の情報をさきに示した表9-2に結びつけることにより，われわれは次のような周知のかつ重要な命題を得ることができる．すなわち，(i)各規模企業の主な借入先である都市，地方銀行および民間中小企業専門金融機関の貸出は主として短期貸出である．(ii)長期金融を担当する長期信用銀行，保険会社，信託銀行等の貸出はそのほとんどが大規模企業向けであり，大規模企業の金融機関総借入の約30%を構成している．

以上の2つの命題は，民間金融機関貸出が一般に短期にかたよっており，しかも長期貸出は主として大規模企業に向けられているということを示している．ここで重要なことは，これらの現象が多かれ少なかれ戦後における人為的低金利政策のあり方に密接に関連していることである．まず，金融機関の貸出が主として短期貸出であることは，主として次の3つの理由によると考えられる．(i)銀行預金の短期性．すなわち，高度成長期において，特にその初期にさかのぼるほど，定期預金の割合が小さくまた定期預金のうちでも長期のものの割合は小であった．これは既に指摘したように戦中および戦争直後のインフレーションによって資産蓄積が大幅に減価したことに主として起因するものであるが，それと同時に，銀行預金が郵便貯金にくらべて相対的に短期資金を対象とするよう金利規制を受けていたことにもよる．(ii)民間金融機関が流通性を欠く公社債を強制的に割当てられていたため，いっそうの資金の固定化を招く長期貸出を行なう余地が少なかったことがあげられる．これは特に日銀貸出の対象外の都銀以外金融機関について重要な要因であった．(iii)長期貸出金利が制度的に硬直化しているため，プロフィタブルな長期貸出を行ないにくい状況があったこと．すなわち，長期貸出金利は貸出期限15年以上を主体とする開銀の基準金利，それに連動する長期信用銀行等の最優遇貸出金利を基準としているため，期間2-3年以上の長期貸出は期間に関する金利の傾斜をほとんどもたなかった[5]．このため，たとえ長期貸出が望ましいとしても，銀行の合理的行動から要請される弾力的な金利，貸出期間の設定はむずかしく，市中金融の貸出は

短期中心にならざるをえなかったと考えられる.

次に,金融機関の長期貸出が大規模企業に優先的にバイアスをもって配分されたことについても,人為的低金利政策のあり方との密接な関連を指摘することができる.(i)長期信用銀行の貸出は,人為的重複金融仲介の下で都銀に大量の金融債を引受けてもらっていた関係上,都銀の系列大企業に集中せざるをえない面があったことである.(そもそも長銀の創設目的の1つはこの点にあった[6].)また,金融債の金融機関引受によって資金の主要部分を調達する関係上,長銀の支店網が不十分で,(代理貸を除いて)小規模企業貸出を行ないにくいという事情もあげることができよう.(ii)政府金融貸出は,特に高度成長期初期においては圧倒的に基幹産業・大規模企業中心であった.これは,重化学工業の再興,振興を経済自立のための最優先課題としたためである.開銀等の融資は当初ほとんどが大規模企業に集中されたのである.(iii)貸付信託法は,1971年の改正まで,その第1条で資源の開発その他緊要産業への融資を義務づけていた.

限られた量の長期資金を大規模企業中心に配分するという高度成長期金融方式の特質は,証券市場を通じる企業金融においていっそう顕著である.株式市場にかんして言えば,その上場審査基準は資本金規模によって下限を画されており,このことは店頭登録銘柄についても同様である[7].したがって,株式による資金調達の外部資金としての特質は,事実上資本金において大規模な企業に限って利用可能であったと言うことができる.社債の発行条件に関するさまざまな規制については,周知のことがらである.事業債の格付基準は専ら企業規模を基準として定められており,発行条件は規模の大なるほど有利である.また,質的規準が,小規模ほど高水準を要求せられているため,質的規準の高いほど発行条件が不利になるという奇妙な状況が生じていることも,既に前章

---

5) 金融制度調査会[1968] p.130 参照.
6) 金融制度調査会[1968]によれば,長期信用銀行の設立目的は,(i)金融債により短期の資金を長期資金に転化するという長期資金創出とともに,(ii)都市銀行のオーバー・ローンを,金融債の都市銀行以外の金融機関による引受と長銀による都銀系列企業への貸出という方法で解消すること,および,(iii)金融債の運用部引受により財政資金を産業界に導入することの3点にあった.
7) 1974年現在で,東証の上場基準は1部で資本金10億円以上,2部で3億円以上(東京周辺企業)である.また,店頭登録は資本金1億円以上企業に限られており,銘柄数はアメリカ等にくらべてきわめて少ない(1974年4月末で82社).

で指摘しておいた.

以上の考察は,高度成長期における企業部門に対する長期資金供給の不均衡およびその規模に関してバイアスをもった配分が,人為的低金利政策の基礎をなす実物的金融的諸条件と密接に関連したものであり,その政策の枠組によって規定されていることを示唆している.われわれの次の課題は,この長期資金市場における不均衡と信用割当を前提したうえで,それが銀行短期貸出市場に及ぼすスピル・オーバー効果を理論分析から推論することである.

## [2] 短期貸出市場の理論的分析

本節では,長期資金市場における不均衡およびその規模にかんして見出されたバイアスを前提として,短期貸出市場の分析を行う.モデルは一種の交渉力理論モデルであり,長期資金市場における不均衡が,短期貸出市場における企業と銀行との間の交渉力に影響することを通じて,短期貸出の配分を規定するという機構を基本的構造としている.

### (1) 企業と銀行の主体均衡

第$i$銀行(代表的銀行)および第$j$企業(代表的大規模企業または小規模企業)の利潤極大化モデルから短期貸出供給曲線と短期借入需要曲線を導出する.

まず,第$i$銀行は,本源的預金$H$と日銀借入$N$によって定められるバランス・シートの制約条件の下で利潤極大を行うものとする.第$j$企業への短期貸出額を$S_j$,その預金歩留り率を$k_j(0<k_j<1)$で表わし,簡単化のために現金,日銀預金,有価証券等の準備資産の保有をゼロとすれば,バランス・シートの制約条件は

$$\sum S_j = H + N + \sum k_j S_j \tag{1}$$

となる.次に第$j$企業への貸出に伴う貸出費用(審査費用,貸倒償却費等)函数を$C_j(S_j)$とし,

$$\frac{dC_j}{dS_j} > 0, \quad \frac{d^2 C_j}{dS_j^2} > 0$$

と仮定する.預金金利,日銀借入金利をそれぞれ$\delta, \rho$とし,第$j$企業への貸出

金利を $r_j$ とすると, 銀行の利潤 $\Gamma$ は
$$\Gamma = \sum r_j S_j - \sum C_j(S_j) - \delta(H + \sum k_j S_j) - \rho N \tag{2}$$
となる.

(1)式の制約の下で(2)を $S_j$ にかんして極大ならしめることにより, その1次の条件から第 $j$ 企業への短期貸出供給曲線
$$S_j = S_j(r_j, \rho) \tag{3}$$
を得る. この曲線が次の4つの性質をもつことは容易に確かめることができる(補論(I)参照). (i)貸出供給曲線は $r$ の増加関数である. (ii)貸出供給曲線上では利子率が高いほど利潤が大きい. (iii)等利潤曲線は貸出供給曲線の左側で負, 右側で正の傾きをもち, 供給曲線上で $S_j$ 軸に平行になる. (iv)貸出供給 $S_j$ は $\rho$ の減少関数である.

次に第 $j$ 企業の固定資産を $K$, 棚卸資産を $\alpha K (\alpha > 0$ 一定)とし, これらが株式 $(E)$, 長期借入+社債 $(B)$ および銀行からの短期借入 $(D)$ によってまかなわれるものとする.
$$(1+\alpha)K = E + B + D \tag{4}$$
簡単化のために, $E$ および $B$ は一定とする(このことはクラウワー(Clower, R.)[1965]の dual decision 仮説を考慮して, 第1段階の意思決定における $E$ および $B$ の notional な需要額が一定の市場供給額より大きいため, 第2段階の意思決定では, $E$ および $B$ が供給額の水準で所与となっていると理解すればよい). 企業の税引後営業利益は総資産および景気状況を示すパラメーター $t$ の函数 $R((1+\alpha)K, t)$ であり,
$$\frac{\partial R}{\partial (1+\alpha)K} > 0, \quad \frac{\partial^2 R}{\partial (1+\alpha)K^2} < 0, \quad \frac{\partial^2 R}{\partial (1+\alpha)K \partial t} > 0$$
であると仮定する. $B$ および $D$ の金利をそれぞれ $i$ および $r$ で示すと, 株主に帰属する利潤は
$$\Pi = R((1+\alpha)K, t) - iB - rD \tag{5}$$
となる. (5)を(4)式の制約の下で極大化することにより, その1次の条件から第 $j$ 企業の短期借入需要曲線
$$D_j = D_j(r_j, t)$$
を得る. この曲線が次の4つの性質を持つことも容易に確かめることができる

(補論(I)参照).  (i)借入需要 $D$ は $r$ の減少函数である.  (ii)借入需要曲線上では利子率が低いほど利潤が大きい.  (iii)等利潤曲線は借入需要曲線の左側で正,右側で負の傾きをもち,需要曲線上で $D$ 軸に平行になる.  (iv)借入需要 $D$ は $t$ の増加函数である.

### (2) 短期貸出市場の均衡

しばしば言われるように,銀行貸出市場は典型的な相対(あいたい)取引市場であって,個々の投資プロジェクトごとに企業と銀行の1対1の取引によって金利が定められる.したがって,それは一般的には双方独占市場であって,均衡値は企業と銀行の力関係(交渉力)に依存して定まり,また交渉力の変化に従って均衡の転位が生じると考えられる[8].図9-2は,このような双方独占市場である第 $i$ 銀行と第 $j$ 企業の短期貸出市場の状況を示したものである.図において $L_0$ 直線はいわゆる契約曲線であって,企業と銀行の等利潤曲線の傾きが等しいという条件から導かれる[9].

いま銀行が第 $j$ 企業に対して貸出の差別独占供給者としての力を持っているとすれば,均衡は $A$ 点に定まる.なぜならば,この点で借手の需要曲線と貸手

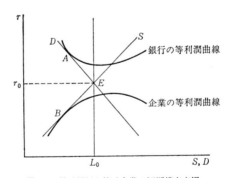

図9-2  第 $i$ 銀行と第 $j$ 企業の短期貸出市場

---

8) アロー(Arrow, K. J.) [1959] は,不均衡市場は一般に双方独占市場であり,価格設定権は売手と買手の集中度の高い方にあるとしている.また銀行貸出市場の相対市場としての性格については,蝋山昌一[1976]参照.

9) 銀行の等利潤曲線の傾きは $\left(\dfrac{dC_j}{dS_j}\delta k_j + \rho(1-k_j) - r_j\right)/S_j$,また企業のそれは $\left(\dfrac{\partial^2 R}{\partial(1+\alpha)K^2} - r\right)/D$ であり,これらが等しいことから $L$ 一定を得,競争均衡点が契約曲線に含まれることから $L = L_0$ を得る.

の等利潤曲線は接しており，したがって企業の需要曲線の制約下で，銀行はこの点における貸出額と利子率の下で最大の利潤を得ることができるからである．逆の極端なケースとして，企業が資金の需要独占者として行動するとすれば，類似の論理から均衡は $B$ 点に定まる．両者が競争的に行動するとすれば，均衡は $L_0$ 直線上にあり，両者が，なんらかの配分契約の下に，その利潤の和を極大にするとすれば均衡点は $E$ 点に定まる．

さて，われわれの仮説は，企業と銀行の短期貸出市場における交渉力をア・プリオリな仮定によって固定化するのではなく，長期資金へのアクセシビリティ (accessibility) という変数によって内生化するものである．すなわち，長期資金市場において満たされない需要という形の不均衡が大きいほど，短期貸出市場における企業と銀行の交渉力が銀行にとって有利に，企業にとって不利になると考えるわけである．高度成長期の主導産業であった重化学工業は，規模の経済性をその主要な技術的特性とする．企業にとって，国内のマーケット・シェアーを高め，量産体制を確立することが，利潤獲得の第1の前提であった．また，一般に「経営者支配」の下の企業活動において，企業の1つの主要な行動目標は規模の拡大であり，設備投資資金の入手は各企業の主要な関心事であると言うことができる．したがって，たとえば長期資金へのアクセシビリティの小さいことは，その代替財としての銀行短期借入金需要の緊要度が高いことを意味し，このことは短期貸出市場における企業と銀行の交渉力を銀行に有利ならしめると考えることができよう．

このような意味での企業と銀行との交渉力を規定する要因である長期資金へのアクセシビリティは長期資金・固定資産比率によって指標的にあらわすことができる．さきに述べたように，この値が一般に1より小さく，かつその程度が小規模企業において大きいことは，長期資金市場における不均衡とその規模にかんするバイアスを意味しているからである．

企業と銀行との交渉力（あるいはその決定因である長期資金アクセシビリティの指標としての長期資金・固定資産比率）は，2つの点で短期貸出市場の均衡に影響すると考えられる．その第1は，価格（金利）設定権である．企業と銀行のいずれが価格設定者となり，いずれが数量調節者として行動するかは両者の交渉力に依存すると仮定する．第2に，価格設定に際してのマーク・アップ率

——設定される貸出金利と競争均衡金利の差をマーク・アップ率とよぶ——もまた交渉力の大きさに依存すると考えられる．価格設定者の交渉力の大きいほどそのマーク・アップ率は絶対値において大きくなるであろう．

以上から，われわれのモデルは次のような方程式体系であらわされる．

$$L = \begin{cases} D(r,t), & \varphi(b) > 0 \cdots\cdots 小規模企業 \\ S(r,\rho) \text{ or } L_0, & \varphi(b) < 0 \cdots\cdots 大規模企業 \end{cases} \quad (6)$$

$$(1+\alpha)K = B+E+L \quad (7)$$

$$r - r_0 = \varphi(b), \quad \varphi' < 0 \quad (8)$$

$$b = (B+E)/K \quad (9)$$

$$D(r_0, t) = S(r_0, \rho) = L_0 \quad (10), (11)$$

ここで，$\varphi(b)$ はマーク・アップ率であり，これは長期資金・固定資産比率 $b$ の減少函数であると仮定されている[10]．$r_0$ は競争均衡金利，$L_0$ は競争均衡貸出および契約曲線をあらわす．$L$ は均衡貸出額であって，(7)式は企業のバランス・シート(4)式が事後的にも均衡していることを意味している．(6)式の意味は次のようである[11]．まず，小規模企業はその長期資金・固定資産比率したがって対銀行交渉力が弱いために，短期貸出市場において数量調整者として行動する．銀行は価格(金利)設定権を持ち，その価格を $b$ の大きさに応じただけ $r_0$ より高い大きさに定めることができる．定められた金利に対して小規模企業の需要した大きさが均衡貸出額となる．次に大規模企業については2通りの仮定がなされている．第1の仮定($L=S(r,\rho)$)は，小規模企業と逆のケースであって，企業が価格設定者となって，その設定する価格に銀行が供給量を調節する場合である．均衡貸出額はこの場合，銀行の供給曲線上に定まる．第2の仮定($L=L_0$)は，企業と銀行が競争的に行動するケースである．このケースでは均衡貸出は契約曲線上に定まる．いずれのケースでも，大企業貸出市場におけるマーク・アップは負であって，このことは大規模企業の $b$ したがって交渉力

---

[10] さきに指摘した借入需要曲線の特質(ii)によって，企業の利潤は $r$ したがってマーク・アップ率の小なるほど大きくなることに注意されたい．同様に貸出供給曲線の特質(ii)によって，銀行の利潤はマーク・アップ率の大なるほど大きくなる．

[11] (6)式の定式化は通常なされる $L$ が short side できまる，すなわち $L=\min[D(r,t), S(r,\rho)]$ という形と形式的に大差ない．しかしここでは便法としての short side 決定の仮定ではなく，価格設定力の行使という経済学的含意を重視して導出した．

が相対的に大きいという想定に基づいている.

小規模企業にかんする仮定は，まずプロージブルであろう．大規模企業にかんして2つのケースのいずれをとるかは判断の分かれるところであろう[12]．しかし以下にみるように，モデルの比較静学的含意はいずれのケースを仮定しようとも大差がない．ちなみに，以上のモデルにおいて $r$ のとりうる範囲に限定が課されていないことに注意されたい．われわれは，たとえ大口短期貸出について自主規制金利の形の上限があるとしても，実際の貸出金利は実効金利の段階で十分伸縮的であると仮定しているわけである.

モデル(6)～(11)の解は，(10)，(11)式および，小規模企業については,

$$\begin{cases} L^* = D(r^*, t) \\ r^* = \varphi\left(\dfrac{(1+\alpha)(B+E)}{B+E+D(r^*,t)}\right)+r_0 \end{cases} \quad (12)$$

によって，また大規模企業については，大規模企業が価格設定者であるとき,

$$\begin{cases} L^* = S(r^*, \rho) \\ r^* = \varphi\left(\dfrac{(1+\alpha)(B+E)}{B+E+S(r^*,\rho)}\right)+r_0 \end{cases} \quad (13)$$

または，大規模企業と銀行が競争的に行動するとき

$$\begin{cases} L^* = L_0 \\ r^* = \varphi\left(\dfrac{(1+\alpha)(B+E)}{B+E+L_0}\right)+r_0 \end{cases} \quad (13)'$$

で与えられる[13].

---

[12] これに対して，貝塚啓明氏は銀行はすべての企業に対して差別独占者としての地位にあると想定する(後述)．また宮沢健一[1961]，宮沢健一・加藤寛孝[1964]における次のような叙述はわれわれと同様な視点を示したものとして興味深い．「銀行と大企業との関係は，借手の企業が貸手の銀行を選択できるという側面があるため，銀行は「競争価格」としての金利を甘受しなければならない」「これに対して中小企業金融の場合には，貸手たる銀行がむしろ独占的立場にあって借手を選択し「独占価格」としての金利を課しうる立場にある」．なお堀内昭義[1980]は，われわれのモデルでは大規模企業が信用割当を受けていると指摘しているが(p.124)，これは正しくない．大規模企業がたとえば図9-2の $B$ 点を選ぶばあい，これは需要独占者としての最適な利子率と借入の組合せを選んでいるのであって，この点において「満たされない需要」があるわけではない.

[13] (13)式の解の存在のためには，$J\dfrac{\partial S}{\partial r}+1>0\left(J=\varphi'\dfrac{(1+\alpha)(B+E)}{(B+E+S)^2}\right)$ が必要である.

## (3) 比較静学分析

本節の以下の部分では，以上の(12)～(13)′式で与えられる均衡貸出，均衡金利等が，景気指標，公定歩合等の外生的ないし政策的パラメターの変化に対してどのように変化するかを規模ごとに検討する．説明をわかりやすくするために，大規模企業については均衡貸出が銀行の貸出供給曲線上に定まるケース，すなわち企業が価格設定者である場合を中心に解説する．（大規模企業と銀行が競争的であって，解が契約曲線上に定まるケースについて注で説明する．）

まず，景気指標 $t$ の変化の効果である．(10), (11)式および(12)式であらわされる小規模企業の均衡に及ぼす効果は次のように計算される[14]．

$$\frac{\partial r^*}{\partial t} = \frac{-I^*\frac{\partial D}{\partial t}+\frac{\partial r_0}{\partial t}}{1+I^*\frac{\partial D}{\partial t}} > 0$$

$$\frac{\partial L^*}{\partial t} = \frac{\partial D}{\partial r^*}\frac{\partial r^*}{\partial t}+\frac{\partial D}{\partial t} = \frac{\frac{\partial D}{\partial t}+\frac{\partial r_0}{\partial t}\frac{\partial D}{\partial r^*}}{1+I^*\frac{\partial D}{\partial r^*}}$$

$$= -\frac{\frac{\partial D}{\partial t}\frac{\partial S}{\partial r_0}}{\left(1+I^*\frac{\partial D}{\partial r^*}\right)\left(\frac{\partial D}{\partial r_0}-\frac{\partial S}{\partial r_0}\right)} > 0$$

$$\frac{\partial (r^*-r_0)}{\partial t}\left(=\frac{\partial \varphi(b)}{\partial t}\right) = \frac{\partial r^*}{\partial t}-\frac{\partial r_0}{\partial t} = \frac{-I^*\left(\frac{\partial D}{\partial t}+\frac{\partial r_0}{\partial t}\frac{\partial D}{\partial r^*}\right)}{1+I^*\frac{\partial D}{\partial r^*}}$$

$$= \frac{I^*\frac{\partial D}{\partial t}\frac{\partial S}{\partial r_0}}{\left(1+I^*\frac{\partial D}{\partial t}\right)\left(\frac{\partial D}{\partial t}-\frac{\partial S}{\partial t}\right)} > 0$$

まったく同様の計算により，(10), (11)式および(13)式であらわされる大規模企業の均衡に及ぼす効果は次のようになる[15]．

---

14) 計算の途中で $\partial D/\partial r^*=\partial D/\partial r_0$ という仮定が用いられている．また $I \equiv \varphi'(1+\alpha)(B+E)/(B+E+D)^2$ である．

15) 計算の途中で $\partial S/\partial r^*=\partial S/\partial r_0$ という仮定が用いられている．また符号の評価には注13)の解存在の必要条件が用いられている．(13)式にかえて(13)′式を用いた場合，すなわち大規模企業と銀行が競争的であるとした場合にも，これらと同じ符号の微係数が得られる．

$$\frac{\partial r^*}{\partial t} > 0, \quad \frac{\partial L^*}{\partial t} > 0, \quad \frac{\partial (r^* - r_0)}{\partial t} \left( = \frac{\partial \varphi(b)}{\partial t} \right) > 0$$

比較静学分析の図による表現は図9-3に与えられている．景気指標 $t$ の増加は，各企業の期待される営業利益 $R((1+\alpha)K, t)$ を増加させる結果，企業の借入需要曲線を右方にシフトせしめる．このため，各規模企業とも借入が増加し，利子率が上昇するわけであるが，その効果のあらわれ方には大規模企業と小規模企業とで対照的な差異がある．

まず小規模企業の場合，図9-3(A)において均衡点は $E_1$ から $E_2$ へと移るわけであるが，$E_2$ においては $E_1$ よりマーク・アップ率が大きくかつ均衡点が競争均衡点から大きく隔たっているため，マーク・アップ率の変化のない場合にくらべて貸出増加が小さい．このことは短期借入が増加する結果小規模企業の長期資金・固定資産比率が下がり，したがって銀行と企業の間の力関係が銀行に有利に展開するため，価格設定者である銀行がより大きいマーク・アップを設定しうるようになることによっている．

他方，大規模企業の場合は，同一のメカニズムが逆の結果をもたらす．景気の好転は，価格設定者である企業の要求する負のマーク・アップを小ならしめ，均衡金利を競争均衡金利に近づける．図9-3(B)において，均衡点は $E_1$ から $E_2$ に移る．$E_2$ ではマーク・アップ率の変化のない場合の均衡点 $E_2'$ にくらべて，貸出増加はいっそう大きくなっている[16]．マーク・アップ率の変化は，もちろん借入増加による長期資金・固定資産比率の低下，それによる企業の対銀

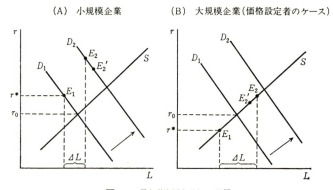

図9-3 景気指標($t$)増加の効果

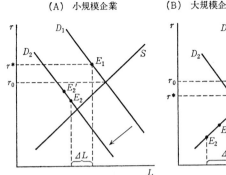

図9-4 景気指標($t$)減少の効果

行交渉力の低下に原因するものである.

以上の説明はもちろん不況期の状況にも適用されうる. 景気の悪化が $t$ の減少によって表現されるものとすれば, それは $D$ 曲線の左方シフトをもたらす. 利子率は下がり, 借入は減少する. 借入需要の減少は各規模企業の長期資金・固定資産比率を高め, したがって企業の銀行に対する交渉力は増大することになる. 図9-4を参照されたい. 小規模企業については, この効果は図(A)の $E_1$ から $E_2$ への変化としてあらわされる. 企業の交渉力が強くなるため, 価格設定者である銀行の要求するマーク・アップは小さくなり, この変化がない場合の均衡点 $E_2'$ にくらべて, 借入の減少は小幅にとどまっている. これに対して, 大規模企業の借入需要額の減少は交渉力の変化によって増幅される. 資金需要の鎮静化, それに伴う借入減少の結果, より高い長期資金・固定資産比率したがってより強い交渉力をもった大企業は, 負のマーク・アップ率を大きくする. それゆえ銀行の資金供給は低金利のためいっそう縮小する. この状況は図9-4(B)において $E_1$ から $E_2$ への変化としてあらわされている.

次に公定歩合 $\rho$ の変化の効果の分析を行おう. まず小規模企業の均衡に対する効果は次のようになる.

$$\frac{\partial r^*}{\partial \rho} > 0, \quad \frac{\partial L^*}{\partial \rho} < 0, \quad \frac{\partial (r^*-r_0)}{\partial \rho}\left(=\frac{\partial \varphi(b)}{\partial \rho}\right) < 0$$

---

16) 大規模企業が銀行と競争的であって解が契約曲線上に定まるケースでは, 契約曲線が $L$ 軸に垂直であるため, 銀行の大企業向け貸出におけるこの金利による増幅効果は生じない.

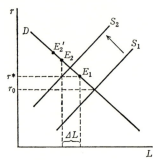
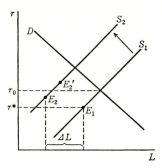

(A) 小規模企業　　　(B) 大規模企業（価格設定者のケース）

図9-5　公定歩合($\rho$)引上げの効果

また，価格設定力をもった大規模企業に対する効果は

$$\frac{\partial r^*}{\partial \rho} \gtreqless 0, \quad \frac{\partial L^*}{\partial \rho} < 0, \quad \frac{\partial (r^*-r_0)}{\partial \rho}\left(=\frac{\partial \varphi(b)}{\partial \rho}\right) < 0$$

である．

比較静学分析の図による説明は図9-5に与えられている．公定歩合の引上げは，銀行の貸出供給曲線の左方シフトをもたらし，それが利子率の上昇，借入の減少という通常の効果をもたらす．ただし，この借入減少効果は，企業の力関係によるマーク・アップ率の変化，それに基づく利子率効果のため，企業規模によって異なったものになる．小規模企業の場合図(A)にみるように借入の減少，長期資金・固定資産比率の上昇に伴う銀行に対する交渉力の増大が，銀行の設定するマーク・アップ率を低くさせるため，利子弾力的資金需要増の部分だけ借入の減少は小となる．他方大規模企業の場合，図(B)にみるように貸出減少は逆の方向に増幅される．企業の要求する負のマーク・アップがいっそう大きくなるため，銀行の貸出は公定歩合引上げの直接効果以上に縮小されるのである．

---

17) 大規模企業が銀行と競争的関係にあり，均衡が契約曲線上に定まっている場合の分析結果は次のようになる．

$$\frac{\partial r^*}{\partial \rho} > 0, \quad \frac{\partial L^*}{\partial \rho} > 0, \quad \frac{\partial (r^*-r_0)}{\partial \rho} > 0$$

## [3] 融資循環の二重性

　前節では，長期資金市場における不均衡の企業・銀行間交渉力の変化を通じるスピル・オーバー効果というわれわれの仮説に基づいて，短期貸出市場の理論モデルが分析された．われわれの仮説の正当性を主張するためには，このモデルから導かれる命題が現実の経験に無矛盾なものであることが示されねばならない．以下ではこのことを言うために若干のデータ的な分析を行う．そのためにはまず，われわれの理論分析がいくつかの厳しい簡単化の仮定あるいは抽象化の上になされていることが注意されねばならない．とりわけ重要なことは，われわれのモデルが静学モデルであることである．このためわれわれの分析は，(i)各変動のトレンドとしての変化を考慮することができないこと，および(ii)モデル内の機構がラグをもって作用する状況を分析しえないこと，という2つの制約をもっている．このうち第2の制約は，われわれが意図している実証的検討が景気循環分析であることからみてクルーシャルである．したがって，以下では，この第2の制約を若干ゆるめた形の理論分析を行い，その上で実証分析に進むことにする．

### (1) マーク・アップ率変化に関するラグ

　次のようなラグにかんする仮定を行おう．すなわち，景気指標変化に伴う借入需要曲線のシフトおよび公定歩合変化に伴う貸出供給曲線のシフトは瞬間的に生じるのに対し，長期資金・固定資産比率の変化を通じるマーク・アップ率の変化はラグをもって生じる．この仮定はかなりプロージブルであろう．景気見通しの変化によって，企業の設備投資計画およびそれに伴う資金需要はかなりドラスティックに変化しうる．また，公定歩合の変化には日銀による信用割当の変化が伴うため，それによる銀行貸出計画の変化も比較的即時的なものと考えることができよう．これらの変化に対して，マーク・アップ率の変化は借入の変化に伴う長期資金・固定資産比率の変化(長期資金の不均衡度の変化)，企業・銀行間の交渉力の変化等の多層的メカニズムを経由するために，かなりの時間が必要であると言えよう．経験的観点から言っても，マーク・アップが

交渉によって定められるものである以上，その変化にはある程度の時間を要すると考えるほうが，より適切であろう．

以上のラグにかんする想定の下で，景気指標($t$)の変化の効果をダイナミックな視点から考えてみよう[18]．（公定歩合変化の効果もまったく同じようにして行いうるので省略する．）再び図9-3および図9-4を参照されたい．前節では，われわれは$t$の変化によって，均衡点が(各図について)ただちに$E_1$から$E_2$に動くと考えた．ラグにかんする仮定のもとでは，この変化は次のように考えねばならない．すなわち$E_1$からまずマーク・アップ変化を考慮しない過渡的均衡点$E_2'$に移る．次に若干の時間の経過の後，$E_2'$から最終均衡点$E_2$への移行が生じる．

$t$の増加であらわされる好況期についてこの変化をやや詳しくみてみよう．まず好況期前半について．景気の好転とともに需要曲線が上方シフトし，借入が増加し，利子率も上昇する．この利子率の上昇はマーク・アップ率の変化によるものではなく，競争均衡金利$r_0$の上昇によるものである．これらの変化は図9-3(A)および(B)において，$E_1$から$E_2'$への変化としてあらわされ，大規模企業，小規模企業ともに生じる．次に好況が深化し，企業借入が大型化するにしたがって，長期資金の対応した増加が十分でないため，長期資金・固定資産比率の低下が生じてくる．長期資金市場不均衡の拡大は，企業と銀行の交渉力を変化せしめる．この状況が好況期後半であって，$E_2'$から$E_2$への移行としてあらわすことができる．小規模企業にかんしては，価格設定者である銀行はマーク・アップ率を引上げて，より高い利潤を得ることを試みる．マーク・アップ上昇に伴う金利上昇によって，小規模企業の資金需要は，その利子率弾力的な部分が減少せざるをえない．それゆえ，この局面では小規模企業貸出の縮小が生じる．これに対して大規模企業については，価格設定者である大規模企業の交渉力が低下し，その設定する負のマーク・アップは縮小される．金利が上昇するため，銀行の大規模企業向け貸出はその利子率弾力的な部分が拡大することになる．すなわち好況期後半では，小規模企業貸出が増加から減少に転

---

[18] 以下の推論は言葉によるものであるが，単純な推論であるからさほど厳密性を失ってはいない．しかしいっそうの正確を期するためには，モデル自体を(定差形を用いた)動学モデルとすることが必要であって，このことは残された課題である．

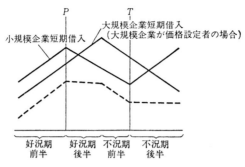

**図 9-6** 規模別借入の循環変動

じるのに対し，大規模企業貸出はいっそう増加するわけである．

まったく同類の論理を不況期の状況にも適用することができる．需要曲線のシフトによって図 9-4 の均衡点は $E_1$ から $E_2'$ へ移る．利子率は下がり（$r_0$ の低下による），貸出も減少する．これが不況期前半である．不況期後半になると，マーク・アップ率の変化が生じてくる．均衡点は $E_2'$ から $E_2$ に移り，大規模企業貸出はさらに減少するのに対し，小規模企業貸出は減少から増加へと転じる．この変化は言うまでもなく，鎮静化した貸出の下で長期資金・固定資産比率が好転し，企業の対銀行交渉力が強まることによる．銀行は小規模企業に対するマーク・アップを低めざるをえず，このため小規模企業は利子弾力的な借入増が可能になる．大規模企業は負のマーク・アップをいっそう大きくすることによって，より高い利潤を得ることになる．

以上の分析結果は図 9-6 に示されている．$P$ および $T$ はそれぞれ景気の山および谷を示す．各曲線の水準は，需要供給曲線のシフトの度合いと傾きに依存するため，厳密ではない．各曲線の変化の方向のみに注意されたい．ちなみに点線は，大規模企業が銀行と競争的であって契約曲線上に解が存在する場合である．この曲線は図 9-3，図 9-4 と同様の推論を $L=L_0$ の仮定の下で行うことによって容易に得ることができる．

### (2) 融資循環の二重性と長期資金・固定資産比率

次に以上の分析結果と経験的データとの対応を検討しよう．図 9-7 を参照されたい．これは篠原三代平教授によって融資（信用）循環の二重性とよばれた現

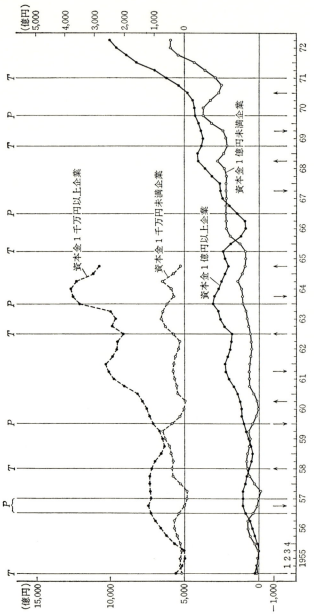

図 9-7 規模別流動負債金融機関借入金増減額(4期移動平均)

〔資料〕『法人企業統計季報』.
〔注〕 ↑は公定歩合が引上げられた時期を、↓は引下げられた時期を示す. 資本金1億円以上、未満のばあいは左目盛、1千万円以上、未満のばあいは右目盛による.

象を示すものであって,規模ごとの短期借入金増減額が描かれている.この図から次のような性質をよみとることができよう.小規模企業の借入金は$P$(山)の前後すなわち好況期に減少し,$T$(谷)の前後すなわち不況期に増加している.あるいは,$P$にいたるしばらく以前に上昇から下降に転じ,$T$にいたるしばらく以前に下降から上昇に転じている.これに対して,大規模企業の借入金は$P$の前後に増加し,$T$の前後に減少している.あるいは,$P$または公定歩合引上げのしばらく後に上昇から下降に転じ,$T$または公定歩合引下げのしばらく後に下降から上昇に転じている.

図9-7から得られる規模別短期借入金の動きは,さきにわれわれが導いた図9-6ときわめてよく対応しているように思われる[19].図9-7の規則的性質は1969年ないし1970年頃まで明瞭である.それゆえわれわれの仮説は少なくとも1969年ないし1970年頃までのわが国経済の経験に無矛盾であることが言えよう[20].

ところで,理論モデルから得られた命題が現実のデータに無矛盾であることは,そのモデルないし仮説のみが正当であることを意味しない.現実に無矛盾な命題は,さまざまな仮説,モデルから導出しうるからである.それゆえわれわれの仮説をより強く主張するため,われわれのモデルのキイ変数である長期資金・固定資産比率もまた現実に対応した動きを示していることを指摘しておこう.再び図9-1を参照されたい.われわれのモデルでは,長期資金・固定資産比率は好況期($P$の近傍)に低下し,不況期($T$の近傍)に上昇する(そうしてマーク・アップ率を動かす)はずであった.図9-1の下方の2曲線,すなわち長期外部資金を分子にとった長期資金・固定資産比率はまさにそのような動きをしている[21].このことは,われわれの仮説の妥当性をいっそう強い意味で示唆するものである.

---

19) 1つの微妙な相違点は,図9-6では小規模企業借入金の増加から減少への転化が$P$で生じているのに対し,図9-7では$P$の少し以前から生じているということである.このことは,われわれの図9-6を導いた際の推論を若干変更することによって解決できる.すなわち,小規模企業については好況期におけるマーク・アップ比の上昇が早めにあらわれる,したがって$E_2'$から$E_2$への移行が若干早いと考えればよい.

20) 図9-6では,貸出の増減となっているが,図9-7では貸出増加額は大体において正であり,その大きさが増減している.この不一致は,言うまでもなくわれわれのモデルにはトレンド効果が含まれていないことによるものである.

ちなみに，本節でとりあげた融資循環の二重性現象は，いわゆる資本集中仮説論によって次のような説明が与えられてきた[22]．すなわち，ブーム期には大規模企業と銀行の癒着が強固であることによって大規模企業優先融資が行なわれるため，金融引締めをまたずして小規模企業融資が減少する．金融引締めが行なわれると，大規模企業はしばらく滞貨金融の恩恵に浴した後，高金利と将来期待の悪化によってその資金需要は鎮静化する．スランプ期になると，輸出増に伴う金融緩和と大規模企業の資金需要の沈滞のため，小規模企業への融資が増大し，銀行の貸出競争等の事態さえ生じる．

一言にして言えば，これは銀行と大規模企業の癒着関係によって，限られた資金を大規模企業が先取りするという論理であり，小規模企業への融資は癒着機構のクッションとして利用されるというロジックである．言うまでもなく，このような説明方法の最大の問題点は，それが「癒着」という狭い意味での経済分析の対象となりがたい概念にクルーシャル（決定的）に依存していることである．われわれも，現実の経済世界において，広い意味で「癒着」とよばざるを得ない要因が機能していることを否定するわけではない．しかし，具体的な経済現象の理解にあたって，その要因がクルーシャルな役割を演じるばあい，そのような説明は経済分析としては不十分であると言わざるを得ない．われわれのモデルにおける高度成長期初期の諸条件・諸課題——人為的低金利政策の採用——長期資金の信用割当——銀行短期貸出市場へのスピル・オーバー効果というフレーム・ワークは，（よくわからない）「癒着」という現象を，少なくとも部分的に，陽表的な分析枠組の中に位置づけるものであると言えよう．

わが国の金融市場の問題にかんする1つの主要な論争点は，銀行貸出市場における資金配分が，利子率の伸縮的な動きによってなされたのか，それとも硬直的な利子率の下での量的な割当によってなされたのかという点にあった．こ

---

21) 分子に内部留保をも加えた総長期資金・固定資産比率は予期したような動きを示していない．このことは，度々の税制の変更によって減価償却行動等が攪乱されたこと等によるものと思われるが，いっそう詳しい検討は今後の課題として残されている．

22) 資本集中仮説の戦間期経済に対する含意については第6章で検討した．この仮説は篠原教授の二重構造論の1つの主要な支柱であり，篠原三代平[1961]，[1962]，宮沢健一[1961]等によって提唱され，その後宮沢健一・加藤寛孝[1964]，川口弘[1965]，Miyazawa, K.[1976]第6章等によって彫琢されてきた仮説である．ここでは，各論者の差異にかかわることなくおおざっぱな模型として仮説の大意を要約するにとどめる．

の問題に対するわれわれの解答は，一言で言えば，長期貸出市場（あるいはそれを含む長期資金市場）においては政策的ないし行政的な信用割当が支配し，短期貸出市場では伸縮的（もちろん実効金利の段階で）利子率の機能が支配的であったというものである．しかも，われわれはこの両市場の密接な相互依存性を重視する．すなわち，長期資金市場における満たされざる需要という不均衡は主として金融行政等の制度的理由によって生じたものであり，しかもその不均衡には何らかの形でのバイアスが存在する．短期貸出市場における政策的規制，たとえば自主規制金利等は原則として特定産業，企業等にかんしては無差別である．それにもかかわらず，短期貸出市場で融資循環二重現象のようなバイアス現象が生じるのは，長期資金市場における不均衡のスピル・オーバー効果をおいては理解しがたい[23]．われわれは，この効果を長期資金市場不均衡の指標としての長期資金・固定資産比率によって規定される企業・銀行間交渉力の変化という概念によってとらえたわけである．いわゆる「金融政策の有効性」は，この長期資金市場における構造的不均衡に立脚し，短期貸出市場における伸縮的な金利と貸出が設備投資活動に弾力的に作用したことに支えられて成立したと考えることができよう．

## [4] 諸批判および貝塚モデル

**(1) 諸批判について**

以上3節にわたって展開したモデルに対して，主として貝塚，堀内の両氏から詳しいコメントをいただいた（貝塚啓明[1976]，堀内昭義[1980]第3章）．両氏のコメントは多岐にわたっているが，主要な論点はともに，(i)銀行と企業の間の「交渉力」変化のラグに関する仮定，および，(ii)長期資金供給を企業と銀行にとって所与とすることの是非にかかわるものである．

まず，「交渉力」変化のラグについて．この変化に1期のラグをおいているこ

---

[23] 長期資金配分の重要性はすでに藤野正三郎[1956]，宮沢健一[1961]等によって指摘されてきた．ただし，そこでは，自己資本と長期資金との関係が問われただけであって，短期借入への外部効果の問題は扱われていない．またスミス(Smith, V. L.)[1972]は，企業の資金調達における株式の役割を陽表的に導入することにより，銀行の貸出収益が企業の株式市場からの資金調達の程度に依存することを示している．

とが，筆者の融資循環二重性の説明にクルーシャルであることは貝塚氏の指摘するとおりである（上掲論文 p. 175）．これに関して，堀内氏はラグの導入が恣意的であるとし（上掲書 p. 125），貝塚氏は交渉力の変化は長期的な要因に依存するのであって，短期の景気循環においては貸倒リスクの変化による供給曲線のシフトの効果の方がより重要なのではないかと指摘している (p. 175)．

われわれのモデルでは，図9-3から図9-5における $E_2'$ 点から $E_2$ 点への変化は2つのプロセスを通じて生じる．第1は，長期資金・固定資産比率の変化であって，第2は交渉力の変化である．このうち，われわれは第1の変化については，ラグをもって生じるものと考えている．これは当然であろう．当初の借入増によって投資が行なわれ固定資産が増加し，その結果長期資金・固定資産比率が動くには時間がかかるはずである．これに対して，長期資金・固定資産比率と交渉力との間の函数関係がどれだけのラグをもつかは陽表的に示していない[24]．われわれの仮定は，2つのステップを合わせて1期のラグをもつということである．第1のプロセスに明白なラグがある以上，ラグは1期未満ではありえない．しかし，貝塚氏のいうように，第2のプロセスでラグがあり，これがかなりスラギッシュなものである可能性は残る．われわれのインプリシットな仮定は，これがたとえスラギッシュであるとしても，需要・供給函数の次のシフトが開始される以前，すなわち遅くとも，在庫循環の2分の1の期間内には完結するということである．1957年から71年にかけて，在庫循環の周期は約13四半期すなわち約3年であった．その2分の1の1年半という期間は，企業と銀行にとって，取引先に関する情報を収集解析し，顧客関係を再検討するのに決して短い時間ではあるまい．また，補論(II)によると，金融機関短期借入金増分に占める小規模企業のシェアーは，全企業の増分でみた長期資金・固定資産比率に約4-6四半期のラグをもって変動している．すなわち，ラグをもった調整プロセスは，約1.5年の期間に完結している．このような事実は，われわれのラグに関するわれわれの想定がさほど現実感に乏しいものではないことを示唆している．ラグが長期的な要因に依存するという側面ももちろん否定できない．たとえば履歴効果等がそれである．しかし短期の景気循環に

---

[24] 静学モデルの段階では，長期資金・固定資産比率の交渉力への影響は即時的であるが，動学のレベルでは特定化されていない．

おいて変化するという側面もまた否定できないし，それに依拠して循環を説明することも許されてよい手続であると考えられる．ちなみに，景気循環的な「力関係」の変化という考え方は，カレッキー(Kalecki, M.)[1951]における独占度の景気循環的変化という視点に類似していることを指摘しておこう．

　第2の長期資金供給について．貝塚氏はそれが企業にとって所与とされている点を批判し，企業は資金調達にあたって長期資金と短期資金の間の選択を行うはずであるとされる(p. 175)．また堀内氏はそれが銀行にとって所与である点をとりあげて，たとえば長期信用銀行の長期貸出には(金融債引受を通じて)都市銀行の意向が強く反映されているはずであると主張される(p. 126)．われわれがその循環分析において長期資金供給を所与としたのはあくまで単純化の仮定である．それゆえわれわれは両氏の主張されるようなケースの可能性を否定しない．またわれわれの仮定そのものもより弱いものに置きかえることさえできる[25]．しかしながら，われわれの仮定が基本的には，高度成長期全般を貫く非常にブロードな現象を念頭において設定されたものであることをあらためて強調しておきたい．第7章で検討したように，高度成長期あるいは特にその初期局面において最も深刻な制約は，長期資金の著しい不足であった．この状況は1970年代に至って急速に改善されてきたのであるが，少なくとも1965年頃までの金融現象の基本的背景をなしていたことは否定できない．いわゆる人為的低金利政策は，限られた長期資金の信用割当，間接金融方式による短期資金の長期化という課題達成を第1の目的として採用されたものであると，われわれは考えている．それゆえ，企業と銀行がともに長期設備資金の絶対的不足という制約を常に念頭において行動してきたと想定することは，高度成長期の金融的制約条件の1つの集約化した表現でもある．貝塚・堀内両氏の言われるようなさまざまな可能性は十分考えられるが，長期資金所与という強い仮定は，以上のような問題意識に基くものであり，さしあたっての目的のためにはこの強い仮定で十分であると考える．

---

25) たとえば好況期に，大規模企業が株式・社債を限界市場として利用することによってより多くの長期資金を調達し，不況期に，政府金融等を通じて小規模企業向けの長期融資が増加するとしても，モデルのインプリケーションはかわらない．かりに，好況期に小規模企業に相対的に有利な長期資金供給があるとすれば，われわれの仮説に不整合であるが，少なくとも高度成長期においては，このような可能性はきわめて小であったと考えられる．

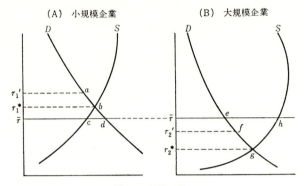

図9-8 貝塚モデル

## (2) 貝塚モデル

貝塚氏は，氏自身でも銀行貸出市場の信用割当にかんする興味深い仮説を提示されている(貝塚啓明・小野寺弘夫[1974]，貝塚啓明[1976])．本節では，氏の仮説を紹介し，われわれのモデルとの異同を明確にすることにより，高度成長期の銀行貸出市場の性格についてよりたちいった考察を行うことにしたい．

貝塚モデルでは，銀行短期貸出市場を銀行長期貸出市場と一括して銀行貸出市場全体の均衡を分析対象とする．図9-8を参照されたい．図では小規模企業と大規模企業という2つのタイプの企業に対する貸出市場が描かれているが，これはわれわれのモデルと対応させるための便宜上の表現である．貝塚モデルでは，図9-8(A)の企業は信用割当を受ける企業，(B)の企業は信用割当を受けない企業として分類されており，小規模企業が必ずしも信用割当を受けるとは限らない[26]．銀行の貸出供給曲線$S$は上方で左に屈折しているが，これは貝塚モデルがジャッフィ＝モジリアーニ(Jaffee, D. M. and F. Modigliani)[1969]，ジャッフィ(Jaffee, D. M.)[1971]のモデルを踏襲して，銀行が企業の貸倒れリスクを主観的に評価して期待利潤極大化を行うと考えているため，貸出が大きくなり金利が上昇すると貸倒れリスクが増加し，貸出を縮小した方が高利潤となるためである．ただし，$S$曲線のこの性質は議論の本質にさほど影響しない．競争均衡利子率は$r_1^*$および$r_2^*$である．貝塚モデルでは，銀行はすべての企

---

[26] 具体的には，中小企業や標準金利の適用を受けていない企業について信用割当が生じているとみなされている．

業に対して差別独占者として行動すると仮定されている．（この点もジャッフィのモデルと同一である．）それゆえ，小規模企業に対する貸出市場の均衡は図9-8(A)の$a$点，大規模企業の均衡は(B)の$f$点で与えられ，利子率はそれぞれ$r_1'$, $r_2'$である．（$a$点または$f$点で銀行の等利潤曲線が企業の借入需要曲線$D$曲線に接する．）$\bar{r}$は規制金利水準であって，貝塚モデルでは，銀行の長期貸出，短期貸出を一括して，このような規制金利が存在するものと想定されている．大規模企業の差別独占均衡において，銀行の等利潤曲線と$D$曲線の接点が$\bar{r}$より上の位置にあるばあい，独占均衡点は$f$点でなく，$e$点となる[27]．図において，小規模企業については$\bar{r}$の金利水準で$cd$だけの満たされない需要が残っており，信用割当が生じている．大規模企業のばあいは信用割当は生じていない．

図9-8は静学的な市場均衡を図示したものであるが，貝塚モデルでは，$D$または$S$曲線がシフトしたばあい，規制金利$\bar{r}$がさしあたり一定に留まっているような一時的な状況で，信用割当の程度（満たされない需要の大きさ）が増加するか否かが問題にされる．金融引締の結果，信用割当の程度が増加するばあい，一時的ないし動学的な信用割当が生じていると言われる．図9-8に描かれている状況では，明らかに動学的信用割当が生じる．なぜならば，金融引締の結果$S$曲線が左方にシフトすると，小規模企業では貸出が削減され，満たされない需要が拡大するからである．大規模企業のばあいは，貸出は不変または減少であるが，$S$曲線と$D$曲線の交点が$e$点の左方になるほど$S$が大幅にシフトしないかぎり，満たされない需要は生じない．

しかしながら，貝塚モデルの動学的信用割当には1つの微妙な問題点がある[28]．それは，金融引締があるばあい，$S$曲線が左方にシフトするだけでなく，規制金利の水準も上昇するからである．金融引締の結果公定歩合が引上げられると，短期プライム・レート（標準金利）および1件百万円以上の短期貸出に関

---

27) ジャッフィ・モデルにおいても，$S$曲線上で利子率が高くなるほど銀行の利潤は増加する．それゆえ金利規制の下では$e$点が端点解となる．
28) 寺西重郎[1974 b]および堀内昭義[1980]第3章．ちなみに，ジャッフィのモデルのばあいこのような問題点は生じない．ジャッフィのモデルでは$\bar{r}$は規制金利ではなく，企業と銀行との寡占的関係あるいは顧客関係によるクラス標準金利（収益構造の似かよった企業はグループで一括して統一金利を設定する）であるため，これが金融政策の過程でスラギッシュに変動すると考えることは十分プロージブルだからである．

する自主規制金利はただちに連動的に引上げられてきたし，長期プライム・レートについても通常は公定歩合に連動している．規制金利が動くばあい，貝塚モデルにおいて動学的信用割当が成立するとは必ずしも言えない．成立するか否かは，規制金利の引上幅，$S$ 曲線のシフトの大きさおよび $S$ 曲線の傾きに依存しているのである．ただし，金融引締が公定歩合の引上げを伴わず，たとえば窓口指導の強化等によって行なわれるばあい，貝塚モデルにおける動学的信用割当は必ず成立する．

ところで，貝塚モデルからも融資循環の二重性に対応する現象を導出することができる．すなわち，図 9-8 において，好況期に $D$ 曲線が右方にシフトするとすれば，小規模企業への貸出は一定にとどまるが，大規模企業への貸出は増加する．また，不況期において，$D$ 曲線が左方にシフトすると考えれば，小規模企業への貸出は一定であるのに対し，大規模企業への貸出は減少する．このような現象は明らかに融資循環二重性現象に（ラフに）対応している．

したがって，融資循環の二重性現象という同一の現象を説明するにあたって，貝塚モデルとわれわれのモデルという2つのモデルが提示されたことになる．両モデルはその基本的前提において大きく異なっている．すなわち，第1に，企業と銀行の「力関係」について．貝塚モデルでは，銀行はすべての企業に対して差別独占者としての地位にあると仮定されているのに対し，われわれのモデルでは，力関係は長期資金供給の充足度に依存した内生変数となっている．小規模企業については銀行が価格（金利）の設定者であって，長期資金・固定資産比率が十分小さいばあい，銀行は差別供給独占者の立場に立ち，貝塚モデルの想定と同一になる．また大規模企業については，銀行と企業が競争的なケースと企業が価格設定者であるケースとが考えられており，後者のケースにおいて長期資金・固定資産比率が十分大きいときは企業は銀行に対して需要独占者としての立場に立つとされている．第2に，銀行の長期貸出の取扱いについて．貝塚モデルでは，長期貸出を短期貸出と合わせて，まとめて銀行貸出市場を分析対象としているのに対し，われわれのモデルでは，長期貸出は社債，株式，政府金融貸出等とともに長期資金として一括され，短期貸出市場のみが切離されて分析対象とされている．第3に，実効金利の機能について．貝塚モデルでは，単に名目（表面）金利が規制されているだけでなく，拘束性預金に対する規

制によって実効金利も事実上規制されており，伸縮的でないとされている．これに対して，われわれのモデルでは，名目金利は規制されているとしても，拘束性預金を考慮した実効金利は規制されていず，十分伸縮的であると仮定している．

貝塚氏は[1976]において，このような両モデルの差異をたんねんに吟味し，両モデルの前提のいずれが妥当であるかについて十分な決め手はないとされている．われわれも現在の段階では，両モデルの優劣を判定することは容易でないと考える．それゆえ，基本的に貝塚氏の結論に賛同したい．しかしながら，たとえ最終的な判定ができないとしても，両モデルの差異についてわれわれなりの考察を加えることは少なからず意義のあることであり，また一方のモデルの提唱者としての義務でもあろう．以下では，上記の3つの相違点について，われわれの考えを述べ，今後における議論の発展のための素材を提供することにしたい．

まず，第1点，「力関係」について．この点に関する両モデルの想定の優劣を定めることは著しくむずかしい．しかしながら，われわれは，貝塚モデルが「力関係」を固定化し，銀行の差別独占供給としていわば頭から決めてかかっている点に疑問を感ぜざるを得ない．銀行貸出市場を相対市場とみなすとき，言うまでもなくそれは双方独占市場である．双方独占市場の基本的属性はその解が売手と買手の間の力関係のあり方にクルーシャルに依存している点にある．差別独占供給という想定は1つのポーラー・ケース（極限的ケース）でしかない．このような強い仮定をおくことの是非は，銀行貸出市場における取引構造の性格という観点からあらためて詳しく吟味してみる必要があるのではないだろうか．もちろん，われわれの伸縮的な交渉力という仮定も，それを長期資金の充足度のみの函数とみなしてよいかどうかは，今後における検討課題である．しかしながら，双方独占市場の均衡を，単にその市場のみの部分均衡としてとらえるのではなく，他市場における不均衡との関連でとらえるというわれわれの基本的な視点は，やはり重要であると考えざるをえない．

第2点．この点は銀行の長期貸出に関する金利規制の強さをどのようにみるかに依存している．長期資金のうち公社債および政府金融市場では金利規制は明白であり，強度の信用割当が行なわれていると考えて差支えない．他方，銀

行の短期貸出市場における金利規制は比較的に弱い(あるいは実効金利が伸縮的であるとすると全く無効力である)と考えられる．銀行長期貸出市場はこの両者の中間にある．われわれはこの市場における規制の強さは時期によって異ると考える．まず，高度成長期においては，公社債，政府金融貸出に近い強い規制がなされていたと思われる．この時期において社債保有が長期貸出の一種だとみなされていたことは，逆に言えば長期貸出は社債と同様な固定的条件の下で供給されていたことを示唆している．また，政策金融が大きな役割を果していたため，長期貸出の中心部分は開銀等との協調融資であって，このばあい融資条件は政府金融のそれにリードされていたとも考えられる．高度成長期が終わりに近づき，特に1970年代になってからは，銀行長期貸出は短期貸出に近い性質を持つに至ったとみられる．特に，1970年頃から銀行貸出に占める長期貸出の割合が急速に増加した．第7章で述べたように，これは公社債市場における発行条件の弾力化，預金の長期化等に対応した現象であって，銀行はこの時期から長期貸出と短期貸出に関して合理的な資産選択を行いうるようになったと推測される．かなり直観的な論理ではあるが，主として高度成長期以前を分析対象とするわれわれのモデルで，銀行長期貸出市場を規制市場たる長期資金の一部に含め，短期貸出市場をそれらと切離して分析するという方法がとられた根拠は以上の点にある．

第3点．銀行貸出の金融的条件は単に表面(名目)利子率だけでなく，担保，貸出期間あるいは拘束性預金等にも依存する．利子率以外の金融的条件が取引過程で可変的であるばあい，利子率のみに注目していると満たされない需要が残っているようにみえても，実際には他の金融的条件の変化によって需給が均衡していることがありうる．この点を貝塚啓明・小野寺弘夫[1974]に従って説明しよう．表面利子率を$r$とし，他の金融条件としては，簡単化のために拘束預金比率すなわち拘束性預金の貸出に対する比率のみをとりあげ，それを$c$であらわそう．いわゆる実効金利は，拘束預金に適用される預金金利を$i$とすると，$(r-ci)/(1-c)$となり，たとえ$r$および$i$が一定であっても$c$が動くと実効金利が変動することになる[29]．企業の借入需要函数は表面利子率，拘束性預金

---

29) 貸出を$L$，拘束預金を$D$とすれば$c=D/L$であり，実効金利は$(rL-iD)/(L-D)$である．

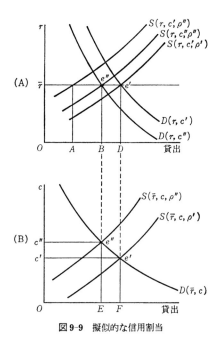

図 9-9 擬似的な信用割当

比率それぞれの減少函数だとする.また銀行の貸出供給函数は表面利子率,拘束性預金比率の増加函数で,金融政策の指標としての公定歩合($\rho$)の減少函数だとしよう.また,金融引締の行なわれる以前に信用割当は存在しないものとする.図9-9において引締以前の公定歩合を$\rho'$とすると,表面利子率$\bar{r}$,拘束預金比率$c'$の下で需給が均衡している.すなわち,図9-9(A)において需要曲線は$D(r,c')$,供給曲線は$S(r,c',\rho')$であり,均衡貸出額は$OD$である.(B)では需要曲線は$D(\bar{r},c)$,供給曲線は$S(\bar{r},c,\rho')$であり,均衡貸出額は$OF$であり,これは(A)の$OD$に等しい.$\bar{r}$は規制金利であって,金融引締,緩和によっても変化しないものとする.ここで金融引締が行なわれて,公定歩合が$\rho'$から$\rho''(>\rho')$へと引上げられたと仮定しよう.図9-9の(B)において供給曲線は左方にシフトして$S(\bar{r},c,\rho'')$となり,均衡拘束預金率は$c'$から$c''$に上昇する.同時に均衡貸出額も$OF$から$OE$に減少する.(A)においては,公定歩合の引上げによって供給曲線が$S(r,c',\rho'')$のように左方にシフトするが,$c'$が$c''$に上昇するため,最終的には$S(r,c'',\rho'')$の位置までシフトすると考えられる.し

かも，拘束預金率の変化によって需要曲線もまた左方にシフトして $D(r,c'')$ となる．均衡貸出額は $OB$ であって，これは(B)の $OE$ に等しい．新たな均衡点 $e''$ が安定的であることは容易に確かめることができる．

このように，拘束預金率 $c$ が伸縮的に動くなら，たとえ表面金利が一定であっても，貸出市場の需給は常に成立することになるのである．しかしここでもし拘束預金比率の変化を無視して，金融条件として表面利子率のみに注目していたとしたらどうであろう．図9-9の(A)において貸出供給曲線は $S(r,c',\rho'')$ にシフトしたとみなされ，需要曲線は $D(r,c')$ の位置にとどまる．規制金利 $\bar{r}$ の下では $AD$ だけ満たされない需要が生じているようにみえることになる．この状況は貝塚啓明・小野寺弘夫[1974]において，擬似的な信用割当とよばれている．すなわち，他の金融条件の変化により，需給が最終的には均衡しているが，表面利子率の変動によっては均衡が成立していない状況である．これに対して，表面利子率が硬直的なだけでなく他の金融条件も一定であって，超過需要が残っている状況は厳格な意味の信用割当といわれる．さきに，図9-8によって，一時的(動学的)信用割当の成立を示したが，利子率以外の他の金融条件が一定であることを前提とすればその信用割当状況は厳格な意味の信用割当である．しかし，他の金融条件が変化するとすれば，擬似的な信用割当である可能性もある．(ただし，貝塚・小野寺は以下に述べるように擬似的な信用割当の可能性は小さいと考えている．)

われわれのモデルでは，たとえ表面利子率が規制されているとしても，実効金利の段階で利子率は十分伸縮的であると仮定された．このことは，たとえ表面利子率のみをみると信用割当が成立しているようにみえても，拘束性預金比率の変動により貸出の需給が常に均衡していること，すなわち単に擬似的な信用割当があるにすぎないと仮定することを意味している．利子率以外の金融条件変化の重要性はバルテンスパーガー(Baltensperger, E.)[1978]あるいは堀内昭義[1980]第3章で強調されており，また蠟山昌一[1976]，清水啓典[1980]等は，担保率の変化によって擬似的な信用割当の成立する可能性を論じている．

擬似的な信用割当の成立とは，名目金利の規制によって信用割当が成立しているかのように見えてもそれは単に擬似的なものでしかない(すなわち実効金利の段階では金利は伸縮的であって信用割当は生じていない)ことを意味して

いる.この可能性のもつ含意はきわめて重要である.たとえば,岩田一政・浜田宏一[1980]第6章および古川顕[1979],釜江廣志[1980]などで行なわれている貸出市場不均衡の計測は,全て貸出約定平均金利という表面利子率に関して行なわれているため,たとえ不均衡あるいは信用割当が検出されたとしてもそれが擬似的なものであるにすぎない可能性が常に残るのである.

しかしながら,擬似的な信用割当の可能性を経験的に実証することは,実は容易ではない.理由はデータの欠如にある.まず,拘束預金比率については公正取引委員会の推計値があるもののその動きは不自然であって厳密な分析目的には用いがたい.このため,貝塚啓明・小野寺弘夫[1974],林原・サンタメロ(Rimbara, Y. and A. M. Santamero)[1976],岩田一政・浜田宏一[1980]第5章等では法人定期預金を拘束性預金とみなすことにより分析を行なっているが,この方法は明らかに不完全である.まず第1に預金拘束は定期預金だけでなく当座預金に関しても行なわれる[30].第2に,次節でみるように,企業の流動資産選択は著しく景気感応的である.それゆえ,企業の定期預金保有が預金拘束によって規定される側面が無視しえないとしても,それと同時に棚卸資産,売上債権,短期所有有価証券との間の資産選択上の理由から変動している可能性も極めて強い.動学的信用割当の検証は一種の景気循環分析であることからして,この点はクルーシャルな問題点である[31].次に担保率についてみると,担保額に関するデータが皆無であるため問題は一層深刻である.清水啓典[1980]によると,『経済統計年報』の担保別貸付残高,あるいは各銀行の発表する有価証券報告書における貸出金の担保別内訳のデータは,担保額の比率を貸出金に乗じて算定されているため,担保の構成比は得られても,担保額のデータは得ることができない.ここでいう金融条件にかかわるのは,主として担保額または担保額と貸出額の比率であって,担保構成比のデータから何らかの推論を行うことはきわめてむずかしいと言わざるをえない.最後に,貸出期間につい

---

30) 古川顕[1977]は,企業の現預金を拘束預金の代理変数として用いることにより,企業規模が小であるほど実効金利と名目金利との差が大となる等の興味深くかつプロージブルな分析結果を得ている.

31) しかし問題の解決が不可能というのではない.企業の資産選択に関する十全な分析を行うことにより,真の拘束預金の値を計測することは原理的に可能である.1つの今後における課題と言えるであろう.

ては全国銀行期限別貸出残高のデータがあるが,貸出期限については周知の短期の「ころがし」の問題,長短金融の繁閑による資産選択の問題(期間構造の問題)等があって,簡単ではない.データ以前の問題として,金融条件としての貸出期限の性格についての理論的・実証的な分析の積上げが必要とされている.

貝塚氏の分析にもどろう.貝塚啓明・小野寺弘夫[1974]は法人定期預金から推計した実効金利の変動係数が名目金利のそれに較べてさほど大きくないこと,および期限別・担保別貸出構成比が金融引締・緩和に対応した循環的変動を示していないこと,の2つの理由から擬似的な信用割当の可能性を否定している.しかしながら,以上の考察から明らかなように,これらの理由づけは擬似的信用割当を否定する根拠としてはあまりに弱い[32].定期預金と期限別貸出については,貸出の金融条件とは別の循環的変動要因を分離せねばならないし,担保構成比は担保額と貸出額の比率にくらべて貸出の金融条件としてのレリバンスに乏しいからである.それゆえ,貝塚モデルとわれわれのモデルの第3の最も重要な相違点については,現在のところ「決め手」はないのである.しかしながら,以上の論述から直観的に判断するかぎり,擬似的信用割当の可能性すなわち金利以外の金融条件の変動により金利規制が無効化している(すなわち図9-8のような信用割当状況が必ずしも成立していない)可能性はきわめて高いと考えざるを得ない.

## [5] 企業間信用の分析

以上の諸節において,われわれは企業部門への資金供給を長期資金供給と銀行の短期貸出供給に注目して分析した.残る重要な問題は資金が企業部門に配分された後,企業部門内部でどのような再配分が行なわれるか,すなわち企業間信用の問題である.戦後における企業間信用の相対的重要性という事実からもこの問題を避けて通るわけにはいかない.具体的には,第1に,景気循環過程において大規模企業への銀行貸出が引締められたばあい,大企業部門はその

---

[32] 貝塚氏も「推計された結果が名目金利の変動幅より大きいといっても実効金利が完全に伸縮的であることの立証にはならない」(貝塚啓明[1976] p.174)として,部分的に論証の不十分さを認めておられる.この点の論証が不十分であるからといってそのことが貝塚氏の入念で示唆にとむ考察の価値をいささかもそこなうものではないことは言うまでもない.

他部門に対して買入債務（買掛金・支払手形）を売上債権（売掛金・受取手形）にくらべて相対的に増加させ，銀行信用の収縮をその他部門に転嫁するのではないかという問題がある．小企業部門への信用の「しわ寄せ」と言われる現象がこれである．第2に逆の可能性として，金融引締によって小規模企業への金融が削減されたばあい，小規模企業部門では買入債務を売上債権にくらべて増加させ，銀行部門にかわって大企業部門から信用を得るという可能性もある．以下では，まずこれらの問題を念頭に企業間信用の景気循環分析を行い，ついで問題を高度成長過程における大規模企業部門の流動資産選択の趨勢という側面に拡張することにより，企業間信用のもつ広義のインプリケーションを検討することとしたい．

### (1) 景気循環分析

図9-10を参照されたい．大企業の買入債務の売上債権に対する比率の動き

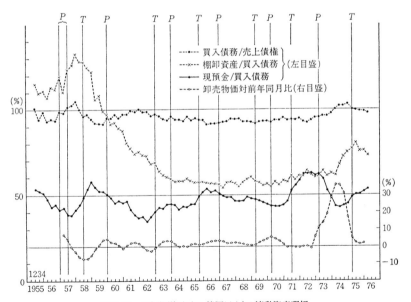

図9-10 大企業（資本金1億円以上）の流動資産選択
〔資料〕 『法人企業統計季報』の全産業の数字による．卸売物価指数（総平均）は経済企画庁『経済変動観測資料年報』(1977年9月)による．
〔注〕 卸売物価指数のみ右目盛，他は左目盛．

表 9-4 融資循環の総括

| | 好況期 | | 不況期 | |
|---|---|---|---|---|
| | 前半 | 後半 | 前半 | 後半 |
| 金融機関短期借入 | | | | |
| 　大規模企業 | ↗ | ↗ | ↘ | ↘ |
| 　小規模企業 | ↗ | ↘ | ↘ | ↗ |
| 大規模企業の流動資産・買入債務比率 | | | | |
| 　売上債権/買入債務 | ↘ | ↘ | ↗ | ↗ |
| 　棚卸資産/買入債務 | ↗ | ↗ | ↘ | ↘ |
| 　現預金/買入債務 | ↘ | ↘ | ↗ | ↗ |

にはかなりはっきりした規則性があることが知られよう．すなわち，それは$P$の近傍で上昇し，$T$の近傍で減少するというさきに銀行短期貸出にみられたのと同様の動きを示している．これに対して，現預金の買入債務に対する比率は逆に，$P$の近傍で減少し，$T$の近傍で上昇するという規則性を示している．棚卸資産の買入債務に対する比率は，後にふれるような強いトレンド効果があるので，$P, T$に対応した動きは明確でないが，仔細に観察すると，細かい四半期ごとの動きが買入債務の売上債権に対する比率の動きと酷似していることが読みとれよう．以上に述べたような諸傾向は1965年頃まで明瞭であって，昭和40年代にはいると次第に不明瞭になってきているとみられる．また，図9-10は大規模企業に関するものであるが，小規模企業について検討した結果からは，対応した規則的傾向は見出せなかった．

　図9-10の観察結果は表9-4にまとめてある．まず，好況期では，売上債権が相対的に減少し，棚卸資産が増加する．これは，好況期は一般に売手市場であるため，売上債権の限界収益すなわち販売促進効果が小であるのに対し，物価上昇(図9-10参照)によって棚卸資産の限界収益が高まっていることを反映している．売上債権と同じ当座資産である現預金もその販売促進効果の低下を反映して相対的に減少している．次に不況期は一般に買手市場であって，図9-10にみられるように卸売物価も一定ないし減少傾向にある．それゆえ棚卸資産の保有は縮小されるし，当座資産の販売促進効果の上昇を反映して売上債権，現預金等の比率が高まる．なぜなら，不況期には，売上代金の回収期間が長期化

(売掛期間の延長)するため,売上債権は増加し,売上代金回収の確実性が低下することから現預金保有が増加せざるをえないからである.このことは逆に言えば,売上債権・現預金の限界収益(販売促進効果)が不況期に上昇することを意味している.ちなみに,不況期における当座・棚卸資産の代替関係は,上記の理由以外にも次の2つの事情からさらに強化される.それは1つには,好況期において蓄積した過剰在庫の調節の必要性であり,いま1つの事情は系列中小企業の資金難からくる企業間信用による与信が必要性となることである.

以上のような考察から冒頭に掲げた問題について次のように言うことができる.まず,大規模企業の買入債務・売上債権比率は好況期に上昇し,不況期に減少している.さきにみたように,好況期には大規模企業の銀行短期借入は増加し,不況期には減少している.したがってここにはいわゆる「しわ寄せ」的な現象はみられない.大規模企業は,好況期に売上債権を買入債務にくらべて減少させるが,この期間,銀行借入は増加しており,「しわ寄せ」とよべる現象は成立しない.また,不況期には銀行借入が減少するが,このとき大規模企業は「しわ寄せ」とは逆に,かえって売上債権を増加させているのである.次に,小規模企業の銀行借入は好況期後半と不況期前半において減少する.好況期後半には大規模企業の売上債権は引続き減少しているが,不況期にいたるとそれは上昇に転じる.それゆえ,小規模企業は不況期前半において,銀行借入削減による資金不足を大規模企業からの与信である程度キャンセルしているということができよう.

ところで,以上の議論において,われわれは大規模企業の売上債権/買入債務の増加を小規模企業の買入債務/売上債権の増加と対比させて論じたが,これはあくまで議論の簡単化のための措置であって,この対比関係が常に厳密に成立しているわけではないことに注意されたい.なぜならば,大規模企業のバランス・シートにあらわれている売上債権と買入債務の差は,(i)小規模企業への売上債権の供給マイナス小規模企業からの買入債務の調達,(ii)政府・海外・家計部門への売上債権の供給マイナス政府・海外・家計部門からの買入債務の調達,および,(iii)銀行による受取手形割引高の和に等しいからである.すなわち,大規模企業の売上債権/買入債務比率の変動は(i)のみに対応するのではなく,(ii),(iii)の変化にも依存しているからである[33].

考えてみると，いわゆる「しわ寄せ」論は昭和30年代においてことあるごとに主張されたが，一度としてロジカルな説明を与えられたことがない．おそらくは，当時の深刻な二重構造現象をみて，論者は企業間信用に関しては「しわ寄せ」が生じているはずであるとの直観を短絡的に結論におきかえてしまったのであろう．企業間信用は，その売上債権という資産面では，生産販売を行う企業にとって何よりも販売促進の手段であって，販売促進効果という正の収益のゆえに他の資産との選択のうえで利用されるものである[34]．かつての「しわ寄せ」論には明らかにこの視点が殆ど欠如していた．逆に，企業間信用の買入債務という負債面では現金購入のばあいよりも高価格であるというコストを考慮して，他の資金調達手段との選択のうえで利用されると考えねばならない．

　ちなみに，企業間信用を論じるばあい，しばしば売上債権と買入債務の差をとって純与信額とし，これを変数として分析されることが多いが，この方法はきわめて問題が多い[35]．なぜなら，企業にとって販売と購入の相手が同一のばあい，純与信が相手企業に対する行動変数となるであろうが，通常は全く異なった企業から購入し，異なった企業に販売しているわけである．それゆえ，企業行動において純与信・純受信が直接的な行動変数になることは通常はありえないのである．もちろん，対銀行関係においては，買入債務と売上債権を比較し，手形割引の交渉を行うから，企業間信用の純額が問題となることは大いにありうる．また，企業間に意識的に融資関係のあるばあい，たとえば系列企業の救済・育成のための融資が行動目的とされるようなばあいには，純額概念が意味をもつことがありうる．しかしこのばあいでも，企業間信用の操作は通常は，（系列企業との生産販売の技術的関係に応じて）売上債権か買入債務かのいずれか一方に関してなされるのであって，他企業との取引をも考慮した純概念で行動が行なわれるわけではない．企業間行動に関する限り，純概念のレリバンスは乏しいと言わねばならない．

---

33) 企業間信用の部門間関係に関する詳しい説明は宮沢健一・加藤寛孝[1964]に与えられている．
34) このような売上債権の資産面での機能を強調したものとして，ウェルシャンズ(Welshans, M. T.)[1967]およびナディリ(Nadiri, M. I.)[1969]を参照されたい．また，ヒックスは「顧客の側が負っている負債」は金融稼動資産であるとし，また「すべての資産はその収益のために保有される」としている(Hicks, J. R. [1974]邦訳 p. 66)．
35) 純概念を用いることの問題点は篠原三代平[1961] pp. 265-266 においても提示されている．

ここで，企業間信用に関する2つの分析をとりあげコメントしておこう．まず，宮沢健一・加藤寛孝[1964]は，大規模企業について，現預金・買入債務比率と買入債務の売上債権と受取手形割引高の和に対する比率が逆の動きを示していることを見出し，このことから，金融引締期において大規模企業の現預金・買入債務比率が上昇して資金ぐりが楽になり，それゆえ売上債権を買入債務にくらべて相対的に増加させる行動をとると主張している．しかし，この分析は2点に関して不十分である．第1に，両比率の逆変動は金融引締・緩和と厳密に対応したものではない．宮沢健一・加藤寛孝[1964]の第2・14図を詳しく検討すると，現預金比率の上昇と買入債務・売上債権受取手形割引額比率の低下は金融引締のしばらく後に生じており，前者の低下と後者の上昇は金融緩和のしばらく後に生じている．それゆえ前者は引締めの近傍で低下し，緩和の近傍で上昇しており，後者は引締めの近傍で上昇，緩和の近傍で低下しているとみなければならない．すなわちわれわれが図9-10でみたように，好況期に，現預金，売上債権が減少し，不況期にそれらが増加するとよまねばならない[36]．このことの理由は既に明らかにしたとおりである．第2に，宮沢・加藤両氏は「金融引締期に大企業の買掛流動比率（現預金の買入債務に対する比率――筆者注）が上昇している事実は，金融引締期における大企業の資金ぐり困難という通念を再検討する必要があることを示唆している」としているが，その必要は全くないのではなかろうか．現預金と売上債権はともに不況期の販売不振に対処するために増加させられたのであって，資金繰りが豊かであるから遊休現金保有を行なっているわけではない．不況期において金融緩和が行なわれる以前は，大規模企業においても資金不足であることは通念どおりなのである．

　次に，篠原教授はその[1959]，[1961]において，企業間信用と在庫循環に関する先駆的かつ克明な分析を行い，次のような（暫定的な）シェーマを提示している．「金融引締――中小企業への銀行信用の収縮――大企業の中小企業への企業間信用の収縮――その全般的波及――大企業の銀行借入の減少」（[1961] p. 269）．このシェーマでわかりにくいのは，第2番目の矢印である．中小企業へ

---

36) ただし図9-10では買入債務の売上債権に対する比率，宮沢・加藤論文では買入債務の売上債権プラス受取手形割引額の比率であって若干のちがいがある．ちなみに宮沢・加藤論文ではこれらの比率を転嫁率とよんでいる．しかし，こうした名称はさきに指摘した企業間信用の純概念に通じるニュアンスをもっており，あまり適切でないと考えられる．

の銀行信用の収縮は大企業の中小企業への企業間信用の収縮とどのような因果関係にあるのか．われわれはこの点を，それぞれ別々の理由から両者がほぼ同時期に生じるのであって，両者の間に直接的な因果関係は認められないと考える．すなわち，好況期後半において，銀行の小規模企業貸出が減少しはじめるが，依然として市場は売手市場であって，大規模企業は売上債権保有を控えている状況だとみるわけである．われわれの分析によれば，大規模企業の売上債権保有は好況期初期よりすでに減少しているのであるが，それが一見「大企業から小企業への信用の収縮」というかたちで意識されるようになるのは，銀行貸出が削減され，小規模企業の資金不足が深刻化した時点のことであろう．ちなみに，この好況期後半において，大企業は依然として銀行借入を増加させ棚卸資産を蓄積しつつある．これは篠原教授の指摘する滞貨金融の状況にほかならない．

### (2) 企業の流動資産保有

棚卸資産と当座資産(現預金と売上債権)の間の資産選択は，以上のように景気循環的に変動するだけでない．それは，経済全体の需要構造と需給の相対的関係によって，長期にわたって明瞭な趨勢的傾向を示しており，このことが金融市場の変化における著しく重要な底流をなしていると考えられる．

図 9-11(A)をみられたい．大規模企業の流動資産保有は，1950 年頃においては圧倒的に棚卸資産にかたよっている[37]．しかし，1950 年以降 1965 年頃にかけて，棚卸資産の割合は急激に減少しはじめ，当座資産，そのうち特に売上債権(売掛金・受取手形)の割合が著増していることがわかる．さらに，1970 年以降になると，売上債権の割合が減少しはじめ，かわって棚卸資産と短期保有有価証券の割合が増加している．図 9-11(B)の小規模企業の流動資産保有には，大規模企業におけるほど明瞭な傾向は見出せない．しかし，1965 年頃までにかけて，棚卸資産の割合が減少し，かわって当座資産のうち現預金の割合が増加していることがよみとれる．また 1970 年以降では，売上債権の割合が減少し，

---

37) 1950 年から 51 年にかけて大小規模とも短期保有有価証券その他の割合が大きいことが注目される．この理由は明らかでないが，ドッジ・デフレの影響で，「その他」項目にふくまれる前渡金，未収益金などが多額にのぼったのではないかと推測される．

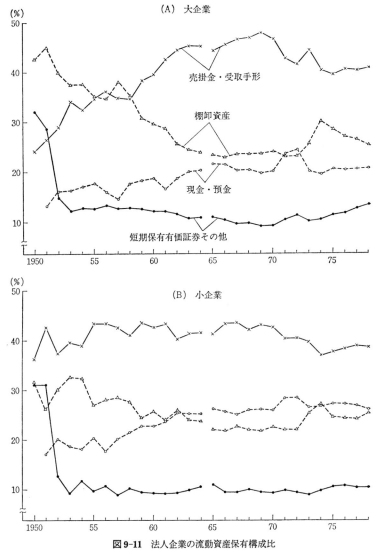

**図 9-11** 法人企業の流動資産保有構成比

〔資料〕『法人企業統計年報』.

〔注〕 流動資産合計(すなわち売掛金・受取手形,短期保有有価証券その他,現金・預金および棚卸資産の合計)に対する割合(%). 大企業は1964年まで資本金1千万円以上,1965年以降資本金1億円以上,小企業は1964年まで資本金1千万円未満, 1965年以降資本金1億円未満. 全産業の法人企業.

現預金・棚卸資産の割合が上昇している.

以上のような法人企業,特に大規模企業の流動資産選択のトレンドは,景気循環的変動のばあいと同様に,需給関係等による各種資産の収益率の差異から説明することができる.まず,昭和20年代においては,財市場は全般的にインフレ基調にあり,売手市場であった.それゆえ棚卸資産の収益率は高く,売上債権と現預金の販売促進効果は低い.これが当時における棚卸資産割合の高位,当座資産割合の低位を説明する基本的要因である.昭和30年代になると,生産能力が次第に拡大し,市場は買手市場になり,販売競争が生じてくる.しかもこの時期の高度成長は主として国内需要を中心とする拡大であって,重化学工業化は戦前にも増して進展した(図9-12(A)および(B)).この時期における企業の行動目的は何よりも国内シェアーを高め,量産体制を確立することであった.このような状況下では,売上債権等の限界収益である販売促進効果は著しく高かったと考えられよう[38].他方,物価は相対的に安定していたから,売上債権と棚卸資産の代替は急速に進展したわけである[39].次に,昭和40年代にはいると,経済全体の総需要構造は設備投資主導型から次第に輸出と公共投資を主体とするものに変化してきた.また,高度成長期の主導産業である重化学工業についても次第に外需依存度が高まってくる(図9-12(B)).このような事情は,当座資産の販売促進効果を低下させざるをえない.なぜならば,輸出代金の流入や公共事業等財政資金の受領は,投資財の国内販売にくらべて売上代金の回収期間が短いだけでなく,回収の確実性が高い.そして回収期間の短いことは売上債権の,回収の確実なことは現預金の販売促進効果を相対的に低下させるからである.1970年頃から売上債権の割合が急速に低下し,大規模企業の現預金割合が停滞化するのはこのような理由によるものと思われる.また,この時期から輸入原材料を中心として卸売物価が上昇しはじめたことは棚卸資産の割合が再びわずかながら上昇しはじめてきたことを説明する.

表9-5にみられるように,わが国の法人企業の金融資産保有は,民間金融資産の半ばを占めている.これはアメリカとくらべるときわめて大きい[40].この

---

[38] 今井賢一[1976]は,高度成長期を産業組織論的にみるばあい,その1つの主要な特色は生産者による流通支配にあるとしている.

[39] 昭和20,30年代における企業の流動資産保有を分析し,財市場の需給との関係を指摘した最初の業績は中村孝俊[1965]である.

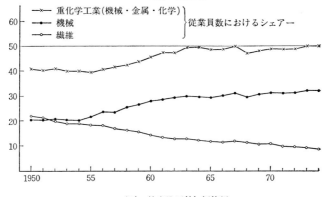

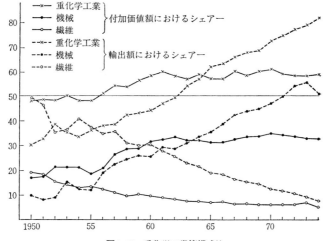

図 9-12 重化学工業等構成比

〔資料〕『本邦経済統計』および『経済統計年報』.

〔注〕 付加価値額および従業員数は「工業統計表」データ．1962 年までは従業員 4 人以上事業所を対象．金属は鉄鋼，非鉄金属，金属製品の和，機械は一般機械器具，電気機械器具，輸送用機械器具，精密機械器具，武具の和，重化学工業は化学，金属，機械の合計．ちなみに，1934-36 年平均の生産額にしめるシェアーは(従業員 5 人以上事業所)重化学工業 47.2%，機械 13.4%，繊維 31.3%，従業員数にしめるシェアーはそれぞれ 36.1%，16.6%，40.2% であった．輸出は「主要商品別輸出入(通関)状況」表による．重化学工業は化学製品(薬材)，金属及び同製品，機械類(機械機器)の合計．

表9-5 民間金融資産における法人企業のシェアー(単位:%)

| | 金融資産総額 (企業間信用を含む) | | 金融資産総額 (企業間信用を除く) | | 現金及び当座性預金 | | 定期性預金 | | 有価証券 | |
|---|---|---|---|---|---|---|---|---|---|---|
| | 日本 | アメリカ | 日本 | アメリカ | 日本 | アメリカ | 日本 | アメリカ | 日本 | アメリカ |
| 1946 | — | 18.5 | 31.8 | 14.2 | 36.4 | 36.8 | 28.0 | 1.6 | 15.2 | 15.0 |
| 1948 | — | 20.8 | 32.0 | 15.5 | 35.7 | 40.8 | 28.0 | 1.4 | 23.5 | 16.2 |
| 1950 | — | 21.9 | 31.7 | 15.9 | 36.2 | 42.2 | 28.0 | 1.3 | 28.1 | 21.0 |
| 1952 | — | 21.3 | 31.7 | 15.3 | 39.1 | 41.8 | 28.0 | 1.1 | 25.6 | 21.7 |
| 1954 | 49.0 | 19.3 | 29.9 | 13.8 | 36.9 | 41.8 | 27.6 | 1.1 | 25.9 | 21.6 |
| 1956 | 49.2 | 18.8 | 30.7 | 12.7 | 38.8 | 41.5 | 27.4 | 0.9 | 29.4 | 20.5 |
| 1958 | 49.2 | 18.0 | 31.8 | 12.1 | 40.8 | 42.8 | 28.3 | 1.3 | 30.8 | 20.2 |
| 1960 | 51.3 | 17.9 | 32.4 | 11.8 | 40.8 | 39.5 | 28.8 | 2.3 | 30.6 | 20.0 |
| 1962 | 54.5 | 17.9 | 32.8 | 11.7 | 40.7 | 38.6 | 33.1 | 3.9 | 30.8 | 21.0 |
| 1964 | 56.9 | 16.6 | 36.6 | 10.7 | 46.3 | 36.4 | 34.6 | 4.0 | 30.5 | 22.1 |
| 1966 | 54.7 | 17.3 | 37.3 | 10.6 | 46.9 | 34.1 | 33.6 | 3.7 | 30.6 | 20.3 |
| 1968 | 54.5 | 15.6 | 31.9 | 9.5 | 44.2 | 30.3 | 31.5 | 3.7 | 29.8 | 22.1 |
| 1970 | 54.0 | 16.9 | 29.9 | 10.1 | 44.2 | 29.4 | 30.3 | 3.1 | 27.6 | 19.1 |
| 1972 | 52.9 | — | 32.1 | — | 46.2 | — | 32.4 | — | 28.5 | — |
| 1974 | 52.1 | — | 29.4 | — | 44.4 | — | 26.8 | — | 28.9 | — |
| 1976 | 49.2 | — | 27.9 | — | 45.5 | — | 24.2 | — | 25.9 | — |

〔資料および注〕 日本は1953年までは『昭和財政史——終戦から講和まで』第19巻の「金融資産負債残高表」. 1954年以降は日銀『資金循環勘定表』による. アメリカは Flow of Funds Accounts: Annual Flows 1946-1971, Board of Govenors of the Federal Reserve System, Washington, August 1972 による. 日本の企業は法人企業部門であって, 個人企業を含まない. アメリカの企業は non-financial business-total であって farm business, nonfarm noncorporate business および nonfinancial corporate business からなる. 日本の1952年までの定期預金シェアーは, 固定比率で法人, 個人間に割りふったものである.

ような大きなシェアーをもつ, 企業部門の金融資産保有あるいはより広く流動資産保有の動向は, 戦後のさまざまな金融現象に大きな影響をもったと考えられる. 従来, 企業部門の資産保有が論じられるばあい, 単に株式, 定期預金あるいは有価証券といった個別の資産のみがとりあげられ, それぞれ個別の現象として分析されることが常であった. これに対して, 本節の議論は, 企業の金

---

40) アメリカの企業の有価証券のシェアーが低いのは, ひとつにはクレイトン法により事業会社の株式保有が厳しく制限されていることによるものと思われる. 鈴木淑夫[1974]は, わが国企業の金融投資, 特に保有預金の割合が欧米諸国にくらべて極めて大きいことを指摘し, 拘束預金の存在をその主たる理由としてあげている. しかし, 表9-5の定期預金のシェアーにおけるアメリカと日本との大きな差からみて, 単に拘束預金に注目するだけで説明がつくとは思われない. 戦後経済における間接金融方式および法人資産シェアーの高位(「法人所有社会」)といった, よりブロードな問題が背後にあると推測される.

融資産保有を企業間信用,在庫を含む全体としての資産選択のフレーム・ワークの中で分析する必要を示唆している.以下では,最近における企業の有価証券投資の増大による現先市場の発展および昭和30年代における売上債権の増大と企業集団化の関係という2現象をとりあげ,この点を敷衍しておこう.

第1に,最近における法人企業の有価証券投資の増大について.よく知られているように,1970年頃から法人の有価証券投資が増加し,それとともに現先市場が急速な拡大を示した.堀内昭義[1980]はこれについて,高度成長の過程で事業会社が金融資産保有を増加させたが,事業会社はインター・バンク短期金融市場に参加できないため,定期預金保有にかわるより有利な資産運用先として現先市場を利用するようになったと説明している.事業法人の資産運用先として現先が急速に発展した点は堀内氏の言うとおりであろう[41].しかし,事業法人が何故有価証券投資を盛んに行なうようになったかを考えるには,定期預金と有価証券の代替よりはむしろ大規模企業の売上債権保有の減少に注目せねばならない.図9-11にみられるように,定期預金を含む現預金のシェアーは1970年代にトレンドとしてさほど変化せず,短期保有有価証券その他のシェアーは上昇している.これに対応して低下したのは,言うまでもなく売上債権である.また,表9-5からわかるように,わが国の法人企業の金融資産シェアーは戦後一貫して高く,高度成長期に特に(相対的に多く)金融資産蓄積を行なったわけでもない.それゆえ,最近における現先市場の急展開は,正確には次のようにして説明されるべきであろう.すなわち,総需要の構成が投資主導型から輸出および公共投資主導型へと移行し,このため売上債権の販売促進効果が低下した.大企業は収益率の低下した売上債権からその資産保有を有価証券(および棚卸資産)にシフトさせ,このため現先市場の拡大が生じたのである.ちなみに,企業がその金融資産を定期預金にシフトさせなかったことは,預金金利が規制されていることによることは言うまでもない.この意味で,現先市場の発展は,政府による規制が金融的イノヴェイションを誘発するというジルバー(Silber, W. L.)[1975],グリーンバウム=ヘイウッド(Greenbaum, S. I.

---

41) これに対して中島将隆[1977]は(i)コール市場に対する日銀の「規制」および(ii)金融債の日銀オペ対象からの排除かつ企業部門への保有の強制,という2要因をあげている.中島説に対して堀内昭義[1980]に詳細な批判があり,われわれも堀内氏の所説とほぼ同意見である.

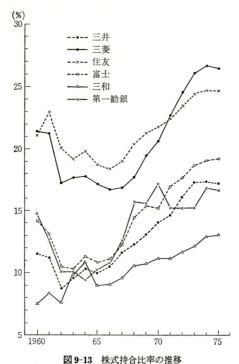

**図 9-13　株式持合比率の推移**

〔資料および注〕　小林好宏[1980] p. 132 による．各系列1部上場企業における発行済株式総数に占める株式持合比率の合計．各年上期末．原資料は『系列の研究』各年版．

and C. F. Haywood)[1971]等の主張に対応するものである．

　第2に，昭和30年代の大規模企業の売上債権の急速な増大について．われわれはこれを企業の販売促進と結びつけて説明してきたが，この時期の企業間信用の拡大には単なる直接的な販売促進効果のみでは説明のつかない面があるように思われる．今井賢一[1976]は，企業集団はなによりも産業組織の垂直的な関係の中に形成されるものだとして[42]，高度成長期は生産販売上の必要から育成した子会社や系列企業が専門化，自立化し，相対的に独立化してゆく過程であったと論じている．われわれは，企業集団のうち，特に大企業の一方的株

---

42) 企業集団の形式に関しては最近多くの研究が発表されている．たとえば，小田切宏之[1975]，後藤晃[1978]，小林好宏[1980]，今井賢一[1976] (特に第10章) などである．

式所有による関連会社,子会社のグループは,主として昭和30年代における系列大企業からの信用供与によって形成・発展したのではないかと考える[43]. そうだとすると,この時期の大規模企業の売上債権の拡大は,「国際競争力」増大および流通面の支配のための優良関連企業の育成という面と密接にかかわっている可能性がある. 図9-13にみられるように,株式の持合比率は昭和40年代に急速に上昇するが[44],昭和30年代,特にその後半には低下しており,集団結束の主要指標を株式持合に求めるばあい,昭和30年代後半には一時的に集団化が後退したとみざるをえない. これはおそらく不自然であろう[45]. 昭和30年代後半には,株式の持合による結束強化より,企業間信用による関連企業の育成を通じての集団化の方が一層選好されたと考える必要がある. 急速な経済成長の過程では,各企業の自立への意欲が強く,株式保有よりも独立性の強い企業間信用による資金調達が好まれたと推測したい[46]. こうした関連企業の育成が,主として販売・流通面でなされたとすれば,この時期の売上債権の増大は,長期的な意味での販売促進効果を目的としたものだとみなすことができる.

## 補論(I) 貸出の需要供給曲線の性質

(1) 銀行の貸出供給曲線

本文の(1)式の制約の下で(2)式を $S_j$ に関して極大にすることにより,

$$r_j - \frac{dC_j}{dS_j} - \delta k_j - \rho(1-k_j) = 0 \tag{14}$$

---

43) このグループはかつてわれわれがB型企業集団とよんだものに対応する(寺西重郎・後藤晃・芹沢数雄[1975]). B型集団はいわゆる独立型企業集団だけでなく,A型集団すなわち6大企業集団のサブ・グループとしても重要である(小林好宏[1980] p.65). ちなみに,今井賢一[1976]第10章の論理をつきつめて考えると,A型グループはB型グループの発展・変容したものとして考える必要がある. これは1つの興味深い論点であるといわねばならない.
44) また昭和20年代末から昭和30年代初頭においても急速に上昇する. 奥村宏[1975]参照.
45) もっとも正村公宏[1978]第5章は,高度成長期において企業集団の重要性は次第に低下してきたとしている. 正村氏の視点は興味深く,われわれにとって将来の検討課題である.
46) これに対して,昭和40年代における株式持合比率の急増は,資本自由化を前にしての安定株主の確保を目的としたものであると言われる. 戦後における株式持合の展開に関しては奥村宏[1975]を参照されたい.

を得る．(14)式において$\frac{dS_j}{dr_j}>0$であるから，貸出曲線は右上りである．貸出供給曲線上で$r_j$が大なるほど利潤が大きくなることは，(14)を(1), (2)に代入して，$\Gamma$と$r_j$について全微分して，

$$\frac{\partial \Gamma}{\partial r_j}\bigg|_{S_j=S_j(r_j)} = S_j \frac{dC_j}{dS_j}\frac{dS_j}{dr_j} > 0$$

となることから明らかである．等利潤曲線の性質は，(2)を$\Gamma$一定として$S_j$と$r_j$について全微分して整理すると

$$\frac{\partial r_j}{\partial S_j}\bigg|_{\Gamma\text{const.}} = \frac{\frac{dC_j}{dS_j}+\delta k_j+\rho(1-k_j)-r_j}{S_j} \gtreqless 0$$

となり，上記符号は

$$\frac{dC_j}{dS_j}+\delta k_j+\rho(1-k_j) \gtreqless r_j$$

に対応する．図9-2の$A$点の状況は，第$j$企業の借入需要曲線を$D_j(r_j)$として，

$$\Gamma = \sum r_j D_j(r_j) - \sum C_j(D_j(r_j)) - \delta(H+\sum k_j D_j(r_j)) - \rho N$$

を制約条件

$$\sum D_j(r_j) = H + \sum k_j D_j(r_j) + N$$

の下で$r_j$に関して極大にすることによってえられる．1階の条件より，

$$\frac{D_j(r_j)}{\frac{dC_j}{dS_j}+\delta k_j+\rho(1-k_j)-r_j} = \frac{dD_j}{dr_j}$$

このことは$A$点において，企業の借入需要曲線と銀行の第$j$企業貸出の等利潤曲線が接していることを意味している．

(2) 企業の借入需要曲線

本文(4)式の制約の下で(5)式を極大にすることにより

$$\frac{\partial R}{\partial (1+\alpha)K} - r = 0 \qquad (15)$$

を得る．これから，企業の借入需要曲線$D=D(r,t)$を得る．第$j$企業について，$D_j=D_j(r_j,t)$である．(15)において$\partial D/\partial r<0$であるから需要曲線は右下りである．(右下りの需要曲線を得るためのいま1つの方法はジャッフィ＝モジリアーニ(Jaffee, D. M. and F. Modigliani)[1969]のように，短期借入以外の資金調達による資金コストが逓増的であると仮定することであるが，われわれのモデルでは代替的な長期資金調達における限界性を問題にしているため，この仮定は採用しえない．)借入需要曲線上で$D$が大なるほど利潤が大きくなることは，(15)を(4), (5)に代入して$\Pi$と$D$について全微分し，

第9章　長期資金市場と短期貸出市場

$$\frac{\partial \Pi}{\partial D}\bigg|_{D=D(r)} = -\frac{\partial^2 R}{\partial (1+\alpha)K^2}D > 0$$

より明らかである．等利潤曲線の性質は，(5)を$\Pi$一定として$D$と$r$について全微分して整理すると

$$\frac{\partial r}{\partial D}\bigg|_{\Pi \text{ const.}} = \frac{\dfrac{\partial R}{\partial (1+\alpha)K} - r}{D} \gtreqless 0$$

となり，上記符号は

$$\frac{\partial R}{\partial (1+\alpha)K} \gtreqless r$$

に対応する．図9-2の$B$点の状況は，銀行の貸出供給曲線を$S(r)$として

$$\Pi = R((1+\alpha)K, t) - iB - rS(r)$$

を$r$に関して極大にすることによって得られる．1階の条件より

$$S' = \frac{S}{\dfrac{\partial R}{\partial (1+\alpha)K} - r}$$

このことは$B$点において銀行の貸出供給曲線と企業の等利潤曲線が接していることを意味している．


## 補論(II)　借入金シェアーと長期資金・固定資産比率

われわれのモデルによれば，金融機関短期借入金増分における小規模企業のシェアー($y_t$)は，増分でみた長期資金・固定資産比率($b_t$)にラグをもって動くはずである．図9-14は両比率の動きを示したものである．それぞれ予期した規則性をもって動いている．$y_t$と$b_t$との間の時差相関係数は表9-6に示してある．それによると，調整過程は約4-6四半期のラグをもっているようである．$y_t$を5四半期遅れの$b_t$に回帰させると次のようになる．

$$y_t = 70.74 - 0.66 b_{t-5} + 19.70 x_t ; \quad \bar{R}^2 = 0.64$$
$$(4.65)\ (-3.47) \qquad (5.49)$$

カッコ内は$t$値であり，$x_t$は企業規模の範囲の違いを示すためのダミー変数であり，1965-71年に1，1957-64年にゼロである．

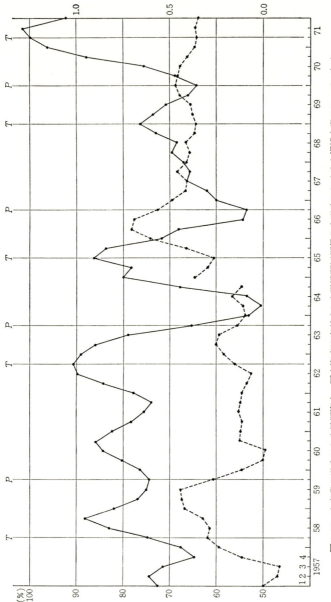

図9-14 全産業の増分による長期資金・固定資産比率($b_t$)と金融機関短期借入金増分における小規模企業のシェアー($y_t$)

[資料] 『法人企業統計季報』.

[注] 実線は全産業の(社債+株式+固定負債金融機関借入金純増4期移動平均÷固定資産純増4期移動平均÷なわち長期資金・固定資産比率 $b_t$ であり,左目盛,点線は小規模企業の金融機関借入金純増4期移動平均÷(小規模企業の金融機関借入金純増4期移動平均+大規模企業の金融機関借入金純増4期移動平均)すなわち小規模企業の金融機関借入金増分における小規模企業のシェアー $y_t$ であり,右目盛.小規模企業の範囲は1964年まで資本金1千万円未満,1965年以降1億円未満.

表 9-6 $y_t$ と $b_t$ との間の相関係数

|  | $y_t$ | |
| --- | --- | --- |
|  | 1957-64 年 | 1965-71 年 |
| $\theta_t$ | 0.14 | 0.16 |
| $\theta_{t-1}$ | 0.19 | 0.11 |
| $\theta_{t-2}$ | 0.31 | 0.00 |
| $\theta_{t-3}$ | 0.12 | △0.18 |
| $\theta_{t-4}$ | △0.21 | △0.52 |
| $\theta_{t-5}$ | △0.59 | △0.35 |
| $\theta_{t-6}$ | △0.78 | △0.19 |
| $\theta_{t-7}$ | △0.70 | 0.06 |
| $\theta_{t-8}$ | △0.39 | 0.23 |

## 補論 (III)　産業間の生産性上昇率格差と長期資金配分

　企業部門への長期資金の配分に関して，本文では企業規模による側面を中心に考察したが，ここでは産業別，特に投資財産業と消費財産業の間の比較を行なう．以下では，高度成長期における長期資金の信用割当が産業別基準では投資財産業に対して優先的になされており，このことが投資財産業と消費財産業の間の生産性上昇率の格差をもたら

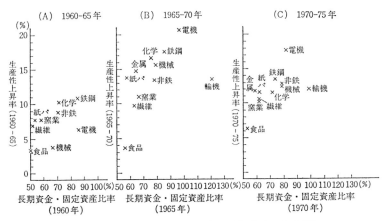

図 9-15　物的生産性上昇率と長期資金・固定資産比率の相関

〔資料および注〕　統計付録9-I および9-II による．ただし輸出用機械器具の長期資金・固定資産比率は輸送用機械器具 (除船舶) と船舶を合計したものから求めた．

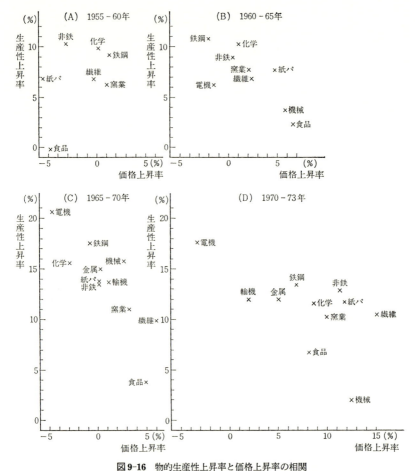

**図 9-16** 物的生産性上昇率と価格上昇率の相関

[資料および注] 統計付録 9-III による．生産性上昇率は(2)，価格上昇率は(1)-(2)である．

したことを指摘する．また，生産性上昇率の格差は両産業の価格上昇率の格差に密接に関連していること（いわゆる生産性上昇率格差インフレーション）もあわせて指摘される．

図 9-15 は，製造業業種別の物的生産性上昇率と長期資金・固定資産比率の関係をプロットしたものである．1960-65 年にかけて両者の間にはわずかに正の相関がみとめられるようであるが，その相関は強いものではない．しかし，1965-70 年にかけての生産性上昇率と 1965 年の長期資金・固定資産比率の間にはっきりした正の相関関係が生じている．電気機械，鉄鋼，化学，機械，非鉄等の重化学工業ないし投資財関連諸産業は

長期資金・固定資産比率が高く，それに対応して物的生産性上昇率も高位にある．これに対して繊維，食料品，紙・パルプ，窯業等消費財の性格の強い諸産業では長期資金・固定資産比が小さく，生産性上昇率も低くなっている．こうした相関関係は，1970-73年間の生産性上昇率と1970年の長期資金・固定資産比との間にも依然存在しているが，以前に比べて相関度が小さくなっているとみられよう．1955年以降1960年代を中心とする長期資金の投資財部門への優先的割当は，投資財部門と消費財部門との間の生産性上昇率に格差を生ぜしめたと考えられるわけである．そして，この格差は次第に拡大し，1960年代に最も強く，その後縮小したとみられる．次に，こうして生じた生産性上昇率と価格上昇率との関係を検討しよう[47]．図9-16を見られたい．生産性上昇率と価格上昇率の間には，1955-60年頃にはほとんど関係がない．しかし1960-65年においてははっきりとした負の相関関係が生じている．そして負の相関関係は1965-70年においてはさらに急角度なものになっていることがわかろう．1970-73年においては相関関係は再び弱いものになっている．

　以上の分析結果は極めて明快と言うべきであろう．高度成長期すなわち1955年以降，長期資金は重化学工業ないし投資財産業に優先的に割当てられた[48]．それに対応して若干の（5年の）ラグをもって，物的生産性上昇率に投資財産業と消費財産業の間に格差が生じる．そしてその格差は価格上昇率ときれいな逆相関を示している．特に重要なことは，このような融資集中，生産性上昇率格差，価格上昇率格差の関係が1960年代において次第に強まり，1970年代に至って再び弱化していることである．

　以上の分析は，高度成長期の人為的低金利政策の下で，長期資金の信用割当がいわゆる生産性上昇率格差インフレ論と密接にかかわっていることを示唆している．ちなみに，高須賀義博[1972]，日本経済調査協議会[1970]等において主張されている生産性格差インフレ論とは概略次のようなものである．まず，経済に2つの生産部門，投資財部門と消費財部門あるいは大企業部門と小企業部門を想定する．各部門の価格形成は単位労働費用にマーク・アップを乗じるという形で定まるとする．すなわち，価格＝（1＋マーク・アップ率）×賃金÷労働生産性である（賃金÷労働生産性は単位労働費用）．ここで（1＋マーク・アップ率）は労働分配率の逆数であるが，議論の単純化のためにさしあたって一定とする．すると，これから各部門について，価格上昇率＝賃金上昇率－労働生産性上昇率という関係が得られる．ここで，投資財部門と消費財部門との間に極めて大

---

47) この分析が大体完了した後，篠原三代平[1968]でほぼ同様な分析がなされていることを知った．そこでは，農業，鉱業，電気・ガス・運輸通信業等も分析対象に加えられている．ただし，生産性上昇率と長期資金・固定資産比率との関連にはふれられていない．
48) 重化学工業を投資財産業とみなすことはまず許されるとしても，その他の製造業を消費財産業とみなすことには若干の問題がある．より正確には，商業，サービス業，農業等をも含めて定義すべきであろうし，製造業についても特殊分類（通産省統計）を用いるべきであろう．

きい生産性上昇率の格差があると前提しよう．投資財部門では，他の事情が一定ならば，価格は相対的に低下するはずであるが，2つの事情からそうならない．1つは，若年労働力を中心とする労働需給の逼迫による賃金上昇であり，他方は産業構造の寡占性からする価格の下方硬直性である．それゆえ，投資財部門では，生産性の極めて高い上昇率，同じく高いが生産性ほどではない賃金上昇率，寡占性からする価格不変という状況が成立する．ここで，さきに一定とされていたマーク・アップ率は上昇せねばならない．すなわち，労働分配率は低下せねばならない．このことは明らかに経験的事実と合致している．他方，高い賃金上昇率は，消費財部門にスピル・オーバーする．消費財部門で必要な労働力を確保するためには，ほぼ同率だけ賃金を上昇させねばならない．他方この部門の生産性の上昇率は極めて低い．かくして結果するのが，消費財価格の上昇であり，これは投資財価格の相対的安定と相まって一般物価水準の上昇としてあらわれる．

# 第10章　人為的低金利政策の下での金融政策[1]

　戦後経済発展のための1つの基本的戦略とされた人為的低金利政策は，金融政策の面においてもその政策手段の利用可能性と運用方法を限定することにより，1つの特徴的な政策運営パターンを生みだすこととなった．公定歩合政策，公開市場操作，預金準備率操作等の教科書的政策手段は，採用されないかあるいは採用されても教科書的でない方法で運用された．公定歩合はその金利機能を発揮することなく，低位に釘づけされ著しく硬直的であった．債券売買は公開市場では行われず，日本銀行と市中銀行との相対取引で，しかも日銀の買オペレーションのみという一方通行のかたちでしか行われなかった．準備率も，1973, 74年(昭和48, 49年)のインフレーション時を除いては，めったに変更されず，その機能も，以下でみるように負の日銀貸出とも言うべき性格を帯びたものであり，教科書的な効果を発揮することはなかった．

　こうした教科書的手段にかわって，戦後，少なくとも昭和30年代以降とられた金融政策の方法は大略次のようなものであった．すなわち，現金通貨は主として日銀の対市中銀行信用によって供給する．日銀の対市中貸出金利である公定歩合は低位に固定し，その操作には，金融政策発動のアナウンスメント効果以上のものを期待しない．金融引締時には，さらにいわゆる窓口指導(時期によって名称は異なる．窓口規制，ポジション指導あるいは貸出増加額規制とも言われる[2])により，都市銀行を中心とする主要金融機関の貸出増加額を規制する．これらの政策運営において，日銀信用を受けるのは資金偏在下で恒常的資金不足にある都市銀行を中心とする一部の銀行グループであり，また窓口指導の対象となるのもほぼ同じグループである．戦後金融政策運営においては，こうした都市銀行に対する通貨当局の働きかけが，相対的に自由な金利であるコール市場(以下では手形売買市場をも含むインター・バンク短期資金市場を

---

[1]　本章は寺西重郎[1979b]を加筆訂正したものである．
[2]　ただし，ポジション指導はいわゆる窓口指導のなかでも比較的規制の程度が弱いものであると言われる．詳しくは呉文二[1973] p. 158参照．

こう呼ぶ)の金利すなわちコール・レート(手形売買レートを含むインター・バンク短期市場金利の意)の変動を通じてその他すべての金融機関に波及効果を及ぼすことが期待されたのである．

以上のような戦後金融政策のあり方に対して，特にその有効性と教科書的方法をノルムとする「正統性」をめぐって，従来からさまざまな議論がかわされてきた．いわく，窓口指導と日銀信用の調節とはいずれが相対的に有効であったのか．窓口指導はそもそも絶対的な意味において有効性をもちえるのか．日銀はコール・レートを政策指標としてきたのかそれとも運営目標として操作してきたのか．日銀信用はいかなる意味で受動的に供給され，いかなる意味で信用割当てされたのか，等々である．

本章の目的は，人為的低金利政策下の金融政策のあり方を整合的な仮説のかたちで要約し，その仮説に基づいて，戦後金融政策のあり方にかかわるさまざまな問題点を整理することにある．われわれの基本的主張は次の3点である．(i)少なくとも昭和30年代以降の金融政策は，日銀信用の受動的供給を基本的な政策方式(ポリシー・ルール)とし，その下で貸出抑制度(ないし信用割当の強さ)，預金準備率および窓口規制等の金融政策手段を操作することによって行なわれた．(ii)日銀信用の受動的供給は，人為的低金利政策の下での長期資金(特に公社債)の創出・割当機構の主要な一環であり，その下で窓口指導はきわめて強力な金融(引締)政策手段であった．(iii)金融的諸条件の変化により人為的低金利政策の変容が迫られている現在，日銀信用の受動的供給も次第にその必要性を減じてゆくと考えられる．他方，窓口指導も銀行貸出市場のセグメンテーション(市場分断)の度合の低下によりその限界を生じつつあり，高度成長期の金融政策パターンは1つの転換期にさしかかりつつある．

本章におけるその他の主要な結論は以下のとおりである．

(i) 窓口指導は，受動的日銀信用供給というポリシー・ルールの下では有効な政策手段であるが，その相対的有効性は銀行貸出市場のセグメンテーションに依存する．理論的には，窓口指導の有効性はまた銀行の超過準備保有の利子率弾力性にも依存するが，受動的日銀信用供給の下では銀行の超過準備保有は小さく，この効果は小であったと考えられる．(しかし，日銀信用がなんらかの意味で能動的に供給されるならば，窓口指導の有効性は主として超過準備

の利子率弾力性に依存するであろう.)

(ii) 貸出抑制度ないし信用割当の強さの変更による日銀信用調節の効果には上限があり,相対的には窓口指導の方がより強い金融引締効果をもつ政策手段であった.

(iii) 受動的日銀信用供給の下での窓口指導は,窓口指導の対象がすべての金融機関に拡げられないかぎり,過剰流動性に陥る危険を内包している.特に,この方式の下では引締政策としての預金準備率引上げの効果は小さいかあるいは教科書的効果とは逆である.1973, 74年における過剰流動性の1つの原因は,政策当局者にこれらの点の理解が不足していたことに求められる.

以下の議論は次の順序で進められる.[1]では,現金通貨あるいはハイ・パワード・マネーの供給径路について,実際の統計に即しての解説が与えられる.[2]では,まず,日銀信用の受動的供給の概念を明確にし,定式化する.次に,簡単な一般均衡モデルにより,日銀信用供給,準備率操作等の政策効果を分析するとともに,「受動性」の根拠ないし成立条件を考察する.[3]では,窓口指導の有効性を支える諸要因を考察し,受動的日銀信用供給の下での窓口指導の有効性を示す.また,1973, 74年のインフレーション時における現金通貨供給のメカニズムを検討し,あわせて,受動的日銀信用供給の下での窓口指導および準備率操作政策の限界に関して簡単なコメントを行なう.

## [1]　現金通貨の供給径路

本節では,現金通貨供給の方法について統計データに即してやや詳しい予備的考察を行なう.

現金通貨の供給径路については,「マネタリー・サーベイ」の通貨当局勘定と「資金需給実績」の2つの統計がある.前者は,IMFの通貨金融統計方式に基づき1960年から作成されるようになったものであり,預金通貨銀行勘定と統合してマネー・サプライの総括統計を与えるように整理されている.後者は第2次大戦前から作成されてきた「日本銀行券経路別発行状況」表ないし「日本銀行券発行還収要因」表が,その後1963年にいたり「資金需給実績」と名を変えたものである[3].両者は,日銀による市中銀行からの国債買オペ分の扱いに

おいて異なっている．これは戦後における公社債の市中銀行への割当という低金利政策下の1つの特殊事情を反映したものである．

さて，日銀のバランス・シートは大略次のようにあらわされる．すなわち，(1)日銀の対民間貸出＋(2)民間銀行からの国債等買オペ＋(3)民間銀行からのその他債券手形買入＋(4)日銀引受国債＋(5)日銀の対政府貸出＋(6)日銀の短期対外資産＝(7)現金通貨＋(8)民間銀行からの準備預金

「マネタリー・サーベイ」の通貨当局勘定は，これら諸勘定項目のうち，(2)＋(4)＋(5)を「政府向け信用」として，また(1)＋(3)を「民間向け信用」として一括し，残高のかたちで表示したものである．また，民間銀行の収支勘定は，大略，

(9)民間非金融部門への信用＋(10)民間銀行の対政府貸出＋(11)民間銀行引受国債＋(12)民間銀行の短期対外資産＋(8)日銀への準備預金＋(9)現金通貨＝(13)民間非銀行部門からの預金＋(1)日銀借入＋(2)日銀への国債等売オペ＋(3)日銀へのその他債券手形売却

とあらわされるが，このうち，(1)＋(3)を「日銀からの民間銀行向け信用」，(10)＋(11)－(2)を「政府向け信用」として一括して（残高表示することにより）「マネタリー・サーベイ」の預金通貨銀行勘定を得る．（ここで等しいものには同一の番号がふられていることに注意されたい．）両勘定を加え，相殺項目を調整することにより，総括表が得られる．こうして得られるマネタリー・サーベイ表は，簡単化したかたちで巻末の統計付録10-Ⅰにおさめられている[4]．

ところで，1962年の「新金融調節方式」の採用によって，日銀信用の供給手段として，従来の(1)日銀貸出に加えて，(2)日銀による民間銀行からの国債等の買オペすなわち「債券売買方式」が行われることになり，この方式は昭和40年代の長期国債発行とともに日銀信用供与手段の大宗的地位を占めるようにな

---

3) 名称は，時期によってめまぐるしく変わった．たとえば，1946年頃には「政府資金撒布・市中資金引揚げと銀行券増減」とも呼ばれていた．英訳名も，当初は Bank Notes Issued Classified by Causes, Factors for Issue and Retirement of Bank Notes または Factors for Changes in Bank Notes Issued 等であったものが，1963年頃より Demand and Supply of Funds in Money Markets と変えられた．小宮隆太郎[1976]の指摘するように，「資金需給実績」というタイトルははなはだミス・リーディングであり，現行の英訳名にいたっては全く間違っていると言ってさしつかえない．何故そうであるかは次節で詳しく述べる．

4) 以上の説明では，簡単化のため，一般政府および民間銀行の対外資産保有と政府預金を省略した．また地方公共団体も省略してある．

表 10-1　日銀信用残高の構成

| 年末 | (1)<br>日銀信用残高 | (2)<br>貸出金の割合 | (3)<br>債券市中買入<br>残高の割合 | (4)<br>買入手形残高<br>の割合 |
|---|---|---|---|---|
| 1955 | 320 | 100.0 | — | — |
| 1956 | 1,399 | 100.0 | — | — |
| 1957 | 5,520 | 100.0 | — | — |
| 1958 | 3,794 | 100.0 | — | — |
| 1959 | 3,379 | 100.0 | — | — |
| 1960 | 5,002 | 100.0 | — | — |
| 1961 | 12,846 | 100.0 | — | — |
| 1962 | 13,846 | 92.8 | 7.2 | — |
| 1963 | 16,717 | 69.1 | 30.9 | — |
| 1964 | 15,758 | 70.5 | 29.5 | — |
| 1965 | 17,947 | 90.7 | 9.3 | — |
| 1966 | 21,728 | 80.1 | 19.9 | — |
| 1967 | 28,755 | 52.7 | 47.3 | — |
| 1968 | 33,830 | 46.2 | 53.8 | — |
| 1969 | 41,233 | 47.1 | 52.9 | — |
| 1970 | 51,468 | 45.7 | 54.3 | — |
| 1971 | 33,433 | 20.4 | 79.6 | — |
| 1972 | 50,858 | 41.7 | 44.2 | 14.1 |
| 1973 | 105,744 | 21.5 | 40.4 | 38.1 |
| 1974 | 120,707 | 13.9 | 51.4 | 34.7 |
| 1975 | 106,149 | 16.7 | 61.4 | 21.9 |
| 1976 | 114,480 | 17.1 | 61.1 | 21.8 |

〔単位〕　(1)は億円，(2)–(4)は％．
〔資料〕　『本邦経済統計』，『経済統計年報』．

った(表10-1)．しかし第8章で述べたように，この債券売買は，公社債流通市場の発達が十分でないため，公開市場における売買でなく，日銀と市中銀行との間の相対売買であり，日銀が定めた購入価格(理論価格)の下で売却希望を聴取したうえで，各行に購入額を割当てるというかたちで行われており，それは市中銀行にとって日銀貸出の供給を受けることとほぼ同一の意味をもっていた．

「資金需給実績」は，こうした日銀による国債等の買オペの特殊な性格をふまえ，上記(2)を日銀の民間向け信用の一部とみなしており，(1)＋(2)＋(3)を「日銀信用」として一括する．また，(4)＋(5)を「一般財政対民間収支」，(6)を「外為会計対民間収支」あるいは「外国為替資金」とよびかえている．すなわち，「資金需給実績」の勘定は

表 10-2 資金需給実績(単位:億円)

| 年 | (1)<br>銀行券 | (2)<br>一般財政対民間収支 | (3)<br>外為会計対民間収支 | (4)<br>日銀信用 | (5)<br>その他 | (6)<br>準備預金 |
|---|---|---|---|---|---|---|
| 1955 | 517 | 1,219 | 1,668 | △2,415 | 45 | — |
| 1956 | 1,110 | △701 | 506 | 1,439 | △134 | — |
| 1957 | 523 | △1,104 | △2,268 | 4,152 | △257 | — |
| 1958 | 539 | 396 | 2,028 | △1,780 | △105 | — |
| 1959 | 1,385 | 471 | 1,737 | △374 | △449 | — |
| 1960 | 2,046 | △1,352 | 1,888 | 1,638 | △128 | — |
| 1961 | 2,460 | △2,153 | △1,457 | 7,845 | △1,775 | — |
| 1962 | 2,658 | 340 | 918 | 1,001 | 399 | — |
| 1963 | 3,115 | 634 | 731 | 2,872 | △1,122 | — |
| 1964 | 2,415 | 5,753 | △318 | △959 | △2,010 | △51 |
| 1965 | 2,649 | 2,342 | 230 | 535 | △721 | 263 |
| 1966 | 3,496 | △710 | △367 | 5,590 | △996 | △21 |
| 1967 | 4,981 | △613 | △421 | 8,008 | △1,548 | △445 |
| 1968 | 6,304 | △794 | 3,008 | 5,127 | △792 | △245 |
| 1969 | 7,694 | △4,064 | 3,494 | 8,854 | △4 | △586 |
| 1970 | 7,447 | △9,331 | 4,466 | 13,352 | △228 | △812 |
| 1971 | 8,517 | △20,066 | 43,998 | △19,196 | 3,746 | 35 |
| 1972 | 19,030 | △18,498 | 17,397 | 22,223 | △1,310 | △782 |
| 1973 | 17,884 | △4,384 | △18,840 | 57,204 | △3,424 | △12,672 |
| 1974 | 15,687 | 13,369 | △3,784 | 16,440 | △6,805 | △3,533 |
| 1975 | 9,493 | 30,288 | △6,278 | △12,078 | △6,924 | 4,485 |
| 1976 | 14,029 | △1,573 | 7,734 | 12,125 | △6,118 | 1,861 |

〔資料〕 『経済統計年報』.
〔注〕 (1)=(2)+…+(5)+(6). (6)列には(-1)を乗じた値が計上されている.

現金通貨(日銀券)＝一般財政対民間収支＋外為会計対民間収支＋日銀信用－準備預金

とあらわされる[5]. ここで, (4)+(5)を「一般財政対民間収支」と呼ぶのは次のような理由による. すなわち, 一般政府の収支勘定は,

政府資本形成－政府経常余剰＝政府債務増減

とあらわされる. 政府債務は, (4)日銀引受国債, (5)日銀の対政府貸出とともに(14)民間非銀行部門の国債購入, (11)民間銀行引受国債および(10)民間銀行の対政府貸出からなる. (4)+(5)は一般政府の日銀からの資金調達であり,

---

5) 厳密に言うと, 現金通貨は日銀券より補助貨の額だけ大きい. また, 以下では一般財政対民間収支と外為会計対民間収支を合わせて財政資金対民間収支と呼ぶことがある.

第10章 人為的低金利政策の下での金融政策 569

(10)＋(11)＋(14)は一般政府の民間部門(民間銀行部門および民間非銀行部門)からの資金調達である．それゆえ，(4)＋(5)は(政府資本形成－政府経常余剰－民間部門からの資金調達)に等しく，これは一般財政の対民間収支にほかならない．なぜなら，政府経常余剰は，租税－政府経常支出，であるから，(4)＋(5)は，政府支出(政府資本形成＋政府経常支出)－民間からの収入(租税＋一般政府の民間部門からの資金調達)，すなわち一般会計と民間との間のネットの収支になるからである．

　表10-2は1955年(昭和30年)以降の「資金需給実績」表である．この表と，以上における解説により，われわれは現金通貨がいかなる径路を通って民間(銀行および非銀行)部門に供給されたかを知ることができる．まず「外為会計対民間収支」を通じる現金通貨の増減は，民間部門と海外部門との間の経常・資本勘定の収支尻が外為会計との間の外貨売買に反映されるときに生じる．民間部門が輸出等で得た外貨を外為会計に売却すれば，民間部門への現金通貨供給は増加し，逆に対外収支の赤字をまかなうために外貨を購入すれば現金通貨供給は減少する．次に「一般財政対民間収支」では，民間部門の租税納入により，現金通貨供給は減少し，逆に政府支出(政府経常支出・政府資本形成)によって増加する．また，民間部門による国債・政保債の購入，郵便貯金預入等があれば，現金通貨供給は減少するし，政府金融機関の融資増のばあいは増加する．前者の増減は一般財政と民間部門との間の経常取引に基づくものであり，後者の増減は資本取引に基づくものである．最後に，日銀信用の項については，日銀による市中銀行への貸出，手形債券買オペ等により現金通貨供給は増加し，市中銀行の日銀借入返済，日銀による手形売オペ等により減少する．また準備預金については，市中銀行による日銀への準備預金の積増しは(日銀信用が一定であるかぎり)現金通貨供給の減少要因であり，取りくずしは増加要因である．

　いわゆるハイ・パワード・マネーは，この現金通貨に市中金融機関の日銀預け金(準備預金)を加えたものである．ただし，この現金通貨は民間部門(金融部門および法人，個人等の非金融部門)の保有する部分とともに，政府部門(特に政府金融部門)の保有する部分をも含んでいるが，通常のハイ・パワード・マネーの定義では，後者の部分は除外されている．

## [2] 日銀信用の受動的供給

### (1) 日銀信用供給の受動性と信用割当

　以上のような3つの径路を通じて変動する現金通貨供給ないしハイ・パワード・マネーを日本銀行は制御できるのか，もしできるとすれば，いかにして制御するのか，が本節における問題である．上記の「資金需給実績」の勘定式において，外為会計対民間収支と一般財政対民間収支の2項を通じる現金変動（財政資金対民間収支）は，原則として日銀の直接的制御力の外にあると考えられる．たとえば租税の移納や政府支出を日銀はコントロールする力をもたないし，また固定為替レート制の下で外貨集中制がとられているばあい，外貨購入に伴う外為会計への円貨支払は自動的になされるしかない[6]．

　問題は，日銀信用ないし日銀信用－準備預金の項である．この項を通じる現金通貨の変動は，日銀のいわゆる「日々の金融調節」によって生じる部分であって，大略，日銀への準備預金の積増し・取りくずしの範囲内で調整を加えつつ，原則としてコール市場の超過需要にみあった額の日銀信用を供給するという形で調整されてきたといわれる．ここで，コール市場における超過需要に受動的に応じて資金過不足を調整するということは，日銀信用供給のいわば受動性の側面であり，他方準備預金の枠内で日銀信用を調整して信用割当を行うということはいわば能動性の側面である．日銀信用供給におけるこの受動，能動の2側面は，しかしながら，同一の次元にあるのではない．以下に示すように，受動性の側面は，戦後金融政策の基本的なポリシー・ルールにかかわるのに対し，能動性の側面は貸出抑制度あるいは信用割当の度合の操作という1つの金融政策手段に対応している．

　第1の受動性の側面は，日銀のいわゆる現金需給バランスないし「最後の貸し手」(the lender of last resort)の論理と密接に関連している．すなわち，日銀は，コール市場における事前的超過需給を，民間部門の現金に対する超過需給

---

　[6] 1973年以降の変動為替相場制の下では事情が異なる．しかし，そのばあいにも国内の金融調節よりも国際的通貨秩序の維持に重点がおかれるばあい，外国為替資金を通じる現金通貨供給は受動的であるとみなさなければならない．

であるとみなし，現金に対する超過需給であるゆえ，なんらかのかたちでそれに受動的に資金供給せざるをえないとみなした．もし受動的に応じなければ，銀行が支払不能に陥ったりして，信用秩序に混乱が生じると考えられたのである．後に詳しくみるように，この論理は必ずしも正しくなく，受動的供給の必要性は人為的低金利政策推進の制約という点からする別のロジックから証明されねばならないのであるが，それはともかくとして，日銀は「現金需給バランス」の論理を用いはじめた昭和30年頃から一貫して，コール市場の超過需要に受動的に応じるという態度をとってきた．具体的には，コール取引および手形交換はすべて日銀当座預金によって決済されるため，日銀は常時その窓口で短期金融の需給状況を把握しており，日銀貸出・手形売買等によりその超過需給を相殺してきたのである．

ところで，コール市場の超過需給を原則として受動的に相殺するといっても，日銀は必ずしも常に資金不足額にちょうど等しい額の日銀信用供給を行う必要はない．たとえば，日銀は安易な日銀借入への依存を許さず，都銀等に追加的なコール取入を要請することもできる．鈴木淑夫[1974]によれば，「日銀は，市場にコール資金が余っている場合には，原則として都市銀行の借入申込みには安易に応じない」(pp. 25-26)と言われる．また，たとえ資金不足の大部分を日銀信用により補うとしても，残りの一部分は市中銀行の準備預金の額を操作することによっても可能であり，そのかぎりで，日銀は信用割当を行うことができる．これが日銀信用供給の第2の能動性の側面である．鈴木淑夫[1974]は，日銀による準備預金操作の効果を重視して次のように論じている．すなわち，日銀はコール市場にあらわれた資金不足に対して原則として受動的に応じつつ，資金過不足に対して全額日銀信用で応じるか，それとも日銀準備預金をある程度積上げさせたうえで，その残りの部分のみを日銀信用で補填するかに関してオプションを行使しうる．鈴木によれば，このオプションの秘密は準備預金制度の規定にある．すなわち，わが国の準備預金制度は[7]，毎月16日から翌月15日までの日銀準備預金残高の平均残高を一定に保つことを定めており，30日間のうちの日々の残高の多少については規定していない．それゆえ，平均残高の

---

7) 法定の準備は日銀に預入れられる規定になっている．各銀行はこの準備預金のほかに現金準備(vault cash)を手元に保有している．

規定さえ満たしていれば，日々の準備預金額の変動は，原則として各金融機関の自由裁量の下にあるはずである．ところが，現実はそうでなく，以下のような形で準備預金は日銀信用とのからみで日銀の操作対象となっているのである．すなわち，日銀信用はコール・レート等にくらべて極めて低利であるため，金融機関にとって日銀信用を受けることは一種の準備金の供給を受けることに等しい．言わば，日銀信用は正の準備金，準備預金は負の日銀信用という一体の関係が成立している．このため，準備預金の日々の変動の自由を，日銀がいわば逆手にとり，それを操作の対象にすることができることになる．たとえば，日銀が，市中銀行の資金不足の一部分しか日銀信用を供給せず，残りを準備預金の取りくずしで相殺させるとしよう．このばあい，銀行は翌月の15日までに準備預金の積増しをせねばならないから，そうでないばあいにくらべて近い将来に貸出を抑制せざるをえない．逆に，日銀が資金不足額以上貸出すとすれば，借入れた銀行は割高のコールを返済するか，準備預金を積増しし，近い将来の貸出増の余裕をもつことができるわけである．このような日銀信用と準備預金の同時操作を鈴木は次のように要約している．すなわち，「日本銀行は，毎日の銀行組織の保有現金変動要因を予測したうえで，信用機構全体が円滑に機能する程度に，受動的に信用を供給しつつも，営業時間終了時間の預金残高を貸出額や短資会社を通ずる手形などの売買額で調節し，準備預金積上げの進捗率を調節する」(鈴木淑夫[1974] p.181)．

　ところで，日銀信用供給の能動的な側面，すなわち，信用割当が，果たして鈴木の強調するように日銀信用と準備預金の同時操作のみに依存するものであるかについては，必ずしもすべての論者の一致するところではない．たとえば呉文二[1973]は，(準備預金の変更によって)「「日本銀行信用」の額を若干変更することは可能である．(……この点の手心が金融政策的意味を持つこともある)」と述べて，準備預金の操作の効果に対して若干懐疑的であり，かわってコールの追加的取入の指導等の直接的信用割当の役割を重視しているようにみえる．しかしながら，いずれにせよ，日銀信用供給は完全に受動的になされたのではなく，なんらかのかたちの能動的信用割当がなされたことは，1955年以降(コール・レートの自由化以降)，コール・レートが公定歩合より一貫して高位にあることから明らかである(第8章[2])．

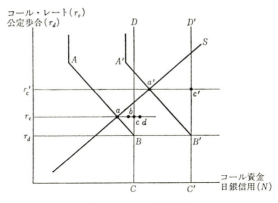

**図10-1** コール市場の均衡

以下では，日銀信用供給における受動・能動の2側面をとりいれた簡単な部分均衡モデルを用いて日銀信用供給函数を導出し，後の議論展開への出発点としよう．簡単化のため，日銀信用は手形・債券売買のかたちで供給されるものとし[8]，また当初において日銀信用はゼロであるとしておこう．（本章でのわれわれの定義におけるコール市場は手形・債券売買市場を含む．）図10-1はコール市場の部分均衡状態を描いたものである[9]．$S$曲線は（資金偏在の下では）都銀以外の市中銀行によるネットのコール資金の供給函数（コール・ローン）であり，コール・レート($r_c$)に関して右上りとなっている．横軸に垂直な$CD$および$C'D'$線は，コールの取手すなわち都市銀行等の短期資金に対する需要をあらわしている．短期資金に対する需要は，都銀等の証券需要（貸出・有価証券投資の総称）－都銀等の預金，として定義されている．預金額は直接にはコール・レートから独立であるし，証券需要もまたコール・レートから独立であると仮定されている．それゆえ$CD$および$C'D'$線は垂直である．（しかし，これはさしあたって簡単化のための仮定であって，$CD$および$C'D'$が右下りであっても議論の本質は影響を受けない．）都銀のバランス・シートを，

　証券需要＋準備預金＝預金＋都銀以外の市中銀行によるネットのコール資金
　供給＋日銀信用

---

[8) 日銀信用が貸出によって供給されるばあい，以下のプレゼンテーションは若干複雑化するが，議論の本質は変更を受けない．
9) 本節におけるものと類似したモデルが呉文二[1979]に与えられている．

とすると，$CD$ は，都銀以外の市中銀行のネットのコール資金供給＋日銀信用－準備預金，であり，日銀信用がコール市場の1部である手形・債券売買のかたちでなされるとの仮定により，コールの総量は，均衡において，都銀以外の市中銀行によるネットのコール資金供給＋日銀信用，に等しい．また，日銀の政策変数はさきに述べたところにより，日銀信用－準備預金，である．折線 $ABC$ および $A'B'C'$ は都銀等のコール需要関数である．この折線は $AB$, $A'B'$ の範囲で右下りであるが，$BC$, $B'C'$ の範囲では短期資金の需要に等しく横軸に垂直である．これはコール・レート $(r_c)$ が公定歩合 $(r_d)$ 以下であるばあいは，短期資金を全額コールで調達すればよいからである．$r_d$ より上ではコール需要は，短期資金需要よりも小さい．これは，コール・レートが公定歩合より高く，日銀の受動的信用供給が期待される以上，コール・レートが高いほどコール取入は少なくすることが好まれるからである．両者の水平差を埋めあわせるものは，都銀等の準備預金の取りくずしまたは日銀からの資金供給である．

コール需要曲線は $A$ および $A'$ の上方で再び垂直となっている．これは日銀信用の一部分である日銀貸出に対する貸出限度額規制を考慮したためである．貸出限度額規制は1962年の「新金融調節方式」の採用によって導入されたものであり，原則として一定限度額以上の日銀借入を認めないという制度である[10]．ただし，この貸出限度額規制の意義はあまり重視すべきでない．表10-2にみるように，同じく「新金融調節方式」によって導入された債券売買が日銀信用の中心部分を占めるようになっており，たとえ限度額規制の上限が実効的であったとしても，債券売買によって日銀信用を追加しうるからである．限度額規制が設定されて以来，限度額が1965年，67年のわずか2回しか変更されていないことは，この規制が有名無実化していることを示唆している．いずれにしても，$A$ および $A'$ 点の上方部分はアクセサリー以上の意味をもたない．

さて，都銀等の資金需要曲線が $CD$ であり，コール需要曲線が $ABC$ である

---

10) 限度額の決定方式は，当初各行の現金規模と借入実績に基づくものであったが，その後1967年に各行の自己資本と外部負債の変化をより重視する方式に変えられたと言われる．また，都銀が限度額を枠一杯使い切ってしまうことは少なく，通常はその8割程度しか借入を認められないとも言われる．この点を考慮すると $A$ および $A'$ 点の上方の部分は，限度額より少ない「事実上」の与信限度によって画されているとみなされねばならない．以上については浜田宏一・岩田一政・島内昭・石山行忠 [1975] を参照．

としよう．コール・レートは $r_c$ に定まるが，この均衡では都銀等は $ac$ だけの短期資金不足にあり，それは日銀の窓口においてコール市場の事前的超過需要としてあらわれてくる．われわれの仮定（あるいは現行の受動的方式）の下では，この差は日銀からの資金供給によって満たされねばならない．日銀はこの資金不足を日銀信用と準備預金の操作によって相殺するものとしよう．いま，$ac$ 全額を日銀信用によって補うとすると，コール市場の事後的均衡は $c$ 点において達成される．このばあい，他の事情が変わらないかぎり $r_c$ は次期も変化しない[11]．しかし，日銀がその信用供給を $ab$ のみにして，残りの $bc$ を都銀の準備預金の取りくずしによって補填させるとすると，コール市場の事後的均衡は同じく $c$ 点であるが，平均残高に関する規定を守るために次期において都銀は準備預金を積増しせねばならず，このばあい，他の事情が一定ならば，次期の都銀の証券需要したがって資金需要も減少する．それゆえ $CD$ および $ABC$ 曲線は左にシフトして，次期のコール・レートは低下する．逆に，日銀が $ac$ の資金不足に対して $ad$ の信用を供給するとすれば，都銀は $cd$ だけの準備預金の積増しを行うことができ[12]，このばあい次期における証券需要を拡大することが可能となる．それゆえ他の事情が一定ならば，コール・レートは次期において高くなるであろう．いま，なんらかの外生的理由（景気好転等）で，都銀の資金需要曲線およびコール需要曲線がそれぞれ $C'D'$ および $A'B'C'$ へとシフトしたとしよう．このばあい，コール・レートは上昇して $r_c'$ となり，事前的に $a'c'$ のコール市場超過需要が生じる．日銀資金の調節による事後的均衡点は $c'$ 点である．図から明らかなように，$a'c'$ は $ac$ よりも大きい．このばあいも日銀は $a'c'$ を日銀信用で埋めるか，準備預金への働きかけで補うかのオプションをも

---

11) このようなコール・レートと日銀信用供給の関係は堀内昭義[1980]の次のような叙述に対応している．「あらかじめアナウンスされたコール・レートの下で，コール資金市場の需給均衡条件が成立するように，日本銀行がハイ・パワード・マネー供給量を肌理こまかく調整してきたと考えるべきである．具体的に言うと，たとえば，あるコール・レートの建値において，コール資金市場で超過需要が発生することが観察されれば，個々の銀行，金融機関との貸出取引，手形オペ等を通じて日本銀行がハイ・パワード・マネーの追加的供給を行ない，それによって建値の実効性を保証するのである」(p.207)．すなわち，$ac$ の額の日銀信用の供給は建値の実効性を保証するようなハイ・パワード・マネーの供給にほかならない．$r_c$ は日銀信用のゆえに，結果として需給均衡値となっている建値なのである（ちなみに，建値制度は1978年以後徐々に廃止された）．

12) このばあい日銀信用が日銀貸出のかたちでなされたとすると，都銀は準備預金の積増しをするよりも割高のコールを返済することを選ぶかもしれない．しかし，そうであっても，コールの返済を受けた金融機関の準備預金が積増しされるから結果において同じである．

っている．しかし，準備預金の額には準備率による上限があるため，このばあいは超過需要 $a'c'$ のいっそう大きな部分を日銀信用によって補塡されなければならない．すなわち，このばあいコール・レートが上昇するとともに，コール市場の事前的超過需要は拡大し，そして日銀信用も増加する．

以上の分析から明らかになったことは，現行の日銀信用供給の下では，日銀信用はコール・レートと同一方向に動くということである．簡略化された表現を用いると，このことは日銀信用をコール・レートの増加函数として定式化して差支えないことを意味している．また，日銀信用供給の能動的な部分，すなわち，日銀による信用割当については，われわれは呉文二[1973]の「貸出抑制度」あるいは鈴木淑夫[1974]の「信用割当の強さ」という概念を用い，これをパラメター $\theta$ であらわすことにしたい[13]．貸出抑制度（あるいは信用割当の強さ）が高まると $\theta$ が上昇し，日銀はそうでないばあいにくらべていっそう準備預金取りくずしによる超過需要相殺を行う．それゆえ $\theta$ が上昇すると，所与のコール・レート（コール市場の超過需要）の下で，日銀信用の供給は小さくなると考えるわけである．

総括すると，日銀信用供給方式は函数のかたちで，日銀信用残高を $N$ として

$$N = \phi(r_c, \theta);$$

$$\phi_1 \geq 0, \ \phi_2 < 0$$

とあらわされる[14]．従来，わが国金融市場における数少ない伸縮的金利の1つであるコール・レートの性格について，しばしば，それが金融政策の指標として用いられてきたのか，あるいは日銀の運営目標としてコントロールされてきたのかという点をめぐって議論がなされてきた[15]．これに対して，われわれの $\phi(r_c, \theta)$ は，コール・レートは政策指標であるとともにコントロールの対象でもあることを意味している．信用供給の能動的な側面において，日銀は日銀信

---

13) 一般に，「貸出抑制度」の概念は，単なる日銀信用と準備預金との間のオプションだけでなく（上述のように呉文二[1973]はこれをあまり重視しない），個別の都銀に追加的コール取入を指導する等のより強い方法をも含めて考えられる必要がある．この点を考慮するためには，われわれの図10-1における $ABC$ および $A'B'C'$ 曲線を，そうした指導のなされた後のコール需要をあらわすものとみなせばよい．

14) 日銀信用供給をコール・レートの増加函数とみなす考え方は，最初森口親司[1970]において用いられ，その後寺西重郎[1975]，堀内昭義[1978]でも採用された．われわれの記号であらわすと，森口の $N$ 函数は $N=\phi(r_c-r_d)C$（$C$ はコール取入額）であり，寺西のそれは $N=\phi(r_c-r_d)$ または $N=\phi(r_c-r_d,$ 都銀貸出有価証券投資額)，堀内のそれは $N=\phi(r_c-r_d, \theta)$ である．

用供給と準備預金操作との間のオプションを行使することにより，言い換えると $\theta$ を動かすことにより，受動的供給であるにもかかわらず，次期のコール・レートをある程度コントロールすることができる．また，言うまでもなく，日銀が信用を制限して，都銀等に追加的なコールを取入れるよう指導すれば，それによってもコール・レートは動くであろう．すなわち，コール・レートの性格の一面は，それが日銀のコントロールの対象であることである．それとともに，コール市場の超過需要になんらかのかたちで受動的に資金供給するという側面は，日銀信用が $r_c$ の増加関数として供給されるというかたちで定式化することができる．これは，コール・レートがまた，金融政策の指標でもあることを意味している[16]．

ところで，以上に定式化された日銀信用供給関数において，日銀信用供給の受動，能動の2側面が非対照的なかたちでとりこまれていることに注意されたい．受動的側面は，$\phi$ 関数の形状にあらわされており，能動的側面は $\theta$ というパラメターによって示されている．このことは，日銀信用供給の受動性が，1つの基本的なポリシー・ルールであるのに対し，貸出抑制度あるいは信用割当の度合の操作は1つの金融政策手段であることを意味している．すでに再三述べたように，人為的低金利政策における公社債市場規制の下では日銀信用供給は受動的に供給されざるを得ない．これは日銀当局によって受け入れられざるを得ないルールであって，日銀当局の裁量外にあるものなのである．これに対して，日銀当局は $\theta$ を操作することもできるし，その操作方法に関して，「より適切な金融政策手段」を求めて裁量を働かせることもできる．$\theta$ は，窓口指導，公定歩合政策（もっとも現行方式の下ではこの政策の実質的な効果は小さい），準備率操作等とならぶ金融政策手段の1つなのである．

最後に，以上の日銀信用供給関数とハイ・パワード・マネーの関係について

---

15) 鈴木淑夫[1974]は，日銀はコール・レートと都銀貸出増加額を運営目標としてコントロールしようとしてきたと言い(p.259)，貝塚啓明[1967]は，昭和30年代における日銀の reaction function を計測し，経常収支の均衡，卸売物価の安定，有効需要水準の維持等種々の安定政策の目標の説明力は，コール・レートを被説明変数としたばあい最も良好であることを示した．

16) それゆえ，われわれの受動的信用供給関数の下ではコール・レートは可変的でありうる．日銀は，貸出抑制度 $\theta$ の変更によってコール・レートの値に影響をおよぼすことはできるが，その効果は（準備預金の限度があるため）限られている．1965年後半から67年初頭にかけてコール・レートはほとんど動かず低位に固定する状況が生じた（図8-3）．これは $\theta$ の効果とともに，当時の景気後退による資金需要の鎮静化によって説明される．

一言しておこう．前節の「資金需給実績」の勘定式において，

　ハイ・パワード・マネー＝現金通貨＋準備預金＝財政資金対民間収支＋日銀信用

である．右辺のうち，財政資金対民間収支は，さきに述べたように日銀にとって外生的であり，これによるハイ・パワード・マネーの変動は受動的である．それゆえ，ハイ・パワード・マネーの制御は日銀信用の制御と同値である．したがって，日銀信用が受動的に供給されてきたというわれわれの見解は，換言すれば，ハイ・パワード・マネーが受動的に供給されてきたということにほかならない[17]．

### (2) 政策効果の波及過程

　金融政策の効果を正確に分析するためには，少なくとも資産市場に関して一般均衡論的に吟味する必要がある．以下では，本章の基本モデルであるコール市場を陽表的に取入れた資産市場の一般均衡モデルを作成する．また，そのモデルを用いて，受動的日銀信用供給方式の主要な属性のいくつかを明らかにしておきたい．

　モデルは，政府，日銀，都市銀行，(都市銀行以外の)その他の市中銀行，企業および民間資産保有者の6部門からなる．経済には，現金通貨，コール資金(もちろん手形売買市場資金を含む)，預金(市中銀行によって供給され，民間資産保有者によって保有される)，ただ1種類の証券(政府，企業によって供給され，市中銀行，日銀および民間資産保有者によって保有される，それゆえここでの証券はこの経済における貸出有価証券投資の総称である)および日銀貸出(市中からの債券買オペを含む)の5種類の金融資産が存在するものとする．5種類の金融資産のうち，預金は金利が固定されており，民間資産保有者の預金需要が自動的に市中銀行から供給されるという意味で常に需給均衡していると想定する．同様に日銀貸出に関しても，その金利が低いため，貸出供給は常にそれに等しい需要を伴うという意味で均衡していると考えよう．それゆえ，分

---

[17] 受動的日銀信用供給を $\phi$ 函数を計測することにより実証的に証明することは今後の課題として残されている．高度成長期における日銀信用供給が受動的であることの1つの経験的事実は，寺西重郎[1980]に指摘されている．そこでは，投資，全国銀行実質預金および日銀信用残高の変化率を比較し，日銀信用残高が投資による資金需要と正の，実質預金と負の相関をもつことが示されている．

第10章 人為的低金利政策の下での金融政策 579

析の対象となるのは,現金,コールおよび証券の3つの金融市場である.また,資金偏在現象を考慮して,市中銀行のうち都市銀行がコールの取手(マネー・ポジション)であり,その他市中銀行が出手(ローン・ポジション)であることを想定しておこう.以下のような記号が用いられる(*はその他市中銀行を示す).

$D, D^*$: 都銀およびその他銀行の預金

$E_0$: 企業の発行する証券の数(一定)

$\alpha E_0$: 政府の発行する証券の数($\alpha$は一定数)

$E, E^*$: 都銀およびその他銀行の証券需要数

$E^h$: 民間資産保有者の証券需要数

$E^n$: 日銀の証券需要数

$Q$: 証券価格

$pq$: 企業の保有する既存資本ストックの市場価格

$p$: 生産物価格(一定)

$K$: 資本ストック

$W$: 個人資産保有者の正味資産

$r$: 証券利子率

$i$: 預金利子率

$\rho$: 資本の限界生産力(一定)

$r_c$: コール・レート(かつ手形売買レート)

$r_d$: 公定歩合(日銀貸出金利)

$C, C^*$: コール・マネーまたはコール・ローン

$N$: 日銀信用

$L$: 日銀貸出(市中からの債券買オペを含む)

$B$: 日銀の買入手形

$\gamma$: 預金準備率

$\delta$: 現金準備率

$\bar{C}$: 現金通貨供給残高

$C^h$: 民間資産保有者の現金保有額

日銀信用 $N$ は貸出と買入手形からなるから,

$$N = L+B \tag{1}$$

である.われわれの受動的日銀信用供給函数を再掲すると,

$$N = \phi(r_c, \theta);$$
$$\phi_1 \geq 0, \ \phi_2 < 0 \tag{2}$$

である($\theta$ は貸出抑制度パラメター).証券利子率は次のように定義される.

$$r = \frac{p\rho K}{QE_0}$$

次に各部門のバランス・シートを示そう(左辺が資産,右辺が負債・資本).まず政府については,

$$累積赤字 = \alpha QE_0 \tag{3}$$

である.日銀については,

$$QE^n + N = \bar{C} + \gamma(D+D^*) \tag{4}$$

となる.$QE^n$ は財政資金対民間収支の残高に対応する.右辺第2項は,市中銀行の日銀への準備預金である.都市銀行については,

$$QE + (\delta+\gamma)D = D+C+L \tag{5}$$

その他銀行については,

$$QE^* + (\delta+\gamma)D^* + C^* = D^* \tag{6}$$

となる.都市銀行の $C$ はコール・マネー,その他銀行の $C^*$ はコール・ローンである.銀行の準備は日銀への準備預金と手持の現金準備からなり,それぞれ預金の $\delta$ および $\gamma$ の割合である.簡単化のために,$\delta$ および $\gamma$ は,都銀,その他銀行で共通である.次に,企業については,

$$pqK = QE_0 \tag{7}$$

民間資産保有者については,

$$QE^h + D + D^* + C^h = W \tag{8}$$

となる.

民間資産保有者の資産選択行動に関して,次のように想定しよう.

$$\left.\begin{array}{l} QE^h = (1-c-d)W \\ C^h = cW; \ 0 < c < 1 \\ D+D^* = dW; \ 0 < d < 1 \end{array}\right\} \tag{9}$$

ここで,$c$ および $d$ は一定である.すなわち,民間資産保有者の各資産への需

要は，それぞれ正味資産の一定割合である．資産需要函数としてもっと複雑な（より現実的な）ものを仮定することはもちろん可能であるが，そうしたとしても以下の議論の本質は全く変わらない．

次に都市銀行に関して次のような簡単な最適化行動を想定しよう．都市銀行の証券投資のコストを $g(QE)$ とし，$g'>0$，$g''>0$ すなわち限界費用逓増を仮定する．それゆえ，利潤は，

$$rQE - g(QE) - r_d L - iD - r_c C$$

とあらわされる．この利潤を，(5)式のバランス・シート制約の下で，$QE$ に関して極大化することにより，

$$r - r_c = g'$$

となる．これから，

$$QE = A(r - r_c); \quad A' > 0 \tag{10}$$

という証券需要函数が得られる．さらに(5)式を用いることにより，次のようなコール需要函数が得られる．

$$C = A(r - r_c) + (\gamma + \delta)D - L - D \tag{11}$$

その他銀行についても，同様に考えることにより，証券需要函数

$$QE^* = A^*(r - r_c); \quad A^{*\prime} > 0 \tag{12}$$

およびコール供給函数

$$C^* = D^* - (\gamma + \delta)D^* - A^*(r - r_c) \tag{13}$$

を導くことができる．

各金融資産の市場均衡条件の吟味に進もう．
現金通貨市場の均衡条件は，

$$\gamma(D + D^*) + C^h = \bar{C} = QE^n + N - \delta(D + D^*) \tag{14}$$

証券市場の均衡条件は，

$$QE^h + QE + QE^* + QE^n = (1 + \alpha)QE_0 \tag{15}$$

コール市場の均衡条件は，

$$C = C^* + B \tag{16}$$

あるいは(1)式と銀行のバランス・シート制約を用いて，

$$QE + (\gamma + \delta)D - D = D^* - (\gamma + \delta)D^* - QE^* + N \tag{16}'$$

である．

ところで，いま，(4), (5), (6)式および(15)式を用いて，民間部門正味資産 $W$ を書き換えると，

$$W = (1+\alpha)QE_0 \tag{17}$$

となる．$QE_0 = p\rho K/r$ であったから，$(1+\alpha)p\rho K = m$（$m$ 一定）とあらわすと，結局正味資産は，

$$W = \frac{m}{r} \tag{18}$$

と書ける．各部門のバランス・シート(3)～(8)を辺々加え，(17)式を用いると，われわれは周知のワルラス法則

$$\{QE^h + QE + QE^* + QE^n - (1+\alpha)QE_0\}$$
$$+ \{C^h + \delta D + \delta D^* - \bar{C}\} + \{C^* + B - C\} = 0 \tag{19}$$

を得る．ワルラス法則により，われわれは，とりあえず，証券市場の均衡条件(15)式をとり除こう．残る2つの市場均衡条件に上で得られた各種需給函数を代入することにより，次の2式が得られる．すなわち，

現金通貨市場均衡条件[18]

$$(\delta d + c)\frac{m}{r} = QE^n + \phi(r_c, \theta) - \gamma d\frac{m}{r} \tag{20}$$

コール市場均衡条件

$$A(r - r_c) + A^*(r - r_c) + (\delta + \gamma)d\frac{m}{r}$$
$$= \phi(r_c, \theta) + d\frac{m}{r} \tag{21}$$

である．この2式が，われわれの基本方程式であって，未知数は $r$ および $r_c$ である．(20)式は，銀行の現金準備と民間資産保有者の現金需要の和が現金通貨供給に等しいという条件であり，(21)式は，都銀およびその他銀行の証券需要と現金準備の和が日銀信用の供給と預金の和に等しいことを意味している．ここで興味深いことは，預金について，それが都銀預金 $D$ とその他銀行の預金 $D^*$ からどのように構成されるかは問題でなく，その総額のみが市場均衡にきいていることである．これは，コール市場によりすべての市中銀行の勘定が連

---

[18] (20)式はまた右辺の $\gamma d\frac{m}{r}$ を左辺に移項すると，ハイ・パワード・マネー市場の均衡条件ともよめる．

結されているという事実に基づくものである[19]。

(20)式を満足する証券利子率 $r$ とコール・レート $r_c$ の組合せは右下りである。なぜなら、より大きい $r_c$ に対して、受動的日銀信用供給の下では現金供給が増加するから、均衡するためには $r$ が低下して民間部門の現金需要が増加しなければならない。また、(21)式を満足する $r$ と $r_c$ の組合せは右上りである。なぜなら、より大きい $r$ に対しては都銀およびその他銀行の証券需要が拡大する。コール需要がふえ、コール供給は減少するから、コール市場に超過需要が生じる。均衡のためには、$r_c$ が上昇し、受動的信用供給によってより多くの日銀信用が供給されねばならないからである。以上より、金融市場の均衡は、図10-2の2曲線の交点で与えられることになる。

さて、日銀信用供給は、コール市場への供給増であるとともに、現金通貨市場への供給増でもある。これが、日銀窓口におけるコール市場の超過需要に応じて受動的に供給されること、あるいはわれわれの定式化では、コール・レートの増加関数として供給されるというメカニズムは、金融市場の一般均衡に対しても極めて特徴的な含意をもっている。以下では、$\theta, \gamma$ という2つの金融政策手段および $QE^n$ の変化が市場均衡に及ぼす影響を比較静学によって分析し、受動的信用供給方式の興味深い属性を明らかにしよう。

まず、$\theta$ すなわち日銀の「貸出抑制度」の変化効果をみよう。(20),(21)式に関する比較静学分析の結果は次のようである[20]。

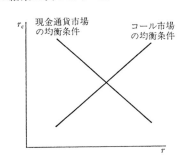

図10-2 資産市場の均衡

---

19) この性質は勘定の書き換えのみから導かれており、コール・レートが十分伸縮的であるか否かという問題とは全く関係ないことに注意されたい。

20) 日銀が $\theta$ を操作するばあい、通常準備金積上げの進捗率が動かされるから、$\theta$ 変更途中の不均衡過程では準備預金額の変動が生じる。しかしながら、ここでの分析は比較静学分析であるから、均衡値の間での比較に限られており、この点を考慮する必要はない。

$$\frac{\partial r}{\partial \theta} = \frac{-\phi_2(A'+A^{*\prime})}{H} > 0$$

$$\frac{\partial r_c}{\partial \theta} = \frac{-\phi_2\left\{(A'+A^{*\prime})+(c+d)\dfrac{m}{r^2}\right\}}{H} > 0$$

ここで

$$H = \begin{vmatrix} (\gamma d+\delta d+c)(-\dfrac{m}{r^2}) & -\phi_1 \\ (A'+A^{*\prime})+(1-\gamma-\delta)d\dfrac{m}{r^2} & -(A'+A^{*\prime}+\phi_1) \end{vmatrix} > 0$$

である.貸出抑制度が高まると,現金市場では現金通貨供給,コール市場では日銀信用供給が減少するから,$r$ と $r_c$ ともに上昇することは言うまでもなかろう.しかも,コール市場において超過需要が縮小するためには,市中銀行の証券需要が減少せねばならないから,そのためには $r_c$ の方が $r$ よりも大きく上昇せねばならない.すなわち

$$\frac{\partial}{\partial \theta}(r-r_c) = \frac{\phi_2(c+d)\dfrac{m}{r^2}}{H} < 0$$

であることも明らかである.また,$r_c$ 上昇によって日銀信用供給の受動的部分が増加するが,この効果と $\theta$ 上昇の直接効果をあわせたネットの効果では $N$ は減少することも当然である.

$$\frac{dN}{d\theta} = \phi_1\frac{\partial r_c}{\partial \theta} + \phi_2 < 0$$

次に,預金準備率 $\gamma$ 引上げの効果をみよう.準備預金制度の下では,法定準備は日銀に預入れられねばならないから,$\gamma$ が変化すると,日銀のバランス・シートの他の項目のいずれかが変化しなければならない.まず最初に,日銀信用 $N$ および日銀の証券需要 $QE^n$ が一定である教科書的なケースをとりあげよう.このばあい,$\gamma$ の引上げは,ただちに準備積上げ必要額と同額の現金通貨供給の減少を伴い,いわゆるハイ・パワード・マネーはコール・レート変動による変動を除いて一定に保たれることになる.比較静学分析の結果は,

$$\frac{\partial r}{\partial \gamma} = \frac{(A'+A^{*\prime})\dfrac{m}{r}d}{H} > 0$$

第10章　人為的低金利政策の下での金融政策

$$\frac{\partial r_c}{\partial \gamma} = \frac{\frac{m}{r}d\left\{(A'+A^{*\prime})+(c+d)\frac{m}{r^2}\right\}}{H} > 0$$

また

$$\frac{\partial}{\partial \gamma}(r-r_c) = \frac{-(c+d)\frac{m^2}{r^3}d}{H} < 0$$

である．すなわち，$\gamma$ 引上げによりコール・レートも証券利子率もともに上昇するが，コール・レートの方がより大きく上昇するため，市中銀行の貸出は抑制される．受動性によりコール・レートが上昇すると日銀信用は拡大されるが，$N$ の増加は，$\gamma(D+D^*)$ 増加によるコール市場の超過需要を完全に補うには十分でない．また $N$ の増加による現金供給の増加も，$\gamma(D+D^*)$ 増加に付随する現金供給減を完全に相殺するにはいたらない．それゆえ，$\gamma$ 引上げは所期の引締効果をもつわけである．

しかしながら，以上のような操作が可能であるのは，市中銀行が十分な額の超過準備をもっているときに限られる[21]．受動的日銀信用供給の下では，銀行は常に日銀から準備の供給を受けうると考えているから，通常市中銀行の手元には日常の取引を行うための最小限の現金しかない（それが $\gamma(D+D^*)$ で与えられているものとしよう）．それゆえ，わが国において準備率を引上げるばあい，日銀は対応的に $N$ ないし $QE^n$ の増加によって，追加的に現金通貨を供給せざるをえない．こうした政策は明らかに自己矛盾である．しかしながら，準備率引上げによりコール市場が逼迫すれば，それに対応して貸し応じざるをえないのが受動的方式である．しかも，ここで重要なことは，自己矛盾であるにもかかわらず，この政策は本来の効果とは全く無関係なあるいは全く逆の外見的効果を呈する可能性があるのである．以下でこのことを示そう．

まず，準備率の引上げとともに，日銀が準備積上げ増と同額の日銀信用を追加供給するケースを考えよう．このばあい，(20), (21) 両式において $\phi(r_c, \theta)$ の変化と $\gamma dm/r$ の変化はすべて相殺されるから効果はゼロである．すなわち，$\gamma$ も $r_c$ も全く変化しない．しかしながら，このばあい現金通貨と準備預金の和

---

[21]　もちろん貸出を回収，現金化して準備預金とする可能性もあるが，現実性は乏しいと考えられる．

であるハイ・パワード・マネーは準備積上げと同額だけ増加する．それゆえ，もし観察者がハイ・パワード・マネーの額のみ注目しているとすると，ハイ・パワード・マネーの増加という拡張的な政策が，意図に反して中立的な効果をもたらしたという奇妙な観察結果を得ることになる．ちなみに，準備率引上げが，日銀貸出増をもたらすため所期の引締効果をもたない可能性についてはすでに貝塚啓明[1974]で指摘されている．

次に，第3のケースとして，準備率引上げとともに，日銀が準備預金として吸収した資金を追加的証券需要に向けるとしよう．それゆえ直接的には現金通貨供給は動かない．$\Delta \gamma d\, m/r = \Delta Q E^n$ とおくことにより次のような結果が得られる．

$$\frac{\partial r}{\partial \gamma} = \frac{-\phi_1 d \frac{m}{r}}{H} < 0$$

$$\frac{\partial r_c}{\partial \gamma} = \frac{(\gamma d + \delta d + c) d \frac{m^2}{r^3}}{H} > 0$$

すなわち，このばあいコール・レートは上昇するが証券利子率は低下し，準備率引上げは意図に反して拡張的な効果をもつことになる．理由は以下のとおりである．準備率引上げにより，コール市場は需要超過になり，コール・レートの上昇が生じる．受動的信用供給の下では日銀信用が拡張するが，これは準備預金の積上げ額より小さく，コール市場はより高いコール・レートで均衡する．他方，現金通貨の市場では，$\gamma$ 引上げと同時的な現金通貨増はないものの，コール・レート上昇に伴う受動的な現金通貨供給が生じる．この追加的現金は証券市場に向けられ，当初における日銀証券需要増とともに証券利子率を引下げる効果をもつことになる．

ここで注意すべきことは，この政策の下では $r-r_c$ は低下し，市中銀行の証券需要が低下することである[22]．しかも，コール・レートは上昇している．もし，しばしば言われるように，日銀が市中銀行の貸出増加額の抑制とコール・レートの高目での維持とを金融引締効果の指標としてみなしているとすれば，

---

22) 言うまでもなく，それにもかかわらず，人々すなわち民間資産保有者による証券需要増と日銀の買オペにより，証券利子率は低下するわけである．

第10章 人為的低金利政策の下での金融政策

こうした事態は，日銀の政策当局者には，引締の成功という全く逆のかたちで認識されることになる．

過去に何度か(といっても少数回であるが)行われた預金準備率引上げが，上記いずれの方法でなされたかを簡単には確認することはできない(図10-3参照)．しかし，受動的信用供給の下では，上述の第2，第3のパラドクシカルなケース，すなわち純効果は全く中立的であるのにかかわらず，ハイ・パワード・マネーが増加するため一見拡張的にみえるケースや，一見期待された引締効果を示しながらも，実体的には信用拡張という逆の結果をもたらすケースの可能性を否定することはできない．少なくともわが国のシステムの下では，教科書的な準備率引上げ効果が必ず成立する保証はない．1973，74年の過剰流動性に対して，日銀はまず準備率の引上げで対処したが，期待に反して，日銀信用と現金供給は拡張し続けた．このことは，上記のような受動的方式下での準備率変更の効果が十分正確に認識されていなかったことが，1つの大きな原因であるとも考えられる([3]参照)[23]．

最後に，日銀の証券需要 $QE^n$ の変化の効果である．$QE^n$ は財政資金の対民間収支残高に対応するから，$QE^n$ の外生的増加は，たとえば国際収支の大幅黒字とか豊作による食管会計の散超等によって生じるものと考えればよい．計算結果は次のようである．

$$\frac{\partial r}{\partial QE^n} = \frac{-(A' + A^{*\prime} + \phi_1)}{H} < 0$$

$$\frac{\partial r_c}{\partial QE^n} = \frac{-(A' + A^{*\prime}) - (1 - \gamma - \delta)d\frac{m}{r^2}}{H} < 0$$

すなわち，外生的な国際収支の黒字拡大は，現金通貨供給を増加させるから，コール・レート，証券利子率をともに低下させる．外為会計の散超は市中銀行の預金増をもたらすが，これが市中銀行の証券需要増をひきおこすかどうかは明らかでない(なぜなら，$r - r_c$ の動きが不明)．しかしながら，預金の増加は，コール市場の超過供給をもたらし，受動的日銀信用供給方式の下では，これに

---

[23] 準備率引上げはしかしながら1つの付随的効果により金融引締政策の有効性を高める．すなわち，それは市中銀行の準備預金を大きくするため，日銀信用の供給と準備預金の操作において日銀がもっているオプションの範囲を大きくするのである．言い換えると，$\gamma$ の引上げにより，$\theta$ の可動範囲が広がり，これにより金融政策の有効性が高められる．

588

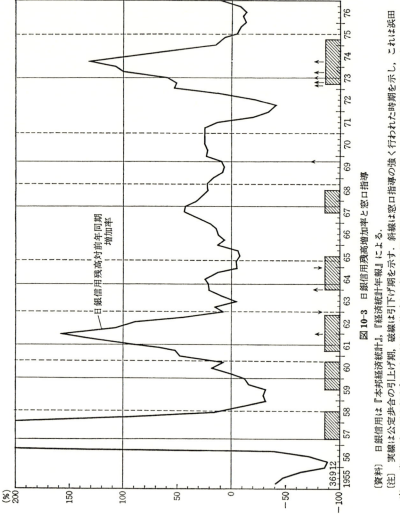

図10-3 日銀信用残高増加率と窓口指導

(資料) 日銀信用は『本邦経済統計』、『経済統計年報』による。
(注) 実線は公定歩合の引上げ期、破線は引下げ期を示す。斜線は窓口指導の強く行われた時期を示し、これは浜田宏一・岩田一政・石山行忠[1976]の付表に基づく。↑は預金準備率を引上げた時期、↓は引下げた時期を示す。

伴って，日銀信用の縮小が生じる．すなわち，

$$\frac{\partial N}{\partial QE^n} = \phi_1 \frac{\partial r_c}{\partial QE^n} < 0$$

である．もちろん，この信用の収縮は当初生じた現金通貨供給増をすべて相殺するには十分でない．なぜなら，容易に確かめられるように，

$$\frac{\partial N}{\partial QE^n} > -1$$

だからである．

以上の $QE^n$ 変化の効果も，受動的信用供給方式の1つの顕著な特性を示している．すなわち，この方式の下では，外生的現金通貨の変動に対して，それを相殺あるいは中立化させるように自動的に日銀信用が変動するのである．表10-2において，財政資金(第(2)列と(3)列の和)と日銀信用の動きを比較すると，一般に両者が逆に変動していることが看取されよう．以上の分析は，この逆変動が，受動的信用供給方式の下では，言わば自動的になされることを示唆している[24]．

### (3) 受動的日銀信用供給方式の成立根拠

第8章でも述べたように，日銀信用供給の受動性の成立した第1の根拠は市中銀行への資産流動性の供給である．すなわち，公社債割当による市中銀行の資金の固定化を防ぎ，あわせて(中期的に)公社債の評価損を低利日銀信用を通じる補助金効果で補填することが，人為的低金利政策の下で日銀信用に課された役割であった．しかしながら，オペレーショナルな意味では，日銀信用供給が受動的たらざるを得ないことのいくつかの付加的理由を指摘することができる．その第1は，わが国の証券市場すなわち貸出有価証券投資市場にはさまざまな規制がなされているため，金融調節の指標となる情報が得られないことである．長期資金については信用割当がなされており，どの程度の超過需要があるのかを正確に知ることができない．また短期銀行貸出市場は，実効金利の段階では伸縮的利子率によってクリアーされていたと考えられるが，最近までい

---

[24] 1971, 72年頃の日銀信用の変動は，この自動的中立化の典型的な一例であると考えられる((3)参照)．

わゆる自主規制金利の存在のため正確な情報が得られなかった．他方，現金市場の超過需給に関する情報を得ることは統計上極めてむずかしい[25]．このため，コール・レートを自由化しておき，コール市場の需給に働きかけつつコール・レートの動きにおおむね追随するということは，情報量の面からやむをえないことであった．

　第2に，人為的低金利政策の下では，公定歩合とコール・レートの動きうる範囲に(そのことの是非は別にして事実上の)上限が与えられていることである．公定歩合については(現行の制度的慣行の下では)，他の各種金利がそれに連動するため，低金利政策の枠組みを無視しないかぎり，それを大幅に引上げることはできない．与えられた公定歩合で需要に応じていくらでも日銀信用を供給するという完全に受動的な供給方法をとるためには，必要に応じて公定歩合を罰則的水準まで引上げて金融引締を行いうるということが不可欠な要件であるが，低金利政策下ではこれは行いえない．また，コール・レートについても，特に昭和30年代の政府保証債の大量発行以後，それに上限が意識されるようになった．これは言うまでもなく，国債が市中銀行への割当によって不均衡低利で発行されているため，コールをあまり高くして極端な逆ざやにすることは避けざるをえないためである．このコール・レートに対する制約は，完全に能動的な日銀信用供給を採用することを不可能ならしめていると考えられる．なぜなら，完全に能動的に(固定的方式で)日銀信用を供給するばあい，コール・レートは大きく変動し，低金利政策下の許容範囲を超えることが生じうるからである．

　いま1つの追加的要因として現行の通貨供給方式の下では，日銀信用は景気循環的通貨調整だけでなく，経済成長に伴って趨勢的に必要となる通貨すなわち成長通貨の供給をもその役割として課せられている点をあげることができよう．すなわち，他の現金通貨供給径路である財政資金対民間収支を通じる径路は，景気循環的，季節的に大きく変動するだけでなく，長期的に均衡化する性質をもっている．このため，日銀信用は，少なくとも「適正」な物価上昇率と実質経済成長率の和に等しい通貨供給率を平均的に維持するという課題を負わ

---

25) 日銀の「資金需給実績」表は日銀の主張するような現金の事前的需給のデータではないことは以下に指摘される．

第10章 人為的低金利政策の下での金融政策

されている[26]．このような状況の下では，趨勢的に拡大するコール市場資金，あるいはその超過需要に原則として受動的に対応するということは，1つの妥当な方法であるとも言えよう．

以上のわれわれの議論は，受動的日銀信用供給が定着し窓口指導が導入された昭和30年代初頭の一連の事情によっても裏づけられる．1955年(昭和30年)8月，従来の高率適用制度の変則性を改めるため[27]，日銀貸出金利を公定歩合に一本化し，高率の適用を例外的なものとするという方針が採用された．この年はたまたま外為会計と食管会計の大幅な散超で，コール市場の超過需要が小であったため，新方針の下に引上げられた公定歩合はコール・レートよりわずかながら高くなり，能動的信用供給方式が成立したかにみえた．しかしこの状況は1957年3月の引締時には早くもくずれてしまった．この引締時には，公定歩合が7.30％から8.40％まで引上げられたが，引上げ幅は十分でなく，また第2次高率適用限度額が寛大であったため，日銀貸出への超過需要は極めて大きく，貸出の信用割当と都市銀行に対する窓口指導の強化によって対処せざるをえなくなったと言われる．鈴木淑夫［1974］はこの時期，公定歩合の引上げ幅が十分でなかった理由を低金利政策の推進という当時の政策的雰囲気によるものであったとしている(pp. 175-176)．

本格的な窓口指導が開始されたのは，1956年7月である．準備預金制度は，57年5月の「準備預金制度に関する法律」によって導入され，59年9月から発動された．吉野俊彦［1974］は，低金利政策下の金利規制で短期国債のオペレーションができず，その代替策として準備預金制度が導入されたとしている．また，コール・レートは昭和20年代は臨時金利調整法の規定と日銀の内面指導によって規制されていたが，1955年8月から56年5月にかけて順次自由化された．これら一連の措置により30年代以降における受動的日銀信用供給の下での金融政策の道具立てが，ほぼ時を同じくして整えられたわけである．

ちなみに，受動的日銀信用供給が相対方式をとらざるをえないことの理由もいまや明らかであろう．市場性を欠く公社債保有の代償としての役割をもつ以

---

26) 実質貨幣量とGNPの比率を一定に保つ貨幣供給率．
27) 高率適用制度のメカニズムおよび昭和30年前後の金融政策の効果に関しては，パトリック(Patrick, H.)［1962］を参照されたい．

上，日銀信用は原則として公社債割当額に応じて各行別に供給されねばならないからである．「新金融調節方式」による債券売買が日銀貸出と同じ相対方式によっているのはこのことによる．また，公開方式による手形売買市場が設けられて以降も，相対による日銀貸出，債券売買が依然として大きな役割を果していることは，公社債の信用割当が存続しているという事情といわば表裏の関係にあるのである．

　ところで，以上におけるわれわれの議論は，受動的日銀信用供給という基本的なポリシー・ルールが日銀当局にとっていわば外から与えられたものであることを含意している．通常，いわゆるポリシー・ルールの採択は金融政策当局の裁量に任せられていると考えられているが，われわれの見解はそうでないのである．このことは次のような2つの理由による．第1に，金融政策における基本的ポリシー・ルールはさまざまな金融的諸条件および既存の金融組織のあり方に規定されており，その選択の幅は通常著しく狭いということである．しかも，金融政策方式は，ブロードな経済課題に適合したものでなければならない．これらのことは，政策の基本的方式決定に関する金融政策当局の裁量の余地を著しく制限していると考えられる．高度成長という課題を人為的低金利政策によって達成するという戦略の下では，日銀信用供給の受動化はおそらく唯一の選択可能なポリシー・ルールであったであろう．第2に，1932年の「日本銀行納付金法」あるいは1942年の「日本銀行法」以来，日銀の政府特に財政当局からの相対的独立性が大きく浸蝕されていることである．このため，日銀は好むと好まざるとにかかわらず，人為的低金利政策遂行の不可欠な一環として組込まれてきた．さきに，われわれは均衡財政の維持は，人為的低金利政策を採用するか否かとは直接的かかわりあいをもたないと述べた（第7章）．しかしながら，人為的低金利政策の下での日銀の金融政策方式のあり方は，財政の均衡不均衡に依存している．具体的には，財政政策が景気安定化政策としていま少し弾力的に運営されていたならば，日銀の金融政策方式はより能動性の強いものでありえたであろう．日銀が，景気安定化政策，成長促進政策という諸課題を一身に背負わざるを得なかったのは，その制度上の独立性が欠けているという事情によるところが大きい．そうしたばあい，受動的信用供給というポリシー・ルールはおそらく唯一の方策であったと考えられるのである．

もちろん，われわれは，現行の日本銀行法における諸規定を肯定しているわけでも否定しているわけでもない．この問題は，金融制度のあり方の根幹にかかわるものであって，今後における重要な検討課題である．また，日銀当局が基本的なポリシー・ルールに関して裁量をはたらかせ得ないと言っても，そのことは日銀が金融政策の運営方法に関して何ら自由度をもちえないということを意味するのではないことも言うまでもない．たとえば，さまざまな金融政策手段の開発，その運用方法の改善等はまさに金融政策当局の任務であり，事実，日銀は常時それを行なってきたのである．

　ちなみに，日銀は日銀信用供給が受動的になされてきたことは再三明言してきたが，それが日銀にとって外から与えられた基本的なポリシー・ルールであることを認めたことはなかった．かわって日銀は，次のような，日銀信用の受動的供給は理論的に必然であるという論理で，受動性を擁護してきた．すなわち，日銀はわが国の金融組織における「最後の貸手」(the lender of last resort)であり，それゆえコール市場にあらわれた資金不足に対しては受動的に貸し応じて現金通貨を供給せざるを得ない，もしそうしなければ銀行の支払不能等の信用混乱をきたすであろう，とする論理である．しかしながら，この独自の論理は残念ながら正しくない．以下でこのことを示しておこう．

　日銀による受動化必然性の論理は，さきに示した「資金需給実績」の勘定式を次のように書き換えるところから出発する．すなわち，

　現金通貨－財政資金(一般財政および外為会計)対民間収支＝日銀信用－準備
　預金

この恒等式において，日銀の「現金需給バランス」ないし「資金需給」分析は，左辺を民間部門の「資金過不足」と呼び，そこから，(i)この「資金過不足」は民間部門の現金不足を示すものである，(ii)現金の不足であるゆえ円滑な取引を維持するためには，その分だけ日銀信用により受動的に現金通貨を供給せざるをえない，(iii)この民間部門の現金不足は日銀窓口にあらわれてくるコール市場の事前的超過需給に等しい，それゆえ，(iv)日銀はコール市場にあらわれた資金不足に対して受動的に信用を供給せざるをえない，という4段論法が展開されるのである．

　さて，ここで，さきにわれわれがわざわざ導出しておいたワルラス法則(19)

式に帰ろう．これから

(現金需要－現金供給)＋(証券需要－証券供給)＝(コール需要－コール供給)

であることがわかる．すなわち，コール市場における超過需要は，現金に対する超過需要と証券に対する超過需要の和に等しい．それゆえ，日銀の命題(iii)は正しくない．コール市場の超過需要には民間部門の現金不足だけでなく，証券に対する超過需要が対応しているのである．たとえ全く現金不足がなくとも，証券に対する超過需要があれば，コール市場では資金不足が生じる．次は，命題(i)である．これも正しいとは言えない．なぜなら(i)に言う現金不足は事前的な意味の超過需要であって，「資金需給分析」に記されている「資金過不足」は事後的な均衡値だからである．両者は必ずしも等しくなく，証券市場に事前的超過需要があるばあい，通常は事前的な現金不足は「資金過不足」より小さい．コール市場に資金が注入されると，証券利子率が下ることにより，証券市場が均衡に向かい，現金市場においても，利子率低下に応じて現金需要が次第に拡大しつつ均衡にいたるからである．命題(i)および(iii)が正しくない以上，4段論法全体もその妥当性を失う．

また，これとは別に日銀はしばしば次のような論理を併用する．すなわち，わが国の銀行は現金準備が極めて少なく，コール市場の超過需要に受動的に応じなければ日々の銀行の現金支払に支障をきたす，と．このもっともな議論に対しては，日銀が受動的方式をとったからこそ都銀が現金準備を少なくしかもたなくなったというもう一方の側面が留意されねばならない．すなわち，「現金準備の少ないこと」⇌「受動的供給」である．2つの命題は論理的に同値であって，そのばあいには「現金準備の多いこと」⇌「能動的供給」が成立することは明らかである．現行方式の下では，日銀信用が都銀の必要に応じて供給されるため，日銀信用が現金準備の代用品として観念され，銀行は現金準備を(取引目的に必要な)最低限しかもつ必要がない．しかしながら慣行の変更に対して銀行の行動パターンが常に弾力的に変化することは，過去における幾度かの経験から明らかである．日銀信用供給が受動的でなくなれば，市中銀行が十分な予備的現金をもつであろうことは，全くロジカルな想定である．それゆえ，「現金準備の少ないこと」を指摘したのでは，それは単に問題を言い換えたにすぎず，受動的供給が必然であることを説明したことにはならない．

## 第10章 人為的低金利政策の下での金融政策

日銀の「受動化」必然性の論理は以上のように必ずしも正しくない[28]．そのロジックは証券市場を無視，ないし常に均衡していると仮定するばあいにのみ成立する[29]．ところで，日銀の論理では信用供給の受動化を理論的必然として説明できないということは単にアカデミックなレベルの議論として重要なだけではない．問題は，こうした誤った論理が，実際の政策運営上極めて危険な事態を生ぜしめる可能性があることである．いま，現金市場が若干の過剰流動性の状況すなわち超過供給の状況にあるとする．証券市場では投機に基づく需要から大きな超過需要が生じたと考えよう．このばあい，コール市場では超過需要が成立する．もしこの超過需要が必須な現金需要であるとみなされ，それに日銀信用が受動的に応じたらどうなるであろう．インフレーションが進み，投機が進行することは言うまでもない．1973, 74年(昭和48, 49年)のインフレーションについて，しばしば「日銀信用が増加したから銀行貸出が増加したのではなく，銀行貸出が増加したから日銀信用が増加したのである」[30]といった議論がなされてきた．この種の議論は，受動的供給が論理的必然であるという誤った認識に基づいた議論の1つの典型である．日銀信用の受動化は，高度成長下の諸々の制約の下で1つのやむをえない政策方式の選択として生れたものである．論理的に必然的なものでない以上，客観的状況の変化に応じて受動化方式の採否自体が問われねばならない．誤ったロジックを早急に払拭することが要請されるとともに，受動化方式のメカニズムに関してより正確な理解が必要とされるゆえんである．

---

28) こうした「資金過不足」の考え方は，日銀調査局[1957], [1958]等から明確なかたちをとりはじめた．最も包括的な説明として日銀調査局の[1962]をあげることができる．
29) そして，このばあいにのみ「資金需給実績表」はその現行の英訳題 The Demand and Supply of Money Market と呼びうるものに近くなる．しかしもちろん同一ではない．ちなみに，鈴木淑夫[1974]，江口英一[1978]等においても同様な証券市場の「無視」がなされている．たとえば，鈴木が p.169において，財政資金対民間収支が揚超のばあいの短期資金市場への効果を論じるとき，不足現金を預金取りくずしによってまかなうケースにふれていても，証券売却によってまかなうケースはふれていない．また江口は，p.83において，コール市場と準備金市場(現金市場)の均衡のうち，一方が成立すれば，他方が成立する，と述べているのも同様な「無視」に基づいている．
30) たとえば日銀調査局[1973]における「金融機関の与信活動が46年7～9月期以降に著しく活発化したことが，最近の広義マネー・サプライ増加の基本的原因にほかならない」等々の叙述がそれである．

## [3] 受動的日銀信用供給下の窓口指導

　前節で，われわれは2つの金融政策手段すなわち預金準備率 $\gamma$ と貸出抑制度 $\theta$ の効果を分析した．預金準備率については，受動的信用供給の下では，しばしば教科書的効果に一致しない結果が生じるという限界をもつことが示された．また，貸出抑制度についても，それが主として準備預金の操作に依存している限り，引締効果は限られたものでしかない．なぜなら，それによる信用削減はたかだか準備預金の残高に限られるからである．それでは，日銀信用供給方式の受動性を保持したままでより強い引締機能を発揮するにはどうすればよいか．容易にわかるように，答えは，コール市場における事前的超過需給の大きさに直接働きかけることである．いわゆる窓口指導すなわち都銀等の貸出増加額に対する規制の目的はまさにこの点にある．都銀等の貸出を抑制することにより，コール市場の超過需要を縮小できるならば，受動的信用方式の下では自動的に日銀信用したがってハイ・パワード・マネーの供給が抑制されるからである．すなわち受動的日銀信用供給方式というポリシー・ルールは，窓口指導という金融政策手段を伴うことによってはじめて十分な能動的引締機能をもちうるのである．

　他方，窓口指導についても，その単独の効果は限られたものでしかない[31]．なぜなら，都銀等に対する窓口規制は，コール・レートの変動を通じて，その他銀行の貸出を相殺的に増加させる可能性があるからである．この相殺効果は，貸出市場のセグメンテーションの度合が小さく，市中銀行の現金準備の利子率弾力性が小さいほど大きい．しかしながら，そうしたばあいでも，日銀信用供給の受動的供給というポリシー・ルールの下では窓口指導は十分有効である．このことを以下で示そう．

---

　31) 呉は「貸出増加額規制は公定歩合の引上げ，貸出抑制度の強化と一体になってはじめて効果をあげることができたのであると思う」と述べている (呉文二[1973] p. 159)．これはわれわれのモデルで言うと，金融政策手段 $\theta$ と窓口指導の併用を意味することになるが，より正確には呉の意図は $\phi$ 函数と窓口指導の併用を指摘する点にあると思われる．それゆえ，上記呉の主張は受動的日銀信用供給下の窓口指導の有効性を主張するものだと考えたい．日銀信用供給が受動的になされるばあい窓口指導が有効であることは，最近，篠原総一・福田充男[1982]でも主張されている．

### (1) 窓口指導の有効性

受動的日銀信用供給の下で窓口指導が有効であることを言うために,まず日銀信用供給が受動的でなく,なんらかのかたちで能動的に供給されているケースを分析してみよう.

まず,(2)式にかえて次の(2)′式を仮定する.

$$N = \bar{N} \quad (\bar{N} ; 一定値) \tag{2}'$$

窓口指導は都市銀行等に対する貸出増加額に対する規制であるから,われわれのモデルでは証券需要増加額に対する規制を意味する.また前期の証券需要額を所与とすれば,これは今期の証券需要額に対する規制として定式化することができる.それゆえ都銀等の証券需要に関して,

$$A(r-r_c) = \overline{QE} \quad (\overline{QE} ; 一定値)$$

と仮定する.$\overline{QE}$ の低下は窓口指導の強化を意味する.

以上からわれわれの基本方程式(20),(21)式は次のようになる.

$$(\delta d + c)\frac{m}{r} = QE^n + \bar{N} - \gamma d \frac{m}{r}$$

$$\overline{QE} + A^*(r-r_c) + (\delta+\gamma)d\frac{m}{r} = \bar{N} + d\frac{m}{r}$$

比較静学分析により,以下のような $\overline{QE}$ 変化の効果が得られる.

$$\frac{\partial r}{\partial \overline{QE}} = 0$$

$$\frac{\partial r_c}{\partial \overline{QE}} = \frac{1}{A^{*\prime}} > 0$$

すなわち,能動的日銀信用供給の下では,$\overline{QE}$ の操作は,なんら証券利子率 $r$ を変化させない.窓口指導の効果はゼロなのである.何故こうなるかをみるためには,その他銀行の証券需要 $QE^*$ の変化をみればよい.

$$\Delta QE^* = \Delta A^*(r-r_c) = A^{*\prime}(\Delta r - \Delta r_c)$$

$$= -A^{*\prime}\Delta r_c = -A^{*\prime}\frac{1}{A^{*\prime}}\Delta \overline{QE} = -\Delta \overline{QE}$$

すなわち,窓口指導が強化されると,都銀等の資金需要減少から,コール・レートが低下するため,その他銀行はコール・ローンを減らしてより有利な証券需要をふやす.そして能動的日銀信用供給の下では,その他銀行の証券需要は,

都銀等の証券需要の減少額にちょうど等しいだけ増加し,窓口指導のマクロ的効果はゼロとなる[32]. これは堀内昭義[1977]において指摘された点であり,窓口指導という非市場的規制に対する市場メカニズムの典型的反応を指摘した点で興味深い. しかしながら,現実の高度成長期金融市場では,ブロードなポリシー・ルールとして日銀信用の受動的供給方式が存在していたのであって,このことを無視してわが国における窓口指導の有効性を論じることはできない.

受動的日銀信用供給のケースに移ろう. (2)′式にかえて,再び(2)式を仮定する. 基本方程式は次のようになる.

$$(\delta d+c)\frac{m}{r} = QE^n + \phi(r_c, \theta) - \gamma d\frac{m}{r}$$

$$\overline{QE} + A^*(r-r_c) + (\delta+\gamma)d\frac{m}{r} = \phi(r_c, \theta) + d\frac{m}{r}$$

窓口指導の効果は,

$$\frac{\partial r}{\partial \overline{QE}} = \frac{-\phi_1}{H'} < 0$$

$$\frac{\partial r_c}{\partial \overline{QE}} = \frac{(\delta d+\gamma d+c)\frac{m}{r^2}}{H'} > 0$$

ここで,

$$H' = \begin{vmatrix} (\delta d+\gamma d+c)\left(-\frac{m}{r^2}\right) & -\phi_1 \\ A^{*\prime} + (1-\gamma-\delta)d\frac{m}{r^2} & -(A^{*\prime}+\phi_1) \end{vmatrix} > 0$$

である. すなわち,窓口指導の強化($\overline{QE}$の低下)は,証券利子率の上昇をもたらし,金融は引締められる[33]. 理由は以下のとおりである. 窓口指導によって都銀の証券需要額が圧縮されると,コール市場における超過需要が小さくなり(コール・レートの低下),日銀信用は受動的に縮小される. コール・レートの低下に伴ってその他銀行の証券需要は増加するが,この需要増は,日銀信用の縮小,ハイ・パワード・マネー供給の削減のため,都銀等の証券需要減を相殺

---

32) ミクロ的には,総証券需要のうち$QE$の割合が減り,$QE^*$の割合がふえるという効果がある.
33) この効果は直接的には日銀信用変化の効果であることは言うまでもない. しかし,その日銀信用の変化をもたらしたのは窓口指導であり,「受動的」方式の下では真の外生的要因は窓口指導である.

するほどには大きくない．その他銀行の証券需要の変化は次のようである．

$$\varDelta QE^* = \varDelta A^*(r-r_c) = A^{*\prime}(\varDelta r - \varDelta r_c)$$
$$= \frac{1}{1+X}(-\varDelta \overline{QE})$$

ここで,

$$X = \frac{(c+d)\phi_1 \dfrac{m}{r^2}}{A^{*\prime}\left(\phi_1 + (\gamma d + \delta d + c)\dfrac{m}{r^2}\right)}$$

である．$X \geq 0$ であるから

$$\varDelta QE^* \leq (-\varDelta \overline{QE})$$

である．すなわち $QE^*$ の変化(増加)は $\overline{QE}$ の変化(減少)より絶対値において小さく，したがって窓口指導は有効である．

上式において $\phi_1 = 0$ とすると，$\varDelta QE^* = -\varDelta \overline{QE}$ となり，窓口指導のマクロ効果はゼロである．また，$\partial X/\partial \phi_1 > 0$ である．それゆえ $\phi_1$ が大きいほど，窓口指導の効果が大きくなる．すなわち，窓口指導の効果は日銀信用供給の受動性に絶対的に依存しており，しかも受動性が強いほど効果は相対的にも強くなる．

ところで，上記分析結果においていま1つ重要なことは，他の条件を一定にして，$A^{*\prime}$ が上昇すると($X$ は小となり)，$\varDelta QE^*$ は小さくなることである．逆に言うと，$A^{*\prime}$ が小なるほど，$\varDelta QE^*$ は小さく窓口指導の効果は相対的に大となる．さきに行った銀行の主体的均衡分析に帰れば明らかなように，$A^{*\prime}$ はその他銀行の証券需要のコスト，すなわち銀行の直面する貸出・有価証券投資市場の不完全性に依存している．その他銀行の貸出市場が狭隘で，貸出の拡大が容易に経費増を招くようならば，$A^{*\prime}$ は小さくなる．わが国の現行の制度ではその他銀行の資産運用に対してさまざまな規制が課されている(第8章[3]資金偏在現象参照)．たとえば相互銀行・信用金庫に対する貸出先企業の規模に関する制限，農林水産金融機関に対する貸出業種に関する制限等である[34]．このような規制が強くかつ実効的であるばあい[35]，$A^{*\prime}$ の値はそうでないばあいに

---

34) また保険・信託などは安定基幹産業への融資を義務づけられており，この点からも $A^{*\prime}$ の値はそうでないばあいにくらべて小となっている．
35) 後に述べるように，1973, 74年のインフレーションでは，農林系統金融機関が都銀等の融資保証によって多額の農業外貸出を行った．これは融資先規制が実効的でない例である．

くらべて小さくなろう．窓口指導下でのその他銀行のコールから証券需要への資産運用の転換はより困難になり，$\Delta QE^*$ は $\overline{\Delta QE}$ にくらべて相対的に小さくなる．それゆえ，窓口指導は相対的により有効となる．以上とりまとめると次のように言うことができよう．窓口指導の有効性は絶対的にも相対的にも受動的日銀信用供給方式というポリシー・ルールの存在によって支えられているが，その相対的効果はまた，その他銀行の直面する貸出・有価証券投資市場の不完全性あるいはセグメンテーションの強さにも依存しており，セグメンテーションの度合が強いほど相対的に大きな効果を発揮する．

### (2) 超過準備の利子率弾力性と貸出市場のセグメンテーション

窓口指導が有効であるいま1つのケースとして，理論的には市中銀行が超過準備をもち，それがコール・レートに関して弾力的なケースがある．これは江口英一[1977]において指摘されたケースであって，このばあい窓口指導は日銀信用の受動的供給を伴わなくとも有効である．まずこのことを確認しておこう．日銀信用供給方式としては(2)′式すなわち能動的ケースを仮定する．また，ここでは $\delta$ が超過準備率をあらわすものとして，

$$\delta = h(r_c)\ ;\ h' \leq 0$$

と仮定しよう．すなわち，超過準備（率）はその機会費用コール・レートの非増加函数であるとする．われわれの基本方程式は次のようになる．

$$(h(r_c)d+c)\frac{m}{r} = QE^n + \bar{N} - \gamma d\frac{m}{r}$$

$$\overline{QE} + A^*(r-r_c) + (h(r_c)+\gamma)d\frac{m}{r} = \bar{N} + d\frac{m}{r}$$

窓口規制の効果は，

$$\frac{\partial r}{\partial \overline{QE}} = \frac{\frac{m}{r}h'd}{H''} < 0$$

$$\frac{\partial r_c}{\partial \overline{QE}} = \frac{(\gamma d + hd + c)\frac{m}{r^2}}{H''} > 0$$

ここで，

$$H'' = \begin{vmatrix} (\gamma d + hd + c)\left(-\dfrac{m}{r^2}\right) & \dfrac{m}{r}h'd \\ A^{*\prime} - (\gamma + h - 1)d\dfrac{m}{r^2} & -\left(A^{*\prime} - h'd\dfrac{m}{r}\right) \end{vmatrix} > 0$$

である．$\overline{QE}$ の引下げすなわち都銀等に対する窓口指導の強化は，証券利子率を引上げ，したがって金融は引締められる．理由は次のとおりである．$\overline{QE}$ の低下はコール市場の超過需要を小ならしめ，このためコール・レートは低下する．その他銀行はより有利な証券需要を増加させるが，その増加は $\overline{QE}$ 減少よりも小さい．これは，コール・レートの低下により都銀，その他銀行がともに超過準備を増加させることによる．その他銀行の証券需要増は次のようである．

$$\Delta QE^* = A^{*\prime}(\Delta r - \Delta r_c) = \frac{1}{1-Y}(-\Delta \overline{QE})$$

ここで，

$$Y = \frac{(c+d)h'd\dfrac{m^2}{r^3}}{A^{*\prime}\left\{h'd\dfrac{m}{r} - (\gamma d + hd + c)\dfrac{m}{r^2}\right\}}$$

である．$h' \neq 0$ なるかぎり $Y > 0$ だから

$$\Delta QE^* < (-\Delta \overline{QE})$$

すなわち，窓口規制は有効である．また，$\partial Y/\partial h' > 0$ であることは容易に確かめられる．それゆえ，超過準備の利子率弾力性が大きいほど窓口指導の効果は大きくなる．しかも，このばあいもまた，窓口指導の効果の大きさは $A^{*\prime}$ すなわちその他銀行の直面する貸出・有価証券投資市場の不完全あるいはセグメンテーションの程度に依存している．セグメンテーションの程度が強いほど窓口指導の効果は大きくなる．

さて，以上のようなケースが現実に成立しているかどうかは，市中銀行が十分な額の超過準備をもっているかどうかに主として依存する．実はこの点を確かめることは簡単ではない．というのは，準備率が前月の平均残高で規定されているのに対し，実際の準備保有高のデータは月末データしか公表されていないからである．それゆえ，上記のメカニズムが現実的であるか否かの正確な検証は将来に残された課題である[36]．しかしながら，われわれは受動的日銀信用供給方式の下では市中銀行の超過準備保有はごく小さいと考えている．理由は

既に述べたとおり，受動性の下では，超過準備を保有する必要性がないと考えられる点にある．このことは常時日銀借入に依存している都銀については少なくとも真であろう(と推測される)．また，その他銀行も債券買オペ等では日銀信用に依存しているから，そのかぎりで超過準備は小であると考えられる．しかも，その他銀行に関しては，コール・ローンという正の収益をもつ確実な資産運用が利用可能であることが指摘されねばならない．それゆえ，その他銀行についても超過準備保有は小であると推測しうる[37]．

ここで窓口指導の有効性に関するわれわれの議論を要約しておこう．(i)日銀信用供給が受動的であるか，市中銀行の超過準備保有がコール・レートに関して弾力的であるとき，窓口指導は有効である．(ii)しかも受動性の程度またはコール・レートに対する弾力性が大きくなるほど窓口指導の効果は相対的に大となる．(iii)窓口指導の対象外のその他市中銀行の直面する貸出・有価証券投資市場が，不完全であるほどあるいはより強くセグメントされているほど窓口指導の効果は一層大である．

受動的日銀信用供給方式の下では銀行の超過準備は小であるとするのが，われわれの立場である[38]．それゆえわれわれは，窓口指導は，日銀信用供給の受動性により有効性を発揮してきたと考える．日銀信用供給の受動性という基本的なポリシー・ルールの採択は，戦後発展戦略として人為的低金利政策を採用してきたことの帰結であった．高度成長期の特徴的な政策手段が受動的供給を前提として有効であるのは当然のことであると言えよう．

ところで，窓口指導の有効性の過去および将来を考えるとき，上記(iii)の命題は重要である．長期的にみて，その他市中銀行の直面する貸出・有価証券投資市場のセグメンテーションの程度は次第に小さくなりつつあると考えられる．

---

36) この点についてはさまざまな見解がある．江口英一[1977]は十分に利子弾力的な超過準備の存在を主張するが，堀内昭義[1977]はこれに懐疑的である．また，浜田宏一・岩田一政・島内昭・石山行忠[1975]および浜田宏一・桜井真・石山行忠[1977]は，利子率に関して非弾力的な現金準備を仮定しているが，浜田宏一・岩田一政・石山行忠[1976]は，コール・レートに依存する(取引動機から保有される)超過準備を仮定して分析している．

37) ただし呉文二[1973]は，信用金庫，農林系統金融機関は必要以上の現金準備を保有しているとしている(pp. 40-41)．

38) もし日銀信用がなんらかの意味で能動的になされるなら，市中銀行はコール・レート弾力的な超過準備をもつであろうし，窓口指導は，超過準備の利子率弾力性によってその有効性を保証されることになるであろう．

表10-3 金融機関別貸出構成比(単位:%)

| | | 市　中　金　融 | | | | | | 政　府　金　融 | |
|---|---|---|---|---|---|---|---|---|---|
| | | 普通銀行 | 中小企業金融機関 | 農林水産金融機関 | 保険 | 信託 | | 資金運用部 | 政府金融機関 |
| 1953-55 | 77.7 | 56.6 | 11.4 | 6.1 | 1.4 | 2.9 | 22.4 | 11.7 | 10.7 |
| 1956-60 | 77.1 | 54.2 | 12.1 | 5.2 | 2.4 | 4.2 | 22.9 | 13.3 | 9.6 |
| 1961-65 | 79.3 | 50.3 | 15.8 | 5.4 | 3.3 | 5.2 | 20.7 | 12.4 | 8.3 |
| 1966-69 | 78.4 | 46.5 | 16.7 | 6.3 | 3.6 | 5.6 | 21.6 | 12.9 | 8.7 |

〔資料〕『資金循環勘定』.
〔注〕 各年残高の3-5年平均値の市中金融,政府金融の合計に対する%.

　その第1の理由は,その他市中銀行等の資力の増大である.表10-3にみられるように,普通銀行以外の金融機関は戦後においてもそのシェアーを高めつつある.このことは,その他金融機関が,大規模な資金需要に応じる能力を拡大していることを意味しており,都銀・長信銀等の融資保証によって,貸出を専門化規制の領域外に拡大する可能性が大きくなっていくことと考えられる.理由の第2は,企業金融方法の多様化である.海外からの資金調達を中心にして多様化は急速に進んでおり,かつてのメイン・バンク意識は後退しつつある.このことは需要面からその他金融機関の融資範囲を拡大する要因であると考えられる.

　1957年に窓口指導を開始して以来,日銀はその対象となる金融機関の範囲を一貫して拡張してきた[39].このことは,上記の貸出市場の変容と密接な関連があると考えられる.しかしながら,規制対象の拡大は,市場メカニズムの利用度の縮小することを意味しており,決して好ましいことではない.

### (3) 1973,74年のインフレーション下の金融政策手段

　以上において,少なくとも昭和30年代以降のわが国における金融政策は,日銀信用の受動的供給というブロードなポリシー・ルールを前提としており,その下では貸出抑制度の操作,公定歩合政策,窓口指導,準備率操作等の諸金融政策手段のうち,窓口指導が最も強力かつ確定的な政策効果をもつことが示

---

39) 1955年当初は都銀と長信銀のみであったが,1964年3月には上位地方銀行が対象に加えられ,1973年4月からはさらにその他の地方銀行,相互銀行および上位信用金庫が対象とされるようになった.詳しくは呉文二[1973]および堀内昭義[1980]第4章を参照されたい.

された．しかも重要なことは，こうした金融政策の方法は論理的に必然な方法ではなく，人為的低金利政策の推進という枠組みの中で，1つの歴史的選択の結果採用されてきたということである．採択以来20年以上経過した現在，この方式の基本的バックボーンである人為的低金利政策は，その後退ないし変革を迫られつつあると思われる．このことは受動的日銀信用供給の下での窓口規制，窓口指導を中心とした金融政策がその歴史的使命を終え，新たな金融政策の方法にとってかわらねばならないという可能性を示唆している．1973, 74年(昭和48, 49年)における激しいインフレーション時における金融政策の経験は，上記方式の限界を考えるうえでの極めて興味深い素材を提供していると考えられる．以下ではまずこの点から検討しよう．

1971年のニクソン・ショックから1975年にかけての5年間は，ドッジ・デフレ後の戦後金融政策の歴史において最も激動的な一時期であったが，なかでも1973, 74年の急激な物価上昇は，日銀信用，ハイ・パワード・マネー，通貨供給量，物価水準の4者が平行して急上昇したという意味で，金融政策のあり方と深くかかわっている．消費者物価指数と卸売物価指数の上昇率は1973年にそれぞれ11.7%, 15.9%, 74年にそれぞれ24.5%と31.3%であって，1969-72年平均の6.0%, 1.4%の上昇率を大きく上まわっている．また日銀信用の対前年同期増加率は1972年後半から増加しはじめ，74年3月にピークをむかえている(図10-3)．次に図10-4によるとハイ・パワード・マネー増加率は1972年後半から上昇しはじめ，73年9月にピークに達しており，通貨供給量(MⅠ, MⅡ)増加率のピークは73年6月である．小宮隆太郎[1976]は，こうした現象をふまえて，1973, 74年(昭和48, 49年)のインフレーションの最大の原因は過大な通貨供給量にあり，それは1972年以降日銀信用供給によってハイ・パワード・マネーが一貫して高率で増加したことに基づくとしている[40]．それでは，なぜ日銀信用とハイ・パワード・マネーの急上昇は生じたのか．小宮はこの点について，金融当局の失敗ないし信用乗数理論に対する無理解等の要因をあげるにとどまっているが[41]，われわれはこのことの背景には単なる政策当局の無理解以上の要因があるのではないかと考えている．

---

40) 小宮はいま1つの原因として，フロート移行の遅れという為替政策の失敗による海外インフレーションの輸入をあげているが，1973, 74年には金融政策上の要因が最重要であるとしている．

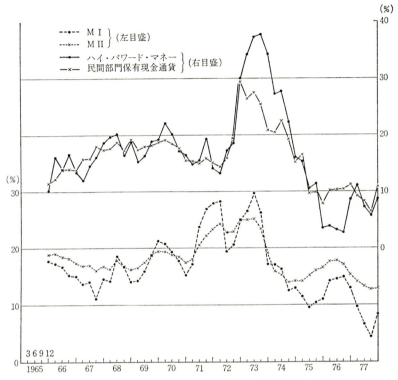

図10-4 MI, MII, ハイ・パワード・マネーおよび民間部門保有現金通貨の対前年同期比増加率
〔資料〕『資金循環勘定』.
〔注〕 MIは民間非金融部門の保有する現金通貨および要求払預金(1969年以前は短期性預金と当座性預金の和). MIIはMIに民間非金融部門の保有する定期性預金を加えたもの. 民間部門保有現金通貨は民間非金融部門保有現金通貨と民間金融部門保有現金通貨の和であり, ハイ・パワード・マネーはそれにさらに民間銀行の日銀預け金を加えたものである. なお, 1969年以前の資金循環表では証券会社は民間非金融部門(のうち法人企業)に含まれているが, ここでは1970年以降と同様に証券会社を民間金融部門に含めることで統一した.

---

41) これに対して1971, 72年には, 国際収支の黒字による外国為替資金を通じるハイ・パワード・マネー増加の可能性があったが, 日銀信用の回収という日銀の中立化政策によって「不胎化」されたとしている(p. 22). この「中立化政策」という表現が, 日銀が不胎化を意図して能動的に信用供給を引締めたことを意味するものであれば, われわれの判断と異なる. われわれは, この時期は, $QE^n$ の変化による自動的中立化が生じたものと考えている. すなわち, 外貨流入による預金増によってコール市場の超過需要が縮小し, 日銀はこれに受動的に応じたため, 結果的にオートノマスな中立化が生じたとみるわけである. また, この間市中銀行は多額の日銀借入を返済したことから, 市中銀行の能動性を重視して, 日銀信用が需要によって規定されたとみる見方もあるが, これもまた問題である. なぜなら, この期間においてもコール・レートは依然公定歩合よりも割高だったからである.

表10-4 1973年引締時の現金通貨，現金準備および準備預金(単位：億円)

| 月末 | (1)<br>民間非金融<br>保有現金通貨 | (2)<br>民間金融保<br>有現金通貨 | (3)<br>日銀預け金 |
|---|---|---|---|
| 1971年 3月 | 44,208 | 8,424 | 4,881 |
| 6月 | 47,468 | 7,861 | 3,091 |
| 9月 | 46,460 | 8,364 | 4,562 |
| 12月 | 57,904 | 9,485 | 2,946 |
| 1972年 3月 | 51,446 | 8,820 | 5,145 |
| 6月 | 55,853 | 8,448 | 4,117 |
| 9月 | 56,390 | 9,196 | 4,888 |
| 12月 | 75,063 | 12,228 | 3,731 |
| 1973年 3月 | 65,688 | 10,633 | 11,533 |
| 6月 | 71,177 | 10,802 | 11,977 |
| 9月 | 70,834 | 11,636 | 14,616 |
| 12月 | 88,565 | 16,961 | 16,400 |
| 1974年 3月 | 78,875 | 13,260 | 19,607 |
| 6月 | 88,367 | 12,188 | 19,323 |
| 9月 | 83,718 | 14,817 | 20,029 |
| 12月 | 104,034 | 17,561 | 19,933 |
| 1975年 3月 | 91,453 | 15,886 | 21,276 |
| 6月 | 95,667 | 14,906 | 21,907 |
| 9月 | 92,269 | 15,992 | 23,912 |
| 12月 | 111,789 | 19,429 | 15,501 |

〔資料〕『資金循環表』.
〔注〕 各年の残高表と各4半期の取引表から積上げによって計算したものである．

日銀は1973年1月に公式に引締政策に転じたが[42]，その後とられた引締手段は次の3つである．(i)公定歩合引上げ．1973年4月に，それ以前の4.25%(商業手形割引歩合等)から5.0%に引上げ，その後5月，7月，8月，12月と連続して引上げ，12月以降1975年4月まで9%の水準を維持．(ii)預金準備率の引上げ．1973年1月，3月，6月，9月，1974年1月と連続5回の引上げ．(iii)窓口指導の強化と対象金融機関の拡大．1973年1月から都市銀行，長期信

---

42) この引締開始は明らかに遅すぎた．鈴木淑夫[1974]は，これについて「この政策発動の遅れを金融政策の責めに帰することは現実的ではない．何故なら国際収支の黒字がふたたび拡大傾向を示し，また国会では景気刺激を1つの目標に掲げた大型補正予算と財投追加が審議されている47年秋に，金融政策が単独で物価安定を目ざし，金融引締に転ずることはむずかしいからである」(p.343)としているが，責任の所在は別として，政策発動の遅れは，1973年インフレーションの1つの大きな原因であることは否定できないと思われる．

用銀行,信託銀行に対する窓口指導を強化し,4月以降,対象を地方銀行,相互銀行,上位信用金庫にまで拡大.

さて,以上の引締過程で,特徴的なことは,引締がまず預金準備率引上げで開始され,しかもその後も引上げが継続されたことである.この引上げはいかなる効果をもったか.表10-4を参照されたい.1973年中において準備預金(日銀預け金)は1972年末の3,731億円から,73年末の16,400億円へと12,669億円増加した.しかしながら,これに対して民間金融部門の現金準備は1972年末の12,228億円から73年末の16,961億円あるいは74年3月の13,260億円へと減少することはなく,かえってわずかであるが増加している.この期間,金融機関の貸出・有価証券投資は絶対額においては増加しつつあったから,以上の事実は,準備預金積上げ額がほぼ日銀信用によってまかなわれたことを示唆している.[2]において,われわれは,準備預金引上げに日銀信用供給が受動的に対応するとき,その引締効果はゼロであることを確認した.1973年の準備率引上げはまさにこのケースに対応するのではないかというのがわれわれの推測である.さきにみたようにこのケースでは効果は中立的であるにもかかわらず準備預金増によってハイ・パワード・マネーは増加するはずである.図10-4のグラフはこの点を裏書きしているように思われる.すなわち,ハイ・パワード・マネーから準備預金を差引いた民間部門保有現金の増加率は,1972年12月に既にピークに達しており,その後のハイ・パワード・マネーの高増加率は専ら準備預金増によるものであることがわかろう[43]。

次に,窓口指導の対象金融機関が次第に拡げられ,ついにはほとんどすべての金融機関を網羅するにいたったことが注目されねばならない.図10-5にみられるように,1973年1月の窓口指導強化により,全国銀行の貸出増加率は3月には減少に転じている(下方の2曲線).しかし,それにもかかわらず通貨供給量は拡大を続け,それが減少に転ずるのは9月であり,そのためには4月以降すべての中小企業金融機関に対して窓口指導を行うか「協力」を要請せざるをえなかった.また,同図にみられるように,その後においても農林系統金融機関の貸出は拡大を続け(多少遅きに失したが),1974年7月にはこれらに対し

---

43) 小宮隆太郎[1976]は自らは分析してはいないが,この準備率引上げの効果を斟酌せねばならないとしている(p.22).

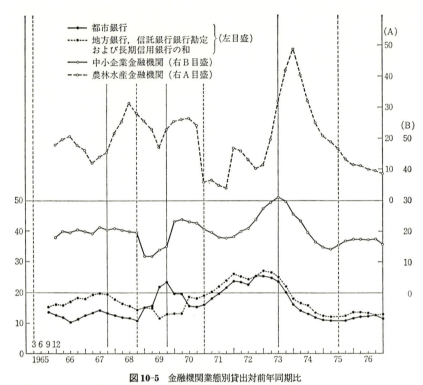

**図10-5　金融機関業態別貸出対前年同期比**

〔資料〕　都市銀行，地方銀行，信託銀行銀行勘定，長期信用銀行の貸出は『本邦経済統計』，『経済統計年報』による．他は『資金循環勘定：1964年-71年』および『資金循環勘定：1970年-72年』による．

ても窓口指導が行われるようになった．このような事態は，われわれのモデルでは，貸出市場のセグメンテーションの度合が次第に小さくなったことを意味している．特に，全国銀行以外の金融機関の資力が増大し，都銀等の融資保証によって貸出を拡張したことは，この時期の部分的窓口指導の有効性を大きく減殺したと考えられる．また，受動的信用供給方式は，窓口指導対象外の金融機関の貸出収入函数が独自のオートノマス(自律的)なシフトをするとき，それを追認せざるをえない性質をもっていることも注意せねばならない．$QE^*$がシフトするとき，それはコール市場の超過需要となってあらわれ，日銀信用はそれに受動的に応ぜざるをえない．そのばあい，その超過需要がたとえ都銀の

借入希望であったとしても,もとを正せばそれはその他金融機関の融資増によるものである.

以上の考察はもとより厳密な分析に基づくものではない.しかし,1973,74年のインフレーションが,かりにハイ・パワード・マネーの過大な供給に主として起因するものであるとしたばあい,その過大供給の原因は,受動的日銀信用供給下での金融政策手段の限界に密接にかかわっていることを示唆しえたと思う.まず,準備率操作の効果に対する過大な期待があった[44].次に,窓口指導についても,その実効性を支える要因の変化に対して認識が十分でなかった.当初の政策発動の遅れに加えて,これらの要因が複雑に作用したのが,1973,74年インフレーションの金融的原因であったと考えられる.

さて,窓口指導の対象をほぼ全金融機関にまで拡大せざるをえなかったことの意味は重要である.窓口指導については,本来的に金融機関相互のシェアーを人為的に操作することの弊害,貸出増加額の総枠決定の恣意性等の問題点があり,決してベストな政策手段ではない.ただ,過去においては,それが一部の金融機関を対象とするにとどまり,その他金融機関についてはコール市場を通じる市場機能が作用するかぎりで,コール市場のメカニズムを恣意性に対する1つの安全弁とすることができたのである.全金融機関を対象にすることは,その安全弁すらなくなり,貸出のすべてが政策当局の恣意的裁量の下に置かれることを意味する.しかも都銀に対する窓口指導は,低利の日銀信用供与(不公平であることは無論だが)との間でアメとムチの関係にあり,都銀がそのコスト・ベネフィットを考慮しうるという意味である程度の合理性をもっている.しかし,その他の金融機関に対する窓口指導は,そのような合理性の余地はなく[45],それがかりに有効であるとすると,一種の統制的な規制であると言わねばならない[46].

それゆえ,高度成長期型の金融政策の方法は,少なくともその引締手段の大

---

44) 鈴木淑夫[1974]はこの時期の準備率引上げについて,効果はあまり期待しえないが,アナウンスメント効果を期待したと述べている(p.221).ただし,準備率引上げには本章の注23)で述べたように貸出抑制制度の可動範囲を拡大するというポジティヴな付随効果のあることを忘れてはならない.
45) ただし,相互銀行等は債券オペの対象としての若干のベネフィットは受けている(1974年5月以降).
46) また最近では貸出だけでなく有価証券投資まで指導することがあると言われる.合理性を失った規制ほど,その対象を拡大せざるをえない.これは一般原則であろう.十分留意せねばならない.

宗たる窓口指導に関しては1つの限界に近づきつつあると考えられる．準備率操作の引締効果が十分でないことは既に述べたとおりである．他方，1971年に発足し，72年から行われるようになった手形売買操作は将来かなりの有効性を期待しうる．現在，それは短資市場の資金調節手段であることから，日銀貸出，債券オペと並んで日銀信用の一部とみなされているが，それを独立の政策手段として「受動性」の枠からはずすことは可能であると思われる．この制度は，売買両方の操作が可能であることから，引締手段として用いうるという点に加えて，市場利子率で取引されるという意味で公平性の観点からも優れている．しかも，この制度の拡大はまた，貸出と債券買オペの縮小を意味するから，窓口指導の実効性の基礎がさらに弱体化することも注意せねばなるまい．

# 統 計 付 録

### 1-I 銀行の資金調達等（1887年以前）

| | (1) | (2) | (3) | (4) | (5) | (6) | | (7) | (8) | (9) | (10) | (11) | (12) | (13) | (14) | (15) | (16) | (17) |
|---|---|---|---|---|---|---|---|---|---|---|---|---|---|---|---|---|---|---|
| | 粗資本ストック（当年価格） | 国立銀行資金 | | | 私立銀行資金 | | | | | 銀行類似会社資金 | | | | 横浜正金銀行資金 | | | | 郵便貯金及び郵便振替貯金 |
| | | 民間預金 | G | 払込資本金及び積立金 | 民間預金 | G 三井銀行 | 安田銀行 | 資本金 | 積立金 | 民間預金 | G | 資本金 | 積立金 | 民間預金 | G | 払込資本金 | 積立金 | |
| 1874 | 4,636 | 39 | 91 | 32 | | | | | 1 | | | | | | | | | |
| 1875 | 4,648 | 23 | 61 | 35 | | | | | 2 | | | | | | | | | 0 |
| 1876 | 4,344 | 24 | 35 | 25 | 19 | ? | | 3 | 20 (1) | | | | | | | | | 1 |
| 1877 | 4,053 | 24 | 100 | 206 | 2 | ? | | 1 | 20 (0) | | | | | | | | | 2 |
| 1878 | 4,584 | 48 | 207 | 248 | 4 | ? | | 2 | 20 (0) | | | | | | | | | 4 |
| 1879 | 4,561 | 118 | 386 | 416 | 11 | ? | | 1 | 37 (1) | | | | | | | | | 6 |
| 1880 | 4,299 | 113 | 386 | 447 | 18 | 71 | | 2 | 70 (3) | (3) | (0) | 12 | (0) | 6 | 20 | 30 | ? | 7 |
| 1881 | 4,512 | 137 | 419 | 466 | 32 | ? | | 4 | 108 (7) | (17) | (0) | 59 | (4) | 5 | 40 | 30 | ? | 9 |
| 1882 | 4,482 | 134 | 426 | 480 | 47 | 64 | | 4 | 169 (15) | (22) | (0) | 80 | (7) | 7 | 30 | 30 | ? | 15 |
| 1883 | 4,823 | 177 | 423 | 486 | 67 | 53 | | 4 | 184 (18) | (44) | (0) | 121 | (12) | 11 | 120 | 30 | ? | 41 |
| 1884 | 4,886 | 140 | 400 | 492 | 54 | 56 | | 9 | 190 (20) | (43) | (0) | 152 | (16) | 27 | 168 | 30 | ? | 67 |
| 1885 | 4,757 | 207 | 387 | 496 | 77 | ? | | 7 | 184 (21) | (64) | (0) | 154 | (18) | 9 | 155 | 30 | ? | 117 |
| 1886 | 5,445 | 248 | 400 | 499 | 87 | ? | | 3 | 175 (22) | (77) | (0) | 154 | (19) | 8 | 167 | 30 | ? | 155 |
| 1887 | 5,709 | 269 | 413 | 519 | 95 | ? | | 3 | 184 (24) | (78) | (0) | 151 | (20) | 19 | 109 | 45 | 37 | 182 |

〔単位〕 (1)は百万円，(2)-(17)は十万円．

〔資料〕 (1)『長期経済統計』第3巻の粗資本ストック(1934-36年価格，住宅を含む)に，同第8巻の投資財価格指数(住宅を含む)を乗じて得た．(2)1878年以前は各年の『銀行局年報』，1879年以後は後藤新一[1970]第10表による．振出手形を含む．(3)1878年以前は各年の『銀行局年報』，1879年以後は後藤新一[1970]第10,11表による．国立銀行券(下付高でなく実際流通高をとる)，借入金，政府預金の合計．(4)は(2)に同じ．(5)国立銀行の民間預金の払込資本金・積立金に対する比率を私立銀行資本金に乗じて推計．(6)『三井銀行八十年史』および『安田銀行六十年誌』による．三井の値は1882年が12月末，他は6月末．(7)後藤新一[1970]第17表．(8)国立銀行の積立金の払込資本金に対する比率を私立銀行株式に乗じて推計．(9)は(5)の推計方法を銀行類似会社資本金に適用．(10)ゼロと仮定．(11)朝倉孝吉[1961]p.187による．(12)は(8)の推計方法を銀行類似会社資本金に適用．(13)-(15)日銀[1966]による．(16)『明治大正財政史』第15巻による．(17)『郵政百年史資料』第30巻による．

〔注〕 (a)1874-78年の国立銀行関係の数字は上期の値．(b)カッコ内の数字は推計値．(c)私立銀行は貯蓄銀行を含む．

1-II 銀行の資金調達等(1888年以降)(単位:百万円)

| | (1) 粗資本ストック(当年価格) | (2) 払込資本金及び積立金 | (3) 政府負債 | (4) 銀行貸出 | (5) 現金通貨供給量 | (6) 銀行保有現金通貨 | 銀行資金 (7) 民間預金 | (8) G | (9) 払込資本金及び積立金 |
|---|---|---|---|---|---|---|---|---|---|
| 1888 | 6,342 | 198 | 252 | | 166 | 25 | (56) | (75) | (100) |
| 1889 | 6,467 | 237 | 254 | | 172 | 30 | (61) | (74) | (106) |
| 1890 | 6,418 | 266 | 271 | | 199 | 26 | (66) | (73) | (113) |
| 1891 | 6,219 | 283 | 272 | | 197 | 32 | (70) | (68) | (116) |
| 1892 | 6,555 | 291 | 278 | | 200 | 32 | (86) | (62) | (116) |
| 1893 | 6,694 | 291 | 244 | 197 | 219 | 24 | 100 | 69 | 106 |
| 1894 | 7,249 | 317 | 292 | 215 | 219 | 31 | 122 | 71 | 117 |
| 1895 | 8,334 | 371 | 401 | 274 | 248 | 37 | 174 | 95 | 134 |
| 1896 | 9,031 | 524 | 438 | 391 | 263 | 42 | 221 | 121 | 194 |
| 1897 | 10,505 | 663 | 428 | 415 | 284 | 45 | 290 | 121 | 213 |
| 1898 | 10,855 | 788 | 436 | 505 | 268 | 47 | 354 | 108 | 256 |
| 1899 | 11,260 | 862 | 438 | 672 | 327 | 59 | 520 | 140 | 298 |
| 1900 | 12,046 | 992 | 475 | 786 | 303 | 65 | 558 | 125 | 355 |
| 1901 | 11,990 | 1,071 | 513 | 757 | 290 | 69 | 563 | 69 | 381 |
| 1902 | 11,526 | 1,172 | 532 | 832 | 309 | 77 | 679 | 64 | 401 |
| 1903 | 11,901 | 1,214 | 536 | 897 | 311 | 81 | 746 | 59 | 412 |
| 1904 | 11,742 | 1,300 | 809 | 927 | 369 | 93 | 805 | 91 | 419 |
| 1905 | 13,308 | 1,378 | 1,052 | 1,053 | 405 | 115 | 968 | 133 | 437 |
| 1906 | 14,279 | 1,538 | 1,168 | 1,426 | 442 | 149 | 1,382 | 133 | 471 |
| 1907 | 16,019 | 1,782 | 1,205 | 1,473 | 484 | 138 | 1,299 | 163 | 533 |
| 1908 | 15,481 | 2,296 | 1,182 | 1,449 | 476 | 135 | 1,274 | 111 | 557 |
| 1909 | 14,850 | 2,499 | 1,689 | 1,507 | 483 | 139 | 1,468 | 71 | 583 |
| 1910 | 15,353 | 2,668 | 1,546 | 1,717 | 539 | 144 | 1,613 | 135 | 604 |
| 1911 | 16,085 | 2,823 | 1,716 | 1,984 | 574 | 151 | 1,736 | 167 | 646 |
| 1912 | 18,146 | 3,147 | 1,752 | 2,250 | 588 | 166 | 1,886 | 189 | 701 |
| 1913 | 18,738 | 3,499 | 1,667 | 2,498 | 568 | 181 | 2,029 | 158 | 763 |

〔資料〕 (1)統計付録1-Iと同様にして計算. (2)日銀[1966]第122表による. 1888-1913年については,国有鉄道資本金(朝日新聞[1930]による)を加算. 1888-95年は(9)の銀行払込資本金・積立金および株式取引所払込資本金・積立金(朝日新聞[1930]による)を加算. 1888年の払込資本金は資本金の50%と仮定. 1888-93年の積立金は払込資本金の5%と仮定. (3)『国債沿革略』第1巻, 各年の『金融事項参考書』および『明治大正財政史』国債編による. 内国債, 地方債および政府借入金からなり, 政府発行通貨を含まない. (4)各年の『銀行局年報』による. (5)国立銀行券(各年の銀行局年報による), 政府発行通貨(『明治大正財政史』第11巻, 第12巻による), および日本銀行券(後藤新一[1970]による)の和. (6)各年の『銀行局年報』による. ただし1888-92年はそれ以後の数字の動きから推定. (7)各年の『銀行局年報』による. 1888-92年の銀行類似会社の預金は, 私立銀行の民間預金・資本金比率を銀行類似会社の資本金に乗じて推計. (8)銀行類似会社の政府預金はゼロと仮定. 国立銀行券, 日銀の民間貸出および政府預金の和. 国立銀行券と政府預金は各年の『銀行局年報』による. 日銀貸出は後藤新一[1970]第88(1)表の民間貸出と国立銀行紙幣消却貸付金の和. (9)各年の『銀行局年報』による. 1888-92年の銀行類似会社の積立金は, 私立銀行の積立金・資本金比率を銀行類似会社資本金に適用して推計.

〔注〕 銀行の範囲は, 1888-92年については, 国立銀行, 私立銀行(貯蓄銀行を含む), 銀行類似会社, 横浜正金銀行からなる. 1893年以後は, 普通銀行, 貯蓄銀行, 国立銀行(1898年まで), 横浜正金銀行, 日本興業銀行(1902年以後), 日本勧業銀行(1898年以後), 北海道拓殖銀行(1898年以後), 農工銀行(1898年以後), 外国銀行支店(1904年以後)からなる. カッコ内の数字は推定値.

1-III 府県別財政金融等データ(A)

| | (1) | (2) | (3) | (4) | (5) | (6) | (7) | (8) | (9) |
|---|---|---|---|---|---|---|---|---|---|
| | 人口 | うち都市人口 | 面積 | 租税 | うち所得税 | 郵便局数 | 銀行店舗数 | 小作地率 | 土地保有ジニ係数 |
| 北海道 | 378 | 67 | 6,095 | 468 | 3 | 28 | 5 | — | — |
| 青森 | 538 | 48 | 607 | 1,123 | 6 | 41 | 14 | 30.4 | 0.6412 |
| 岩手 | 667 | 37 | 899 | 1,187 | 7 | 47 | 3 | 25.9 | 0.5277 |
| 宮城 | 760 | 107 | 541 | 1,755 | 16 | 57 | 7 | 29.8 | 0.5687 |
| 秋田 | 690 | 30 | 754 | 1,417 | 9 | 55 | 1 | 42.7 | 0.6618 |
| 山形 | 751 | 105 | 600 | 1,941 | 13 | 69 | 12 | 35.5 | 0.6484 |
| 福島 | 934 | 58 | 846 | 2,544 | 11 | 87 | 32 | 17.8 | 0.4889 |
| 茨城 | 1,014 | 28 | 385 | 2,635 | 14 | 76 | 30 | 32.3 | 0.5990 |
| 栃木 | 699 | 76 | 412 | 1,795 | 12 | 62 | 21 | 35.2 | 0.5678 |
| 群馬 | 723 | 70 | 407 | 1,795 | 14 | 55 | 44 | 28.3 | 0.5314 |
| 埼玉 | 1,069 | 29 | 266 | 2,764 | 17 | 54 | 34 | 34.9 | 0.6460 |
| 千葉 | 1,184 | 19 | 326 | 2,604 | 14 | 91 | 15 | 43.3 | 0.5984 |
| 東京 | 1,629 | 1,127 | 52 | 2,906 | 361 | 78 | 82 | 48.5 | 0.7072 |
| 神奈川 | 960 | 226 | 229 | 1,906 | 45 | 41 | 72 | 43.5 | 0.5823 |
| 新潟 | 1,682 | 121 | 825 | 3,493 | 35 | 129 | 85 | 51.6 | 0.7142 |
| 富山 | 745 | 93 | 266 | 1,845 | 8 | 41 | 39 | 59.6 | 0.6964 |
| 石川 | 752 | 93 | 271 | 1,642 | 8 | 45 | 64 | 40.5 | 0.6630 |
| 福井 | 602 | 51 | 272 | 1,389 | 5 | 44 | 18 | 40.3 | 0.6232 |
| 山梨 | 453 | 31 | 290 | 1,161 | 12 | 38 | 64 | 50.7 | 0.6562 |
| 長野 | 1,129 | 81 | 854 | 2,659 | 18 | 75 | 125 | 37.0 | 0.5670 |
| 岐阜 | 918 | 50 | 671 | 2,138 | 14 | 76 | 19 | 41.1 | 0.6477 |
| 静岡 | 1,071 | 66 | 504 | 2,339 | 16 | 84 | 85 | 41.5 | 0.6378 |
| 愛知 | 1,456 | 212 | 313 | 3,605 | 29 | 105 | 15 | 43.5 | 0.6283 |
| 三重 | 918 | 76 | 369 | 2,584 | 19 | 67 | 6 | 36.4 | 0.6042 |
| 滋賀 | 672 | 30 | 258 | 2,166 | 18 | 46 | 13 | 35.6 | 0.5935 |
| 京都 | 887 | 298 | 297 | 2,016 | 31 | 95 | 12 | 40.5 | 0.6260 |
| 大阪 | 1,823 | 616 | 317 | 4,901 | 81 | 168 | 49 | 51.7 | 0.6677 |
| 兵庫 | 1,542 | 238 | 557 | 5,536 | 44 | 127 | 44 | 48.3 | 0.6726 |
| 和歌山 | 627 | 68 | 311 | 1,357 | 5 | 54 | 7 | 45.8 | 0.6631 |
| 鳥取 | 399 | 37 | 224 | 1,038 | 3 | 33 | 6 | 54.4 | 0.7307 |
| 島根 | 696 | 32 | 436 | 1,588 | 8 | 76 | 10 | 49.2 | 0.6840 |
| 岡山 | 1,068 | 53 | 421 | 3,006 | 16 | 88 | 20 | 45.0 | 0.6515 |
| 広島 | 1,303 | 137 | 521 | 2,741 | 19 | 106 | 5 | 35.1 | 0.5864 |
| 山口 | 922 | 71 | 390 | 1,784 | 14 | 77 | 6 | 36.4 | 0.5664 |
| 徳島 | 682 | 61 | 271 | 1,493 | 10 | 46 | 7 | 38.0 | 0.6627 |
| 愛媛 | 1,591 | 116 | 455 | 3,271 | 18 | 100 | 32 | 53.7 | 0.6912 |
| 高知 | 576 | 36 | 455 | 1,158 | 6 | 56 | 6 | 30.4 | 0.6650 |
| 福岡 | 1,225 | 147 | 318 | 3,190 | 24 | 76 | 28 | 47.4 | 0.7301 |
| 佐賀 | 561 | 30 | 160 | 1,479 | 8 | 33 | 20 | 41.3 | 0.5972 |
| 長崎 | 763 | 58 | 235 | 1,188 | 11 | 57 | 17 | 37.8 | 0.5088 |
| 熊本 | 1,052 | 53 | 465 | 2,106 | 12 | 85 | 13 | 45.5 | 0.6079 |
| 大分 | 789 | 30 | 403 | 1,618 | 7 | 56 | 43 | 32.4 | 0.5274 |
| 宮崎 | 413 | 19 | 487 | 923 | 5 | 42 | 11 | 29.5 | 0.4961 |
| 鹿児島 | 998 | 57 | 602 | 1,490 | 10 | 61 | 11 | 30.2 | 0.4052 |
| 沖縄 | 381 | 21 | 157 | 226 | — | 2 | 1 | — | — |
| 全国 | 40,692 | 5,109 | 24,794 | 93,970 | 1,056 | 3,029 | 1,253 | 39.3 | 0.6348 |

1-III 府県別財政金融等データ(B)

| | (10) | (11) | (12) | (13) | (14) | (15) | (16) | (17) | (18) | (19) |
|---|---|---|---|---|---|---|---|---|---|---|
| | | 「金融資産」 | | | | 地券 | | 国立銀行資金調達 | | |
| | | 会社資本金 | 銀行資本金 | 預貯金 | 公債 | | | 民間預金 | 資本金 | G |
| 北海道 | 15,516 | 13,636 | 470 | 1,410 | — | 3,715 | 1,238 | 586 | 322 | 330 |
| 青森 | 1,267 | 190 | 421 | 341 | 315 | 18,594 | 676 | 102 | 293 | 281 |
| 岩手 | 586 | 70 | 165 | 211 | 140 | 20,678 | 635 | 128 | 179 | 328 |
| 宮城 | 1,890 | 328 | 476 | 846 | 240 | 24,011 | 1,597 | 655 | 505 | 437 |
| 秋田 | 2,683 | 1,677 | 130 | 384 | 492 | 27,491 | 743 | 229 | 141 | 373 |
| 山形 | 3,607 | 509 | 759 | 649 | 1,690 | 34,521 | 1,185 | 292 | 460 | 433 |
| 福島 | 3,872 | 1,542 | 1,157 | 807 | 366 | 42,533 | 1,723 | 481 | 812 | 430 |
| 茨城 | 2,874 | 661 | 962 | 583 | 668 | 47,163 | 1,264 | 228 | 506 | 530 |
| 栃木 | 3,534 | 886 | 1,017 | 662 | 969 | 31,656 | 1,101 | 294 | 440 | 367 |
| 群馬 | 4,742 | 1,789 | 1,554 | 772 | 627 | 31,677 | 2,316 | 534 | 1,100 | 682 |
| 埼玉 | 2,928 | 811 | 1,329 | 180 | 608 | 58,158 | 587 | 131 | 265 | 191 |
| 千葉 | 3,104 | 1,438 | 568 | 344 | 754 | 52,247 | 499 | 49 | 267 | 183 |
| 東京 | 172,072 | 83,186 | 30,487 | 21,574 | 36,825 | 21,957 | 53,742 | 10,363 | 28,759 | 14,620 |
| 神奈川 | 10,345 | 2,788 | 3,280 | 2,125 | 2,152 | 30,705 | 3,805 | 987 | 2,043 | 775 |
| 新潟 | 10,744 | 3,342 | 4,286 | 1,166 | 1,950 | 67,012 | 3,317 | 642 | 1,815 | 860 |
| 富山 | 3,625 | 193 | 1,313 | 719 | 1,400 | 33,772 | 1,411 | 387 | 495 | 529 |
| 石川 | 5,435 | 812 | 1,154 | 532 | 2,937 | 29,980 | 600 | 164 | 152 | 284 |
| 福井 | 3,118 | 472 | 682 | 561 | 1,403 | 25,937 | 1,177 | 129 | 514 | 534 |
| 山梨 | 3,334 | 1,280 | 1,718 | 253 | 83 | 16,757 | 850 | 123 | 355 | 372 |
| 長野 | 7,484 | 1,957 | 2,788 | 1,474 | 1,265 | 40,608 | 1,247 | 290 | 635 | 322 |
| 岐阜 | 4,293 | 1,094 | 938 | 730 | 1,531 | 42,243 | 1,164 | 242 | 613 | 309 |
| 静岡 | 8,279 | 1,050 | 4,176 | 1,766 | 1,287 | 46,412 | 2,200 | 787 | 867 | 546 |
| 愛知 | 12,031 | 3,042 | 1,418 | 2,248 | 5,323 | 69,502 | 1,801 | 440 | 743 | 618 |
| 三重 | 6,549 | 2,041 | 352 | 1,406 | 2,750 | 54,493 | 1,326 | 676 | 353 | 297 |
| 滋賀 | 7,476 | 2,213 | 935 | 862 | 3,466 | 48,191 | 1,886 | 652 | 711 | 523 |
| 京都 | 23,060 | 4,016 | 1,620 | 3,202 | 14,222 | 30,224 | 2,142 | 663 | 1,010 | 469 |
| 大阪 | 47,303 | 17,257 | 4,967 | 9,019 | 16,060 | 83,664 | 10,466 | 4,117 | 4,248 | 2,101 |
| 兵庫 | 27,565 | 20,451 | 2,138 | 2,231 | 2,745 | 80,568 | 2,480 | 892 | 948 | 640 |
| 和歌山 | 2,809 | 489 | 342 | 720 | 1,258 | 24,336 | 648 | 199 | 200 | 249 |
| 鳥取 | 1,080 | 150 | 247 | 226 | 457 | 19,704 | 809 | 141 | 237 | 431 |
| 島根 | 2,352 | 773 | 368 | 420 | 791 | 29,205 | 480 | 93 | 105 | 282 |
| 岡山 | 4,983 | 1,456 | 827 | 675 | 2,025 | 59,610 | 1,219 | 284 | 421 | 514 |
| 広島 | 2,224 | 857 | 260 | 645 | 462 | 51,645 | 974 | 201 | 338 | 435 |
| 山口 | 7,371 | 742 | 696 | 1,279 | 4,654 | 23,679 | 2,249 | 622 | 835 | 792 |
| 徳島 | 4,167 | 607 | 836 | 1,319 | 1,405 | 24,669 | 1,014 | 481 | 256 | 277 |
| 愛媛 | 5,341 | 1,234 | 1,307 | 888 | 1,912 | 60,698 | 1,764 | 357 | 677 | 730 |
| 高知 | 2,857 | 171 | 625 | 340 | 1,721 | 24,014 | 1,444 | 198 | 746 | 500 |
| 福岡 | 9,179 | 4,837 | 1,393 | 1,171 | 1,778 | 53,967 | 2,320 | 640 | 818 | 862 |
| 佐賀 | 3,780 | 688 | 1,578 | 638 | 876 | 29,203 | 1,119 | 174 | 500 | 445 |
| 長崎 | 6,825 | 2,062 | 1,080 | 1,110 | 2,573 | 19,509 | 1,654 | 498 | 735 | 421 |
| 熊本 | 2,862 | 541 | 598 | 854 | 869 | 43,366 | 1,751 | 570 | 654 | 527 |
| 大分 | 2,338 | 640 | 991 | 322 | 385 | 29,521 | 1,073 | 65 | 364 | 644 |
| 宮崎 | 1,066 | 248 | 261 | 217 | 340 | 19,879 | 576 | 104 | 182 | 290 |
| 鹿児島 | 3,997 | 493 | 447 | 597 | 2,460 | 34,097 | 1,534 | 367 | 570 | 597 |
| 沖縄 | 281 | — | 150 | 131 | — | — | 444 | 112 | 50 | 282 |
| 全国 | 462,828 | 184,719 | 83,266 | 68,609 | 126,234 | 1,661,571 | 124,250 | 30,369 | 57,239 | 36,642 |

1-III 府県別財政金融等データ (C)

| | (20) | (21) | (22) | (23) | (24) | (25) |
|---|---|---|---|---|---|---|
| | 私立銀行資金調達 | | | | 銀行類似会社資本金 | 質屋貸出金 |
| | 民間預金 | 資本金 | G | | | |
| 北海道 | 1,178 | 501 | 200 | 477 | — | 119 |
| 青森 | 262 | 78 | 63 | 121 | 78 | 52 |
| 岩手 | — | — | — | — | — | 219 |
| 宮城 | 8 | 8 | — | — | 32 | 257 |
| 秋田 | — | — | — | — | — | 84 |
| 山形 | 234 | 162 | 72 | — | 247 | 125 |
| 福島 | 422 | 120 | 117 | 185 | 280 | 491 |
| 茨城 | 625 | 181 | 183 | 261 | 324 | 323 |
| 栃木 | 414 | 114 | 300 | — | 367 | 351 |
| 群馬 | 282 | 35 | 242 | 5 | 386 | 856 |
| 埼玉 | 492 | 49 | 443 | — | 686 | 431 |
| 千葉 | 405 | 7 | 83 | 315 | 230 | 1,087 |
| 東京 | 13,951 | 6,661 | 6,100 | 1,190 | 330 | 2,736 |
| 神奈川 | 1,896 | 638 | 512 | 746 | 1,198 | 1,271 |
| 新潟 | 24 | 2 | 22 | — | 2,921 | 230 |
| 富山 | 526 | 98 | 420 | 8 | 496 | 104 |
| 石川 | 57 | 17 | 40 | — | 964 | 105 |
| 福井 | 100 | — | 100 | — | 122 | 63 |
| 山梨 | 232 | 29 | 203 | — | 1,295 | 395 |
| 長野 | 2,708 | 808 | 1,624 | 276 | 574 | 147 |
| 岐阜 | 639 | 141 | 310 | 188 | 98 | — |
| 静岡 | 3,483 | 753 | 2,643 | 87 | 883 | 326 |
| 愛知 | 1,158 | 445 | 700 | 13 | 93 | 347 |
| 三重 | 547 | 307 | 40 | 200 | — | 295 |
| 滋賀 | 407 | 210 | 175 | 22 | 110 | 96 |
| 京都 | 2,097 | 1,157 | 790 | 150 | — | 734 |
| 大阪 | 4,663 | 2,843 | 1,245 | 575 | 132 | 1,111 |
| 兵庫 | 2,518 | 688 | 1,095 | 735 | 283 | — |
| 和歌山 | 330 | 250 | 80 | — | 62 | 268 |
| 鳥取 | — | — | — | — | 37 | 146 |
| 島根 | 215 | 26 | 180 | 9 | 94 | — |
| 岡山 | 418 | 110 | 210 | 98 | 277 | 338 |
| 広島 | 384 | 103 | — | 281 | — | 303 |
| 山口 | 73 | 35 | — | 38 | — | — |
| 徳島 | 1,405 | 641 | 580 | 184 | 21 | — |
| 愛媛 | 470 | 44 | 410 | 16 | 433 | 314 |
| 高知 | — | — | — | — | — | 184 |
| 福岡 | 566 | 151 | 396 | 19 | 302 | 281 |
| 佐賀 | 1,771 | 464 | 1,030 | 277 | 98 | 167 |
| 長崎 | 762 | 312 | 325 | 125 | 125 | 182 |
| 熊本 | 211 | 69 | 130 | 12 | 43 | 302 |
| 大分 | 189 | 29 | 160 | — | 521 | 253 |
| 宮崎 | — | — | — | — | 111 | 46 |
| 鹿児島 | — | — | — | — | 67 | 112 |
| 沖縄 | — | — | — | — | 100 | 14 |
| 全国 | 46,122 | 18,286 | 21,223 | 6,613 | 14,420 | 15,265 |

〔単位,資料および注〕 (1)『日本帝国第10統計年鑑』(以下『第10年鑑』と略す)第23表,単位千人,1889年末. (2)『長期経済統計』(府県統計)(未刊)における伊藤繁推計,単位千人,1889年末. (3)『第10年鑑』第23表,単位方里,1889年末. (4)『第10年鑑』第457表,単位千円,1889年. (5)『第10年鑑』第429表,単位千円,1889年. (6)『第10年鑑』第206表,1889年末. (7)『第10年鑑』第182,191,192表の国立銀行,私立銀行および銀行類似会社の本支店数の合計,1889年末. (8)有元正雄[1972]第5,6表(個人の部)の保有地価の人員構成,金額構成から計算. 土地保有ゼロの個人は含まない. 1886年頃. (9)有元正雄[1972] p.62, 1887年. (10)は(11)-(14)の合計. (11)『第10年鑑』第194表の諸会社資本金合計に第197表の米商会所株金,第200表の株式取引所株金を加える. 単位千円,1889年末. (12)『第10年鑑』第183表の国立銀行払込資本金,第192表の銀行類似会社資本金,『第12次銀行局年報』(以下『第12次年報』と略す) pp.317-332の私立銀行資本金の合計. 単位千円,1889年末. (13)『第12次年報』の国立銀行・私立銀行の民間預金(定期,当座,別段,貯蓄預金,振出手形)の合計(単位千円,1889年末)に『通信省第4次年報』の郵便貯金残高(1889年度末,単位千円)を加える. (14)有元正雄[1972] p.75の個人公債保有額(単位千円,1886年初の数字)に藤野正三郎・寺西重郎『金融資産負債残高表』民間部門国債・地方債保有の1889年末残高308,286千円の1886年末残高265,143千円に対する比率1.163を各府県一律に乗じる. ちなみに,有元正雄[1972]の公債保有額の全国計は108,539千円であり,これは上記265,143千円の半分に満たない. 両者の差は「会社」ないし法人保有分になるはずであるが,若干大きすぎるようである. (15)『第9年鑑』第12表の民有地価合計. 単位千円,1889年末. (16)は(17)-(19)の合計. (17)は(13)の国立銀行民間預金. 単位千円. (18)『第12次年報』の国立銀行払込資本金,積立金,別段積立金の合計. 単位千円,1889年末. (19)『第12次年報』の国立銀行発行紙幣を本店所在地により府県ごとに合計し,これに国立銀行政府預金(各種御用預金および国庫預金)を加える. 単位千円,1889年末. (20)は(21)-(23)の合計. (21)『第12次年報』の私立銀行民間預金(貯蓄,当座,定期,諸預金). 単位千円,1889年末. (22)『第12次年報』の私立銀行資本金. 単位千円,1889年末. (23)『第12次年報』の私立銀行政府預金. 単位千円,1889年末. (24)『第10年鑑』第192表. 単位千円,1889年末. (25)渋谷隆一・斎藤博『府県別質屋業統計』(現代経済研究所,1968年),単位千円,1889年末. ただし1889年末の数字のない以下の5府県は近接する年次の数値を用いる. 岐阜,兵庫,山口,徳島,宮崎.

2-I GNP*(非1次産業および在庫投資を除く当年価格GNE)(単位：百万円)

| | 個人消費支出 | 政府の財・サービス経常購入 | 政府固定資本形成 | 非1次産業設備投資 | 1次産業固定資本形成 | 輸出 | 輸入 | GNP* | 非1次産業建設投資 | 在庫投資 |
|---|---|---|---|---|---|---|---|---|---|---|
| 1875 | 504.6 | 33.9 | 11.9 | 2.7 | 54.0 | 19.2 | 32.8 | 593.3 | — | — |
| 1876 | 454.6 | 40.3 | 10.8 | 1.8 | 55.0 | 27.4 | 26.3 | 563.7 | — | — |
| 1877 | 477.9 | 49.3 | 11.8 | 4.4 | 56.0 | 24.1 | 31.0 | 592.5 | — | — |
| 1878 | 521.8 | 30.9 | 10.7 | 5.5 | 57.0 | 28.6 | 41.5 | 613.1 | — | — |
| 1879 | 681.2 | 43.1 | 9.7 | 6.5 | 63.0 | 34.1 | 46.1 | 791.5 | — | — |
| 1880 | 857.1 | 48.1 | 11.8 | 8.7 | 61.1 | 41.9 | 62.4 | 966.3 | 10.2 | 59.6 |
| 1881 | 904.3 | 51.1 | 11.8 | 9.2 | 66.2 | 52.7 | 60.7 | 1,034.6 | 10.9 | 39.4 |
| 1882 | 829.8 | 62.7 | 13.0 | 7.1 | 59.9 | 59.3 | 52.4 | 979.4 | 11.1 | △64.3 |
| 1883 | 686.5 | 67.2 | 16.7 | 7.6 | 58.8 | 45.8 | 41.0 | 841.7 | 13.1 | △53.7 |
| 1884 | 690.6 | 66.3 | 19.0 | 7.3 | 49.2 | 36.9 | 36.6 | 832.6 | 14.2 | △33.3 |
| 1885 | 757.7 | 51.3 | 23.0 | 6.8 | 54.3 | 39.2 | 35.3 | 897.0 | 16.2 | 25.6 |
| 1886 | 727.7 | 67.7 | 17.4 | 8.9 | 55.4 | 48.9 | 37.4 | 888.7 | 22.5 | 88.3 |
| 1887 | 772.8 | 67.1 | 18.6 | 15.2 | 53.8 | 52.4 | 53.2 | 926.7 | 11.8 | △4.3 |
| 1888 | 791.0 | 68.1 | 19.7 | 31.0 | 56.1 | 65.7 | 65.5 | 966.2 | 25.7 | △34.2 |
| 1889 | 883.9 | 66.3 | 22.2 | 24.1 | 63.0 | 70.1 | 66.1 | 1,063.5 | 30.7 | 38.4 |
| 1890 | 1,001.4 | 76.9 | 24.9 | 29.4 | 67.7 | 56.6 | 81.7 | 1,175.2 | 29.8 | 80.5 |

〔資料および注〕 1885年以降は藤野正三郎・秋山涼子[1973] pp. 48-49. 1884年以前は以下のとおり．個人消費支出は『長期経済統計』第6巻，第1表．政府の財・サービス経常購入は同第7巻，第7表(年度数字)．政府固定資本形成，非1次産業設備投資はそれぞれ同第4巻の第1表，第2表．1次産業固定資本形成は同第1巻，第5表．輸出入は馬場正雄・建元正弘[1967]の輸出入額に銀貨の紙幣価格の年平均値を乗じて計算．GNP*＝個人消費支出＋政府の財・サービス経常購入＋政府固定資本形成＋非1次産業設備投資＋1次産業固定資本形成＋輸出－輸入．参考のため，GNP*に含まれていない非1次産業建設投資および在庫投資を藤野正三郎・秋山涼子[1973]より転記しておいた．GNP*中の消費支出等に在庫が一部含まれていることについては同書を参照．

2-II GNP* 構成要素の実質値(1934-36年価格) (単位:百万円)

| | 個人消費支出 | 政府の財・サービスの経常購入 | 政府固定資本形成 | 非1次産業設備投資 | 1次産業固定投資 | 輸出 | 輸入 |
|---|---|---|---|---|---|---|---|
| 1875 | | | 33 | 7 | 149 | 40 | 117 |
| 1876 | | | 32 | 5 | 162 | 50 | 102 |
| 1877 | | | 37 | 14 | 177 | 54 | 104 |
| 1878 | | | 35 | 18 | 183 | 65 | 128 |
| 1879 | 2,058 | 130 | 31 | 21 | 205 | 59 | 130 |
| 1880 | 2,256 | 127 | 41 | 30 | 211 | 61 | 149 |
| 1881 | 2,163 | 122 | 39 | 30 | 219 | 66 | 125 |
| 1882 | 2,133 | 161 | 44 | 24 | 200 | 79 | 115 |
| 1883 | 2,056 | 201 | 52 | 24 | 184 | 83 | 118 |
| 1884 | 2,138 | 205 | 59 | 23 | 153 | 83 | 133 |
| 1885 | 2,339 | 158 | 74 | 22 | 174 | 89 | 132 |
| 1886 | 2,553 | 238 | 56 | 28 | 176 | 108 | 143 |
| 1887 | 2,550 | 221 | 57 | 46 | 165 | 114 | 203 |
| 1888 | 2,654 | 229 | 55 | 87 | 157 | 146 | 247 |
| 1889 | 2,797 | 210 | 62 | 67 | 176 | 144 | 247 |
| 1890 | 2,972 | 228 | 71 | 84 | 193 | 116 | 286 |

〔資料および注〕 実質化にあたってのデフレーターは個人消費支出および政府の財・サービス経常購入については『長期経済統計』第8巻, 第1表の(2), 政府固定資本形成, 1次産業固定投資, 非1次産業設備投資については同第1表の(3)を用いた. 輸出入の実質値は『長期経済統計』第14巻, 第3,4表の不変価格系列(これは銀価格表示の当年価格系列と銀価格の価格指数から求められている)を用いた.

5-I 普通・貯蓄銀行数の変動

| | (1) 年末銀行数 | (2) 新設による増加 | (3) 破綻による減少 | (4) 合同による減少 | | (1) 年末銀行数 | (2) 新設による増加 | (3) 破綻による減少 | (4) 合同による減少 |
|---|---|---|---|---|---|---|---|---|---|
| 1900 | 2,289 | 381 | 56 | 18 | 1923 | 1,840 | 2 | 18 | 89 |
| 1901 | 2,334 | 119 | 63 | 11 | 1924 | 1,765 | 9 | 34 | 50 |
| 1902 | 2,291 | 6 | 42 | 7 | 1925 | 1,670 | 14 | 38 | 71 |
| 1903 | 2,256 | 8 | 36 | 7 | 1926 | 1,544 | 16 | 49 | 93 |
| 1904 | 2,204 | 3 | 48 | 7 | 1927 | 1,396 | 11 | 67 | 92 |
| 1905 | 2,178 | 10 | 31 | 5 | 1928 | 1,131 | 29 | 61 | 233 |
| 1906 | 2,159 | 9 | 25 | 3 | 1929 | 976 | 15 | 57 | 113 |
| 1907 | 2,149 | 32 | 31 | 11 | 1930 | 872 | 6 | 28 | 82 |
| 1908* | 2,120 | 10 | 34 | 4 | 1931 | 771 | 9 | 53 | 57 |
| 1909* | 2,100 | 15 | 33 | 4 | 1932 | 625 | 17 | 102 | 61 |
| 1910 | 2,092 | 12 | 17 | 3 | 1933 | 601 | 2 | 15 | 11 |
| 1911 | 2,093 | 10 | 7 | 2 | 1934 | 563 | 6 | 19 | 25 |
| 1912 | 2,100 | 22 | 5 | 10 | 1935 | 545 | 3 | 7 | 14 |
| 1913 | 2,105 | 27 | 20 | 2 | 1936 | 498 | 3 | 25 | 25 |
| 1914* | 2,103 | 16 | 15 | 5 | 1937 | 449 | 4 | 12 | 41 |
| 1915 | 2,099 | 8 | 8 | 4 | 1938 | 417 | 2 | 5 | 29 |
| 1916 | 2,091 | 20 | 19 | 9 | 1939 | 389 | 2 | 5 | 25 |
| 1917 | 2,062 | 18 | 27 | 20 | 1940 | 357 | 4 | 1 | 35 |
| 1918 | 2,039 | 23 | 21 | 25 | 1941 | 255 | 12 | 3 | 111 |
| 1919 | 2,001 | 36 | 23 | 51 | 1942 | 217 | 1 | 2 | 37 |
| 1920 | 1,987 | 52 | 14 | 52 | 1943 | 141 | 7 | 2 | 81 |
| 1921* | 2,001 | 55 | 20 | 55 | 1944 | 109 | 2 | 0 | 34 |
| 1922 | 1,945 | 20 | 24 | 52 | 1945 | 65 | 6 | 5 | 45 |

〔資料〕 後藤新一[1970]表18-1, 18-2, 20, 65, 69によったが, 不突合のあるばあいは原データである『銀行局年報』でチェックした. (後藤新一[1970]の表69には転記ミスあり. すなわち, 1905年の廃業・解散・破産は1でなく0, 普通銀行への転換は0でなく1.)

〔注〕 (a)破綻数は廃業・解散・破産数の和. 合同数は合併・買収数の和. (b)年末銀行数＝(前年末銀行数)＋(新設による増加数)－(破綻による減少数)－(合同による減少数)になるはずであるが, ＊印のついた4カ年については, 原資料である『銀行局年報』に不突合があるために, この等式が成立しない. すなわち, 1908年では, 『銀行局年報』において普通銀行の行数表における普通銀行から貯蓄銀行への転換は5行であるのに対し, 貯蓄銀行の行数表における普通銀行から貯蓄銀行への転換数は4行となっており, 1行の不突合が生じている. 同様に1909年と1914年では, 貯蓄銀行から普通銀行への転換に関してくいちがいがあり, 両年とも2行の不突合が生じている. 1921年の34行という大幅な不突合については後藤新一[1970]表18-1の注3を参照されたい.

8-I 各種債券の応募者利回と

| 年 | (1) 国債 流通利回 | (2) 応募者利回 | (3) (1)-(2) | (4) 都銀保有額 | (5) 地方債 流通利回 | (6) 応募者利回 | (7) (5)-(6) | (8) 都銀保有額 | (9) 政保 流通利回 | (10) 応募者利回 |
|---|---|---|---|---|---|---|---|---|---|---|
| 1966 | 6.86 | 6.80 | 0.06 | 3,077 | 7.47 | 7.35 | 0.12 | 2,374 | 7.30 | 7.05 |
| 1967 | 6.91 | 6.80 | 0.11 | 3,275 | 7.60 | 7.35 | 0.25 | 3,004 | 7.40 | 7.05 |
| 1968 | 7.03 | 6.90 | 0.13 | 3,740 | 8.24 | 7.44 | 0.80 | 3,735 | 7.72 | 7.14 |
| 1969 | 7.09 | 6.90 | 0.19 | 3,744 | 8.62 | 7.44 | 1.18 | 4,682 | 7.96 | 7.14 |
| 1970 | 7.19 | 7.01 | 0.18 | 3,297 | 8.98 | 7.83 | 1.15 | 5,188 | 8.19 | 7.43 |
| 1971 | 7.28 | 7.01 | 0.27 | 5,690 | 7.67 | 7.83 | △0.16 | 5,700 | 7.80 | 7.43 |
| 1972 | 6.69 | 7.03 | △0.34 | 8,400 | 6.92 | 7.21 | △0.29 | 7,019 | 6.66 | 7.05 |
| 1973 | 7.26 | 6.97 | 0.29 | 7,208 | 7.87 | 7.29 | 0.58 | 9,018 | 7.96 | 7.14 |
| 1974 | 9.26 | 8.02 | 1.24 | 7,122 | 9.46 | 8.55 | 0.91 | 13,809 | 10.52 | 8.34 |
| 1975 | 9.20 | 8.41 | 0.79 | 17,878 | 9.61 | 9.05 | 0.56 | 13,428 | 9.64 | 8.79 |
| 1976 | 8.72 | 8.23 | 0.49 | 39,004 | 9.23 | 8.64 | 0.59 | 13,417 | 9.26 | 8.39 |
| 1977 | 7.33 | 7.49 | △0.16 | 54,560 | 7.53 | 7.89 | △0.36 | 14,337 | 7.52 | 7.68 |

〔単位〕 利回は%,都銀保有額は億円.
〔資料および注〕 都銀保有額は『経済統計年報』による.年末値.流通利回は東京証券取引所上野村総合研究所『公社債要覧』による.金融債は利付,5年もの,事業債はAA格,企業担保債,

9-I 業種別の長期資金・固定資産比率(単位:%)

| 年　　　度 | 1950 | 1955 | 1960 | 1965 | 1970 | 1974 |
|---|---|---|---|---|---|---|
| 食　料　品 | 57(46) | 47(107) | 50(98) | 55(87) | 53(87) | 53(68) |
| 繊　　　維 | 123(100) | 44(100) | 51(100) | 63(100) | 61(100) | 78(100) |
| パルプ・紙・紙加工品 | *61(50) | 55(125) | 53(104) | 58(92) | 62(102) | 68(87) |
| 化　　　学 | 70(57) | 58(132) | 72(141) | 76(121) | 71(116) | 87(112) |
| 窯業・土石製品 | *55(45) | 53(120) | 57(112) | 66(105) | 61(100) | 68(87) |
| 鉄　　　鋼 | **57(46) | 54(123) | 86(169) | 85(135) | 74(121) | 69(88) |
| 非鉄金属 | **62(50) | 52(118) | 71(139) | 78(124) | 78(128) | 85(109) |
| 金属製品 | 69(56) | 52(118) | 63(124) | 64(102) | 59(97) | 64(82) |
| 機　　　械 | 81(66) | 60(136) | 66(129) | 79(125) | 78(128) | 73(94) |
| 電気機械器具 | 133(108) | 72(164) | 87(171) | 96(152) | 81(133) | 69(88) |
| 輸送用機械器具(除船舶) | **70(57) | 64(145) | 85(167) | 87(138) | 67(110) | 54(69) |
| 船　　　舶 | **98(80) | 86(195) | 147(288) | 169(268) | 181(297) | 115(147) |
| その他製造業 | 67(54) | 65(148) | 52(102) | 59(94) | 57(93) | 67(86) |
| 建　設　業 | 83(67) | 47(107) | 45(88) | 55(87) | 60(98) | 78(100) |
| 卸　売　業 | 138(112) | 65(148) | 53(104) | 58(92) | 63(103) | 69(88) |
| 小　売　業 | 95(77) | 67(152) | 59(116) | 46(73) | 50(82) | 55(71) |
| サービス業 | 63(51) | 55(125) | 59(116) | 64(102) | 50(82) | 57(73) |

〔資料〕『法人企業統計年報』.
〔注〕 長期資金・固定資産比率は固定負債のうちの社債,固定負債のうちの金融機関長期借入金および(自己)資本のうちの資本金の和を固定資産合計で除したものである.カッコ内は繊維を100とする指数.*印は1951年度,**印は1953年度の数字である.

市中利回の乖離，都銀保有額

| (11) | (12) | (13) | (14) | (15) | (16) | (17) | (18) | (19) | (20) |
|---|---|---|---|---|---|---|---|---|---|
| 債 | | 金　融　債 | | | | 事　業　債 | | | |
| (9)−(10) | 都銀保有額 | 流通利回 | 応募者利回 | (13)−(14) | 都銀保有額 | 流通利回 | 応募者利回 | (17)−(18) | 都銀保有額 |
| 0.25 | 2,550 | 7.35 | 7.30 | 0.05 | 8,627 | 7.46 | 7.41 | 0.05 | 5,300 |
| 0.35 | 3,276 | 7.62 | 7.20 | 0.42 | 7,975 | 7.59 | 7.41 | 0.18 | 5,616 |
| 0.58 | 3,978 | 8.50 | 7.30 | 1.20 | 8,089 | 8.13 | 7.52 | 0.61 | 6,325 |
| 0.82 | 4,840 | 8.90 | 7.30 | 1.60 | 7,845 | 8.51 | 7.63 | 0.88 | 6,994 |
| 0.76 | 4,759 | 9.05 | 7.64 | 1.41 | 9,472 | 8.74 | 8.05 | 0.69 | 7,404 |
| 0.37 | 6,019 | 7.66 | 7.64 | 0.02 | 12,221 | 7.76 | 8.05 | △0.29 | 7,811 |
| △0.39 | 6,872 | 6.45 | 7.10 | △0.65 | 14,990 | 6.74 | 7.36 | △0.62 | 7,879 |
| 0.82 | 6,411 | 8.22 | 7.10 | 1.12 | 16,862 | 7.87 | 7.52 | 0.35 | 7,971 |
| 2.18 | 8,280 | 11.89 | 8.50 | 3.39 | 16,883 | 10.18 | 9.19 | 0.99 | 8,147 |
| 0.85 | 7,482 | 9.57 | 9.00 | 0.57 | 15,198 | 9.63 | 9.70 | △0.07 | 8,823 |
| 0.87 | 8,499 | 8.56 | 8.30 | 0.26 | 13,734 | 8.84 | 8.89 | △0.05 | 8,252 |
| △0.16 | 8,694 | 6.75 | 7.50 | △0.75 | 13,292 | 7.55 | 8.09 | △0.54 | 7,649 |

場債券利回であって，野村証券『証券統計要覧』による．応募者利回は各年6月末現在の利回り．地方債は公募地方債の利回りをとった．

9-II　業種別の付加価値生産性(単位：千円)

| 年　　度 | 1950 | 1955 | 1960 | 1965 | 1970 | 1973 |
|---|---|---|---|---|---|---|
| 食　料　品 | 417(290) | 869(349) | 679(200) | 1,091(206) | 1,652(149) | 2,496(113) |
| 繊　　　維 | 144(100) | 249(100) | 340(100) | 530(100) | 1,110(100) | 2,202(100) |
| パルプ・紙・紙加工品 | *478(332) | 465(187) | 494(145) | 889(168) | 1,713(154) | 3,211(146) |
| 化　　　学 | 198(138) | 469(188) | 753(221) | 1,282(242) | 2,337(211) | 4,044(184) |
| 窯業・土石製品 | *217(151) | 349(140) | 494(145) | 792(149) | 1,536(138) | 2,668(121) |
| 鉄　　　鋼 | **385(267) | 475(191) | 780(229) | 1,181(223) | 2,571(232) | 4,473(203) |
| 非鉄金属 | **380(264) | 478(192) | 678(199) | 1,062(200) | 2,018(182) | 3,871(176) |
| 金属製品 | 131(91) | 269(108) | 428(126) | 739(139) | 1,502(135) | 2,401(109) |
| 機　　　械 | 120(83) | 277(111) | 486(143) | 768(145) | 1,779(160) | 2,670(121) |
| 電気機械器具 | 159(110) | 388(156) | 630(185) | 790(149) | 1,651(149) | 2,466(112) |
| 輸送用機械器具 | **384(267) | 387(155) | 573(169) | 961(181) | 1,915(173) | 2,843(129) |
| その他製造業 | 140(97) | 272(109) | 424(125) | 701(132) | 1,388(125) | 2,309(105) |
| 建　設　業 | 78(54) | 228(92) | 280(82) | 684(129) | 1,382(125) | 2,155(98) |
| 卸　売　業 | 283(197) | 439(176) | 590(174) | 912(172) | 1,693(153) | 3,239(147) |
| 小　売　業 | 162(113) | 271(109) | 382(112) | 626(118) | 1,190(107) | 1,943(88) |
| サービス業 | 148(103) | 242(97) | 224(66) | 637(120) | 1,260(114) | 1,914(87) |

〔資料および注〕　付加価値生産性は付加価値額÷従業員数．付加価値額は役員給与手当，従業員給与手当，福利費，動産不動産賃借料，当期営業損益および租税公課の合計である．資料および他の注は統計付録9-Iと同じ．輸送用機械器具は輸送用機械器具(除船舶)と船舶を合計したものから求めた．

**9-III 製造業業種別の(1)付加価値生産性上昇率，(2)物的生産性上昇率および価格上昇率 (=(1)-(2))(単位：%)**

|  | 1955-1960 | | | 1960-1965 | | | 1965-1970 | | | 1970-1973 | | |
|---|---|---|---|---|---|---|---|---|---|---|---|---|
|  | (1) | (2) | (1)-(2) | (1) | (2) | (1)-(2) | (1) | (2) | (1)-(2) | (1) | (2) | (1)-(2) |
| 食料品 | △4.8 | △0.2 | △4.6 | 9.9 | 3.3 | 6.6 | 8.7 | 3.7 | 5.0 | 14.7 | 6.5 | 8.2 |
| 繊維 | 6.4 | 6.8 | △0.4 | 9.3 | 6.9 | 2.4 | 15.9 | 9.8 | 6.1 | 25.7 | 10.5 | 15.2 |
| パルプ・紙・紙加工品 | 1.2 | 6.8 | △5.6 | 12.5 | 7.7 | 4.8 | 14.0 | 13.8 | 0.2 | 23.3 | 11.6 | 11.7 |
| 化学 | 9.9 | 9.8 | 0.1 | 11.2 | 10.2 | 1.0 | 12.8 | 15.6 | △2.8 | 20.1 | 11.5 | 8.6 |
| 窯業・土石製品 | 7.2 | 6.2 | 1.0 | 9.9 | 7.8 | 2.1 | 14.2 | 11.0 | 3.2 | 20.2 | 10.2 | 10.0 |
| 鉄鋼 | 10.4 | 9.1 | 1.3 | 8.7 | 10.8 | △2.1 | 16.8 | 17.5 | △0.7 | 20.3 | 13.4 | 6.9 |
| 非鉄金属 | 7.2 | 10.3 | △3.1 | 9.4 | 8.9 | 0.5 | 13.7 | 13.5 | 0.2 | 24.3 | 12.9 | 11.4 |
| 金属製品 | 9.7 | — | — | 11.5 | — | — | 15.2 | 14.9 | 0.3 | 16.9 | 11.9 | 5.0 |
| 機械 | 11.9 | — | — | 9.6 | 3.7 | 5.9 | 18.3 | 15.7 | 2.6 | 14.5 | 12.5 | 2.0 |
| 電気機械器具 | 10.2 | — | — | 4.6 | 6.2 | △1.6 | 15.9 | 20.6 | △4.7 | 14.3 | 17.6 | △3.3 |
| 輸送用機械器具 | 8.2 | — | — | 10.9 | — | — | 14.8 | 13.6 | 1.2 | 14.1 | 12.0 | 2.1 |

〔資料および注〕 付加価値生産性上昇率は統計付録9-IIの数字から年平均複利成長率を求めたものである．物的生産性上昇率は日本生産性本部『活用労働統計』(1975年版) pp. 88-89 の労働生産性指数の年変化率．

**10-I マネタリー・サーベイ**

通貨当局勘定

|  | 資産 | | | | 負債 | | | 資産または負債合計 |
|---|---|---|---|---|---|---|---|---|
| 年末 | 対外資産（短期） | 政府向け信用（含国債） | 民間銀行向け信用 | その他 | 現金通貨発行高 | 民間銀行の日銀預け金 | その他（含政府預金） |  |
| 1960 | 66 | 44 | 45 | 25 | 130 | 3 | 47 | 180 |
| 1965 | 77 | 97 | 127 | 57 | 270 | 9 | 80 | 359 |
| 1970 | 174 | 299 | 225 | 93 | 590 | 30 | 171 | 791 |
| 1975 | 395 | 780 | 403 | 412 | 1,331 | 154 | 505 | 1,990 |

預金通貨銀行勘定

|  | 資産 | | | | | | 負債 | | | | 資産または負債合計 |
|---|---|---|---|---|---|---|---|---|---|---|---|
| 年末 | 現金・日銀預け金 | 対外資産（短期） | 政府向け信用（含国債） | 地方公共団体向け信用 | 民間向け信用 | その他 | 預金 | 対外負債（短期） | 日銀からの民間銀行向け信用 | その他（含金融） |  |
| 1960 | 22 | 31 | 29 | 16 | 1,097 | 80 | 931 | 43 | 45 | 254 | 1,274 |
| 1965 | 52 | 92 | 77 | 59 | 2,678 | 215 | 2,313 | 124 | 127 | 609 | 3,173 |
| 1970 | 110 | 238 | 186 | 131 | 5,698 | 278 | 4,914 | 199 | 225 | 1,303 | 6,641 |
| 1975 | 328 | 399 | 640 | 479 | 13,052 | 600 | 11,375 | 814 | 403 | 2,905 | 15,497 |

総括表

| 年末 | 資産 | | | | 負債 | | |
|---|---|---|---|---|---|---|---|
| | 対外資産(短期) | 政府向け信用(含国債)(純) | 地方公共団体向け信用 | 民間向け信用 | 現金通貨　預金 | | その他(純) |
| | | | | | M II | | |
| 1960 | 53 | 47 | 16 | 1,097 | 111 | 931 | 170 |
| 1965 | 45 | 146 | 59 | 2,678 | 226 | 2,313 | 389 |
| 1970 | 212 | 463 | 131 | 5,698 | 510 | 4,914 | 1,080 |
| 1975 | △30 | 1,353 | 479 | 13,052 | 1,158 | 11,375 | 2,321 |

〔単位〕 100億円.
〔資料〕 1977年『経済統計年報』マネタリー・サーベイ.
〔注〕 通貨当局勘定は日銀と外国為替資金から，また預金通貨銀行勘定は全国銀行(信託勘定を除く)，相互銀行，信用金庫，農林中金，商工中金からなる．預金は預金通貨と準通貨(定期性預金)の和である．1960年の預金通貨銀行勘定合計値は原データに不整合があるので修正．

## 参 考 文 献
(アルファベット順)

**1. 日本語文献**
　［A］
阿部勇『日本財政論・租税』改造社，[1933].
阿達哲雄『金利』金融財政事情研究会，[1975].
明石照男『明治財政史』改造社，[1935].
明石照男・鈴木憲久『日本金融史』(第1, 2, 3巻)東洋経済新報社，[1957-58].
青沼吉松『日本の経営層―その出身と性格』(日経新書)日本経済新聞社，[1965].
有泉貞夫『明治政治史の基礎過程』吉川弘文館，[1980].
有元正雄「日本資本主義発達における資本形成の一側面―山陽筋地方資産家の検討を通して」『広島商大論集』第11巻1号(通巻20号)，[1970], 10月.
────「各府県民有財産取調概表」『土地制度史学』第55号, 14-3, [1972], 4月.
朝日新聞『日本経済統計総鑑』朝日新聞社，[1930].
麻島昭一『日本信託業発展史』有斐閣，[1969].
────「明治期地方銀行の定期預金の性格―滋賀県八幡銀行の事例」『金融経済』175号，[1979], 4月.
────『日本信託業立法史の研究』金融財政事情研究会，[1980].
朝倉孝吉『農業金融論』思索社，[1949].
────『明治前期日本金融構造史』岩波書店，[1961].
────「わが国の金融制度ならびに金融構造史―貨幣を中心として」朝倉孝吉・西山千明(編)『日本経済の貨幣的分析 1868-1970』創文社，[1979].
朝倉孝吉・西山千明(編)『日本経済の貨幣的分析 1868-1970』創文社，[1979].
　［B］
馬場正雄・建元正弘「日本における外国貿易と経済成長」藤野正三郎・篠原三代平(編)『日本の経済成長』日本経済新聞社，[1967].
坂野潤治「「明治百年」と「民権百年」―民権期の時代像をめぐって」『世界』，[1981 a], 11月.
────「征韓論争後「内治派」と外征派―民権期の時代像をめぐって」『年報近代日本研究』(第3巻，幕末・維新の日本)山川出版社，[1981 b].
　［C］
千葉寛「公社債市場の拡大と流通金融」『証券金融』，[1977], 2月.

長幸男『日本経済思想史研究』未来社,[1963].
  [E]
江口英一「短期金融市場のワーキングについて―堀内昭義氏のリジョインダーへの答えもかねて」『経済研究』第28巻3号,[1977],7月.
――「コメント:堀内昭義『窓口指導』の有効性」『経済研究』第29巻1号,[1978],1月.
榎並赳夫『本邦地方銀行論』文雅堂,[1922].
遠藤湘吉『財政投融資』(岩波新書)岩波書店,[1966].
  [F]
藤井光男・藤井治枝「上州製糸業地域における国立銀行の成立と変貌―前橋第三十九国立銀行の事例(1),(2)」『社会経済史学』第30巻2号,5号,[1965].
藤村通『明治財政確立過程の研究』中央大学出版会,[1968].
藤野正三郎「日本経済における金融構造と資本蓄積」中山伊知郎(編)『資本蓄積の研究』東洋経済新報社,[1956].
――『日本の景気循環―循環的発展過程の理論的・統計的・歴史的分析』勁草書房,[1965].
――「建設循環とその貨幣的・金融的機構」篠原三代平・藤野正三郎(編)『日本の経済成長』日本経済新聞社,[1967].
藤野正三郎・秋山涼子『在庫と在庫投資:1880-1940年』一橋大学経済研究所日本経済統計文献センター,[1973].
――『証券価格と利子率:1874-1975年』一橋大学経済研究所日本経済統計文献センター,[1977].
藤野正三郎・五十嵐副夫『景気指数:1888-1940年』一橋大学経済研究所日本経済統計文献センター,[1973].
藤野正三郎・寺西重郎「資金循環の長期動態―予備的分析」『経済研究』第26巻4号,[1975],10月.
藤田晴「租税政策」小宮隆太郎(編)『戦後日本の経済成長』岩波書店,[1963].
深井英五『(新訂)通貨調節論』日本評論社,[1938].
福島量一・山口光秀・石川周『財政投融資』大蔵財務協会,[1973].
古川顕「わが国銀行貸出金利の計測」神戸学院大学『経済学論集』第9巻2号,3号,[1977],12月.
――「不均衡分析と日本の貸出市場」『季刊理論経済学』第30巻2号,[1979],8月.
  [G]
後藤晃「企業グループの経済分析」『経済研究』第29巻2号,[1978],4月.
後藤新一『本邦銀行合同史』金融財政事情研究会,[1968].
――『日本の金融統計』東洋経済新報社,[1970].
――『普通銀行の理念と現実』東洋経済新報社,[1977].

[H]

拝司静夫「不動産銀行の構想と農商務省—明治十八年の日本興業銀行条例案をめぐって—」弘前大学『文経論叢』第2巻2号,［1966］.

——「「興業資本局」案について—農商務省系不動産金融機関構想の一事例」弘前大学『文経論叢』第4巻5号,［1969］.

——「「日本興業銀行条例」案の挫折と農商務省」『金融経済』第130号,［1970］, 10月.

——「「興業銀行」の地方分散設置論—農商務省構想の転換をめぐって—」地方金融史研究会(編)『地方金融史論』大原新生社,［1974］.

浜田宏一・岩田一政・石山行忠「コール市場と貨幣の供給過程」『経済分析』第61号,［1976］, 3月.

浜田宏一・岩田一政・島内昭・石山行忠「金融政策と銀行行動—日銀信用の役割について」『経済分析』第56号,［1975］, 7月.

浜田宏一・桜井真・石山行忠「低金利政策と所得分配」『季刊現代経済』第26号,［1977］, 春.

原朗「1920年代の財政支出と積極・消極両路線政策」中村隆英(編)『戦間期の日本経済分析』山川出版社,［1981］.

速水融『近世農村の歴史人口学的研究—信州諏訪地方の宗門改帳分析』東洋経済新報社,［1973］.

——「人口と経済」新保博・速水融・西川俊作『数量経済史入門』日本評論社,［1975］.

——「近世日本の経済発展」『経済研究』第30巻1号,［1979］, 1月.

速水佑次郎『日本農業の成長過程』創文社,［1973］.

林健久「明治前期の株式会社—日本金融資本分析の一前提」嘉治真三(編)『独占資本の研究』東京大学出版会,［1963］.

洞富雄『幕末維新期の外圧と抵抗』校倉書房,［1977］.

堀内昭義「『窓口指導』の有効性」『経済研究』第28巻3号,［1977］, 7月.

——「日本銀行貸出とハイ・パワード・マネー」一橋大学経済研究所ディスカッション・ペーパー, 第3号,［1978］, 6月.

——『日本の金融政策—金融メカニズムの実証分析』東洋経済新報社,［1980］.

星野誉夫「日本資本主義確立過程における株式担保金融」逆井孝仁・保志恂・関口尚志・石井寛治(編)『日本資本主義—展開と論理』東京大学出版会,［1978］.

[I]

井原哲夫『個人貯蓄の決定理論』東洋経済新報社,［1976］.

飯淵敬太郎『日本信用体系前史』,［1947］(再版, 御茶の水書房, 1977).

池田浩太郎「官金取扱政策と資本主義の成立」岡田俊平(編)『明治初期の財政金融政策』(清明会叢書),［1964］.

今井賢一『現代産業組織』岩波書店,［1976］.

伊牟田敏充「大正期における金融構造—一九二七年金融恐慌分析序説」大内力(編)『現

代金融』東京大学出版会,［1971］.
── 『明治期株式会社分析序説』有斐閣,［1976 a］.
── 『明治期金融構造分析序説』有斐閣,［1976 b］.
── 「日本金融構造の再編成と地方銀行」朝倉孝吉(編)『両大戦間における金融構造──地方銀行を中心として──』御茶の水書房,［1980］.
猪木武徳「明治前期財政整理における一挿話──五代友厚の地租米納論について」『季刊現代経済』第47号,［1982］, 春.
井上宣孝「地方銀行の経営パターン分析──「主成分分析」による銀行経営指標の集約化」『週刊金融財政事情』,［1974］, 3月4日.
石橋湛山「日本金融史」(1926)『石橋湛山全集』第11巻,東洋経済新報社,［1972］.
石井寛治「山梨県の製糸金融」山口和雄(編)『日本産業金融史研究：製糸金融編』東京大学出版会,［1966］.
── 「産業資本確立過程における日本銀行信用の意義」山口和雄『日本経済史』(別冊)筑摩書房,［1968］.
── 「郡山紡績会社」山口和雄(編)『日本産業金融史研究・紡績金融篇』東京大学出版会,［1970］.
── 「日本銀行の産業金融」『社会経済史学』第38巻2号,［1972］.
── 「金融構造」大石嘉一郎(編)『日本産業革命の研究(上)』東京大学出版会,［1975］.
── 「産業資本確立過程の株主層」逆井孝仁・保志恂・関口尚志・石井寛治(編)『日本資本主義──展開と論理』東京大学出版会,［1978］.
── 「地方銀行と日本銀行」朝倉孝吉(編)『両大戦間における金融構造──地方銀行を中心として』御茶の水書房,［1980］.
石川滋「農工間の資源移転──日本とアジア諸国の比較」篠原三代平・藤野正三郎(編)『日本の経済成長』日本経済新聞社,［1967］.
石川周・行天豊雄『財政投融資』金融財政事情研究会,［1977］.
石塚裕道『日本資本主義成立史研究──明治国家と殖産興業政策』吉川弘文館,［1973］.
伊藤正直「1910-1920年代における日本金融構造とその特質(一)──対外金融連関を軸とする一考察」『社会科学研究』第30巻4号,［1979］, 2月.
伊東譲『経済発展と農業金融』東京大学出版会,［1962］.
岩田一政・浜田宏一『金融政策と銀行行動』東洋経済新報社,［1980］.
　　［K］
貝塚啓明「安定政策の目標と金融政策」木下和夫(編)『経済安定と財政金融政策』日本経済新聞社,［1967］(貝塚啓明(編)『リーディングス・日本経済論・金融政策』日本経済新聞社, 1972に収録).
── 「低金利政策の歴史的推移とその評価」『週刊東洋経済臨時増刊・金融政策』第27号,［1974］, 2月8日.
── 「信用割当再論──寺西論文に寄せて──」『経済研究』第27巻2号,［1976］, 4月.

参　考　文　献

貝塚啓明・小野寺弘夫「信用割当について」『経済研究』第25巻1号, [1974], 1月.
釜江廣志「日本の貸出市場の不均衡の計測—改善したデータを用いて」『経済研究』第31巻1号, [1980], 1月.
管野和太郎『日本会社企業発達史の研究』岩波書店, [1931].
刈屋武昭「要因の発見と指標化(1)」溝口敏行・刈屋武昭(編)『統計学』青林書院新社, [1978].
加藤俊彦『本邦銀行史論』東京大学出版会, [1957].
——「金融制度改革」東京大学社会科学研究所戦後改革研究会(編著)『戦後改革』第7巻, [1974].
川口弘「中小企業への金融的『シワ寄せ』機構—金融と『二重構造』との関係の一断面」館龍一郎・渡部経彦(編)『経済成長と財政金融』岩波書店, [1965].
——『減速成長下の金融機関』日本経済評論社, [1979].
金融経済研究所「書評；松成義衛・三輪悌三・長幸男『日本における銀行の発達』」『金融経済』第60号, [1960], 2月.
金融研究会『調書第7編・我国に於ける銀行合同の大勢』, [1934].
金融制度調査会「オーバー・ローンの是正」(調査会答申), [1963], 5月(貝塚啓明(編)『リーディングス・日本経済論・金融政策』日本経済新聞社, 1972に収録).
——『金融制度調査会資料・第2巻・長期金融制度』, [1968].
——『金融制度調査会資料・別巻』, [1970].
岸本純明「東北水田単作地帯における地主経済の展開〔明治後期〜昭和(戦前)期〕—秋田県500町歩地主T家を事例として」『土地制度史学』第18巻通巻第69号, [1975], 10月.
北村恭二『金融制度』金融財政事情研究会, [1976].
小林正彬『日本の工業化と官業の払下げ』東洋経済新報社, [1977].
小林好宏『企業集団の分析』北海道大学図書刊行会, [1980].
小岩信竹「明治期における米価及び他商品価格の地域間変動について」弘前大学『経済研究』第4号, [1981], 10月.
小宮隆太郎『現代日本経済研究』東京大学出版会, [1975].
——「昭和四十八, 九年インフレーションの原因」『経済学論集』第42巻1号, [1976], 4月.
小宮隆太郎・岩田規久男『企業金融の理論—資本コストと財務政策』日本経済新聞社, [1973].
小島仁『日本の金本位制時代(1897-1917)』日本経済評論社, [1981].
近藤康男『日本農業経済論』日本評論社, [1942].
呉文二『金融政策』東洋経済新報社, [1973].
——「日本銀行の窓口指導」『季刊現代経済』第17号, [1975], 春.
——「短期金融市場はどう変わる」『エコノミスト』, [1979], 7月15日(日本経済新聞

社(編)『論集・現代の金融問題 2 ; 短期金融市場』日本経済新聞社, 1980 に収録).
栗原るみ「殖産興業政策の地方的展開と農村構造の変化」『土地制度史学』第 19 巻通巻 77 号, [1977], 10 月.
黒田巌・折谷吉治「わが国の『金融構造の特徴』の再検討—日米両国企業のバランス・シートの比較をめぐって」日銀特別研究室『金融研究資料』第 2 号, [1979], 4 月.
黒田康夫・石橋国興・荒井晴仁「短期金融市場としての現先市場」経済企画庁『経済月報』, [1977], 3 月(日本経済新聞社(編)『論集・現代の金融問題 2 ; 短期金融市場』, 日本経済新聞社, 1980 に収録).
櫛田民蔵『農業問題』(櫛田民蔵全集第 3 巻)改造社, [1935].

[M]

間宮国夫「松方財政下の国立銀行—福島第百七国立銀行を中心として—」『金融経済』第 83 号, [1963], 12 月.
萬成滋「日本における銀行集中の過程」『経済評論』, [1948], 2 月.
正木久司『日本の株式会社金融』ミネルヴァ書房, [1973].
正村公宏『日本経済論』東洋経済新報社, [1978].
松田芳郎・有田富美子・大井博美『明治中期株式会社の構造—「勧業年報」によるデータベース編成事業報告書(2)』一橋大学経済研究所日本経済統計文献センター, [1980].
松元宏「養蚕製糸地帯における地主経営の構造:個別分析(1)二百町歩地主根津家の場合」永原慶二・中村政則・西田美昭・松元宏『日本地主制の構成と段階』東京大学出版会, [1972].
松成義衛・三輪悌三・長幸男『日本における銀行の発達』青木書店, [1959].
松好貞夫『明治絶対主義の経済と金融』勁草書房, [1971].
松崎寿『本邦中小工業金融論』文雅堂, [1934].
三上隆三『円の誕生』東洋経済新報社, [1975].
御厨貴『明治国家形成と地方経営—1881-1890 年』東京大学出版会, [1980].
南亮進『日本経済の転換点—労働の過剰から不足へ』創文社, [1970].
――『日本の経済発展』東洋経済新報社, [1981].
南亮進・小野旭「農家人口移動と景気変動との関係についての覚書き—昭和恐慌期の人口移動に関する並木正吉氏の所見について」『季刊理論経済学』第 12 巻 3 号, [1962], 6 月.
――「農家人口移動と景気変動—並木正吉氏の反批判について」『季刊理論経済学』第 14 巻 1 号, [1963], 9 月.
三井高茂「わが国における政府の銀行合同政策—銀行法制定への一過程」『松商短大論叢』第 8 号, [1960], 12 月.
三輪悌三「中小企業金融—問屋制前貸」金融経済研究所(編)『わが国金融市場の形成—日本金融市場発達史 III』東洋経済新報社, [1980].
宮沢健一「資本集中と二重構造」中山伊知郎(編)『資本蓄積と金融構造』東洋経済新報

社,［1961］(貝塚啓明(編)『リーディングス・日本経済論・金融政策』日本経済新聞社,1972 に収録).

宮沢健一・加藤寛孝「借手の二重構造」『金融論講座第5巻・日本の金融』有斐閣,［1964］.

溝口敏行「農家貯蓄の項目別分析」『経済研究』第19巻3号,［1968］, 7月.

持田信樹「緊縮期の都市財政膨張について—戦前期日本都市財政を素材に」『証券経済』第137号, 第138号,［1981］, 9月, 12月.

森口親司「コール・ローン需要函数と巨視的金融モデルの整合性」『季刊理論経済学』第21巻2号,［1970］, 8月.

森川英正「戦間期における日本財閥」中村隆英(編)『戦間期の日本経済分析』山川出版社,［1981］.

迎由理男「大蔵省預金部制度」渋谷隆一(編)『明治期日本特殊金融立法史』早稲田大学出版会,［1977］.

村上はつ「三重紡績会社」山口和雄(編)『日本産業金融史研究紡績金融編』東京大学出版会,［1970 a］.

——「紡績会社の証券発行と株主」山口和雄(編)『日本産業金融史研究紡績金融編』東京大学出版会,［1970 b］.

室山義正「松方財政の展開と軍備拡張—松方財政の再検討(上)(下)」『金融経済』第190,第191号,［1981］, 10月, 12月.

［N］

永江真夫「明治期の株式会社研究について」『社会経済史学』第45巻6号,［1980］.

永原慶二「序章；課題と分析の対象」永原慶二・中村政則・西田美昭・松元宏『日本地主制の構成と段階』東京大学出版会,［1972］.

永井秀夫「殖産興業政策論」『北大文学部紀要』第10号,［1961］.

中島将隆『日本の国債管理政策』東洋経済新報社,［1977］.

中村尚美『大隈財政の研究』校倉書房,［1968］.

中村政則「日本地主制史研究序説」一橋大学『経済学研究』,［1968］.

——「養蚕製糸地帯における地主経営の構造：個別分析(2)七十町歩地主奥山家の場合」永原慶二・中村政則・西田美昭・松元宏『日本地主制の構成と段階』東京大学出版会,［1972 a］.

——「地方銀行と地主制の進展」永原慶二・中村政則・西田美昭・松元宏『日本地主制の構成と段階』東京大学出版会,［1972 b］.

——「日本ブルジョアジーの構成」大石嘉一郎(編)『日本産業革命の研究』(下)東京大学出版会,［1975］.

——「国家独占資本主義の成立」中村政則(編)『体系日本現代史第4巻・戦争と国家独占資本主義』日本評論社,［1979 a］.

——『近代日本地主制史研究—資本主義と地主制』東京大学出版会,［1979 b］.

中村隆英『戦前期日本経済成長の分析』岩波書店，[1971].
——「「日本資本主義論争」について」『思想』，[1976]，6月．
——『日本経済—その成長と構造』東京大学出版会，[1978].
——「明治日本の経済発展と通貨制度—巨視的分析」『季刊現代経済』第47号，[1982]，春．
中村孝俊『高度成長と金融・証券』(岩波新書)岩波書店，[1965].
——(編)『証券市場読本』(第7版)東洋経済新報社，[1979].
日本銀行『明治以降本邦主要経済統計』日本銀行，[1966].
日本銀行調査局「景気上昇過程における通貨情勢」『調査月報』，[1957]，1月．
——「わが国金融分析の発展と問題点」『調査月報』，[1958]，4月．
——「日本銀行信用の性格と新金融調節方式」『調査月報』，[1962]，11月．
——「マネー・サプライの増加について」『調査月報』，[1973]，2月．
日本経済調査協議会『政策金融：今後の課題』，[1970 a].
——『経済成長と物価・賃金に関する基本的分析』，[1970 b].
西川俊作「銀行における規模の経済性」貝塚啓明(編)『リーディングス・日本経済論・金融政策』日本経済新聞社，[1972].
——「一九世紀における日本の経済成長」『季刊現代経済』第47号，[1982]，春．
能地清「日清・日露戦後経営と対外財政 1896～1913」『土地制度史学』第23巻通巻92号，[1981]，7月．
野田孜「農家の貯蓄と貯蓄率」川野重任・加藤譲(編)『日本農業と経済成長』東京大学出版会，[1970].
野田正穂「戦前戦後の資本蓄積と証券・金融」中村孝俊(編)『証券経済講座』(第1巻)東洋経済新報社，[1968].
——『日本証券市場成立史—明治期の鉄道と株式会社金融』有斐閣，[1980].
野村総合研究所(奥村洋彦他)『金融取引の規制と自由化—我国の金融システムの改革と日本への示唆』総合研究開発機構，[1979].

[O]

小田切宏之「企業集団の理論—企業行動の観点から」『季刊理論経済学』第26巻2号，[1975]，8月．
尾高煌之助「個人消費」大川一司・南亮進(編)『近代日本の経済発展』東洋経済新報社，[1975].
荻原進『群馬県金融史—群馬大同銀行を中心にしたる』群馬県大同銀行，[1952].
大川一司『日本経済分析—成長と構造』春秋社，[1962](増補版，1969).
——『経済発展と日本の経験』大明堂，[1976].
大川一司・H. ロソフスキー『日本の経済成長—20世紀における趨勢加速』東洋経済新報社，[1974].
大石嘉一郎「松方財政と自由民権家の財政論—日本資本主義の原始的蓄積過程の理解の

ための一試論」福島大学『商学論集』第30巻2号, [1962], 1月.
岡田和喜「初期地方銀行の性格と変貌(一)―静岡銀行の分析を中心として」『金融経済』第70巻, [1961], 10月.
――「普通銀行制度の確立」金融経済研究所(編)『日本の銀行制度確立史―日本の金融市場発達史Ⅱ』東洋経済新報社, [1966].
――「地域的預金金利協定の成立過程」地方金融史研究会(編)『地方金融史論』新生社, [1974].
岡田俊平『日本資本主義創成期における金融政策』成城大学経済学会, [1960].
――『明治期通貨論争史研究』千倉書房, [1975].
奥村宏『法人資本主義の構造―日本の株式所有』日本評論社, [1975].
奥野忠一・久米均・芳賀敏郎・吉沢正『多変量解析法』日科技連出版社, [1971].
小野旭「技術進歩とBorrowed Technologyの類型―製糸業に関する事例研究」筑井甚吉・村上泰亮(編)『経済成長理論の展望』岩波書店, [1968].
小野一一郎「近代的貨幣制度の成立とその性格」松井清(編)『近代日本貿易史』第1巻, [1959].
小野武夫『維新農村社会史論』刀江書院, [1932].
大島清『日本恐慌史論』東京大学出版会, [1955].
太田健一「瀬戸内海沿岸地域における地主制の動向―資本制生産の展開とその関連」『土地制度史学』第7巻通巻27号, [1965], 4月.
大塚久雄『国民経済』弘文堂, [1965].
大内力『日本資本主義の農業問題』東京大学出版会, [1952].
――『日本における農民層の分解』東京大学出版会, [1969].
大内力・加藤俊彦(編著)『国立銀行の研究』勁草書房, [1963].

[R]

蠟山昌一「わが国の金融メカニズム―問題点の提起と整理」島野卓爾・浜田宏一(編)『日本の金融』岩波書店, [1971].
――「銀行行動と金融取引構造」『経済評論』, [1976], 11月.
――「金融制度比較の視点」『季刊現代経済』第43号, [1981], 夏.
蠟山昌一・岩根徹「わが国の銀行業における規模の経済性」『大阪大学経済学』第23巻2号, 3号, [1973], 12月.

[S]

斎藤修「農業賃金の趨勢―徳川中期から大正前期にかけて」『社会経済史学』第39巻2号, [1973].
坂本雅子「満州事変以後の三井財閥系企業の企業金融」『一橋論叢』第86巻1号, [1981], 7月.
作道洋太郎『近世日本貨幣史』(アテネ新書)弘文堂, [1958].
――「貨幣と信用」奥田武・児玉幸多(編)『流通史Ⅰ』山川出版社, [1969].

――『日本貨幣史概論』(大日本貨幣史・別巻)大日本貨幣史刊行会, [1970].
佐藤和夫「戦間期日本のマクロ経済とミクロ経済」中村隆英(編)『戦間期の日本経済分析』山川出版社, [1981].
沢田章『明治財政の基礎的研究』宝文館, [1934](復刻；柏書房).
柴垣和夫『日本金融資本分析』東京大学出版会, [1965].
渋谷隆一「農村高利貸資本の展開過程(二)」『農業総合研究』第13巻3号, [1959], 7月.
――「我が国貸金業の統計的考察」『農業総合研究』第16巻1号, [1962a], 1月.
――「資本主義の発展と巨大貸金会社(一), (二)」『農業総合研究』第16巻2号, 3号, [1962b].
――「わが国高利貸資本の存在形態」『金融経済』第84号, [1964].
――「高利貸対策立法の展開(上)」『農業総合研究』第19巻3号, [1965], 7月.
――「課題と方法」渋谷隆一(編)『明治期日本特殊金融立法史』早稲田大学出版部, [1977a].
――「産業(信用)組合法の制定過程」渋谷隆一(編)『明治期日本特殊金融立法史』早稲田大学出版部, [1977b].
清水啓典「銀行貸出市場の価格メカニズム」『ビジネス・レビュー』第27巻4号, [1980].
志村嘉一「金融市場における預金部資金とその意義について」『金融経済』第63号, [1960], 8月.
――『日本資本市場分析』東京大学出版会, [1969].
――「証券制度改革」東京大学社会科学研究所戦後改革研究会『戦後改革』第7巻, [1974].
――「戦後低金利政策の展開」専修大学社会科学研究所『社会科学年報』第9巻, [1975].
――『現代日本公社債論』東京大学出版会, [1978].
新保博「徳川時代の信用制度についての一試論―両替金融を中心として」『神戸大学経済学研究』(年報3), [1956].
――「株式会社制度と近代的経営の展開」『経営史学』第2巻1号, [1967a].
――「幕末期・明治期の価格構造―国際的要因とそれへの対応を中心として―」『社会経済史学』第33巻, 1号, [1967b].
――『日本近代信用制度成立史論』有斐閣, [1968].
――『近世の物価と経済発展―前工業化社会への数量的接近』東洋経済新報社, [1978].
新保博・速水融・西川俊作『数量経済史入門』日本評論社, [1975].
進藤寛「明治時代の貯蓄銀行」金融経済研究所(編)『日本の銀行制度確立史―日本金融市場発達史Ⅱ』東洋経済新報社, [1966].
篠原三代平「日本経済の二重構造」篠原三代平(編)『産業構造』春秋社, [1959].
――『日本経済の成長と循環』創文社, [1961].
――「二重構造の生成と将来―川口氏のコメントをめぐって」『日本経済の基礎構造』

参　考　文　献

春秋社，[1962].
——「生産性格差インフレ論の実証的覚書」『経済研究』第19巻1号，[1968]，1月.
——『日本経済講義』青林書院新社，[1969].
——『産業構造論』筑摩書房，[1976].
篠原総一・福田充男「日銀貸出と窓口指導の有効性」『経済研究』第33巻3号，[1982]，7月.
白井規矩稚『日本の金融機関―其の生成と発展』森山書店，[1939].
正田健一郎『日本資本主義と近代化』日本評論社，[1971].
証券政策研究会(編)『証券取引審議会基本問題委員会報告』(資料Ⅰ，Ⅱ)金融財政事情研究会，[1978].
祖田修『前田正名』吉川弘文館，[1973].
——『地方産業の思想と運動』ミネルヴァ書房，[1980].
杉本正幸『全国農工銀行発達史』全国農工銀行発達史発行所，[1924].
杉山和雄「明治前期の国立銀行」金融経済研究所(編)『明治前期の銀行制度―日本金融市場発達史Ⅰ』東洋経済新報社，[1965].
——「紡績会社の手形発行と市中銀行」山口和雄(編)『日本産業金融史研究紡績金融編』東京大学出版会，[1970].
——「株式会社制度の発展―紡績，鉄道を中心にして」小林正彬・下川浩一・杉山和雄・栂井義雄・三島康雄・森川英正・安岡重明(編)『日本経営史を学ぶ(1)明治経営史』有斐閣，[1976].
杉山和雄・川上忠雄「近代的信用制度の発展」楫西光速(編)『日本経済史大系6，近代下』東京大学出版会，[1965].
鈴木武雄『財政史』東洋経済新報社，[1962].
鈴木淑夫『金融政策の効果―銀行行動の理論と計測』東洋経済新報社，[1966].
——『現代日本金融論』東洋経済新報社，[1974].
　　[T]
高田太久吉「政府保証債と日銀信用の役割」中央大学『商学論纂』第16巻3号，[1974]，9月.
高垣寅次郎『明治初期日本金融制度史研究』(財団法人)清明会，[1972].
館龍一郎・小宮隆太郎「日本の金融政策はいかにあるべきか」『経済評論』，[1960]，4月.
高橋亀吉『日本金融論』東洋経済出版部，[1931].
——『大正昭和財界変動史』(上，中，下)東洋経済新報社，[1955].
——『日本近代経済形成史』(第3巻)東洋経済新報社，[1968].
——『近代日本経済発達史』(第1巻)東洋経済新報社，[1973].
高橋亀吉・森垣淑『昭和金融恐慌史』清明会新書，[1968].
高橋誠『明治財政史研究』青木書店，[1964].
高村直助『日本紡績業史序説』(上，下)塙書房，[1971].

高嶋雅明「久次米銀行の分析」地方金融史研究会(編)『地方金融史論』新生社,［1974］.
高須賀義博『現代日本の物価問題』新評論,［1972］.
武田隆夫・林健久・今井勝人『日本財政要覧』東京大学出版会,［1977］.
滝沢直七『稿本日本金融史論』有斐閣書房,［1912］.
田村貞雄『殖産興業』教育社,［1977］.
田辺靖彦「奈良地方における産業資本の展開と地主層の動向—日本資本主義の特殊性に関連して」『日本史研究』第69巻,［1963］, 11月.
田中生夫『戦前戦後日本銀行金融政策史』有斐閣,［1980］.
寺西重郎「日本経済論の展望；戦前の部その1」『経済研究』第23巻2号,［1972a］, 4月.
——「日本経済論の展望；戦前の部その2」『経済研究』第23巻4号,［1972b］, 12月.
——「書評；中村隆英著『戦前期日本経済の分析』」『季刊理論経済学』第24巻3号,［1973］, 12月.
——「日本経済論の展望；戦前の部その3」『経済研究』第25巻1号,［1974a］, 1月.
——「戦後貸出市場の性格について」『経済研究』第25巻3号,［1974b］, 7月.
——「コール市場の構造と金融政策の波及径路—鈴木淑夫氏の『現代日本金融論』によせて」『経済研究』第26巻1号,［1975a］, 1月.
——「長期資金市場と短期貸出市場」『季刊現代経済』第17号,［1975b］, 春.
——「安全資産の利用可能性と銀行業の集中過程」大川一司・南亮進(編)『近代日本の経済発展』東洋経済新報社,［1975c］.
——「インフレーションの短期効果—内生的貨幣供給下での分析」貯蓄増強中央委員会『貯蓄・貨幣の基礎理論』,［1976a］.
——「農工間資金移動再考(上)」『経済研究』第27巻4号,［1976b］, 10月.
——「農工間資金移動再考(下)」『経済研究』第28巻1号,［1977］, 1月.
——「明治期における銀行の成立について—マクロ経済分析の試み」『経済研究』第30巻1号,［1979a］, 1月.
——「人為的低金利政策の下での金融政策」日本証券経済研究所『計測室テクニカル・ペーパー』第49号,［1979b］, 12月.
——「民間設備投資主導型成長過程の金融的要因」日本証券経済研究所『計測室テクニカル・ペーパー』第51号,［1980］, 7月.
——「松方デフレと松方財政」『経済研究』第32巻3号,［1981a］, 7月.
——「人為的低金利政策と政府金融」『季刊現代経済』(臨時増刊)［1981b］, 11月.
——「松方デフレのマクロ経済学的分析」『季刊現代経済』第47号,［1982］, 春.
寺西重郎・後藤晃・芹沢数雄「資金市場と企業グループ」『経済評論』,［1975］, 11月.
東京銀行集会所調査課『戦時下金融の諸問題』東京銀行集会所,［1934］.
東洋経済新報社(編)『明治金融史』東洋経済新報社,［1909］.
——(編)『金融六十年史』東洋経済新報社,［1924］.

土屋喬雄(監修)『地方銀行小史』全国地方銀行協会, [1961].
恆松制治「農業と財政の作用」東畑精一・大川一司(編)『日本経済と農業』(上巻), 岩波書店, [1956].

　　[U]

上野裕也・寺西重郎「長期モデル分析の基礎と課題：2部門分析の理論的フレーム・ワーク」大川一司・南亮進(編)『近代日本の経済発展』東洋経済新報社, [1975].
梅村又次「建築業労働者の実質賃金 1726-1958」『経済研究』第12巻2号, [1961], 4月.
―――「農業資本および投資の測定について」『経済研究』第13巻1号, [1962], 1月.
―――「明治維新期の経済政策」『経済研究』第30巻1号, [1979 a], 1月.
―――「17-19世紀における日本海海運の発達」新保博・安場保吉(編)『数量経済史論集2・近代移行期の日本経済；幕末から明治へ』日本経済新聞社, [1979 b].
―――「幕末の経済発展」佐藤誠三郎(編)『年報近代日本研究』(第3巻, 幕末維新の日本)山川出版社, [1981 a].
―――「松方デフレ下の殖産興業政策―農林水産省創立百周年を記念して」『経済研究』第32巻4号, [1981 b], 10月.
海野福寿『明治の貿易―居留地貿易と商権回復』塙書房, [1967].

　　[W]

渡辺佐平「明治期日本銀行の発行制度」金融経済研究所(編)『明治前期の銀行制度―日本金融市場発達史Ⅰ』東洋経済新報社, [1965].
渡辺佐平・北原道貫『現代日本産業発達史 XXVI；銀行』現代日本産業発達史研究会, [1966].
渡辺佐平・西村閑也「貨幣・信用制度」有沢広巳・大島清・宇佐美誠次郎・渡辺佐平(編)『日本資本主義研究入門』(第2巻)日本評論新社, [1957].
綿谷赶夫「資本主義の発展と農民の階層分化」東畑精一・宇野弘蔵(編)『日本資本主義と農業』岩波書店, [1959].

　　[Y]

山田昭『信託立法過程の研究』勁草書房, [1981].
山田盛太郎『日本資本主義分析』岩波書店, [1934].
山口和雄『明治前期経済の分析』東京大学出版会, [1956].
―――「生糸売込問屋の製糸金融」山口和雄(編著)『日本産業金融史研究・製糸金融編』東京大学出版会, [1966].
―――「明治時代における日銀券の増発とその基礎」東京大学『経済学論集』第35巻1号, [1969], 5月.
―――「紡績金融の展開」山口和雄(編)『日本産業金融史研究・紡績金融編』東京大学出版会, [1970].
―――「織物業の発達と金融」山口和雄(編)『日本産業金融史研究・織物金融編』東京大

学出版会, [1974].

山口茂『国際金融』春秋社, [1957].

山本有造「幕末・明治期の横浜洋銀市場—その生成と消滅」新保博・安場保吉(編)『数量経済史論集2・近代移行期の日本経済；幕末から明治へ』日本経済新聞社, [1979].

ヤマムラ, コーゾー「日本における統一的資本市場の成立—1889年-1925年」『社会経済史学』第35巻5-6号, [1970].

矢尾板正雄『昭和金融政策史』皇国青年教育協会, [1934].

安場保吉「明治期海運における運賃と生産性」新保博・安場保吉(編)『数量経済史論集2・近代移行期の日本経済；幕末から明治へ』日本経済新聞社, [1979].

安岡重明『財閥形成史の研究』ミネルヴァ書房, [1970].

吉田暁「都市銀行のシェア低下と資金偏在」大内力(編)『現代金融』東京大学出版会, [1976].

吉野俊彦『わが国の金融制度と金融政策』至誠堂, [1954a].

—— 「我国市中銀行のオーバーローンについて」金融学会(編)『金融論選集』(第1巻)東洋経済新報社, [1954b].

—— 「三六年間の日本銀行生活を通じてみた証券と金融の関係」日本証券経済研究所大阪研究所『証券経済』第120号, [1974], 9月.

## 2. 外国語文献

Arrow, K. J., "Toward a Theory of Price Adjustment," in M. Abramovitz(ed.), *The Allocation of Economic Resources*, Stanford, [1959].

——, "The Role of Securities in the Optimal Allocation of Risk-Bearing," *Review of Economic Studies*, Vol. 32, No. 1, [1964].

Bain, J. S., *Industrial Organization* (2nd Edition), John Wiley & Sons, Inc., New York, [1968]. (宮沢健一(監訳)『産業組織論』(上, 下)丸善, [1970].)

Baltensperger, E., "Credit Rationing: Issues and Questions," *Journal of Money, Credit and Banking*, Vol. 10, No. 2, May[1978].

Baran, P., "Economic Progress and Economic Surplus,"(『経済研究』第5巻1号, [1954], 1月).

Bloomfield, A. I., *Monetary Policy under the International Gold Standard, 1880-1914*, Federal Reserve Bank of New York, New York, [1959]. (小野一一郎・小林龍馬(訳)『金本位制と国際金融』日本評論社, [1975].)

Christ, C. F., "Interest Rates and 'Portfolio Selection' among Liquid Assets in the U. S.," in C. F. Christ(ed.), *Measurement in Economics*, Stanford University Press, Stanford, California, [1963].

Clower, R., "The Keynsian Counterrevolution: The Theoretical Approach," in F. H. Hahn and F. P. R. Brechling(eds.), *The Theory of Interest Rates*, Macmillan and

Co., Ltd., London, [1965].

Fair, R. C., "The Estimation of Simultaneous Equation Models with Lagged Endogenous Variables and First Order Serially Correlated Errors," *Econometrica*, Vol. 38, No. 3, May[1970].

Feldman, R. A., "Financial Upheaval and Funds Rechanneling: The Case of Japan from the Panic of 1927 to the End of the Takahashi Era, 1936," senior prize essay, Yale University, [1976].

Fujino, S., *A Neo-Keynsian Theory of Income, Prices and Economic Growth*, Kinokuniya, Tokyo, [1975].

Greenbaum, S. I. and C. F. Haywood, "Secular Change in the Financial Service Industry," *Journal of Money, Credit and Finance*, Vol. 3, No. 2, May[1971].

Gurley, J. G. and E. S. Shaw, *Money in a Theory of Finance*, The Brookings Institution, Washington, [1960]. (桜井欣一郎(訳)『貨幣と金融』至誠堂, [1963], 改訳, 1967.)

Hicks, J. R., *The Crisis in the Keynsian Economics*, Yrjö Jahnsson Foundation, [1974]. (早坂忠(訳)『ケインズ経済学の危機』ダイヤモンド社, [1977].)

Jaffee, D. M., *Credit Rationing and the Commercial Loan Market*, John Wiley & Sons, Inc., New York, [1971].

Jaffee, D. M. and F. Modigliani, "A Theory and Test of Credit Rationing," *American Economic Review*, Vol. 59, December[1969].

Kalecki, M., *Theory of Economic Dynamics, An Essay on Cyclical and Long-Run Changes in Capitalist Economy*, George Allen and Unwin, Ltd., [1951]. (宮崎義一・伊東光晴(訳)『経済変動の理論』新評論, [1952].)

Kornai, J., *Anti-Equilibrium*, North-Holland, [1971].

Markovitz, H., *Portfolio Selection: Efficient Diversification of Investments*, John Wiley & Sons, Inc., [1959].

McKinnon, R. I., *Money and Capital in Economic Development*, The Brookings Institution, [1973].

Miyazawa, K., *Input-Output Analysis and the Structure of Income Distribution* (Lecture Notes in Economics and Mathematical Systems, 116), Springer-Verlag, [1976].

Mundell, R., "Inflation and Real Interest," *Journal of Political Economy*, Vol. 71, No. 2, [1963]. Reprinted in *Monetary Theory*, Goodyear Publishing Company, Inc., California, [1971].

Nadiri, M. I., "The Determinants of Trade Credit in the U. S. Total Manufacturing Sector," *Econometrica*, Vol. 37, No. 3, July[1969].

Nadiri, M. I., and S. Rosen, "Interrelated Factor Market," *American Economic Re-*

*view*, Vol. 59, No. 4, September[1969].

Niehans, J., *The Theory of Money*, The Johns Hopkins University Press, [1978]. (石川経夫(監訳)『貨幣の理論』東京大学出版会, [1982].)

Ohkawa, K. and H. Rosovsky, "The Role of Agriculture in Modern Japanese Economic Development," *Economic Development and Cultural Change*, Vol. 9, No. 1(Part II), October[1960].

——, *Japanese Economic Growth—Trend Acceleration in the Twentieth Century*, Stanford University Press, [1973].

Ohkawa, K., Y. Shimizu and N. Takamatsu, "Agricultural Surplus in an Overall Performance of Savings-Investment," *Papers and Proceedings of the Conferance on Japan's Historical Development Experience and the Contemporary Developing Countries: Issues for Comparative Analysis*, International Development Center of Japan, Tokyo, February [1978].

Patrick, H., *Monetary Policy and Central Banking in Contemporary Japan*, University of Bombay, [1962]. (三宅武雄(訳)『日本における金融政策』東洋経済新報社, [1964].)

——, "Japan, 1868-1914," in R. Cameron (ed.), *Banking in the Early Stages of Industrialization*, Oxford University Press, [1967]. (正田健一郎(訳)『産業革命と銀行業』日本評論社, [1973].)

Ranis, G., "The Financing of Japanese Economic Development," *The Economic History Review*, Vol. 11, No. 3, April[1959].

Rimbara, Y. and A. M. Santamero, "A Study of Credit Rationing in Japan," *International Economic Review*, Vol. 17, No. 3, October[1976].

Samuelson, P. A., "An Analytic Evaluation of Interest Rate Ceilings for Savings and Loan Associations and Competitive Institutions," *Study of the Savings and Loan Industry*, Federal Home Loan Bank Board, Washington D. C., [1969]. Reprinted in R. C. Merton (ed.), *The Collected Scientific Papers of Paul A. Samuelson*, Vol. 3, M. I. T. Press, [1972].

Sandmo, A., "Equilibrium and Efficiency in Loan Market," *Economica*, Vol. 37, No. 145, [1970].

Shinohara, M., *Growth and Cycles in the Japanese Economy*, Kinokuniya, Tokyo, [1962].

Silber, W. L., "Towards a Theory of Financial Innovation," in W. L. Silber (ed.), *Financial Innovation*, Lexington Books, D. C. Heath and Company, Lexington, Massachusetts, [1975].

Smith, V. L., "A Theory and Test of Credit Rationing; Some Generalizations," *American Economic Review*, Vol. 62, No. 3, June[1972].

Teranishi, J., "A Survey of Economic Studies of Prewar Japan," *Japanese Economic Studies*, Vol. 1, No. 1, Winter[1972-73].

―――, "Availability of Safe Assets and the Process of Bank Concentration in Japan," *Economic Development and Cultural Change*, Vol. 25, No. 3, April[1977].

Teranishi, J. and H. Patrick, "Finanças, Dualismo e Estrutura Industrial Diferencial do Japão," *Mercado de Capitais e Desenvolvimento Econômico*, Instituto Brasileiro de Mercado de Capitais, Rio de Janeiro, [1976].

―――, "The Establishment and Early Development of Banking in Japan: Phases and Policies Prior to World War I," *Papers and Proceedings of the Conference on Japan's Historical Development Experience and the Contemporary Developing Countries: Issues for Comparative Analysis*, International Development Center of Japan, Tokyo, February[1978].

Tobin, J., "Liquidity Preference as a Behavior towards Risk," *Review of Economic Studies*, Vol. 25, No. 2, February[1958].

―――, "A General Equilibrium Approach to Monetary Theory," *Journal of Money, Credit and Banking*, Vol. 1, No. 1, February[1969]. Reprinted in *Essays in Economics*, Vol. 1, North-Holland, [1971].

―――, "Deposit Interest Ceilings as a Monetary Control," *Journal of Money, Credit and Finance*, Vol. 2, No. 1, February[1970].

Tobin, J. and W. Brainard, "Financial Intermediaries and the Effectiveness of Monetary Controls," *American Economic Review (Papers and Proceedings)*, May[1963]. Reprinted in *Essays in Economics*, Vol. 1, North-Holland, [1971].

―――, "Pitfalls in Financial Model Building," *American Economic Review*, Vol. 68, No. 2, May[1968].

Welshans, M. T., "Using Credit for Profit Making," *Harvard Business Review*, January-February[1967].

Yasuba, Y., "The Evolution of Dualistic Wage Structure," in H. Patrick (ed.), *Japanese Industrialization and Its Social Consequences*, University of California Press, [1976].

## 人 名 索 引
(アルファベット順)

阿部 勇　70, 199, 200
阿達哲雄　456
明石照男　33, 82
秋山涼子　3, 92, 135, 212, 388
青沼吉松　209
荒井晴仁　489
有泉貞夫　124, 160, 162, 163
有元正雄　193
有田富美子　210
アロー (K. J. Arrow)　18, 19, 21, 517
麻島昭一　97, 100, 392-394
朝倉孝吉　36, 41, 42, 53, 74-77, 96, 97, 101, 140, 143, 179, 190, 269, 289, 415
浅野総一郎　133
馬場鋏一　340
馬場正雄　123, 228
ベイン (J. S. Bain)　322
バルテンスパーガー (E. Baltensperger)　540
坂野潤治　83, 108, 116, 135, 145, 155
バラン (P. Baran)　243
ブルームフィールド (A. I. Bloomfield)　233
ブレイナード (W. Brainard)　8, 83, 360
千葉 寛　458
長 幸男　118, 145, 307
クリスト (C. F. Christ)　360
クラウワー (R. Clower)　516
エッゲルト (U. Eggert)　180
江口英一　595, 600, 602
榎並赳夫　306
遠藤謹助　227
遠藤湘吉　449
フェアー (R. C. Fair)　91, 92
フェルドマン (R. A. Feldman)　388
藤井治枝　75
藤井光男　75

藤村 通　44, 82, 115, 118, 124, 128, 144, 145, 156, 190
藤野正三郎　2, 3, 92, 135, 136, 138, 166, 179, 183, 193, 197, 212, 213, 251, 288, 356, 388, 392, 393, 531
藤田 晴　428
深井英五　233
福田充男　596
福島量一　449, 465, 466, 468
古川 顕　495, 541
五代友厚　116
後藤 晃　554, 555
後藤新一　36, 57, 153, 154, 180, 199, 223, 230, 266, 284, 285, 289, 295-297, 301, 309-313, 323, 328, 331-333, 335, 336, 340, 342, 350, 358, 363, 367, 368, 372, 379, 386, 394, 398, 399, 419
グリーンバウム (S. I. Greenbaum)　25, 553
ガーレイ (J. G. Gurley)　4, 26, 394, 395
行天豊雄　449, 464
芳賀敏郎　103
拝司静夫　160, 161, 163, 190
浜田宏一　433, 452, 453, 484-486, 488, 541, 574, 588, 602
原 朗　385
速水 融　196
速水佑次郎　93, 194, 236, 270, 378
林 健久　10, 448, 449
ヘイウッド (C. F. Haywood)　25, 553, 554
ヒックス (J. R. Hicks)　4, 8, 11, 12, 24, 387, 388, 546
本間光弥　51
洞 富雄　116, 117, 121, 122
堀江帰一　306
堀内昭義　452, 459, 475, 505, 520, 531-

533, 535, 540, 553, 575, 576, 598, 602, 603
星野誉夫　189
五十嵐副夫　251
井原哲夫　422
飯淵敬太郎　269
池田浩太郎　58, 74, 80
今井勝人　448, 449
今井賢一　550, 554, 555
伊牟田敏充　66, 67, 145, 150, 172-175, 207-210, 216, 319, 323, 332, 367, 370
稲葉泰三　278, 288
猪木武徳　116
井上準之助　379, 385
井上 馨　142
井上宣孝　317
石橋国興　489
石橋湛山　141
石井寛治　73, 189, 191, 192, 202, 203, 205, 206, 209, 226, 297, 308, 370
石川 滋　236, 243, 263
石川 周　449, 464-466, 468
石山行忠　574, 588, 602
石塚裕道　59, 109, 156, 158, 169, 199
伊藤博文　22, 44, 116, 124, 142, 152, 156, 157
伊藤正直　229, 397
伊東 譲　250, 270
岩倉具視　116, 190
岩根 徹　327
岩崎小二郎　151
岩田一政　433, 452, 453, 484-486, 488, 541, 574, 588, 602
岩田規久男　436
ジャッフィ(D. M. Jaffee)　534, 535, 556
貝塚啓明　507, 520, 531-538, 540-542, 577, 586
カレツキー(M. Kalecki)　533
釜江廣志　541
管野和太郎　33
刈屋武昭　103, 324
片岡直温　385
加藤寛孝　520, 530, 546, 547

加藤俊彦　33, 34, 36, 43, 44, 48, 75, 81, 100, 159, 164, 180, 302, 306-309, 312, 313, 334, 364, 368, 385, 387, 418
川口 弘　381, 425, 530
川上忠雄　203, 226
加用信文　275, 292
ケインズ(J. M. Keynes)　1, 387
絹川太一　192
岸本純明　193
北原道貫　97
北村恭二　420, 421
小林小太郎　205
小林正彬　155-158, 176
小林好宏　554, 555
小岩信竹　222
小島 仁　227, 230, 233, 397
小島 清　256
小宮隆太郎　428, 436, 452, 566, 604, 607
小宮 陽　333
近藤康男　272
鴻池善右衛門　189
コルナイ(J. Kornai)　510
久米 均　103
久米邦武　82
呉 文二　391, 563, 572, 573, 576, 596, 602, 603
栗原るみ　53
黒田 厳　436
黒田清隆　116
黒田康夫　489
櫛田民蔵　272, 273
前田正名　127, 158, 160, 162, 163, 190
前島 密　45
間宮国夫　75
萬成 滋　299
マーコヴィッツ(H. Markovitz)　3
正木久司　169, 171, 174, 209, 210
正村公宏　374, 412, 555
松田芳郎　210
松方正義　44, 47, 80, 118, 119, 123-130, 132-134, 137, 139, 141, 152, 153, 156, 158-164, 227
松元 宏　96

人　名　索　引　645

松成義衛　307
松好貞夫　33, 36, 50, 61, 108, 171, 180, 181
松崎 寿　407, 408
マッキンノン(R. I. McKinnon)　8
三上隆三　119
御厨 貴　162, 163
南 亮進　71, 175, 228, 253, 256, 374, 375, 378
三井高茂　298
三岡八郎(由利公正)　109
三輪悌三　133, 307
宮沢健一　381, 520, 530, 531, 546, 547
溝口敏行　363
持田信樹　229
モジリアーニ(F. Modigliani)　534, 556
森垣 淑　357
森口親司　576
森川英正　368, 371
迎由理男　45, 46
マンデル(R. Mundell)　136
村上はつ　192, 205
室山義正　130, 135
ナディリ(M. I. Nadiri)　360, 546
永江真夫　175
永原慶二　69
永井秀夫　155
中島将隆　351, 352, 391, 456, 475, 486, 491, 492, 494-496, 553
中村尚美　118, 155
中村政則　55, 68, 69, 73, 101, 177, 188-190, 193-195, 205, 269, 273, 292, 338, 340
中村隆英　4, 16, 138, 175, 176, 192, 209, 211, 228, 229, 294, 338, 371, 373, 377, 381, 412, 413
中村孝俊　459, 550
ニーハンス(J. Niehans)　50, 120
西川俊作　196, 327
西村閑也　202, 371
西野喜与作　133
西山千明　96, 97, 140, 415
西山青藍　305

能地 清　227, 230, 231, 233
野田 孜　217, 253
野田正穂　204, 205, 209, 210, 423
野口悠紀雄　431
ヌルクセ(R. Nurkse)　233
小田切宏之　554
尾高煌之助　293
荻原 進　304
大川一司　14, 178, 236, 251, 260, 293, 294, 406
大井博美　210
大石嘉一郎　116
岡田和喜　61, 97, 223
岡田俊平　65, 111, 116, 118, 143, 181, 203
大木喬任　116
大久保利通　155
大隈重信　20, 21, 36, 43, 44, 58, 116, 118, 119, 123-125, 127, 128, 133, 137, 139, 145, 147-152, 155-157
奥村洋彦　454
奥村 宏　555
奥野忠一　103
小野 旭　71, 181, 253
小野一一郎　122
小野武夫　6
小野寺弘夫　534, 538, 540-542
折谷吉治　436
大島 清　364
太田健一　176
大塚久雄　6
大内 力　75, 270, 273, 276, 291, 292
パトリック(H. Patrick)　78, 93, 179, 211, 408, 591
ラニス(G. Ranis)　259
林原行雄　541
ローゼン(S. Rosen)　360
ロソフスキー(H. Rosovsky)　178, 236, 251, 260
蠟山昌一　14, 327, 452, 476, 517, 540
斎藤 博　63
斎藤萬吉　163, 265, 294
斎藤 修　197
斎藤善右衛門　51

坂本雅子　353
阪谷芳郎　304
作道洋太郎　50
桜井　真　602
サミュエルソン(P. A. Samuelson)　454
サンドモ(A. Sandmo)　21
サンタメロ(A. M. Santamero)　541
佐藤和夫　211, 381, 389
沢田　章　58, 113
芹沢数雄　555
シャンド(A. A. Shand)　152, 180
ショウ(E. S. Shaw)　4, 26, 394, 395
柴垣和夫　157, 159, 198, 211, 369
渋沢栄一　58, 142
渋谷隆一　51, 63, 101, 164, 181, 193, 206, 249, 268, 269, 288
島内　昭　574, 602
清水啓典　540, 541
清水　豊　293, 294
志村嘉一　342, 369, 401, 422, 423, 436, 456, 460, 463, 494, 495
新保　博　33, 50, 79, 138, 180, 196, 198, 205
進藤　寛　43, 328
篠原三代平　141, 253, 256, 270, 381, 382, 384, 527, 530, 546, 547, 561
篠原総一　596
白井規矩稚　33, 133, 202, 347
正田健一郎　49, 118, 181
ジルバー(W. L. Silber)　10, 25, 553
スミス(V. L. Smith)　531
祖田　修　127, 155, 160, 161, 163
添田寿一　44
杉本正幸　225
杉山和雄　53, 65, 67, 75, 76, 203, 207, 210, 211, 226
住友吉左衛門　189
鈴木憲久　33
鈴木武雄　133, 158, 159, 194
鈴木淑夫　452, 453, 482, 502-505, 552, 571, 572, 576, 577, 591, 595, 606, 609
館龍一郎　452
多田好間　116

田口卯吉　156, 306
高田太久吉　491
高垣寅次郎　119, 159
高橋亀吉　20, 228, 229, 234, 330, 348, 357, 369, 371, 391, 395
高橋是清　163, 338, 385, 389, 506
高橋　誠　59, 125, 156, 158, 227-229
高松信清　71, 236, 254, 256, 263, 276, 292-294
高村直助　209-211
高嶋雅明　206, 325
高須賀義博　561
武田隆夫　448, 449
滝沢直七　37, 82, 114, 115, 137-139, 228, 366
田村貞雄　159
田辺靖彦　75
田中　彰　82
田中生夫　348, 385
田中角栄　426
田中徳義　306
建元正弘　123, 228, 256
寺西重郎　3, 49, 78, 93, 127, 130, 133, 136, 166, 181, 193, 197, 213, 219, 235, 241, 253, 256, 356, 371, 381, 382, 392, 393, 408, 480, 482, 502, 507, 535, 555, 563, 576, 578
トービン(J. Tobin)　3, 8, 83, 360, 482
土屋喬雄　75, 127, 157
恆松制治　258, 260
鶴原定吉　305
上野裕也　219, 241
梅村又次　50, 108, 156, 163, 196, 197, 256
海野福寿　122
渡辺佐平　97, 153, 202, 371
綿谷赴夫　276, 294
ウェルシャンズ(M. T. Welshans)　546
山田　昭　393
山田盛太郎　272
山口和雄　44, 65, 69, 75, 153, 154, 176, 177, 181, 192, 201, 202, 205, 211
山口光秀　449, 465, 466, 468
山口　茂　141

山本助治郎斎　188
山本有造　117, 122
ヤマムラ, コーゾー　222
矢尾板正雄　339, 389
安場保吉　162, 216, 377, 380, 452

安岡重明　197, 198
吉田暁　503
吉田清成　22, 142, 152
吉野俊彦　10, 14, 73, 81, 352, 591
吉沢正　103

# 事項索引
(アイウエオ順)

## ア行

一県一行主義　299, 340, 387, 419
運輸・通信手段の発達　215, 216
営業税　199
応募者利回りと流通利回り　11, 451, 455 -458, 481, 485, 486, 489
大蔵省
　――資金運用部　420, 434, 436, 439, 443, 445, 446-449, 463-470
　――証券発行規則　125
　――預金部　17, 46, 212, 260, 261, 286, 336, 395-400, 420
　――預金部預金法・預金部特別会計法　47, 399
オーバー・ボロウィング　436
オーバー・ローン　442, 443
親(子)銀行　12, 323, 361, 380

## カ行

外国為替及び外国貿易管理法　419
外資(導入)・外債　20, 21, 118, 213, 228, 229, 237, 254, 280
貸金業(会社)　63, 101, 249, 264, 268, 271, 287, 288
貸越セクター(→自律セクター)　11-13, 23, 24, 323, 388, 424, 506
株式担保金融　18, 68, 204-207
　日銀の――(担保品付手形割引, 見返品付手形割引)　25, 155, 206, 207, 379
株式持合い　7, 554, 555
貨幣経済化　79, 289

貨幣法　141, 165, 227, 228
借入能力
　確実な――　12, 13, 480
　日銀――　424
為替会社　33, 46, 171
簡易保険・郵便年金　287, 291, 396, 448
間接金融(→直接金融)　26, 167, 168, 170, 201, 437, 438
「間」――　443, 483
――体制　440
――比率　2, 26-29
勧農合併法　225
管理通貨制度　389-392
機関銀行　12, 19, 214, 298, 304-308, 322, 371, 372, 380, 383
企業間信用の「しわよせ」現象　7, 26, 543, 545, 546
企業集団　554, 555
技術導入(導入技術)　412
　――の類型シフト(変化)　355, 377
　修正を伴う――(小野仮説)　181, 378, 381
規模別賃金格差　377, 380, 413, 414, 428
金解禁政策　385, 387, 390
銀貨の紙幣価格(洋銀相場)　116-118, 136 -141
金銀複本位制(→金本位制, 銀本位制)　117, 119, 226, 227
銀行合併法　309
均衡財政　426
銀行設立
　「上から」の――　25, 31, 165, 180

——主体　74
——による超過利潤　60, 69
——のモティヴェイション　61
先行的な——　10, 31, 165, 178
銀行短期貸出市場
　——の均衡　517
　——へのスピル・オーバー効果　18, 454, 498, 508, 531
　——への政策的規制　531
銀行法　25, 299, 313, 314, 332-334, 385, 387, 479
銀行類似会社　25, 38-42, 53-55
金札引換(無記名)公債　34, 125, 129, 130, 142, 144, 146
金本位制(→銀本位制，金銀複本位制)　21, 117, 118, 165, 226-233
　——の基本的機能の停止　390, 391
　——のゲームのルール　233
銀本位制(→金本位制，金銀複本位制)　227
銀目手形(廃止)　49, 50, 72, 108, 180, 182
金融恐慌　299, 314, 327, 331, 356, 357, 364, 366, 384, 386, 403
金融事業整備令　336
金融資産
　——の実質値　4, 414, 479
　——の蓄積水準　1, 4, 10, 72, 105, 297, 379, 425, 455, 481, 482
　——の利用可能性　263, 479, 481
金融政策　149, 563, 564
　——と資金(資源)配分政策の独立性　12, 455, 490
　——の有効性(無力化)　24, 355, 386, 387
金融組織
　——の専門化規制(分業化)　24, 500, 502, 503, 505, 506
　——の分業化　23, 424, 506
　——のロバストネス　23, 419, 479
金融仲介技術　2, 18, 23, 205, 419
金融の国際化　430, 433
金利の弾力化(自由化)　430
金利平準化(運動)　342-344

金禄公債　35, 37, 76, 131, 145, 149, 150
　——の銀行資本金への転用　149
　——の譲渡禁止措置　145
グレイシャムの法則　35, 119-122, 143
傾斜構造　406
経常貯蓄　9, 15, 20, 21, 27, 78, 170, 208, 211, 212, 297, 379
現先
　——市場　7, 25, 460, 553
　——レート　474, 475
交易条件論争　256
高金利圏(低金利圏)　23, 24, 369, 370, 386, 387, 389, 395
工場払下げ概則　155, 156
拘束性預金　453, 539-541
購買力平価説　138
小口当座預金　6, 79, 97, 98, 100, 164, 208
国立銀行条例　33, 34, 38, 142
　1876年の——改正　35, 144, 145
　1883年の——再改正　37, 57
五千万円外債論　21, 128
コール
　——市場　475, 570, 571, 583, 590, 591, 593-595
　——市場の均衡条件　581-583
　——の取手・出手　348, 387, 441, 579
　——・レート　325, 350, 387, 473-478, 572-577, 579, 583-587, 590, 591, 596, 602
コルレス契約(線数)　55, 66, 152, 216, 218

### サ　行

在外政府資金(→日銀の在外正貨)　227, 231, 232
財界の整理　24, 298, 312, 384, 387
最高発行額制限制度(→保証発行屈伸制限制度)　153
最後の貸手(の論理)　570, 593
財政投融資(計画)　420, 448, 449
財閥　210, 379
　——(系)銀行　11, 306, 323, 395
　——の金融業多様化　369
　——の多角化　159

事項索引　649

新興──　375
中(小)──　306, 371
在来(的)金融
　──依存度　396, 405
　──技術　18
　──手段　29, 167-169, 176, 186, 267
　──の排除と近代的金融組織への転化　269
鞘取銀行　81, 82
産業銀行(→商業銀行)　11, 12, 14, 79, 214, 379-381, 383, 384
産業組合法　164
市街地信用組合法　394
資金
　──吸収力　297, 315
　──コスト　341, 460, 461, 465, 468-471
　──余裕度　297, 315, 316, 320, 345
　──力　301, 314, 317, 318, 321, 344
資金偏在現象　13, 24, 311, 337, 338, 348, 389, 441, 499, 502-506, 599
自己資本(払込資本金)比率　210, 436
資産(投資)の不可分性　3, 8, 60, 78, 244
市場
　──構造(マーケット・ストラクチュア)　322, 370
　──行動(マーケット・コンダクト)　299, 322, 323, 368
　──成果(マーケット・パーフォーマンス)　299, 302, 303, 312, 322, 323, 345, 347, 348
　──のセグメンテーション(分断)または不完全性　87, 244, 263, 506, 596, 600, 602, 608
　──の地域的分断　2, 19, 22, 23, 138, 152, 214, 298, 308, 384
　──の地理的拡がり　2, 19, 23
質屋　63, 103, 287, 288
実効金利　17, 451, 453, 508, 520, 536-538, 589
CD(市場)　49, 474
地主の有価証券保有　193, 194, 291, 292
資本(融資)集中(仮説)　17, 381, 382, 431
社債の格付規準　498, 499, 514

ジャッフィ(=モジリアーニ型)モデル　507, 534, 535
重化学工業　9, 297, 355, 375, 378, 379, 381, 412, 514, 550
自由民権(運動)　107, 108, 154, 156
主成分(分析)　102-104, 316, 317, 319-321
準備金　45, 46, 129, 130, 169
準備預金(制度)(→預金準備率)　571-575, 586, 591, 596
商業銀行(→産業銀行)　297
証券民主化運動　422
消費者金融　5, 455, 480, 508
商法　39, 173-175, 195, 309
殖産興業　378
　──資金　58, 59
　──政策　59, 82, 107, 108, 154-159, 162, 169, 170, 200
所得税(法)　70, 194, 198, 199
所得倍増計画　433
私立銀行　25, 38-42, 53, 54
自律セクター(→貸越セクター)　11-13, 17, 23, 24, 323, 388
人為的低金利
　──規制　225, 342
　──政策　17, 20, 27, 350, 411
　──政策の基本的目的(本質)　454, 482, 533
　──政策の定着　422
　──政策の変容　430
　──の部分均衡分析　451
新貨条例　117-119, 122, 226
新金融調節方式　490, 491, 566, 574, 592
信託2法(信託法, 信託業法)　25, 312, 313, 394
信用割当　11, 162, 270, 271
　擬似的──　540-542
　長期資金の──　11, 17, 431, 454, 482, 496, 508
　動学的──　535, 536, 540
　日銀信用の──　11, 475, 570, 576
正貨準備(→保証準備)
　──の蓄積　139
　日銀券の──発行　153, 154, 230-234

生産性上昇率格差インフレ論　561
製糸結社　202, 211
西南戦争　108, 113, 123, 131, 138
政府金融　260, 261, 395, 396, 400, 434,
　　444, 463, 480, 483, 484, 514
政府資金($G$)　25, 32, 47, 52, 53, 60, 61,
　　63, 64, 168, 180
　　――の外部経済効果　73
　　――の操作　83, 93, 101, 107
　　――の補助金効果　31
政府紙幣
　　――の整理(額)　123, 128, 139
　　――の発行　109
　　第1種――　111, 125, 126, 129-131
　　第2種――　111, 125, 129, 131
政府預金(官公預金)　58, 80, 96, 97
造幣規則　119, 120
租税特別措置　427, 428

## タ 行

第1次大戦の衝撃　370, 373, 380
第48号布告　124, 133, 154, 162
代理貸付　225, 400, 463
高橋財政　340, 389
兌換銀行条例　152, 153
短期金融
　　インター・バンク――市場　348, 441,
　　　474, 499
　　――依存度　349, 350, 499
　　――市場　348, 453, 485
短期の「ころがし」　379, 433, 511, 542
担保付社債信託法　213, 393
担保(率)　453, 540, 541
蓄積資金
　　華族の――　151, 190, 238
　　商人・地主の――　5, 13, 18, 78, 139,
　　　170, 187, 238
地租
　　――一部米納論　116
　　――改正条例　108, 111
　　――の増徴　194
　　――率の引下げ　115
朝鮮事件　125, 134, 135

重複金融(仲介)　18, 25, 26, 55, 96, 178,
　　200, 201, 207, 268, 373, 407
　　人為的――　418, 423, 433, 443-445,
　　482, 483, 488, 514
　　――の後退(変容)　211
　　――の制度化　212
　　明治型――　384, 418, 444
直接金融(→間接金融)　26, 167, 168, 170,
　　436, 437, 439
貯蓄銀行
　　――条例　43
　　――法　312
定額貯金　478, 480
定期預金
　　――と郵便貯金の比較　477, 478
　　――の割合　9, 12, 96, 100, 208, 416,
　　428, 513
手形交換所　72, 73, 96
手形・小切手決済　60, 95-97, 101
手形売買市場(操作)　473, 573, 610
店舗政策(行政)　24, 348, 350, 500
都市二流銀行(二流大銀行)　306, 315,
　　372, 380
問屋(前貸)金融　18, 33, 177, 180, 181,
　　201, 202, 226, 373, 384, 407

## ナ 行

荷為替(手形, 制度, 金融)　18, 49, 65, 72,
　　152, 181
　　海外――　139
　　生糸――　201, 219
西原借款　46, 397
二重構造　17, 23, 355, 428, 546
　　貸手の――　512
　　金融の――　368
　　製造業の――　376
日銀
　　――借入依存度　337, 349, 350, 499
　　――信用供給の受動性　13, 424, 454,
　　481, 564, 570, 589, 596
　　――の貸出限度額規制　574
　　――の貸出抑制度　565, 576, 583, 584
　　――の高率適用制度　312, 503, 591

事項索引　651

——の個人取引　81
——の在外正貨(→在外政府資金)　230
——の債券オペ(債券売買)　491,492,566,574
——の地域市場金融　225
——の特融(特別融資)　312,325,348,385,386
日露戦争　214,234,248,249
日清戦争賠償金　227
日本勧業銀行法　44,164,223,224
日本銀行条例　44,152
日本銀行納付金法　391,392,592
日本銀行法　390-392,483,592
日本興業銀行法　44,164
農家　240
　——貯蓄(の純流出入)(→農家余剰,農業余剰)　235,239-242,246-252,254,273,279,280
　——の農外(事業)所得　253,256
　——負債　250,264-267,275,418
　——余剰(の純流出入)(→農家貯蓄,農業余剰)　235,239,243,257,258,280
農工銀行法　44,164,224
農商務省　22,155,157-163
農(林水産)業　240
　——の成長率　194,378
　——の相対生産性　374,377
　——不況　379
　——余剰(の純流出入)(→農家貯蓄,農家余剰)　15,16,235,240-243,262,263,281

ハ行

反動恐慌　325,329,380
非常特別税　194
不換紙幣　34,35,110,144
普通銀行条例　25,39
物価と正貨移動の理論　232
不動産担保(抵当)貸付　12,285,331,332,368
振出手形　18,180,181
貿易銀(円銀)　116,119,226

増量——　121
(貿易)商社　136,371-373,418
保証準備(→正貨準備)　230,232-234
　制限外——発行　153,154
　制限外——発行税　153,338
　制限内——発行　153,154,390,391
保証発行屈伸制限制度(→最高発行額制限制度)　153
補助金　198-200
　官業払下げの——効果　159
　事実上の——(と課税)　11,14,25,208,426,428,430,454,462,483-494
　政府資金($G$)の——効果　31
　非農業への——　258,259,281
　——累計額と課税累計額の均等　11,487,488
北海道拓殖銀行法　44,224

マ行

窓口指導(規制)　424,588,596
　——の対象金融機関　603,607-609
　——の有効性(効果)　564,565,597-602
マンデル＝フレミングの命題　234,425
無尽業法　25
無制限的労働供給　380

ヤ行

安場・蠟山論争　452,482
有価証券割賦販売業法　394
融資循環の二重性　18,454,525,527,530,536
郵便貯金
　安全資産としての——　100,356,366
　農家金融資産中の——　290,291
　1口座当り——　98,363
　1人当り——　98,363
　——制度　45
　——特別会計　465-468
　——取扱局　36,98
　——の長期性　401,402
　——の零細性　403-405
洋銀(メキシコ銀)　116
預金銀行化　32,48,78,83,90,101,139,

219
預金金利協定　223
(預金)準備率(→準備預金制度)　477, 564, 565, 584-587, 601, 606, 607
横浜正金銀行条例　43

　　　　ラ 行

利息制限

国立銀行の——　146, 147, 205
——法　147, 205, 222
両円対等規定　122
両替金融　2, 18, 33, 49-51, 72, 181
臨時金利調整法　419, 423, 451, 476, 505
臨時資金調整法　341, 353, 423
禄券銀行　150

■岩波オンデマンドブックス■

一橋大学経済研究叢書 別冊
日本の経済発展と金融

1982年11月5日　第1刷発行
2004年1月23日　第3刷発行
2016年9月13日　オンデマンド版発行

著　者　寺西重郎（てらにしじゅうろう）

発行者　岡本　厚

発行所　株式会社　岩波書店
　　　　〒101-8002 東京都千代田区一ツ橋2-5-5
　　　　電話案内　03-5210-4000
　　　　http://www.iwanami.co.jp/

印刷／製本・法令印刷

© Juro Teranishi 2016
ISBN 978-4-00-730489-7　　Printed in Japan